2025
최신판

2025 공인노무사 2차 시험대비

경영조직론
답안작성연습

개정 4판

/ 최우정 편저 /

epasskorea

최근 공인노무사 2차 선택과목의 난이도가 점차 어려워지고 있는 상황에서 수험생으로서 전략적으로 공부에 집중할 수 있는 전략은 크게 두 가지로 나눌 수 있습니다.
첫 번째는 과거 기출문제가 최근 사례형으로 또는 응용형으로 재출제되고 있기 때문에 그동안의 기출문제의 모범답안을 숙지해 두어야 한다는 것이고 두 번째는 약술형으로 출제될 가능성이 있는 아직 미출제된 유형의 문제를 연습해 두어야 한다는 것입니다.

제한된 시간 내에서 여러 2차 과목을 나누어 공부해야 하기 때문에 경영조직론의 두 가지 전략을 잘 다듬기에는 공부시간이 부족할 것이라고 생각되어 이번 GS 2기의 교재 내용은 그간의 기출문제와 예상문제 위주로 담아 효율적인 학습이 가능하도록 구성하였습니다.

저는 공인노무사 수험생활 동안 하루일과 플랜노트를 만들어 매일매일 공부해야 하는 진도량 또는 암기량을 적어놓고, 그것을 달성했을 때 하나하나 줄을 긋는 습관이 있었습니다. 아무것도 아닌 것처럼 보이는 이 습관은 지금도 제게 매우 보람 있는 하루를 보내는 동반자로서 함께하고 있는 것처럼 누구에게나 자신에게 맞는 공부습관을 가지고 지금의 어렵고 쓰디쓴 공부만 잘 견디면 그 뒤에 수험생 여러분의 삶에는 자랑스러움이 있을 것입니다.

앞으로 2차 시험까지 정해진 시간 안에서 가장 자신에게 잘 맞는 공부 방법으로 하나하나 해결하듯이 기출문제를 외우고 예상문제를 암기하다보면, 괄목상대(刮目相對)라는 말처럼 향상되어 있을 것이니 자기 자신을 믿고 하나하나를 충실하게 하고 넘어가는 마음가짐으로 겸손하게 돌진하시길 바라겠습니다.

2025년 3월

공인노무사 최우정 Dream

▶ 최근출제경향

최근 경영조직론의 출제경향은 50점 문항, 25점 문항 상관없이 분설형으로 출제되고 있는 경향이 강해지고 있고, 전체적으로 보면, 3문제이지만, 각각 세부적으로 보면 5-7가지 문제로 출제되고 있습니다. 2024년도 50점 문항의 1번 문제는 불확실한 경영환경에 따른 조직구조, 던컨의 2가지 구성요소, 조직구조적 특성, 불확실한 환경에 대처하기 위한 톰슨완충역할과 경계관리역할을 각각 분설형으로 구분하여 출제되었고, 최근 3년 이내의 1번 문항 출제경향으로 보았을 때, 경영조직론 1번 문제는 사례형 이거나 아니면 분설형이거나 둘 중 하나일 것임을 예상하고, 하나하나 세부적인 개념 설명까지 할 수 있도록 연습을 해두셔야 시험장에서 당황하지 않을 것입니다.

2024년도 2번 문항은 집단의 발달단계모형으로 두 가지 이론인 터크만과 게르식의 모델이 출제되었고, 이 역시 각각의 개념설명과 함께 분설형의 형태로 비교 서술하라는 문제까지 출제되었으며, 3번 문항은 권력의 수용과정에 의한 켈만의 3가지 과정을 경조 수험생이라면 누구나 다 아는 순종, 동일화, 내면화인데, 이를 더욱 어렵게 하여 과정별 권력의 원천, 권력수용자의 영향력 수용 이유 등등 교재 밖의 내용까지 출제되어 수험생의 역량에 기반한 목차구성력 등을 평가하는 출제가 되었음을 알 수 있습니다.

따라서, 경영조직론 과목에서의 출제 경향은 큰 주제 속의 세세한 이론을 정확하게 구체적으로 조목조목 작성하도록 출제된다는 점과 때로 사례형으로 출제되는 경우에는 지문을 파악하는데만 상당한 시간이 소요되는 문제로서 이러한 특징을 갖고 있는 문제에 대응할 수 있는 공부 방법은 싫증내지 말고, 하나하나 세세하게 공부해 나가야 한다는 것입니다.

[연도별 조직행동론 부분 출제경향]

	지각	태도	동기부여	학습	집단개요	갈등, 협상	권력, 정치	커뮤니케이션	리더십	의사결정	조직문화	조직변화
2015년	-	-	25점 아담스의 공정성 이론	-	-	-	-	25점 공식조직의 커뮤니케이션	-	-	-	-
2016년	-	-	-	25점 강화전략	25점 집단응집성	-	-	-	-	-	-	-
2017년	-	-	-	-	-	-	-	-	50점 경로-목표 이론	-	50점 홉스테드의 조직문화	-
2018년	-	-	-	25점 강화전략	-	-	-	-	-	25점 의사결정 기법	-	-
2019년	-	25점 조직시민 행동	-	-	-	-	25점 권력의 원천	-	25점 거래적 리더십과 변혁적 리더십	-	-	50점 조직변화 (혁신) 유형
2020년	-	-	25점 2요인이론 인지평가 이론	-	-	25점 통합형 협상	-	-	-	-	-	50점 양면형 조직구조
2021년	25점 귀인이론								25점 쓰레기통 모형			50점-(3) 변화실행 방안
2022년						50점 라힘의 갈등관리 유형 등				25점 의사결정 오류		
2023년		25점 태도 구성요소 인지부조화										
2024년					25점 집단발달 단계		25점 켈만의 권력수용 과정 등					

[연도별 조직이론 및 조직설계 부분 출제경향]

	조직이론	상황변수와 조직구조	조직구조 설계	조직수명주기	조직쇠퇴	기타
2015년	**50점** 조직군생태학이론, 전략적 선택이론, 제도론	-	-	-	-	-
2016년	-	**50점** 톰슨과 던컨의 환경의 불확실성의 틀	-	-	-	-
2017년	-	-	**25점** 전문화, 집권화, 공식화	-	-	**25점** 계층적 통제와 분권적 통제
2018년	**50점** Scott 조직이론분류	-	-	-	-	-
2019년	-	-	**50점** 팀제	**50점** 퀸과 카메론의 조직수명주기	-	-
2020년	-	**25점** 톰슨의 상호의존성	-	-	-	-
2021년			**50점** W.Ouchi의 통제전략			
2022년		**25점** 페로의 기술유형과 조직구조				
2023년	-	-	-	-	**50점** Miller의 조직쇠퇴유형	**50점** 국제적 경쟁우위와 조직구조 간의 적합성
2024년		**50점(2)(3)** 던컨의 환경의 불확실성 2가지 요소 완충역할, 경계역할	**50점(1)** 조직구조 설계 핵심요소			

5

[재출제된 주요 문항들]

해당 연도	문항		해당 연도	문항		해당 연도	문항
1993년	허즈버그 2요인이론, 아담스의 공정성이론	→	2009년	아담스의 공정성 이론, 브룸의 기대이론	→	2014년 2015년	허즈버그 2요인이론, 브룸의 기대이론 아담스의 공정성 이론
1993년	조직문화 개념과 조직에의 영향	→	2013년	조직문화의 개념과 학자별 조직문화	→	-	-
1995년	내재적 보상과 외재적 보상의 차이점	→	2020년	내생적 보상과 외생적 보상	→	-	-
1998년	교환적 리더십과 변혁적 리더십 비교	→	2019년	거래적 리더십과 변혁적 리더십 비교	→	-	-
1998년	조직구조의 구성요소	→	2017년	전문화, 집권화, 공식화	→	-	-
1999년	팀제	→	2019년	A기업과 B기업의 팀제 설계 시 고려할 사항 팀제 유형	→		
2001년	학습의 강화이론	→	2016년	학습의 주요 원리로서 강화	→	2018년	행동변화 전략 중 4가지 강화
2003년	환경과 조직구조의 관계	→	2016년	톰슨과 던컨의 환경의 불확실성	→	2024년	환경의 불확실성의 2가지 요소
2003년	기술과 조직구조의 관계	→	2004년	우드워드, 톰슨, 페로의 기술유형과 조직구조	→	-	-
2004년	의사소통의 장애요인과 활성화방안	→	2014년	커뮤니케이션의 장애요인과 활성화 방안	→	-	-
2008년	퀸과 카메론의 조직수명주기	→	2019년	조직수명주기 차원에서 A기업과 B기업 비교	→		
2010년	자원의존관점에 의한 전략	→	2014년	자원의존측면에 의한 대응전략과 통제전략	→		
2010년	협상전략	→	2013년	분배적 협상전략, 통합적 협상전략	→	2020년	통합형 협상전략의 개념, 태도, 행동, 정보
2019년	조직혁신 유형	→	2020년	탐색과 탐험, 기술혁신에서 양면형 조직	→		
2005년	태도와 인지부조화	→	2023년	태도의 구성요소, 인지부조화 이론 등	→		

좀 더 자세한 내용 및 수험정보 등은 당사 홈페이지(www.ekorbei.com) 참조

▶ 학습방법 및 수험전략

- 경영조직론 위주의 학습방법을 설명해 본다면, 경영조직론의 주요 개념은 포스트잇, 짧은 메모로서 자신의 가장 가까운 벽면에 부착하여 항상 눈에 익히도록 해둡니다.

- 구체적인 목차의 정리는, 자신이 가장 좋아하는 노트나 메모지에 요약정리하고, 항시 갖고 다니면서 하루에 한 번씩 읽어보도록 합니다.

- 기본서의 구체적인 내용, 매우 재미난 각종 사례들은, 노무사답안지로서 작성된 서브답안의 관련내용 곁에 형광펜, 색깔펜 등으로 작성하여, 목차 암기 시 같이 머리에 담아둘 수 있도록 해야 합니다. 나중에 문든 떠오르는 중요한 내용이 그동안 형광펜 등으로 강조해 놓은 부분 위주로 기억될 것이기 때문입니다.

- 학원의 인강과 실강은 각 수험생의 수험전략과 선호도에 의하여 선택을 하시고, 인강이든 실강이든 언제나 복습을 하셔야 한다는 점 잊지 마세요. 인강의 장점은 반복해서 무수히 들어볼 수 있다는 장점이 있고, 실강은 수업 중 궁금한 점을 바로 해결할 수 있다는 장점이 있습니다. 어느 공부방법이든 장점을 갖고 있으며, 자신에게 유리한 방법으로 선택하시는 것이 좋습니다. 수업을 듣다가 궁금하신 점은 학원의 학습질의에 올려주시면 가급적이면 빨리 궁금한 점을 해소할 수 있도록 회신을 작성할 것입니다.

- 학습스터디를 하실 경우에는, 매주 각 발표자의 내용을 주의 깊게 듣고, 상호간의 궁금한 점에 대한 해결을 할 수 있도록 논쟁과 협의를 통해 최종적인 서브답안을 작성할 수 있도록 해야 합니다. 귀로 듣기만 한 내용과 자신이 직접 펜으로 작성해 보는 것은 매우 큰 차이가 있습니다. 중요한 핵심문구, 중요한 이론모형 등은 꼭 연습을 해보고 하루를 마감하도록 하세요.

- 물론, 정기적인 휴식시간 관리도 중요하므로, 매일매일 학습에만 치중하기보다는 정기적인 휴식시간으로서 열심히 공부한 자신에게 내가 할 수 있는 보상만큼을 제공해 주는 것도 매우 좋습니다. 월요일부터 토요일까지 정말 열심히 공부를 했다는 느낌이 들 때 일요일에는 좋아하는 영화를 보거나 산책을 통해서 머리를 다시 맑게 다듬어 주는 것이 중요합니다. 이 시기는 학습의 자발적 복구기로 작용하여 한 번 쉬고 나면 그 이후 학습효과가 더 증진되는 결과를 가져옵니다.

- 경영컨설팅과 인사노무컨설팅 등 다수 경험을 갖고 계신 분, 경영학을 전공으로 하신 분, 경영지도사 자격 소지로서 나름 경영학에 대한 자부심을 갖고 계신 분의 경우, 기본서의 쟁점을 잘 파악하고 난 후, 자신의 경험에 의한 기업체 사례를 추가하여 답안에 작성하시는 방향으로 연습을 해두면 유리합니다. 공부를 할 때 초심에서 시작하면 실패할 가능성이 적다는 생각으로 차근차근 조목조목 세심하게 정리하여 암기해 두셔야 함이 바람직합니다.

좀 더 자세한 내용 및 수험정보 등은 당사 홈페이지(www.ekorbei.com) 참조

차 례

| 제1장 | 개인차원의 조직행동 ·· 11

| 제2장 | 집단차원의 조직행동 ·· 183

| 제3장 | 조직차원의 조직행동 ·· 359

| 제4장 | 조직이론 및 조직설계론 ·· 413

경영조직론 답안작성연습

제1장
개인차원의 조직행동

제1장 개인차원의 조직행동

연습 1
조직효과성의 개념을 설명하고, 이를 측정하는 다양한 지표를 기술하시오. 2006년 제15회 기출

I 조직효과성의 의의

- 조직효과성은 조직이 추구하는 목표를 궁극적으로 달성한 정도이며, 재무적 성과를 내면서 행동적 성과인 구성원의 직무만족의 증가, 결근율/이직률의 감소 등을 이끌어내는 정도를 의미함.
- 조직효과성은 조직이 추구하는 진정한 목표를 궁극적으로 달성한 정도이며, 조직효율성은 투입 대비 산출의 극대화를 의미함. 즉, 조직효과성과 조직효율성의 차이점은 수단과 목표라는 관계에서 보았을 때, 조직효과성은 목표 차원이고, 조직효율성은 목표를 달성하기 위한 수단 차원으로 이해할 수 있음.

II 조직효과성 측정의 시스템적 관점

1. 의의

시스템적 관점에서 조직효과성은 투입-변환-산출의 과정에서 측정지표로서 조직효과성을 파악하는 방법이며, 여기에는 투입-변환-산출 관점에서 살펴볼 수 있음.

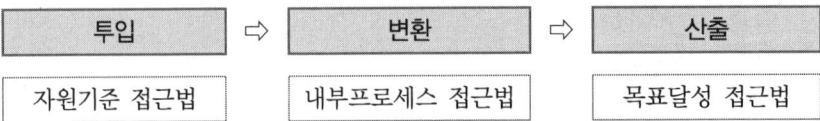

2. 자원기준접근법

투입-변환-산출과정에서 투입 측면에서 조직효과성에 초점을 맞춘 평가방법이며, 측정지표에는 외부환경변화에 대한 인지능력, 기존에 존재하는 조직차원의 관리능력 등이 있음.

3. 내부 프로세스 접근법

투입-변환-산출과정에서 과정 측면에서 조직효과성에 초점을 맞춘 평가방법이며, 측정지표에는 강한 기업문화와 업무분위기, 회사몰입도와 팀웍 수준, 노사 간의 신뢰정도와 커뮤니케이션, 회사의 보상정책, 구성원의 성장과 개발 등이 있음.

4. 목표달성 접근법

투입-변환-산출과정에서 산출 측면에서 조직효과성에 초점을 맞춘 평가방법이며, 측정지표에는 시장점유율, 매출, 목표달성정도, 제품 불량률, 이직률 및 결근율 등이 있음. P.Drucker는 '측정할 수 없으면 관리를 할 수 없다.'라고 하였으며, 목표달성 접근법은 측정할 수 있는 지표를 기준으로 하여 조직유효성을 가늠할 수 있다는 데 의미가 있음.

Ⅲ 이해관계자 접근법

- 이해관계자란 조직성과에 이해를 갖고 있는 조직 내부 혹은 외부의 모든 집단을 지칭하며, 다양한 이해관계자들이 무엇을 원하는지 요구사항을 통합적으로 이루어질 때 효과성을 달성할 수 있음. 이해관계자들의 요구사항은 동시에 만족시키기 어렵기 때문에 어려움을 겪을 수 있음.
- 과거에는 주주들의 요구사항만 수용하면 되었지만, 최근에는 주변의 다양한 이해관계자들로서 주주 이외에 공급자, 종업원, 고객, 채권자, 정부, 노동조합, 지역사회들의 요구사항을 통합적으로 다루어야만 조직유효성의 수준을 파악할 수 있는 접근법임.

Ⅳ 균형성과표 접근법

BSC는 조직의 비전과 전략으로부터 도출되어 신중하게 선택된 평가지표들의 합으로 정의될 수 있음. 균형성과표는 하버드 대학교 교수인 캐플란(Kaplan)과 컨설턴트인 노튼(Norton)에 의해서 처음 개발되었음. 캐플란과 노튼은 기존에는 재무성과표에 의해서만 조직효과성을 측정하였는데 이 방법이 효과적이지 못하다는 믿음 하에 성과측정의 대안에 대하여 고객, 내부 프로세스, 학습 및 성장 등 조직전반에 걸친 경영활동과 관련된 지표들을 개발해냈음.

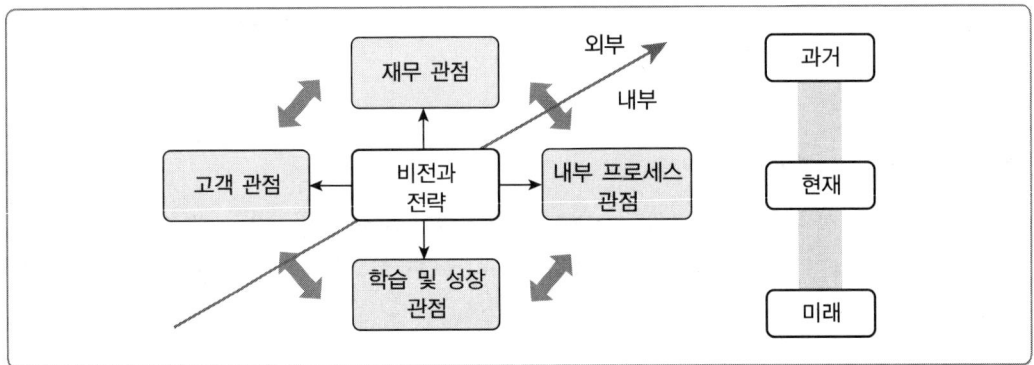

1. 재무적 관점

재무적 지표를 통한 조직성과를 측정하는 방법이며, 영리를 추구하는 조직일수록 가장 많이 활용함. 재무적 관점에 의한 측정지표는 매출액, 투자수익률, 수익성, 자기자본이익률 등이 있음.

2. 고객관점

조직에 수익을 가져다주는 고객을 파악하여 고객 지향적인 업무 프로세스를 만들어 나가는 것이며, 고객만족도, 재구매율, 신규 고객 수, 고객카드작성 수 등이 있음.

3. 내부 프로세스 관점

조직의 핵심 업무 프로세스 및 업무역량을 규명하는 과정이며, 내부 공정, 생산라인시스템, 업무흐름과 관련된 주문 이행률 등이 있음.

4. 학습 및 성장 관점

향후 지속적인 가치의 개선과 비전 달성을 위해 필요한 학습과 성장능력을 어떻게 유지시켜 미래의 지속적인 성장을 도모할 것인가에 대한 것이며, 직원의 업무숙련도, 직무만족도, 연구개발의 수준, 조직몰입도 등이 있음.

5. BSC의 유용성

균형성과표는 경영자들이 조직 전반적인 효과성을 잘 이해할 수 있도록 다양한 관점에서 조직을 평가하는데 도움을 준다는 점에서 가치가 있음. 네 가지 관점들은 서로를 강화해주고 단기적인 활동들이 장기적인 전략과 비전에 연계될 수 있도록 통합적으로 설계되어 있어서 성공을 원하는 경영자들에게 단지 재무적 지표에만 의존하기 보다는 네 가지 범주의 자료들에 집중을 하는 것이 바람직하다는 점을 시사하고 있음.

Ⅴ 경쟁가치접근법

1. 의의

퀸(Quinn)과 로바우(Rohrbaugh)에 의해 제시된 경쟁가치모형은 다양한 관점에서 가치들이 평가되어야 하며, 어느 하나만을 가지고 평가해서는 안 된다는 것. 즉, 유일최선의 기준이 존재하지 않음을 의미함.

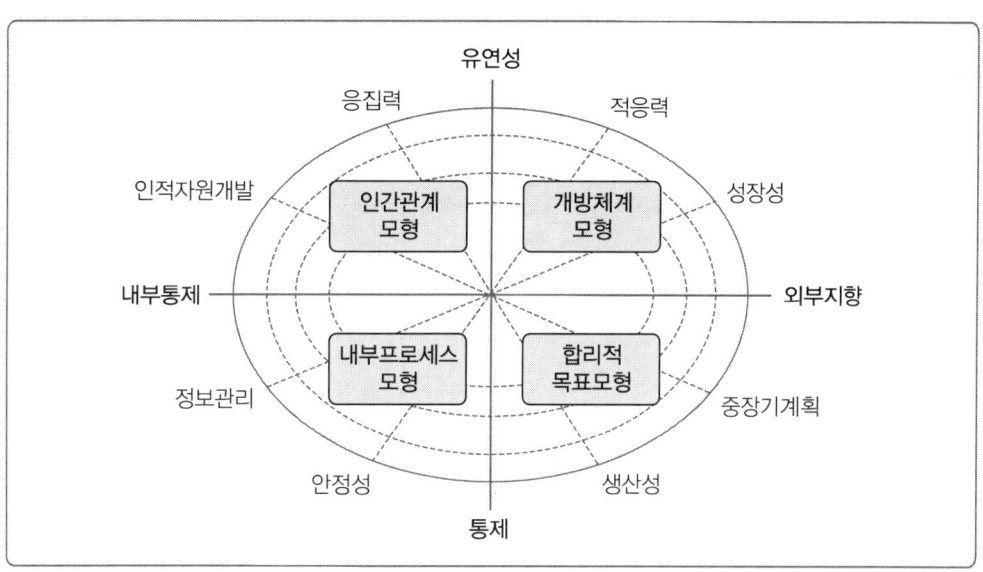

2. 경쟁가치의 분류

1) 개방체계모형

조직측면에서 조직변화 및 적응성과 자원획득/성장 등을 강조하는 경우 조직효과성은 주로 수단으로서의 유연성과 목적으로서의 자원획득능력에 의해 평가됨.

2) 합리적 목표 모형

조직 측면의 통제를 강조하는 경우, 계획과 목적으로서의 높은 생산성과 효율성에 의하여 평가됨.

3) 내부 프로세스 모형

사람 측면에서 내부통합을 강조하는 경우 조직효과성은 수단으로서의 정보가용성과 목표로서의 안정 및 질서에 의해 평가됨.

4) 인간관계모형

사람 측면에서 유연성을 강조하는 경우 조직효과성은 수단으로서 인적자원의 결속력과 목표로서 인적자원의 숙련도에 의하여 평가됨.

> **연습 2**
> 조직시민행동의 개념 및 5가지 구성요소를 설명하고, 조직시민행동이 조직의 생산성 향상에 기여하는 이유를 기술하세요.
> 2019년 제28회 기출

I 조직시민행동의 의의

- 조직시민행동이란 조직의 공식적인 보상시스템에 의해서 직접적으로 또는 명백히 인식되는 것은 아니지만, 총체적으로 볼 때 조직의 효과적인 기능을 촉진시키는 개인의 재량적인 행동을 말함.(Organ) 이러한 조직시민행동에는 역할 내(in-role) 행동과 역할 외(extra-role) 행동으로 구분되어 이해할 수 있음.
- 역할 내 행동이란 조직으로부터 주어진 임무나 업무와 관련된 행동을 말하고, 역할 외 행동은 조직에 도움은 되었으나 임무와 관련 없는 행동을 말함. 따라서, 조직시민행동은 조직이 요구하는 의무사항도 아니고 적절한 보상도 없지만, 개인이 역할 외로 자발적으로 수행하며 조직에 도움이 되는 긍정적인 모든 행동을 의미하는 것임.

II 조직시민행동의 구성요소

1. 이타주의

- 조직 내 타인을 돕는 행동으로 자신의 이해타산이 아닌 순수한 의도에 따라 행동을 하는 것을 말함. 과중한 업무량으로 힘들어 하는 동료를 도와주거나 몸이 아픈 동료를 위해 병원에 데려다 주고 일을 대신 처리해 주거나 하는 행동 등이 포함됨.
- 친사회적인 인간관계에서 형성되는 행동이며, 동료직원, 상급자 또는 부하직원, 고객, 거래처 직원 등에게도 나타나는 행동임.

2. 예의성

- 직무수행과 관련하여 타인들과의 사이에 문제나 갈등이 야기되는 자극적인 언행을 삼가면서 상대방에게 친절과 공손을 다하는 행동을 말함. 동료의 업적에 시기하지 않는 행동, 회의시간에 상대방의 말에 귀를 기울이며 상의를 하는 행동, 상대방의 단점을 들추지 않고 선을 지키는 행동 등이 있음.
- 예의성은 향후 발생될 가능성이 있는 좋지 않은 상황을 미리 줄이는 행동이라 하겠음.

3. 양심성(= 성실성)

개인의 잇속을 챙기지 않으면서 합리적인 상식과 규정에서 요구하는 수준 이상을 지키려고 하며, 사회적인 룰이나 양심에 맞는 행동을 말하며, 회사에서 근무시간에 자신의 개인업무나 자신의 인터넷쇼핑몰 사업을 하지 않는 행동, 회사의 영업 비밀을 유출하지 않는 행동, 거짓증언을 하지 않는 행동 등이 포함됨.

4. 스포츠맨십

회사에 대해 불평불만을 하지 않고, 개인적으로 감내할 수 있는 조직 내 문제점을 과장하지 않으며, 조직에서 어떤 의사결정이 있을 때 그것이 자신에게 다소 불리하여도 이를 수용하고자 하는 태도를 말함. 회사의 상사에 대해 휴게실 또는 흡연실에서 뒷담화 하지 않는 행동, 회사의 대외적 이미지를 실추시키는 행동을 하지 않는 행동 등이 해당함.

5. 시민의식

조직생활에 관심을 갖고 조직 차원에서 행하는 각종 행사에 솔선수범하는 행동이며, 예를 들어서 워크샵, 체육대회, 아침조회, 단합대회, 단체연수, 저녁 회식 등에 적극적으로 참여하는 것을 말함.

Ⅲ 조직시민행동이 생산성에 기여하는 이유

1. 신뢰 형성에 기여

상사와 부하간의 고용관계, 고객과의 관계, 거래처와의 납기 준수 등에 있어서 조직시민행동의 예의성, 양심성, 스포츠맨십 등은 상호간의 신뢰 형성을 돈독하게 하여 원만한 관계 속에서의 생산성을 향상시킴. 과거 메이요의 호손공장 실험에 의하면 비공식적인 인간관계에서 작업집단은 생산성 향상에 기여한다는 연구결과를 발표하였으며, 조직시민행동은 공식적인 고용관계 뿐만 아니라 비공식적인 사회적 관계 형성과 관련이 있고, 따라서, 기업의 생산성에 크게 기여할 것임.

2. 팀협력에 기여

조직생활에 관심을 갖고 적극적으로 참여하는 시민의식, 스포츠맨십, 이타주의는 하나의 목표를 가진 팀의 업무수행과정에 보탬이 되는 활력으로 작용하여 팀협력을 다지는 데 기여함. 팀협력의 향상은 시너지 효과와 함께 기업의 생산성 향상을 이루어낼 것임.

3. 대외적인 이미지 제고

조직시민행동은 거래처와의 관계, 수많은 고객들이 바라보는 시각을 긍정적으로 부각시키므로, 조직은 이해관계자들의 기대에 부응하기 위하여 각종 제품과 서비스의 질이 수준이 높아지게 되고 따라서 조직의 대외적인 이미지 향상이라는 훌륭한 광고 효과를 거두게 될 것임.

경영조직론 답안작성연습

> **연습 3**
>
> 행동변화의 전략 중 4가지 강화 유형을 예시를 포함하여 설명하고, 조직관리에 대한 시사점을 제시하시오.
>
> 2018년 제27회 기출
>
> 조직관리에서 학습의 중요성, 학습과정 그리고 학습의 주요 원리로서의 강화에 대하여 각각 설명하시오.
>
> 2016년 제25회 기출
>
> 강화이론 중에서 자극-반응 연계를 증대시키는 방법과 감소시키는 방법을 설명하라.
>
> 2001년 제10회 기출

I 학습의 의의

- 학습이란 개인행동 형성의 기본과정이며, 반복적인 연습이나 경험을 통하여 이루어진 비교적 영구적인 행동변화를 말함(Baul & Boal). 철학자 J.Locke는 인간은 백지상태에서 태어나 세상을 살아가면서 하나하나 경험을 하게 되고 그 경험을 백지에 써내려간다고 하여 인간의 행동은 후천적 학습을 통해 형성해 나감을 설명하였음.
- 학습에 의해서 이루어진 **행동변화**는 개인의 성격, 지각, 태도 전반적인 변화를 가져오며, 실제 **연습과 경험**을 통해 변화가 있고, 이때 연습과 경험에 의한 **영구적인 변화**를 가져오기 위해서는 강화작용이 따라야 함을 특징으로 하고 있음.

II 학습의 과정

타인의 행동과 과거 사례들을 통한 모방이나 관찰을 통해 학습이 이루어지는 과정을 반두라의 사회적 학습을 통해 살펴보면 다음과 같이 이해할 수 있음.

1. 주의집중단계(attention)

모방하려는 타인의 행동에 주의를 기울이는 것으로 사회적 학습의 첫 단계에 해당함. 이때 관찰대상이 되는 타인의 성, 연령대, 가치관 등이 비슷하거나 사회적 지위가 높고 존경을 받는 사람이라면 주의집중의 강도가 크게 나타남.

2. 유지 단계(retention)

관찰된 내용이 기억되는 과정임. 정보의 내용을 유지하려면 타인의 행동을 자신의 언행으로 형성할 필요가 있는데, 구체적으로 설명하자면 단순한 관찰만 하는 것 보다는 모방할 행동을 말로 표현하거나 이미지를 그려보거나 행동을 취해보거나 해야만 관찰된 기억이 오래갈 수 있음.

3. 재생 단계(reproduction)

모방하고자 한 모습을 실제 행동으로 옮겨보는 과정임. 자신의 준거적 인물이 되는 사람의 행동을 자신의 행동으로 전이하기 위해서는 연습이 필요하고, 개인은 연습과정을 통하여 자기 행동과 준거인물을 비교한 후, 적절한 수정을 가하면서 자신의 행동으로 만듦.

4. 강화단계(reinforcement)

행동의 동기를 높여주는 과정임. 직접 경험과 연습을 해보니 그 결과가 좋다거나 적절한 보상을 받은 경우 자주 그 행동을 하게 되는 것을 말함.

Ⅲ 강화의 법칙

스키너의 조작적 조건화의 원리를 응용하여 개인의 구체적인 행동을 강화하는 것을 행동수정이라고 하며, 행동변화와 강화의 관계는 반응행동의 결과가 긍정적인 경우 그 행동에 동기부여가 강하게 나타나고, 반대로 부정적인 결과를 가져올 경우 소멸하게 되는 것을 내용으로 하고 있음. 그렇다면 학습에 의한 행동을 강하게 해주는 강화의 의의와 원리를 자세하게 살펴보도록 하겠음.

1. 강화의 의의

조건화란 학습이 일어나도록 조건(여건)을 마련해주는 것을 말하고, 강화란 조건화를 통하여 개인의 행동을 촉진시키거나 소멸시키는 행동변화 방법을 말함. 즉, 행동변화를 통하여 학습대상자에게 일정한 자극을 주는 것임. 강화가 없을 때에는 행동에 변화는 있을 수 없음.

2. 강화의 유형

1) 긍정적 강화
① 의의 : 특정 행동과 연계하여 즐겁고 긍정적인 결과를 제공함으로써 그 행동을 반복하게 하도록 유도하는 강화기제를 말함.
② 사례 : 상급자가 부하직원의 높은 성과에 대하여 칭찬을 해주거나 고과점수를 좋게 주거나 이를 연봉인상으로 연계하는 경우를 들 수 있음. 이러한 긍정적 강화기제는 부하직원이 다음 년도에 더욱 열심히 일을 하게 만듦.

2) 부정적 강화
① 의의 : 부정적 강화는 개인에게 불유쾌하고 부정적인 결과를 제거해 줌으로써 바라는 행동이 반복되도록 하는 것임. 부정적 강화를 벌과 혼동하는 경우가 많은데, 부정적 강화는 특정 행동을 강화시키는 전략인 반면에, 벌은 행동의 중지에 목적을 둔 것임.
② 사례 : 잔소리가 심한 상사가 하급자의 끊임없는 개선 실적을 보고 잔소리를 하지 않게 되었다면, 이는 부정적 강화의 사례가 될 수 있음.

3) 소거
① 의의 : 소거는 긍정적 강화요인을 제거함으로써 원하지 않는 특정 행동의 중단을 유도하려는 전략임.
② 사례 : 지각하는 직원에게 지각한 그 시간의 1.5배 만큼의 연장근무수당을 받을 수 있는 기회를 제거하는 것을 들 수 있음.

4) 벌
① 의의 : 벌이란 특정 행동을 중지시키기 위하여 행동과 연계하여 불유쾌한 결과를 제공하는 것임. 조직생활에서 벌의 대표적인 사례들은 많이 찾아볼 수 있으며, 벌은 바람직하지 않은 행동에 대하여 그 부정적인 결과에 상응하는 강도로, 상대방의 자존심을 손상시키지 않은 한도 내에서 납득할 수 있도록 실시해야만 효과적임.
② 사례 : 학교의 학생주임이 지각을 반복하는 학생에게 화장실 청소 일주일을 명하여 지각을 근절시키고자 하는 경우를 들 수 있음.

3. 강화의 합성 전략
- 네 가지 강화전략은 개별적으로 각각 사용하는 것 보다는 합성하여 사용하는 것이 더 효과적임.

- 우선, 긍정적 강화와 벌을 혼용하는 방법이 있는데, 바람직한 행동에는 긍정적인 강화 수단으로 칭찬, 승진, 연봉인상 등을 하고, 바람직하지 않은 행동에는 처벌을 사용하여 당근과 채찍을 적당히 혼용하는 방법임.
- 긍정적 강화와 소거를 혼용하는 방법은, 앞서 설명한 처벌이 일부 사례에서 부작용을 동반하기 때문에 바람직하지 않은 행동을 약화시키기 위해 벌 대신 소거를 사용하는 방법임. 즉, 바람직한 행동에는 긍정적 강화를 제공하고, 바람직하지 않고 도움 되지 않은 행동에는 강화요인을 제거하는 것임.

4. 연구결과

행동을 변화시키기 위해서는 강화의 법칙을 사용하는 것이 필요하고, 그 중 긍정적 강화로서 보상이 가장 효과적인 강화방법임을 알 수 있음. 여기서 강화요인을 제공하는 스케줄에 따라 행동변화 속도에 영향을 줄 수 있으며, 이러한 강화 스케줄에는 다음과 같이 요약됨.

[강화 스케줄]

구분		의의	사례
연속 강화 스케줄		바람직한 행동에 나올 때마다 강화요인을 제공하는 방법	칭찬
단속 강화 스케줄	고정간격법	일정한 시간적 간격을 두고 강화요인을 제공하는 방법	주급, 월급
	변동간격법	불규칙한 시간 간격에 따라 강화요인을 제공하는 방법	승진
	고정비율법	일정한 수의 바람직한 행동이 나올 때 강화요인을 제공하는 방법	시간외수당 성과급
	변동비율법	불규칙한 횟수의 바람직한 행동 후 강화요인을 제공하는 방법	성공 커미션

Ⅳ 조직관리에 대한 시사점

1. 강화의 법칙(원리)의 중요성 인식

조직구성원의 행동변화를 위해서는 적극적이든 소극적이든 강화의 방법이 필요함을 확인하게 해주는 법칙이며, 이를 고용관계에 적용할 경우 적극적 강화의 수단, 소거, 벌 등의 구체적인 방법을 규칙, 규정, 근로계약서 등에 명시하여 구성원의 행동변화를 육성하는 데 적극적일 필요가 있음.

2. 강화 방법의 합성전략 사용

적극적 강화와 소거의 합성, 적극적 강화와 벌의 합성 전략으로 바람직한 행동과 바람직하지 않은 행동을 구분하여 조직생활을 유도해 나가야만 조직이 필요로 하는 인재를 양성하는데 유리함을 확인시켜 주는 원리임을 알 수 있음.

3. 강화의 적절한 사용의 중요성

강화요인은 적당한 시기와 같은 타이밍이 중요한데, 그래야만 조직구성원의 바람직한 태도와 행동이 장기적으로 형성될 수 있기 때문임. 여기에는 시간을 기준으로 한 고정간격법과 변동간격법, 횟수를 기준으로 한 고정비율법과 변동비율법으로 구분하여 이해할 수 있음.

> **연습 4**
> 강화이론 중에서 자극-반응 연계를 증대시키는 방법과 감소시키는 방법을 설명하세요.

Ⅰ 학습의 의의

- 〈학습〉이란 반복적인 연습이나 경험을 통하여 이루어진 비교적 영구적인 행동변화를 말한다. 철학자 J.Locke는 인간은 백지상태에서 태어나 세상을 살아가면서 하나하나 경험을 하게 되고 그 경험을 백지에 써내려간다고 하여 인간의 행동은 후천적 학습을 통해 형성해 나가는 학습의 중요성을 강조하였다.
- 이러한 학습 이론과 스키너의 조작적 조건화의 원리를 응용하여 강화의 법칙이 발생되었고, <u>구체적으로 반응행동의 결과가 긍정적인 경우 그 행동에 동기부여가 강하게 나타나고, 반대로 부정적인 결과를 가져올 경우 소멸하게 되는 것</u>을 내용으로 하고 있다.

Ⅱ 강화의 법칙

	결과 첨가	결과 제거
긍정적 자극	긍정적 강화	소거
부정적 자극	벌	부정적 강화

1. 〈강화〉의 의의

<u>〈조건화〉란 학습이 일어나도록 조건(여건)을 마련해주는 것을 말하고, 〈강화〉란 조건화를 통하여 개인의 행동을 촉진시키거나 소멸시키는 행동변화</u> 방법을 말한다.

2. 강화의 유형

1) 긍정적 강화

특정 행동과 연계하여 즐겁고 긍정적인 결과를 제공함으로써 그 행동을 반하게 하도록 유도하는 강화기제를 말한다. 상급자가 부하직원의 높은 성과에 대하여 칭찬을 해주거나 고과점수를 좋게 주거나 이를 연봉인상으로 연계하는 경우를 들 수 있다.

2) 부정적 강화

부정적 강화는 개인에게 불유쾌하고 부정적인 결과를 제거해 줌으로써 바라는 행동이 반복되도록 하는 것이다. 잔소리가 심한 상사가 하급자의 끊임없는 개선 실적을 보고 잔소리를 더 이상 하지 않게 되었다면, 부하 입장에서 잔소리라는 강화요인을 제거하기 위해 바람직한 행동을 한 부정적 강화의 사례가 되는 것이다.

3) 소거

소거는 긍정적 강화요인을 제거함으로써 특정 행동의 중단을 유도하려는 전략이다. 지각하는 반복적으로 하는 직원에게 지각한 그 시간의 1.5배 만큼의 연장근무수당을 받을 수 있는 기회를 제거하는 것을 들 수 있다.

4) 벌

벌이란 특정 행동을 중지시키기 위하여 행동과 연계하여 불유쾌한 결과를 제공하는 것이다. 벌은 부정적인 결과에 상응하는 강도로, 상대방의 자존심을 손상시키지 않은 한도 내에서 납득할 수 있도록 실시해야만 효과적이다. 학교의 학생주임이 지각한 학생에게 화장실 청소 벌을 제공하는 사례를 들 수 있다.

3. 강화의 합성 전략

네 가지 강화전략은 개별적으로 각각 사용하는 것 보다는 합성하여 사용하는 것이 더 효과적인 것으로 알려져 있으며, 바람직한 행동에는 긍정적인 강화 수단으로 칭찬, 승진, 연봉인상 등을 하고, 바람직하지 않은 행동에는 처벌을 사용하여 당근과 채찍을 적당히 혼용하는 방법이라 하겠다.

Ⅲ 자극-반응 연계 증대방법

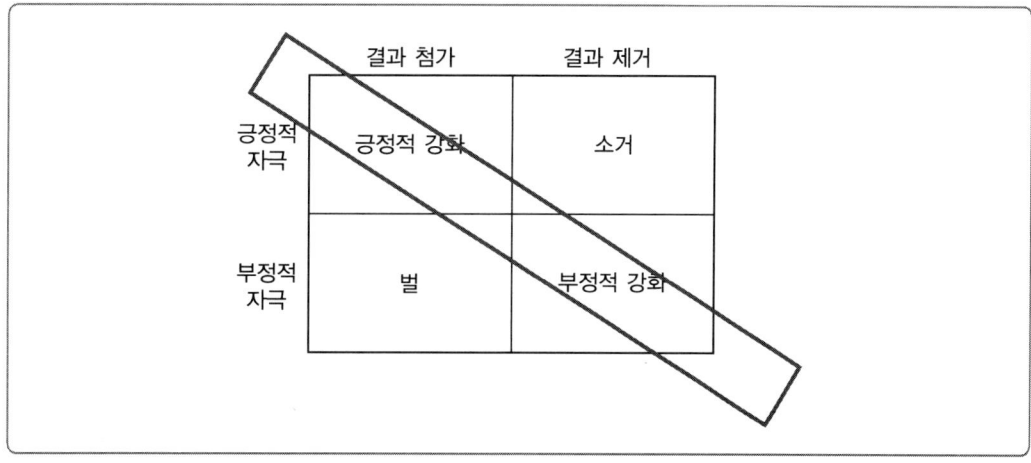

1. 긍정적 자극 제공에 의한 반응의 증대

기본급 인상, 인센티브 및 성과급 제공, 상사의 칭찬과 격려 등은 부하직원의 행동을 좀 더 회사와 사회가 원하는 바람직한 행동으로서 반응을 증대시키는데 기여한다. 따라서, 긍정적 자극 제공에 의한 반응을 증대시킬 수 있다.

2. 부정적 자극 제거에 의한 반응의 증대

공부하라는 엄마의 잔소리, 일찍 기상하여 이불을 차곡차곡 잘 접으라는 잔소리, 밥을 꼭 챙겨 먹어야 한다는 잔소리를 더 이상 듣지 않기 위하여, 스스로 알아서 공부하고, 일찍 일어나 이불을 잘 접어두고, 밥도 잘 먹는다면, 부정적 자극 제거에 의한 바람직한 반응행동의 증대를 발생시키는 것이다.

Ⅳ 자극-반응 연계 감소방법 (7)

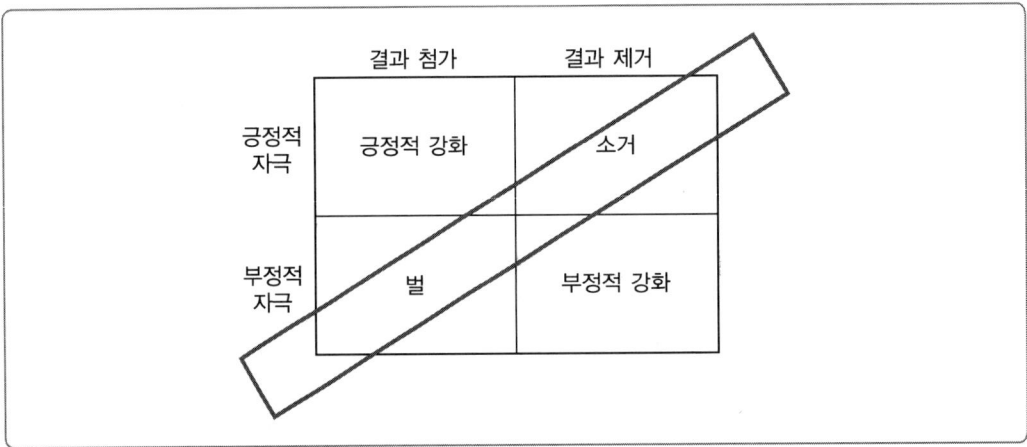

1. 긍정적 자극 제거에 의한 반응행동 감소

지각을 자주 하는 신규직원들에게 지각에 대하여 아무런 반성의 모습이 없는 경우, 추가적인 연장근무 이후 지각한 만큼의 늦은 시간 누적분 만큼 연장근무를 하게 하고, <u>연장근무수당을 제거한다면</u>, 향후 행동을 감소시킬 가능성이 크다.

2. 부정적 자극 제공에 의한 반응행동 감소

회사 내에서 직장 내 괴롭힘, 언어적 또는 시각적 성희롱 행동을 하는 직원에게 취업규칙 및 인사규정에 의한 감봉, 정직, 강등 등의 <u>징계 및 벌과 같은 부정적 자극 제공에 의하여 향후 더 이상 그 행동을 하지 않을 가능성이 높다.</u>

> **연습 5**
>
> 강화주기 중 연속적 강화법과 간헐적 강화법의 개념과 학습속도 및 소거 속도를 기술하고, 간헐적 강화법에 속하는 4가지 방법에 관하여 설명하시오.
>
> 2022년 경영지도사 기출

Ⅰ 연속적 강화법, 간헐적 강화법

1. 개요

행동을 변화시키기 위해서는 강화의 법칙을 사용하는 것이 필요하고, 그 중 긍정적 강화로서 보상이 가장 효과적인 강화방법임을 알 수 있다. 여기서 강화요인을 제공하는 스케줄에 따라 행동변화 속도에 영향을 줄 수 있으며, 이러한 강화 스케줄에는 다음과 같이 요약할 수 있다.

2. 연속적 강화법

연속적 강화법은 바람직한 행동이 나타날 때마다 강화요인을 제공하는 방법으로 새롭게 형성된 바람직한 행동을 강화할 때, 또는 불규칙하거나 발생하는 빈도가 낮은 경우에 사용하는 것이 효과적이다. 연속강화 스케줄은 강화요인이 매번 제공되는 한 꾸준한 성과향상을 기대할 수 있으나, 강화요인이 제거되고 나면 나타났던 반응이 급속하게 소거되는 경향이 있다. 이 방법은 지나치게 자주 사용하기에는 조직의 자원에 한계가 있어서 일반적으로 대부분 단속 강화 스케줄을 사용하는 것으로 나타나게 되었다.

3. 간헐적 강화법

〈간헐적 강화법〉은 어떤 기준을 가지고 강화요인을 제공하는 기법들을 통칭하는 것이다. 여기에는 시간을 기준으로 고정간격법, 변동간격법이 있고, 반응 행동 수를 기준으로 고정비율법, 변동비율법이 있다.

Ⅱ 학습속도와 소거속도

1. 학습속도

〈학습속도 측면〉에서 〈연속강화법〉이 강화요인을 조직이 원하는 행동이나 성과가 날 때마다 매번 제공된다는 특성상 꾸준한 성과향상을 기대할 수 있다. 그러나, 조직이 보유한 금전적 재원의 한계, 시간의 한계 등으로 인하여 연속강화법을 지속적으로 사용하기에는 한계가 있으므로, 조직 입장에서 조직구성원의 긍정적인 행동변화를 합리적으로 유도할 수 있는 <간헐적 강화법> 중 다양한 유형을 균형있게 사용할 수 밖에 없다.

2. 소거속도

- <소거>는 바람직하지 못한 행동을 덜 하게 하는 학습의 효과를 기대할 수 있는 방법이며, 상여금 및 인센티브 제거 등의 사례를 통해 징계성 강화전략이라고 할 수 있다. 그렇다면 즉각적인 적용, 일관성, 평등성 등의 성질과 결부되어 있으며, 따라서, <연속적 강화법>을 사용할 때 당장의 빠른 행동변화를 보일 것임을 기대할 수 있다.
- 그러나, 매번 소거에 의한 연속적 강화를 사용할 경우 발생될 수 있는 공정한 절차의 하자, 상황에 대한 면밀한 검토 등이 문제될 수 있고, 회사의 시간적·금전적·동기적·인지적 제한이 있다는 점을 감안하여 <간헐적 강화법>을 병행하여 사용하는 것이 합리적일 것으로 사료된다. 즉, 시말서 및 경고 3회에 의한 징계적용의 고정비율법(반응행동 기준)으로서 상여금 제외 등이 있고, 상황의 심각성을 고려한 변동비율법 적용으로 소거를 실시할 수 있는 것이다.

Ⅲ 간헐적 강화법 스케줄

1. 의의

간헐적 강화 스케줄은 행동을 할 때마다 강화를 제공하지 않고, 간헐적 제시하는 것이며, 이것은 주기적인 <시간간격>을 정해놓고 제시하거나 또는 특별한 주기 없이 기대했던 <빈도 수>가 나왔을 때 강화를 제공하는 방식이 있다.

2. 고정간격법

<고정간격법>은 일정한 시간간격을 두고 강화요인을 제공하는 방법이며, 대표적으로 일정한 시간간격에 의한 지급방법인 주급, 월급 등이 이에 해당한다. 또한, 매년 정기적인 평가제도 실행 이후의 결과를 놓고, 공정하고 객관적인 결과에 따른 보상제도의 결정을 하는 방법도 여기에 해당한다.

3. 변동간격법

<변동간격법>이란 불규칙한 시간 간격을 두고 강화요인을 제공하는 방법이며, 기업이 필요로 하는 특정업무에 발탁인사를 등용하는 승진제도 등을 들 수 있다.

4. 고정비율법

〈고정비율법〉은 일정한 수의 바람직한 행동이 나올 때, 강화요인을 제공하는 방법이며, 일정한 시간외근무를 한 경우에 이에 대한 적합한 시간외근무수당을 지급하거나, 회사가 기대했던 성과만큼을 달성했을 때 지급하는 성과급이 대표적이다. 반면에 직장생활에 적합하지 않은 행동으로 시말서, 경위서 등을 삼진아웃제라고 하여 세 번의 일정 빈도 수를 기록한 경우, 이에 대한 징계수위를 결정하는 경우를 들 수 있다.

5. 변동비율법

불규칙한 횟수의 바람직한 행동 이후에 강화요인을 제공하는 방법이 〈변동비율법〉이며, 평균을 기준으로 한 불규칙한 빈도 수가 나왔을 때를 의미한다. 대표적인 사례로는 회사의 사기진작을 위하여 지급하는 성공 커미션, 포상, 불규칙적인 칭찬 등이 이에 해당한다.

Ⅳ 강화스케쥴 반응 효과

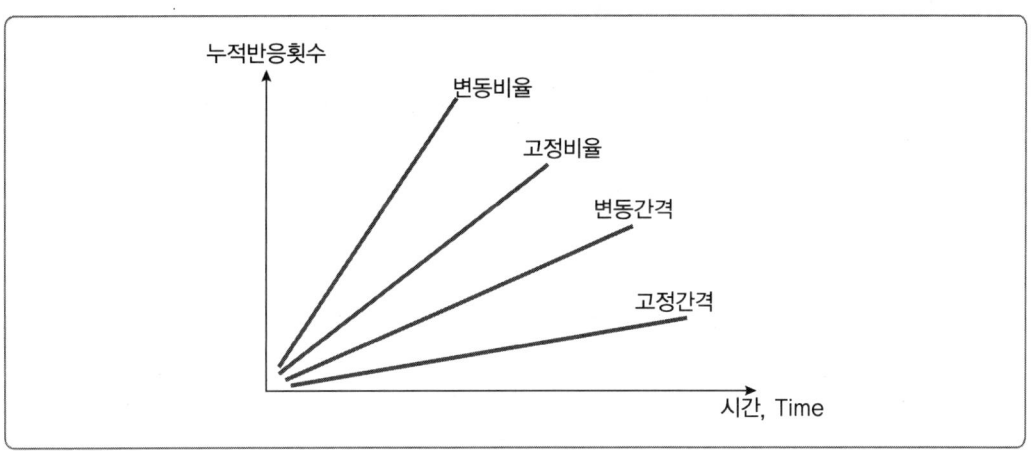

변동비율법 > 고정비율법 > 변동간격법 > 고정간격법

경영조직론 답안작성연습

> **연습 6**
> 사회적 학습에 대하여 설명하세요.

I 학습의 의의

'학습'은 반복적인 연습과 경험을 통하여 이루어진 비교적 영구적인 행동변화를 의미하며, 개인의 성장과 발전을 위한 수단이 되면서 참여적인 의사결정을 하게 되는 기본초석을 학습이 다져준다는 점에서 기업경쟁력의 핵심임. '사회적 학습이론'은 관찰과 경험에 의한 학습이며, 타인을 관찰하면서 얻은 이성적인 생각과 느낌을 통하여 학습이 이루지는 것을 말함. 과거 반두라(Bandura)의 보보인형실험에서 알 수 있듯, 간접경험과 직접관찰에 의한 학습이 직접적인 행동으로 연계되는 실험결과로서 볼 때, 학습의 중요성을 충분히 확인할 수 있음.

II 사회적 학습의 내용

1. Bandura의 보보인형실험

- 반두라는 사회적 학습이론을 공격적 연기자가 등장하는 비디오를 본 아이들의 행동에 관한 실험을 통하여 설명하였음. 즉, 인형을 발로 마구마구 공격적으로 차는 비디오를 본 아이들이, 공격성이 없는 비디오를 본 통제집단 아이들보다 더 공격적으로 행동하였다는 실험임.
- 또한, 세 부류의 집단으로 구분하여 공격적인 연기자가 공격성을 보이는 비디오를 보여준 후, 칭찬/꾸중/무관심으로 구분하여 이후의 학습효과를 살펴본 결과, 제1집단의 아이들이 가장 공격적이었고, 꾸중을 한 제2집단의 아이들이 가장 공격적이지 않았음.

Group 1	보보인형을 공격하는 비디오를 보여준 후, 칭찬 →	공격성을 띤 행동 ○
Group 2	보보인형을 공격하는 비디오를 보여준 후, 꾸중 →	공격성을 띤 행동 ×
Group 3	보보인형을 공격하는 비디오를 보여준 후, 무관심 →	공격성을 띤 행동 ○

2. 주요 내용

1) 대리학습 의의

직접 경험하지 않은 관찰과 모방에 의한 학습을 말하며, 관찰대상을 정하고, 그 사람의 행동과 그 결과를 관찰함으로써 학습하게 되는 것임. 노무법인을 설립하고자 하는 공인노무사가 여러 직원들과의 상하관계를 원만하게 유지하기 위하여 카네기의 말하는 기술, 인간관계 기술 등을 책으로 접하면서 익히는 사례를 들 수 있음.

2) 대리학습 과정

① **주의집중단계(attention)** : 사회적 학습의 첫 단계인 주의집중 단계는 관찰대상의 주요 특징을 파악하는 단계임.
② **유지단계(retention)** : 관찰한 내용을 머릿속에 기억·저장하는 단계이며, 새로 접한 정보를 유지하려면 단순한 관찰만 하는 것 보다는 모방할 행동을 말과 행동으로 표현해 보는 것이 학습을 더욱 촉진하게 함.
③ **재연단계(reproduction)** : 기억한 내용을 행동으로 모방하여 실행하는 단계이며, 닮고 싶은 타인의 행동이 관찰자의 행동으로 전이되기 위해서는 반복적인 연습이 필요함.
④ **강화단계(reinforcement)** : 강화단계는 행동의 동기를 높여주는 과정이며, 적절한 강화기제는 주의집중-유지-재연 활동을 활발하게 작용하게 하는 효과를 가짐.

3. 상징적 과정

상사나 동료들의 언어, 말, 행동, 손짓 등 상징적 체계를 통해 전달되는 가치나 신념, 목표 등을 개인이 인지하고, 이것이 개인행동의 지침으로 활용함으로써 학습이 일어나는 것을 말함. 대표적인 상징체계에는 강의식 학습이 있음.

4. 자기통제

- 학습자가 어느 정도 통제할 수 있는 능동적인 과정임. 어렸을 때 술을 과하게 마시고 행패를 부리는 부모님을 관찰하면서 성장한 자녀가 술을 마시지 않기로 결심하고 음주습관을 갖지 않은 경우 자기 통제를 하면서 사회적 학습이 일어난 것으로 이해할 수 있음.
- 학습곡선에 의한 학습효과를 극대화하기 위하여 개인이 스스로 슬럼프를 극복하는 자기통제를 하는 경우도 있음.

Ⅲ 사회적 학습이론의 시사점

- 학습은 단순한 외적 자극에 의해서만 발생하는 것이 아니라, 자발적이고 자주적으로 일어날 수 있다는 점을 시사하고 있음.
- 사회적 학습이론은 사회적 상황 속에서 강화된다는 것이 핵심이며, 인간은 자신의 행동에 대해 직접적인 강화를 받지 않더라도 사회적 상황 속에서 관찰과 모방을 통해 학습이 가능하다는 것임.
- 스키너의 조작적 조건화 이론이 확장된 이론임.
- 자기효능감을 통한 성과달성 경로로서 의미 있는 이론임.

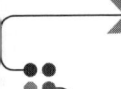

경영조직론 답안작성연습

연습 7
지각의 영향요인과 오류의 유형   2000년 제9회 기출

I 지각의 의의

- '지각'이란, 외부환경에 대한 영상을 사람의 머릿속에 형성하는데 있어서 외부로부터 들어오는 감각적 자극을 선택, 조직화, 해석하는 과정이며, 특히 대인지각은 사람에 대한 지각을 의미함.
- 사람은 누구나 지각하는 세계와 실제 세계에 있어서 차이가 있으므로, 조직 내 개인이 자신의 업무, 조직목표와 정책, 업무처리방법 등에 대하여 어떻게 생각을 형성하느냐에 따라 향후의 의사결정이나 의사소통에도 영향을 미치고, 상호간의 갈등을 유발하게 할 수도 있고 공정한 평가에도 영향력을 제공하므로, 지각은 매우 중요하다고 할 수 있음.
- 지각의 과정은 선택, 조직화, 해석의 과정을 거쳐서 형성되며, 각 과정에서 영향을 미치는 요인을 먼저 알아보고, 그 영향요인에 의한 오류의 유형은 무엇인지 살펴보도록 하겠음.

II 지각의 영향요인

1. 지각자(평가자)의 특성

1) 개인의 욕구 및 이해관계

   지각자가 원하는 바, 관심을 두고 있는 바가 있을 때, 이에 근거하여 말하는 경우 개인의 욕구나 이해관계가 상대방의 지각 형성에 영향을 제공함.

2) 과거의 경험과 지식

   개인의 독특한 과거의 경험이나 지식에 근거하여 사람을 어떤 일정한 방식으로 지각하려는 것을 말함.

3) 자아개념과 퍼스낼리티

   자신을 스스로 어떻게 평가하고 있는가 하는 자아개념에 의하여 타인을 지각하려고 하며, 개인의 독특한 심리적 자질의 총체인 성격에 따라 타인을 지각하려고 함. 즉, 동일한 사물에 대하여 낙천적인 사람은 긍정적으로 지각하고, 비관적인 사람은 부정적으로 평가하는 경향

4) 평가자의 태도

특정대상에 대한 인지적, 정서적, 행위의도적 사전준비상태로서, 평가자의 피평가자에 대한 태도나 평가자체에 대한 태도에 의해서 평가결과, 지각결과에 영향을 줌.

2. 피지각자(피평가자)의 특성

피평가자가 갖고 있는 신체적 특성, 행동특성, 언어적/비언어적 특성, 사회적 특성에 의하여 지각 및 평가의 오류로 연계되기도 함.

3. 지각(평가)이 이루어지는 상황

타인을 지각하는데 있어서 시간, 장소, 업무분위기, 평가시스템 등이 지각을 형성하는데 영향을 미치는데, 건설업체의 경우 남성 직원을 더 우대하는 경향이거나, 오전/오후 중에서 어느 시간대에 지각(평가)을 하는지, 회의실에서 평가하는지 회사외부에 있는 편안한 카페에서 평가하는지 등을 사례로 들 수 있으며, 이와 같이 평가시스템이 시기나 횟수, 운영방식 등 제도적 정비된 정도에 따라 지각을 달리 형성하게 할 수 있음.

4. 그 외

그 외 집단의 압력이 있는 경우, 피평가자의 모습이 주변보다 돋보이는 크기, 모양, 색깔 등을 갖고 있는 경우 평가자의 지각 형성에 영향을 미침. 집단 압력의 경우 회사가 무능하거나 또는 불공정하다고 느껴질 때, 개별 구성원들은 노동조합을 형성하여 인사고과의 공정성, 연봉인상의 공정성 등을 주장하게 됨.

Ⅲ 지각의 오류 유형

1. 선택적 지각

- 자기에게 유리하거나 필요한 부분을 선택적으로 지각하는 것을 말하며, 외부상황이 모호할수록 자신의 경험, 욕구, 동기를 근거로 눈에 먼저 들어오는 정보에 의존하기 때문에 주로 발생함. 먼저 인지된 정보에 의하여 취사선택하는 선택적 지각의 대표적인 사례에는, 취업에 번번이 낙방하는 취준생이 지하철 광고판의 '인재를 찾습니다.'의 문구만 육안으로 들어오는 경우를 들 수 있음.
- 이러한 선택적 지각을 최소한으로 줄이기 위해서는 활발한 의사소통과 다양한 정보력이 필요함.

2. 주관의 객관화(투사)

자기 자신의 특성이나 관점을 다른 사람에게 귀속 전가시켜 자신의 주관을 객관화하는 것으로, 권한위양에 민감한 어느 감독자가 자신의 상급자에게서 이와 관련된 무능함을 발견할 때 지나치게 민감한 경우를 들 수 있음. 주관의 객관화가 인사고과나 선발면접에서 작용할 경우 부당한 차별의 근거가 될 수 있으므로, 객관성, 타당성, 공정성이 내재된 평가요건의 정립이 필요함.

3. 자기실현적 예언

- 주위 사람들이 기대하는 대로, 또는 자신이 기대하는 대로 행동을 밀어붙임으로써 결국은 예측한 기대대로 이루어진다는 법칙임. 자기실현적 예언은 나의 기대가 상대방의 행동을 결정한다는 특징을 갖고 있으며, 예를 들어서 상사가 부하에게 기대를 별로 하지 않으면, 그 상사는 부하에게 그저 그렇게 대하고, 부하는 상사의 기대수준에만 맞추면 된다고 생각하게 되는데, 결국 상사의 예측대로 부하의 업적이 실현될 수 있음을 증명하는 것임.
- 상사의 부하직원 동기부여나 육성훈련에 도움이 되는 지각의 오류 유형이므로, 회사 차원의 교육훈련이나 경력개발훈련제도 등에 응용한다면 조직이 원하는 비전을 가진 인재로서 거듭날 수 있을 것임.

4. 지각방어

개인에게 불쾌하거나 위협을 안겨다주는 자극이나 상황을 거부함으로써 방어벽을 구축하는 것을 의미함. 자신에게 위협적이거나 불리한 상황에서 이에 대한 인식을 회피하거나 왜곡하려는 경우임.

5. 상동적 태도

1) 의의

사람을 지각할 때, 그들이 속한 사회적 집단 또는 계층을 기초로 지각하려는 경직된 편견임. 이러한 상동적 편견이 발생하는 이유는 논리적이고 도덕적인 판단기준이 부재하기 때문임. 대부분 상동적 태도의 사례를 들 때, '영국인은 신사다.' '~~○○학교 출신', '··○○지역출신' 등으로 설명하는데, 사실 사회적으로 잘 나타나는 상동적 태도의 유형을 살펴보면 다음과 같음.

2) 유형
- 남녀에 의한 상동적 태도
- 연령에 의한 상동적 태도
- 학력에 의한 상동적 태도
- 경력/자격에 의한 상동적 태도
- 직업에 의한 상동적 태도
- 국적에 의한 상동적 태도
- 장애인에 의한 상동적 태도
- 종교에 의한 상동적 태도

3) 조직행동 차원에서의 시사점

회사의 선발면접, 인사고과, 승진제도, 연봉제도에 있어서 부당한 차별의 근거가 되므로, 이를 배제하여 인사제도 적용이 되는 객관적이고 공정한 판단기준이 필요하다는 점에서 시사하는 바가 큼.

6. 현혹효과(후광효과)

- 어떤 사람 또는 어떤 분야의 호의적이고 비호의적 인상이 다른 사람 또는 다른 분야의 평가에 영향을 주는 것임. 수학을 잘 하는 학생은 당연히 물리/화학도 잘 할 것으로 생각해 버리거나, 토익성적이 좋은 직원은 당연히 일도 잘 할 것이라고 생각하는 경우를 들 수 있고, 가장 흔히 발생하는 지각오류 중 하나이므로, 다양하고 정확한 정보원천의 활용이 필수적이라 하겠음.
- 기업에서 현혹효과는 인사고과자가 자신의 가치관과 비슷한 사람에게 능력, 근면, 정직성 등 모든 측면에서 점수를 더 주는 경향이 많음. 따라서, 조직 차원에서 인사평가 시 후광효과가 발생하는 경향을 방지하기 위하여 BARS, MBO, 360도 다면평가제도를 제도적으로 활용해야 함.

7. 최근효과(= 시간근접의 오류)

최근 정보만을 가지고 평가하는 것이며, 매년 말에 인사고과를 하여 연봉을 정하는 경우, 상반기에 아무리 잘 했어도 하반기의 실적이 저조하면 잘 못 평가받기 쉬움.

8. 초두효과

어떠한 정보가 연달아 제시될 때 가장 먼저 제시된 정보가 더 큰 영향력을 가지는 것으로 다량의 제시된 정보들 앞에서, 가장 먼저 설명된 정보에 기준한 의사결정을 하는 경우임.

9. 대조효과(대비효과)

- 시간적으로 바로 이전의 것, 공간적으로 바로 옆의 것과 대조하면서 대상을 과대평가/과소평가하는 것이며, 회사의 채용면접에서 잘난 사람을 거쳐 간 다음의 보통수준의 응시자에 있어서 실제보다 못한 평가를 받는 경우임. 대조효과가 발생하는 원인에는 인간은 기본적으로 비교를 통해 인지하려는 성향이 있기 때문에 대조효과가 보편적으로 발생하곤 한다는 것임.
- 선발면접이나 인사고과에서 평가기준의 타당성에 부정적인 영향을 미칠 수 있으므로, 대조효과가 발생되지 않도록 제대로 된 평가요건의 정립이 필요함.

10. 관대화, 중심화, 가혹화

관대화는 가급적 후하게 평가하는 경향이고, 중심화는 평균치로써 평가하려는 것임. 가혹화는 평균치 이하 낮은 수준으로 평가하는 것임.

11. 자존적 편견

평가자 자신의 자존심이나 자아를 지키고 높이는 방향으로 행위자의 행위원인을 귀속시키려는 편견임.

12. 통제의 환상

개인이 자기가 한 일에 대하여 성공가능성을 객관적인 성공가능성보다 높게 지각하는 것

13. 유사성 오류

지각자와 피지각자 간에 가치관이나 취향, 행동패턴이 유사한 경우 평가결과에 영향을 미치는 것

14. 행위자-관찰자 편견

자신의 행위는 상황적·외적으로 귀속시키고, 타인의 행위는 내적으로 귀속시키려는 편견임.

> **연습 8**
> Kelley의 귀인이론을 약술하세요.
> 2021년 제30회 기출

Ⅰ 귀인이론의 의의와 발전과정

1. 의의

- 귀인이란 피지각자의 행위에 대한 관찰을 통하여 그 행동원인을 추론하는 것이며, 귀인이론은 타인의 행동을 관찰할 때 그 행동의 원인이 내재적인지 아니면 외재적인지 추론하는 과정을 설명한 이론이며, 켈리(Kelley)가 귀인이론을 완성하였음.
- 일상생활에서 타인의 행동원인을 외부에 귀속시키느냐 내부에 귀속시키느냐에 따라서 그 사람에 대한 평가가 달라지고, 회사입장에서 또는 상급자로서 구성원을 잘 관리하는 방법을 제공해 주기 때문에 귀인이론은 매우 중요함.

2. 발전과정

1) 와이너(Weiner)는 "귀인"이란, 행동결과의 원인을 추론하는 것이라 설명하였음. 귀인을 하는 것은 사람의 본능이라고 하였음. 이후 하이더(Heider, 오스트리아 학자)는 사람들은 대개 예기치 못한 나쁜 일(unusual & unhappy)이 발생하였을 때, 어떻게든 그 귀인을 하려는 경향이 있다고 설명하였으며, 하이더는 귀인이론의 창시자로서 유명함. 또한, "사람들은 순수한 과학자와 같다. 관찰할 수 있는 행동을 관찰할 수 없는 원인과 결부시키려 하기 때문이다."라는 유명한 이야기를 남김.

2) 로젠바움(Rosenbaum)은 내적귀인과 외적귀인으로 구분하여 설명하였으며, 여기서 '내적귀인'은 능력, 노력, 그 노력이 투입된 시간 등이고, '외적귀인'은 상황, 운, 과업의 난이도 등임을 설명하였음.

3) 마지막으로 켈리(Kelley)는 피지각자의 행동에 대한 관찰을 통하여 그 행동원인을 특이성, 합의성, 일관성으로 공변모형을 도입하여 설명하였음. 이를 귀인이론이라고 부름.

Ⅱ 내적귀인과 외적귀인의 기준

1. 의의

하이더는 인간의 행동에 대한 귀인을 내적 요인에의 귀인과 외적 요인에의 귀인으로 나누어 설명하였으며, 구체적인 개념은 다음과 같음.

구분	내적 귀인	외적 귀인
안정적	능력	과업의 난이도
변동적	노력	운

2. 내적귀인과 외적귀인

내적귀인은 사람의 능력이나 노력 등 개인 내부적 요소를 행위 원인으로 보는 것이며, 외적귀인은 직무의 특성이나 상급자의 특성 등 외부적, 환경적 요소를 행위 원인으로 보는 것임. 즉, 어느 한 사람의 행동이나 행동결과에 대해서 보는 사람에 따라 통제능력, 경험 등 내적 요인들을 원인으로 여기는 경우도 있고, 행동을 한 상황이나 운 등 외적 요인을 원인으로 생각하는 경우도 있다는 것임.

Ⅲ 켈리의 공변모형

1. 의의

켈리는 사람들이 내적요소로 귀인 하느냐 아니면 외적요소로 귀인 하느냐를 결정할 때, 주로 다음의 세 가지 기준(특이성, 합의성, 일관성)을 활용한다고 보았음. 원인의 귀속으로 '내적귀인'은 어떤 행위의 원인을 내적인 능력, 동기, 성격 때문인 것으로 이해하는 것. 부하의 성공을 내적귀인에 근거하는 사례가 대표적임. '외적귀인'은 상황요인, 과업의 난이도, 운, 타인의 도움 등과 같이 외적인 것에 원인을 귀속시키는 것임.

2. 원인의 귀속

① **특이성** : 다른 사건의 결과와 비교하는 것으로 유독 이 상황에서만 그렇게 행동하는가?에 대한 것임.
② **합의성** : 다른 사람들의 행동결과와 비교하는 것으로 옆에 있는 다른 사람들도 그 사람과 똑같이 행동하는가?와 관련된 것임.
③ **일관성** : 과거 역사와 비교하여 그의 행동은 항상 이처럼 반복되는가?와 관련된 것임.

[켈리의 공변모형]

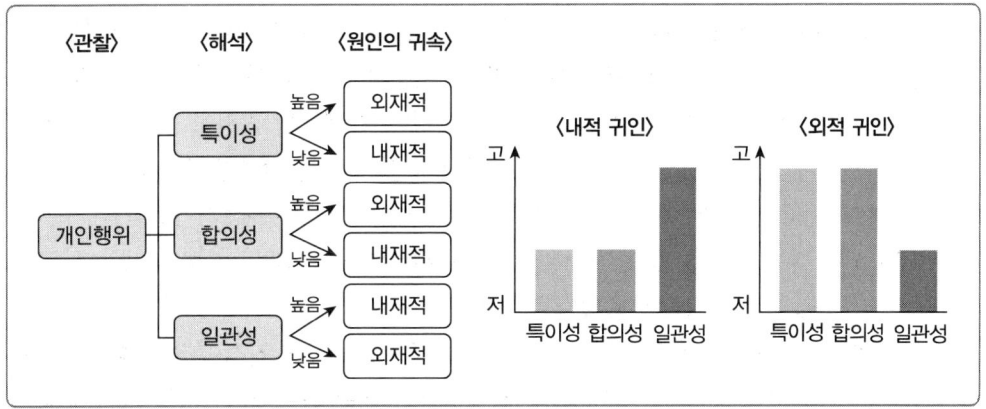

3. 원인귀속의 방향

특이성, 합의성, 일관성으로 설명되며, 내적귀인의 경우 일관성이 높은 경우 나타나고, 외적귀인의 경우 특이성, 합의성이 높은 경우에 나타남.

4. 구체적인 사례

- 경영조직론 시험을 치른 수험생의 점수결과로서 원인귀속을 파악해 보면 아래와 같이 요약할 수 있음.
- 경영조직론 시험을 나도 다른 학생들도 모두 시험을 잘 못 봤다. : 합의성이 높음
- 경영조직론 시험만 못보고, 다른 과목 노동법 등은 잘 봤다 : 특이성 높음
- 지금까지 경영조직론 시험을 잘 봤었는데, 이번에만 잘 못 봤다 : 일관성 낮음
- 따라서, 상기의 사례에서의 상황은 외재적 성향이 강한 사람임을 알 수 있음.

- A는 식당에 갔는데, 음식에 매우 불만이 많았다. 그러나, 다른 사람들은 맛있다며 잘 먹었다. : 합의성이 낮음.
- A는 다른 음식점에 가서도 음식 타박을 하는 편이다. : 특이성 낮음
- A는 이 음식점에만 오면, 항상 불평불만이 가득하다. : 일관성 높음
- 따라서, A는 내재적 성향이 강한 사람임을 알 수 있음.

5. 귀인이론의 시사점

- 원인의 귀속을 어떻게 귀속시키느냐에 따라 개인의 모티베이션이 달리 나타날 수 있음을 시사하고 있는데, 예를 들어서 이번 달 성공의 원인을 자신의 노력에 귀인 시키는 경우 다음 달 업적향상에 기여할 것이고, 직장에서 해고된 직원이 이를 자신의 능력에 귀인 시키게 되면 생활의욕이나 희망을 상당히 잃게 되는 결과를 초래하므로, 귀인이론의 과정을 미리 생각해보고, 인사관리나 리더십에 적용하는 것이 바람직함. 즉, 관리자 입장에서, 부하의 잘못을 외부의 탓으로 돌려주고, 업적성과는 부하의 내부에 근거하게 하여 내적동기화를 추구하도록 해야 함.
- 따라서, 행위나 사건이 일어나게 된 원인을 주도면밀하게 관찰·분석하여 그 원인이 사람 자체에 있는지, 아니면 외부환경에 있는지 여부를 규명하여 귀인과정에서 올 수 있는 편견을 소거해야 함.

Ⅳ 귀인과정에서의 대표적 편견

1. 행위자-관찰자 편견

- 자신이 행위자 입장인 경우인지 관찰자 입장인지에 따라 원인귀속이 다른 편견임. 즉, 자신의 행동의 결과에 대하여 귀인 하는 경우와 타인의 행동결과에 대하여 귀인 하는 결과가 차이가 있다는 것임.
- 자신의 성공에 대하여는 자신의 능력과 노력에 귀인하고, 자신의 실패에 대하여는 상황과 운, 다른 사람에게 책임을 돌리려는 경향이 있지만, 타인의 경우 성공한 결과에 대하여는 상황과 운, 자신이 도와주어서라고 생각하고, 타인이 실패한 경우에는 노력이 부족하다고 나무라는 사례가 해당함.

2. 자존적 편견

사람들은 자신의 자존심이나 자아를 지키고 높이는 방향으로 행위자의 행위원인을 귀속시키려는 편견을 갖고 있어서 잘 되면 내 탓, 못 되면 조상 탓으로 돌리는 경향을 들 수 있음. 즉, 자신의 성공한 결과에 대해서는 노력과 능력으로 돌리고, 실패한 결과에 대해서는 외부 탓으로 돌리는 것임.

3. 통제의 환상

자신의 행동과 결과를 모두 자기가 통제할 수 있다고 생각하는 환상으로 일례로 자신의 성공가능성을 객관적인 성공가능성보다 높게 지각하는 것을 말함. 이것을 귀인이론과 연계하여 생각해 보면 세상의 모든 일들을 자기노력으로 다 할 수 있다고 굳건하게 믿고, 어떤 일이 실패하였을 때 사실 주변의 상황이 난감하고 교통이 막히고, 주변인이 자주 심부름을 시켜서 방해공작을 했던 상황임에도 불구하고, 내적귀인을 하는 경우임.

4. 근본적 귀인오류

사람들은 타인의 행동을 보고, 근본적으로 잘 못된 귀인오류를 범하는데, 외재적 요인에 의한 영향은 축소해서 평가하고, 내재적 요인의 영향을 과대포장하여 평가하는 경향을 갖고 있음. 구체적으로 공장장이 회사의 낮은 판매실적의 책임을 생산공정라인 종사자의 게으름 때문으로 탓을 돌리는 경향을 들 수 있음.

Ⅴ 귀인이론의 시사점

1. 명확한 원인귀속에 유의

귀속 작업을 올바르게 하기 위해서는, 행동당사자에 대한 정보를 많이 알고 있어야 하고, 최종적인 판단 전에는 정확하고 많은 정보에 의한 원인귀속을 해야 함이 바람직함.

2. 원인귀속과 조직행동

- 조직 내에서 발생하는 다양한 의사소통과 중요한 의사결정에 원인귀속의 편견이 개입될 경우, 자칫 조직의 이익과 반대되는 결론을 낼 수 있으므로, 원인귀속에 대한 부분을 미루거나 아니면 명확하게 하여 그릇된 결론이 도출되지 않도록 해야 할 것임.
- 또한, 귀인과정에서 행위자-관찰자 편견, 자존적 편견 등은 부서이기주의, 자기의견에 대한 집착과 고집으로 구성원의 단합을 유도하기에는 지나친 행동으로 발생할 수 있다는 점에 유의해야 함.

3. 차별적 처우

잘못된 귀인에 의하여 부하직원들에 대한 평가에 영향을 줄 수 있고, 일상의 직장생활에서 차별적인 언행으로 나타날 수 있으므로 구체적인 명확한 원인파악이 곤란하다면, 책임과 귀인의 파악은 나중으로 미루는 것이 바람직함.

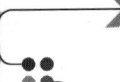

4. 인사관리에 영향

귀인과정에서의 편견이 인사관리에서 작용할 경우, 잘못된 평가결과와 보상으로 불필요한 인재가 조직에서 살아남고, 정말 필요한 인재는 조직을 나가는 결과를 초래할 수 있음. 따라서, 인사관리제도에 있어서 객관적이고 공정한 기준을 정립하여 편견에 의해 좌우되지 않도록 해야 한다는 점에서 시사하는 바가 있음.

> **연습 9**
> 조직 내 개인행동에 영향을 미치는 성격 유형들을 열거하고, 설명하시오.　2006년 제15회 기출

I 성격의 의의

- 성격은 비교적 장기적으로 일관되게 개인행동에 영향을 주는 개인의 독특한 심리적 자질의 총체를 의미함. (G.Allport) −성격의 어원은 라틴어 Persona임. Persona는 배우들이 쓰는 탈(mask)에 기원한 인격을 나타냄.
- 개인의 성격에 관심을 두는 이유는, 이를 이해함으로써 개인의 차이를 알 수 있고, 그 차이에 따라 관리방법을 달리할 수 있기 때문임. 더구나 최근에는 성격변수가 직장인의 직무만족과 스트레스 관리능력, 리더십을 예측하고 설명해 주는 영향변수로서 작용함이 알려지면서, 그 중요성이 더해지고 있음.
- 성격 측정은 대부분 관찰법, 설문지법, 투사법을 사용하여 파악하여, 성격을 결정하는 요인으로 유전적 요인, 상황적 요인, 사회적 요인, 문화적 요인으로 구분하여 이해할 수 있음.

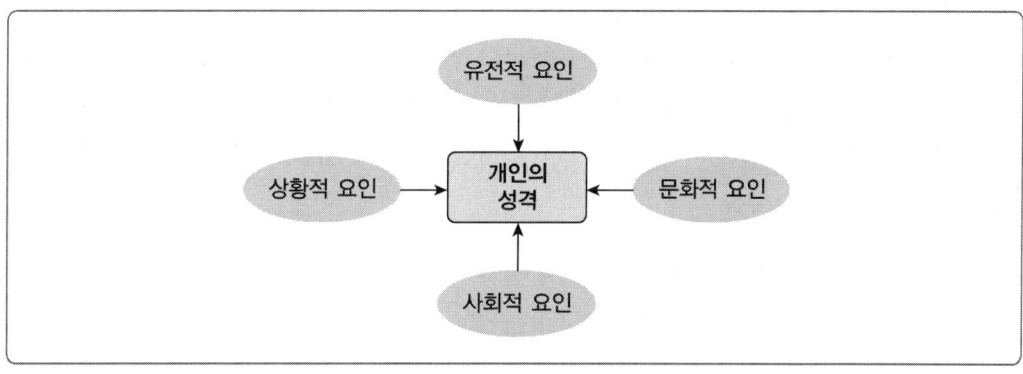

II 성격이론

1. 성격특성이론

여러 가지 상황에서 나타나는 사람의 행동에 관한 특성이 성격에 의해 영향을 받는다고 보고 있으며, 비교적 장기적으로 일관되게 나타난다고 보았음.

2. 정신분석이론

프로이드(Freud)는 인간의 행동은 숨겨진 동기와 무의식적인 소망에 의하여 발생하며, 특히 성격은 원초아(본능), 자아(현실), 초자아(도덕, 윤리규범)의 세 가지 요소가 상호 교류하면서 성격이 형성된다고 보았음.

3. 자아실현이론

매슬로우(Maslow)는 모든 인간 개개인은 자아실현을 향하여 항상 추진하는 기본적인 의지를 갖고 있다는 가정에 기초하여 성격이 형성된다고 보았음.

4. 내향성 – 외향성 이론

융(Jung)은 주어진 상황에 대한 반응에 있어서 개인의 에너지가 외부와 내부 어느 쪽을 지향하는지에 따라 성격이 형성된다는 이론임.

5. Big5 모형(Costa & McGrae, 1992)

1) 의의

다섯 가지 기본 차원(외향성, 포용성, 신중성, 정서적 안정성, 개방성)을 활용하여, 수없이 다양한 인간의 성격을 대부분 파악할 수 있는 강점을 갖고 있으므로, 연구자들의 대단한 지지를 받고 있고, 실제로 다양한 사람들의 행동예측을 거의 정확하게 예측한다고 함.

2) Big5의 다섯 가지 요인

① 외향성 : 사람들과의 관계에서 편안함을 느끼는 정도
② 포용성(=친화력) : 다른 사람들에게 양보하고 순응하는 경향
③ 신중성(=성실성) : 직무성과를 가장 잘 예측하는 요인, 신뢰성과 책임감을 겸비하고, 규칙적이며 믿음직스럽고 우직함.
④ 정서적 안정성(=평정성) : 스트레스에 견디는 개인의 능력
⑤ 개방성 : 새로운 것에 대한 관심과 흥미 정도를 말함.

3) Big5의 조직행동 예측

① 외향성

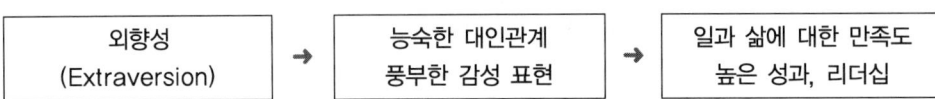

② 포용성(=친화력)

③ 신중성(=성실성)

④ 정서적 안정성

⑤ 개방성

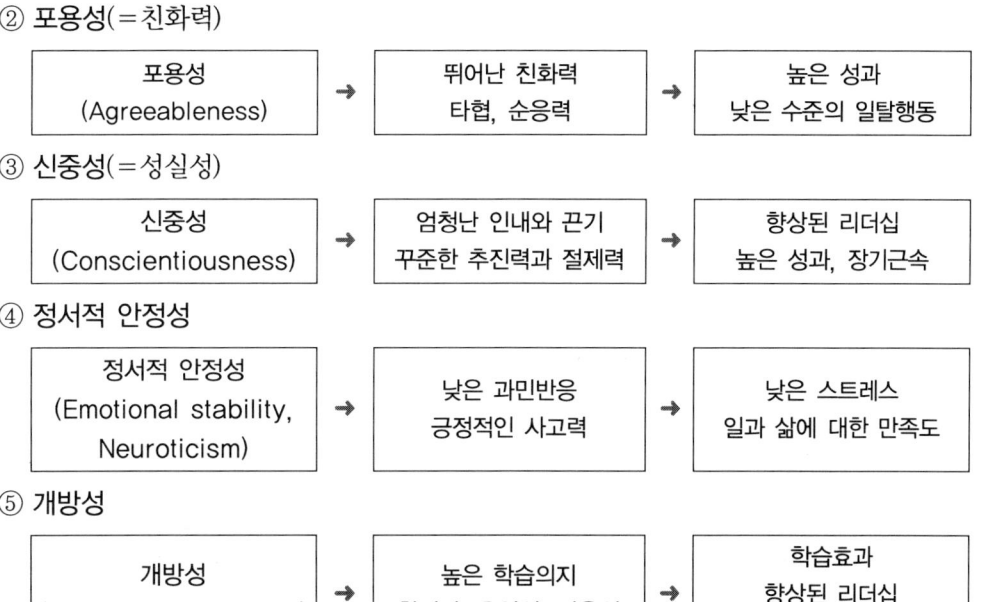

6. MBTI

1) 의의

K.Jung의 심리유형을 근거로, Katherine Myers-Isabel Briggs Type Indicator을 고안하여 성격유형의 지표로서 활용한 것임. MBTI의 4개의 대칭되는 기준마다 1개씩 짝을 이루면, 총16개의 성격 유형으로 구성됨.

2) 분류

- 에너지 방향 : 외향형(Extraversion, 에너지 발산형)/내향형(Introversion, 에너지 수렴형)
- 인식(정보수집) : 감각형(Sensing, 오감) / 직관형(Intuition, 육감)
- 판단력(의사결정) : 사고형(Thinking) / 감정형(Feeling)
- 이행양식(생활양식) : 판단형(Judging, 정리정돈형, 마감시한) / 인식형(Perceiving, 그때그때 유연하게 결정하는 것을 선호)

3) 공헌점과 한계점

자기인식을 하는 지표로 활용되어 실무에 활용도가 높고, 경력가이드로서 활용된다는 공헌점이 있지만, MBTI 측정방법이, 누구나 성격유형 중 하나를 선택해야 한다는 가정에서 보면, 성격측정에 타당성이 있는지 의문이고, 이러한 MBTI의 성격유형결과가 과연 직무성과에 연관성이 있는지 파악이 어려움. 또한, 16가지 유형이 모두 좋은 성격유형으로 신뢰성이 없다는 비판을 받음.

7. 미성숙 – 성숙이론

1) 의의

아지리스(Argyris)는 개인의 성격은 유아부터 성인기에 이르기까지 점차적으로 성숙된 인간으로서의 성격을 형성해 나간다고 보았음. 즉, 7가지 요소를 중심으로 개인의 성격 발달을 설명함. 구체적으로 내용을 보면, 수동성 ⇨ 능동성, 의존성 ⇨ 독립성, 제한된 능력 ⇨ 다양한 능력, 얕은 관심수준 ⇨ 깊은 관심수준, 단기적 시야 ⇨ 장기적 시야, 하위지위 ⇨ 상위지위, 자아인식의 결여 ⇨ 자아인식과 통제하는 방향으로 성숙하는 과정에서 성격이 형성된다고 하였음.

2) 공헌점

구성원들을 미성숙한 존재로서 취급하는 경우, 조직의 전반적인 관리와 직무구조 설계에 소홀하게 되고, 이것은 결국 구성원이 성숙한 존재로 발전하는 것을 회사가 방해하는 결과가 됨. 따라서, 조직행동 관점에서, 인간존중경영으로서 직무충실화, 경력개발의 방향을 제시하여 개인과 조직의 융화, 자율경영팀의 활성화, 민주적인 리더십 등 새로운 방식의 조직설계와 관리가 필요함을 시사하는 데 공헌함.

Ⅲ 조직행동에 영향을 주는 성격 특성

1. 통제의 위치

1) 의의

로터(Rotter)는 통제위치가 어디에 있느냐에 따라 크게 내재론자와 외재론자로 구분할 수 있다고 보았음. 내재론자는 자신을 자율적인 인간으로 보고 자기의 운명과 일상생활에서 당하는 상황을 자신이 통제할 수 있다고 믿는 것이고, 외재론자는 자기를 운명의 노예라고 여기고, 자기의 운명과 삶은 외부의 여러 가지 요인에 의하여 결정된다고 본 것임. 운명론자임.

2) 연구결과

내재론자가 외재론자에 비해 직무만족도가 높고, 적극적이고 참여적이며, 정서적으로 안정되어 있어서 스트레스에 대한 수용력이 강하여, 업무성과도 높다고 보았음. 따라서, 내재론자가 외재론자보다 출세와 승진도 빠르다고 함. 따라서, 실무에서 본다면, 회사의 영업업무 등에는 외재론자가, 생산직 업무에는 내재론자가 더 적합하고, 관리자 스타일도 부하직원의 통제 위치를 파악한 후, 적합하게 발휘되는 것이 효과적임을 시사함.

2. 외향성 - 내향성

주어진 상황에 대한 반응에 있어서 개인의 에너지가 외부와 내부 어느 쪽을 지향하는지에 따라 성격이 형성된다는 이론에 의하여 영향을 받는 성격 유형이며, 반복적인 과업수행의 경우 내향적인 사람이, 감각적인 자극이 넘치는 환경에서 수행되는 과업에 대해서는 외향적인 사람이 성과가 높음.

3. 성취지향성

성취동기가 높은 사람은 그들의 기술과 문제해결능력에 도전감을 주는 과업에 관심을 둔다고 보았음. 성취지향성이 큰 사람일수록 단순한 조립라인이나 사무직에 배치하지 않고, 판매직, 프로운동선수, 전문경영인으로서 직무를 맡기는 것이 유리함.

4. A형, B형 차원

1) 의의

A형은 참을성이 없고, 성취에 대한 욕망이 크며, 완벽주의자로서 불안과 초조함에 의해 일을 한다는 특성이 있고, B형은 계획을 세워서 차근차근 진행하며 신중하고 침착하게 해결해 나가는데 기간이 오래 걸리는 성향으로 나타남. 로즈만과 프리드만(Roseman & Freedman)은 A형이 B형에 비해 심장질환을 일으킬 가능성이 월등히 높다는 사실을 밝혀냈음.

2) 사례

A형이 B형보다 시간을 달려서 더 열심히 성과를 내려고 일하는 경향이 있으므로 어렵고 복잡하며 도전적인 과업을 선택하는 것이 적합함. 그러나, 인내심이나 면밀한 분석과 판단력을 요구하는 과업에는 서두르는 과묵한 B형의 성과가 더 높다는 연구결과가 있음.

3) 조직행동에의 시사점

A형은 대인관계에 있어서 갈등을 유발하는 경우가 많고, 동료들과도 종종 마찰을 일으킨다는 단점이 존재하고, B형은 업무에 지나친 신중함으로 동료들에게 업무흐름에 있어서 오히려 방해하는 경향으로 나타난다는 단점이 존재함. 이러한 부정적인 요소들을 잘 극복하여 업무처리속도와 전체적인 직무성과를 이루어내는 것이 필요할 것임.

5. 마키아벨리즘

1) 의의

자신의 목표를 달성하기 위해 다른 사람을 이용하거나 조작하려는 경향과 관련된 성격특성. 16세기 마키아벨리의 군주론에서 권력의 획득 및 유지와 관련된 기술에 유래함. 마키아벨리즘 성향이 높은 사람일수록 승패에서 이길 확률이 높고, 자신은 잘 설득되지 않는 반면에 더욱 더 남을 설득하려 함. 노사관계에서와 같이 교섭능력이 필요한 직무나 성공에 대한 실질적 보상이 주어지는 상황에서 유용함.

6. 위험부담성향

위험선호도가 높은 사람은 낮은 사람에 비해, 더 적은 정보를 가지고 빠른 의사결정을 이루어내는 성향이 있으며, 흥미 있는 사실은 위험선호도가 높건 낮건 간에 양 집단이 내린 의사결정의 정확성은 동일하다는 것임. 높은 위험선호도의 사람에게는 증권회사의 증권거래업무가 적합하고, 위험선호도가 낮은 사람은 회계사의 업무가 효과적이므로, 각 개인별 위험성·도전성 등을 파악하고 업무배치를 하여야 함이 바람직함.

7. 자기효능감

1) 의의

특정 과업을 수행할 수 있다는 개인의 능력에 대한 믿음. 자기효능감이 높으면 어렵고 도전적인 목표를 설정하고, 열심히 노력하여 성과를 달성하려는 경향이 강함.

2) 생성원천

성공경험, 대리학습, 언어적 설득, 각성

3) 자기효능감이 조직행동에 미치는 영향

난이도가 높은 목표 선호, 꾸준한 노력투입과 지속, 학습효과의 증진, 자신감을 갖고 사고방식에 변화, 스트레스의 자기조절을 가능하게 됨.

4) 자기효능감과 목표설정이론의 관계

관리자가 좋은 목표로서 구체적이면서 실행가능하고, 지속적인 검증 가능한 피드백을 제공하는 경우로서 회사차원의 보상제도와 연계된 목표를 설정하여 부하에게 하달한 경우, 이를 제공받은 부하직원은 '내가 이만한 일을 할 수 있는 사람이니까, 이 일을 시키는 거구나.'라고 생각하여 자기설정목표를 갖고 자기효능감을 발휘하여 결국 높은 수준의 성과를 달성하게 됨.

8. 나르시시즘(= 자아도취성향)

그리스 신화에서 자기 외모를 너무 뽐내며 자부심을 가지다가 물에 비친 자신의 외모와 사랑에 빠지게 된 나르시서스 스토리에 기초하여 만들어진 성격유형으로 자기애, 자아도취성향을 의미함. 업무실적과 상관없이, 엄청난 자존심과 함께 지나친 존경을 요구하며 자신이 특권적 자격을 지닌 것으로 여기는 경향으로 나타나므로, 업종 및 업무내용과의 적합성 문제가 가장 쟁점이 되는 부분임.

9. 싸이코패스(= 반사회적 인격장애)

남들에 대한 배려가 없고, 해악을 끼치는 행동에 대한 죄의식이나 양심의 가책이 결여된 성향이며, 각종 물리적 및 언어적 폭력으로 직장 내 약자를 괴롭히는 방법을 사용하는 것과 관련하여 각종 사건을 유발할 수 있음.

> **연습 10**
>
> 다음의 물음에 답하세요.
> 1) MBTI와 BIG-5의 내용, 공헌점과 한계점을 제시하고, 비행기 조종사, 외과의사, 경찰, 승무원의 경우에 있어서 BIG-5 성격유형 중 가장 중요한 요인은 무엇이라고 생각하는지 그 이유와 함께 설명하세요. (25점)
> 2) 감정의 개념을 설명하고, 승무원들이 경험하게 되는 감정 노동 강도의 영향요인과 감정표현의 세 가지 행동을 스트레스 정도를 포함하여 서술하세요. (25점)

문제 1)

I 성격의 의의

1. 개념

성격(personality)은 비교적 장기적으로 일관되게 개인행동에 영향을 주는 개인의 독특한 심리적 자질의 총체를 의미하며, G.Allport는 성격을 "개인 내부에 존재하는 동태적인 심신 시스템"이라고 설명하였다. 성격의 어원은 라틴어 Persona(페르소나)에 기원하며, 페르소나는 배우들이 쓰는 가면(mask) 또는 인격을 나타낸다. 셰익스피어는 "인간은 잠시 무대에 서는 배우와 같다"라고 하였으며, 사람은 인생이라는 무대에서 성격을 표현하며 살아가는 배우와 같다는 의미인 것이다.

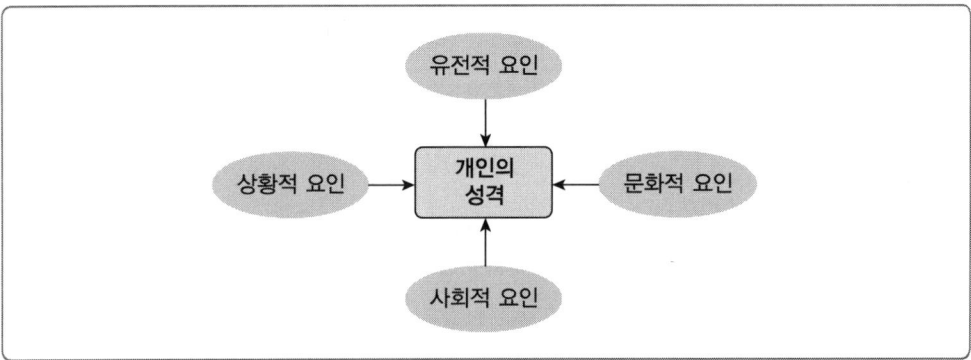

2. 성격의 중요성

개인의 성격에 관심을 두는 이유는, 이를 이해함으로써 개인의 차이를 알 수 있고, 그 차이에 따라 관리방법을 달리할 수 있기 때문이다.

Ⅱ MBTI 와 Big-5

1. MBTI

1) 개념

K.Jung의 심리유형을 근거로, Myers-Briggs Type Model을 고안하여 성격유형의 지표로서 활용한 것이며, MBTI의 4개의 대칭 기준마다 1개씩 짝을 이루면, 총16개의 성격 유형으로 구성되어 있다.

에너지 방향	외향형(Extraversion)	내향형(Introversion)
인식	감각형(Sensing)	직관형(Intuition)
판단력	사고형(Thinking)	감정형(Feeling)
이행양식	판단형(Judging)	인식형(Perceiving)

① **에너지 방향 : 외향성과 내향성**

타인과의 관계에서 에너지를 어느 방향으로 쏟는지에 관한 것으로, 여기서 〈외향성〉이란 활발한 대인관계와 경험을 중시하는 성향이고, 〈내향성〉이란 자신에 대한 관심과 내면에 집중하는 성향을 말한다.

② **인식 : 감각형과 직관형**

〈감각형〉은 오감을 사용해 현실적이고 구체적이면서 측정 가능한 정보를 수집하는 유형이지만, 〈직관형〉의 경우 암시, 추론, 상상 등에 기초하여 결정하는 유형을 말한다.

③ **판단력 : 사고형과 감정형**

〈사고형〉이란 객관적이고 분석적이며 논리적 결정을 선호하는 스타일이고, 〈감정형〉은 자신의 느낌과 감정, 공감에 기초하여 해결하는 방식을 말한다.

④ **이행양식 : 판단형과 인식형**

이행양식이란 행동으로 옮겨가는 일상생활의 스타일을 말하며, 여기서 〈판단형〉은 질서정연하게 잘 정돈된 삶을 위해 계획에 따라 차근차근 실행하는 스타일이고, 〈인식형〉은 특정 상황변수에 따라 유연하게 탄력적으로 삶을 살아가는 스타일을 말한다.

2) 공헌점과 한계점

① **공헌점** : MBTI의 〈공헌점〉에는 자기인식을 하는 지표로 활용되어 실무에 활용도가 높다는 점과 경력가이드로서 활용된다는 점에 있다.

② **비판점** : 〈비판점〉에는 MBTI 측정방법이, 누구나 성격유형 중 하나를 선택해야 한다는 가정에서 보면, 성격측정에 타당성이 있는지 의문이고, 이러한 MBTI의 성격유형 결과가 과연 직무성과에 연관성이 있는지 파악이 어렵고, 16가지 유형이 모두 좋은 성격유형이어서 신뢰성이 없다는 비판을 받았다.

2. Big5 모형

1) 의의

BIG-5 모형은 다섯 가지 기본 차원으로서 외향성, 친화성, 성실성, 정서적 안정성, 개방성을 활용하여, 수없이 다양한 인간의 성격을 대부분 파악할 수 있는 강점을 가지고 성격유형을 파악하는 것이다. 연구자들의 대단한 지지를 받고 있고, 실제 다양한 사람들의 행동예측을 거의 정확하게 예측한다고 한다.

① **외향성** : 사람들과의 관계에서 편안함을 느끼는 정도이며, 능숙한 대인관계에서 충분한 감성표현으로 사회적인 관계를 이루어 나가는 특징을 갖고 있다. 외향성이 높은 직원은, 일과 삶에 대한 만족도가 높고, 개선된 리더십을 갖고 있으며, 성과도 높다고 한다.

② **친화성** : 다른 사람들에게 양보하고 순응하는 경향이며, 뛰어난 친화력을 갖고 있으며, 주변여건과 타협하여 순응을 잘 해나가는 특성을 보인다. 조직상황에 잘 순응하며, 일탈된 모습이 거의 없다.

③ **신중성** : 직무성과를 가장 잘 예측하는 요인, 신뢰성과 책임감을 겸비하고, 규칙적이며 믿음직스럽고 우직한 성격유형으로 꾸준한 노력과 끈기가 있으며, 높은 추진력과 절제력으로 목표 달성률이 높다. 장기근속의 확률이 높고, 바람직한 모범적인 리더십으로 팀을 리드하면서 성과를 이루어낸다.

④ **정서적 안정성** : 스트레스에 견디는 개인의 능력으로 평점심을 말한다. 낮은 부정적 감성, 낮은 과민반응의 경향이 있고, 일과 삶에 대한 높은 수준의 만족도, 낮은 스트레스를 보인다고 한다.

⑤ **개방성** : 새로운 것에 대한 관심과 흥미 정도를 말하며, 꾸준한 학습노력, 풍부한 창의성, 뛰어난 유연성과 활력을 보이는 행동특성을 갖고 있다. 뛰어난 변화에 대한 적응력, 학습과 성과의 연계하여 목표달성을 하려는 성향이 강하다.

2) 공헌점과 한계점

① **공헌점** : 〈공헌점〉은 Big-5는 MBTI에 비해 타당성(구성타당성, 내용타당성)이 높은 것으로 학자들에 의해 인정받고 있으며, 연구결과 성실성은 조직성과에 긍정적인 정의 상관관계를 나타낸다고 하였고, 직무탈진은 낮아진다고 하였다. 개방성의 경우 높을수록 스트레스는 낮아진다고 하였다. 친화성과 성실성은 종업원-고객과의 관계에서 긍정적인 정의 상관관계를 나타낸다고 밝혔다.

② **한계점** : 〈한계점〉에는 Big-5 모형이 주로 북미 문화권 위주 연구라는 점에서 타 문화권을 대상으로 한 연구에 있어서 추가 성격 요인을 주장하고자 하는 것으로 단지 Big-5만으로는 모든 성격을 설명하기 어렵다는 한계점을 드러낸 바 있다.

Ⅲ 승무원에게 가장 중요한 성격요인

1. 개요

승무원, 외과의사, 경찰 등의 경우 정해진 시간과 공간 안에서 다양한 상황을 맞닥뜨리면서 신속하게 대처해야 하는 직업으로 많은 스트레스를 받을 수 있다. 이에 Big-5 중에서 정서적 안정성이 가장 중요하다고 할 수 있다.

2. 정서적 안정성 연구결과

〈정서적 안정성〉은 삶에 대한 만족, 일에 대한 만족, 낮은 스트레스 수준과 강한 연관성을 갖고 있으며, 정서적 안정성이 높은 사람일수록 적극적 사고와 긍정적인 행동을 보이는 성향이 강한 것으로 연구결과 나타났다. 즉, 부정적 감정을 별로 체감하지 않기 때문에 승무원의 정서적 안정성은 수많은 탑승객과의 관계에서 높은 수준의 서비스 질을 발휘할 수 있는 것이다.

문제 2)

Ⅰ 감정의 개념

감정(emotion)이란 사람들이 경험하는 강한 느낌으로 감정의 어원은 e(in → out), motion(to move)로서, 안에 있는 느낌을 밖으로 표현하는 것으로 해석된다. 이러한 감정이 최근 중요하게 대두되고 있는 이유는 감정의 조직 내 파급효과 때문이다.

Ⅱ 승무원들이 경험하게 되는 감정노동

1. 감정노동의 개념

- 감정노동은 종업원이 직무상 고객으로부터 민족, 기쁨 등의 정서반응을 이끌어내고 음성이나 표정으로 교감을 형성하기 위하여, 자신의 기분과 맞지 않더라도 필요에 따라 감정을 제대로 표현하는 것으로 정의된다(Hochschild, 1983). 다시 말해 직무상 대인간의 상호작용이 이루어지는 동안 종업원이 조직 차원에서 바라는 감정을 표현하는 상황을 말한다.
- 이러한 감정노동의 개념은 Hochschild의 저서를 통해 보편적으로 개념을 자리 잡았으며, 그는 승무원에 대한 조사를 통해 표면행동을 통한 정서노동의 수행이 자신의 진실

한 정서로부터 소외를 유발하여 구성원이 다양한 심리적 복지에 부정적 영향을 미친다는 것을 제시하였음.

2. 전시적 감정과 실제적 감정

1) 전시적 감정

조직이 요구하는 감정이며, 자신의 실제 정서와는 상관없이 외부로 드러내야 하는 바람직한 정서를 전시적 감정이라고 한다. 조직이 원하는 얼굴표정, 제스쳐, 목소리 등 언어적·비언어적 표현을 드러내는 것으로 직무에 적합하게 체계적으로 분석되고 이성적으로 학습된 감정이다.

2) 실제적 감정

전시적 감정과는 상관없이 자신이 현재 느끼는 그대로의 감정을 실제적 감정이라고 한다. 실제적 감정은 본능적 감정에 해당한다.

3. 감정부조화

만약, 조직이 원하는 감정과 구성원이 갖고 있는 감정이 동일하다면 그대로 표현하면 되는 것으로, 이 경우의 감정을 진실된 감정노동이라고 한다. 그러나, 자신이 느끼는 감정이 조직이 요구하는 표현규칙과 다르다면, 자신의 감정을 조절하여 표현규칙과 일치시켜야 한다. 자신의 느낌이 조직이 요구하는 감정과 다를 때, 이것을 감정부조화라고 부른다.

III 감정표현의 세 가지 분류

1. 가식적 행동

조직이 원하는 감정을 표현하기 위하여 자신의 실제 느낌을 억제하거나 숨기는 것을 말한다. 항공기 승무원처럼 기내에서 승객을 대할 때 항상 미소를 부여주어야 하는 경우임. 이러한 행동은 조직의 표현규칙대로 하는 형식적인 표면행동이며, 실제 구성원에게 많은 스트레스를 유발하는 것으로 알려져 있다.

2. 내면화 행동

가식적 행동에서 한 단계 더 나아간 것으로 이러한 가식적 행동을 자신이 원하는 행동으로 인지하려는 심화된 행동을 말한다. 즉, 항공기 승무원의 경우 승객이 좁은 의사에서 장시간 여행으로 피로하기 때문에 자신의 미소를 공감의 표시라고 생각하고 감정표현을 하는 경우를 말함. 이러한 행동은 가식적 행동보다는 낮은 수준의 스트레스를 유발한다고 한다.

3. 진실된 행동

조직이 원하는 감정에 대해 공감하고 이에 맞는 표현행동을 하는 경우이며, 이 경우 직무수행 시 자신이 원하는 감정을 표현하기 때문에 스트레스를 별도로 유발하지 않아 감정노동의 빈도가 가장 낮으며, 조직성과를 높이고, 개인에게도 성취감을 안겨준다.

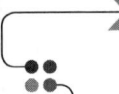

경영조직론 답안작성연습

연습 11
태도와 인지부조화　　　　　　　　　　　　　　　　　2005년 제14회 기출

I 태도의 의의와 중요성

1. 의의

태도는 어떤 대상에 대해 지속적으로 호의적 또는 비호의적으로 반응하려는 개인의 선유경향, 또는 학습된 사전적 견해(predisposition)라고 정의함. 달리 말하면, 특정 대상에 대해서 호의적이든 비호의적이든 특정한 방식으로 반응하려는 자세로 정의할 수 있음.(ready to respond)

2. 태도의 중요성

행동은 하고나면 엎어진 물이지만, 태도는 미리 예방하거나 바꿀 수 있고, 특히 개인의 경험과 사회적 상호작용 속에서 후천적 학습을 통해 변화할 수 있음. 태도는 행동의 방향을 예측하는 기준이 되므로, 조직 차원에서 도움이 되는 바람직한 행동을 학습을 통해 태도를 형성하게 해 준다면, 기업 성과의 창출에 긍정적으로 작용하게 될 것임.

II 태도의 구성요소와 기능

1. 태도의 구성요소

1) 인지적 요소

어떤 대상에 대하여 알고 있는 지식 또는 그렇게 믿고 있는 믿음을 말하며, 옆 사람은 나보다 일을 더 못하는데, 나보다 임금을 더 받는다고 인지하는 것, 과장님이 일을 너무 모른다고 생각하는 것, 귤에는 비타민C가 풍부하다고 인지하는 것 등에 해당함.

2) 정서적 요소

어떤 대상(사물, 사람, 사안)에 대해 좋아하거나 싫어하는 혹은 긍정적이거나 부정적인 느낌을 말함. 웅장한 미술품을 보고 마음에 들어 한다거나, 상사가 부하직원을 마음에 들어 하는 경우를 들 수 있음.

3) 행동적 요소

- 어떤 대상에 대한 느낌의 결과로 어떻게 행동에 옮기겠다는 생각임. 아직 구체적인 행동으로 옮기지 않았으므로, 행동은 아니며 행동의도(intention)임.
- 인지적 요소, 정서적 요소, 행동적 요소는 꼭 순서대로 나타나지 않으며, 태도의 세 요인들은 상황에 따라 복합적으로 작용하면서 행동에 영향을 미침.

2. 태도의 기능

D.Katz는 태도의 기능으로 적응적 기능, 자아방어적 기능, 가치표현적 기능, 탐구적 기능과 같은 네 가지 기능을 제시하였음.

Ⅲ 인지부조화 이론

1. 의의

- 페스팅거(L.Festinger)가 주장한 이론으로 둘 이상의 태도 간 또는 태도와 행동간 불일치를 최소화하기 위해 노력한다는 것임. 즉, 조직 내 개인은 직무수행과 관련된 행동이 자신의 태도와 모순될 경우, 둘이 양립 가능하도록 태도를 수정할 수 있다는 것임.
- 여기서 인지부조화란, 인지의 비일관성이며, 두 가지 양립할 수 없는 인지가 한 사람의 마음에 있어서 서로 불일치할 때 불편함이나 긴장(부조화)를 경험하게 되며, 이러한 부조화 상태는 불편함과 불유쾌한 감정을 유발시키기 때문에 개인은 어떤 형태의 노력을 기울이든지 조화의 상태로 돌아가 심리적 균형을 회복하려 하는 것임.

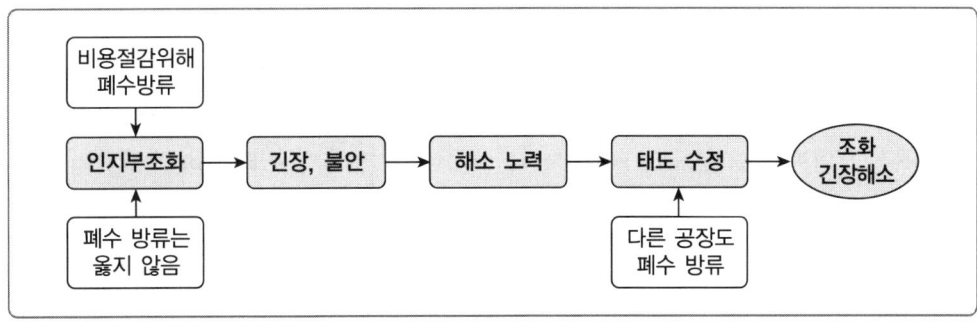

2. 인지부조화 감소를 위한 노력

1) 태도를 변경(=투입변경)

- 담배가 몸에 좋지 않아 피울까 말까를 고민하는 상황에서 흡연자는 자신의 태도를 좋은

필터를 끼워서 피우면 된다고 변경하여 계속 흡연을 하는 사례에서 찾을 수 있음.
- 공장의 폐수방류 사례에서는 인사고과의 불이익을 감수하더라도 방류사실을 신고해야겠다고 마음을 고쳐먹거나, 그 반대로 이까짓 약간의 방류는 다른 공장들도 다 한다는 식으로 태도는 변경하여 인지부조화를 해결함.

2) 행동을 변경(=결과변경)
- 흡연자가 자신의 건강을 목적으로 담배를 즉시 줄이거나, 끊기 위해 노력하는 행동상의 변경을 하는 것임.
- 공장의 폐수방류 사례에서 자신의 윤리의식과 사회상식이 중요하므로, 회사의 임원들에게 정식으로 폐수방류는 적은 양이라 하여도 잘못되었음을 고하는 경우를 들 수 있음. 반대로 자신의 부양가족의 수, 자신의 처지, 경기가 좋지 않아 타 회사 취업도 어려우므로 회사가 시키면 이에 끓을 수밖에 없다는 식으로 행동을 변경하기도 함.

3) 더 가치 있는 조화요소를 찾음(=비교기준의 변경)
- 흡연자가 흡연노력에 계속 실패하자 과거의 조상 중에 줄담배를 피우시던 고조할아버지도 90세까지 사셨다는 전설적인 이야기를 드러내면서 자신도 그렇다고 하여 비교기준을 변경하는 것임.
- 폐수방류 사례에서 보면, 동종의 타 회사도 동일하게 하고 있다고 보고 우리 회사가 그렇게 나쁜 회사가 아님을 단정하는 경우, 반대로 회사의 대외적인 이미지가 곧 장기적인 성장과 발전이라고 하여 과거 모범적인 동종업계 사례를 들어 비교하면서 더 이상의 폐수방류를 위험하다고 생각하는 경우를 들 수 있음.

4) 부조화를 낳지 않는 방향으로 노력(=인지적 왜곡)
- 흡연은 당연히 건강을 해친다는 상식에도 불구하고, 담배가 폐에 해롭다는 것은 의학적으로 아무런 근거가 없다고 하여 머릿속에서 아예 왜곡시키는 것임.
- 공장의 폐수방류 사례에서 보면, 회사가 창출하는 가치와 기여도는 하천 오염으로 발생하는 오염보다 훨씬 크고, 사실 오염된 하천은 국가의 상수도가 잘 되어 있어서 어차피 정화된다고 생각하면서 회사가 낸 세금이 얼마인데 폐수방류도 못하는가라는 식으로 왜곡시키는 것을 말함.

5) 회피
- 갖가지 노력을 하다하다 더 이상의 방법이 없게 되자, 짧게 살아도 하고 싶은 것을 하면서 살아도 좋다고 생각해 버림으로써 흡연을 계속 하는 것을 말함.
- 공장 폐수방류 사례에서 나는 공장 폐수방류를 못 봤다고 자기최면을 하거나 보고도 못 본 척으로 상황을 회피하는 것임.

> **연습 12**
>
> 특정 사물, 사람, 사건 등에 대해서 좋아하거나 싫어하는 것을 태도(attitude)라고 한다. 태도는 개인의 조직행동을 결정하는 중요한 요인이다. 다음 물음에 답하시오. (25점)
>
> [물음 1] 태도를 구성하는 3가지 요소를 제시하고, 3가지 요소들의 영향 관계에 관하여 설명하시오. (10점)
>
> [물음 2] 페스팅거(L. Festinger)의 인지부조화(cognitive dissonance)이론을 기반으로 태도와 행동 간 불일치를 해결하는 원리를 설명하고, 태도와 행동 간 불일치 해결에 영향을 미치는 요인을 제시하시오. (15점)
>
> 2023년 제32회 기출

물음 1 태도 구성요소 3가지, 영향관계

I 태도의 의의와 중요성

1. 의의

태도는 어떤 대상에 대해 지속적으로 호의적 또는 비호의적으로 반응하려는 개인의 선유경향이며, 학습된 사전적 견해(predisposition)이다(ready to respond).

2. 태도의 중요성

태도는 행동의 방향을 예측하는 기준이 되어 미리 예방하거나 바꿀 수 있고, 특히 개인의 경험과 사회적 상호작용 속에서 후천적 학습을 통해 변화할 수 있다는 점에서 중요하다.

II 태도의 구성요소와 영향관계

1. 태도의 구성요소

① 인지적 요소

어떤 대상에 대하여 알고 있는 지식 또는 그렇게 믿고 있는 믿음을 말하며, 옆 사람은 나보다 일을 더 못하는데, 나보다 임금을 더 받는다고 인지하는 것, 과장님이 일을 너무 모른다고 생각하는 것 등이 해당한다.

② 정서적 요소

어떤 대상(사물, 사람, 사안)에 대해 좋아하거나 싫어하는 혹은 긍정적이거나 부정적인 느낌을 말한다. 웅장한 미술품을 보고 마음에 들어 한다거나, 상사가 부하직원을 마음에 들어 하는 경우를 들 수 있다.

③ 행동적 요소

어떤 대상에 대한 느낌의 결과로 어떻게 행동에 옮기겠다는 생각이다. 아직 구체적인 행동으로 옮기지 않았으므로, 행동은 아니며 행동의도(intention)이다.

2. 영향관계

인지적 요소, 정서적 요소, 행동적 요소는 꼭 순서대로 나타나지 않으며, 태도의 세 요인들은 상황에 따라 복합적으로 작용하면서 행동에 영향을 미친다.

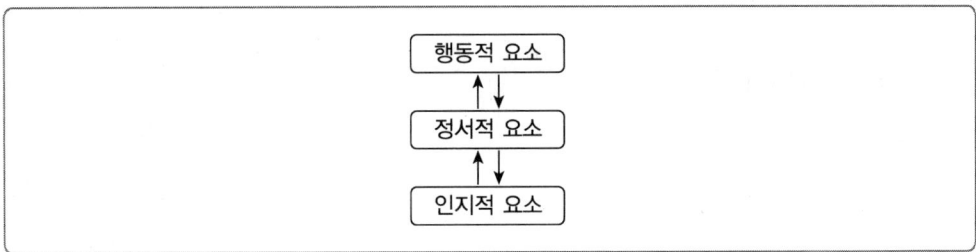

물음 2 | 인지부조화

I Festinger의 인지부조화

1. 의의

페스팅거(L.Festinger)가 주장한 이론으로 둘 이상의 태도 간 또는 태도와 행동간 불일치를 최소화하기 위해 노력한다는 것이다. 즉, 조직 내 개인은 직무수행과 관련된 행동이 자신의 태도와 모순될 경우, 둘이 양립 가능하도록 태도를 수정할 수 있다는 것이다. 〈인지부조화〉란 인지의 비일관성이며, 두 가지 양립할 수 없는 인지가 한 사람의 마음에 있어서 서로 불일치할 때 불편함이나 긴장(부조화)을 경험하게 되며, 이러한 부조화 상태를 해결하기 위하여 조화의 상태로 돌아가고자 하는 노력으로 심리적 균형을 회복하려 한다.

2. 인지부조화 감소를 위한 노력

① 태도를 변경
② 행동을 변경
③ 더 가치 있는 조화요소를 찾음(비교기준의 변경)
④ 부조화를 낳지 않는 방향으로 노력(인지적 왜곡)
⑤ 회피

II 인지부조화 해소 영향요인

1. 부조화 요인의 중요성(importance)

부조화를 줄이기 위해 태도변화 또는 행동변화 등의 노력을 투입할 가능성이 크다.

2. 부조화 요인에 대한 통제력(influence, control)

행위자 자신에 의해 해당요인의 통제가 가능하다고 믿는다면 태도에 어울리는 바람직한 행동을 취할 가능성이 크다.

3. 해결 이후의 보상(competence)

부조화에서 조화로 유지를 할수록 이에 따르는 보상수준이 클수록 인지부조화 해결노력에 더 집중을 할 확률이 크다.

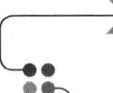

경영조직론 답안작성연습

연습 13

다양성의 의의, 관리층에 요구되는 능력, 역량에 대하여 서술하시오.

I 다양성의 의의

- 다양성이란 일반적으로 구성원들의 이질성(heterogeneity)을 의미함. 구성원들의 이질성은 개인차를 발생시키는 근원에 해당하며, 최근 다양성이 조직성과에 미치는 다양한 변수 중 하나로서 연구가 활발하게 진행되고 있음.
- 개인의 다양성은 선호하는 보상방식, 커뮤니케이션 유형, 리더에 대한 반응 행동, 협상의 유형 및 조직행동과 관련된 여러 사항에 영향을 주고 있으므로, 중요함.

II 다양성의 수준

1. 표면적 다양성

- 표면적 다양성이란 성별, 인종, 민족, 나이, 외모 등 육안으로 쉽게 파악할 수 있는 특성 차이로서 때로는 고정관념을 유발하는 원인이 되기도 함.
- 연구결과에 의하면, 나이가 많을수록 이직 및 결근율이 낮게 나타났고, 외모와 소득과의 관계, 외모와 승진과의 관계, 외모와 직장만족도와의 관계에서 비례하는 상관관계를 가지는 것으로 나타났음.

2. 내면적 다양성

1) 의의

   내면적 다양성이란 능력, 가치관, 성격, 일에 대한 선호도 차이로서 사람들이 함께 어울리면서 서로 유사성을 파악하는 데 있어서 갈수록 중시되고 있는 다양성임. 즉, 내면적 다양성에 대항 공감을 통하여 상호간 이해의 폭이 넓어지면 자연스럽게 표면적 다양성에 오는 인구통계학적 차이에 대한 관심은 감소할 수 있다는 것임.

2) 일반적 특성

   ① **지적 능력** : 어떤 문제를 잘 해내기 위해 정신적으로 사고하고 추리해 낼 수 있는 능력으로 어휘력, 지각력, 추리력, 공감지각력, 기억력 등의 종합이며, 선천적이고 유전에서 기원한다는 특징도 있음.

② **육체적 능력** : 신체적 능력, 근력을 말하며, 고도의 복잡한 기술이 필요한 업무보다 덜 복잡하고 단순한 직무에서 중요한 역할을 함.

③ **감성적 능력(= 정서적 능력)** : 자기 자신과 타인의 정서와 감성을 잘 알아채고 이해하고 조정할 수 있는 능력으로 자신과 다른 사람들을 얼마나 잘 다루는지를 말함. 감성지수가 높을수록 대인관계에 성공을 거둘 확률이 높으며, 감성적 능력에는 크게 자기인식능력, 자기관리능력, 타인 인식능력, 사회적 관계능력으로 구분하여 이해할 수 있음(Daniel Goleman).

Ⅲ 관리층 구분에 따른 능력

1. 개요

조직의 성패는 관리자의 관리능력에 달렸다고 해도 과언이 아님. 관리자가 갖추어야 할 능력은 매우 다양하고 복잡한데, 특히 관리자가 어느 계층에 속해 있는지에 따라 담당하는 기능이 다르므로, 요구되는 자질이 다를 수가 있음. 카츠(Katz)는 관리자의 자질을 세 가지로 나누어 관리자의 위치에 따라 각 자질들의 비중이 다르게 요구된다고 주장하였음.

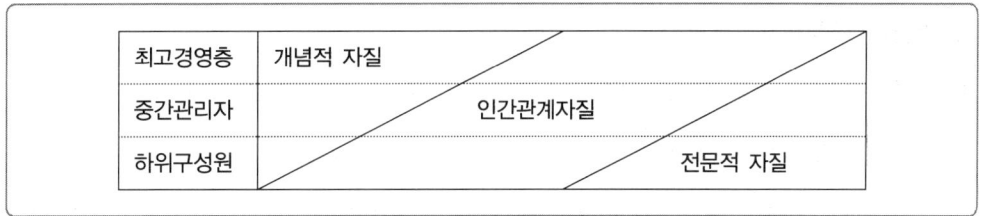

2. 개념적 자질 : 상황판단 능력

최고층 관리자라면 조직을 전체적으로 파악하면서 조직의 각 부분은 서로 어떤 관련이 있으며, 한 부문에서의 변화가 조직 전체에 어떤 영향을 미칠 것인지를 예측할 수 있어야 함. 주어진 정보 분석으로부터 장기적이고 모든 분야를 동시에 고려하는 능력이 필요한데, 이러한 능력은 최고경영층일수록 더욱 필요함.

3. 인간관계 자질 : 대인관계 능력

다른 사람과의 대인관계 형성 능력으로 모든 계층의 관리자에게 똑같이 필요함. 관리자로서 사장, 작업반장, 팀장 등 관계없이 구성원들과 원만한 관계를 유지하면서 그들에게 동기를 부여해주고, 서로 조정해 주면서 협조를 이끌어 내는 탁월한 인간관계능력이 필수적임.

4. 전문적 자질 : 현장실무 능력

업무적 자질, 기술적 자질이라고도 부르며, 일선 관리자가 과업 담당자에게 지시하고, 충고하고, 감독하기 위해서는 실무기술이나 자기가 맡고 있는 전무분야의 업무에 능통해야 할 것임. 실무를 담당해 본 경험이 오래 될수록 자기 경험을 토대로 실무자들을 잘 이끌어 갈 수 있을 것임.

Ⅳ 역량(competency)

1. 의의

역량의 개념을 Spencer & Spencer는 특정 상황이나 직무에서 비교 준거기준에 비추어 효과적이고 우수한 수행의 원인이 되는 개인의 내적인 특성이라고 정의하였으며, 역량은 고성과자들이 갖고 있는 심리적이고 행동적인 특성으로서 해당하는데, 맥클레랜드(McClelland)는 역량은 선천적이 아니라 후천적으로 얼마든지 개발할 수 있다고 제시하여 최근 각 기업체에서 구성원들의 역량개발에 대한 관심이 급증하고 있음.

2. 역량의 구성요소

1) 스킬 : 과업에 대한 숙련의 수준으로 훈련과 경험으로 습득된 기술임.

2) 지식 : 특정 분야에 대하여 가지고 있는 축적된 정보임.

3) 자아개념 : 개인이 일시적으로 가지는 자아 이미지와 타인에게 보이는 자신의 태도임.

4) 특질 : 개인 자신만이 갖고 있는 일관성 있는 성격과 반응을 말함.

5) 동기

어떤 행동을 하도록 하는 가장 근원적인 요인으로서 목표를 향해 돌진하는 의욕을 말함. Spencer & Spencer의 다섯 가지 차원 중에 스킬과 지식은 비교적 쉽게 파악할 수 있지만, 자아개념, 특징, 동기는 일반인이 구분하여 특정하기는 쉽지 않기 때문에, 실무에서는 Sparrow의 세 가지 차원인 KSA(Knowledge, Skill, Ability) 및 기타 요소를 많이 활용하는 편임.

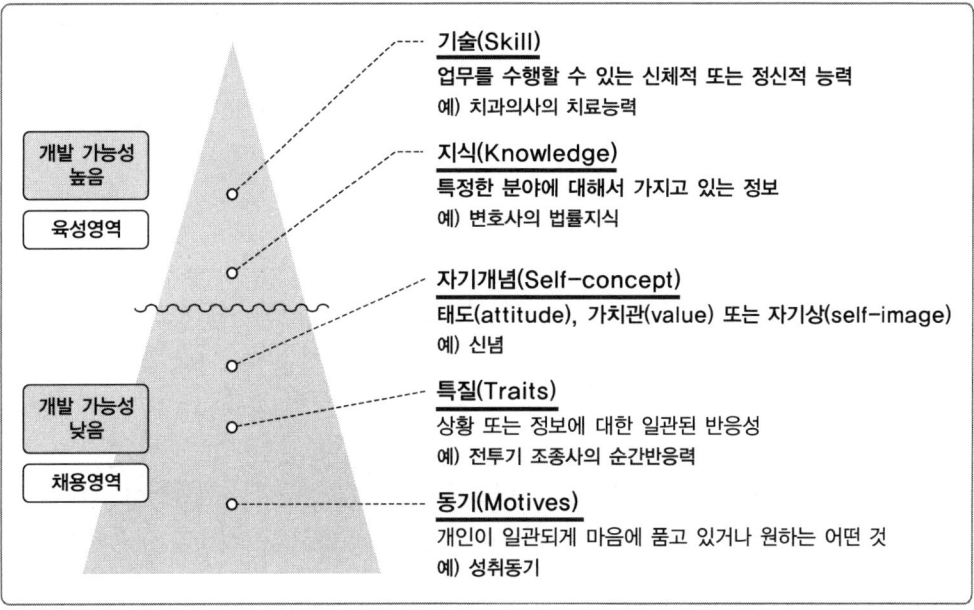

[역량 Iceberg Model]

3. 역량의 특성

1) 행동성

역량은 행동으로 전환가능하며, 행동의 결과 조직의 성과가 효율적으로 달성됨.

2) 측정가능성

역량이 있는지 없는지에 대한 명확한 평가가 가능함.

3) 개발가능성

훈련, 코칭, 직무도전, 약간 높은 목표설정, 피드백 등에 의해 개발과 학습이 가능함.

Ⅴ 역량의 유형

1. 공통 역량

조직의 모든 구성원들이 공통적으로 가져야 할 역량임. 즉, 모든 사원들이 공통적으로 가져야 할 역량으로 자기개발능력, 변화적응력, 대인관계 형성 능력, 오픈된 마인드, 상대방에 대한 공감능력 등이 있음.

2. 기능 역량

기업 조직에는 생산, 재무, 관리, 인사, 회계, 마케팅 등의 여러 기능이 있는데, 각 기능별로 요구되는 역량이 다름. 구체적으로 마케팅 기능으로 판매능력, 제품홍보 능력 등이 있고, 생산 기능에는 기계조작 능력, 기계수리 능력, 품질점검 능력 등이 있음.

3. 직무 역량

기업의 각 기능 부문이 완료되려면 여러 가지 구체적인 직무가 완성되어야 하는데, 각 직무 수행에 필요한 구체적인 실무 역량임. 예를 들어서 판매직에 종사하는 사람의 직무 역량에는 대인관계능력, 친절과 배려, 설득력, 공문 작성 능력, 다른 팀과의 상호작용능력, 고객관리능력, 귀에 거슬리지 않는 말하는 기술 등이 있음.

4. 그 외 최근에는 리더십 역량을 추가하여 연구되고 있음. 리더십 역량이란 상급자가 부하직원에 대한 업무지휘와 통솔력을 원만하게 할 수 있어서 팀 전체를 이끌어 갈 수 있는 능력을 말함.

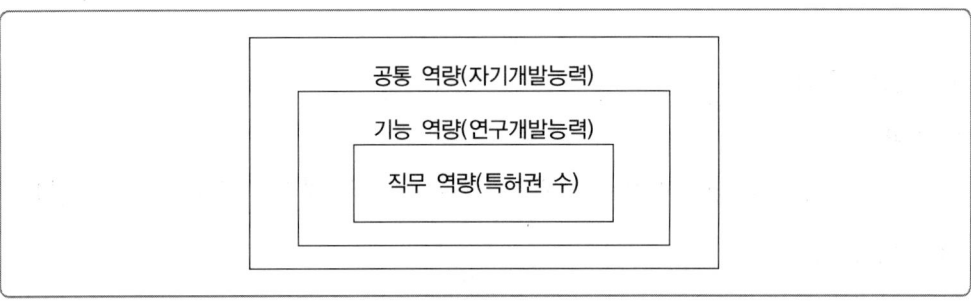

Ⅵ 결론 : 다양성 경영

- 결국 다양성 경영이란 직원들의 장점이 극대화되고, 단점이 최소화되는 방향으로 조직시스템을 계획, 실행, 통제 관리하는 것이며, 우수한 인력들의 조합을 통한 시너지 효과 창출의 경제적 필요, 사회적 책임에 부응한 다양한 인력 채용의 필요, 차별금지법/남녀고용평등법/장애인고용법 등 관련 법률 준수 필요성에 기인함.
- 기업에 미치는 영향에는 구성원의 창의성에 기반한 조직 전반적인 시너지 효과 창출, 다양한 인재pool 확보, 대외적인 기업이미지 창출 등이 있으며, 다양성 경영을 할 때 유의할 점은 인력의 다양성에 기인한 상호간 갈등 잠재 및 표출 가능성, 의사소통의 저해와 단절상태를 초래할 수 있음에 유의하여, 관리자는 조직 전반적으로 역기능을 최소화하고, 순기능 극대화를 추구할만한 지원책을 마련해야 함.

> **연습 14**
> 창의성의 개념과 구성요소를 말하고, 창의성 형성에 영향을 미치는 조직 요인들을 서술하세요.

Ⅰ 창의성의 의의

- 창의성은 기존의 지식과 정보를 결합하여 참신하고 유용한 아이디어를 도출하는 능력을 말함. 즉, 기존에 있던 아이디어들을 새롭게 결합시키든지 이미 있는 아이디어들을 다른 것과 서로 연결하여 새로운 아이디어를 탄생시키는 능력을 말함. 결국 창의성은 선천적인 것이 아닌, 후천적으로 형성되는 것이라는 특징을 갖고 있음.
- 창의성의 구성요소를 아메바일(Amabile)은 전문성, 창의적 사고기술, 과업 동기로 설명을 하였음.

Ⅱ 창의성의 구성요소

1. 전문성

전문성은 모든 창의적인 업무에 있어서 기본이 되는 것으로 창의적인 잠재력은 개인의 능력, 지식, 숙달과 자신의 분야에서 비슷한 전문성을 갖고 있을 때 발휘됨.

2. 창의적 사고 기술

두 번째 구성요소는 창의적으로 생각하는 기술이며, 친숙한 것과는 다른 시각으로 바라볼 수 있는 능력뿐만 아니라 창의성과 연관하여 어떤 사물에서 보이는 특성을 유추해 낼 수 있는 능력을 말함.

3. 과업 동기(= 내재적 동기)

창의적인 사람들은 종종 자신이 담당하는 직무를 좋아함. 이것은 흥미 있고, 열중할 수 있고, 만족하면서 개인적으로 도전적인 어떤 것에서 계속 일하기를 바라는 욕구임.

[아메바일의 창의성 구성요소]

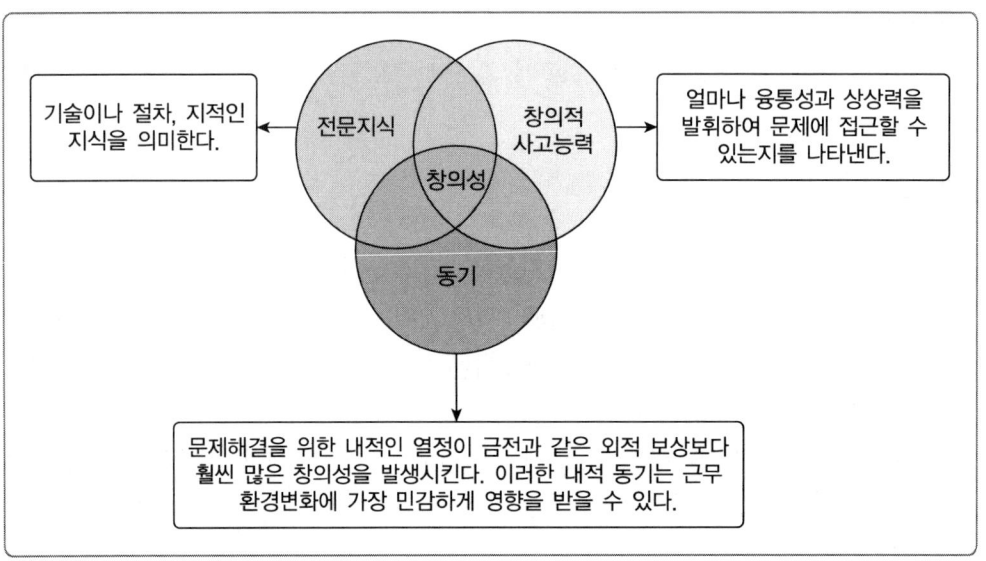

Ⅲ 창의성에 영향을 미치는 조직요인들

1. 개요

창의성에 대한 연구결과를 보면, 창의성은 지능, 다면적 사고, 연상과 유추능력, 비유나 상상을 활용할 줄 아는 능력 등과 관계가 깊은 것으로 나타났으며, 아메바일 등은 구성원의 창의성 발휘에 긍정적 또는 부정적으로 영향을 미치는 요인들을 다음과 같이 제시하였음.

2. 창의성 독려요인들

1) 조직차원의 독려
- 새로운 아이디어를 내고 위험을 감수할 수 있는 제도적 장치를 마련하는 것이 좋고, 그 새로운 아이디어에 대한 공정하면서 지원적인 평가가 있다면 구성원의 창의성 발휘에 긍정적임. 창의성 발휘에 대하여 보너스나 인센티브를 제공하는 것도 바람직함.
- 조직 내 아이디어 공유가 가능하도록 독려하는 참여적이고 협력적인 조직운영 방식을 택하는 것도 바람직함.

2) 상사의 독려

상사는 창의성을 발휘하려는 부하직원들에 대해 지원적이고 열린 관계를 유지할 필요가 있음. 반대로 상사가 부하직원의 창의성을 자신의 승진과 야망에 악용하는 경우 부하직원들의 창의성은 더 이상 발휘되기 어렵고 상하관계나 조직의 기반이 위태해지는 극단적인 상황으로 갈 수 있음.

3) 작업집단(동료들) 지원

팀원들끼리 서로 새로운 아이디어를 창안하여 실천하는 문화가 조성될 때 창의성 발휘의 기회는 많아짐.

4) 자유로운 분위기

자신의 다양성을 표출하는 창의성이 타인에게 이상스러운 특별함이나 괴상함으로 보이지 않는 자유로운 분위기가 형성된다면 구성원들의 창의성은 더욱 왕성하게 발휘될 것임.

5) 충분한 자원

당장의 급여지급에 연연하지 않을 정도의 재원이 풍부하다면, 직원들은 급여와 안전에 급급하지 않고 창의성을 돋보이는데 집중할 것임.

6) 도전적 직무

구성원에게 새로운 도전적 직무가 부여된다는 것은 회사가 자신을 필요인재라고 느끼게 하는 내재적 동기부여가 발생되는 것이므로, 창의성을 발휘하여 일을 추진하고자 하는데 영향을 미침.

3. 창의성 저해요인들

1) 업무과중

인간적으로 할 수 있는 물리적인 업무량보다 지나치게 많은 과중한 업무량에 직면한 경우 창의성이 발휘될 여지는 전혀 없음.

2) 조직경직성

항상 정답만 고수하려는 태도, 항상 논리적으로 풀어야 하는 모습, 규칙이나 규율을 강조하는 태도, 지나치게 비용 대비 실용성만 찾는 자세, 애매하고 모호한 상황은 무조건 회피하려는 모습, 실패를 두려워하는 모습, 자신의 전문성 이외의 사안에 대해서는 무관심으로 일관하거나, 바보처럼 보이는 것을 싫어하고, 자신에게는 아예 창의성은 없다고 생각해 버리는 것은 창의성이 필요한 사회생활에 도움이 되지 않음.

경영조직론 답안작성연습

> **연습 15**
>
> 조직구성원들의 조직적응은 업무에 대한 태도 형성과 성과에 영향을 미친다. 특히 신입사원 조직적응과 관련하여 조직사회화(organizational socialization)의 중요성이 강조되고 있다. 다음 물음에 답하시오. (25점)
>
> [물음1] 조직사회화의 개념과 행위적 결과 및 정서적 결과를 설명하시오. (10점)
> [물음 2] 조직사회화의 3단계 모델을 설명하시오. (15점)   2023년 제32회 기출

물음 1 조직사회화 개념, 행위적 결과, 정서적 결과

Ⅰ 조직사회화 의의

1. 의의

〈조직사회화〉란 한 개인이 어느 조직에 소속되면서 그 조직의 과업관련 규범, 가치관, 사회적 분위기에 대한 지식, 생활양식과 조직문화 등을 습득해 가는 과정을 의미한다.

2. 행위적 결과

① **진입충격 완화**
신규직원으로서 채용합격 이후 조직분위기 적응, 업무에 익숙해지기 위한 진입충격을 완화시킬 수 있다.

② **역할모호성 제거, 사회적 자아 확립**
업무역할을 명확하게 하고, 조직생활에 적합한 사회인으로서 역할매김에 유리하다.

③ **채용비용의 적절한 활용**
채용합격 이후에 업무 및 조직 적응에 실패하여 이직을 하게 되는 상황을 줄일 수 있다.

④ **조직유효성 향상** : 투입된 채용비용, 면접비용 대비 조직성과창출에 유리하다.

3. 정서적 결과

① **조직정체성 유도**
조직성과에 기여하는 공헌도나 노력이 개인의 성장과 발전과 일치시킬 수 있다는 사실을 인지시킬 수 있다.

② 개인과 조직의 심리적 계약 공고화

기업과 구성원 간에 묵시적 계약관계로서 상호작용을 통해 직무만족, 내적동기, 조직몰입과 같은 성공적인 사회화를 이룰 수 있다.

물음 2 조직사회화 3단계

I 조직사회화 3단계

1. Feldman 이론을 활용한 조직사회화

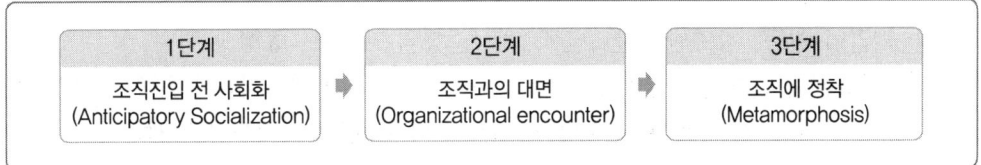

1) 1단계(getting in) : 선행사회화

① 개념

신입사원이 조직에 입사하여 직무수행을 하기 전에 발생하는 모든 내용의 사회화 과정을 말한다.

② 현실적 직무소개 활용(RJP 활용)

이 단계에서 기업은 지원자들이 기업정보를 미리 가지고 지원할 수 있도록 기업의 인재상을 명확하게 해야 하고, 소셜 리크루팅, SNS를 통한 채용경로 다각화를 통해 적극적인 광고 홍보를 해야 한다. 또한, RJP를 통해 직장생활에 대한 현실적인 기대를 형성하게 함으로써 조직생활에 대한 적응력을 높일 수 있게 연봉수준, 사내문화, 복지제도, 상급자의 업무스타일 등 정확한 사전 안내와 정보제공이 있어야 한다.

2) 2단계(breaking in) : 조직과의 대면(encounter)

① 개념

신입사원이 입사하여 직무를 배우고, 역할을 명확하게 습득하며, 각종 대인관계를 형성하는 단계이다. 첫 출근일로부터 6개월~9개월 정도까지 진행되며, 이 단계에서 신입사원은 과업요구, 역할요구, 인간관계요구에 직면하게 된다.

② 기업의 활동 : 명확한 비전제시, 오리엔테이션, 멘토링 등

- 조직에 새로 들어온 신입사원은 직무관련 정보나 성과에 대한 기대 수준을 잘 알지 못하기 때문에, 새로운 과업을 경험하게 될 때의 충격을 예방하기 위한 정보제공과

직무지시를 하는 것이 바람직하다.
- 신규사원에게 단순 업무만 제공하는 것보다는 능력 있는 사수와의 업무수행, 커리어 가치를 증진시켜 줄 수 있는 기회 부여, 성과와 연동된 직무제공 등을 통해 성공경험을 축적할 수 있도록 해야 한다.
- 성과에 대한 피드백을 제공할 때에는 강점과 약점을 알려주고 개인이 일을 통해 성장할 수 있는 방향을 제시해 주어야 한다.

3) 3단계(setting in) : 조직에 정착하는 변화와 수용
   ① 개념
      신입사원이 자신에게 주어진 직무요구를 파악하고 본격적으로 성과를 내기 시작하는 단계이다.
   ② **기업의 활동** : 강력한 비전 제시, 의사소통의 다각화, 공정성 관리
      - 기업은 신규직원의 강점과 약점을 고려하여 직무를 재설계해야 하고, 디지털 친화력이 높은 e-HRM을 통한 수평적·대각적 의사소통을 다각도로 전개하여 갈등의 소지를 제거시키도록 해야 한다.
      - 특히, 공정성을 고려한 제도개선이 필요하며, 개인의 노력과 재능을 기반으로 한 능력을 발휘할 수 있는 충분한 기회를 주어야 한다. 평가제도에 있어서 상대평가와 절대평가의 병행, 정량평가 뿐만 아니라 정성평가까지 고려해야 하며, 집단평가와 개인평가의 동시적 고려가 필요하다.

> **사례형 문제**
>
> 다음 사례를 참고하여 물음에 답하시오.
>
> > 3M은 1902년 다섯 명의 사업가가 연마재 제조용 광물 채굴을 위해 미국 미네소타에서 만든 광산회사로 수세미, 의료치과용품, 팀 프로젝트, 마우스 패드, 청진기, 자동차 광택제에 이르기까지 6만 가지의 제품을 개발하고 생산하는 다국적 기업이다. '변신을 멈추면 썩는다.' 라는 마인드로 모든 제품을 만들고 업무에 임한다는 3M은 항상 참신한 마인드로 남들과 다르게 '창의성'을 중시하고 있다. 3M에서는 15% 룰이라고 하여 업무시간의 15%를 회사에서 주어진 업무와 관계없이 자신의 관심에 따라 사용할 수 있도록 제도화했다. 실제로 우리가 잘 알고 있는 3M의 대표 상품인 스카치 테이프나 포스트잇도 원래는 기획상품이 아니라 자유로운 연구활동에서 개발된 혁신제품이다.
>
> 1) 창의성의 개념과 Amabile이 제시한 창의성의 구성요소, Wallas의 창의적 사고를 위한 4단계 모형을 설명하시오. (15점)
>
> 2) 조직의 관리자 입장에서 3M과 같이 창의성을 발휘시키기 위해 집단 내 갈등을 조성할 수 있는 방안을 7가지 제시하시오. (15점)
>
> 3) 3M과 같이 창의성 제고를 위한 조직설계 방향으로 복잡성, 집권화, 공식화, 규모, 조직문화, 경계관리 역할은 어떠해야 하는지 설명하시오. (20점)
>
> 4) 3M에서의 문화는 어떠한지 Hofstede의 연구와 Quinn의 경쟁가치모델에서 관련 있는 유형만 선택하여 서술하시오.

문제 1)

I 창의성의 의의

창의성은 기존의 지식과 정보를 결합하여 참신하고 유용한 아이디어를 도출하는 능력을 말함. 즉, 기존에 있던 아이디어들을 새롭게 결합시키든지 이미 있는 아이디어들을 다른 것과 서로 연결하여 새로운 아이디어를 탄생시키는 능력을 말함. 결국 창의성은 선천적인 것이 아닌, 후천적으로 형성되는 것이라는 특징을 갖고 있음. 창의성의 구성요소를 아메바일(Amabile)은 전문성, 창의적 사고기술, 과업 동기로 설명을 하였음.

경영조직론 답안작성연습

Ⅱ 창의성의 구성요소

1. 전문성

전문성은 모든 창의적인 업무에 있어서 기본이 되는 것으로 창의적인 잠재력은 개인의 능력, 지식, 숙달과 자신의 분야에서 비슷한 전문성을 갖고 있을 때 발휘됨.

2. 창의적 사고 기술

두 번째 구성요소는 창의적으로 생각하는 기술이며, 친숙한 것과는 다른 시각으로 바라볼 수 있는 능력뿐만 아니라 창의성과 연관하여 어떤 사물에서 보이는 특성을 유추해 낼 수 있는 능력을 말함.

3. 과업 동기(=내재적 동기)

창의적인 사람들은 종종 자신이 담당하는 직무를 좋아함. 이것은 흥미 있고, 열중할 수 있고, 만족하면서 개인적으로 도전적인 어떤 것에서 계속 일하기를 바라는 욕구임.

Ⅲ 왈라스(Wallas)의 창의적 사고를 위한 4단계 모형

1. 준비 단계

창의적 사고를 위한 〈문제 정의와 자료 수집〉 단계이며, 문제에 대해 자유롭게 사고하고 자료를 수집하면서 해결대안을 탐색하는 등 자연스럽게 여러 의견에 귀를 기울이는 단계이다.

2. 부화 단계

준비단계에서 접했던 문제의 해결책이 즉각적으로 떠오르지 않고, 〈무의식적 활동〉을 통해 창의적인 해결책이 떠오는 단계이다.

3. 발현 단계

부화가 충분히 이루어지면 순간적으로 알이 깨지면서 병아리가 나오 듯이, 감추어둔 아이디어를 발현하는 단계이다.

4. 검증 단계

발현단계에서 나타난 해결책은 검증을 거쳐 확정된다. 검증 단계에서는 해결안으로서 아이디어가 적절한 지 검증하는 것이고, 이후 적절한 것으로 판단되면 완전한 아이디어로 적용하게 된다.

문제 2)

I 갈등조성방안

1. 갈등의 의의

갈등이란 개인 간의 상호작용, 집단 간의 상호작용에서 상대적 손실을 지각한 결과, 대립과 다툼, 적대감, 긴장이 발생하는 행동의 한 형태임(J.Litterer). 이러한 갈등을 바라보는 관점으로 크게 전통적 관점, 행동과학적 관점, 상호작용 관점으로 구분할 수 있으며, 이 중 상호작용 관점에서 갈등을 조장하는 방안으로서 살펴보고자 한다.

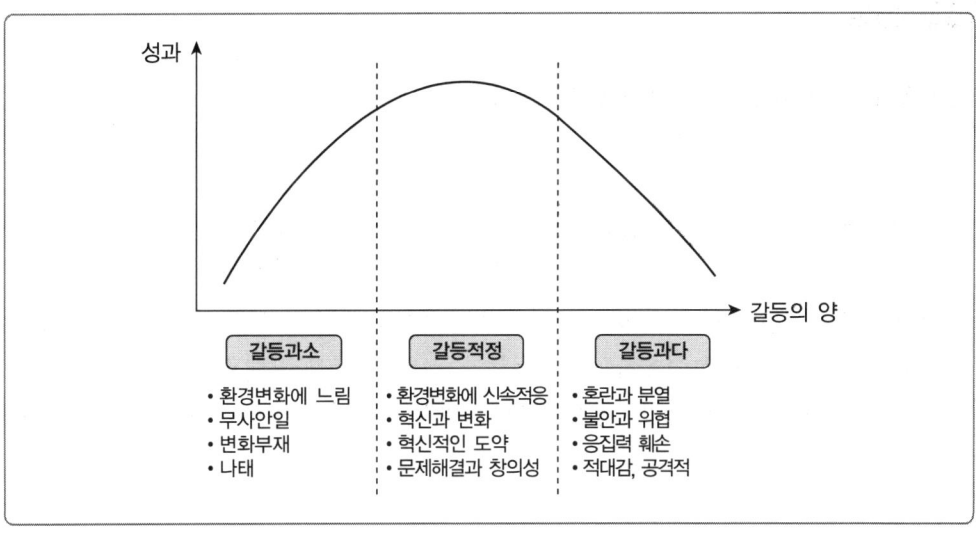

2. 갈등 조성 방안

1) 전략적 커뮤니케이션의 형태 변경

2) 구성원의 이질화

3) 경쟁의 조성

4) 조직구조의 변경

5) 목표의 상향 조정

6) 인사제도의 변화

7) 반대 제안법으로서 변증법적 토의 조성

8) 악마의 옹호자 기법에 의한 의사결정

문제 3)

Ⅰ 창의성 제고를 위한 조직설계 방향

1. 복잡성

- 복잡성이란 과업의 분화 상태(조직 내 부서나 활동의 갯 수)를 의미하는 것으로, 여기에는 수직적 복잡성, 수평적 복잡성, 장소적 복잡성으로 구분하여 이해할 수 있다.
- 창의성 제고를 위한 복잡성의 방향은 위계계층을 줄이고, 의사소통의 속도를 향상시키면서 많은 전문가를 보유하여, 그 전문가들이 자유롭게 지식과 기술을 활용할 수 있도록 재량을 부여해야 함이 바람직하다. 따라서, 복잡성 수준은 〈낮은 수직적 복잡성〉이어야 한다.

2. 집권화

- 집권화는 조직의 특정 부분이 의사결정권과 통제권한, 명령지시권 등이 집중되어 있는 것을 말하며, 이와 반대되는 분권화는 조직의 의사결정권 등이 조직의 여러 계층에 위양되어 있는 것을 말한다.

- 집권화가 강한 조직은 최고경영층이 시간과 정보의 한계로 인하여 변화하는 고객의 니즈에 부응하기 어렵기 때문에, 실무 전문가들에게 권한을 위임하여 외부환경에 민첩하고 유연하게 반응할 수 있도록 〈분권화〉하는 것이 바람직하다.

3. 공식화

- 공식화란 조직구성원이 수행하는 과업의 내용, 수행절차, 수행방법, 그리고 수행결과 등이 문서화되어 적용되는 수준을 말한다.
- 창의성 제고를 위한 공식화 수준에 있어서, 구성원들이 자유롭고 유연한 분위기에서 아이디어 등을 제안할 수 있도록 공식화를 낮추는 것이 바람직하다.

4. 규모

- 규모란 조직의 구성원 수를 말하며, 창의성을 제고하기 위한 방향에 있어서 구성원의 자율권, 자유재량권 등 확보를 통한 창의성 개발 활성화를 위하여 소규모 조직을 유지해야 한다.
- 조직의 규모가 비대해질수록 기존의 관습을 고수하려는 경향이 강한데, 이것을 타성이라고 한다. 이러한 타성적 문화는 조직규모의 지나친 확대와 관리층의 증가를 가져와 관리층의 증가를 가져와 실무자들의 융통성과 창의성을 가로막게 된다.

Ⅱ 조직문화

1. 의의

조직문화는 구성원 활동의 지침이 되는 행동규범을 창출하는 공유된 가치와 신념의 체계를 말하며, 기업을 움직이는 보이지 않는 힘이라고도 한다.

2. 창의성 제고를 위한 조직문화 방향

- 창의성은 새로운 것을 창출하기 위한 인간 본원적 속성에서 나오는 것으로, 이러한 인간의 잠재된 능력이 잘 발휘되기 위해서는 조직의 〈개방적 풍토 조성〉, 자유롭고 어느 정도의 실수를 용인하는 분위기가 형성되어야 한다.
- 과거 엄격하고 권위주의적인 문화 풍토에서는 창의성이 발휘되는 것을 막을 뿐만 아니라, 아예 사장시키는 한계가 존재하므로, 조직의 개방적인 문화 형성이 중요하다 하겠다.

Ⅲ 경계관리 역할

1. 의의

경계관리 역할이란 외부 경영환경과 접해 있는 곳에 집중하여 조직에 피해가 가지 않도록 완충장치의 역할을 하는 것이며, 조직 외부의 핵심요소와 조직을 연결하고 조정하는 것을 말한다.

2. 창의성 제고를 위한 조직문화 방향

급격하게 변화하는 과업환경에 적응할 수 있고, 외부환경의 영향을 완충하는 역할을 다할 수 있도록 연구개발팀, 마케팅팀, 디자인팀, 고객니즈조사팀 등을 강화시켜 주는 것이 바람직하다.

3. 기타 창의성 제고를 위한 방향

참여조직의 육성, 학습조직의 활성화, 교육훈련 및 경력개발에 의한 육성정책 실시 등

문제 4)

Ⅰ Hofstede의 문화 차원

1. 개요

네덜란드의 사회심리학자 홉스테드는 1980년대 여러 나라들 간의 상이한 국가문화적 차이를 분석하는 접근법을 개발하고, 세계 40여 개 국가에서 근무하는 다국적기업 IBM의 종업원 약11만 명을 대상으로 작업 관련 가치에 대하여 비교·조사하였다. 그 후 연구범위를 확대하여 관리자와 종업원은 다섯 가지 차원에서 차이가 있음을 발견하였다.

2. 창의성과 관련 있는 문화 차원

1) 권력 거리 : 낮음
- 권력의 거리란 사회의 구성원들이 사회의 기구와 조직 내의 권력이 불균등하게 배분되어 있는 것을 수용하는, 즉 구성원들 간의 신분이나 권력에 있어서의 차이를 받아들이는 정도를 말한다. 따라서, 권력의 불균형이 심하고 이를 수용하는, 즉 권력거리가 높은 문화권의 사회와 조직의 구성원들은 조직 내의 계층이나 서열을 인정하고 상사의 권위

와 지시를 쉽게 받아들이는 경향이 높다. 홉스테드 연구결과에 의하면 미국은 권력거리가 비교적 낮고, 우리나라와 일본은 중간정도로 나타났다.
- 사례에서 3M은 권력의 거리가 낮은 편에 속한다. 왜냐하면 토론을 매우 활발하게 하면서 회의를 할 때 조직의 상층부만 모여서 토의하는 것이 아니라 말단 사원의 아이디어 위주로 회의가 진행되는 것을 고려할 때 구성원 간 신분이나 권력에 있어서의 불균형이 심하지 않다는 것을 알 수 있기 때문이다.

2) 불확실성의 회피 : 낮음

불확실성 회피란 구성원들이 미래의 불확실한 상황이나 위험에 대해서 불안을 느끼는 정도를 말한다. 불확실성 회피 정도가 낮은 문화권의 사람들은 불확실성과 위험을 그대로 수용하는 성향이 가능하며, 사례에서 3M은 불확실성 회피성향이 낮은 문화권에 속한다. 왜냐하면 매니져가 세세한 규정이나 법칙 없이 큰 범위만 정해놓고, 그 안에서 구성원들이 자기 방식대로 일하고 의사결정하게 하는 것은 불확실성과 위험을 그대로 수용하면서 자율성을 충분히 발휘할 수 있도록 권한을 위임하고 격려하고 있는 것이기 때문이다.

Ⅱ Quinn의 경쟁가치모델

1. 의의

Quinn은 조직은 몇 가지 상호 모순된 가치들을 동시에 만족시킬 수 있어야 높은 성과를 얻을 수 있다고 하였다. 서로 상충되어 보이는 요소들을 균형 있게 동시에 구축할 때 조직효과성이 높아진다고 주장하였다. 이렇게 조직이 추구하는 모순적인 가치들을 통합하는 과정에서 조직문화 유형이 나누어지며, 조직문화 유형에 따른 조직효과성의 측정은 Quinn과 Rohrbaugh가 제시한 경쟁가치접근법을 활용할 수 있다.

2. 기본 축

- 경쟁가치모델(CVA)은 조직의 질서와 통제를 중시하는 측면과 자율 및 유연성을 강조하는 측면으로 나뉘며, 여기서 〈통제성〉이란 업무의 예측가능성, 안정성, 확실성을 우선적으로 추구하는데 이러한 경우 조직은 통합과 권한의 집중에 가치를 준다. 〈유연성〉이란 구성원들의 자발적인 의사결정을 강조하면서 상당히 분권화된 형태를 취한다.
- 조직의 내부통합을 중요시하는지, 아니면 외부를 지향하는지에 따라 구분되는데, 〈내부통합 지향〉은 조직 내부의 조정과 균형을 강조하는 것이며, 〈외부지향〉이란 조직이 당면하는 외부 환경에의 적응과 경쟁을 강조하는 것이다.

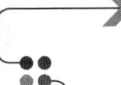

3. 경쟁가치모델에 의한 3M의 조직문화유형 : 혁신지향 문화

	내부 통합	외부 통합
유연성 강조	관계지향 문화 (인간관계 모형)	혁신지향 문화 (개방체계 모형) **3M의 문화**
통제 강조	위계지향 문화 (내부 프로세스 모형)	시장지향 문화 (합리적 목표 모형)

- 〈혁신지향 문화〉에서는 조직의 유연성을 강조하며, 특히 조직이 당면한 외부환경에의 적응에 높은 가치를 둔다. 이러한 조직문화에서는 혁신과 창의성이 강조되기 때문에 조직구성원은 과거에는 없는 새로운 일을 주로 하고, 통제받기보다 새로운 일에 대해 자율성이 허용되어 내재적으로 동기부여가 되며, 또한 자신의 일에 몰입하고 도전감을 느끼게 된다.

- 사례에서 3M은 외부 고객의 니즈를 민감하게 따라가면서도 구성원들의 유연한 자발성을 존중하는 문화인 〈혁신지향 문화〉에 해당한다. "변화를 멈추면 썩는다."는 마인드로 아이디어와 창의성을 중시하고, 고객이 원하는 제품 개발을 위해서라면 근무시간을 마음대로 쓰도록 자율성과 재량권을 충분히 유연하게 포용하고 있다는 점과 그 맥락이 유사하기 때문이다.

> **연습 16**
> 조직몰입을 약술하세요.

I 조직몰입의 의의

- 조직 몰입이란 개인이 조직에 대해 가지는 심리적인 애착으로 조직 구성원이 조직과 자신을 동일시하며 그 조직에 헌신하고자 하는 정도라고 할 수 있음. 조직 몰입의 세 가지 유형으로 구성요소는 정서적 몰입, 지속적 몰입, 규범적 몰입으로 분류해 볼 수 있음.(Mowday et al., 1979)
- 조직 몰입에 영향을 미치는 요인으로는 개인적인 특성, 직무 특성(직무 다양성, 직무 중요성, 역할 모호성, 역할 갈등 등), 조직 특성(집권도, 통제, 복잡성 등)이 있고, 조직 몰입의 결과로 나타날 수 있는 효과로는 생산성과 직무 만족, 성과의 향상이 있으며 이직과 결근율을 낮추는 것으로 알려져 있음.

II 조직몰입의 구성요소

1. 정서적 몰입

- 정서적 몰입은 종업원이 조직에 감정적으로 애착을 느끼고, 동일시 하면서 몰입하는 차원을 말함. 예컨대, 삼성맨으로 자부심을 갖는 것, 자사의 제품에만 애착을 갖고 맹목적으로 선호하는 것은 정서적 몰입의 결과라 볼 수 있음.
- 한 연구에 의하면, 정서적 몰입의 효과가 지속적 몰입이나 규범적 몰입에 비해 가장 강력하다는 결과를 얻었다고 함. 이를 각 기업체에서 응용하여 정서적 몰입을 향상하는 방안으로 유니폼 착용, 사내 상담센터를 운영하거나 구성원 참여제도를 통해 중요한 의사결정에 자신이 참여했다는 정서를 형성하게 하여 조직몰입을 유도하고 있음.

2. 지속적 몰입

- 종업원이 조직을 떠나 다른 조직으로 옮길 때 발생하는 비용 때문에 구성원으로서 계속 남아 있으려는 몰입의 차원을 말함. 예를 들어서 업무량이 힘들어 퇴직을 하고 타 회사로 옮기고 싶지만, 현 회사에서의 조만간 승진 선정과 복리후생 등의 혜택 등 경제적 혜택 때문에 계속 조직에 남아 있으려는 사례에서 찾아볼 수 있음.

- 대기업 임원진들은 정년 퇴임 이후에도 일정 기간 동안은 퇴직 전과 비슷한 처우를 받는데, 만약 타 회사로 옮겼을 경우 이러한 모든 혜택을 포기해야 하므로 대기업 퇴직자로 머물러 있는 경우도 있음.
- 지속적 몰입을 증진하는 방안으로는 금전적 보상제도의 강화, 우리사주제, 스톡옵션 등으로 구성원이 조직이 제공하는 경제적 혜택을 포기할 수 없도록 하는 방안이 있음.

3. 규범적 몰입

- 도덕적, 심리적 부담이나 의무감 때문에 조직에 몰입하는 경우이며, 프로젝트를 수행하던 직원이 업무가 고되고 힘들어도, 자신이 중간에 이직을 했을 경우 회사에 미치는 손실을 우려하여 계속 남아 프로젝트를 감당하고 마무리까지 하는 경우를 말함.
- 규범적 몰입을 증진하기 위한 회사의 노력으로 구성원에게 도덕적 의무감과 책임감 등을 교육훈련 프로그램에 포함하여 제공하고 이를 이수한 후에는 원하는 분야로 배치전환 하는 방안도 있음.

Ⅲ 조직몰입의 효과

1. 생산성의 증가
2. 직무만족 향상
3. 이직률과 결근율 감소

연습 17

조직몰입의 세 가지 구성요소와 사례를 제시하고, 조직몰입의 결과, 조직몰입을 증진시키기 위한 방안에 대하여 설명하시오. ★

I. 조직몰입의 의의

〈조직 몰입〉이란 개인이 조직에 대해 가지는 심리적인 애착으로 조직 구성원이 조직과 자신을 동일시하며 그 조직에 헌신하고자 하는 정도라고 할 수 있다. 조직 몰입의 세 가지 유형으로 구성요소는 정서적 몰입, 지속적 몰입, 규범적 몰입으로 분류해 볼 수 있다.(Mowday et al, 1979)

II. 조직몰입의 구성요소(Meyer & Allen, 1991)

1. 정서적 몰입

정서적 몰입은 종업원이 조직에 감정적으로 애착을 느끼고, 동일시 하면서 몰입하는 차원을 말한다.

2. 지속적 몰입

종업원이 조직을 떠나 다른 조직으로 옮길 때 발생하는 비용 때문에 구성원으로서 계속 남아 있으려는 몰입의 차원이다.

3. 규범적 몰입

도덕적, 심리적 부담이나 의무감 때문에 조직에 몰입하는 경우

III. 조직몰입의 효과

1. 생산성의 증가
2. 직무만족 향상
3. 이직률과 결근율 감소
4. 조직시민행동의 증가

경영조직론 답안작성연습

> **연습 18**
> 직무만족의 개념과 중요성, 직무만족의 원인변수 중 종합적 직무만족과 상관관계가 높은 다섯 가지 요인, 직무만족과 정서(affect)와의 관계를 설명하시오.   2022년 경영지도사 기출문제 변형

Ⅰ 직무만족의 개념과 중요성

1. 의의

<직무만족>은 개인의 직무만족에 대한 태도로서 자신의 직무에 대해 가지는 태도와 감정의 총체이다. 즉, 직무만족이 높은 사람은 자신의 직무에 대해서 긍정적인 태도를 가지고 있고, 반대로 직무만족이 낮은 사람은 직무에 대해 부정적인 태도를 갖고 있다고 말할 수 있다.

2. 직무만족의 중요성

직무만족은 시간의 대부분을 직장에서 직무와 함께 보내는 구성원 측면에서 스트레스 강도 형성이나 인생설계에 영향을 미치는 중요한 부분이고, 조직 측면에서 성과 창출과도 관련이 있기 때문에 중요하다.

Ⅱ 직무만족의 원인변수

1. 허즈버그의 2요인 이론

1950년대 허즈버그(Herzberg)는 기업 종업원의 직무태도를 조사하던 중 종업원에게 "만족"을 가져다주는 요인들과 "불만족"을 가져다주는 요인들을 발견하게 되었다. 여기서 "불만족"요인들은 작업 성과와 특별한 인과관계를 보이지 않았으며, "만족"의 주요 원인 되는 요인들을 작업 성과와 직접적인 인과관계가 있음을 발견하였다.

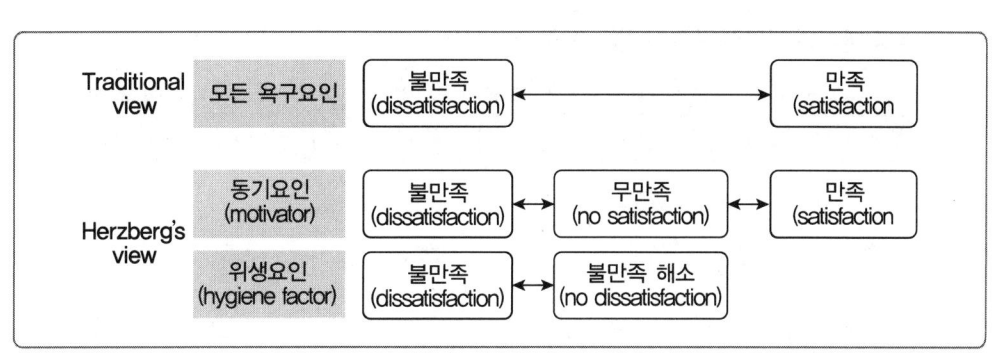

※ 위생요인(불만족요인) : 회사정책, 작업조건, 관리감독, 임금, 지위, 산업안전 등
　동기요인(만족요인) : 성취감, 안정감, 도전감, 책임감, 성장과 발전, 일 그 자체 등

2. 임금(보상정책)

직무만족은 보상에 의해 영향을 받는다. 매우 상식적인 이야기이지만, 겨우 생계를 유지할 정도의 보상 보다는 풍족하게 지급되는 보상을 받는 종업원의 만족도가 높을 것이다. 따라서, 일반적으로 급여수준이 올라갈수록 만족도도 높아진다고 알려져 있다.

3. 승진(성취감)

직무만족은 성장의 기회를 부여받을 때 커지는데, 이는 곧 승진과 관련이 있다. 승진기회가 공정하게 부여되고, 합리적인 기준에 의해 승진의사결정이 이루어진다면 종업원의 만족도는 증가할 것이다.

4. 상사와의 관계(칭찬)

리더십 연구의 상당수는 상사의 특성이나 행동이 부하직원에게 미치는 영향에 관한 주제가 대부분이며, 이러한 상사의 리더십 또는 상사-부하간의 관계는 직무만족의 영향요인으로서 크게 작용한다. 최근 이직의 대부분의 이유가 상사와의 불화인 점을 시사하는 바가 크다.

5. 동료와의 관계(인정감)

동료와의 관계가 원만하고, 업무상의 도움, 인간관계의 지원을 받는다면 직무만족은 증가한다. 이는 사람이 사회적 동물임을 감안할 경우 당연한 결과로서 사료된다.

6. 일 자체(일 자체로부터의 기쁨, 보람, p-j fit)

<u>Hackman & Oldham의 직무특성이론에 따르면, 종업원이 수행하는 업무 그 자체와 관련한 요소인 기술다양성, 과업정체성, 과업중요성 자율성, 피드백의 정도 등은 직무만족도에 영향을 주는 주요 변수들이다.</u>

> **그 외 결정요인**
> ① 개인특성 : 개인의 활달한 성격, 직무에 적응이 되고 있는 근속년수, 개인의 건강상태 등이 직무만족에 영향을 줄 수 있다.
> ② 직무특성 : 직무특성의 핵심차원(다양성, 정체성, 중요성, 자율성, 피드백)이 얼마나 잘 구조화되어 있는가에 따라 작업자에게 긍정적으로 지각될 때, 직무만족 수준이 결정된다.
> ③ 역할특성 : 작업자가 심리적으로 역할갈등과 역할모호성을 낮게 지각할수록 직무만족도는 높게 나타난다.
> ④ 집단 및 조직특성, 신뢰풍토 : 개인이 소속된 집단응집성이 높거나, 커뮤니케이션이 개방적이어서 활발하게 의사소통을 할 수 있고, 분권화되어 권한위양을 받은 업무에 책임감을 발휘할 수 있고, 기업 전반적인 온정적인 조직문화 분위기에 해당한다면 개인의 직무만족도는 높게 나타난다.
> ⑤ 리더십 특성 : 상사가 행사하는 리더십이 민주적이고, 부하직원에게 배려하면서 비전을 제시해 주는 경우 작업자의 직무만족도는 높다.
> ⑥ 태도 : 작업자의 태도로서 해당하는 조직몰입 수준, 스트레스 강도, 삶에 대한 만족도가 직무만족에 영향을 제공하게 된다.

Ⅲ 직무만족과 정서와의 관계

1. 정서의 개념

<u>정서(affect)는 사람들이 어떤 대상(사람, 사건, 사물)에 대하여 경험하는 넓은 범위의 느낌</u>을 말하며, 감정(emotion)과 기분(mood)을 포함하는 개념이다. 정서는 직무만족에 영향을 미칠 수 있는 변수로서 가변적 속성을 지닌다.

2. 직무만족과 정서의 관계

회사에서 업무와 관련된 여러 사건들이 긍정적이거나 부정적인 종업원들의 정서를 유발하는데, 이때 그들의 성격이나 기분에 의해 그 반응강도가 달라질 수 있다. 이러한 반응과정에서 정서는 조직시민행동, 조직몰입, 노력의 강도, 이직의도 등과 같은 여러 결과변수에 영향을 미칠 수 있으며, 따라서 정서는 직무만족과 전혀 무관하지 않음을 알 수 있다.

3. 감정노동과 직무만족

정서에서 출발한 감정노동은 실제의 감정을 숨기고, 전시적 감정을 표현해야 하기 때문에 구성원의 소외감을 유발하고, 그 결과 심리적 웰빙 등 근로생활의 질을 감소시키며, 직무스트레스를 유발하여 직무만족도와 자긍심을 낮춘다.

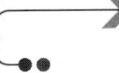
경영조직론 답안작성연습

사례형 문제

다음을 읽고 물음에 답하시오.
1) 지각의 개념과 중요성, 그리고 스키마의 개념에 대하여 설명하시오. (10점)
2) 귀인이론의 개념, 귀인의 유형으로 내적·외적 귀인, Weiner가 주장한 귀인의 세 가지 차원에 대하여 설명하시오. (15점)
3) Kelley의 공변모형을 제시한 후, 다음 사례에서 강호동 부장이 이수근 대리에 대해 어떻게 귀인할지를 설명하고, 귀인과정에서 나타나는 대표적인 오류를 설명하시오. (25점)

> 강호동 부장은 이수근 대리에게 이번에 지시했던 D프로젝트의 실적이 낮은 것을 보고 고민하고 있다. 그래서, 다른 대리들의 실적을 살펴보았는데, 대다수의 실적이 좋지 않았고, 이수근 대리가 맡았던 다른 A, B, C 프로젝트들은 그나마 실적이 괜찮았으며, 이수근 대리의 입사 후 실적은 3년 동안 계속 높았었는데, 이번에만 낮았다.

문제 1)

I 지각의 개념과 중요성, 스키마의 개념

1. 지각의 개념

'지각'이란, 외부환경에 대한 영상을 사람의 머릿속에 형성하는데 있어서 외부로부터 들어오는 감각적 자극을 선택, 조직화, 해석하는 과정이며, 특히 대인지각은 사람에 대한 지각을 의미한다. 지각은 대물지각과 대인지각으로 구분되며, 조직에서 물건에 대한 지각보다는 사람들에 대한 주관적인 대인지각이 더 중요한 영향을 미치는 경향이 있는데, 이것은 대인지각에 있어서 사람들은 대개 인지적 인색자들(cognitive miser)이기 때문에 상당히 제한된 몇 안 되는 정보만 가지고 함부로 다른 사람을 평가하려 들기 때문이다.

2. 지각의 중요성

사람은 누구나 지각하는 세계와 실제 세계에 있어서 차이가 있으므로, 조직 내 개인이 자신의 업무, 조직목표와 정책, 업무처리방법 등에 대하여 어떻게 생각을 형성하느냐에 따라 향후의 의사결정이나 의사소통에도 영향을 미치고, 상호간의 갈등을 유발하게 할 수도 있고 공정한 평가에도 영향력을 제공하므로, 지각은 매우 중요하다고 할 수 있다.

3. 스키마의 개념

스키마는 머릿속 구조화된 사전 지식을 말하며, 일상에서 접하는 모든 상황에 대한 원인을 명확하게 규명할 수 없기 때문에 자신의 과거 경험을 통해 형성된 스키마에 의하여 편리하게 지각하고 해 주는 것이다.

문제 2)

Ⅰ 귀인이론의 개념

1. 의의

귀인이란 피지각자의 행위에 대한 관찰을 통하여 그 행동원인을 추론하는 것이며, 귀인이론은 타인의 행동을 관찰할 때 그 행동의 원인이 내재적인지 아니면 내재적인지 추론하는 과정을 설명한 이론이며, 켈리(Kelley)가 귀인이론을 완성하였다. 일상생활에서 타인의 행동원인을 외부에 귀속시키느냐 내부에 귀속시키느냐에 따라서 그 사람에 대한 평가가 달라지고, 회사입장에서 또는 상급자로서 구성원을 잘 관리하는 방법을 제공해 주기 때문에 귀인이론은 매우 중요하다.

2. 발전과정

1) 와이너(Weiner)는 "귀인"이란, 행동결과의 원인을 추론하는 것이라 설명하였음. 귀인을 하는 것은 사람의 본능이라고 하였으며, 이후 하이더(Heider, 오스트리아 학자)는 사람들은 대개 예기치 못한 나쁜 일(unusual & unhappy)이 발생하였을 때, 어떻게든 그 귀인을 하려는 경향이 있다고 설명하였으며, 하이더는 귀인이론의 창시자로서 유명하다. 또한, "사람들은 순수한 과학자와 같다. 관찰할 수 있는 행동을 관찰할 수 없는 원인과 결부시키려 하기 때문이다."라는 유명한 이야기를 남겼다.

2) 로젠바움(Rosenbaum)은 내적귀인과 외적귀인으로 구분하여 설명하였으며, 여기서 '내적귀인'은 능력, 노력, 그 노력이 투입된 시간 등이고, '외적귀인'은 상황, 운, 과업의 난이도 등임을 설명하였다.

3) 마지막으로 켈리(Kelley)는 피지각자의 행동에 대한 관찰을 통하여 그 행동원인을 특이성, 합의성, 일관성으로 공변모형을 도입하여 설명하였음. 이를 귀인이론이라고 불린다.

3. 귀인이론의 중요성

- 조직행동에서 귀인이 중요한 것은 그 결과가 추후의 행동에 영향을 미치기 때문이다. 부하의 낮은 업적의 원인이 그가 열심히 일하지 않았기 때문이라면 야단을 치거나 연봉을 동결시키는 등 어떤 통제를 가하겠지만, 시장 경기의 침체로 인한 것이었다라고 하여 외적 귀인을 하게 되면 그 부하의 잘못을 따지기 보다는 마케팅 전략 변경 등 기업 차원에서 어떤 조치를 취할 것이다.
- 이렇듯 조직이 구성원의 업적에 대한 귀인을 어떻게 하느냐에 따라 향후의 행동에 영향을 미칠 수 있으므로, 매우 중요한 것이다.

4. 귀인의 유형

1) 내적귀인

사람의 능력이나 노력 등 개인 내부적 요소를 행위의 원인으로 보는 것이다.

2) 외적 귀인

직무의 특성이나 상급자의 특성 등 외부적, 환경적 요소를 행위 원인으로 보는 것을 뜻한다. 이러한 내적 귀인과 외적 귀인이 갖는 의미는, 어느 한 사람의 행동을 보고, 이를 본 사람에 따라 통제능력, 경험 등 내적 요인을 원인으로 하는 경우도 있고, 상황, 운 등 외적 요인을 원인으로 생각하는 경우가 있다고 지각한다는 점에서 중요하다.

	내적 귀인	외적 귀인
안정적	능력	과업의 난이도
변동적	노력	운

Ⅱ Weiner가 주장한 귀인의 세 가지 차원

1. 개요

와이너는 사람들이 자신의 성공과 실패의 원인을 알아내고자 하는 특성을 갖고 있다고 가정하고, 연구한 결과 성공과 실패의 요인들을 분석하여 가장 많이 귀인 하는 능력, 노력, 과업의 난이도, 운이라는 네 가지 요소를 설정했고, 이와 같은 귀인들은 통제위치, 안정성, 통제 가능성이라는 3가지 차원의 모형을 기준으로 분류하였다.

2. 세 가지 차원

1) 통제 위치(locus of control)
   - 어떤 일의 성공이나 실패에 대한 책임을 내적인 요인에 두어야 하는지, 아니면 외적 요인에 두어야 하는지에 대한 것을 말하며, 어떤 결과에 대한 책임을 자기 자신의 노력이나 능력으로 돌린다면 내적 요인으로 보고, 이 경우 성공하게 되면 자신감, 자부심, 자긍심, 자존감 등이 향상되지만, 실패하면 수치감이 발생한다.
   - 반면에 어떤 결과에 대한 통제위치가 과업의 난이도와 상황, 운 등과 같은 외재적 요인에 귀인할 경우, 성공하게 되면 외부의 힘에 감사함을 느끼지만, 실패할 경우에는 분노를 일으키게 되는 것이다.

2) 안정성(stability)

   어떠한 일의 원인이 시간의 경과나 특정한 과제에 따라 변화하는가의 여부에 따라 안정적인 것과 변동적인 것으로 분류할 수 있다. 노력으로 귀인 하는 경우 자신의 의지에 따라 노력을 기울일 수 있기 때문에 변동적인 것이라 보고 있고, 능력은 비교적 고정적이라고 보고 있다. 자신의 성공 또는 실패는 고정적 요인에 귀인하면 미래의 비슷한 과제나 시험에서도 거의 동일한 결과를 기대할 수 있게 되지만, 변동적 요인에 귀인하면 그 결과는 예측할 수 없다.

3) 통제가능성(control-ability)

   자신의 의지에 의해 통제되어질 수 있느냐의 여부에 따라 미래에 대한 기대와 자신감에 영향을 주게 되며, 중간고사 점수가 좋은 경우 통제 가능한 요인으로 귀인하면 자부심을 느끼면서 다음에도 비슷한 결과를 기대할 수 있지만, 통제 불가능한 요인으로 귀인하면 운으로 안도하며 앞으로도 그런 행운을 계속 바라게 된다.

	1. 통제위치	2. 안정성	3. 통제 가능성
능력	내적 귀인	안정적	통제 불가능
노력	내적 귀인	변동적	통제 가능
과업의 난이도	외적 귀인	안정적	통제 불가능
운	외적 귀인	변동적	통제 불가능

문제 3)

I 켈리의 공변모형

1. 의의

켈리는 사람들이 내적요소로 귀인 하느냐 아니면 외적요소로 귀인 하느냐를 결정할 때, 주로 다음의 세 가지 기준(특이성, 합의성, 일관성)을 활용한다고 보았다. 원인의 귀속으로 '내적귀인'은 어떤 행위의 원인을 내적인 능력, 동기, 성격 때문인 것으로 이해하는 것이고, 부하의 성공을 내적귀인에 근거하는 사례가 대표적이다. '외적귀인'은 상황요인, 과업의 난이도, 운, 타인의 도움 등과 같이 외적인 것에 원인을 귀속시키는 것이다.

2. 원인의 귀속

1) 특이성

다른 사건의 결과와 비교하는 것으로 유독 이 상황에서만 그렇게 행동하는가에 대한 것이다.

2) 합의성

다른 사람들의 행동결과와 비교하는 것으로 옆에 있는 다른 사람들도 그 사람과 똑같이 행동하는가와 관련된 것이다.

3) 일관성

과거 역사와 비교하여 그의 행동은 항상 이처럼 반복되는가와 관련된 것이다.

[켈리의 공변모형]

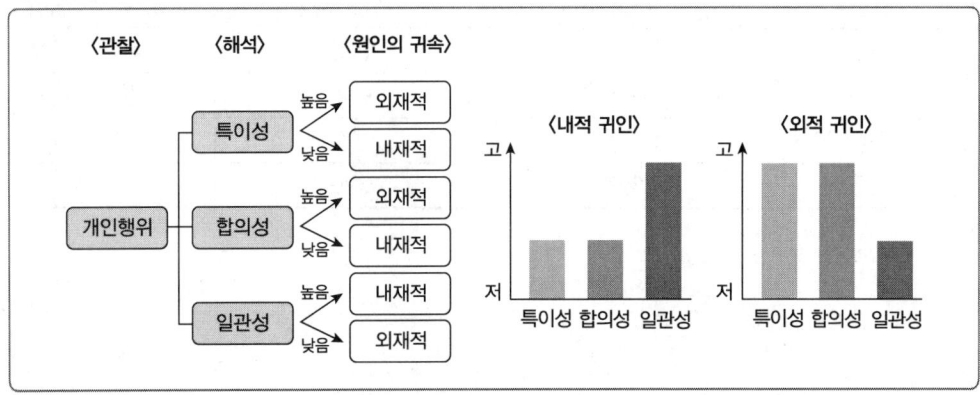

3. 원인귀속의 방향

특이성, 합의성, 일관성으로 설명되며, 내적귀인의 경우 일관성이 높은 경우 나타나고, 외적귀인의 경우 특이성, 합의성이 높은 경우에 나타난다.

Ⅱ 강호동 부장과 이수근 대리의 사례

1. 특이성

특이성은 다른 사건에서도 동일한 반응을 보이는지에 관한 것이며, 개인의 행위가 여러 사건(상황)에서 동일한 방식으로 나타나는지에 관한 것이다. 이수근 대리가 수행한 A, B, D 프로젝트들은 실적이 괜찮았는데, 특이하게 C 프로젝트만 실적이 낮았다면 〈외재적〉으로 귀인 하여 프로젝트의 난이도 등을 생각하게 될 것이다.

2. 합의성

합의성은 다른 사람들도 동일한 반응을 보이는지에 관한 것이며, 이수근 대리 외에 다른 대리들도 실적이 똑같이 낮았다면 이번 이수근 대리의 낮은 실적과 관련해서는 합의성이 높은 것이고, 합의성이 높게 나타난 결과는 〈외재적〉으로 귀인하게 될 확률이 높다.

3. 일관성

일관성이란 그 사람이 같은 방식으로 오랜 시간 동안 같은 반응을 보이는지를 의미하는 것이며, 행동의 일관성이 높을수록 내재적 원인으로 귀인 하는 경향이 더 크다. 이수근 대리의 경우 입사 후 실적은 현재까지 계속 높은 편이었으나, 이번의 C프로젝트만 실적이 낮았기 때문에 일관성이 낮아 〈외재적〉으로 귀인하게 될 가능성이 높다.

Ⅲ 귀인과정에서의 대표적 편견

1. 행위자-관찰자 편견

- 자신이 행위자 입장인 경우인지 관찰자 입장인지에 따라 원인귀속이 다른 편견임. 즉, 자신의 행동의 결과에 대하여 귀인 하는 경우와 타인의 행동결과에 대하여 귀인 하는 결과가 차이가 나는 것이다.
- 자신의 성공에 대하여는 자신의 능력과 노력에 귀인하고, 자신의 실패에 대하여는 상황과 운, 다른 사람에게 책임을 돌리려는 경향이 있지만, 타인의 경우 성공한 결과에 대하

여는 상황과 운, 자신이 도와주어서라고 생각하고, 타인이 실패한 경우에는 노력이 부족하다고 나무라는 사례가 해당한다.

2. 자존적 편견

사람들은 자신의 자존심이나 자아를 지키고 높이는 방향으로 행위자의 행위원인을 귀속시키려는 편견을 갖고 있어서 잘 되면 내 탓, 못 되면 조상 탓으로 돌리는 경향을 들 수 있다. 즉, 자신의 성공한 결과에 대해서는 노력과 능력으로 돌리고, 실패한 결과에 대해서는 외부 탓으로 돌리는 것이다.

3. 통제의 환상

자신의 행동과 결과를 모두 자기가 통제할 수 있다고 생각하는 환상으로 일례로 자신의 성공가능성을 객관적인 성공가능성보다 높게 지각하는 것을 말한다. 이것을 귀인이론과 연계하여 생각해 보면 세상의 모든 일들을 자기노력으로 다 할 수 있다고 굳건하게 믿고, 어떤 일이 실패하였을 때 사실 주변의 상황이 난감하고 교통이 막히고, 주변인이 자주 심부름을 시켜서 방해공작을 했던 상황임에도 불구하고, 내적귀인을 하는 경우이다.

4. 근본적 귀인오류

사람들은 타인의 행동을 보고, 근본적으로 잘 못된 귀인오류를 범하는데, 외재적 요인에 의한 영향은 축소해서 평가하고, 내재적 요인의 영향을 과대포장하여 평가하는 경향을 갖고 있다. 구체적으로 공장장이 회사의 낮은 판매실적의 책임을 생산공정라인 종사자의 게으름 때문으로 탓을 돌리는 경향을 들 수 있다.

Ⅳ 귀인이론의 시사점

1. 명확한 원인귀속에 유의

귀속 작업을 올바르게 하기 위해서는, 행동당사자에 대한 정보를 많이 알고 있어야 하고, 최종적인 판단 전에는 정확하고 많은 정보에 의한 원인귀속을 해야 함이 바람직하다.

2. 원인귀속과 조직행동

조직 내에서 발생하는 다양한 의사소통과 중요한 의사결정에 원인귀속의 편견이 개입될 경우, 자칫 조직의 이익과 반대되는 결론을 낼 수 있으므로, 원인귀속에 대한 부분을 미루거나 아니면 명확하게 하여 그릇된 결론이 도출되지 않도록 해야 할 것이다. 또한, 귀인과정에서 행위자-관찰자 편견, 자존적 편견 등은 부서이기주의, 자기의견에 대한 집착과 고집으로 구성원의 단합을 유도하기에는 지나친 행동으로 발생할 수 있다는 점에 유의해야 한다.

3. 차별적 처우

잘못된 귀인에 의하여 부하직원들에 대한 평가에 영향을 줄 수 있고, 일상의 직장생활에서 차별적인 언행으로 나타날 수 있으므로 구체적인 명확한 원인파악이 곤란하다면, 책임과 귀인의 파악은 나중으로 미루는 것이 바람직하다.

4. 인사관리에 영향

귀인과정에서의 편견이 인사관리에서 작용할 경우, 잘못된 평가결과와 보상으로 불필요한 인재가 조직에서 살아남고, 정말 필요한 인재는 조직을 나가는 결과를 초래할 수 있다. 따라서, 인사관리제도에 있어서 객관적이고 공정한 기준을 정립하여 편견에 의해 좌우되지 않도록 해야 한다는 점에서 시사하는 바가 있다.

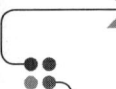

경영조직론 답안작성연습

> **연습 19**
> 성공적인 조직운영을 위해서는 구성원의 태도 관리가 필수적이다. 태도의 개념과 특징 및 3대 구성요소를 설명하고, 태도변화에 관한 레윈의 장의 이론, 켈만(순종 동일화 내면화), 페스팅거의 인지부조화 이론을 요약한 다음, 태도의 변화 없이 인지부조화를 해소하는데 영향을 주는 요인을 설명하시오. (25점)

I 태도의 의의와 중요성

1. 의의

태도는 어떤 대상에 대해 지속적으로 호의적 또는 비호의적으로 반응하려는 개인의 선유경향, 또는 학습된 사전적 견해(predisposition)라고 정의한다. 달리 말하면, 특정 대상에 대해서 호의적이든 비호의적이든 특정한 방식으로 반응하려는 자세로 정의할 수 있다.(ready to respond)

2. 태도의 특징

행동은 하고나면 엎어진 물이지만, 태도는 미리 예방하거나 바꿀 수 있고, 특히 개인의 경험과 사회적 상호작용 속에서 후천적 학습을 통해 변화할 수 있다. 태도는 행동의 방향을 예측하는 기준이 되므로, 조직 차원에서 도움이 되는 바람직한 행동을 학습을 통해 태도를 형성하게 해 준다면, 기업 성과의 창출에 긍정적으로 작용하게 될 것이라는 특징을 갖는다.

II 태도의 3대 구성요소

1. 인지적 요소

어떤 대상에 대하여 알고 있는 지식 또는 그렇게 믿고 있는 믿음을 말하며, 옆 사람은 나보다 일을 더 못하는데, 나보다 임금을 더 받는다고 인지하는 것, 과장님이 일을 너무 모른다고 생각하는 것, 귤에는 비타민C가 풍부하다고 인지하는 것 등에 해당한다.

2. 정서적 요소

어떤 대상(사물, 사람, 사안)에 대해 좋아하거나 싫어하는 혹은 긍정적이거나 부정적인 느낌을 말함. 웅장한 미술품을 보고 마음에 들어 한다거나, 상사가 부하직원을 마음에 들어 하는 경우를 들 수 있다.

3. 행동적 요소

어떤 대상에 대한 느낌의 결과로 어떻게 행동에 옮기겠다는 생각이다. 아직 구체적인 행동으로 옮기지 않았으므로, 행동은 아니며 행동의도(intention)이다. 인지적 요소, 정서적 요소, 행동적 요소는 꼭 순서대로 나타나지 않으며, 태도의 세 요인들은 상황에 따라 복합적으로 작용하면서 행동에 영향을 미친다.

Ⅲ 태도변화 이론

1. 레윈의 장의 이론

인간의 태도가 고정되거나 안정적인 것이 아니라, 겉으로는 정적으로 보일지라도 실제로는 서로 상충되는 힘의 작용으로 동적인 균형을 유지하는 것이라고 보았다. 즉, 현재의 태도를 바람직한 새로운 상태로 변화시키려 한다면 변화를 추진하려는 힘과 저항하려는 힘 중 전자를 강화시키면 태도가 바뀔 수 있다는 것이다.

2. 켈만의 영향력 이론

켈만은 사회적 영향력 하에서 어떤 개인의 태도가 변화되는 유형을 순종, 동일화, 내면화의 세 가지로 정리하였다. 순종은 보상을 기대하거나 처벌을 회피하기 위하여 타인의 영향력, 집단의 영향력을 수용하는 것이고, 동일화는 타인이나 집단의 태도에 동화되어 스스로 일체화 시키는 것이다. 내면화는 동일화보다 훨씬 심층적인 태도변화로 타인이나 집단의 주장을 개인 본인의 가치체계에 부합한다고 믿고 수긍하여 받아들이는 것이다.

3. 페스팅거의 인지부조화 이론

페스팅거(L.Festinger)가 주장한 이론으로 둘 이상의 태도 간 또는 태도와 행동간 불일치를 최소화하기 위해 노력한다는 것이다. 즉, 조직 내 개인은 직무수행과 관련된 행동이 자신의 태도와 모순될 경우, 둘이 양립 가능하도록 태도를 수정할 수 있다는 것이다. 여기서 인지부조화란, 인지의 비일관성이며, 두 가지 양립할 수 없는 인지가 한 사람의 마음에 있어서 서로 불일치할 때 불편함이나 긴장(부조화)을 경험하게 되며, 이러한 부조화 상태는 불편함과 불유쾌한 감정을 유발시키기 때문에 개인은 어떤 형태의 노력을 기울이든지 조화의 상태로 돌아가 심리적 균형을 회복하려 하는 것이다.

Ⅳ 인지부조화 해소에 영향을 주는 요인들

인지부조화를 해소하는 기본적 방법은 태도에 맞게 행동을 변화시키거나 행동에 어울리는 태도를 갖는 것이다. 보통은 행동을 변화시키기 어려우므로 태도를 행동에 맞게 변화시키는 소위 자기합리화가 발생하는 경우가 많다. 반대로 문제에서 제시하는 바와 같이 태도를 변화시키지 않고, 인지부조화를 해소하는 방안은 결국 태도에 어울리는 행동으로 변경하는 것이다. 행동의 변화는 저절로 이루어지는 것이 아니므로, 다음의 요인을 고려해야 한다.

1. 인지부조화 해소에 대한 영향 요인

1) 부조화 유발 요인의 중요성

중요한 이슈라면 부조화를 줄이기 위해 행동변화 등의 노력을 투입할 가능성이 크다.

2) 부조화를 유발하는 요인의 통제 가능성

행위자 자신에 의해 해당 요인의 통제가 가능하다고 믿는다면 태도에 어울리는 바람직한 행동을 취할 가능성이 크다.

3) 부조화를 유발하는 요인과 관련한 각종 비용

부조화가 나에게 큰 비용을 초래할수록 인지부조화의 해결, 즉 행동변화를 위해 더 적극적으로 노력하게 된다.

2. 인지부조화 감소를 위한 노력

인지부조화 감소를 위한 노력에는 ① 태도를 변경, ② 행동을 변경, ③ 더 가치 있는 조화요소를 찾아 비교기준의 변경하거나, ④ 부조화를 낳지 않는 방향으로 노력하는 인지적 왜곡, ⑤ 회피가 있다.

> **연습 20**
> 감성지능의 4가지 영역과 긍정심리자본의 하위차원을 설명하세요.

Ⅰ 감성과 감성지능의 의의

- 감성이란 어떤 사람이나 사물에 대해 갖는 강한 느낌(feeling)을 말하며, 감정의 어원 emotion을 살펴보면 e(in → out) + motion(to move)으로 구분하여 볼 수 있는데, 이는 사람을 안에서 밖으로 움직이게 한다는 뜻이 되며, 사람의 안에 있는 강한 느낌이 밖으로 표현되는 것을 의미한다는 것을 알 수 있음. 최근에는 감성 또는 감정전염이라고 하여 타인의 감정에 의해 유발되는 감정 프로세스가 고객만족의 수준을 결정하는 영향요인으로 작용한다는 연구보고가 있으며, 향후 지속적인 연구가 기대되는 분야이기도 함.
- 감성지능이란, 감정적 단서나 정보를 파악하고 관리하는 능력이며 다른 사람의 정서와 감성을 알아채고 이해하고 조정할 수 있는 능력을 말함.
- 감성지능의 대표적 연구학자인 다니엘 골만(D.Goleman, 2002)은 감성지능이 지적지능보다 경력을 형성함에 있어서 훨씬 중요하다고 하였음.

Ⅱ 감성지능의 영역

1. 자기인식 능력

자신의 감정 상태를 정확하게 인식하는 능력으로, 자기평가를 통해서 자신을 현실적으로 평가하는 능력을 말함.

2. 자기관리 능력

자신의 감정을 관리하는 능력, 충동적인 감정을 제어하고 조정하는 능력이며, 상황에 대하여 적절한 반응을 하는 능력을 말함.

3. 사회적 인식 능력

다른 사람의 입장에서 그들의 감정을 잘 이해하고 공감하는 능력을 말함.

4. 관계관리 능력

다른 사람의 감정을 이해하고 상대의 감정에 따라 적절히 대응하며 원만한 상호작용 및 긍정적인 관계를 유지하는 능력을 말함.

	자기 자신(self)	다른 사람(social)
인식 차원	자기 인식	사회적 인식
관리 차원	자기 관리	관계 관리

5. 감성지능이 조직행동에 미치는 영향

- 감성지능은 감정노동을 수행하는 과정에서 감정부조화가 발생하는 경우 효과적으로 대처할 수 있도록 해줌으로써 만족스러운 사회적 관계를 유지할 수 있게 해주고, 특히 리더십 연구결과를 보면, 성공적인 리더들의 공통점으로 감정지능이 높다고 주장함. D.Goleman의 연구에 의하면 약80%의 감정지능과 20%의 지적능력이 적절히 조화를 이룰 때 리더는 효과적으로 리더십을 발휘할 수 있다고 함.
- 감성지능이 높은 사람은 낮은 사람보다 자기 혼자 하는 일에도 성과가 높고 스트레스도 덜하다는 연구결과도 있음.

Ⅲ 긍정심리자본

1. 의의

긍정심리자본은 구성원의 복합적이면서 긍정적인 심리상태를 말함(Luthans). 긍정적인 심리상태에는 기질적이라기보다는 관리 가능한 개발 및 개선이 가능한 상태적 특성을 갖고 있음.

2. 하위차원

1) 자기효능감(self-efficacy)

자기효능감은 심리학자인 반두라(1977)가 처음 소개하였으며, 주어진 상황에서 특정 과업을 성공적으로 잘 완수할 수 있다는 자신에 대한 믿음을 말함. 자기효능감이 높은 사람은 자신의 삶을 잘 통제하는 경향이 있으며, 자신의 행동과 선택이 자신의 삶을 결정한다는 믿음을 갖고 있기 때문에 새로운 과업이나 도전적 과제가 주어졌을 때 기꺼이 시도해보며, 스스로 더 높은 목표를 설정하여 좋은 결과를 얻으려는 경향이 강하다고 알려져 있음.

2) 희망(hope)
- 목표가 달성될 수 있고, 계획들이 성공적으로 수행될 것이라는 믿음을 바탕으로 하는 의지와 목표달성 경로에 대한 긍정적인 동기부여 상태를 의미함.
- 희망은 개인의 목표, 그 목표를 지향하는 의지, 목표를 향해 가는 계획이나 대안, 경로가 결합된 개념임.

3) 낙관주의(optimism)
- 낙관주의는 미래에 대한 긍정적인 생각과 감정으로서, 만족감과 즐거움은 높이고 불안과 우울감은 줄이는 효과가 있음. 낙관주의는 성격과 유사한 특성을 지니고 있어 유전적인 영향을 강하게 받으며, 인생 전반에 걸쳐 중요한 영향을 미침. 낙관주의를 지닌 사람은 인생의 긍정적인 면을 보므로 난관에 부딪쳐도 용기와 희망을 잃지 않으며, 목표를 이루고자 적극적으로 노력하고. 그러한 목표는 자기 충족적 예언의 효과로 인해 달성될 가능성이 높음.
- 반면에 부작용도 있는데, 비현실적인 낙관주의를 가질 경우 실패가 초래될 수 있다는 점에서 늘 긍정적인 것만은 아님.

4) 회복탄력성(resilience)
- 예기치 못한 난관이나 상황에 즉흥적으로 대응하고, 거기서 겪게 되는 심리적 충격으로부터 신속하게 원래의 상태로 돌아올 수 있는 심리적 차원을 의미함.
- 회복탄력성은 크고 작은 다양한 역경과 시련과 실패에 대한 인식을 도약의 발판으로 삼아 더 높이 뛰어 오르는 마음의 근력을 의미하며, 역경으로 인해 밑바닥까지 떨어졌다가도 강한 회복탄력성으로 되튀어 오르는 사람들은 대부분의 경우 원래 있었던 위치보다 더 높은 곳까지 올라갈 수 있음.
- 지속적인 발전을 이루거나 커다란 성취를 이뤄낸 개인이나 조직은 대부분의 경우에서 실패나 역경을 딛고 일어섰다는 회복탄력성이 공통적으로 보이고 있으며,
- 회복탄력성이란 인생의 바닥에서 바닥을 치고 올라올 수 있는 힘, 밑바닥까지 떨어져도 꿋꿋하게 되튀어 오르는 비인지 능력 혹은 마음의 근력을 의미함.

경영조직론 답안작성연습

[루산스의 긍정심리자본]

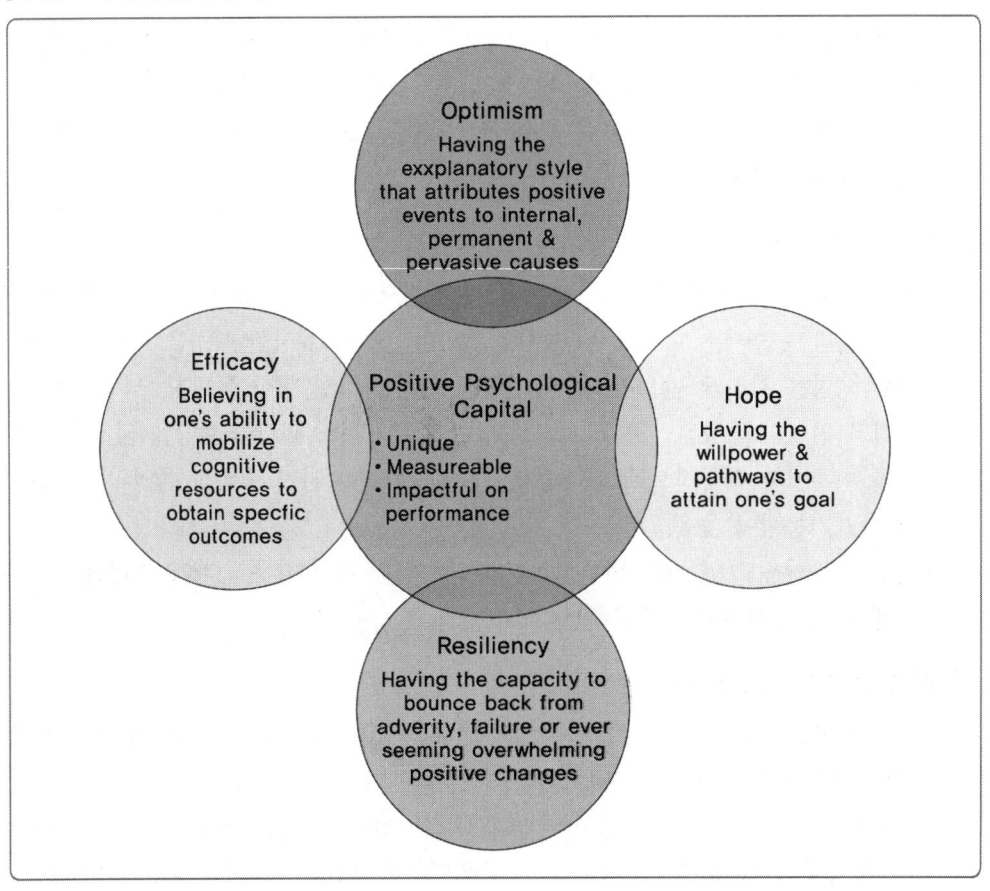

연습 21
조직효과성을 분석할 수 있는 경쟁가치 접근법에 대하여 설명하시오. (25점)

Ⅰ 조직효과성의 의의

〈조직효과성〉은 조직이 추구하는 목표를 궁극적으로 달성한 정도이며, 재무적 성과를 내면서 행동적 성과인 구성원의 직무만족의 증가, 결근율/이직률의 감소 등을 이끌어내는 정도를 의미하며, 조직효율성과는 전혀 다른 개념에 해당한다. 구체적으로 〈조직효과성〉은 조직이 추구하는 진정한 목표를 궁극적으로 달성한 정도이며, 〈조직효율성〉은 투입 대비 산출의 극대화를 의미한다. 즉, 조직효과성과 조직효율성의 차이점은 수단과 목표라는 관계에서 보았을 때, 조직효과성은 목표 차원이고, 조직효율성은 목표를 달성하기 위한 수단 차원으로 이해할 수 있다.

Ⅱ 경쟁가치접근법의 의의와 3가지 축

1. 의의

퀸(Quinn)과 로바우(Rohrbaugh)에 의해 제시된 경쟁가치모형은 조직을 평가하고자 할 때, 다양한 관점에서 가치들이 평가되어야 하며, 어느 하나만을 가지고 평가해서는 안 된다는 것을 제시하고 있다. 조직평가에 있어서 유일최선의 기준이 존재하지 않음을 의미하므로, 다양한 접근을 갖고 평가해야 한다고 설명한 것이다.

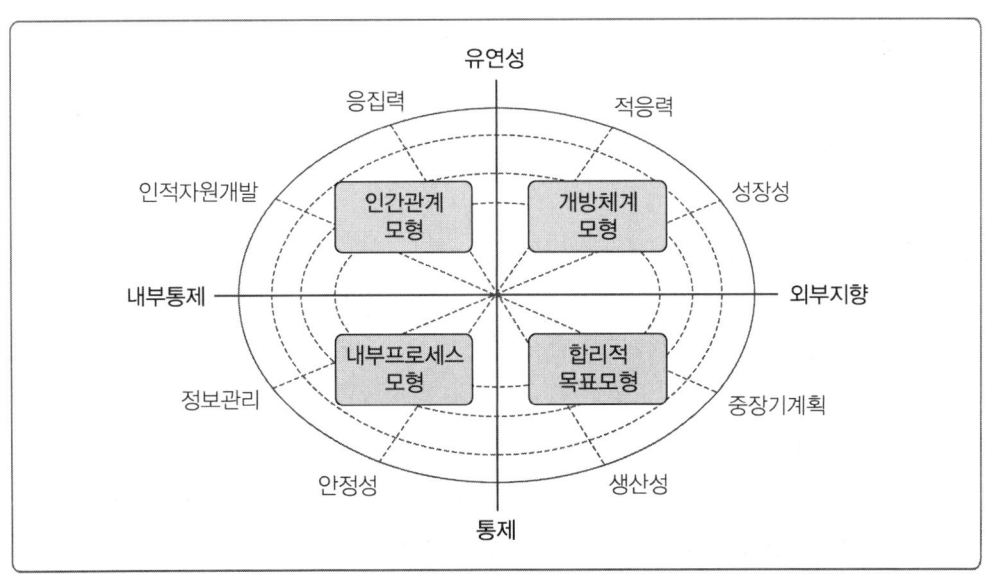

2. 3가지 축

1) 유연성과 통제

〈유연성〉은 경영환경 변화에 능동적으로 유연하게 적응하고자 하는 조직의 분위기, 관행, 전략 등을 의미하고, 〈통제〉는 경영환경 변화에 무관하게 내부적인 관리와 통제에 주력하는 것을 의미한다.

2) 내부통제와 외부지향

〈내부통제〉는 조직 내부의 질서유지, 안정성, 팀 단합 등에 주력하여 내부의 안정적인 통제를 중심으로 하는 것이고, 〈외부지향〉은 시장점유 지향, 경쟁력의 강화 등에 주력하는 것을 말한다.

3) 목적과 수단

각 경쟁가치모형마다 서로 상이한 목적과 수단을 지향하며, 수단을 통해서 목적을 달성하고자 하는 경향을 갖는다.

Ⅲ 경쟁가치의 분류

1. 개방체계모형

조직측면에서 조직변화 및 적응성과 자원획득/성장 등을 강조하는 경우 조직효과성은 주로 수단으로서의 적응력과 목적으로서의 성장성에 의해 평가된다.

2. 합리적 목표 모형

조직 측면의 통제를 강조하는 경우, 계획과 목적으로서의 높은 생산성과 효율성에 의하여 평가된다.

3. 내부 프로세스 모형

사람 측면에서 내부통합을 강조하는 경우 조직효과성은 수단으로서의 정보가용성과 목표로서의 안정 및 질서에 의해 평가된다.

4. 인간관계모형

사람 측면에서 유연성을 강조하는 경우 조직효과성은 수단으로서 인적자원의 결속력과 목표로서 인적자원의 숙련도에 의하여 평가된다.

> **연습 22**
> 1) 조직몰입의 세 가지 구성요소와 사례를 제시하고, 조직몰입의 결과, 조직몰입을 증진시키기 위한 방안에 대하여 설명하시오. (25점)
> 2) 조직몰입의 개념과 유형을 설명하고, 조직몰입의 결과변수와 증진방안을 설명하세요. (25점)

I 조직몰입의 의의

- 〈조직 몰입〉이란 개인이 조직에 대해 가지는 심리적인 애착으로 조직 구성원이 조직과 자신을 동일시하며 그 조직에 헌신하고자 하는 정도라고 할 수 있다. 이러한 조직 몰입의 세 가지 유형은 구성요소는 정서적 몰입, 지속적 몰입, 규범적 몰입으로 분류해 볼 수 있다.(Mowday et al., 1979)
- 조직 몰입에 영향을 미치는 요인으로는 개인적인 특성, 직무 특성(직무 다양성, 직무 중요성, 역할 모호성, 역할 갈등 등), 조직 특성(집권화, 통제, 복잡성 등)이 있고, 조직 몰입의 결과로 나타날 수 있는 효과로는 생산성과 직무 만족, 성과의 향상이 있으며 이직과 결근율을 낮추는 것으로 알려져 있으며, 이에 조직몰입을 구성하는 세 가지 구성요소와 사례, 조직몰입의 결과, 증진방안에 대하여 살펴보고자 한다.

II 조직몰입의 구성요소 및 사례

1. 정서적 몰입

1) 의의

   정서적 몰입은 종업원이 조직에 감정적으로 애착을 느끼고, 동일시 하면서 몰입하는 차원을 말하며, 조직에 대해 진정으로 충성심을 느끼는 정도를 말한다. 이러한 정서적 몰입은 개인의 특성, 직무수행 경험, 개인과 조직문화간의 적합성 등에 의해 영향을 받는다.

2) 사례

   예컨대, 삼성맨으로 자부심을 갖는 것, 자사의 제품에만 애착을 갖고 맹목적으로 선호하는 것은 정서적 몰입의 결과라 볼 수 있으며, "나는 내가 정말 원해서 이 회사는 다니는 것이다."라고 생각하는데 기원한다. 한 연구에 의하면, 정서적 몰입의 효과가 지속적 몰입이나 규범적 몰입에 비해 가장 강력하다는 결과를 얻었다고 한다. 이를 각 기업체에서 응용하여 정서적 몰입을 향상하는 방안으로 유니폼 착용, 사내 상담센터를 운영하거나 구성원 참여제도를 통해 중요한 의사결정에 자신이 참여했다는 정서를 형성하게 하여 조직몰입을 유도하고 있다.

2. 지속적 몰입

1) 의의

종업원이 조직을 떠나 다른 조직으로 옮길 때 발생하는 비용 때문에 구성원으로서 계속 남아 있으려는 몰입의 차원을 말한다. 다시 말하면, 한 조직에 계속 남아 있는 것에 대한 경제적 가치인식으로서 스스로가 조직에 투자한 정도에 대한 지각에 기반하여 다른 조직으로의 이동이 유발하는 상대적 비용에 대한 지각과 관련이 깊다. 따라서, 지속적 몰입은 노동시장의 전반적인 상황, 취업시장의 열기, 개인의 역량 등으로부터 영향을 받는다.

2) 사례

예를 들어서 업무량이 힘들어 퇴직을 하고 타 회사로 옮기고 싶지만, 현 회사에서의 조만간 승진 선정과 복리후생 등의 혜택 등 경제적 혜택 때문에 계속 조직에 남아 있으려는 사례에서 찾아볼 수 있다. 즉, "나는 내가 회사를 다녀야 할 경제적 필요가 있기 때문에 계속 있는 것이다."라고 생각하는 것이다. 대기업 임원진들은 정년 퇴임 이후에도 일정 기간 동안은 퇴직 전과 비슷한 처우를 받는데, 만약 타 회사로 옮겼을 경우 이러한 모든 혜택을 포기해야 하므로 대기업 퇴직자로 머물러 있는 경우도 있는 것이다. 지속적 몰입을 증진하는 방안으로는 금전적 보상제도의 강화, 우리사주제, 스톡옵션 등으로 구성원이 조직이 제공하는 경제적 혜택을 포기할 수 없도록 하는 방안이 있다.

3. 규범적 몰입

1) 의의

도덕적, 심리적 부담이나 의무감 등 도덕적 또는 윤리적인 이유로 인하여 조직에 남게 되는 의무감을 말한다. 조직의 일원으로 남아 있는 것이 도덕적으로 올바르다는 지각에 의한 것이다.

2) 사례

프로젝트를 수행하던 직원이 업무가 고되고 힘들어도, 자신이 중간에 이직을 했을 경우 회사에 미치는 손실을 우려하여 계속 남아 프로젝트를 감당하고 마무리까지 하는 경우가 이에 해당하며, "나는 내가 마땅히 그래야 하기 때문에 이 회사를 다니는 것이다."라고 생각하는 것이다. 규범적 몰입을 증진하기 위한 회사의 노력으로 구성원에게 도덕적 의무감과 책임감 등을 교육훈련 프로그램에 포함하여 제공하고 이를 이수한 후에는 원하는 분야로 배치전환 하는 방안도 있다.

4. 정서적 몰입의 중요성

- 조직몰입의 세 가지 구성요소 중에서 정서적 몰입이 규범적 몰입이나 지속적 몰입에 비해 더 강력하다는 결과를 얻었다. 왜냐하면 지속적 몰입은 필요에 기반을 두고 있고, 규범적 몰입은 책임감에 기초하고 있는 반면에, 정서적 몰입은 애착과 개인의 욕망에 기인하고 있기 때문이다.
- 과거 한국 기업은 서구 선진기업들에 비해 조직몰입 수준이 매우 강한 것으로 알려졌지만, 최근 외환위기와 금융위기 등을 겪으면서 조직에 대한 정서적 몰입도가 많이 약해졌는데, 그동안 갖고 있던 평생직장 개념이 무너지면서 더 이상 자신의 미래를 책임져 주지 않는다는 생각을 갖게 되었기 때문이다.

Ⅲ 조직몰입의 결과변수

1. 생산성의 증가

조직몰입은 개인이 자기가 속한 조직과 동일하게 여기는 것이므로, 조직의 성과 창출 및 생산성 증가에 의한 조직목표 달성에 기여하게 된다.

2. 직무만족 향상

조직몰입이 높으면 동료, 상사에 대한 좋은 태도를 유지하게 되며, 자신의 생활과 경력 전반에 걸쳐서 성공적인 것으로 나타나고 있다. 그 이유는 개인이 추구하는 목표와 조직의 목표가 서로 긍정적으로 연관되어 있고, 이에 개인이 갖고 있는 신뢰수준과 일체감이 상승하여 직무만족을 향상시키는 것이다.

3. 이직률과 결근율 감소

특히, 경제적 동기에 의한 지속적 몰입은 이직에 의한 상대적 비용을 지각하고 있기 때문에 조직에 남아있고자 하는 성향을 나타내게 되며, 따라서 이직률과 결근율이 감소하게 된다.

4. 조직시민행동

조직에 몰입한 구성원은 조직에 대한 강한 애착과 일체감을 갖게 되고, 그러면서 자발적인 헌신을 유도하는 조직시민행동이 발현된다. 조직시민행동이란, 조직의 공식적인 보상 시스템에 의해서 직접적으로 또는 명백히 인식되는 것은 아니지만, 총체적으로 볼 때 조직의 효과적인 기능을 촉진시키는 개인의 재량적인 행동을 말한다(Organ). 조직몰입 수준이 높아지면 조직에 대한 강한 애착과 일체감을 갖게 되고, 이에 자발적인 헌신을 유도하게 될 것이다.

경영조직론 답안작성연습

연습 23

우리나라 한 제조업체 공장장으로 근무한 홍길동은 몇 개월 전 동일업체의 미국 공장장으로 부임하여 현지 미국인 근로자들을 관리하고 있다. 홍길동은 우리나라에서 한국인 근로자들을 관리했던 방식을 동일하게 현지 미국인 근로자들에게 적용하고 있지만, 두 나라 근로자들의 행동 간에 상대적인 차이가 존재함을 경험하고 있다. 예를 들어, 우리나라에서는 부하직원들에게 어떤 과업을 어떻게 수행해야 하는지 알려주면 그대로 받아들이는 경향이 많지만, 현지 미국인 근로자들은 자기 의견을 적극적으로 개진하는 경우가 많으므로, 홍길동은 자신이 우리나라에서 보여준 리더행동(유형)이 미국에서 더 이상 효과적이지 않음을 깨닫고 있다.

[문제1] 두 나라 근로자들의 행동차이의 원인일 수 있는, 국가문화의 하위차원들(Hofstede의 연구)에 대해 한국과 미국을 비교하여 설명하고(단, 남녀역할 차이와 장기/단기지향성에 대한 국민문화 차원은 무시)

[문제2] 로버트 하우스(R.House)의 경로-목표이론에 기반하여, 홍길동이 우리나라에 행한 리더행동 유형은 무엇이고, 미국에서 행해야 할 적합한 행동 유형은 무엇인지에 대해 국가문화의 하위차원과 관련하여 논하시오.

2017년 제26회 기출

문제 1

I Hofstede의 조직문화

1. 조직문화의 의의

조직문화란 조직 내 구성원들 간에 상호작용하는 과정에서 공유된 가치와 신념의 체계를 말함. 조직문화는 조직의 공식적/비공식적인 운영과정에 광범위하게 영향을 미칠 수 있고, 조직사회화와 팀협력을 형성하는 기업 특유의 고유한 무형자원임.

2. Hofstede의 조직문화

Hofstede는 1980년대 국가별 문화 차이를 분석하는 접근법을 개발하여 다국적 기업인 IBM에 세계 40여개 국가에서 근무하는 약 11만명의 종업원을 대상으로 연구조사를 하였으며, 그 후 연구범위를 확대하여 관리자와 종업원은 다섯 가지 차원에서 차이가 있음을 밝히고 있음.

1) 권력거리, 불확실성 회피

   권력거리는 육체적·지적으로 평등하지 못한 사실에 대한 반응을 의미하며, 불확실성 회피는 환경의 불확실성에 적응해 나가는 방법이 어떻게 다른가 하는 것임. 환경의 불확실성에 대해 별로 위험을 느끼지 않아 다른 스타일의 행위나 의견을 쉽게 수용하는 경우 유연한 조직문화이고, 환경의 불확실성에 불안감을 느끼고 회피하려 하면서, 규칙이나 절차에 의존하려 하는 경우에는 엄격한 조직문화라고 함.

	약한 불확실성 회피		
작은 권력 거리	노르웨이, 영국 의사결정에 의한 협상	중국, 인도 사람에 의한 통치	큰 권력 거리
	독일, 이스라엘 규칙과 절차에 의한 협상	한국, 일본 법에 의한 통치	
	강한 불확실성 회피		

2) 개인-집단주의, 남성성/여성성
   - 구성원들이 개인목표와 집단목표 중 어느 것을 더 강조하는지에 관한 것이며, 개인목표를 집단목표보다 우선시하는 경우 개인주의 조직문화라고 함.
   - 남성성-여성성 문화는 성별에 따른 사회적인 역할분담이 엄격한 경우 남성적 문화라고 하고, 그렇지 않은 경우에는 여성적 문화라고 함.

	집단주의		
여성성	태국, 한국	멕시코, 일본	남성성
	네덜란드, 노르웨이	독일, 영국	
	개인주의		

3) 장기-단기 지향성

   단기지향성은 과거와 현재에 가치를 두고, 전통의 존중, 체면 유지, 사회적 책무의 중시하면서 단기적인 성과에 관심을 갖는 문화이고, 장기지향성은 미래지향적인 가치관에서 출발한 인간관계, 끈기, 절약정신 등에 관심을 갖는 문화임.

Ⅱ 한국과 미국의 비교

1. 권력거리와 불확실성 회피

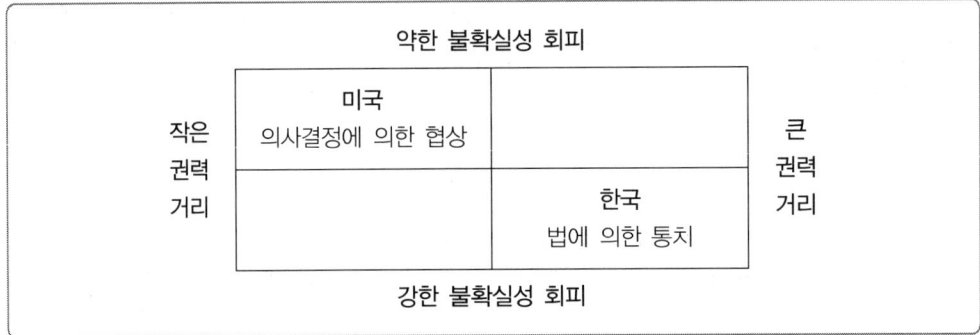

- 기존의 한국기업에서는 수직적인 상하관계가 중요시 되어 상급자의 명령지시에 의한 복종과 통제를 위주로 하는 큰 권력거리와 강한 불확실성 회피 성향을 갖는 조직문화이므로, 홍길동이 보여주었던 업무를 자세하게 알려주고 지도하면서 업무지시를 할 때 부하직원들은 그대로 따르게 되는 조직문화임을 확인할 수 있음.
- 그러나, 미국기업에서는 약한 불확실성 회피를 갖고 있고, 작은 권력 거리에 의한 수평적인 조직문화로서 활발한 의사소통과 의견개진이 정착된 문화이므로, 기존의 홍길동의 지시적인 수직적 리더십이 더 이상 적합하지 않게 된 것임을 알 수 있음.

2. 개인-집단주의, 남성성/여성성

기존의 한국 기업은 집단주의 문화가 있었으므로, 상사의 업무지시에 의한 집단적인 순종, 순응의 업무태도가 있는 것이 당연하였으나, 현재 파견된 미국 기업은 개인주의 조직문화에 해당하여 상사의 업무지시를 무조건적으로 순응할 것을 기대하기 어려움을 알 수 있음. 따라서, 홍길동의 리더십 행동이 개인주의 조직문화에 적합하게 변화해야 할 필요가 있을 것으로 사료됨.

문제 2

Ⅰ 리더십의 의의

리더십은 리더가 처한 상황을 고려하여, 구성원들로 하여금 특정 목표를 달성하도록 사회적 영향력을 행사하는 과정을 말함(Stogdill). 리더의 행동은 리더 자신의 특성과 상황요인에 의한 함수로서 결정된다는 함수에서도 알 수 있듯이 (B=f(P, E)), 리더십 형성에 영향을 주는 작업환경 특성과 부하의 특성을 살펴보는 것은 매우 중요한 점임.

리더십 이론은 특성이론, 행동이론, 상황이론으로 구분하여 살펴볼 수 있으며, 그 중 상황이론의 대표적인 R.House의 경로-목표이론에 대하여 살펴보도록 하겠음.

Ⅱ 경로 – 목표이론

1. 의의

R.House의 경로-목표이론은 리더십 행위이론, 상황이론, 모티베이션 기대이론을 결합하여 적합한 리더십 스타일을 설명한 이론이며, 리더가 일차적인 목표를 설정해주고 이를 달성하는 가장 좋은 방법으로 적합한 리더십 스타일을 상황요인에 맞게 발휘하게 되면 구성원들의 기대감에 영향력을 제공하여 성과를 낼 수 있다고 본 이론임.

2. 리더십 스타일

1) 지시적 리더십

구체적인 지침과 표준, 작업일정을 제공하여 부하들이 무엇을 해야 할 지를 지도해주고 알려주는 리더십임.

2) 후원적 리더십

부하들의 복지와 안락에 관심을 갖고, 상호 만족스러운 인간관계 발전을 강조하는 리더십 유형임.

3) 참여적 리더십

부하들을 의사결정과정에 참여시켜 그들의 의견을 이끌어내어 진지하게 고려하면서 정보 공유를 하는 리더십임.

4) 성취지향적 리더십

도전적인 작업 목표를 설정하고, 성과개선을 추구하면서 부하들이 능력을 발휘하도록 하는 리더십임.

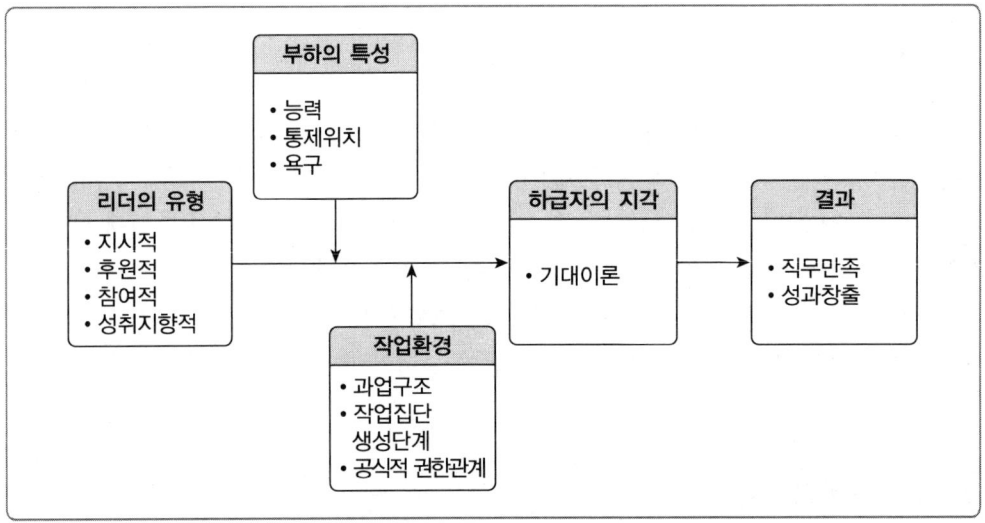

3. 리더십 상황요인 - 하급자 특성

1) 능력
업무수행능력이 높은 부하직원을 둔 경우 성취지향적 리더십이 적합하고, 업무수행능력이 낮은 부하직원의 경우 일일이 설명해 주는 것이 바람직하므로 지시적 유형이 적합함.

2) 통제위치
Rotter의 통제위치에 따라 살펴보면, 내재론자는 참여적 리더십으로 자신의 주도하에 의한 업무진행으로 책임감을 발휘할 수 있게 하여야 하고, 외재론자는 지시적 리더십이 적합함.

3) 욕구
안전의 욕구가 강한 부하직원이라면 지시적인 리더십으로 자세한 업무 설명과 안내를 해 주어야 하고, 자아실현의 욕구가 강한 부하직원이라면 성취지향적 리더십, 후원적 리더십이 적합함.

4. 리더십 상황요인 - 작업환경 특성

1) 과업구조
과업이 체계적으로 구조화된 근무환경인 경우에는 지시적 리더십 or 후원적 리더십이 적합하고, 과업이 아직 체계적이지 않은 경우에는 후원적이고 참여적인 리더십이 적합함.

2) 작업집단 생성단계
조직의 형성 초기 또는 작업집단 형성 초기에는 지시적 리더십이 적합하고, 성장 및 안정

단계라면 후원적 리더십, 참여적 리더십, 성취지향적 리더십이 적합함.

3) 공식적 권한관계

공식적인 권한관계가 명확할수록 지시적 리더십이 적합하고, 그렇지 않은 수평적 조직에서는 참여적이고 후원적인 리더십이 적합함.

5. 매개변수로서 하급자의 지각

브룸의 기대이론에 의한 기대감, 수단성, 유의성에 기준하여 작업환경에 적합한 리더십 스타일을 지각하고, 성과를 창출하는데 기여하게 됨.

6. 이 이론의 공헌점과 한계점

1) 공헌점

어떤 상황에서 어떠한 리더십 스타일이 왜 효과적인지 그 이유를 명확하게 밝혀주고 있으며, 리더십 이론과 동기부여이론의 결합이라는 데서 공헌점이 큼. 즉, 리더의 행동이 구성원들의 기대감에 영향력을 제공하여 모티베이션을 일으키고 과업의 목표달성 방법을 리더십이론으로 접근하였다는데 기여함.

2) 한계점

이론의 모형이 너무 복잡하고, 관리격자이론 (9,9)형처럼 명확하게 추구해야 할 목표가 없고, 기대이론이 갖는 이론적 한계로서 지각의 오류들을 지나칠 수 없다는 한계가 있음.

Ⅲ 결론

1. 한국기업에서의 리더십 유형

한국기업은 안전한 고용관계를 중요시 여기고 수직적인 조직문화가 존재하여 공식적인 권한관계가 명확하기 때문에 업무내용을 하나하나 설명하면서 지시하는 지시적 리더십이 업무성과를 달성하는데 유리하였음.

2. 미국기업에서의 리더십 유형

그러나, 미국기업의 경우 수평적인 조직문화이므로 비록 상하관계가 있더라도 상호간의 의견 개진과 존중이 활성화되어 있음. 따라서, 부하직원들을 조직의 주요한 의사결정과정에 참여시키는 참여적 리더십 유형이 적합하므로, 홍길동의 경우 자신의 리더십 스타일을 미국 기업체의 작업상황과 부하특성에 맞게 변형시켜야 할 필요가 있을 것으로 사료됨.

경영조직론 답안작성연습

연습 24
솔로몬 애쉬의 인상형성이론에 대하여 약술하세요.

I 인상형성이론의 의의

인상은 어떤 사람에 대한 지각의 결과로 나타나는 느낌이며, 각인된 느낌은 이후 그를 판단할 때 다시 지각과정을 거치지 않고 그 인상으로 대하게 된다는 이론임. 이렇게 제한된 상황에서의 인상만 가지고 타인을 평가하는 과정 및 발생할 수 있는 오류 등을 다룬 것을 인상형성이론이라고 함. 즉, 타인에 대한 인상을 형성할 때 어떤 원리에 따르는지를 보여주는 것임.

II 인상형성 과정에서 나타나는 원리(인상형성 요인)

1. 초두효과

타인을 평가하는 데 있어서 다른 조건이 같다면, 그에 대하여 먼저 들어온 정보에 의해 맥락을 형성하고 이 맥락 속에서 나중에 제시된 정보를 해석하는 현상을 말함. 조직 생활에서 초두효과는 대개 시간적 여유가 없거나 판단의 중요성이 그리 높지 않을 때 나타남.

2. 현저성 효과

하나의 두드러진 점이 한 사람의 전체 인상을 형성하는 데 결정적인 역할을 하는 경우 이를 현저성 효과라고 함. 예를 들어서 어쩌다 들어 온 부정적인 정보는 비록 그 수가 적을지라도 돌출된 특징에 의한 현저성 효과로 상대방에 대한 전체 인상을 현성한다는 것임. 긍정적인 정보를 바탕으로 내린 판단보다는 부정적인 정보를 바탕으로 내린 판단에 보다 더 큰 확신을 갖고 있기 때문임.

3. 일관성의 원리

사람들은 인상을 형성함에 있어서 상호 어긋나는 정보가 있더라도 단편적인 정보들을 통합하여 일관성 있는 특징을 형성하려고 함. 이때 평가자는 인지부조화 원리에 따라 비일관성을 최소화하기 위하여 정보를 왜곡하고 재구성하는 것으로 이것은 대인지각에 있어서 가장 두드러지는 현상임.

4. 중심특질과 주변특질

- 사람에 대한 인상을 형성함에 있어서 여러 가지 평가요소 중 중심적인 역할을 수행하는 특질과 주변적인 역할밖에 하지 못하는 특질이 있는데, 중심특질을 가지고 그 사람 전부를 평가해 버리는 현상이 나타날 수 있음.
- 구체적으로 책임감 있고, 성실하면서 유쾌한 직원들을 고용하고 있는 고용주가 A직원은 패셔너블한 출근복을 입고 다니지만, B직원은 청바지에 티셔츠만 입고 다닌다고 할 때 고용주는 A를 화려하고 멋진 사람으로 기억하고, B를 검소한 사람으로 여기는 경우를 들 수 있음.

5. 합산원리와 평균원리

다른 사람을 형성하는 데 있어서 그 사람에 대한 여러 정보를 매우 기계적으로 합산하여 인상을 형성하거나 평균을 내어 인상을 형성하는 경우를 말함. 합산원리는 여러 특질들의 단순 합으로 인상을 형성하고, 평균원리는 단순 평균의 형태로 인상을 형성하는 것임.

Ⅲ 인상형성이론의 시사점

- 한번 형성된 인상은 이후 그 사람에 대한 평가에 영향을 미친다는 것을 알 수 있음. 특히, 첫인상은 그 사람에 관해 계속되는 정보를 받아들이고 해석하는 데 있어서 기본 출발점임. 즉, 다른 정보를 더 알아내려고 노력하지도 않고, 주어진 한 두 가지의 정보만으로 서둘러 결정함으로써 오류 가능성이 큰 판단을 하게 되는 것임.
- 인상형성이론에 따르면 사람들이 평가를 할 때 피평가자에 대한 한정된 지식만으로 그에 대한 광범위한 인상을 형성하려는 경향이 있으므로, 이러한 오류의 극복을 위해 보다 폭넓은 자료를 토대로 지속적인 평가를 하도록 해야 한다는 시사점을 얻을 수 있음.

연습 25
자기효능감에 대하여 약술하세요.

I 자기효능감의 의의

1. 의의

자기효능감이란 개인이 특정 상황에서 특정 과업을 얼마나 잘 수행할 수 있는지에 대한 믿음의 정도를 말함(반두라, Bandura). 즉, 일을 할 수 있다는 신념의 정도로 자신의 일에 대한 자신감을 말함. 자기효능감은 개념적으로 자기존중감과도 유사하지만, 자기존중감은 특정 상황에 구애받지 않은 일반적인 개념인데 비해 자기효능감은 특정 상황과 결부되는 경향이 있다는 점에서 차이가 있음.

2. 자기효능감의 세 가지 차원

자기효능감은 과업수준, 확신의 강도, 일반화의 정도에 의하여 발휘되는데, 한 사람이 수행할 수 있는 과업의 수가 합리적이어야 하고, 개인이 과업을 수행하는 능력을 얼마나 확고히 믿는가의 정도이며, 특정 상황에서의 자기효능감이 다른 상황에서도 발휘될 수 있는 것인가에 대한 일반화의 정도에 의하여 발휘된다고 함.

II 자기효능감의 원천

1. 과거의 성공 경험

업무 수행상 성공경험이 있는 직원은 실패 경험이 있는 사람에 비해서 높은 수준의 자기효능감을 갖는 경향이 있음. 따라서, 작은 일에 성공하는 과거의 경험은 사람의 자기효능감을 자극하여 미래에 더 큰 일을 해낼 수 있도록 해 줌.

2. 대리경험 또는 관찰

- 동료가 과업에서 성공을 거두는 것을 보게 되면, '나도 할 수 있겠다.'는 자기효능감이 증가함.
- 친한 친구가 어려운 시험에서 합격을 한 것을 보게 되면, '나도 할 수 있겠다.'는 자기효능감이 증가함.

- 대학수학능력시험을 아버지와 아들이 같이 치렀는데, 아버지의 영어듣기평가 점수가 월등한 경우, 아들은 '나도 할 수 있겠다.'라고 생각하여 자기효능감을 발휘함.

3. 언어적 설득

조직구성원이 특정 과업을 잘 수행할 수 있는 능력이 있다는 것을 확신시키고 설득시키면 그 사람의 자기효능감을 불러일으킬 수 있음. 연구결과에 의하면 경영자가 부하직원들이 특정 과업에 성공할 것이라는 확신이 크면 클수록, 실제로 부하직원들이 그 일을 성공적으로 해 낼 가능성이 높아진다고 함.

4. 각성

각성이란 진리를 깨닫고 정신을 차리는 것을 말하며, 특정 과업을 해야 할 필요성과 취지를 느끼거나, 자신이 부양해야 할 가족을 위하여 책임을 느끼고 취업 결정을 하거나, 아니면 단기간을 두고 열심히 공부해서 공채 시험에 합격을 하거나 하는 경우를 말함.

5. 생리적인 상태

중요한 과업을 앞두고 가슴이 두근거리거나, 땀이 흥건하거나, 얼굴이 빨개진 거나, 두통이 심해지거나 하는 증세를 보이는 것이며, 실패에 대한 두려움과 성공에 대한 중압감으로 신체에 영향을 주는 것을 말함. 신체적 증세가 오게 되면, 자기효능감은 급격히 떨어지게 되어 실제로 좋은 성과를 거두지 못하는 경우가 많음.

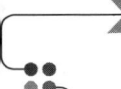

경영조직론 답안작성연습

> **연습 26**
>
> 고전적 조건화와 작동적 조건화를 서술하고, 비교 설명하세요.

Ⅰ 학습의 의의

- 고전적 조건화와 작동적 조건화는 행동주의적 학습이론에 해당하며, 여기서 학습이란 반복적인 연습이나 경험의 결과로 이루어진 영구적인 행동변화를 말함. 행동주의적 학습이론에서 학습은 행동에 따른 외적 결과를 통제함으로써 가능해진다고 믿으며, 이때 조건화(conditioning)란, 학습이 일어나도록 조건(여건)을 마련해 주는 것을 말함.
- 그렇다면, 과거 고전적인 조건화와 이를 한층 발전시킨 작동적 조건화 이론부터 살펴보고, 그 공통점과 차이점을 살펴보도록 하겠음.

Ⅱ 고전적 조건화

1. 개요

- 가장 초보적이고 고전적인 학습 방법으로 러시아의 심리학자 파블로프(Pavlov)가 제시한 이론으로 조건 자극을 무조건 자극과 관련시킴으로써 조건 자극으로부터 새로운 조건 반응을 얻어내는 과정을 말함.
- 파블로프는 개를 연구대상으로 하여 소화작용에 따른 타액의 분비현상을 연구하던 중, 음식에 의한 직접적인 자극이 없어도 이와 관련된 소리에 의해서 타액과 위액이 분비되는 것을 발견하여 조건 반응 형성에 관한 원리를 정립한 것임.
- 이 이론은 자극과 반응간의 반복적인 결합에 의해 행동이 학습될 수 있다고 주장한 것임.

2. 과정

① **조건화 이전** : 개에게 먹이를 주었을 때, 개는 타액을 분비했던 무조건 자극에 대한 무조건 반응의 단계임.
② **조건화 과정** : 개에게 먹이를 주면서 우연찮게 허리춤에 있던 열쇠고리가 딸랑딸랑 울리면서 먹이와 열쇠고리(종소리)의 동시적인 여건 조성이라는 조건화 과정이 진행되었음.
③ **조건화 이후** : 개에게 종소리만 들려주자 이때 개는 단지 종소리만 듣고도 타액을 분비하였음. 즉, 개는 종소리와 먹이의 짝짓기 과정을 통해 종소리만 듣고도 타액을 분비할 수 있도록 조건화된 것임.

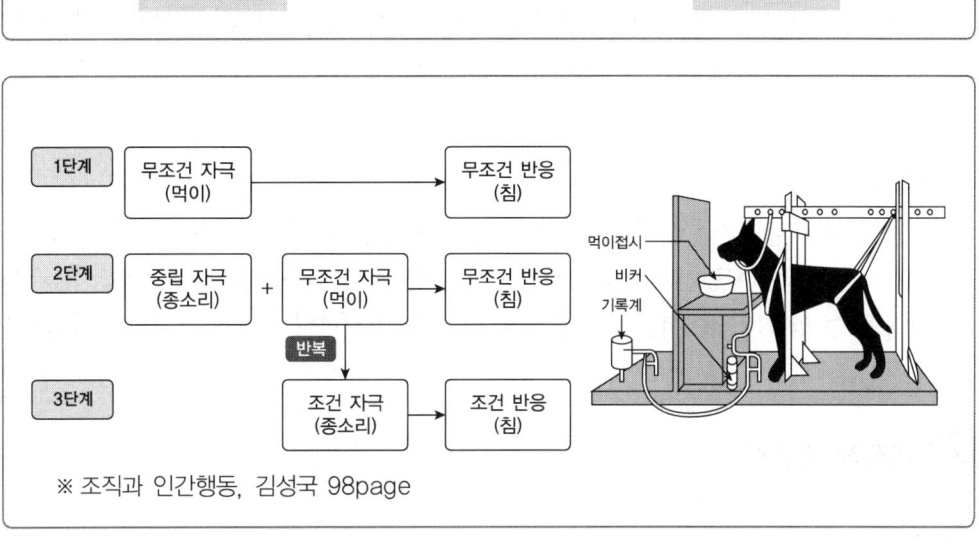

3. 짝짓기의 횟수와 조건반응 강도

여기서 또 하나 중요한 것은 무조건 자극과 조건 자극이 짝지어지는 횟수에 따라 조건반응이 형성되는데 그 횟수가 증가할수록 일정 시점까지는 급속도로 조건반응의 정도가 증가하고, 이 시점이 지나가면 증가속도가 줄어들다가 결국 더 이상 증가하지 않음.

4. 기업 조직에서의 사례

- 고전적 조건화의 대표적인 사례로 신입사원에 대한 교육과정에서 회사 로고가 새겨진 깃발을 보고 사가를 부르며 웅장한 분위기에서 충성심을 고취하도록 하는 사례를 들 수 있는데, 교육 이후 신입사원들은 회사의 뱃지나 광고만 보아도 숙연해지면서 자부심과 긍지를 느끼게 됨.
- 고전적 조건화의 또 다른 사례는 징크스를 들 수 있으며, 징스크는 실패와 좌절의 경험이 많은 사람에게 나타나는데, 이것은 거듭되는 우연에 나름 분석과 자기합리화에 의해 결정된 것으로 고전적 조건화에 의해 습관으로 형성된 것임.

5. 공헌점과 한계점

1) 공헌점

고전적 학습이론은 학습이론의 초석이 되었고, 이후 학습이론을 이해하는 데 많은 도움이 되었음. 또한, 이 이론은 광범위한 적용에 있어서 이론적 타당성이 있는 것으로 평가받았음.

2) 비판점

학습의 극히 일부분만 설명한 것이며, 인간행동을 단순·반사적·수동적 접근으로 보면서 인간의 반사적인행동만 설명하려는 측면이 강한데, 인간은 주도성을 지니고 적극적으로 행동할 수 있다는 점에서는 비판을 받았음. 이후 스키너의 조작적 조건화가 등장하게 됨.

Ⅲ 조작적 조건화

1. 개요

학습은 단순히 자극에 대한 조건적 반응에 의하여 이루어지는 것이 아니라, 인간의 행동이 강화를 통해 보상을 받게 되면, 그 이후에도 자발적으로 반복되면서 이루어진다고 주장한 것임. '조작적'이란 유기체가 자극에 대해 단순히 반응하는 것이 아니라 환경을 조작하여 변화시킨다는 의미임.

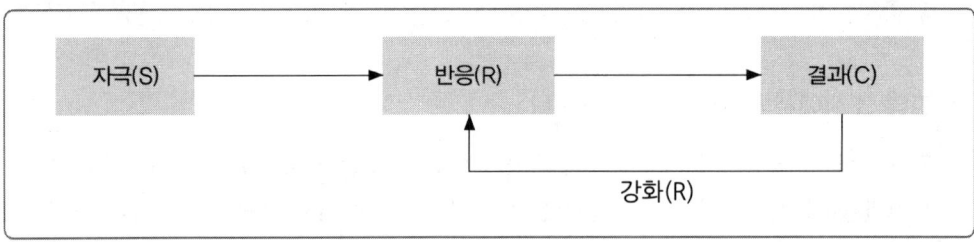

2. 스키너의 실험

- 스키너는 손다이크를 따라 행동은 결과의 함수라고 주장했으며(행동=f(결과)), 손다이크의 효과의 법칙은 스키너에 의해 한층 더 체계화되었음.
- 학습자의 행동은 어떤 자극에 대한 반응 후에 나타나는 결과물에 의해 결정되며, 이때의 자극은 행동유발에 하나의 단서로서의 역할만 할 뿐이고, 여기서 결과물이 반응을 결정하는 것을 강화라고 하였음. 강화란 행동이 일어난 뒤 결과를 확인하고, 이후 그 행동의 발생확률을 증가시키는 것을 말함.

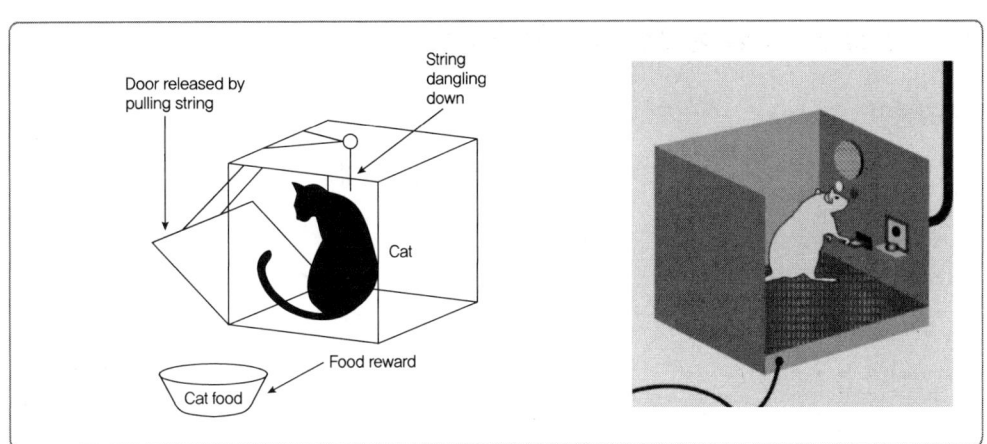

3. 기업 조직에서의 사례

프로젝트 마감으로 야근을 지시하였고, 이에 부하직원은 야간근무를 통해 그 작업을 완성시켰고, 이에 상사는 부하직원에게 칭찬과 함께 점심을 하게 되었음. 이때 야근 지시는 자극(S)이고, 야간근무는 반응(R)이며, 작업완수는 결과(C)임. 이에 대한 칭찬과 점심은 강화(R)요인에 해당함.

4. 공헌점과 한계점

1) 공헌점
- 고전적 조건화보다 인간의 행동을 설명하는데 있어서 설득력이 더 높고, 기업조직은 구성원의 행동변화를 위하여 보상 수단이라는 도구를 사용하는 것으로 활용하고 있음을 이론적으로 설명함.
- 인간의 행동을 능동적인 주체로 바라보면서 조작적 조건화는 어떤 방법으로 바람직한 특정 행동을 강화할 것인가에 연구의 초점을 두게 되었음.

2) 한계점

이 이론은 인간의 직접적 경험을 통해서만 학습을 한다는 것을 전제로 하고 있으나, 사실 인간은 직접적인 경험 없이도 간접적인 경험과 관찰만으로도 인지학습과 통찰학습을 할 수 있는 존재임을 간과하였음.

Ⅳ 고전적 조건화와 조작적 조건화의 비교

1. 공통점

두 이론 모두 행동주의적 학습이론으로서 행동주의학파에 의해 주장된 이론임.

2. 차이점

1) 학습행동의 원리

고전적 조건화는 무조건 자극에서 조건자극으로의 변화에 의해 특정한 반응이 유도되는 반면, 조작적 조건화에서는 반응의 결과에 따라 사람이나 유기체가 어떠한 행동을 스스로 일으킨다는 점에서 다름. 즉, 고전적 조건화에서의 행동의 강도나 횟수는 유도시키는 자극의 횟수에 의해 결정되고, 조작적 조건화에서의 행동의 강도나 횟수는 결과에 의해서 결정됨.

2) 행동의 동인

고전적 조건화는 조건자극과 무조건 자극을 연관시킴으로써 조건자극으로부터 새로운 조건반응을 얻어내는데 반해, 조작적 조건화는 인간의 행동이 강화를 통해 보상을 받게 되면 이 행동의 결과는 다음 행동에서 스스로 자발적으로 반복되어 일어나게 된다고 함.

3) 인간관

고전적 조건화에서의 인간의 행동은 자극에 의해서 발생하는 수동적, 반사적 행동인 반면에, 조작적 조건화에서 나타나는 인간의 행동은 능동적이고 자발적인 것으로 설명되고 있음.

4) 인간 행동의 설명

고전적 조건화에서는 복잡한 인간의 행동을 설명할 수 없으나, 조작적 조건화는 상당 부분 설명할 수 있음.

5) 학자, 실험

고전적 조건화는 파블로프의 개실험에 의한 결과이고, 조작적 조건화는 스키너의 쥐, 비둘기, 고양이 실험을 통한 이론적 결과임.

> **사례형 문제**
>
> 한 대학교의 MBA과정에서 여러 기업들의 부장과 팀장들은 어떻게 했을 때 구성원들이 바람직한 행동을 하거나 성과를 도출했는지에 대한 경험을 토론하고 있다.
>
> > A부장: 구성원들이 훌륭한 리더를 따라하고, 리더들의 언어를 통해 가치가 전달되고, 구성원 스스로가 통제를 하는 것
> > B부장: 과거에 작은 성공을 경험하고, 동료가 성공하거나, 리더가 설득하고, 성공에 대한 중압감을 덜 느끼는 것
> > C부장: 적절한 난이도와 구체성을 가진 목표를 설정해 주는 것
>
> A, B, C 각 주장의 내용을 Bandura와 Locke의 이론을 활용하여 설명하시오. (50점)

Ⅰ A부장의 경우 사회적 학습

1. 사회적 학습의 의의

'사회적 학습이론'은 관찰과 경험에 의한 학습이며, 타인을 관찰하면서 얻은 이성적인 생각과 느낌을 통하여 학습이 이루지는 것을 말하며, 과거 반두라(Bandura)의 보보인형실험에서 알 수 있듯, 간접경험과 직접관찰에 의한 학습이 직접적인 행동으로 연계되는 실험결과로서 볼 때, 학습의 중요성을 충분히 확인할 수 있다.

2. 반두라의 보호인형 실험

반두라는 사회적 학습이론을 공격적 연기자가 등장하는 비디오를 본 아이들의 행동에 관한 실험을 통하여 설명하였다. 즉, 인형을 발로 마구마구 공격적으로 차는 비디오를 본 아이들이, 공격성이 없는 비디오를 본 통제집단 아이들보다 더 공격적으로 행동하였다는 실험이다. 또한, 세 부류의 집단으로 구분하여 공격적인 연기자가 공격성을 보이는 비디오를 보여준 후, 칭찬/꾸중/무관심으로 구분하여 이후의 학습효과를 살펴본 결과, 제1집단의 아이들이 가장 공격적이었고, 꾸중을 한 제2집단의 아이들이 가장 공격적이지 않았다는 결과를 확인하였다.

Group 1	보보인형을 공격하는 비디오를 보여준 후, 칭찬 →	공격성을 띤 행동 O
Group 2	보보인형을 공격하는 비디오를 보여준 후, 꾸중 →	공격성을 띤 행동 X
Group 3	보보인형을 공격하는 비디오를 보여준 후, 무관심 →	공격성을 띤 행동 O

3. 사회적 학습의 내용

1) 대리학습

① 의의 : 직접 경험하지 않은 관찰과 모방에 의한 학습을 말하며, 관찰대상을 정하고, 그 사람의 행동과 그 결과를 관찰함으로써 학습하게 되는 것이다. 노무법인을 설립하고자 하는 공인노무사가 여러 직원들과의 상하관계를 원만하게 유지하기 위하여 카네기의 말하는 기술, 인간관계 기술 등을 책으로 접하면서 익히는 사례를 들 수 있다.

② 대리학습 과정
- 주의집중단계(attention)로서, 사회적 학습의 첫 단계인 주의집중 단계는 관찰대상의 주요 특징을 파악하는 단계이다.
- 유지단계(retention)로서, 관찰한 내용을 머릿속에 기억·저장하는 단계이며, 새로 접한 정보를 유지하려면 단순한 관찰만 하는 것 보다는 모방할 행동을 말과 행동으로 표현해 보는 것이 학습을 더욱 촉진하게 하는 것이다.
- 재연단계(reproduction)로서, 기억한 내용을 행동으로 모방하여 실행하는 단계이며, 닮고 싶은 타인의 행동이 관찰자의 행동으로 전이되기 위해서는 반복적인 연습이 필요하다.
- 강화단계(reinforcement)로서, 행동의 동기를 높여주는 과정이며, 적절한 강화기제는 주의집중－유지－재연 활발하게 작용하게 하는 효과를 가진다.

2) 상징적 과정

상사나 동료들의 언어, 말, 행동, 손짓 등 상징적 체계를 통해 전달되는 가치나 신념, 목표 등을 개인이 인지하고, 이것이 개인행동의 지침으로 활용함으로써 학습이 일어나는 것을 말함. 대표적인 상징체계에는 강의식 학습이 있다.

3) 자기통제

학습자가 어느 정도 통제할 수 있는 능동적인 과정임. 어렸을 때 술을 과하게 마시고 행패를 부리는 부모님을 관찰하면서 성장한 자녀가 술을 마시지 않기로 결심하고 음주습관을 갖지 않은 경우 자기 통제를 하면서 사회적 학습이 일어난 것으로 이해할 수 있다.

4. 시사점

1) 학습은 단순한 외적 자극에 의해서만 발생하는 것이 아니라, 자발적이고 자주적으로 일어날 수 있다는 점을 시사하고 있다.

2) 사회적 학습이론은 사회적 상황 속에서 강화된다는 것이 핵심이며, 인간은 자신의 행동에 대해 직접적인 강화를 받지 않더라도 사회적 상황 속에서 관찰과 모방을 통해 학습이 가능하다는 것이다.

3) 스키너의 조작적 조건화 이론이 확장된 이론이다.

4) 자기효능감을 통한 성과달성 경로로서 의미 있는 이론이다.

Ⅱ B부장의 경우 자기효능감

1. 의의

자기효능감이란 특정 과업을 수행할 수 있다는 개인의 능력에 대한 믿음. 자기효능감이 높으면 어렵도 도전적인 목표를 설정하고, 열심히 노력하여 성과를 달성하려는 경향이 강하다.

2. 생성원천

1) 성공경험

업무수행에 있어서 성공경험이 있는 직원은 실패한 사람에 비해서 높은 수준의 자기효능감을 갖는 경향이 강하다. 따라서, 작은 일 하나하나에 성공한 경험이 있는 사람은 자기효능감을 자극하여 미래에 더 큰 일을 해낼 수 있도록 한다.

2) 대리학습

동료가 특정한 과업에서 성공을 거두는 것을 보게 되면, "나도 할 수 있겠다."는 자기효능감이 증가하게 된다. 나와 동일한 핸디캡이 있는 친구가 노무사 시험에 합격을 한 것을 보고 난 이후, 대리학습을 통해 자신감을 형성하는 경우를 볼 수 있다.

3) 언어적 설득

구성원에게 특정과업을 잘 수행할 수 있는 능력이 있다는 것을 확신시키고, 설득시키면, 그 사람의 자기효능감을 불러일으킬 수 있는데, 연구결과에 의하면 경영자가 부하직원들에게 특정 과업에 성공할 것이라는 확신을 심어줄수록, 피그말리온 효과가 나타나서 실제로 부하직원들이 그 일을 성공적으로 해낼 가능성이 높아진다고 한다.

4) 각성

직면한 과업을 해내야 한다는 생각으로 정신적·신체적으로 변화하여 집중력이 고도로 상승하는 상태를 말한다.

5) 생리적인 상태

중요한 과업을 앞두고 가슴이 두근거리거나, 땀이 많이 나거나, 얼굴이 빨개지거나, 복통이 오거나, 화장실에 자주 가는 증세가 나타나는 것으로 이것은 실패에 대한 두려움과 중압감으로 인하여 영향을 받은 것이다. 이러한 생리적인 상태가 계속 나타나면 결과에 좋지 않은 상태로 나타나는 경우가 많다.

3. 자기효능감이 조직행동에 미치는 영향

난이도가 높은 목표 선호, 꾸준한 노력투입과 지속, 학습효과의 증진, 자신감을 갖고 사고방식에 변화, 스트레스의 자가조절이 가능하게 될 것이다.

Ⅲ C부장의 경우 목표설정이론

1. 의의

목표설정이론의 내용은 목표의 속성과 설정방법에 따라 개인의 성과수준이 결정된다는 것이다. 이러한 인과관계를 조절하는 조절변수로서 조직지원, 목표달성 과정의 피드백, 보상제도 등을 제시하고 있다.

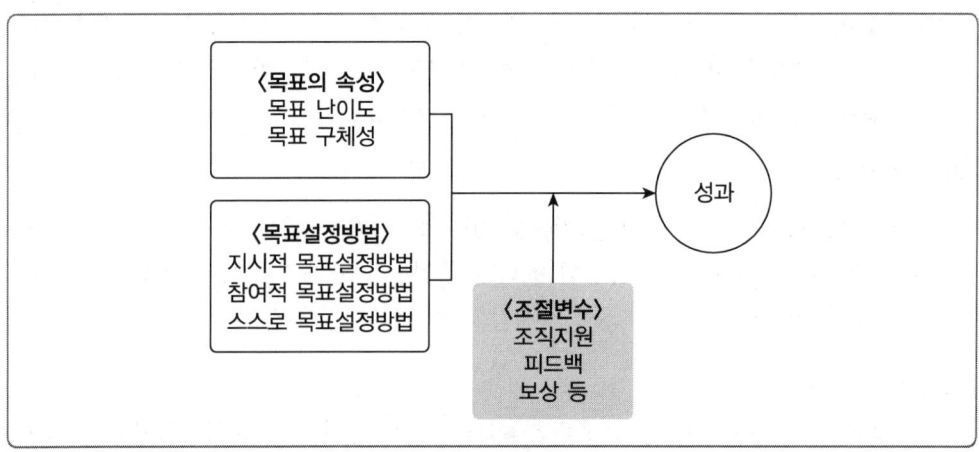

2. 목표의 속성

1) 난이도

목표의 난이도는 성취 가능한 범위 내에서, 어렵고 도전적인 목표일수록 성과가 높은 것을 말하며, 목표의 난이도가 높으면 작업자는 더욱 긴장하게 되고 목표에 대한 몰입도가 높아지기 때문이다.

2) 구체성

요구되는 목표수준에 대한 명확한 정보를 말하는 것으로, 목표가 구체적일수록 작업자는 과제에 더 흥미를 느끼게 되고, 목표달성을 위한 구체적인 기법들을 고안할 가능성이 높기 때문에 구체적인 목표설정이 성과를 높여주는 것이다.

3. 목표설정방법

목표설정방법에는 직무수행자의 목표에 대한 수용성에 따라, 지시적 목표설정방법, 참여적 목표설정방법, 스스로 목표설정하는 방법이 있다. 이 중에서도 참여적 목표설정방법은 작업자의 목표수준에 대한 수용성을 높여 작업에 더욱 몰입하게 만들기 때문에 성과를 높여준다고 볼 수 있다.

4. 조절변수

상황요인에 해당하는 조정별수는 작업자의 목표달성에 필요한 유익한 환경을 조성하는 요인에 해당하고, 이에는 다음과 같이 조직지원, 피드백, 보상제도로 구분할 수 있다.

1) 조직 지원

조직이 작업자에게 설비, 예산, 정보제공 등 적절한 지원을 할 때, 높은 성과가 나올 수 있고, 성과를 방해하는 경직된 규정이나 제도, 리더십은 개선해야 함이 바람직하다.

2) 피드백

목표달성과정 중에서, 상사가 작업자에게 제공하는 적절한 피드백은 성과를 높이는데 많은 역할을 함. 이러한 피드백을 통해 작업자는 목표의 지속적인 상향조정, 업무방법 개선 등 더 많은 노력을 하기 때문이다.

3) 보상

목표달성과 관련된 조건적 보상이 주어졌을 때, 그렇지 않은 경우보다 성과가 높다. 이러한 조직지원, 피드백, 보상 이외에 직무복잡성, 능력, 경쟁상황 등이 현재 연구되고 있으며, 직무복잡성이 높을수록 목표달성 효과는 떨어지고, 개인의 능력과 성과와는 밀접한 상관관계가 있으며, 경쟁상황은 구성원에게 수용성을 높여주므로 업무집중이 높아진다고 한다.

5. 공헌점과 한계점

목표설정이론은 누가 보아도 이해하기 쉬운 이론이며, 다른 동기이론보다 실무에 적용하기가 용이하고, 실제 실무에 적용하고 난 이후의 결과를 밝히는 데에도 어려움이 없다. 그러나, 작업장에서는 단지 하나의 목표만 존재하는 것이 아니므로 여러 목표들이 동시에 부과되는데, 이러한 경우 각각의 개별 목표들 중 어느 것에 적용하여 이론의 설명을 높여야 하는지 검토가 미흡하고, 여러 목표들 간의 상충되는 측면이 있는 경우의 연구가 아직 미흡하고, 가뜩이나 스트레스를 받고 있는 작업자에게 난이도가 높은 목표를 부여하면 오히려 성과가 떨어질 수 있다는 지적도 있다.

Ⅳ. A부장, B부장, C부장의 경험을 통한 시사점

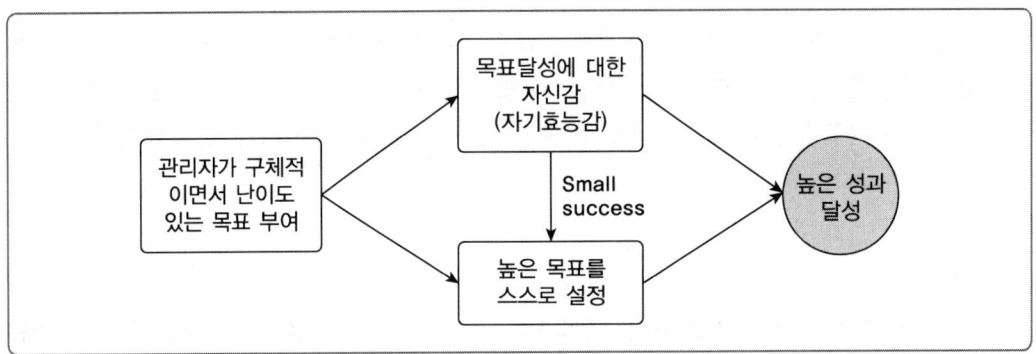

1. 목표설정이론과 자기효능감

목표설정이론과 자기효능감은 서로 경쟁하는 관계가 아닌 보완관계에 있는 이론임. 경영자는 높은 수준의 자기효능감을 지닌 직원에게 구체적이면서 난이도 있는 목표를 부여하는데, 그 이유는 그들에 대한 신뢰를 갖고 있기 때문이다. 목표달성에 대한 자신감을 갖고 있는 즉, 자기효능감이 있는 직원은 스스로 목표를 설정하고, 상향조정하기도 하면서 조직 내에서 더 높은 성과를 달성하는 과정으로 연계된다는 점에서 의미 있다.

2. 사회적 학습과 자기효능감

대리학습, 상징적 과정, 자기통제에 의하여 상사가 조직생활에서 모범적인 태도와 행동을 보일 경우 부하직원들이 관찰과 모방을 통해 자발적이고 자주적으로 바람직한 행동을 하게 된다는 것을 알 수 있게 하고, 이러한 부하들의 대리학습을 통해 성공경험이 누적되고, 스스로 각성하게 되어 실적을 올릴 수 있음을 알 수 있게 한다.

> **사례형 문제**
> 1) 사회적 학습이론의 3대 구성요소를 설명하시오.
> 2) 학습조직 구축에 관한 Senge의 이론과 학습조직 설계방향으로 제안되는 middle-up-down management와 hypertext organization의 의미를 설명하시오.

문제 1)

Ⅰ 사회적 학습의 의의와 구성요소

1. 사회적 학습의 의의

'사회적 학습이론'은 관찰과 경험에 의한 학습이며, 타인을 관찰하면서 얻은 이성적인 생각과 느낌을 통하여 학습이 이루지는 것을 말하며, 과거 반두라(Bandura)의 보보인형실험에서 알 수 있 듯, 간접경험과 직접관찰에 의한 학습이 직접적인 행동으로 연계되는 실험결과로서 볼 때, 학습의 중요성을 충분히 확인할 수 있다.

2. 사회적 학습의 3대 구성요소

1) 대리학습
  ① 의의 : 직접 경험하지 않은 관찰과 모방에 의한 학습을 말하며, 관찰대상을 정하고, 그 사람의 행동과 그 결과를 관찰함으로써 학습하게 되는 것이다. 노무법인을 설립하고자 하는 공인노무사가 여러 직원들과의 상하관계를 원만하게 유지하기 위하여 카네기의 말하는 기술, 인간관계 기술 등을 책으로 접하면서 익히는 사례를 들 수 있다.
  ② 대리학습 과정
    - 주의집중단계(attention)로서, 사회적 학습의 첫 단계인 주의집중 단계는 관찰대상의 주요 특징을 파악하는 단계이다.
    - 유지단계(retention)로서, 관찰한 내용을 머릿속에 기억·저장하는 단계이며, 새로 접한 정보를 유지하려면 단순한 관찰만 하는 것 보다는 모방할 행동을 말과 행동으로 표현해 보는 것이 학습을 더욱 촉진하게 하는 것이다.
    - 재연단계(reproduction)로서, 기억한 내용을 행동으로 모방하여 실행하는 단계이며, 닮고 싶은 타인의 행동이 관찰자의 행동으로 전이되기 위해서는 반복적인 연습이 필요하다.
    - 강화단계(reinforcement)로서, 행동의 동기를 높여주는 과정이며, 적절한 강화기제는 주의집중-유지-재연 활발하게 작용하게 하는 효과를 가진다.

2) 상징적 과정

상사나 동료들의 언어, 말, 행동, 손짓 등 상징적 체계를 통해 전달되는 가치나 신념, 목표 등을 개인이 인지하고, 이것이 개인행동의 지침으로 활용함으로써 학습이 일어나는 것을 말함. 대표적으로 강의식 학습이 있다.

3) 자기통제

학습자가 어느 정도 통제할 수 있는 능동적인 과정으로 어렸을 때 술을 과하게 마시고 행패를 부리는 부모님을 관찰하면서 성장한 자녀가 술을 마시지 않기로 결심하고 음주습관을 갖지 않은 경우 자기 통제를 하면서 사회적 학습이 일어난 것으로 이해할 수 있다.

4. 시사점

사회적 학습이론은 단순한 외적 자극에 의해서만 발생하는 것이 아니라, 자발적이고 자주적으로 일어날 수 있다는 점을 시사하고 있으며, 자신의 행동에 대해 직접적인 강화를 받지 않더라도 사회적 상황 속에서 관찰과 모방을 통해 학습이 가능하다는 것을 알 수 있게 한다.

문제 2)

I Senge의 이론

1. 의의

- 피터 센게는 학습조직 이론의 창시자이자 경영혁신 분야의 선구자로 손꼽히는 인물로, 기업이 사라지는 현상은 하나의 '증상'에 불과하다고 말하면서 "지배적인 교육 시스템을 바꾸지 않고는 지배적인 관리 시스템을 결코 바꿀 수 없다."며, "그 과정에 있어서는 심오한 의미의 '지식'이 필요한 법인데, 우수한 개개인이 모인 것과는 별개로 조직 차원의 학습이 전혀 이루어지지 않고 있는 것"이라고 설명하였다.
- 또한, 변화하는 경영현실에 부단히 적응할 능력을 갖춘 '학습하는 조직'을 만들기 위한 다섯 가지 '규율(Discipline)'을 제시하였으며, 이때 말하는 규율은 '실천에 옮기기 위해 반드시 배우고 숙달해야 하는 일련의 이론과 기법의 집합체'를 뜻하는데, 이는 '시스템 사고', '개인적 숙련', '정신모델', '공유 비전 구축', '팀 학습'이다. 이 다섯 가지는 서로 영향을 주고받으며 조화롭게 발전되어야 하고, '모든 학습 규율의 결합체'라고 강조하며 가장 많은 지면을 할애하는 핵심 규율은 바로 '시스템 사고'라고 하였다.

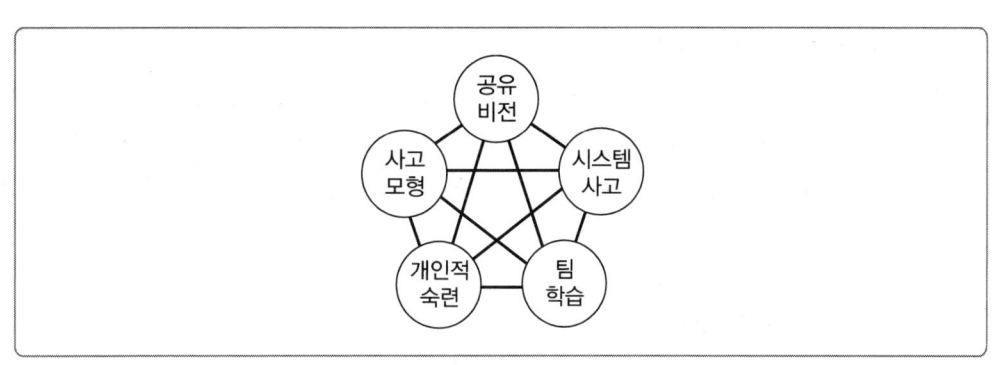

2. 시스템 사고(system thinking)

시스템적 사고는, 현상을 단편적으로 이해하는 것이 아니라, 전체를 보고 전체에 포함된 각 부분들 사이의 상호작용, 인간관계를 이해하는 문제해결의 수단이다. 이것은 부분이 아니라 전체를 보고, 수동적인 반응자의 자세를 취하는 것이 아니라 능동적인 참여자의 자세를 취하는 것이며, 요컨대 현실에 소극적으로 반응하기보다 적극적으로 미래를 창조하는 태도를 취하는 데 유용한 사고로서, 이러한 시스템 사고가 없으면 다섯 가지 학습 규율을 통합하지도, 실천하지도 못하기 때문에 다섯 가지 규율 중 가장 중요하다고 보았다.

3. 개인적 숙련(personal mastery)

개인적 숙련은, 현재의 자기능력을 심화시켜 나가는 행위이며, 진정한 본질적인 가치를 지향하기 위하여, 자신감, 임파워먼트, 동기부여, 축적된 지식 등이 되어야 한다.

4. 사고 모형(mental model)

사고모형은, 인간이 경험하는 현상들을 이해하는 체계 또는 준거의 틀이다. 이러한 사고 모형을 기반으로 부단히 성찰함으로써, 새로운 사고의 전환을 도모하여야 한다.

5. 공유된 비전(shared vision)

공유비전은, 조직이 추구하는 방향이며, 그것이 왜 중요한 것인지에 대하여 구성원들이 공감대를 형성하는 것이다.

6. 팀 학습(team learning)

팀 구성원들이 바람직한 결과를 얻기 위하여, 의도적이고 체계적으로 지속하는 학습행위를 말한다. 팀 학습을 위해서는, 타인의 관점이나 의견을 존중하면서 자신의 의견을 밝히는 가운데, 서로의 생각을 유연하게 교감할 수 있는 상호작용이 중요하다고 보았다.

Ⅱ 학습조직의 설계 원리

학습조직의 설계는 미들업다운 관리에 의한 설계로서, 중간관리자가 주도가 되어 학습조직을 운영하고 관리되어야 효율적이고, 하이퍼텍스트 조직에 의한 조직 전체의 역량 지원적인 형태로 존재하여야 한다고 설명하였다.

1. 미들업다운 관리

중간관리자는 최고경영진에 의해 창출된 비전과 목표를 현장 종업원들이 잘 이해하고 실행할 수 있도록 구체화시켜 전달해 주고, 현장의 기술과 제품, 시장을 가장 잘 알고 있는 종업원들의 정보나 지식을 통합/변환시켜 최고경영진에 제시한 비전과 목표를 달성할 수 있도록 하는 것이다. 이때 중간관리자는 지식창출팀의 리더로서 최고경영층과 실무작업층을 연결하는 통합과 변화관리자로서의 역할을 수행한다.

2. 하이퍼텍스트 조직

노나카와 다케우치는 미들업다운 관리가 효과적으로 이루어질 수 있는 가장 적절한 조직으로 하이퍼텍스트 조직을 제시하였고, 하이퍼텍스트는 컴퓨터 화면에 여러 창들이 동시에 나타나 있는 형태를 의미하는데, 조직에서는 세 가지 층(사업단위, 프로젝트팀, 지식기반)으로 구성하여 운영되는 조직이다.

> **연습 27**
> 감정노동의 개념과 의의(영향과 중요성)에 관하여 설명하시오. 2010년 제19회 기출

I 감정노동과 노동의 변화

1. 의의

- 감정노동은 종업원이 직무상 고객으로부터 만족, 기쁨 등의 정서반응을 이끌어내고 음성이나 표정으로 교감을 형성하기 위하여, 자신의 기분과 맞지 않더라도 필요에 따라 감정을 제대로 표현하는 것으로 정의됨(Hochschild, 1983). 다시 말해 직무상 대인간의 상호작용이 이루어지는 동안 종업원이 조직 차원에서 바라는 감정을 표현하는 상황을 말함.
- 이러한 감정노동의 개념은 Hochschild의 저서를 통해 보편적으로 개념을 자리 잡았으며, 그는 승무원에 대한 조사를 통해 표면행동을 통한 정서노동의 수행이 자신의 진실한 정서로부터 소외를 유발하여 구성원이 다양한 심리적 복지에 부정적 영향을 미친다는 것을 제시하였음.

2. 노동의 변화

- 최근 서비스 직종의 비중이 증가하면서 서비스 조직의 구성원들은 고객과 대인간의 상호작용을 통해서 노동력을 제공하는데, 이 고객과의 상호작용에서 주된 역할 중의 하나가 조직에서 요구되는 바람직한 정서를 표현해야 한다는 것임.
- 고객과의 접점에 있는 구성원은 바람직한 정서를 표현해야 하고, 그 대가로 임금을 받는 정서노동을 수행하게 되는 것임. 구체적으로 항공사 승무원들은 고객들에게 육체적인 노동뿐만 아니라 정서적으로 명랑함을 보여야 하고, 장의사는 슬픈 모습을 보여주어야 하며, 의사는 중립적인 정서를 표현해야 하는 사례를 들 수 있음.

II 전시적 감정과 실제적 감정

1. 개요

- 조직에는 구성원에 대한 기대와 그들의 행동을 구체적으로 규정하는 표현 규칙이 있는데, 여기서 표현규칙이란 구성원이 업무수행을 지원하는 기능을 갖도록 전시적 감정을 규정한 것이며, 예를 들어보면 영업직원이 '웃는 얼굴로 상냥하게' 긍정적 감정을 표현

하도록 촉진하는 규정을 정하고 있음.
- 감정노동은 표현규칙에 따라 바람직한 정서를 표현하는 것이라 할 수 있는데, 조직의 표현규칙과 관련하여 구성원의 감정을 전시적 감정과 실제적 감정으로 구분할 수 있음.

2. 전시적 감정과 실제적 감정

1) 전시적 감정

조직이 요구하는 감정이며, 자신의 실제 정서와는 상관없이 외부로 드러내야 하는 바람직한 정서를 전시적 감정이라고 함. 조직이 원하는 얼굴표정, 제스처, 목소리 등 언어적·비언어적 표현을 드러내는 것으로 직무에 적합하게 체계적으로 분석되고 이성적으로 학습된 감정임.

2) 실제적 감정

전시적 감정과는 상관없이 자신이 현재 느끼는 그대로의 감정을 실제적 감정이라고 함. 실제적 감정은 본능적 감정에 해당함.

3. 감정부조화

- 만약, 조직이 원하는 감정과 구성원이 갖고 있는 감정이 동일하다면 그대로 표현하면 되는 것으로, 이 경우의 감정을 진실된 감정노동이라고 함.
- 그러나, 자신이 느끼는 감정이 조직이 요구하는 표현규칙과 다르다면, 자신의 감정을 조절하여 표현규칙과 일치시켜야 함. 자신의 느낌이 조직이 요구하는 감정과 다를 때, 이것을 감정부조화라고 부름.

Ⅲ 감정표현의 세 가지 분류

1. 가식적 행동

조직이 원하는 감정을 표현하기 위하여 자신의 실제 느낌을 억제하거나 숨기는 것을 말함. 항공기 승무원처럼 기내에서 승객을 대할 때 항상 미소를 부여주어야 하는 경우임. 이러한 행동은 조직의 표현규칙대로 하는 형식적인 표면행동이며, 실제 구성원에게 많은 스트레스를 유발하는 것으로 알려져 있음.

2. 내면화 행동

가식적 행동에서 한 단계 더 나아간 것으로 이러한 가식적 행동을 자신이 원하는 행동으로 인지하려는 심화된 행동을 말함. 즉, 항공기 승무원의 경우 승객이 좁은 의사에서 장시간 여행으로 피로하기 때문에 자신의 미소를 공감의 표시라고 생각하고 감정표현을 하는 경우를 말함. 이러한 행동은 가식적 행동보다는 낮은 수준의 스트레스를 유발한다고 함.

3. 진실된 행동

조직이 원하는 감정에 대해 공감하고 이에 맞는 표현행동을 하는 경우이며, 이 경우 직무 수행 시 자신이 원하는 감정을 표현하기 때문에 스트레스를 별도로 유발하지 않아 감정 노동의 빈도가 가장 낮으며, 조직성과를 높이고, 개인에게도 성취감을 안겨줌.

Ⅳ 감정노동의 부정적 결과와 개선책

1. 부정적 결과

1) 소진현상, 탈진현상

감정노동은 구성원을 소외감에 빠지게 하고, 그 결과 심리적인 여유가 없어지면서 작업자의 건강의 해치고, 상대방과 주변상황을 인식할 때 심리적인 장애를 유발함. 개인의 건강 악화가 겹치면서 감정노동이 지속되면, 정신과 육체에 번아웃(Burn-out, exhaustion) 현상을 가져오게 됨.

2) 스트레스의 증가

감정노동의 강도와 스트레스와의 관계에는 정의 상관관계를 갖는 것으로 알려져 있으며, 감정부조화의 결과 가식적 행동으로 형식적인 행동만 하게 되면, 업무에 집중할 수 없고 자신감과 직업에 대한 자긍심을 잃게 되는 결과를 초래함.

3) 조직행동결과에 부정적 영향

감정노동에 의한 가식적 행동은 서비스업 종사자로서 자신의 감정에 반하는 행동을 표현 해야 하는 자신의 상황에 불만족 감정이 휘몰아칠 수밖에 없으므로, 직무만족 하락, 조직 몰입의 감소, 조직시민행동의 감소, 결근율과 이직률의 증가, 약물남용, 알코올 중독으로 나타남.

2. 개선대책

1) 심리상담 창구 마련

감정노동의 부정적 결과의 주원인은 감정의 부조화이며, 이에 대해 구성원들이 심리적으로 극복할 수 있는 조직의 지원이 있어야 함. 이러한 경우 심리적 상담을 통해 이러한 어려움을 구성원이 스스로 호소하고 해소하도록 유도해야 함.

2) 내면화 행동 양성 프로그램

서비스업종에 종사하는 구성원의 업무역량 증진을 위하여 조직 차원에서 교육훈련 프로그램을 새롭게 구상해야 하는데, 감정노동 상황에서 내면화 행동을 할 수 있는 역량을 구성원의 내면으로부터 끌어낼 수 있는 프로그램을 제공해야 함이 바람직함.

3) 수당 지급, 휴가 부여

감정노동에 노출되어 있는 구성원을 위하여 이에 합당한 현실성 있는 수당을 지급하고, 추가적인 휴가제도를 두어서 심리적인 회복으로 회복탄력성을 발휘할 수 있도록 해야 함.

4) 타 회사의 활용사례 적극 수용

매일 반복되는 직장생활의 지루함에서 탈피하고, 감정노동의 늪에서 헤어 나올 수 있도록 호프 데이, 사우나 데이, 웃음바이러스, 칭찬 데이, 에너지 박수 운동, 펀(Fun) 경영 등을 하는 회사도 있으며, 이러한 사례들을 적극 수용하여 조직문화에 적합하게 활용하는 것이 바람직함. 언뜻 보면 아무것도 아닌 행동이나, 사람들의 인정을 받고 있다는 느낌을 받으면서 스트레스로 뭉친 내면을 밖으로 표출할 수 있는 시간이 되기 때문임.

> **연습 28**
> 스트레스의 원인과 대책   1999년 제8회 기출

Ⅰ 스트레스의 의의

1. 의의

- 스트레스란 환경변화에 대한 반작용으로 발생하는 개인의 생리적 변화 및 심리적 변화를 가리킴. Stress의 어원을 살펴보면, 라틴어의 stringere(팽팽하게 당기다)에서 유래하였으며, 긍정심리자본을 주장한 루산스(Luthans)는 이러한 스트레스를 보이지 않는 살인마라고 하였음.
- 스트레스는 구성원의 심리적·생리적 효과에 손상을 주게 되어 조직의 효율성이나 공헌도에 부정적인 영향을 주면서 이직률과 결근율까지 상승시키는 주요 원인이 되므로, 조직의 장기적인 성장과 발전을 위해서는 스트레스의 원인을 살펴보고 그 대책을 살펴보는 것은 매우 중요함.

2. 학문적 배경

1) Selye의 일반적 적응 증후군 3단계 모형

   ① 경고단계 : 신체가 어떤 변화에 직면하게 되면, 뇌에서 각 기관으로 생화학적 메시지를 전달하여, 근육이완, 체온이나 혈압이 떨어지는 현상이 발생됨.
   ② 저항단계 : 신체가 스트레스에 대처하게끔 변화하는 저항단계이며, 경고단계에서의 현상을 제거하거나 완화하기 위하여 산책, 스트레칭, 공기좋은 곳에서 휴식 등을 행하게 되는 것임.
   ③ 탈진단계 : 스트레스가 장기간 지속되거나 저항단계의 적응기제가 고갈된 경우 냉소적 태도가 형성되거나 질병에 걸리게 되는 탈진현상이 나타나게 됨.

2) 직무 요구-통제 모형

   높은 수준의 직무 부담에 대해 이에 부응하는 직무통제 권한이 주어지지 않는다면 과도한 직무요구에 직면하여 긴장, 불안감, 소진 현상 등의 스트레스를 초래한다는 모형임.

3) 직무 요구-자원 모형

   직무 완수를 위해 지속적인 육체적·정신적 노력을 감내해야 하는 상황에서는 조직차원에서 자원을 제공하는 방법으로 상사와 동료들과의 의사소통, 팀 분위기 등의 대인관계

요소와 임금수준의 상승, 경력기회 제공, 고용안정성 제공 등으로 긴장과 스트레스를 완화할 수 있다고 하였으며, 나름 의미 있는 직무설계 및 경영관리 방향을 얘기해 주고 있다고 평가받고 있음.

4) 노력-보상 불균형 모형

근로자는 직장에서 노력하는 만큼 그에 대한 적절한 보상을 받지 못할 때 스트레스가 발생한다는 것이며, 노력과 보상의 상호교환성이 깨질 때 스트레스가 유발된다는 이론임.

Ⅱ 스트레스 유형

1. 유스트레스(eustress)

스트레스 반응이 건전하고 긍정적이며 건설적 결과로 나타나게 하는 현상을 말함. 적정한 스트레스 수준은 심신활동을 촉진시키고, 직무수행상 문제해결에 있어서 창의력을 발휘하게 하는 등 동기부여가 형성되며 생산성을 증진시킴.

2. 디스트레스(distress)

부정적인 유해 스트레스이며, 건강에 해악을 주는 상태임. 개인의 능력을 초과하는 과중한 업무량이 있을 때, 개인의 작업환경 요구를 조직이 들어주지 않을 때, 과도하고 불쾌한 요구에 의해 괴로움을 느낄 때, 우울감, 원한, 좌절 등의 감정을 겪게 되면서 무단결근, 무단퇴직 등의 역기능적 결과를 초래함.

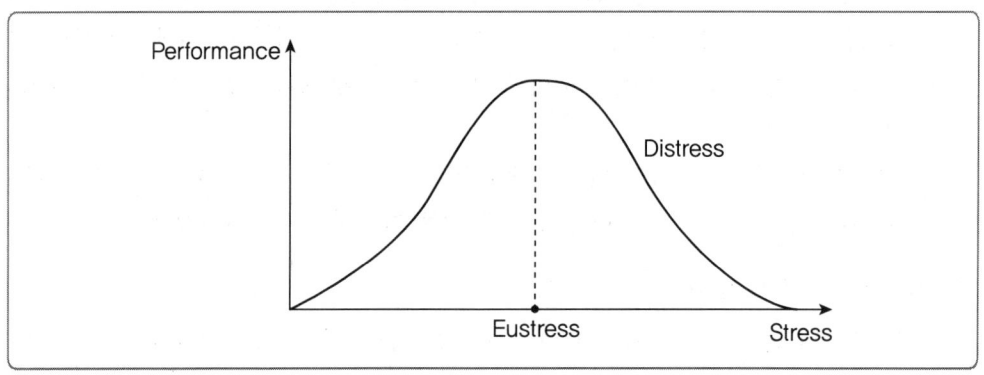

Ⅲ 스트레스의 원인

1. 개인차원

1) 역할과다/과소
2) 역할갈등
3) 역할모호성
4) 책임감

[Job stress model]

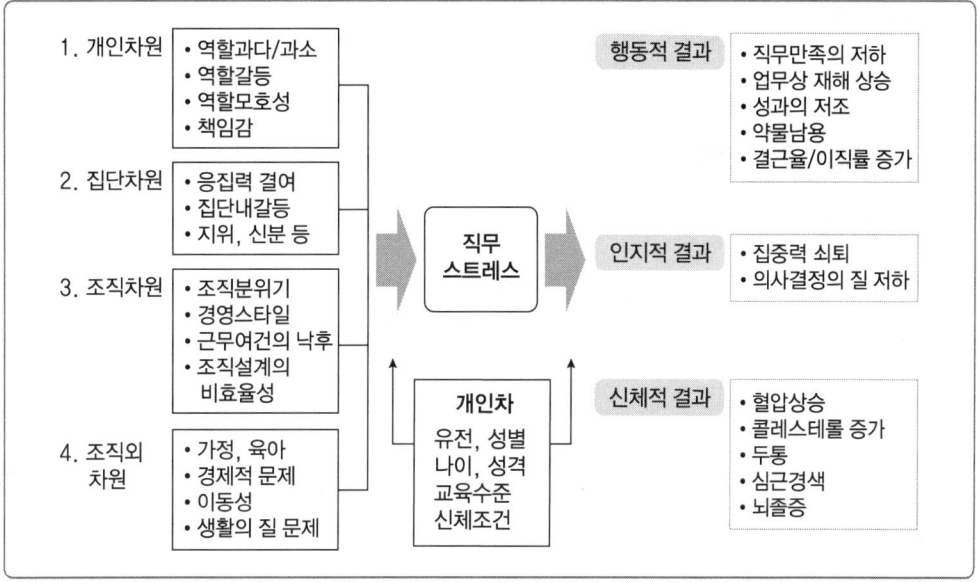

2. 집단차원

① 팀협력 결여, ② 집단 내 갈등, ③ 지위와 신분에서 오는 갈등

3. 조직차원

① 조직분위기, ② 경영스타일, ③ 근무여건의 낙후, ④ 조직설계의 비효율성

4. 조직 외 차원

5. 조절요인

① A형, B형 차원, ② 통제의 위치, ③ 직무경험, ④ 사회적 후원, ⑤ 그 외 : 나이, 성별, 교육수준, 신체적 조건 등

Ⅳ 스트레스의 결과

1. 행동적 결과

2. 인지적 결과

3. 신체적 결과

Ⅴ 스트레스 관리전략

1. 개인차원의 전략

① 규칙적인 운동, 스트레칭, ② 긴장이완 훈련, ③ 문제의 재인식, ④ self-control, mind-control, ⑤ 정서 표현, ⑥ 시간관리 훈련

2. 조직차원의 전략

① 직무설계, ② 역할의 재정립, ③ 참여적 의사결정, ④ 지원적·후원적 리더십, ⑤ 집단 응집성 구축, ⑥ 커뮤니케이션 채널 활성화, ⑦ 조직구조의 변화

> **연습 29**
> 직무 스트레스의 개념, 원인과 결과, 그리고 직무 스트레스를 관리하는 방식에 관하여 설명하시오.
> (25점)

Ⅰ 의의

- "스트레스"란 업무수행 및 사회생활의 과정에서 정신적, 육체적으로 받는 부정적인 억압으로 인하여 심신이 불안한 상태를 말하며, 크게 자원이하 시간이 제약되어 있는 조건이거나 매우 중요하고 간절히 바라던 일이거나, 개인의 통제범위를 넘어선 불확실성이 존재하는 경우에 스트레스가 주로 발생함.
- 스트레스 요인의 종류에는 도전적 스트레스(eustress)와 방해적 스트레스(distress)로 구분하여 이해할 수 있으며, 이하에서는 스트레스의 발생 원인과 극복방안으로 서술하고자 함.

Ⅱ 스트레스 원인

1. 환경적 원천

정치, 경제, 사회, 문화, 기술적 측면의 불확실성은 모두 스트레스를 유발하는 잠재요인이 됨.

2. 조직적 원천

- 개인의 근무환경(직무수행조건, 물리적 배치 및 위생상태 등)은 조직 내에서 스트레스 유발요인이 됨.
- 조직 내에서 개인이 담당하고 있는 지위에 따라 상이하게 부여되는 역할도 스트레스의 원천이 됨. 예를 들어서 최고경영자 업무와 같이 막중한 역할에 비해 그 구체성과 명확성이 떨어질 때 스트레스를 많이 받음. 그 외 다른 직원들에 의해 생긴 부담과 압력인 인간관계요구(interpersonal demand) 역시 중요한 스트레스의 원천임.

3. 개인적 원천

가족과의 관계, 경제적 압박, 성격 특징 등이 주로 개인적 측면에서 스트레스를 유발하는 요인이 됨.

Ⅲ 스트레스 결과

1. 스트레스에 대한 반응: 일반적응증후군

체내에는 자극에 대응하고자 스스로 변화하게 하는 작용이 있고, 그 변화는 자극 내용 여하를 불문하고, 일정함. 이런 사실에 기초해 Selye는 '일반적응증후군(General Adaptation Syndrome: GAS)'을 발표했음. 적응이란(adaptation) 스트레스 원천으로부터 신체를 대처하게 하거나 적응하게 한다는 의미이고, 증후란(syndrome) 스트레스 결과에 의거해 어떤 반응이 일어난다는 의미임.

① 경고(alarm reaction) : 경고단계는 스트레스의 원인이 최초로 단절되면서 신체의 모든 부분에서 혈압상승, 근육수축 등의 반응이 나타나는 단계임.

② 저항(stage of resistance) : 저항단계는 신체가 스트레스 원천과 맞서 싸우는 단계로서 피로와 긴장감을 느끼게 되는 단계로서, 다수&다량의 스트레스에 노출되면 적응하기 힘든 상태인 소진으로 진행할 수 있음.

③ 소진(stage of exhaustion) : 우리 신체가 저항과정에서 모든 에너지를 써버려 기진맥진하게 되는 단계임. 각종 신체적, 정신적 문제증상이 나타남.

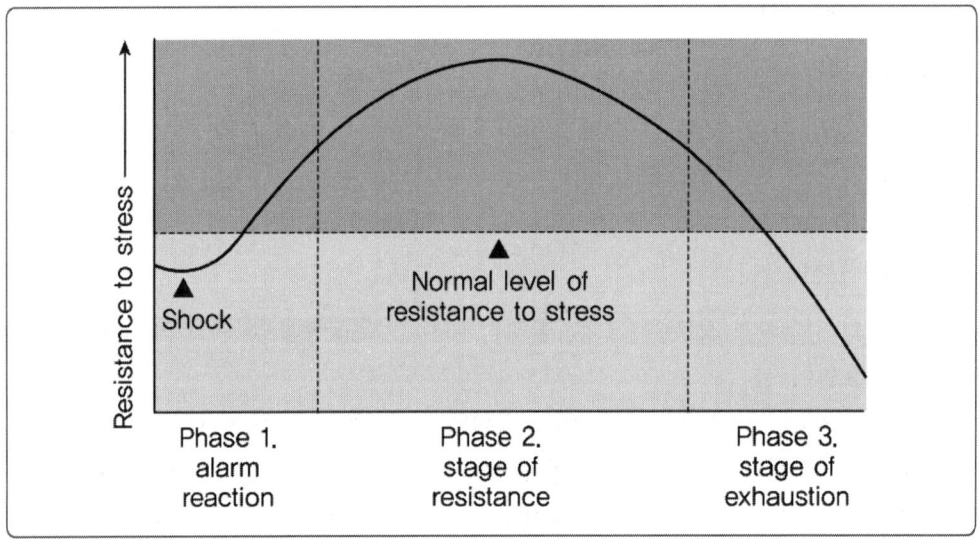

2. 스트레스로 인한 증상

우선, 생리적 증상으로 뇌, 순환계, 소화계 등에 이상이 있거나, 심리적 증상으로 긴장감, 초조함, 불안감 등을 느끼거나, 행동적 증상으로 식습관의 불균형, 흡연 및 음주 습관, 말투와 수면장애, 생산성 감퇴, 결근율 및 이직율 증가 등으로 나타남.

Ⅳ 스트레스 관리방안

1. 개인적 접근에 의한 관리

직원 스스로가 자신의 스트레스 수준을 낮추기 위한 노력을 기울여야 함을 의미하는 것으로 스트레스를 덜 받기 위해서는 시간 관리를 철저히 하고, 적당한 운동을 하며, 긴장 완화 훈련과 사회적 활동을 늘리는 등의 대책이 필요함.

2. 조직적 접근에 의한 관리

관리자 수준에서 적절히 통제하거나 수정하여 스트레스를 줄여야 함을 의미하는 것으로 조직차원에서 선발과 업무배치의 질 제고, 현실적인 목표 설정, 업무 재설계, 직원 참여 프로그램의 확대, 안식년 제공, 복리후생 증대 등의 대책이 필요함.

3. 조절요인으로서의 개인차 인식

스트레스 요인이 실제 스트레스로 드러나는 과정에서 몇몇 변수들이 둘 사이의 관계에 영향을 미칠 수 있음을 말하는 것으로 스트레스에 대한 개인의 인식, 해당분야의 업무경험, 주변인들과의 관계, 자기효능감, 낙천적이고 쾌활한 성격, 내재론자/외재론자 등이 그 예에 해당함.

경영조직론 답안작성연습

> **연습 30**
>
> 다음의 내용에 대하여 설명하세요.
> 1) 목표설정이론의 <u>개념</u>과 모델을 <u>도식화</u>하여 각 <u>변수별 구체적</u>으로 설명하세요.
> 2) 흔히, <u>좋은 목표의 조건</u>이라고 하는 SMARTS 관점에 대하여 설명하세요.
> 3) 목표지향 성향으로 나타나는 조직행동 성향을 설명하세요.
> 4) <u>목표설정이론과 자기효능감의 관계</u>를 설명하시오.

문제 1)

Ⅰ 목표설정이론의 개념과 도식화

1. 개념

<u>로크(Locke)</u>는 <u>구체적이면서 어려운 목표</u>를 향해 일하려는 노력이나 의도가 직무에 대한 동기를 부여해 주는 가장 중요한 원천이라고 생각하였다. 그냥 일을 하는 것이 아니라, 무엇을 어느 정도의 수준으로 달성하기 위해 일하는지가 분명할 때 더욱 열심히 일할 수 있다고 본 것이다. 목표는 조직구성원의 행동방향을 결정하고, 구성원으로 하여금 목표달성에 필요한 행동에 적절히 몰입할 수 있도록 하는 기능을 하고, 조직 전체는 물론 집단이나 개인의 업적을 평가하는 기준으로도 활용되고, 목표를 달성하도록 부과된 자에게 목표달성에 필요한 자원을 활용할 수 있는 합법적인 근거를 제공한다.

2. 도식화

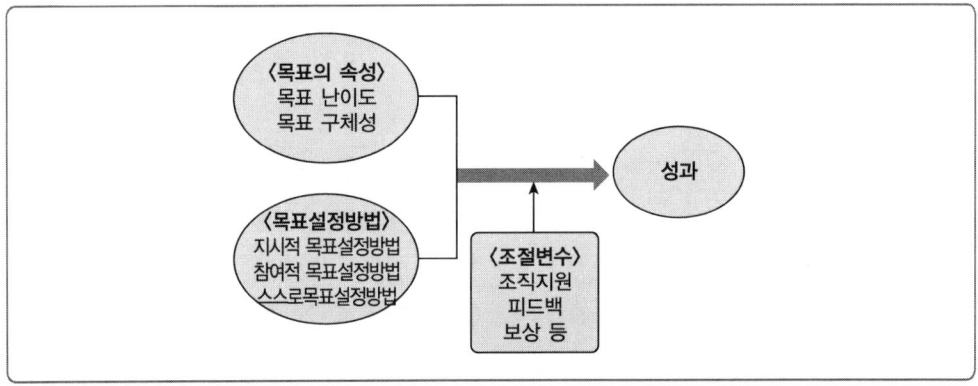

3. 각 변수별 구체적 설명

1) 목표의 속성

① **난이도** : 목표의 난이도는 성취 가능한 범위 내에서, 어렵고 도전적인 목표일수록 성과가 높다.

② **구체성** : 요구되는 목표수준에 대한 명확한 정보를 말하는 것으로, 목표가 구체적일수록 작업자는 과제에 더 흥미를 느끼게 되고, 목표달성을 위한 구체적인 기법들을 고안할 가능성이 높다.

2) 목표설정방법

<u>지시적</u> 목표설정방법, <u>참여적</u> 목표설정방법, <u>스스로</u> 목표 설정하는 방법이 있다.

3) 조절변수(상황요인)

조절변수는 목표달성에 필요한 유익한 환경 조성 요인을 말하여, 여기에는 <u>조직직원, 피드백, 보상</u> 등의 상황요인이 존재한다.

① **조직 지원** : 조직이 작업자에게 설비, 예산, 정보제공 등 적절한 지원을 할 때, 높은 성과가 나올 수 있고, 성과를 방해하는 경직된 규정이나 제도, 리더십은 개선해야 함이 바람직하다.

② **피드백** : 목표달성과정 중에서, 상사가 작업자에게 제공하는 적절한 피드백은 성과를 높이는데 많은 역할을 한다. 이러한 피드백을 통해 작업자는 목표의 지속적인 상향조정, 업무방법 개선 등 더 많은 노력을 하기 때문이다.

③ **보상** : 목표달성과 관련된 조건적 보상이 주어졌을 때, 그렇지 않은 경우보다 성과가 높다. 이외에, 직무복잡성, 능력, 경쟁상황 등이 있다.

문제 2)

Ⅰ 좋은 목표의 조건

- **Specific(구체적인)** : 광범위한 목표가 아닌 구체적인 목표를 달성하기 위해 SMART 목표를 수립하며, 목표를 달성할 수 있도록 수행 중인 작업과 연관된 구체적인 목표를 설정하는 것이 동기부여에 자극이 된다.

- **Measurable(측정 가능한)** : SMART의 "M"은 Measurable을 나타내며, 프로젝트 성패를 평가할 수 있다는 특징이 있다. 목표에는 성공과 실패를 측정할 수 있는 일종의 객관적인 수단이 있어야 하고, 이러한 수단에는 마감일, 수치, 퍼센트 변화, 기타 측정 가능한 요소 등이 될 수 있다.

- **Achievable(달성 가능한)** : 달성하기 마냥 쉬운 목표보다는 달성할 수 있는 범위에서 목표를 설정하는 것이 유리하며, SMART의 Achievable은 달성 가능한 범위를 완전히 벗어난 목표를 세우지 않아야 한다는 점을 나타내고 있다. 목표가 프로젝트 범위 내에 있는가? 그렇지 않다면 그 목표는 달성 가능하지 않을 것이다.
- **Realistic(현실적인)** : SMART의 "A"와 "R"은 긴밀하게 연결되어 있으며, 달성 가능한 목표를 세우는 것과 더불어 현실적인 목표를 세워야 한다. 예를 들어, 어떤 목표는 어떤 목표를 달성할 수는 있지만 이를 위해 모든 팀원이 6주 연속으로 초과 근무를 해야 하는 사례에서 이러한 목표는 달성 가능할 수도 있지만, 현실적인 목표가 아니다. 명확한 계획을 수립하여 달성 가능하면서도 현실적인 목표를 세워야 한다.
- **Time-bound(기한이 정해진)** : SMART 목표에는 종료일이 있어야 한다. 기한이 없다면 프로젝트는 지연되고, 불명확한 성공 지표를 가지게 되고, 범위 변동으로 혼선을 빚게 될 것이다. 아직 목표에 기한을 설정하지 않았다면 명확한 프로젝트 타임라인을 설정하는 것이 목표달성 이후의 성취감, 자신감 등이 향상될 것이다.
- **Stretch(도전적 목표)** : 도전적 목표(Stretch goals)는 스스로 달성 가능한 범위 이상을 추구하도록 의도적으로 설정한 목표이다. 예를 들어, 웹사이트에 매달 3만명이 방문한다면 도전적 목표는 월간 방문자 수를 4만명으로 늘리는 것이며, 이 도전적 목표는 달성 가능한 범위 내에 있다. 그러나, 도전적 목표를 야심 차게 설정하여 월간 방문자 수를 3만명에서 3백만명으로 늘리겠다는 것처럼 불가능하게 설정하지는 않아야 한다.

---

① 목표는 구체적이어야 한다.(Goal specificity).
② 목표는 적당히 어려운 수준의 난이도여야 한다.(Goal difficulty).
③ 목표는 구성원들에 의해 수용 가능해야 한다.(Goal acceptance).
※ 백기복, 조직행동연구

문제 3)

I 목표지향 성향★★

1. 숙련지향 성향

과제도전을 위해서 새로운 기술을 학습하고, 역량을 향상시키는 기회로 삼으려는 것으로 많이 배우려는 성향을 갖는 것은 숙련지향 성향이 강한 것이다.

※ 숙련-향상 성향과 숙련-회피 성향이 있으며, 전자는 도전적 과제를 통해서 역량을 향상시키고자 하는 것이고, 후자는 개인이 배워야 할 것을 배우지 못할까봐 우려하는 성향을 말한다.

2. 성과지향 성향

우월한 성과를 창출하여 호의적인 평가를 받으려는 것으로 가장 최고점의 점수를 목표로 하는 경우의 사람을 말한다.

※ 성과-향상 성향의 사람들은 타인보다 뛰어나다는 것을 보여주고 싶어하는 반면, 성과-회피 성향은 개인이 다른 사람들보다 부족하다는 사실을 피하고자 탈락하지 않으려는 성향을 말한다.

Ⅲ 자기효능감의 개념과 원천

1. 개념

<자기효능감>은 개인이 특정 상황에서 특정 과업을 얼마나 잘 수행할 수 있는지에 대한 믿음의 정도를 말한다. 즉, 자신이 특정 업무를 잘 해낼 수 있을 것으로 믿는 개인의 성향을 의미한다.(Bandura)

2. 생성원천

알버트 반두라(A. Bandura)가 설명한 자기효능감을 증진시키는 방법으로 그 생성원천을 살펴보면 다음의 4가지가 있다고 설명하였다.

① 성공경험(enactive mastery) : 업무상 성공경험이 있는 직원은 실패경험의 쓰디쓴 맛을 봤던 직원보다 높은 수준의 자기효능감을 형성한다. 이러한 과거의 성공경험 하나하나가 쌓여서 미래에도 그 일을 할 수 있다는 확신, 더 큰 일을 할 수 있게 하는 확신을 갖도록 해준다.

② 대리학습(vicarious learning) : 직접 경험하지 않은 것에 대해서는 다른 누군가가 그 일을 해내는 것을 관찰함으로써 그 일에 대한 지식과 정보를 얻을 수 있다. 구체적으로 동료가 특정 과업에서 성공을 거둔 것을 확인한 경우 대리경험에 의한 자기효능감을 형성하게 되며, 이러한 학습효과는 단지 성공한 이상향을 보는 것만으로도 대리학습을 가능하게 한다.

③ 언어적 설득(verbal communication) : 상급자나 다른 사람으로부터 성공에 필요한 기술을 우리가 직접 갖추고 있다고 설명을 듣고 확신을 하는 것으로서, 상사로부터 긍정적인 피드백을 받는 경우 확신에 의한 자기효능감을 불러일으킬 수 있다. 연구결과에 의하면, 경영자가 부하직원들이 특정과업에 성공할 것이라는 확신이 크면 클수록, 실제로 부하직원들이 그 일에 성공할 확률이 높아진다고 한다.

④ 각성(arosal) : 각성은 정신적 또는 육체적으로 건강하고 깨어있는 상태를 의미하며, 각성은 활력이 넘치는 상태로 이끌어 주면서 업무에 있어 마음을 가다듬고 집중할 수

있도록 하는 심리적 상태를 말한다. 자신이 가족을 부양해야 할 때라고 느끼게 되는 심리적 상태는 가족을 위해서 어떤 궂은 일도 열심히 하는 자기효능감을 발휘하게 한다.

⑤ <u>생리적인 상태</u> : 중요한 과업을 앞두고, 심장이 두근거리거나, 손에 땀이 흥건하거나, 얼굴이 빨개지거나, 두통과 배가 아파오는 증세를 겪곤 하는데, 이것은 실패에 대한 두려움과 성공에 대한 중압감이 그 사람의 신체에 영향을 주었기 때문이다. 이러한 신체적 증세가 오면, 자기효능감은 급격하게 떨어지게 되어 실제로 좋은 성과를 이루기 어렵게 되는 경우가 많다.

문제 4)

I 목표설정이론과 자기효능감의 관계

1. 개요

자기효능감이 높은 사람은 그렇지 않은 사람에 비해 높은 성과를 달성할 수 있기에 관리자는 구성원들이 높은 자기효능감을 달성할 수 있도록 유도할 필요가 있는데, 이 과정에서 목표설정이론이 활용될 수 있다.

2. 좋은 목표와 자기효능감이 조직유효성에 미치는 효과

관리자가 좋은 목표로서 구체적이면서 실행 가능한 목표를 설정하면, 이를 제공받은 부하직원은 '내가 이만한 일을 할 수 있는 사람이니까, 이 일을 시키는 거구나'라고 생각하여 자기설정 목표를 갖고 자기효능감을 발휘하여 결국 높은 수준의 성과를 달성하게 될 것을 기대할 수 있다.

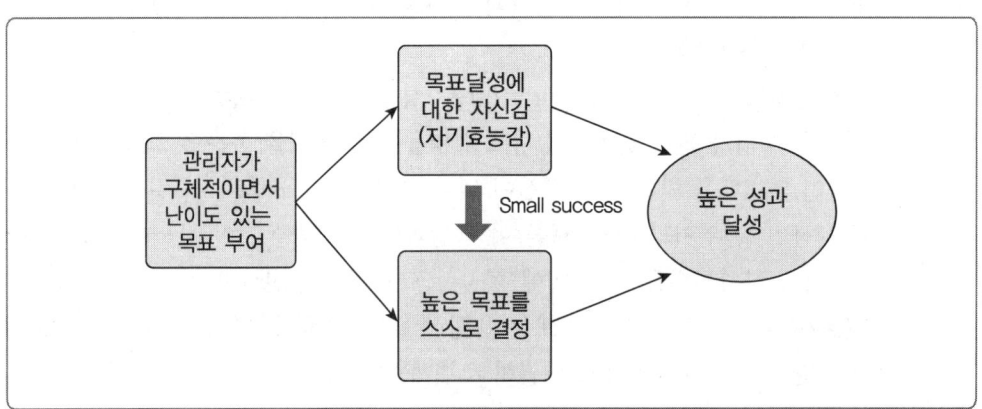

연습 31

Deci의 인지평가이론에 대하여 설명하시오.   2020년 제29회 기출

Ⅰ 동기부여이론의 의의

- 동기부여란 개인의 목표지향적인 행동을 자발적으로 일으키고 방향지우며 지속시키는 과정이며, 이는 개인의 노력의 강도, 방향, 지속성을 설명하는 역동적인 힘의 집합으로 정의할 수 있음(Pinder).
- 동기부여로서 Motivation은 라틴어 movere가 어원으로 움직인다는 뜻을 지니고 있음.
- 동기부여는 P=f(M×A)라고 하여, 능력 있는 직원에게 적절한 모티베이션 제공만 한다면, 조직성과를 이루어낼 수 있음을 의미함. 즉, 성과는 구성원의 능력과 모티베이션의 함수임.
- Deci의 인지평가이론은 내재적으로 동기부여된 행동에 외재적 보상이 주어졌을 때, 내재적 동기가 오히려 감소하는 과잉정당화 효과가 발생한다는 이론임(Deci & Ryan). 이에 본 질문에서 요구하는 인지평가이론에 대한 자세한 설명을 하고자 함.

Ⅱ 인지평가이론 설명

1. 의의

- 인지평가이론은 데시(Deci)가 주장한 자기결정이론의 한 분야이며, 동기부여의 양과 질은, 자신이 직무에 대하여 갖고 있는 인지적 평가 과정을 통해 결정된다고 보는 이론적 견해를 의미함.
- 인간은 자신의 행동에 대한 원인을 규명하고자 하는 심리적 속성을 갖고 있는데, 내재적 동기가 발휘되어 있는 상태에서 열심히 일하는 원인을 일 자체의 특성, 단지 일 자체가 재미있고 보람이 있어서라고 귀인을 하게 되지만, 이러한 내적 귀인 상태에 외재적 보상을 제공하게 되면 열심히 일하는 것에 대한 대상이 일 자체의 보람에서 돈으로 바뀌게 되는 것임.

2. 정육면체 퍼즐 실험(큐브)

- 데시는 내재적 동기가 존재하는 상황에서 외재적 보상, 즉, 임금이 주어질 경우 내재적 동기수준에 변화가 있는지 연구하였음.

- 그 결과, 정육면체 조합 퍼즐게임에서 내재적 동기가 높았던(퍼즐게임 자체를 즐겼던) 집단에서 금전적 보상을 지급하게 되는 경우, 금전적 보상 지급 전보다 오히려 퍼즐을 잘 못 맞추는 결과가 도출되었음.

3. 인지평가이론의 메커니즘

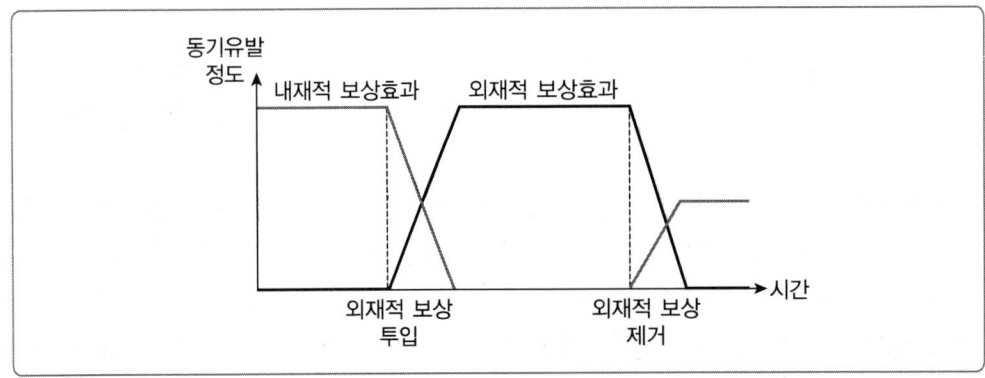

- 인간은 자신의 행동에 대한 원인을 규명하려는 속성이 있음. 귀인이론의 관점에서 내재적 동기가 유발되어 있는 상태에서는, 원인으로 돌릴만한 다른 요인이 없으므로, 열심히 일하는 원인을 일 자체의 특성(일이 재미있어서) 때문이라고 귀인하게 됨. 그런데, 이처럼 내적 귀인의 상태에서 '외재적 보상'을 제공하게 되면, 열심히 일한 것에 대한 귀인을 일 자체에서 오는 금전적 보상으로 바뀌게 됨.
- 이것은 작업자가 왜 자신이 열심히 일을 하는지에 대한 원인을 인지적으로 평가한 결과에 해당한 것임.
- 인지평가이론의 대표적 사례 봉사활동을 하는 과정에서 매스콤을 타거나 금전적인 정부보상이 행하여지거나 할 때, 봉사활동이 더 이상 자신이 원해서가 아닌 외재적 보상으로 인해 발생하게 되고 즐거움과 만족도는 떨어지게 되는 것임.

Ⅲ 내재적 동기와 외재적 동기의 유형

1. 내재적 동기

- 내재적 보상에 의해서 이루어지는 동기로서 종업원과 직무간의 직접적인 관계에서 발생되는 것임. 일을 수행하면서 얻는 성취감, 만족감, 도전감, 타인으로부터의 인정, 만족감, 확신감, 자부심, 긍정적인 심리상태 등이 내재적 보상의 대표적인 예에 해당함.

- Deci는 이후 자기결정이론으로 더 발전을 시켰으며, 이 이론에서 개인의 어떤 일을 잘 할 수 있다는 역량감, 자기가 스스로 결정했다고 느끼는 자기결정감 등에 의해 내재적 동기가 더 높아진다고 하였음.

2. 외재적 동기

외부적 요인에 의해 이루어지는 동기로서 외부요인인 직무환경으로부터 발생되는 것임. 구체적으로 급여, 포상, 성과급, 승진 등이 있음.

Ⅳ 공헌점과 한계점

1. 공헌점

① 기존 모티베이션 이론에 비해 매우 가치 있는 새로운 시각을 제시함.
② 성과와 연동한 보상이 오히려 종업원의 동기를 저하시킬 수 있음을 시사하였음. 따라서, 회사차원에서 보상정책 설계 시, 종업원의 욕구구조와 업무의 속성을 다각도로 고려해야 할 필요가 있다 하겠음.
③ 직무의 속성이 내재적 동기유발의 원천이 될 수 있음을 설명함.
④ **임금이 오히려 모티베이션을 감소시킴을 입증하고 있어서 기업조직에 많은 시사점을 제공함.** (※허즈버그의 2요인이론과 접목하여 암기할 것)★★

2. 한계점

① 인지평가이론의 가장 큰 한계는, 외재적 보상과 내재적 보상을 구분한 이분법이 지나치게 단순하다는 점임. 일련의 학자들은 외재적 보상도 다시 그 종류를 속성에 따라 세분화 할 수 있으므로, 특정 외재적 보상은 내재적 동기부여를 증대시켜주는 역할을 한다고 주장하였음.
② 모든 작업자가 내재적 동기의 원인변수들인 유능감, 자기결정감에 대한 높은 욕구를 가지고 있느냐 하는 문제가 남아 있으며, 이러한 욕구가 낮은 작업자들에게 어떤 방법으로 내재적 동기부여를 높일 수 있을 것인가에 대한 논의가 미흡
③ 작업구조상 내재적 동기부여 자체를 기대할 수 없는 경우에 대한 논의가 미흡

연습 32
Deci & Ryan의 자기결정이론에 대하여 설명하시오.

I 동기부여이론의 의의

- 동기부여란 개인의 목표지향적인 행동을 자발적으로 일으키고 방향지우며 지속시키는 과정이며, 이는 개인의 노력의 강도, 방향, 지속성을 설명하는 역동적인 힘이 집합으로 정의할 수 있음(Pinder).
- 동기부여로서 Motivation은 라틴어 movere가 어원으로 움직인다는 뜻을 지니고 있음.
- 동기부여는 P=f(M×A)라고 하여, 능력 있는 직원에게 적절한 모티베이션 제공만 한다면, 조직성과를 이루어낼 수 있음을 의미함. 즉, 성과는 구성원의 능력과 모티베이션의 함수임.
- 내재적 동기부여이론의 대표적인 이론으로 Deci & Ryan의 자기결정이론은 인간행동의 통제원천이 내면인가 외부인가에 초점을 맞추면서 사람들이 자기 행동에 대해서는 본인이 스스로 통제하여 결정한다고 믿는 경우 동기부여가 증가한다고 설명한 이론임.

II 자기결정이론의 구체적 설명

1. 의의

내재적 동기부여이론의 대표적인 이론으로 Deci & Ryan의 자기결정이론은 인간행동의 통제원천이 내면인가 외부인가에 초점을 맞추면서 사람들이 자기 행동에 대해서는 본인이 스스로 통제하여 결정한다고 믿는 경우 동기부여가 증가한다고 설명한 이론임.

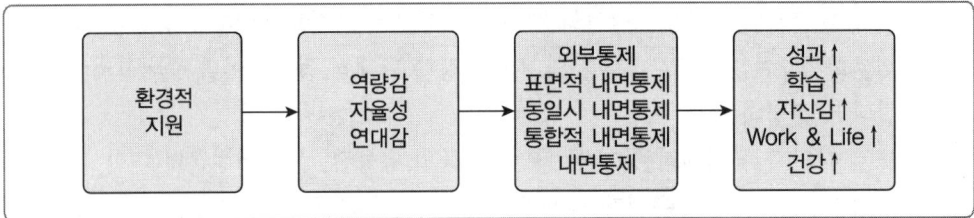

2. 개인행동 통제요인

① **역량감** : 어떤 일을 해낼 수 있다는 느낌
② **자율성** : 업무에 대한 자기 자신의 선택의지에 의하여 추진
③ **연대감** : 사회구성원으로서 공통으로 나누어 가지는 귀속의식. 업무를 통해서 타인으로부터 인정을 받으면서 존재한다는 느낌

3. 통제 유형

1) 외부통제

아무런 흥미도 없는데, 보상, 상사의 지시, 법규 등 외재적 동기에 의해 어쩔 수 없이 하는 비자율적 행동

2) 표면적 내면 통제

체면, 자존심 때문에 어쩔 수 없이 하는 행동

3) 동일시 내면통제

앞에 주어진 일이 나에게 필요하고, 도움이 된다고 생각하여 받아들이는 상태

4) 통합적 내면통제

주어진 일이 필요할 뿐만 아니라, 나의 가치체계와 일체화되어 해야 한다고 느끼는 상태

5) 내면 통제

자신의 자율적인 결정에 의하여 이루어진 상태. 내면통제가 높을수록 성과창출, 학습의 욕증진, 자신감의 향상, 직장과 삶의 조화, 건강유지 등 더 좋은 결과를 나타낸다고 연구 결과 나옴.

Ⅲ 환경적 지원방법 – 조직차원에서 지원방향

1) 역량감 지원방법

기대감 명확화(규정, 규칙), 상사의 긍정적인 피드백, 업무교육훈련으로 업무성공사례를 통한 자기효능감을 증진하여 역량감을 채워줘야 함. 예) 칭찬

2) 자율성 지원방법

권한위임(업무진행권, 의사결정권 등), 개인의 업무관점을 인식하여 업무 범위 내에서 자율적인 선택권을 제공, 개인의 의견과 선택의 지지, 수평적인 조직구조가 적합함.
예) 의사결정권, 업무진행권 등

3) 연대감 지원방법

참여제도를 활용하여 업무에 상호간의 의견개진을 통한 아이디어 제공으로 업무에 도움이 됨을 각인시키면서, 구성원이 흥미를 가질 수 있도록 인정해주고 지원해야 함.
예) 제안제도

 경영조직론 답안작성연습

> **연습 33**
> 아담스의 공정성 이론의 내용 및 공정성의 3가지 유형을 설명하고, 불공정성 해소방안과 조직관리에 대한 시사점을 제시하시오.
> 2015년 제24회

I 모티베이션의 의의

- 동기부여란 개인의 목표지향적인 행동을 자발적으로 일으키고 방향지우며 지속시키는 과정이며, 이는 개인의 노력의 강도, 방향, 지속성을 설명하는 역동적인 힘이 집합으로 정의할 수 있음(Pinder). 동기부여로서 Motivation은 라틴어 movere가 어원으로 움직인다는 뜻을 지니고 있으며, $P = f(M \times A)$라고 하여, 능력 있는 직원에게 적절한 모티베이션 제공만 한다면, 조직성과를 이루어낼 수 있음을 의미함. 즉, 성과는 구성원의 능력과 모티베이션의 함수임.
- 아담스의 공정성 이론은 합리적인 사고과정을 통해 동기부여를 하는 인지적 동기이론에 해당하며, 조직 내 개인과 조직 간의 교환관계에 있어서 공정성 문제와 공정성이 훼손되었을 때 공정성을 확보하기 위해 동기화되는 개인의 행동유형을 제시하였음.
- 공정성 이론은 호만스(Homans)의 저서 『사회교환이론』에 의해 도입되었으며, 페스팅거(L.Festinger)의 인지부조화이론 등 기존의 연구결과들의 토대 위에서 아담스가 확립시켰음.

II 공정성 이론의 내용

1. 의의

아담스가 체계를 세운 이론. 개인이 준거집단과 준거인물을 비교하여 공정성을 유지하는 방향으로 모티베이트 된다는 것임. 아담스는 페스팅거의 인지부조화 이론에 근거하여 조직과 구성원 간 사회적 교환 과정에서, 동기부여의 크기는 한 사람이 투입한 노력과 그에 따른 보상의 비율에 대한 다른 사람과의 상대적 비교를 통해 결정되며, 비교과정에서 불공정성이 느껴진다면 공정성을 얻기 위해 동기를 유발하게 된다고 보았음.

2. 비교과정

사람들은 자신의 투입 대비 산출비율과 타인의 그것을 비교하여 균형을 이룬다면, 공정한 것으로 인식함. 그러나, 만약 이 비교 과정에서 불공정성이 지각된다면, 개인은 이에 대하여 긴장, 불안을 느끼게 되고, 이를 줄여 나가기 위한 노력을 기울이게 됨.

[공정성 이론의 모형]

$$\left(\frac{Output}{input}\right)_{자신} \gtrless \left(\frac{Output}{input}\right)_{타인}$$

※ Input : 개인이 조직에 투입하는 것. 노력, 업적, 기술, 교육, 경험 등
※ Output : 조직이 개인에게 주는 모든 것. 임금, 복리후생, 승진, 직장안전, 흥미 있는 직무, 지원적인 인간관계 등

3. 공헌점

1) 욕구단계설에 비해서, 동기부여가 일어나는 심리적 비교과정을 합리적으로 분석하여 이론적 완성도를 높였다는 점에서 공헌점이 있음.

2) 동기부여과정에서 투입과 산출의 객관적 규모보다는 개인이 인지하는 정도가 더 중요하므로, 구성원의 지각에 관심을 기울일 필요가 있음을 강조하였음. 즉, 모티베이션 과정에서 타인 혹은 집단의 영향을 강조하여 조직 실무에 의미 있는 공헌을 함.

3) 투입과 산출은 개인의 지각에 의해 인지하기 때문에, 똑같은 요소에 대해 조직과 구성원이 서로 다르게 지각할 수 있음을 보여줌.

4. 한계점

1) 과소보상일 경우, 공정성이론의 타당성이 입증되지만, 과다보상일 경우에는 입증하지 못한다는 한계가 있음. 즉, 월급을 그 정도나 주었는데, 왜 더 달라고 하는지 이해를 할 수 없는 경우가 있음.

2) 개인의 지각과정에서 발생되는 오류의 가능성을 지나쳤다는 한계가 있음.

3) 자신의 투입(노력, 공헌도 등)과 산출(칭찬, 내재적 보상, 승진 등) 측정에 있어서 어떻게 해야 하는지, 또는 비교할 준거기준 설정에 있어서 명확한 설명이 부족함.

Ⅲ 공정성의 3가지 유형(공정성 의미의 확대)

1. 구조적 공정성(배분적 공정성)

구조적 공정성은 배분 공정성에 관한 아담스(J. S. Adams)의 공정성 이론에서 출발하였으며, 그 핵심내용은 자원의 합리적 분배 기준이 비교대상과 자신의 투입-산출간 비교에 있다는 것이다. 구조적 공정성의 내용은 비교대상이 다른 조직에 해당하는 대외적 공정성과 비교대상이 조직 내에 위치한 대내적 공정성으로 구분되며, 대내적 공정성은 다

시 조직차원의 효율성을 도모하는 조직적 공정성과 개인차원의 만족을 추구하는 개인적 공정성으로 나뉜다.

1) 대외적 공정성

종업원들이 자신들의 임금을 외부조직의 유사한 직무를 수행하는 사람들이 받는 임금액과 비교해서 거의 동일한 수준의 임금을 받는다고 지각할 때의 공정성을 의미한다. 여기서 외부의 다른 조직이란 일반적으로 동종업체나 경쟁적 조직을 말하며, 임금비교의 내용에는 기본급뿐만 아니라, 인센티브, 복리후생 등도 함께 포함된다. 대외적 공정성은 조직이 양질의 인력을 확보하고 유지하며 제품 및 서비스장에서 경쟁우위를 확보하는데 영향을 미치므로 임금수준관리의 지침이 된다.

2) 내부적 공정성

동일 조직 내에서 상이한 직무를 담당하고 있는 종업원들이 받고 있는 임금에 초점을 둔 공정성을 말한다. 즉, 각자가 맡고 있는 직무 내지는 직무수행역량의 상대적 가치에 따른 임금격차에 대해 지각된 공정성을 의미한다. 따라서, 조직 내 각직무들의 상대적 가치를 평가하는 직무평가가 내부적 공정성을 평가하는 중요한 관리도구가 된다.

3) 개인적 공정성

종업원 공정성이라고도 하는데, 동일조직 내에서 동일한 직무를 담당하고 있는 종업원들 간의 연공, 공헌, 성과수준 등과 같은 개인적 차이에 따른 임금격차에 의해 지각된 공정성을 의미한다. 개인적 공정성은 종업원의 동기유발에 특히 직접적인 영향을 미친다.

2. 과정적 공정성(절차적 공정성)

1) 의의

임금의 공정성이 실현되기 위해서는 임금분배의 기준 설정에서의 공정성뿐만 아니라 임금분배의 과정에 있어서의 공정성 확립도 절실히 요청되며, 이를 과정적공정성으로 절차적 정의라고 한다. 이 개념은 결과를 결정하는 데 사용되는 과정에 있어서의 공정성을 뜻하며, 임금제도의 수용성 증가에 결정적 역할을 한다.

2) 레벤탈(Leventhal)의 절차적 공정성 확보 규칙

- 첫째, 〈정보의 정확성〉으로서 임금결정과정에 활용되는 정보는 정확하여야만 공정성 획득이 가능하다.
- 둘째, 임금결정의 절차 속에 잘못된 의사결정을 바로잡기 위한 조항들인 고충처리절차나 합의절차 등이 포함되는 〈수정가능성〉이다.

- 셋째, 임금배분에 있어서 모든 단계들은 종업원의 관심과 가치관이 적절히 반영되는 〈대표성〉이 있어야 한다.
- 넷째, 임금배분절차가 윤리와 도덕에 관하여 종업원이 가지고 있는 기준과 일치하는 〈도덕성〉이 필요하다.

3. 상호작용 공정성

사람이 존엄과 존경으로 대우받는 정도에 대하여 지각하는 것으로 "나에게 임금인상에 관한 얘기를 할 때, 나의 상사는 매우 존중하며 친절하게 경의를 표한다"라고 인식하는 경우 상호작용 공정성을 지각하게 되는 것이다.

4. 조직공정성

조직공정성은 작업장 내 공정한 것에 대한 전반적인 지각의 정도를 말하는 것으로 구체적으로 "나는 이곳이 일하기에 공정한 곳이라고 생각한다."라고 느낄 때 조직공정성을 갖게 된다.

Ⅳ 불공정성 해소방안

1. 투입의 변경

개인이 불공정성을 지각할 때 투입의 수준을 증가시키거나 감소시키는 방법임. 예를 들어서 과소보상을 느끼는 경우 노력수준을 감소시킬 것이고, 과다보상일 경우 노력수준을 더 증가시킬 것임. 이 방법은 과소보상일 때에만 이론적 타당성이 입증되었다는 점에서 과다보상의 경우에는 설득력이 없음.

2. 산출의 변경

산출의 감소는 거의 사용되지 않으며, 산출량 증가의 경우는 노조의 압력에 의한 임금인상, 작업조건의 개선, 구성원 고충에 의한 제안으로 작업시설의 개선 등이 있음.

3. 인지적 왜곡

자신의 직무를 더 강조하고, 노력에 대한 지각을 변경함으로써 불공정성을 극복하는 것임. 예컨대 불공정한 대우를 받았다고 느꼈을지라도 직무의 산출을 의도적으로 증가시킬 수 있는 데, "내가 하고 있는 일이 훨씬 더 중요하니까"라고 생각하는 것임.

4. 준거인물의 변경

자신에게 유리한 비교대상을 선택하여 공정성을 지각하도록 하는 방법이며, 자신의 지적인 수준을 대학교 교수와 비교하기 보다는 준거인물을 낮추어서 동료전문가와 비교하는 방법임.

5. 이탈(= 직장이동)

극히 감당할 수 없을 때 불공정성을 느끼는 직장을 떠남으로써 불공정성을 극복함. 이는 가장 극단적인 경우로서 불공정성이 지나치게 크거나 감당하기 어려운 경우 이탈 또는 직장이동의 방법을 사용함.

[기대이론과 공정성 이론의 비교]

구분	공정성 이론	기대이론
공통점	• 두 이론 모두 동기부여의 인지적 과정에 해당하는 이론이며, 어떠한 과정을 통해 동기부여가 되는가를 설명한 이론임. • 두 이론 모두 개인차를 고려하고 있음. 공정성 이론은 개인이 공정성을 지각하는 세계가 다를 수 있음을 설명하였고, 기대이론 역시 구성원을 효율적으로 동기부여를 시키려면 기대감, 수단성, 유의성에 있어서 개인차를 고려해야 함을 설명하고 있음.	
차이점	공정성 이론은 사회적 교환과정에서의 인지된 공정성에 초점을 맞추었음.	기대이론은 개인의 사실이나 합리성과는 상관없이 개인의 기대에 초점을 맞추고 있음.
	공정성 이론은 준거인물과의 비교에서 동기가 발생된다는 것임.	개인이 바라는 기대감, 수단성, 유의성이 중요하므로 바라는 보상을 주어야 한다는 것임.
	공정성 이론의 투입 변수, 산출 변수를 구체적으로 측정할 수 없는 이유는 개인의 주관적인 지각과정이기 때문임.	기대이론은 대략적으로라도 계산을 해낼 수 있다는 점이 있음.

> **연습 34**
> 동기부여이론 중 2요인이론과 기대이론의 주요 내용을 간략히 설명하고, 각 이론을 조직구성원 보상과 연계하여 설명하시오.
> 2014년 제23회
> 동기부여이론 중 기대이론과 공정성이론을 각각 설명하고, 두 이론의 공통점과 차이점을 논하시오.
> 2009년 제18회

I 모티베이션의 의의

동기부여란 개인의 목표지향적인 행동을 자발적으로 일으키고 방향지우며 지속시키는 과정이며, 이는 개인의 노력의 강도, 방향, 지속성을 설명하는 역동적인 힘이 집합으로 정의할 수 있음(Pinder). 동기부여로서 Motivation은 라틴어 movere가 어원으로 움직인다는 뜻을 지니고 있으며, $P=f(M \times A)$라고 하여, 능력 있는 직원에게 적절한 모티베이션 제공만 한다면, 조직성과를 이루어낼 수 있음을 의미함. 즉, 성과는 구성원의 능력과 모티베이션의 함수임.

II 허즈버그의 2요인 이론

1. 의의

- 허즈버그는 모티베이션 요인을 〈불만족해소 차원〉과 〈만족증대 차원〉의 2가지로서 구분하고, 내재적 동기부여를 강조하였음. 이에, 산업현장의 경험적 연구를 토대로 자신의 가설을 실증 분석함. 따라서, 모든 동기부여 요인들을 불만족요인(=위생요인), 만족요인(=동기요인)으로 분류하여, 회사차원에서 불만족 해소 정책과 만족 증대 정책으로 관리하여야 한다고 주장하였음.
- 약200여명의 경리직원, 엔지니어, 회계사를 대상으로 하여 설문조사 및 면접 등을 실시한 결과 불만족을 해고하는 위생요인의 내용과 만족수준을 증가시키는 동기요인에는 다음과 같이 분류할 수 있음을 알게 되었음.

위생 요인	동기 요인
회사정책, 감독, 작업조건, 인간관계, 직장의 안정성, 임금	성취감, 타인의 인정, 도전감, 책임감, 개인의 성장발전 등

2. 동기요인과 위생요인

1) 동기요인
동기요인을 충족시키면 만족에 적극적인 영향력을 제공할 수 있으며, 동기요인이 충족되지 못하더라도, 구성원의 불만족을 초래하지 않는 요인이며, 개인의 성취감, 도전적 직무부여, 타인으로부터의 인정, 도전감, 책임감, 성장과 발전감 등이 있음.

2) 위생요인
구성원의 불만족이 감소되는 효과를 가져오지만, 만족의 증대는 가져오지 않는 요인이며, 회사정책, 작업조건, 인간관계, 임금 등이 여기에 해당함.

3. 공헌점

1) 인간의 다양한 욕구충족요인들을 두 개의 차원으로 분류한 것은 상당히 의미 있는 것으로 인정해야 할 것임.
2) 직무 그 자체에서 얻어지는 내재적 보상에 초점을 두어 직무 적합성을 과학적으로 설계하여 내재적인 모티베이션을 강화해야 할 것임을 시사하고 있음.
3) 2요인 이론을 통해 조직구성원들이 열심히 일하지 않는 근본적인 원인을 게으름이나 직무몰입의 정도가 낮다는 등 사람에게서 찾기 보다는, 오히려 일 자체에서 발견해 내어 회사 내의 체계정비나 근무환경 조성에 관심을 갖도록 했다는 공헌점이 있음.

4. 한계점

1) 어떤 요인을 전적으로 만족요인과 불만족요인으로 명확하게 구분하여 적용할 수 있는 것은 아닌데, 임금과 같은 경우 종업원의 불만제거 요인이 되면서, 동시에 사기진작 요인으로 작용할 수 있기 때문임.
2) 인간이라고 하는 존재는 복잡하고 다양하여 어떤 요인에 대한 만족과 불만족이 동시에 잠재될 수 있음에도, 이 이론은 개인 차이를 무시하였다는 데 한계가 있음.
3) '만족'과 '모티베이션'을 같은 것으로 다루는 논리적 오류를 범하고 있음. 즉, 만족한 구성원이 생산성을 높인다는 것인데, 만족이 곧바로 생산성과 연계되지는 않음. 브룸의 기대이론, 포터와 롤러의 수정기대이론에서도 성과와 연계된 보상이 주어질 때 만족한다고 보았음.
4) 실증연구대상이 엔지니어, 회계사, 경리직원 등과 같이 이미 위생요인이 충족된 전문직이라는 한계가 있음.

5. 조직구성원 보상제도와의 연계

허즈버그의 2요인이론을 실무적인 적용한 사례는 직무충실화 프로그램이 있으며, 개인과 직무의 적합성으로 직무설계를 하는 이론적 근원인 직무특성이론이 있음.

Ⅲ 브룸의 기대이론

1. 의의

- 개인의 모티베이션 정도는 '선호도'와 '기대'에 의하여 결정된다고 보는 이론이며, 예일대학교의 브룸(V. Vroom)이 작업 상황에 처음으로 도입하면서 제시한 것으로, 개인은 행동결정과정에서 여러 가지 가능한 행동대안을 평가하여 자신이 유리하다고 생각되는 경제적 이해타산에 의해 행동전략을 결정한다는 이론임. 브룸의 기대이론에서 '선호도'는 노력을 기울여서 얻게 되는 결과가 얼마나 그에게 매력적인가 하는 것이고, '기대'는 노력을 기울여 결과를 얻어낼 수 있는 가능성이 얼마나 큰가 하는 것임.
- 조직 내 개인은 자신이 바라는 보상이 당장 제시되지는 않더라도, 업무 완수 후에 원하는 바를 얻을 수 있다는 기대감이 형성되어 열심히 업무에 집중한다는 점에서, 기대이론은 모티베이션 과정 차원에서 중요성을 가짐.

2. 주요 변수 설명

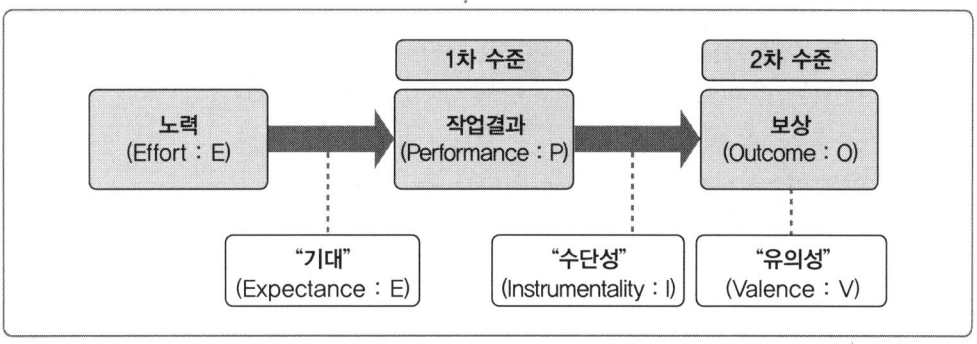

1) 기대(expectancy)

특정 노력으로 특정한 결과가 나오리라는 가능성 혹은 주관적 확률을 의미함.

2) 수단성(instrumentality)

일의 달성 정도에 따라 어떤 보상이 주어질 것인가에 대한 개인의 믿음.
($0 \leq I(수단성) \leq 1$)

3) 유의성(valence)

개인이 특정 결과에 대하여 갖는 선호의 강도를 말하며, 기대효용이라고도 부름, 결과를 획득하는 것이 획득하지 않는 것 보다 선호할 때, '정의 유의성'을 갖는다고 함(무관심할 때: 0, 획득하지 않는 것을 좋아할 때: 부의 유의성).

4) 모티베이션과의 관계

기대, 수단성, 유의성간에는 곱셈의 관계를 이루고 있으며, 이들이 모두 높으면 모티베이션은 무척 높아지지만, 어느 하나라도 0이면 모티베이션은 일어나지 않음.

$$F = E\left\{\sum_{i=1}^{n} ViIi\right\}$$

F : Force
E : Expectancy
V : Valence
I : Instrumentality

3. 기대이론의 특징

1) 동기부여 현상을 매우 합리적이고 인지적인 과정으로 설명함.
2) 조직구성원의 역량을 향상시켜서 기대(E)를 높여야 할 필요가 있으므로, 이를 위해 각종 교육훈련 프로그램을 제공, 요구되는 성과가 무엇인지 알려주어야 함.
3) 요구되는 성과를 달성했을 때, 제공되는 보상의 형태 및 크기가 일관성을 가져야 함. 즉, 수단성(I)은 기대이론에서 매우 중요하며, 회사는 체계적이고 일관적인 인사관리시스템의 정비와 노사 간의 신뢰구축에서 관심을 가져야 함.
4) 개별 구성원이 원하는 보상을 제공받을 때 유의성(V)이 높아짐으로서 모티베이션에 영향을 제공하므로, 보상 선호 여부에 대한 개인차를 인정하여야 함. 즉, 주관적 지각 요인들이 객관적 현실보다 동기부여에 큰 영향을 미칠 수 있음.

4. 공헌점

1) 합리적인 성과수준과 보상의 명시, 개인의 모티베이션을 증진시키기 위해서는, 특정 노력을 기울이면 달성될 수 있다는 합리적인 성과수준과 보상의 명시를 하여 구성원의 인지적 과정을 통해 동기부여가 일어나도록 해야 함을 알 수 있음.
2) 욕구를 충족시켜 줄 수 있는 보상을 즉각적으로 제공하는 것 보다는, 일단, 노력을 기울이면 달성할 수 있다는 기대감의 형성이 중요함.

3) 개인의 동기부여를 기대, 수단성, 유의성의 개념으로 공식화하여 구성원의 행동을 이해하는데 구체적인 과정을 명료하게 제시함.
4) 인지과정을 통해 동기부여가 형성되는 과정을 체계적으로 설명함.

5. 한계점

1) 인간은 합리적이면서 감성적인 동물이므로, 이해 득실관계를 복잡하게 계산할 때도 있지만, 그렇지 못할 때도 있으므로, 기대이론이 어느 경우에나 잘 들어맞는다고 보기는 어려움
2) 행동으로부터 얻어지는 결과들에 대한 가치부여 정도가 매우 주관적이므로, 사람마다 다르기 때문에 구체적인 검증에 있어서 한계가 발생함.

6. 조직구성원 보상제도와의 연계

일정수준의 성과 달성 시 보상이 주어지리라는 믿음으로서 수단성에 해당하는 연봉인상의 결정, 성과급의 지급, 인센티브 지급, 칭찬, 승진 등의 보상제도는 브룸의 기대이론에 입각한 모티베이션의 유발의 보상제도로서 해당함.

경영조직론 답안작성연습

> **연습 35**
> 매슬로우(Maslow)의 욕구단계이론과 알더퍼(Alderfer)의 ERG이론을 비교하여 설명하세요.

I 모티베이션의 의의

- 동기부여란 개인의 목표지향적인 행동을 자발적으로 일으키고 방향지우며 지속시키는 과정이며, 이는 개인의 노력의 강도, 방향, 지속성을 설명하는 역동적인 힘의 집합으로 정의할 수 있음(Pinder).
- 동기부여로서 Motivation은 라틴어 movere가 어원으로 움직인다는 뜻을 지니고 있음.
- 동기부여는 $P = f(M \times A)$라고 하여, 능력 있는 직원에게 적절한 모티베이션 제공만 한다면, 조직성과를 이루어낼 수 있음을 의미함. 즉, 성과는 구성원의 능력과 모티베이션의 함수임.
- 모티베이션 이론 중 동기부여를 일으키는 요인을 중심으로 설명한 내용이론으로 매슬로우(Maslow)의 욕구단계설과 알더퍼(Alderfer)의 ERG이론이 있으며, 이하 두 이론을 설명하고, 비교하여 차이점을 살펴보도록 하겠음.

II 매슬로우의 욕구단계이론

1. 의의

A. Maslow는 모든 사람에게는 다섯 가지의 욕구단계가 존재한다고 가정하고, 여기에는 생리적 욕구, 안전의 욕구, 사회적 욕구, 존경의 욕구, 자아실현의 욕구가 있다고 한 이론임. 욕구단계이론의 특징은 하위계층의 욕구가 충족되면 다음 단계로 진행하며, 충족된 하위계층의 욕구는 더 이상 모티베이션으로서 작용하지 못한다고 보았다는 점에 있음.

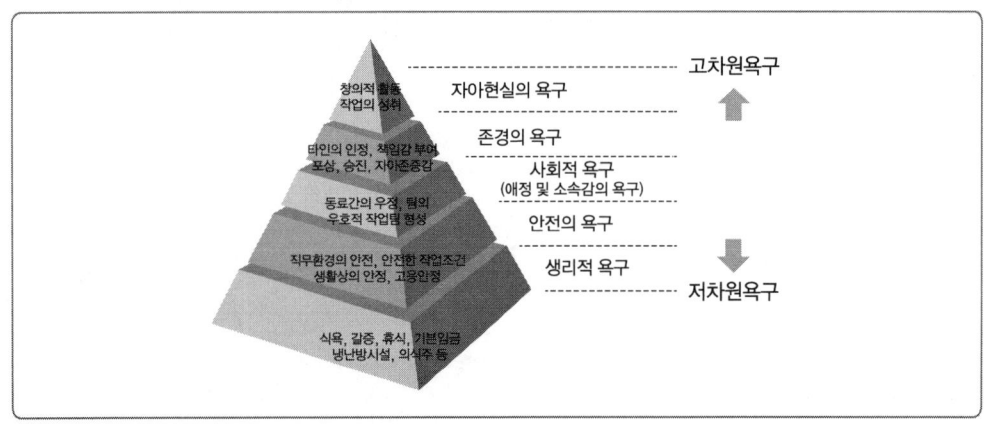

2. 가정

1) 인간의 욕구체계는 매우 복잡하며, 모티베이션이 발생되는 순서에 따라 계층을 형성하는 위계를 갖고 있음.

2) 일단, 만족된 욕구는 더 이상 동기부여되지 않음.

3) 결핍-지배의 원리와 같이 욕구가 결핍되어 있으면, 그 욕구가 개인의 의식을 지배함.

4) 충족-출현의 원리로서 하위 단계의 욕구가 충족되는 경우 다음 단계로서 상위계층의 욕구가 출현함.

3. 인간욕구의 5단계

① **생리적 욕구(physiological needs)** : 삶 그 자체를 유지하기 위한 기초적인 인간의 욕구, 의식주, 최저임금, 휴식, 통풍, 난방장치 등이 이에 해당함.

② **안전/안정의 욕구(safety needs)** : 생리적 욕구 충족 이후, 안전/안정의 욕구가 나타남. 직무환경의 안전, 생활상의 안정과 같은 산업안전, 고용보장, 생계보장의 수단, 안전한 작업환경 등이 해당함.

③ **사회적 욕구(애정 및 소속감의 욕구) (social needs)** : 사회적으로 타인과 유대관계를 형성하고 집단이나 사회의 일원으로서 동료집단에 소속되어 어울리고 싶어 하는 욕구. 인간적인 리더, 화해/친목의 분위기, 우호적 작업팀, 동료 간의 우정, 팀웍 등이 해당함.

④ **존경욕구(esteem needs)** : 집단이나 조직에서 단순한 구성원이 아닌, 그 이상이 되는 것을 원하는 욕구. 즉, 타인으로부터 존경과 인정을 받고 싶어 하는 욕구. 포상, 승진, 책임감 부여, 중요업무 부여 등이 해당함.

⑤ **자아실현의 욕구(self-actualization needs)** : 자신의 잠재력을 극대화하기 위해 기술향상, 창조적 활동, 성공과 승진을 추구하며 성취감과 자기만족을 이루어내는 단계임.

4. 평가

1) 공헌점

① **인간욕구의 체계적 인식** : 매슬로우의 욕구단계이론은 경영자들로 하여금 인간의 욕구에 대한 체계적 인식을 최초로 갖게 해 주었으며, 실제 실무관리자들 사이에서 널리 인정되었는데, 그 이유는 직관적이고 누구나 쉽게 이해할 수 있기 때문임.

② **상위욕구 충족 여건의 중요성** : 구성원에게 지속적인 모티베이션 효과를 얻기 위해서는 상위욕구를 충족시켜 줄 수 있는 근무 여건의 조성이 중요함을 알려주고 있음. 특히, 직급이 높아질수록 상위욕구를 충족시켜 줄 수 있는 조직분위기 조성의 중요하다는 것을 일깨워주고 있음.

③ **자원의 집중적 배분** : 모든 욕구들을 한꺼번에 다 채워줄 필요는 없으며, 충족가능성이 높은 욕구수준부터 먼저 지원을 해 준 다음, 구성원들의 각 욕구구조를 파악하여 개인 구성원별 차별화된 근무여건을 제공해 주어야 함을 설명해주고 있음. 이러한 측면은 현재 기업체의 선택적 복리후생에 있어서 개인 구성원별 차별적인 복리후생항목을 선택하게 함으로써 지속적인 동기부여를 제공할 수 있는 방안으로 활용되고 있음.

2) 한계점

① 하위단계의 욕구가 충족되어야만 다음 단계인 상위욕구가 나타난다는 것은 이해하기 어렵다는 비판을 받았으며, 대부분의 사람들은 한 가지 이상의 욕구를 동시에 느낀다는 점에서 비판을 받았음.

② 각 욕구단계의 경계구분이 불분명하며, 생리적 수준 이상의 욕구에 있어서는 욕구계층 자체가 존재하지 않을 수 있음.

③ 개인의 욕구라고 하는 것은 개인이 접촉하는 여러 상황에 따라 끊임없이 변화할 수 있으므로, 하위단계가 충족되었다 하여 반드시 상위욕구가 나타나는 것은 아님.

④ 욕구의 충족 수단은 대체성을 갖고 있다는 점과 실현 불가능한 욕구는 축소된다는 점 등을 설명할 수 없음.

⑤ 하나의 행동(예 연구활동)에는 여러 가지 욕구의 영향(자아실현욕구 40%, 존경욕구 10%, 소속욕구 20%, 기타 30%)을 받아서 발생되는 것 임.

5. 매슬로우 욕구단계이론의 적용 사례 – 선택적 복리후생제도

선택적 복리후생제도는 구성원들의 연령, 직급, 근속년수, 부양하는 가족, 취미 등에 따라 개인적인 욕구와 선호를 가지고 있다는데 이론적 근거를 두고, 기업이 직원들에게 여러 복리후생항목을 제시하고, 이 중에서 개인이 자신의 상황에 맞는 복리후생항목을 자유롭게 선택할 수 있도록 복리후생의 유연성을 최대로 살린 제도를 말함. 매슬로우의 욕구단계이론의 취지에 부합하도록 복리후생의 항목을 구성원들과 노조의 의견을 반영하여 설계하는 것이 바람직할 것으로 사료됨.

Ⅲ 알더퍼의 ERG이론

1. 의의

알더퍼(Alderfer)는 매슬로우가 제시한 다섯 단계의 욕구계층을 저차원적 욕구와 고차원적 욕구간의 기본적인 구별이 필요하다고 생각하고 이를 세 범주로 압축하여 설명하였음. 구체적으로 존재욕구(Existence needs), 관계욕구(Related needs), 성장욕구(Growth needs)로 구분하여 ERG이론을 제시하였음.

2. 기본가정

1) 욕구충족

각 수준의 욕구가 덜 만족될수록 그 욕구에 대한 기대는 더욱 더 커질 것임. 임금 미지급이나 임금수준의 불만족 등과 같이 존재욕구를 만족되지 않을수록 그 욕구에 대한 기대는 더 증가하게 될 것임을 가정하고 있음.

2) 욕구강도

하위욕구가 만족될수록 상위욕구에 대한 바람이 더 크게 될 것이며, 예를 들어서 임금지급에 대한 존재욕구가 만족되면, 회사의 동료들이나 상사와 잘 지내고 싶은 인간관계 욕구가 증가하게 될 것임을 가정하고 있음.

3) 욕구좌절(좌절 – 퇴행)

상위욕구가 좌절되면 하위단계의 욕구에 대한 바람이 더욱 커지게 되는데, 일례로 회사에 계속 근무를 해봤자 성장할 만한 비전이 보이지 않는다면 성장욕구가 좌절된 경우로서 이때 동료들 간의 관계에 우선을 두는 관계욕구와 제때에 급여가 지급되는 존재욕구가 충족되는 것만으로도 상당히 만족하게 되는 사례를 들 수 있음.

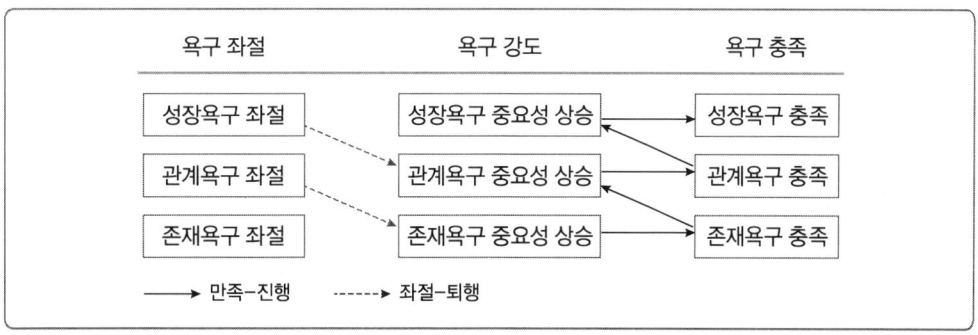

3. ERG이론의 구체적 설명

① **존재욕구(Existence needs)** : 인간 존재의 유지에 필요한 다양한 생리적, 물리적 욕구로서 매슬로우의 생리적 욕구와 일부 안정/안전의 욕구가 이에 해당함. 예를 들어 갈증, 배고픔, 주택, 임금, 쾌적한 작업환경 등이 있음.

② **관계욕구(Related needs)** : 인간이 인간답게 살기 위해서 타인과의 바람직한 인간관계를 유지하려는 욕구가 있으며, 구체적으로 매슬로우의 애정/소속감의 욕구와 일부 안정/안전의 욕구가 이에 해당함. 상호신뢰를 형성하려는 인간관계와 안정한 작업환경에서 근무하고자 하는 경우를 들 수 있음.

③ **성장욕구(Growth needs)** : 개인의 성장을 위해서 자기 능력을 최대한 개발하거나 새로운 능력을 보유하려는 노력과 관련된 욕구이며, 매슬로우의 자아실현의 욕구와 일부 존경욕구가 이에 해당함.

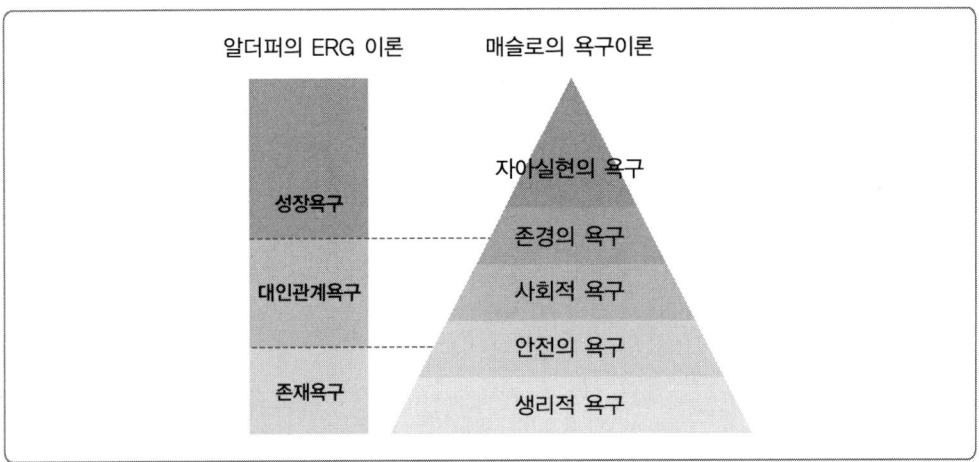

4. 평가

1) 공헌점

① 욕구들 간 관계를 설명함에 있어서, 특정 욕구가 충족되지 못할 경우 나타나는 하위욕구로의 퇴행현상을 설명함. 즉, 특정 욕구가 좌절될 시 하위단계의 욕구수준에 관심을 갖게 되는 좌절-퇴행요소를 잘 설명해 주고 있는 이론임.

② 이러한 좌절-퇴행요소까지 설명을 하였고, 극히 일부이지만 실증연구도 되었다는 점에서 매슬로우 욕구단계설보다는 경영자들에게 현실적으로 유용한 동기부여이론이라는 점에서 가장 연구할만한 가치가 있는 이론으로 평가되었음.

③ 구성원들이 관계욕구, 성장욕구가 좌절되는 상황에 직면할 경우, 존재욕구로서 기본적인 월 급여의 지급, 수당 지급, 안전한 환경에만 관심을 갖게 되므로, 경영자는 지속

적인 모티베이션으로서 상위욕구 충족여건 조성에 관심을 기울여야 함을 알 수 있음. 지속적인 상위욕구 충족 요건 조성은 구성원들이 자신의 업무에 더 몰입하게 할 수 있는 동기부여를 형성하기 때문임.

2) 한계점
① ERG이론은 검증된 실증조사연구가 극히 적은 사례에 해당하여 아직 보편화하거나 일반화되기에는 이론이 불충분하다는 비판을 받았음.
② 욕구충족이나 욕구강도 등의 개념을 설명하는데 있어서 명확하지 않아 모호성을 갖고 있다는 점, 욕구들 간의 관계가 각 문화권마다 상이하므로, 관계욕구의 충족이 성장욕구의 증대를, 성장욕구의 좌절이 관계욕구의 증대를 가져온다는 주장에 대하여는 연구결과에 따라 상이하게 나타나고 있다는 점은 한계로 남았음.
③ 알더퍼 이론이 매슬로우 이론보다 타당성이 있다 확신할 수 없으며, 단지 엉성한 실증적 일반론이라고 보고, 좀 더 세부화된 이론으로 발전시켜야 할 필요가 있다고 보았음.

Ⅳ. 매슬로우의 욕구단계이론과 알더퍼의 ERG이론의 비교

1. 공통점

매슬로우의 욕구단계이론과 알더퍼의 ERG이론은 하위욕구가 충족될수록 상위욕구가 커진다는 점에서 일치한다는 측면이 있는데, 존재욕구가 충족되면 관계욕구에 동기부여가 되고, 관계욕구가 충족되면 성장욕구가 증가한다는 알더퍼의 ERG이론과 생리적 욕구 – 안전의 욕구 – 사회적 욕구 – 존경의 욕구 – 자아실현의 욕구로 단계적으로 진행한다는 매슬로우의 욕구단계이론에 〈만족-진행의 과정이 존재〉한다는 점에서 동일함.

2. 차이점

① 매슬로우의 욕구단계설은 만족-진행법에 의하여 하위욕구가 충족될수록 상위욕구로 진행해 간다는 것으로 일관하지만, 알더퍼의 ERG이론은 〈만족-진행〉뿐만 아니라, 〈좌절-퇴행 요소〉로 포함하고 있다는 점에서 다른 측면이 있음. 좌절-퇴행이란 고차원의 욕구가 충족되지 않고 좌절될 때 하위단계의 욕구가 증가함을 의미함.
② ERG이론은 욕구단계설과는 달리, 〈한 가지 이상의 욕구가 동시에 작용〉할 수 있음을 설명하였다는 점이 다른데, 매슬로우의 욕구단계설에서는 한 번에 한 가지의 욕구만 실현할 수 있다고 가정하고 있음.
③ ERG이론은 고차원적 욕구가 행위에 영향력을 미치기 전에 반드시 하위욕구가 충족되어야 한다는 전제를 배제하고 있음. 어떤 사람은 성장배경이나 경험 때문에 존재욕구에 대한 갈망 없이도 관계욕구와 성장욕구를 경험하고 충족하는 사례도 있기 때문임.

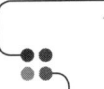

경영조직론 답안작성연습

> **연습 36**
> 맥클리랜드의 성취동기이론을 설명하세요.

I 모티베이션의 의의

- 동기부여란 개인의 목표지향적인 행동을 자발적으로 일으키고 방향지우며 지속시키는 과정이며, 이는 개인의 노력의 강도, 방향, 지속성을 설명하는 역동적인 힘의 집합으로 정의할 수 있음(Pinder).
- 동기부여로서 Motivation은 라틴어 movere가 어원으로 '움직이다.'라는 뜻을 지니고 있음.
- 동기부여는 P = f(M × A)라고 하여, 능력 있는 직원에게 적절한 모티베이션 제공만 한다면, 조직성과를 이루어낼 수 있음을 의미함. 즉, 성과는 구성원의 능력과 모티베이션의 함수임.
- 그렇다면, 이하에서는 모티베이션 이론 중 동기부여를 일으키는 요인을 중심으로 설명한 내용이론으로 맥클리랜드의 성취동기이론에 대하여 자세하게 설명해보고자 함.

II 맥클리랜드의 성취동기이론의 의의와 등장배경

1. 의의

- D.McClelland는 모든 사람이 공통적으로 선천적 욕구의 계층을 갖고 있다고 설명한 매슬로우 욕구단계설을 비판하면서, 욕구는 학습되는 것이고 개인마다 욕구의 계층에 차이가 있다고 주장한 이론임. 즉, 개인마다 가장 중요하다고 여기는 욕구가 다르다는 것을 설명하였음.
- 성취동기이론은 개인의 욕구를 성취욕구, 권력욕구, 관계욕구로 구분하여 파악하였으며, 특히 성취욕구를 가장 중요한 요소로 보고 이를 집중적으로 설명하였음.

2. 등장배경

성취동기이론은 기업가의 역할을 설명하는 이론에서 출발하였으며, 기업가는 보통 다른 사람보다 더 큰 성취욕구를 지녔고, 이에 기업가로서 성공할 수 있었다고 보았음. 일례로 선진국의 경우 국민들의 성취욕구 수준이 높았기 때문이며, 국민소득이 낮은 인도, 방글라데시, 아르헨티나, 브라질 등의 경우 국민들의 성취욕구수준이 낮았기 때문이라고 하였음.

Ⅲ 성취동기이론의 욕구 유형

1. 성취욕구(needs for Achievement)

우수한 결과를 얻기 위하여 높은 기준을 설정하고 이를 달성하려는 욕구이며, 성취욕구가 높은 사람은 성공에 대해 강렬한 희망을 가지고 있으며, 실패에 대해서는 강한 두려움을 갖고 있다고 보고, 높은 성취욕구수준을 갖고 있는 사람은 늘 도전적인 업무를 좋아하며 적절한 난이도가 있는 실현가능한 목표수준을 좋아한다고 함.

2. 친교욕구(needs for Affiliation)

친교욕구는 타인간의 관계를 중시하는 욕구이며, 친교욕구에 동기부여를 위해서는 과업을 맡기면서 동료직원들과의 커뮤니케이션 기회를 잘 만들어 주어야 함이 바람직함. 친교욕구가 높은 사람들은 일반적으로 사랑과 애정을 받으면 좋아하고, 사회집단으로부터 배제되는 것을 피하려는 성향이 강함.

3. 권력욕구(needs for Power)

권력욕구는 타인의 행동에 영향력을 행사하려는 욕구이며, 권력욕구가 강한 사람은 타인과 경쟁적이고, 자신의 지위향상에 신경을 쓰는 경향이 강하게 나타난다는 것을 발견하였으며, 이러한 사람들은 리더가 되고 싶어하고, 강압적인 지휘를 하려는 경향이 있음.

Ⅳ 성취욕구와 직무성과간의 관계

1. 중간정도의 과업일 때 성과가 높다

맥클리랜드가 설명한 성취욕구와 직무성과간의 관계를 보면, 직무에 높은 개별 책임이 있는 상태에서 중간정도의 리스크와 피드백이 있을 때 높은 성취동기를 가진 자들은 강하게 동기부여되어 직무성과가 높게 나타난다고 하였음.

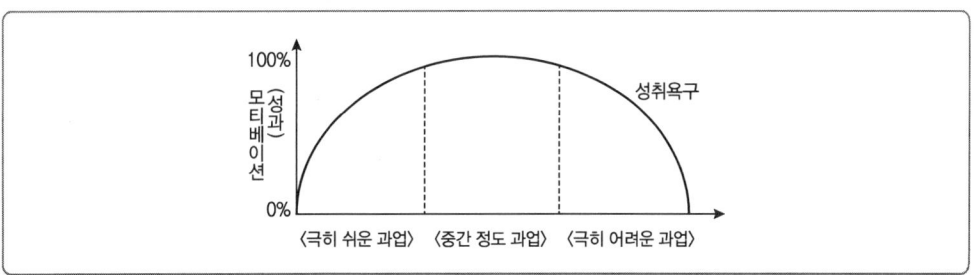

2. 브룸(Vroom)의 기대이론과의 차이점

맥클리랜드의 성취욕구수준과 직무성과간의 관계에서 상기의 그래프를 살펴보면, 중간 정도의 과업에서 가장 높은 동기부여와 성과가 나타남을 알 수 있음. 이러한 맥클리랜드의 이론적 측면은 브룸(Vroom)의 기대이론에서 기대감이 높을수록(쉬운 목표와 쉬운 과업수준) 동기부여수준이 높다고 하는 측면에서 상이함. 즉, 성취동기이론에서는 기대감이 너무 높으면 오히려 일에 대한 성취의지가 떨어진다는 것을 상기의 그래프와 실증연구로서 입증을 하였음.

V 공헌점과 한계점

1. 공헌점

1) 개인별로 지배적인 욕구가 다를 수 있다는 맥클리랜드의 생각은 매슬로우의 고정된 욕구단계설보다 설득력이 있다고 평가받았음.

2) 경제발전의 주요 변수(국민소득, 성장지표 등)까지 지적하면서, 동기부여이론의 영역을 거시경제분야까지 확대함.

3) 조직의 인력충원정책, 육성 및 개발정책 등의 인사정책에 구체적인 기준을 성취동기가 높은 사람을 선발해야 할 지, 아니면 내부노동시장 육성정책으로 성취동기 수준을 상승시켜주어야 할지에 대한 기업 정책 마련을 고민하게 하였으며, 개발방안(Thematic Apperception Test : TAT, 주제통각검사)을 제시하였음.

2. 한계점

1) 성취동기가 학습되는 것이라는 맥클리랜드의 주장은 인간의 욕구체계는 어릴 때 결정되는 것이라 성인은 쉽게 변하지 않는다는 연구론자들로부터 비판을 받음.

2) 획득된 욕구가 영구적으로 지속될 수 있을까 하는 문제에 있어서도 비판을 받았으며, 교육훈련을 통해 습득된 성취욕구가 직무상에서도 그대로 유지될 수 있느냐 하는 문제가 제기 되었음.

3) 성취욕구를 개발하는 방안인 TAT(주제통각검사)를 제시하였으나, 시간도 많이 걸리고, 비용이 많이 들며, 측정하기가 용이하지 않아서, 이를 활용하여 측정하고 투자하는 기업이 거의 없음.

연습 37

외재적 동기와 내재적 동기의 개념과 이와 관련한 이론 3가지를 제시한 후, 조직행동에 있어서의 활용방안에 대하여 설명하시오. (25점)

Ⅰ 의의

1. 동기부여의 의의
2. 내재적 동기와 외재적 동기

Ⅱ 내재적 동기와 외재적 동기와 관련된 이론

1. 허즈버그(Herzberg)의 2요인 이론
2. 핵크만(Hackman)과 올드햄(Oldham)의 직무특성이론
3. 데시(Deci)의 인지평가이론

Ⅲ 조직행동에 있어서 활용방안

1. 외재적 동기 활용

- 기대, 수단성, 유의성에 의한 외재적 동기부여로서 보상 제공
- 일시적인 동기부여 효과는 있지만, 내재적으로 지속적인 동기부여까지는 한계

2. 내재적 동기 활용

허즈버그의 2요인이론에 따라 직무 그 자체에서 오는 개인과 직무의 적합성 유도가 중요하고, 핵크만과 올드햄의 직무특성이론 중 기능의 다양성·과업의 중요성·과업의 정체성·자율성·피드백을 기준으로 한 잘 설계된 직무관리로 성장욕구강도와 잠재적 동기부여를 촉진시키는 것이 바람직함. 인지평가이론에 의하면 외재적 보상이 주어질 때 내재적 동기부여 수준이 오히려 감소한다는 것으로 살펴보면 도전감, 성취감, 자율성, 역량감의 발휘 등으로 지속적인 동기부여를 유도하는 것이 바람직함.

연습 38

포터와 롤러의 수정기대이론을 작성하세요.

I 모티베이션의 의의

- 동기부여란 개인의 목표지향적인 행동을 자발적으로 일으키고 방향지우며 지속시키는 과정이며, 이는 개인의 노력의 강도, 방향, 지속성을 설명하는 역동적인 힘의 집합으로 정의할 수 있음(Pinder).
- 동기부여로서 Motivation은 라틴어 movere가 어원으로 '움직이다.'라는 뜻을 지니고 있음.
- 동기부여는 P = f(M×A)라고 하여, 능력 있는 직원에게 적절한 모티베이션 제공만 한다면, 조직성과를 이루어낼 수 있음을 의미함. 즉, 성과는 구성원의 능력과 모티베이션의 함수임.
- 그렇다면, 이하에서는 모티베이션 이론 중 동기부여를 일으키는 요인을 중심으로 설명한 내용이론으로 맥클리랜드의 성취동기이론에 대하여 자세하게 설명해보고자 함.

II 포터와 롤러의 수정기대이론의 의의

1. 수정기대이론의 의의

포터(Porter)와 롤러(Lawler)는 브룸(Vroom)의 기대이론을 토대로 하여 변수를 추가하고, 공정성 이론을 연결시켜 자신들의 총괄적인 동기부여모형을 제시하였음(1968). 이들에 따르면, 주어진 직무를 완수하기 위한 개인의 노력은 직무완수 이후에 〈주어질 보상에 대해 개인이 부여하는 가치수준〉과 〈노력에 대한 보상이 이루어질 확률에 대한 주관적 인식〉에 의해 영향을 받게 된다고 설명하였음.

2. 도식화

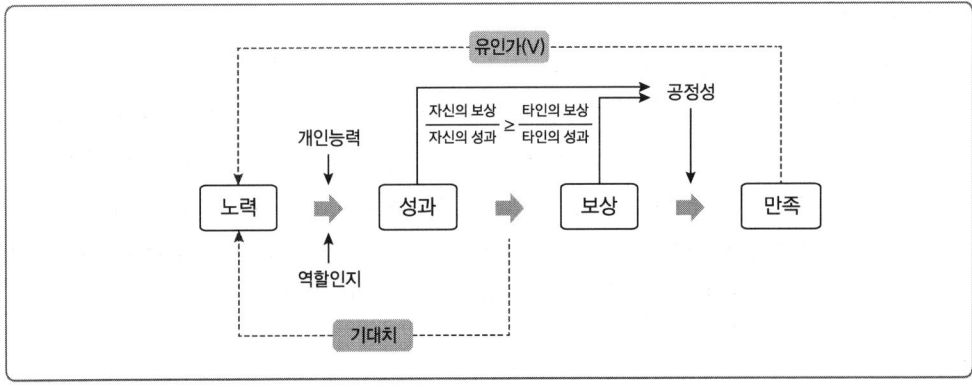

① 개인의 노력은 유인가와 기대치의 크기에 의존하며, 따라서 동기유발은 유인가와 기대치의 함수임. 즉, 개인의 기대치가 높을수록 만족수준에 대한 유인가가 높을수록 동기유발이 커짐을 의미함.
② 유인가는 보상수준에 대한 만족감에 의해서 결정되며, 기대치는 성과에 대하여 지급받게 될 보상수준에 대한 주관적 확률을 반영함. 이때의 주관적 확률은 과거의 보상지급 사례, 성과에 대한 보상이 제도적으로 보장되어 있는지에 대한 과거 경험에 의존하여 형성됨.
③ 개인의 노력이 성과를 창출할 가능성은 개인이 갖고 있는 능력과 특성, 역할지각에 따라 달라짐. 역할지각 또는 역할인지는 개인에게 주어진 업무에 대한 이해도를 의미하며, 만약 역할모호성을 느끼게 된다면 성과를 이룰 가능성이 낮아짐.
④ 보상에는 내적 보상과 외적보상으로 구분되며, 내적 보상에는 칭찬, 성취감, 발전감, 성장감, 자아실현의 욕구, 존경의 욕구 등과 같은 정신적이고 심리적인 보상이며, 외적보상은 승진, 승급, 포상 등 물리적인 보상을 말함. 포터와 롤러는 내적 보상이 동기부여에 더 중요하다고 설명하였음.
⑤ 보상이 만족감의 결과를 가져오는 것은 내적 공정성과 외적 공정성에 의한 공평감에 의존하여 발생함. 이때, 아담스의 공정성 이론을 차용하여 설명하고 있는데, 여기서 〈아담스의 공정성 이론과의 차이점〉이 존재하게 됨. 아담스의 공정성 이론은 자신의 투입 대비 산출 비율이 타인의 그것보다 높으면, 불공평하다고 보았으나, 포터와 롤러의 수정기대이론에서는 같은 조건에서 공평하다고 보았다는 점에서 차이가 있음.

Ⅲ 수정기대이론의 특징

1. 성과-만족 모형

기존의 〈허즈버그의 2요인이론〉에서는 동기요인과 만족요인을 동일하게 보았기 때문에 〈만족-성과모형〉으로 동기부여를 유발한다고 하였으나, 〈수정기대이론〉에서는 〈성과-만족 모형〉이라는 점에서 차이점이 있음. 즉, 수정기대이론은 성과달성 이후 내재적/외재적 보상으로서 공정하면 만족을 느낀다고 하였음.

2. 공정성 변수 가미

성과와 만족 간에는 내재적 보상과 외재적 보상이라는 매개변수를 통하여 만족으로 연결되는 관계로 설명됨. 내재적 보상은 목표달성에 따른 자기만족감과 자기성장과 같은 개인 내부의 고차원적인 욕구에 대한 충족이고, 외재적 보상은 업무수행 결과 조직이 성과달성자에게 주는 물질적 보상이나 칭찬 등을 의미함.

3. 조절변수

이 모형은 기존의 기대이론의 논리로서 노력만으로 성과를 달성한다는 것은 무리가 있다는 사실과 개인의 능력과 특성, 역할지각 등이 노력과 성과간의 관계에 어떠한 영향을 미치는지를 설명하고 있음. 성공적인 과업수행에 있어서 〈능력의 수준〉, 〈특성〉으로서 개인이 내재론자인지 외재론자인지 또는 A형인지 B형인지 등의 성격, 언제 어디서 어떠한 방식으로 역할이 수행되어야 할 것인가에 관한 〈역할지각〉이 성공적인 성과달성에 영향을 미친다고 본 것임.

4. 피드백에 의한 환류작용

- 만족감을 갖게 된 구성원은 과업에 대한 매력과 가치를 느끼고 의미를 부여하게 되어 다시 노력을 투입하여 조절변수에 의한 노력 투입과 성과달성을 이루고, 이후 내재적 보상과 외재적 보상에 대한 공정성을 인식하여 만족을 갖게 되는 피드백 과정을 갖게 됨. 이 과정은 계속 반복되어 활발하게 흘러가는 환류작용을 하게 됨.
- 노력을 투입한 성공적인 과업수행 결과 개인은 성공 가능성을 느끼고, 다시 노력을 투입하는 수준으로 피드백 환류과정을 거치면서 스스로 동기부여를 하게 된다는 특징을 가짐.

Ⅳ 중요한 역할 요인

1. 「성과에 대한 보상」의 공정성 지각

성과에 대한 보상의 중요성은 개인이 성과-보상간의 관계에서 공정성을 지각하고 있을 때, 의미가 있음. 예를 들어 어떤 사람이 자신이 승진을 위해서 매우 열심히 일을 해야 한다고 지각할 경우, 그 사람은 승진의 공정성 확보를 위하여 더 열심히 일하려고 할 것임.

2. 「보상수준에 대한 가치」 부여

보상수준을 받는 수혜자는 내재적 보상이든 외재적 보상이든 그 보상에 대하여 일정한 가치를 부여하여야만 함. 그래야만 수혜자는 만족감을 갖고 가치를 부여하는 유의성을 갖고 다시 노력을 투입하게 됨. 자신이 승진을 원하지 않았음에도 승진이라는 보상이 따르게 되면 만족감은 반감되고, 오히려 직무를 수행한 자신의 노력 투입 사실을 후회하게 되는 것임.

3. 「성과에 대한 보상」

성과에 대한 보상의 중요성은 성과-보상간의 밀접한 관계를 맺고 있는 것으로 개인이 지각하고 있을 때 의미가 있음.

Ⅴ 평가

1. 공헌점

수정기대이론은 구성원에게 동기부여를 시키기 위하여 성과-보상간의 결속관계를 증진시켜 보상의 공정성에 대한 지각을 높이고 종업원의 능력신장을 지원하며, 역할을 명확하게 부여하여야 함을 잘 밝혀주고 있음.

2. 한계점

- 가장 체계적이고 포괄적인 모티베이션 이론이나, 내용이 너무 복잡하여 검증을 하나하나 하기가 곤란하고, 변수의 개념정리가 애매하다는 비판을 받았음.
- 또한, 인간의 일상생활은 비인지적이고 감성적이고 편견에 의하여 좌우된다는 경향이 있으며, 매번 합리적으로 복잡한 계산을 거쳐 판단하고 행동하는가에 대한 의문이 제기되었음.

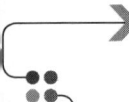

경영조직론 답안작성연습

연습 39
조하리의 창을 설명하세요.   2011년 제20회 기출

I 의의

조하리의 창은(Johari's window)은 이것을 개발한 조셉 루프트(Joseph Luft)와 해리 잉검(Harry Ingham)의 두음을 딴 것임. 이 이론에 따르면, 개인은 스스로가 알고 있는 부분도 있지만, 무의식과 같이 모르는 부분도 있고, 자신의 모습 중 다른 사람이 아는 부분과 모르는 부분이 존재한다는 것을 주 내용으로 하고 있음. 조하리의 창은 나와 타인의 관계에서 볼 때 네 개의 영역을 가지고 있으며, 이하 자세하게 설명하고자 함.

II 조하리의 창

1. 도식화

	자신이 알고 있는 부분	자신이 모르고 있는 부분
타인에게 알려진 부분	공개 영역 Open area	맹인 영역 Blind area
타인에게 알려지지 않은 부분	비밀 영역 Hidden area	미지 영역 Unknown area

2. 네 개의 영역

1) 공개 영역

나 자신도 알고 타인도 아는 부분이라 공개적이고 갈등이 적은 부분임. 이 영역이 클수록 상호작용이 활발하고 인간관계가 원만한 것으로 알려져 있음. 공개된 활발한 성격, 성명, 성별, 사회적인 직업 등이 있음.

2) 맹인 영역

맹인 영역은 개인의 재능이나 장단점을 타인은 알고 있으나, 개인 자신은 잘 모르는 부분으로, 타인이 나에게 말을 해 줄 수 있지만, 혹시나 나에게 상처를 주거나 감정을 상하게 할까봐 조심하는 부분임. 예를 들어 특이한 습관, 이상한 성격, 고집, 어울리지 않은 복장이나 헤어스타일, 눈에 거슬리는 메이크 업, 무감각한 옷차림이나 말투, 독특한 행동이나 자신도 모르는 버릇 등이 있음.

3) 비밀 영역

비밀영역은 개인이 알고 있으나, 타인에게 자신의 진실을 감춰두는 부분임. 이 영역은 남이 알지 못하도록 속마음을 숨겨 놓았기 때문에 남이 접근을 할 수 없는 부분임. 속마음으로 담아두는 사소한 것들부터 말하기 두려운 사실, 나만의 간직하는 비밀, 남몰래 지은 죄, 숨겨둔 야망 등이 있으며, 이것을 공개하면 남으로부터 공격받을 위험, 약점을 잡힐 우려, 이용당할 위험 때문에 감추게 되는 것임.

4) 미지 영역

나 자신 뿐만 아니라 타인도 모르는 부분이며, 이 부분의 영역이 많을수록 서로 오해와 갈등이 불거질 가능성이 커짐.

Ⅲ 개발방법

1. 이상적인 창문

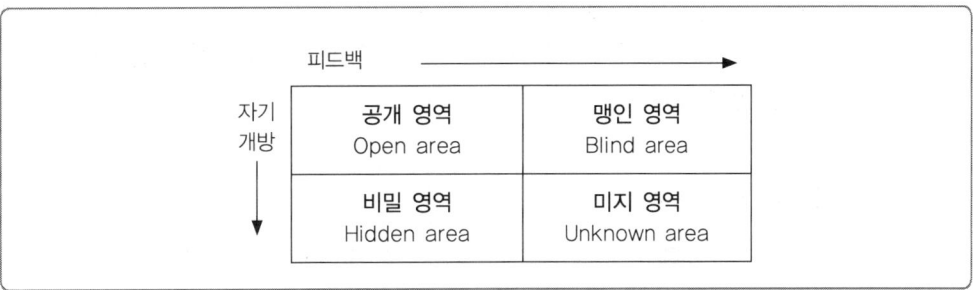

4개의 영역 중 맹인영역, 비밀영역을 줄이고, 이에 넓혀진 공개영역이 있는 상태가 이상적인 창문임. 공개영역의 창문의 크기는 집단 내의 신뢰수준이 증가함에 따라 커지게 되며, 공개영역이 크다는 것은 개인의 대부분의 행동이 공명정대하고 투명함을 의미함. 또한, 타인에게 자기의 행동이 숨김없이 개방되었다는 것을 의미함. 그 결과 나의 말과 행동에 대하여 타인에게 다른 의미로 전달되거나 잘 못 해석하게 되는 것을 감소할 수 있음.

2. 맹인영역을 줄이는 방법

맹인영역은 나는 나에 대하여 잘 모르지만, 타인은 잘 알고 있는 부분이므로 이 창문을 줄일 수 있는 유일한 방법은 집단구성원들로부터 〈피드백〉을 얻는 것이며, 따라서, 집단구성원들로 하여금 나에게 피드백을 줄 수 있도록 격려해 주는 수용적인 태도가 필요함.

3. 비밀영역을 줄이는 방법

내가 타인에게 〈개방적인 태도〉를 갖는 방법이 있으며, 타인의 문제에 대한 나의 감정, 지각, 의견 등을 개방하여 피드백을 주어야 하는 것임. 이러한 과정을 통해서 집단구성원들은 자신이 어디에 서 있는지를 알 수 있고, 나의 행동에 대한 잘못된 해석이나 추측이 없어지게 됨.

4. 시사점

집단 내 대인관계에서 수많은 갈등과 오해가 많은 것은 맹인영역과 미지영역이 많이 때문이므로, 계속적인 피드백과 자기개방으로 맹인영역과 미지영역을 줄이고, 공개영역의 크기를 확대하여 대인관계를 향상시킴으로써 집단응집력을 높이고 커뮤니케이션이 활성화될 수 있도록 해야 한다는 점을 설명하고 있다는 점에서 시사하는 바가 큼.

Ⅳ 조하리의 창 활용방안

1. 대인관계능력 함양

조하리의 창은 대인관계에 있어서의 설명이론이지만, 자신과 타인 모두에 대해 개방적인 자세를 갖춤으로써 대인관계 능력을 함양하고, 이를 통해 성장발전을 할 수 있다는 방향을 제시해 주고 있음.

2. 개인 간 갈등의 원인 설명

조하리의 창은 구성원 개인 간의 갈등의 원인이 서로 알려지지 않은 부분에 대한 인식의 차이라는 것을 설명해 주고 있으며, 공개영역의 확장을 통한 대인관계능력의 함양으로 갈등을 감소시키고 상호간에 이해를 증진시켜줄 수 있음을 설명해 주고 있음. 따라서, 개인 간의 관계에서 자기개방과 피드백이 필요함을 알 수 있음.

3. 조직개발기법으로 활용

개인 간의 상호신뢰를 기반으로 문제를 개방적으로 토의하고, 지식과 정보를 공유하면서 집단구성원들이 서로 협력하여 인적자원으로서 잠재력을 충분히 발휘할 수 있도록 해야 함이 필요함. 따라서, 이러한 조직개발을 위해서는 개인의 정보 개방, 커뮤니케이션 증대, 타인에 대한 편견이 없는 정보 습득 등의 태도가 필요함을 알 수 있음.

경영조직론 답안작성연습

제2장
집단차원의 조직행동

제2장 집단차원의 조직행동

연습 1
Tuckman의 집단발전모형에 대하여 약술하시오.   2024년 제33회 기출

I 의의
- 집단에 대한 연구의 목적은 집단이 개인과 달리 어떤 행동을 하는가인데, 그 행동은 집단의 발전단계, 성숙에 따라 달라진다고 본 것임. 집단의 발전은 Tuckman의 집단발전모형과 같이 점진적으로 발전단계를 거쳐 일어나는 경우가 일반적이지만, 어떤 경우에는 Gersick의 단속균형모형과 같이 비점진적인 단계를 보이기도 함.
- 그 중 이하에서는 Tuckman의 집단발전모형에 집중하여 설명을 구체적으로 기술하고자 함.

II Tuckman의 집단발전모형

점진적 발전모델에서는 집단이 경험하는 다섯 가지의 단계, 즉, 형성, 혼란, 규범, 성과, 해체단계를 거쳐 진행하는 것으로 특징지을 수 있음. 대부분의 집단에서 나타나는 안정적이면서 일상적인 현상으로 나타난다는 특징을 갖고 있음.

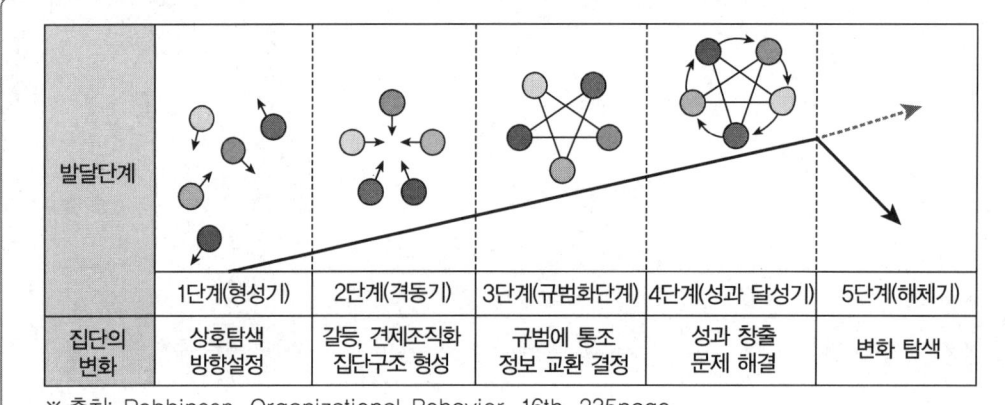

※ 출처: Robbinson, Organizational Behavior, 16th, 235page

1. [1단계] 형성단계

형성단계에서는 멤버들이 모이기는 하지만, 집단의 구조, 목표, 역할, 행동방식 등 모든 것이 미정이고 불확실한 상태임. 이 단계의 주요 특징은 서로 상대를 알려고 노력하며 탐색하고, 기본적인 규칙과 행동양식을 정하려고 함. 이 단계에서 적합한 리더십의 특징은 지시적 리더십으로 하나하나 정확하게 짚어주면서 알려주는 설명을 제공해야 함.

2. [2단계] 혼란단계

혼란단계에서는 같은 집단에 소속된 것은 인정하면서도 역할분담, 권력구조, 신분차이에 대한 분명한 타협의 되어 있지 않아 서로 부딪혀가면서 해결해 나가는 단계임. 이 단계에서는 집단에서 자신의 위치를 확보하고자 하는 시도를 하게 되며, 멤버들 간에 적대적인 행위도 한다는 특징을 갖고 있음. 과업과 제도와 관련하여 이해관계가 엇갈리고 있기 때문에 서로간의 양보와 타협으로 규정과 제도를 확정해야 할 필요가 있는 단계임. 이 단계에서 적합한 리더십은 후원적 리더십으로 집단 구성이 완전하게 될 때까지 필요한 지식과 자원을 후원해 주어야 함.

3. [3단계] 규범화단계

집단의 목표, 구조, 멤버의 소속감, 역할, 응집력 등 조직체계와 구조가 등장하여 정착되는 단계임. 이 단계의 특징은 역할모호성 및 권한관계에 대한 불확실 등이 규범으로 정립되어 해소된다는 특징을 갖고 있음. 이에 서로 갈등은 피하면서 상대방의 비판을 자제하고, 정보를 공유하면서 성과창출을 위한 의견교환을 하게 됨. 이 단계에서는 참여적 리더십이 적합한데, 구성원들의 의견존중과 의사결정권을 같이 하면서 소속감을 자리 잡도록 하기 위한 것임.

이 단계의 단점은 지나친 규범동조 현상, 목표와 수단의 전치, 자칫 조직의 경직화로 갈 수 있다는 측면을 가짐.

4. [4단계] 수행단계 또는 성과달성단계

수행단계에서는 집단의 통일성, 비전이 공유되어 집단목표를 달성하는데 모든 조건을 갖추게 되고, 구성원들은 직무수행에 몰입하게 되며, 원활한 커뮤니케이션을 통해 실질적으로 높은 성과를 내는 단계임. 이 단계에서 구성원들은 시너지 효과를 발휘하여 문제를 해결하고, 목표를 완수하고 성과를 창출함. 적합한 리더십은 성취지향적 리더십이 여기에 해당함.

Ⅲ Gersick의 단속균형모형

- 집단은 상황에 따라 매우 가변적이고 역동적으로 생성되고 소멸된다는 이론임. 이러한 논리는 진화론에서 기원하며, 진화란 항상 점진적으로만 이루어지는 것이 아니고, 급격하게 변화되기도 하고 변화의 방향이 예측할 수 없는 방향으로 갈 수도 있다는 것이며, 이러한 논리에 기초하여 나온 것이 단속균형모형임.
- 이 모델에 의하면 집단에 어떤 특별한 자극이 가해지면, 그 집단은 현재의 균형으로부터 단절되어 새로운 시작을 맞이하고, 따라서 아래의 그림과 같은 변화 형태를 보여주게 됨.

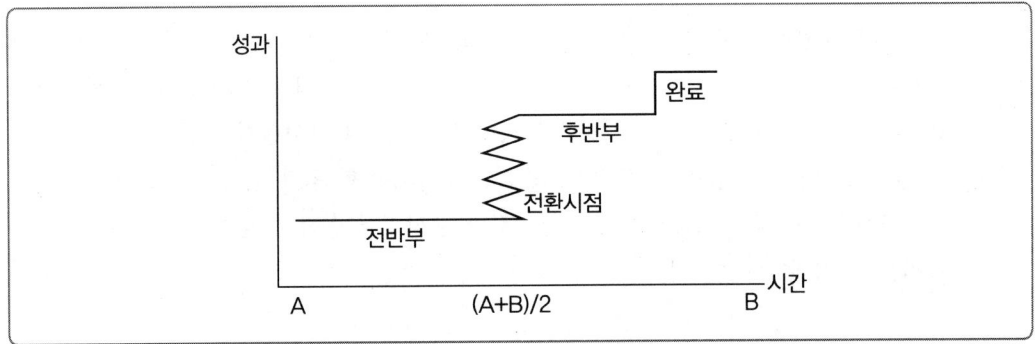

1. 전반기

집단의 구성목표와 활동방향에 대하여 합의를 도출하고, 그 합의결과에 의한 안정적인 속도로 작업을 진행하는 단계임. 어떤 멤버가 새로운 의견을 제시해도 무시하고, 처음 모였을 때 모든 계획과 규정을 신봉하면서 맡은 대로 묵묵히 일을 하는 단계로, 균형과 안정기간임.

2. 전환기

집단의 존속기간이 어느 정도 되면 목표달성까지 기간이 얼마 남지 않음을 인식하게 되고, 이때, 환경변화로 집단은 여러 문제에 부딪히면서 지금까지의 자기들의 행동에 문제가 있으며 변화가 필요함을 각성하게 됨. 변화에 대한 경각심을 불러 일으켜서 멤버들은 새로운 룰을 만들고, 과거의 균형과 안정을 버리는데 이것을 단절이라고 부름. 그리고, 새로운 관점에서 모든 것을 혁신하면서 새로운 규범과 질서를 정착시킴.

3. 후반기

멤버들은 새로운 목표와 계획을 새로 만들어진 규범에 따라 안정적으로 실행에 옮겨나가면서 다시 안정과 균형을 회복하는 단계임.

Ⅳ 집단발전모델의 시사점

- 모든 집단이 점진적인 발전단계를 거치는 것은 아니며, 예외적으로 변화와 혁신을 수반해야 하는 상황이 필요함을 알 수 있음. 반면에, 어떤 일부의 집단의 경우에는 영원히 성과달성단계에 진입하지 못하고, 혼란단계나 규범화단계에 머물러 있기도 함.
- 집단에 대한 진단을 수시로 하면서 현재의 집단의 발전단계를 파악하고 문제점이 발견되면 바람직한 조치를 취해야 함을 알 수 있음.

[지위(status)]

※ 출처 : S.Robbinson, Organizational Behavior, 16th, 337page

1) 의의

    집단에서 한 개인이 차지하는 지위. 신분적/사회적 서열을 의미

2) 종류

    ① 형성된 지위와 달성된 지위
    - **형성된 지위** : 가문, 혈통, 인종, 성별, 연령 등에 의해 형성된 지위
    - **달성된 지위** : 개인이 능력을 발휘하여 탁월한 성과를 달성한 경우의 지위

    ② 공식적 지위와 비공식적 지위
    - **공식적 지위** : 사장, 팀원, 상사와 부하, 연공, 권한 등에 의해 공식적으로 주어지는 지위
    - **비공식적 지위** : 조직과 무관하게 개인의 특성에 따라, 즉, 출신학교, 재능, 기술, 지식, 부모의 직업, 사회적 평판 등에 의해 주어지는 지위

3) 지위결정요인

    "지위-특성 이론(status-characteristics theory)" ★★

    ① 의의
    - 지위-특성의 차이가 집단 내 지위 계층을 만든다는 이론.
    - 지위는 집단구성원이 보유한 권력, 집단목표에 공헌하는 능력, 개인적인 특성인 매력에 의해 나온다는 것임.

    ② **지위를 결정하는 3력(力)** ★
    - 한 사람이 다른 사람에게 행하는 "권력"
      권력을 많이 보유하고 있으면, 타인보다 더 높은 지위를 점유할 수 있음. 그 이유는 권력에 의해 타인보다 더 많은 자원을 동원하여 사용할 수 있기 때문임.
    - 집단목표에 기여하기 위한 "능력"
      집단의 목표달성에 결정적인 역할을 하는 지식과 기술과 같은 능력을 가진 사람은 지위가 높은 성향이 있음.
    - 개인적인 "특성"(매력)
      개인적인 특성, 즉, 좋은 외모, 친절한 성격, 재력, 좋은 가문출신 등에 의해 유용한 경험을 많이 보유하고 있을 때, 타인들을 그에게 호감을 갖게 되고, 이것은 높은 지위로 연계됨.

4) 시사점

공식적 지위와 실제 지위가 불일치하면, 집단 내 갈등이 항상 잠재되게 되어 있음. 이에, 집단 내 지위 격차가 너무 크지 않도록 관리하면서, 멤버들의 공식적 지위를 그들이 갖고 있는 능력, 개인적 특성에 따라 가능한 일치시켜야 함. 그리고, 그들에 대한 공정한 대우로서 공식적 지위와 일관성 있는 균형을 이루도록 해야 함.

경영조직론 답안작성연습

> **연습 2**
> 집단의 구조적 속성으로 역할과 역할갈등의 개념을 기술하고, 집단에서 역할갈등의 원인을 설명하세요.
> 2011년 제20회 기출

I 역할의 의의

- 하나의 사회적인 단위 내에서 주어진 직위에서 기대되어지는 행동패턴을 말함. 집단은 목표를 달성하기 위해 과업을 수행해야 하는데, 이를 한 사람이 수행할 수 없기 때문에, 여러 구성원들에게 지위를 부여하고, 그에 상응하는 행동을 요구하게 됨. 이때 집단구성원에게 주어진 역할을 새로운 지위가 부여되면 새로운 역할로 바뀌게 되는 것임.
- 역할을 잘 설명해주는 대표적인 실험으로 스탠포드대학교 심리학자 P.Zimbardo와 동료들에 의해 이루어진 실험이 있으며, 이 실험은 개인이 얼마나 빨리 새로운 역할을 배우게 되는지 증명해 주는 대표적인 실험임.

II 역할과 관련된 개념

역할과 관련된 개념에서는 역할지각, 역할기대, 역할갈등, 역할모호성이 있으며, 구체적인 개념적 정의를 살펴보면 다음과 같음.

1. 역할지각(role perception)

역할지각이란 주어진 상황에서 주어진 역할을 어떻게 행동할 것인가에 대한 개인적인 견해, 생각을 말함. 사람은 역할지각을 주위의 자극을 통해 얻게 되며, 짐바도 실험에서 알 수 있듯이 죄수는 새로운 죄수로서의 역할을 지각하게 되고, 간수는 자신의 간수로서의 새로운 역할을 인식하게 됨.

2. 역할기대(role expectation)

역할기대란 타인이 바라볼 때, 어떤 사람이 주어진 상황에서 이 역할에 어떠한 행동을 해야만 한다고 생각하는 방식이며, 국가대표 선수에게 역동적이고 도전적인 정신을 고무시키는 역할을 기대하고, 법원의 판사에게는 공정하고 예의 있는 위엄을 갖춘 역할을 기대하게 됨.

3. 역할갈등(role conflict)

역할갈등은 개인이 전혀 다른 둘 이상의 역할기대에 직면하게 되는 상황인데, 한 가지 역할을 수행하고 있는 중에 전혀 다른 역할요건에도 순응을 해야 할 필요가 있어 힘들게 할 때 직면하는 감정상태를 말함. 조직구조에서 Y형 조직구조일 때 2명의 상사를 모시고 있는 부하직원의 경우, 극단적인 업무지시를 받았을 때 역할갈등을 경험하게 됨.

4. 역할모호성(role ambiguity)

자신이 해야 하는 업무와 타인의 업무와의 경계가 모호하여, 권한과 책임 파악이 불분명한 경우를 말하는 것으로 주로 신입사원이 새로운 조직진입을 할 때 역할모호성을 많이 느끼게 됨.

5. 그 외

공식적인 기업조직에서 나타나는 과업역할과 사적인 모임에서 나타나는 관계역할이 있음. 여기에서는 학술적인 개념에 근거한 역할갈등, 역할모호성 등에 대하여만 자세하게 살펴보았음.

Ⅲ 역할갈등이 발생하는 원인

1. 가정-직장 간 갈등

맞벌이 부부의 경우, 여성의 육아시간과 근무시간과의 충돌에서 나타는 갈등 사례이며, 팀장의 경우, 조직 내의 사장의 부하로서 해야 할 행동과 팀원의 상사로서 행동 간에 충돌되는 경우를 볼 수 있음.

2. 역할모호성에 의한 갈등

자신이 해야 하는 업무와 타인의 업무와의 경계가 모호하여, 권한과 책임 파악이 불분명한 경우, 역할갈등으로 번짐. 주로 신규직원의 경우에 자신의 업무역할을 파악할 수 없어 역할모호성을 느끼게 되거나, 승진을 하였으나 주위의 경쟁자에 의하여 과업정보를 접하지 못하는 경우에 발생되기도 함.

3. 역할인식 오류에 의한 갈등

역할을 부여하는 사람(sender)과 역할을 받은 사람(receiver)간에 지각하는 것이 일치하지 않을 경우에 발생함. 학급 반장이 생각하는 역할은 반 친구들을 통제하고 지휘하는 것으로 인식하나, 반원들은 학급 반장을 궂은일을 도맡아 해야 한다고 인식함.

4. 역할과 가치관의 불일치로 인한 갈등

역할을 받은 사람이 자신의 역할이 무엇인지 정확하게 알고는 있지만, 자신의 가치관이나 정체성을 유지하는데 문제를 일으킬 경우, 갈등이 발생함. 팀장이 사장으로부터 경쟁사의 원천기술을 불법으로 빼내오라는 지시를 받은 경우, 팀장은 산업윤리라는 가치관과 접목하여 갈등을 경험하게 됨.

Ⅳ 역할갈등이 발생하는 결과

역할갈등과 역할모호성 등이 지속될 경우, 직무에 대한 불만족이 증가하고, 업무 스트레스가 쌓이며, 조직몰입이 감소되고, 집단에서 이탈하려는 경향이 늘어나므로, 경영자는 이를 해결하기 위해서 집단구성원들의 역할을 명확히 제시해 주어야 할 뿐만 아니라 집단구성원들이 수행해야 할 역할이 중복되지 않고 서로 모순되지 않게 역할을 부여해야 함.

Ⅴ 역할갈등을 최소화 하는 방안

직무기술서에 의한 역할 명확화, 집단 내 커뮤니케이션 활성화에 의한 역할 재인식, 역할과부하를 줄이기 위한 조직차원의 합리적이면서 명확한 역할분담이 필요함.

[집단규범] ★★

1) 개념

집단구성원이 공유하고 있는 수용 가능한 표준화된 행동(행동규칙, 행동규범). 집단구성원의 행동방향을 제시해주는 근거가 됨.

2) 호손연구의 배전기 전선 작업실 실험

> 작업자들이 높은 임금을 받기 위한 최선을 다하지 않은 이유를 알아내기 위해 인터뷰를 실시한 결과, 집단 내 규범 때문인 것으로 나타남.
> 예 일을 너무 열심히 해서는 안된다. 너무 태만해서도 안된다. 동료에게 해롭게 한 것을 상사에게 고자질해서는 안된다. 너무 잘난 척 해서도 안된다.
> 이러한 집단규범을 어긴 자는, 비꼬는 말, 욕설, 조롱, 신체적 공격 등의 비공식 처벌을 받았음.

3) 규범에 의한 동조(conformity) ★★★

① 의의 : 형성된 규범에 의해 구성원들이 아무런 저항 없이 따르는 현상. 즉, 구성원이 집단멤버로서 바람직하다고 생각하는 규범을 따르려는 현상임.

② 관련 실험(집단규범에 대한 Asch의 실험) : S.Asch는 몇 명의 구성원으로 된 집단에 다음의 두 개의 카드를 비교하여 보여줌.

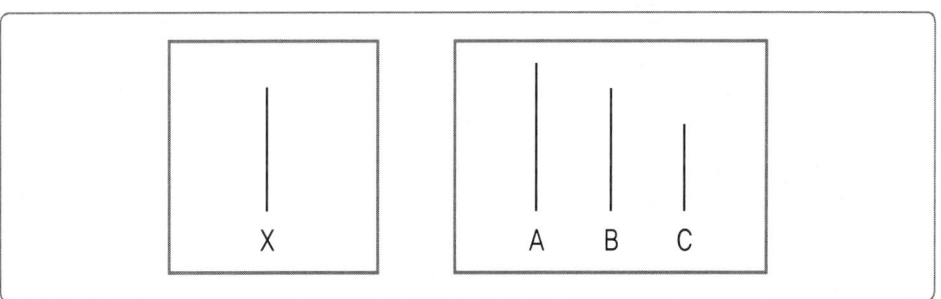

왼쪽카드의 선분X와 같은 길이의 선분을 답해보라는 질문에서, 당연히 답은 선분B임. 그런데, 사전에 실험참가자와 약속하여 모두 "C"로 응답하도록 하고, 그 다음 사전에 약속하지 않은 사람들이 어떻게 응답할 지 실험한 결과, 1/3이상이 "C"로 대답함. 이것은 집단 내 순응경향, 규범에 대한 동조를 의미함.

※출처: S.Robbinson, Organizational Behavior, 16th, 234page)

4) 규범에 의한 동조에 영향을 미치는 요인
- 자아인식이 크면 쉽게 동조하지 않고, 권위주의적 성향이 높으면 동조성향이 높음.
- 집단규모가 적을수록 동조성향이 강함.
- 자신이 선망하던 준거집단, 준거조직에 속한 경우, 동조성향이 높게 나타남.
- 집단 및 조직에 대한 자부심이 강하여, 개인과 조직의 일체감이 높은 사람의 경우 동조성향이 높음.
- 멤버들 간 커뮤니케이션이 원활하고 친밀할수록 높게 나타남.

연습 3

사회적 나태(무임승차행위)에 대하여 설명하세요.

Ⅰ 사회적 태만의 의의

- 자신의 노력이 집단성과와 느슨하게 연결되어 있다고 생각하여, 자신의 노력을 적게 투입하는 현상임. '무임승차행위'라고도 불림. 집단속에서 일어나는 개인의 업적이 타인에 의해 정확히 관찰될 수 없기 때문에 사회적 태만이 발생하게 되며, 링겔만의 로프실험을 통해 개인으로서 발휘하는 힘이 집단속에 합류될 때 노력 정도가 감소된다는 사실을 발견하게 됨.
- 링겔만의 로프 실험은 구성원들에게 압력기가 부착된 로프를 잡아당기는 일과 관련하여 개인의 성과와 집단의 성과를 비교한 것으로, 혼자서 로프를 잡아당긴 사람이 약 63kg의 힘을 발휘하였으나, 세 사람이 로프를 잡아당기자 당연히 189kg를 예상하였음에도 159kg(한 사람당 53kg)로 떨어지는 결과를 확인한 실험임.

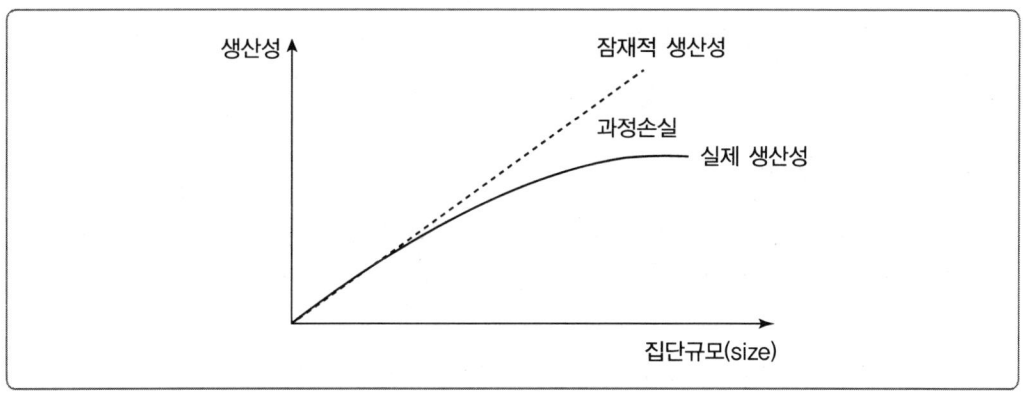

※ 출처: S.Robbinson, Organizational Behavior, 16th, 339page-340page

Ⅱ 사회적 태만의 원인

집단구성원들이 자신의 몫을 다하지 않아도 다른 사람이 잘 할 수 있을 것이라 생각하기 때문에 소위 말하는 무임승차행위 현상이 나타난데 기인하며, 구체적인 그 원인을 살펴보면 다음과 같음.

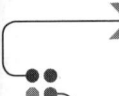
경영조직론 답안작성연습

1. 규모의 비대

집단의 규모가 커질수록 제대로 된 평가 및 감독의 한계가 발생하여 사회적 태만이 발생함. 실제로 대규모기업에서 근무하는 구성원은 사무직으로서 나태한 업무를 일상스럽게 보내는 반면, 중소기업이나 소상공인의 경우 바쁘게 매일매일 살아가는 현상에서 확인할 수 있음.

2. 책임의 분산

자신이 하지 않아도 남이 할 수 있으면 그만이라는 생각에서 발생하는 것임. 사무실 주변에 버려진 쓰레기나 회의실에서 간식을 먹고 남은 내용물을 사무실 여직원들이 알아서 해주겠지 라고 생각해 버리다가, 모두가 바쁜 상황에서 결국 매우 더러운 회의실에서 중요한 손님을 맞이하게 되는 어처구니없는 사례를 볼 수 있음.

3. 역할모호성 발생

자신이 해야 할 일들이 무엇인지 알 수 없어 헤매고 있을 때에, 주변의 동료들이 알아서 업무를 해주지만, 이것이 지속될 수 없기 때문에, 역할모호성이 사회적인 나태로 번지게 되는 사례임.

4. 개인의 공헌도 측정의 곤란

개별적인 노력을 확인하기 어려울수록 더 많이 나타나며, 성과에 대한 보상이 개인에게 정확히 돌아가지 않을 경우 사회적 나태를 매우 심각하게 번지게 됨.

5. 그 외 집단 내 자율성이 과도하게 있거나, 조직문화가 개인주의적인 문화를 형성한 경우 사회적 나태가 발생하기도 함.

Ⅲ 사회적 태만의 결과

1. 사회적 태만의 전염

- 사회적 태만은 그 성격상 집단 내 전염이 빠르고, 조직분위기가 악화되어 복지부동의 부정적인 문화가 고착될 수 있으므로, 유의해야 함.
- 사회적 전염이란, 한 두 사람만 사회적 태만을 부려도 그 행동이 다른 사람에게도 전염되어 결국 성과를 낮추게 되는 현상을 말함. 태만한 업무행동을 한 장본인에게는 적은

보상을 제공해야 함은 당연한 것인데, 이를 정확히 관찰 평가하지 않은 조직적인 제도가 발생하게 될 경우, 그것을 본 타인들도 불공정성을 느끼면서 자신의 노력을 줄이게 되는 것임.

2. 집단 성과 저하

구성원이 갖고 있는 역량 100% 발휘하지 않으면, 집단성과 달성에 장애가 되는 무임승차 행위가 발생할 수밖에 없음.

3. 구성원의 사기 저하

구성원이 자신의 노력에 대한 정당한 공헌에 맞는 보상을 받지 못하는 불공정을 느끼는 경우, 이로 인한 사기 저하가 문제될 수 있음.

Ⅳ 극복방안

1. 업무분장의 명확화

사회적 태만은 자신의 일을 타인에게 미루거나 내일로 미루거나 하는 데서 비롯되므로, 업부분장을 명확하게 하여 책임범위를 지정하는 것만으로도 상당히 줄일 수 있음.
예) 직무분석, 직무평가

2. 집단크기의 적정화

집단이 거대해지면 상사의 관리감독의 폭과 통제가 제한을 받을 수밖에 없으므로, 집단의 크기를 관리자의 통제범위에 맞게 적정수준으로 유지하는 것이 바람직함.

3. 집단성과 배분의 합리화

집단성과를 공정하게 평가하고 배분하고, 구성원의 공정성 인지에 맞게 제공을 하게 된다면 사회적 태만의 발생을 예방할 수 있음.

4. 그 외

공동목표의 설정, 집단 간 경쟁 유도, 동료평가를 실행하는 다면평가제도 도입, 과업에 집중할 수 있는 환경 조성을 해야 함.

> **연습 4**
> 집단응집성의 의미를 서술하고, 집단응집성과 집단성과와의 관계를 집단목표와 조직목표의 일치 여부와 관련하여 설명하시오.   2016년 제25회 기출

I 집단응집성의 의의

집단응집성은 집단구성원 간에 느끼는 매력이며, 집단구성원으로서 남아 있도록 동기부여되어 이끌리는 정도, 집단목표와 집단규범에 순응하는 강도를 의미함. 집단응집성은 집단에 대한 매력을 느끼는 긍정적인 태도, 일체감, 팀웍에 의해 구성되며, 집단응집력이 크다는 것은 집단구성원이 소속감을 갖고 목표를 잘 수용하여, 구성원 간에 상호 협력하는 상태임.

II 집단응집성과 집단성과와의 관계

1. 집단응집성, 성과규범, 생산성 사이의 관계

1) 의의

집단응집력이 높다고 하여 반드시 생산성과 직결되는 것은 아닌데, 집단의 성과규범이 어느 정도 정비되어 있는가에 따라 생산성을 좌우한다는 연구결과로 알 수 있음. 즉, 높은 집단응집성이 생산성 제고를 위한 필요조건은 되어도, 충분조건에는 해당하지 않는 것임.

2) 연구결과

연구결과 생산 작업의 질을 높이는 취지의 성과규범이 잘 정비되어 있을수록 집단응집력이 높아져서 생산성이 훨씬 제고되는 경우도 있으며, 중간정도로서 그칠 수도 있음. 그러나, 성과규범이 허술한 상태에서 집단응집력만 높아지면, 생산성은 매우 낮아지게 된다는 사실을 알게 되었음.

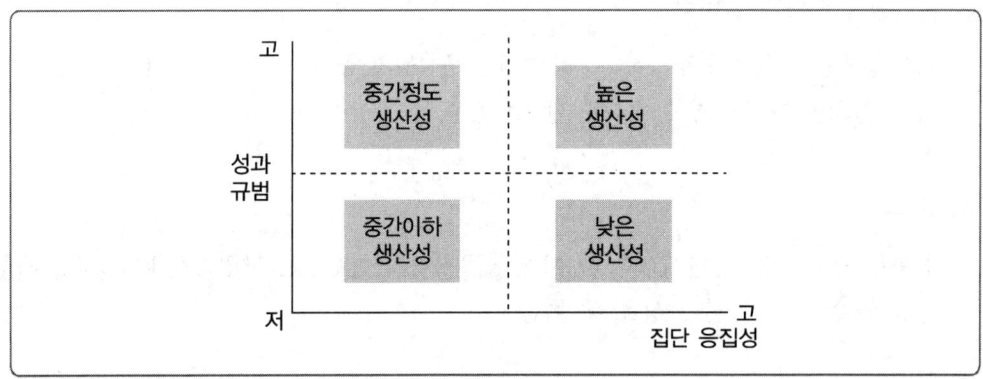

3) 조직행동에의 시사점

집단 내 구성원들 간 친밀하고 신뢰가 형성되어도 규범이 부실하면, 오히려 집단 내 생산성이 크게 저하될 수 있음을 알 수 있음. 경영층은 집단응집력 향상을 위하여 집단 내 각종 규범을 제도적으로 적용하는 등 집단을 지지할 때 높은 생산성을 유발할 수 있음을 시사하고 있음.

2. 집단응집성, 리더십, 성과간의 관계

1) 의의

집단응집력은 전체적으로 볼 때 집단성과를 높인다는 전제에서 출발하지만, 이에 대한 반론도 존재하며, 특히, 집단응집력과 리더십의 관계에서도 많은 연구결과로서 알 수 있음. 이와 관련한 Schacter의 연구에서 알 수 있음.

2) 연구결과

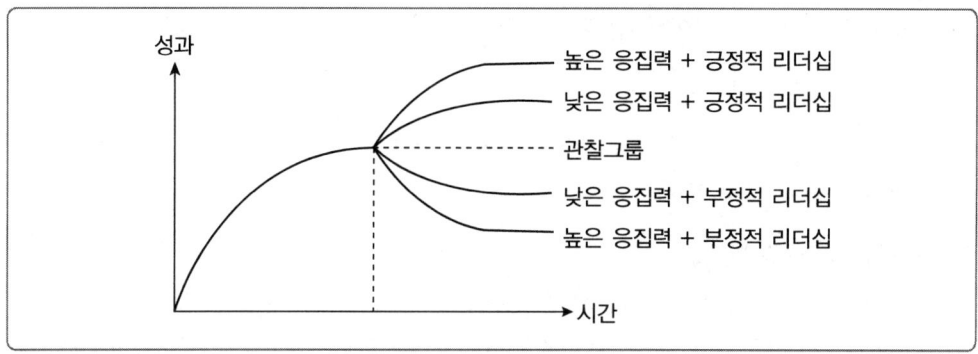

3) 조직행동에의 시사점

집단응집력이 반드시 성과를 높이는 것이 아니라는 사실을 상기의 연구결과로서 알 수 있음. 집단응집력은 상황에 따라 성과를 높일 수도 감소시킬 수도 있으며, 여기서의 상황은 리더십, 임금체계 등을 포함하는 개념임.

3. 집단응집성과 조직성과의 관계

구성원들이 집단목표와 조직목표를 동일시하는 정도가 클 경우에는 집단응집성은 조직성과에 긍정적인 영향을 미침. 반면에 집단의 목표와 조직 목표달성의 일치성이 떨어진다면 집단응집성은 오히려 부정적으로 작용하여 구성원들이 힘을 합쳐 리더에게 저항하고 반발하여 집단파업이 일어날 수 있음. 간혹, 리더가 구성원들끼리 뭉쳐 다니는 것을 좋지 않게 생각하는 경우가 있는데, 이는 후자의 상황을 두려워하기 때문임.

III 집단응집성과 집단성과와의 관계

1. 긍정적인 효과

1) 원활한 의사소통

집단구성원간의 상호 원만한 인간관계 향상으로 의사소통이 활발하게 진행되면서 서로에게 뿐만 아니라 집단에 대해 긍정적인 태도를 가짐.

2) 구성원의 직무만족도 증가

구성원 자격의 유지/보장으로 인하여 구성원은 집단에 대한 호의적인 태도를 갖게 되어, 자신의 업무에 적극적이고 긍정적으로 대하게 됨. 구성원들은 집단에 대한 소속감의 증진과 업무에 대한 자긍심으로 업무에 대한 자신감도 형성됨.

3) 집단목표의 수용

긍정적인 집단응집성은 집단목표에 수긍하여 업무와 역할에 몰입하고, 조직에 충실하게 되므로 집단목표 달성이 증진되는 효과를 가짐.

4) 자신감과 자존감의 상승

집단에 대한 만족감과 사기가 높아지면서 자신에 대한 긍정적인 생각과 함께 자존감이 향상되는 결과를 갖게 됨.

5) 행복감(스트레스 완충)

집단에 대한 긍정적인 생각방향이 직무몰입 강화효과와 인간관계의 원만함을 유지하게 하여, 목표달성까지 자신의 스트레스를 집단 내에서 자연스럽게 완충하는 역할까지 하게 함.

6) 참여도/몰입도 상승

집단의 중요한 쟁점에 참여도를 높이며, 업무몰입과 조직몰입을 향상시킴.

7) 집단성과의 상승

집단응집력의 긍정적인 상호작용이, 집단목표 달성과 집단성과를 상승하게 하는 효과를 가져옴.

2. 부정적인 효과

문제는 집단응집성이 과도하게 커질 때, 조직의 입지까지 흔들릴 정도의 위험성으로 작용한다는 점임. 이하 집단응집성의 지나치게 작용할 때의 부정적인 측면 위주로 나열하고자 함.

1) 외부집단에 대한 거부

   다른 집단에 대한 배척, 부정적인 견해 형성으로 과소평가하면서, 아무런 타당한 이유없는 강한 거부감으로 집단의 유연성과 효율성을 오히려 떨어뜨리고, 환경변화에 의한 적응력도 떨어지는 결과를 낳게 함.

2) 집단사고의 위험

   집단의 동질성을 유지하려는 경향으로 집단목표나 의견에 대한 무조건적인 동의나 합의를 이끌어내어, 집단 의사결정의 질을 저하시키는 결과를 초래함.

3) 동조의 압력

   집단응집력이 과도하게 높아 다수의 의견이 무조건적인 찬성을 해야 하는 분위기 형성으로, 집단의사결정의 결과가 문제해결에 적합하지 않게 됨.

4) 다양한 사고의 부족

   집단응집성이 과도한 속에서는 창의적인 의견을 제출하여도 다수의 동조압력과 분위기 연출로 구성원들의 다양한 사고를 기대하기 어려워 문제해결의 창의적인 대안을 탐색하는 데 한계가 발생함.

5) 규범 위반에 대한 지나친 제재

   집단규범을 위반하는 구성원에게 지나친 제재를 가하게 되어, 집단 내 반발과 저항세력을 키우는 결과를 가져 옴.

경영조직론 답안작성연습

연습 5

집단 발전 단계와 관련하여 A학자는 집단은 점진적으로 발전하는 다섯 가지 단계가 있다고 주장하고, B학자는 현재의 균형으로부터 단절되어 새로운 시작을 맞이한다고 주장하고 있다.

1) A와 B주장에 대하여 연구내용과 비판점을 각각 설명하고, 두 모델의 차이점에 대하여 논하시오. (35점)
2) 하우스의 경로목표이론에서의 리더십 유형을 제시하고, A학자가 주장하는 집단 발전 단계에서 각 단계에 적절한 리더십을 연결시켜 설명하시오. (경로목표이론의 상황변수와 공헌점, 한계점은 설명하지 마세요.) (25점)

문제 1)

I 의의

집단에 대한 연구의 목적은 집단이 개인과 달리 어떤 행동을 하는가인데, 그 행동은 집단의 발전단계, 성숙에 따라 달라진다고 본 것이다. 집단의 발전은 Tuckman의 집단발전모형과 같이 점진적으로 발전단계를 거쳐 일어나는 경우가 일반적이지만, 어떤 경우에는 Gersick의 단속균형모형과 같이 비점진적인 단계를 보이기도 한다. 이하에서는 Tuckman의 집단발전모형과 Gersick의 단절균형모형에 집중하여 설명을 하고, 그 차이점에 대하여 기술하고자 한다.

II Tuckman의 집단발전모형

점진적 발전모델에서는 집단이 경험하는 다섯 가지의 단계, 즉, 형성, 혼란, 규범, 성과, 해체단계를 거쳐 진행하는 것으로 특징지을 수 있음. 대부분의 집단에서 나타나는 안정적이면서 일상적인 현상으로 나타난다는 특징을 갖고 있다.

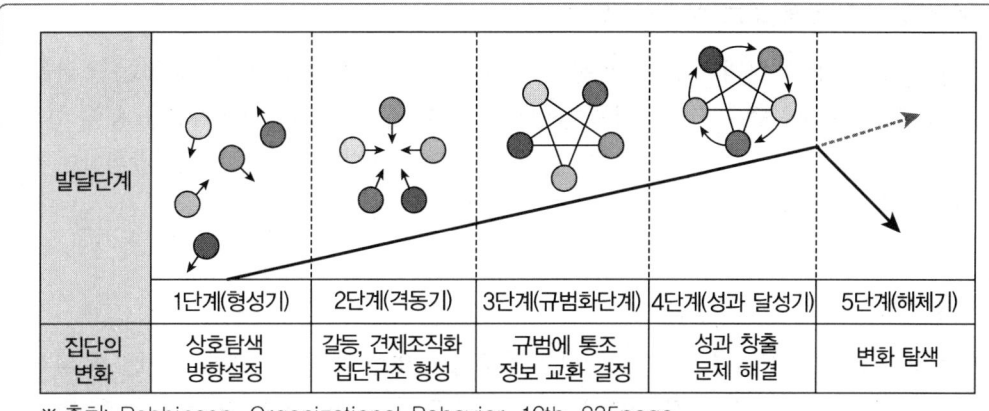

※ 출처: Robbinson, Organizational Behavior, 16th, 235page

1. [1단계] 형성단계

형성단계에서는 멤버들이 모이기는 하지만, 집단의 구조, 목표, 역할, 행동방식 등 모든 것이 미정이고 불확실한 상태이다. 이 단계의 주요 특징은 서로 상대를 알려고 노력하며 탐색하고, 기본적인 규칙과 행동 양식을 정하려고 한다는 점이다.

2. [2단계] 혼란단계

혼란단계에서는 같은 집단에 소속된 것은 인정하면서도 역할분담, 권력구조, 신분차이에 대한 분명한 타협이 되어 있지 않아 서로 부딪혀가면서 해결해 나가는 단계이다. 이 단계에서는 집단에서 자신의 위치를 확보하고자 하는 시도를 하게 되며, 멤버들 간에 적대적인 행위도 한다는 특징을 갖고 있음. 과업과 제도와 관련하여 이해관계가 엇갈리고 있기 때문에 서로간의 양보와 타협으로 규정과 제도를 확정해야 할 필요가 있는 단계이다.

3. [3단계] 규범화단계

집단의 목표, 구조, 멤버의 소속감, 역할, 응집력 등 조직체계와 구조가 등장하여 정착되는 단계이다. 이 단계의 특징은 역할모호성 및 권한관계에 대한 불확실 등이 규범으로 정립되어 해소된다는 특징을 갖고 있는데, 이에 서로 갈등은 피하면서 상대방의 비판을 자제하고, 정보를 공유하면서 성과창출을 위한 의견교환을 하게 된다. 이 단계의 단점은 지나친 규범동조 현상, 목표와 수단의 전치, 자칫 조직의 경직화로 갈 수 있다는 측면을 갖고 있다.

4. [4단계] 수행단계 또는 성과달성단계

수행단계에서는 집단의 통일성, 비전이 공유되어 집단목표를 달성하는데 모든 조건을 갖추게 되고, 구성원들은 직무수행에 몰입하게 되며, 원활한 커뮤니케이션을 통해 실질적으로 높은 성과를 내는 단계이다. 이 단계에서 구성원들은 시너지 효과를 발휘하여 문제를 해결하고, 목표를 완수하고 성과를 창출한다.

5. 해체단계

집단의 목표가 달성되어 더 이상 집단의 필요성이 없을 때 해체단계를 맞이하게 되거나, 집단의 수명이 다하거나, 집단의 목표달성과 상관없이 멤버들이 이탈하려고 할 때 해체단계에 오게 된다.

6. 비판점

- Tuckman은 4단계인 성과달성단계에서 가장 높은 목표를 이루는 것으로 설명하고 있으나, 갈등곡선으로 역U자형에서 보면 적정한 갈등수준일 때 가장 높은 목표와 성과를 이루는 것으로 설명하고 있어서, 두 이론 간의 서로 다른 견해대립이 있다는 점에서 비판을 받았다.
- Tuckman은 집단의 발전단계가 순차적으로 나간다고 보았으나, 실제 집단은 1단계인 형성단계에서 4단계인 성과달성단계로 갈 수도 있고, 목표달성 여부와 무관하게 바로 해제단계로 가기도 한다.
- 또한, 집단의 발전단계의 경계가 명확하지 않고 불분명하게 중복되는 경우도 있다는 점을 간과하고 있다는 점에서 비판을 받았다.

Ⅲ Gersick의 단속균형모형

집단은 상황에 따라 매우 가변적이고 역동적으로 생성되고 소멸된다는 이론이다. 이러한 논리는 진화론에서 기원하며, 진화란 항상 점진적으로만 이루어지는 것이 아니고, 급격하게 변화되기도 하고 변화의 방향이 예측할 수 없는 방향으로 갈 수도 있다는 것이며, 이러한 논리에 기초하여 나온 것이 단속균형모형이다. 이 모델에 의하면 집단에 어떤 특별한 자극이 가해지면, 그 집단은 현재의 균형으로부터 단절되어 새로운 시작을 맞이하고, 따라서 아래의 그림과 같은 변화 형태로 나타나게 된다.

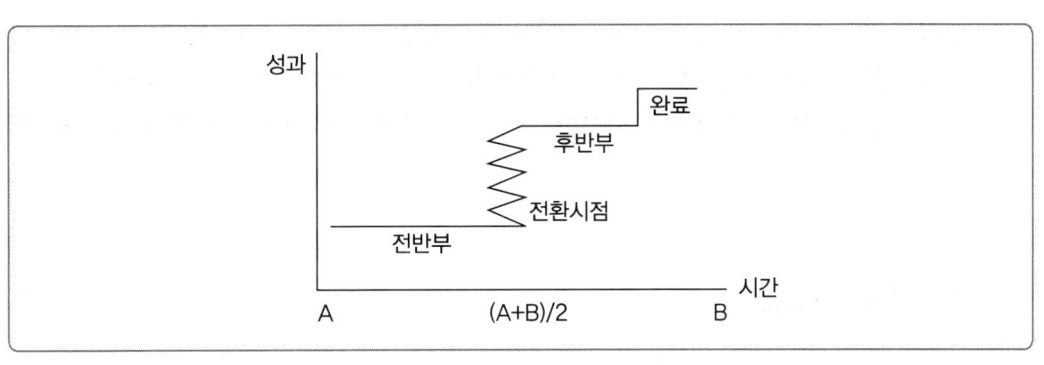

1. 전반기

집단의 구성목표와 활동방향에 대하여 합의를 도출하고, 그 합의결과에 의한 안정적인 속도로 작업을 진행하는 단계이다. 어떤 멤버가 새로운 의견을 제시해도 무시하고, 처음 모였을 때 모든 계획과 규정을 신봉하면서 맡은 대로 묵묵히 일을 하는 단계로, 균형과 안정기간이다.

2. 전환기

집단의 존속기간이 어느 정도 되면 목표달성까지 기간이 얼마 남지 않음을 인식하게 되고, 이때, 환경변화로 집단은 여러 문제에 부딪히면서 지금까지의 자기들의 행동에 문제가 있으며 변화가 필요함을 각성하게 되는 것이다. 변화에 대한 경각심을 불러일으켜서 멤버들은 새로운 룰을 만들고, 과거의 균형과 안정을 버리는데 이것을 단절이라고 부른다. 그리고, 새로운 관점에서 모든 것을 혁신하면서 새로운 규범과 질서를 정착시키는데 주력한다.

3. 후반기

멤버들은 새로운 목표와 계획을 새로 만들어진 규범에 따라 안정적으로 실행에 옮겨나가면서 다시 안정과 균형을 회복하는 단계이다.

4. 비판점

- Gersick의 단속균형모형에서는 주어진 할당된 시간 내에서 정확히 반 정도 되는 시점이 전환기라는 것에 대한 비판인데, 실제 전환기는 더 극적으로 마감시한 전에 나타날 수도 있는 점에서 비판을 받았다.

- 단절적 균형 모델은 단지 단기간 존재하는 집단에만 국한하여 적용가능하다는 점이 있어서, 장기적이고 안정적인 집단에 적용하기에는 상당히 제한이 많이 따른다.
- 단절적 균형 모델은 사후적인 분석만 가능하고, 사전적으로 미래지향적인 예측하기에는 무리가 따른다.

Ⅳ 두 이론의 차이점

2024년 제33회 기출

1. 시간 틀

Tuckman의 점진적 발전모델은 긴 지속기간을 전제로 하지만, Gersick의 단절균형모델은 짧은 지속기간을 전제로 한다는 점이 다르다.

2. 환경

Tuckman의 점진적 발전모델은 안정적이고 단순한 환경에 있는 집단에 적용 가능하나, Gersick의 단절균형모델은 불안전하고 가변적인 환경에 있는 집단에 적용 가능하다.

3. 주요 내용

Tuckman의 점진적 발전 모델은 집단의 형성기부터 해체기까지 전반적인 모습을 다루고 있지만, Gersick의 단절균형모델은 특정과업을 실행하는 집단의 모습을 다룬다.

4. 성과달성 단계

Tuckman의 점진적 발전모델은 4단계인 성과달성 단계에 집단의 목표를 달성한다고 설명하고, Gersick의 단절균형모델은 중간지점에서 성과달성을 이룬다고 설명한다.

5. 구성원의 몰입

Tuckman의 점진적 발전모델에서 구성원의 몰입은 형성기, 혼란기, 규범정립단계 등 전반부에 상대방을 탐색하고, 집단의 방향을 설정하며, 갈등과 견제를 하면서 규범을 정립하여 몰입을 하지만, Gersick의 단절균형모델에서는 전환기에 집단 목표 달성에 집중하게 된다는 점에서 차이가 있다.

문제 2)

Ⅰ House의 경로 – 목표이론

1. 의의

R.House의 경로 – 목표이론은 리더십 행위이론, 상황이론, 모티베이션 기대이론을 결합하여 적합한 리더십 스타일을 설명한 이론이며, 리더가 일차적인 목표를 설정해주고 이를 달성하는 가장 좋은 방법으로 적합한 리더십 스타일을 상황요인에 맞게 발휘하게 되면 구성원들의 기대감에 영향력을 제공하여 성과를 낼 수 있다고 본 이론이다.

2. 리더십 스타일

① **지시적 리더십** : 구체적인 지침과 표준, 작업일정을 제공하여 부하들이 무엇을 해야 할 지 지도해주고 알려주는 리더십이다.

② **후원적 리더십** : 부하들의 복지와 안락에 관심을 갖고, 상호 만족스러운 인간관계 발전을 강조하는 리더십 유형이다.

③ **참여적 리더십** : 부하들을 의사결정과정에 참여시켜 그들의 의견을 이끌어내어 진지하게 고려하면서 정보공유를 하는 리더십이다.

④ **성취지향적 리더십** : 도전적인 작업 목표를 설정하고, 성과개선을 추구하면서 부하들이 능력을 발휘하도록 하는 리더십이다.

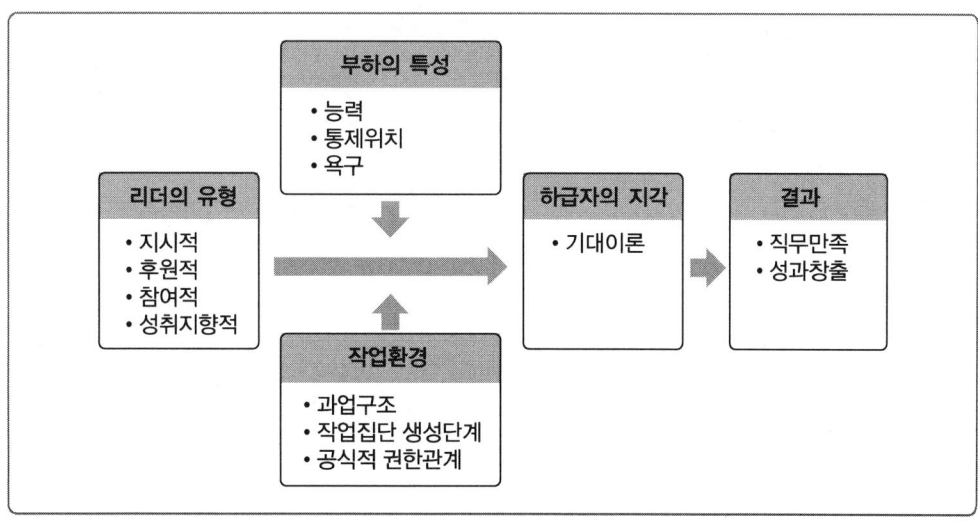

3. 터크만의 점진적 발전단계에서 나타나는 리더십 유형

1) 형성단계
이 단계에서 적합한 리더십의 특징은 지시적 리더십으로 하나하나 정확하게 짚어주면서 세세하게 알려주는 설명을 제공해야 함이 적합하다.

2) 혼란단계
혼란 단계에서 적합한 리더십은 후원적 리더십으로 집단 구성이 완전한 멤버가 될 때까지 필요한 지식과 자원을 후원해 주어야 한다.

3) 규범화단계
이 단계에서는 참여적 리더십이 적합한데, 구성원들의 의견존중과 의사결정권을 같이 하면서 소속감을 자리 잡도록 하기 위한 것이다.

4) 수행단계 또는 성과달성단계
성과달성 단계에서 구성원들은 시너지 효과를 발휘하여 문제를 해결하고, 목표를 완수하고 성과를 창출함. 적합한 리더십은 성취지향적 리더십이 여기에 해당한다.

5) 해체단계
집단의 목표가 달성되어 해체단계를 맞이한 상황에서 하우스의 경로-목표이론에 의한 적합한 리더십을 찾는 것은 어렵다.

> **연습 6**
>
> 개인별로 과업을 수행하는 것과 팀으로 과업을 수행하는 것에 대하여 학자들은 다른 견해를 갖고 있다.
> 1) 사회적 촉진의 개념을 설명하시오. (5점)
> 2) 사회적 태만의 개념, 발생 원인과 관리방안에 대하여 설명하시오. (20점)

문제 1)

I 사회적 촉진의 개념

사회적 촉진이란 집단 멤버들이 있을 때, 잘 하는 과업을 더 잘 하게 되는 현상으로 타인의 존재가 업무에 대한 동기부여를 더 충만하게 하고, 혼자서 할 때보다 더 사기도 오르며, 경쟁도 하게 되어 성과가 더 좋아지게 되는 현상을 말한다. 즉, 1+1이 2가 아니라, 1명과 1명의 에너지가 같이 발휘되어 2명 이상의 성과를 이루는 것을 말한다.

문제 2)

I 사회적 태만의 의의

자신의 노력이 집단성과와 느슨하게 연결되어 있다고 생각하여, 자신의 노력을 적게 투입하는 현상이다. '무임승차행위'라고도 불림. 집단속에서 일어나는 개인의 업적이 타인에 의해 정확히 관찰될 수 없기 때문에 사회적 태만이 발생하게 되며, 링겔만의 호프실험을 통해 개인으로서 발휘하는 힘이 집단속에 합류될 때 노력 정도가 감소된다는 사실을 발견하게 된다. 링겔만의 로프 실험은 구성원들에게 압력기가 부착된 로프를 잡아당기는 일과 관련하여 개인의 성과와 집단의 성과를 비교한 것으로, 혼자서 로프를 잡아당긴 사람이 약63kg의 힘을 발휘하였으나, 세 사람이 로프를 잡아당기자 당연히 189kg를 예상하였음에도 159kg(한 사람당 53kg)로 떨어지는 결과를 확인한 실험이다.

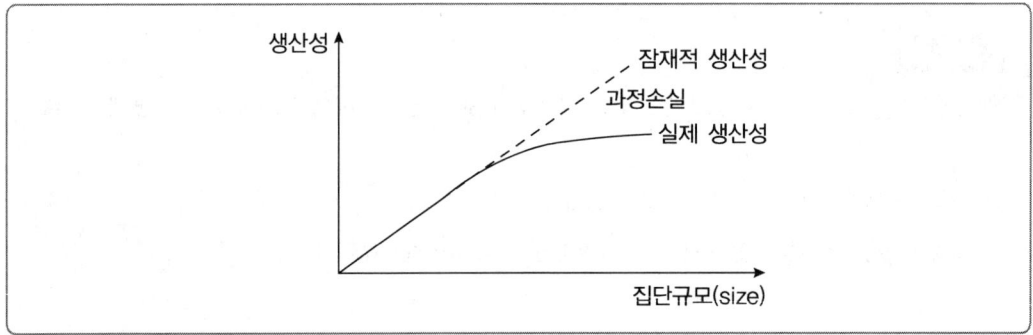

Ⅱ 사회적 태만의 원인

집단구성원들이 자신의 몫을 다하지 않아도 다른 사람이 잘 할 수 있을 것이라 생각하기 때문에 소위 말하는 무임승차행위 현상이 나타난데 기인하며, 구체적인 그 원인을 살펴보면 다음과 같다.

1. 규모의 비대

집단의 규모가 커질수록 제대로 된 평가 및 감독의 한계가 발생하여 사회적 태만이 발생한다. 실제로 대규모기업에서 근무하는 구성원은 사무직으로서 나태한 업무를 일상스럽게 보내는 반면, 중소기업이나 소상공인의 경우 바쁘게 매일매일 살아가는 현상에서 확인할 수 있다.

2. 책임의 분산

자신이 하지 않아도 남이 할 수 있으면 그만이라는 생각에서 발생하는 것이다. 사무실 주변에 버려진 쓰레기나 회의실에서 간식을 먹고 남은 내용물을 사무실 여직원들이 알아서 해주겠지 라고 생각해 버리다가, 모두가 바쁜 상황에서 결국 매우 더러운 회의실에서 중요한 손님을 맞이하게 되는 어처구니없는 사례를 볼 수 있다.

3. 역할모호성 발생

자신이 해야 할 일들이 무엇인지 알 수 없어 헤매고 있는 때에, 주변의 동료들이 알아서 업무를 해주지만, 이것이 지속될 수 없기 때문에, 역할모호성이 사회적인 나태로 번지게 되는 사례이다.

4. 개인의 공헌도 측정의 곤란

개별적인 노력을 확인하기 어려울수록 더 많이 나타나며, 성과에 대한 보상이 개인에게 정확히 돌아가지 않을 경우 사회적 나태를 매우 심각하게 번지게 된다.

5. 그 외 집단 내 자율성이 과도하게 있거나, 조직문화가 개인주의적인 문화를 형성한 경우 사회적 나태가 발생하기도 한다.

Ⅲ 사회적 태만의 결과

1. 사회적 태만의 전염

사회적 태만은 그 성격상 집단 내 전염이 빠르고, 조직분위기가 악화되어 복지부동의 부정적인 문화가 고착될 수 있으므로, 유의해야 한다. 〈사회적 전염〉이란, 한 두 사람만 사회적 태만을 부려도 그 행동이 다른 사람에게도 전염되어 결국 성과를 낮추게 되는 현상을 말함. 태만한 업무행동을 한 장본인에게는 적은 보상을 제공해야 함은 당연한 것인데, 이를 정확히 관찰 평가하지 않은 조직적인 제도가 발생하게 될 경우, 그것을 본 타인들도 불공정성을 느끼면서 자신의 노력을 줄이게 되는 것이다.

2. 집단 성과 저하

구성원이 갖고 있는 역량 100% 발휘하지 않으면, 집단성과 달성에 장애가 되는 무임승차행위가 발생할 수밖에 없다.

3. 구성원의 사기 저하

구성원이 자신의 노력에 대한 정당한 공헌에 맞는 보상을 받지 못하는 불공정을 느끼는 경우, 이로 인한 사기 저하가 문제될 수 있다.

Ⅳ 극복방안

1. 업무분장의 명확화

사회적 태만은 자신의 일을 타인에게 미루거나 내일로 미루거나 하는 데서 비롯되므로, 업무분장을 명확하게 하여 책임범위를 지정하는 것만으로도 상당히 줄일 수 있다. 예를 들어서 직무분석, 직무평가 이후에 직무기술서와 직무명세서를 잘 구비해 놓는다면 각 직무 요건에 의한 객관적인 평가결과를 통하여 업무분장을 명확하게 하는 동시에 사회적 태만을 줄일 수 있을 것이다.

2. 집단크기의 적정화

집단이 거대해지면 상사의 관리감독의 폭과 통제가 제한을 받을 수밖에 없고, 이러한 관리감독상의 제한을 악용하여 사회적 나태가 발생할 수 있으므로, 집단의 크기를 관리자의 통제범위에 맞게 적정수준으로 유지하는 것이 바람직하다.

3. 집단성과 배분의 합리화

집단성과를 공정하게 평가하여 배분하고, 구성원의 공정성 지각에 맞게 분배적 공정성과 절차적 공정성을 제공을 하게 된다면 사회적 태만의 발생을 예방할 수 있다.

4. 그 외

공동목표의 설정, 집단 간 경쟁 유도, 동료평가를 실행하는 다면평가제도 도입, 과업에 집중할 수 있는 환경 조성을 해야 한다.

> **연습 7**
> 집단양극화를 설명하세요.

I 의의

- 집단 이동 시, 당초에 갖고 있었던 양측의 구성원들의 생각과 태도가 집단 속에서 더욱 과장되고, 더욱 기울어진 상태로 나타나는 현상을 집단양극화라 함. 예를 들어서 개개의 생각들은 처음에는 별반 차이가 없다가 토론을 하면서 의견이 양극단으로 완전히 나뉘는 경우를 들 수 있음.
- 야당 편인지 여당 편인지 처음 결정할 때에는 약간의 선호도만 있다가 토론이 진행되면서 점점 더 자기 당으로 기울어지는 경향이 강해지는 경우 집단양극화가 나타났다고 함.

II 집단양극화 발생 원인

1. 책임의 분산

집단 의사결정은 집단이라는 익명성을 제공함으로 책임이 분산되고 의사결정의 실패에 대하여 전적인 책임을 회피할 수 있기 때문에 사회적 나태(무임승차행위)에 기원한 구성원들은 모험적인 결정을 하게 됨.

2. 사회적 비교에 의한 동조

개인은 집단에 소속되고 나서 다른 사람들보다 나은 견해를 지니고 있다는 것을 보이기 위해, 일반적으로 인정된 가치에 적극적으로 동조하게 됨.

3. 정보교환

토론을 하는 과정에서 서로 친숙해지고 구성원들은 미처 몰랐던 사항에 대해 알게 됨. 이러한 정보는 오히려 구성원들이 본래 지니고 있었던 태도를 더욱 강화시킴.

4. 위험선호 경향

대부분의 상황에서는 위험을 가치있게 여기고, 위험을 기꺼이 떠맡으려는 개인을 존중하는 경향이 있음.

Ⅲ 집단양극화 극복방법

1. 반대를 위한 반대

한 사람이 악역을 담당하여 지배적인 견해에 대하여 시종일관 고의적으로 반대하는 것을 지칭함. 이를 통해 문제에 대한 정확한 인식이 가능해지고 내재하는 문제점을 검토할 수 있음. 반대를 위한 반대는 회의에서 만장일치가 되었을 때에는 채택하지 않는 것을 회의 규칙으로 정해놓은 경우와도 유사한 것임.

2. 복수지지

복수지지는 반대를 위한 반대의 확장된 형태이며, 여러 의견에 대한 복수의 지지를 인정하여 의견의 다양화를 가능케 하는 의사결정 기법임.

3. 변증법적 토의

정-반-합의 과정을 거쳐 문제의 해결대안을 찾아나가는 기법임. 토의의 구체적인 과정은 우선 당면한 문제의 기본가정에 대하여 찬성과 반대로 구성원은 나눈 다음에, 두 입장 각각의 견해를 듣고 토론을 한 후에 두 입장의 장점만을 취하는 것을 말함. 이때 상대방의 의견에 대한 충분한 정보를 제공하여야 하고, 의사결정에 대한 책임을 개개인에게 적절히 부과해야 함.

> **사례형 문제**
>
> 다음 글을 읽고 물음에 답하시오.   2019년 행정고시 기출
>
> > 어제 기업 이사회에서는 외부에 비공개로 시급하게 결정해야 할 안건을 처리했다. 이사회에 참석한 이사들은 그 동안 수십 차례 회의를 통해 각자의 전문성이 아주 높다는 점을 잘 알 뿐만 아니라 상호신뢰감을 강하게 가지고 있다. 어제 회의에서도 의장의 주장에 대해 모든 이사들이 반대의견을 개진하지 않았다. 말 그대로 우호적인 관점에서 표결이 이루어졌다. 표결 결과, 만장일치로 안건이 찬성으로 결정되었다. 하지만, 오늘 이 결정이 심각한 결함이 있는 것으로 드러났다. 의장뿐만 아니라 각 이사들은 이 집단에서 왜 이런 문제가 발생했는지 알지 못했다.
>
> 1) 이사회의 의사결정과정에서 발생한 현상이 무엇인지 제시하고, 그 원인을 분석하시오. (10점)
>
> 2) 위의 사례에서 나타나는 집단사고를 예방하기 위한 방안으로 적용할 수 있는 집단의사결정기법을 제시하시오. (15점)

문제 1)

Ⅰ 집단사고의 의의

집단응집력이 지나치게 높은 집단의 경우, 구성원들 간 합의가 지나치게 커서 다른 대안의 모색을 저해하고, 소수의견을 무시하며, 충분히 검토되지 않은 상태에서 의사결정을 내리는 현상을 의미한다. 즉, 집단구성원들 간에 동조압력과 전문가들의 과도한 자신감 등으로 인해 비합리적인 의사결정을 내리게 되는 현상을 말하는 것이다. 집단사고의 기원은 1982년 미국의 심리학자 어빙 재니스(Irving Janis)가 그의 저서인 '집단사고에 의한 희생들'에서 피그만 침공이 실패한 이유를 분석하는 과정에서 만들어낸 개념이다. 집단사고에 의해 희생된 구성원들은 대안에 대한 충분한 토론 없이 쉽게 합의된 대안이 최적안이라고 믿으며, 구체적으로 적을 과소평가하려 하거나 범법을 저지르면서도 자신들은 윤리적 도덕적이라고 합리화하려는 경향을 나타낸다고 한다.

Ⅱ 집단사고의 원인

집단사고는 <u>집단응집력이 지나치게 높은</u> 경우, 구성원들 간 합의가 지나치게 커서 다른 대안의 모색을 저해하는 경우, 집단이 <u>외부로부터 고립</u>되어 있는 경우, 외부로부터 위험이 임박하여 구성원들이 <u>엄청난 스트레스</u>를 받고 있는 경우, 막강하지만 <u>불합리한 지시적 리더십</u>에 초점이 맞추어진 경우에 주로 발생한다.

1. 지나친 자기합리화

집단사고는 도덕적으로 우월하고, 역량에 있어서도 뛰어나다는 자기합리화에 의한 근거 없는 믿음에 의하여 발생되는 경우가 많다. 이러한 경우 집단응집력이 비상식적으로 높아지게 되어 구성원들 간 합의가 지나치게 커지는 현상을 나타낸다.

2. 부정적 고정관념

집단사고는 상대집단에 대한 무조건적이고 일방적인 부정적인 고정관념(stereotyping)이 있을 때, 발생하기 쉽다.

3. 독단적 리더십

집단사고는 민주적인 리더십이나 의사결정 구조 보다는 독단적인 리더십 하에서 발생되기 쉽다.

4. 집단의 고립, 스트레스

외부로부터 고립되어 충분한 토의가 이루어질 수 없는 상황이거나 구성원의 스트레스가 극심하여 대안에 대한 충분한 검토를 할 수 없는 경우에 집단사고에 빠지기 쉽다.

문제 2)

Ⅰ 집단사고를 예방할 수 있는 집단의사결정기법

1. 명목집단법

1) 의의

명목상 집단이 주어진 문제에 대하여 타인의 압력이 전혀 없는 상태에서 자신의 의견을 무기명으로 적어 제출하고, 진행자는 이들 의견들을 칠판에 순서대로 기록해 나간다음, 각 의견에 대한 장단점 및 타당성 등을 개방적으로 토론하면서 최적의 해결안을 선택하는 방법이다. 이 방법의 특징은 참가자들이 서로 대화에 의한 의사소통을 못하도록 한다는데 있고, 반드시 서면으로 작성하여 제출을 해야 한다는 것임. 이것은 집단구성원들이 마음속에 진실로 생각하고 있는 바를 도출한다는 특징을 갖고 있고 시간이 걸리더라도 그 장단점과 타당성을 토의한다는 점에서 질(質)적인 측면을 강조한 의사결정기법이다.

2) 과정
　① 아이디어를 서면으로 무기명 작성을 하여 제출하는 단계이며, 이때 구성원들이 서로 대화나 상호교환을 하지 않는다.
　② 제출된 아이디어들을 회의 주재자가 전체 아이디어들을 칠판에 기록하는 단계이다.
　③ 제출된 의견과 아이디어들 하나하나를 집단 구성원들이 그 장단점과 타당성 등을 토론한다.
　④ 모든 의견과 아이디어들에 대한 장단점 토론 후에, 구성원들이 선호하는 의견을 투표 후에 결정하게 되는 과정으로 이루어져 있다.

3) 장단점
- 구성원들이 제출된 아이디어에 대한 다양한 평가로서 최적안을 찾아내므로, 의사결정의 질 우수하고, 타인의 영향을 받지 않는 상태에서 자신의 의사를 개진할 수 있다는 장점이 있다. 또한, 구성원 전체의 타당성 및 장단점 토론에 의하여 최적안을 결정하므로, 의사결정결과의 수용성이 매우 높다.
- 그러나, 회의를 주재하는 리더는 훈련을 받은 자질을 갖추고 있어야 하며, 한 번에 한 문제만 처리할 수 있다는 단점 때문에 각 아이디어에 대한 장단점 및 타당성 등을 토론하기까지 시간이 상당히 소요될 것이다.

2. 브레인스토밍

1) 의의

　오스본(Osborn)이 창안한 기법이며, 여러 명이 한 가지 문제에 직면하여, 아이디어 연상작용에 의하여 가능한 한 아이디어들을 많이 내놓고, 이에 추가적인 의견을 첨가하면서 번쩍번쩍하는 아이디어로서 최적의 해결안을 찾아내는 방법이며, 가능한 한 많은 아이디어들을 제출하고 그 안에서 최적해결안을 찾아내는 양(量) 중심의 의사결정기법이다.

2) 과정
　① 집단구성원들이 한 자리에 모여 당면한 문제에 대하여 자신의 생각과 해결대안, 아이디어, 의견 등을 아무런 장애나 편견 없이 제출하고, 제출된 아이디어나 의견들을 모두가 볼 수 있도록 차트에 기록한다.
　② 타인의 의견이나 아이디어들에 대하여 비판하거나 반대할 수 없으며, 가능한 한 많은 의견을 낼 수 있도록 심리적 지원을 제공함. 타인이 의견을 발표할 때 중간에 끼어들지 않는다.
　③ 제출된 의견과 아이디어들에 대하여 수정과 보완을 거쳐 최종적인 해결안을 도출하는 것으로 이루어진다.

3) 장단점

- 다른 구성원의 아이디어를 통한 학습효과가 있고, 아무런 장애나 편견 없는 의견을 지속적으로 제시하여 찾아나간다는 장점이 있고, 브레인스토밍의 특성상, 소수의 Big mouth에 의한 지배가 없고, 소수의 의견도 무시하지 않고 참여와 기회를 제공한다는 점에서 많은 의견과 아이디어를 모을 수 있다.
- 반면에 지나친 중구난방식 아이디어들을 제시하게 될 경우, 회의 분위기에 있어서 배가 산으로 가는 경우가 발생할 수 있고, 문제와 전혀 상관없는 분위기만 형성되거나 현실성을 결여한 아이디어들만 나열하면서 회의를 마치게 되는 결과를 초래할 수 있다는 단점도 존재한다.

3. 델파이기법

1) 의의

델파이 기법은 설문지를 원거리에 있는 전문가에게 보내어 의견을 제시하도록 한 다음, 그 전문가들로부터 수거된 설문지 내용을 취합하여 정리한 다음에 다시 전문가에게 송부하고, 수정 검토된 의견들을 취합 정리하여 또다시 전문가들에게 송부하는 방식을 피드백 반복함으로써 최종적인 해결안을 채택하는 방법이다. 이 기법은 전문가들이 서로 대면접촉을 하지 않은 상태에서 의사결정을 내리면서 전문가 의견의 피드백 반복 검토에 의한 양질의 결론을 도출한다는 특징이 있다.

2) 과정

① 진행자가 전문가들에게 사전에 문제되는 사안들에 대하여 충분한 정보 제공한다.
② 전문가들은 자료를 보고, 문제해결에 대한 대안을 진행자에게 제출한다.
③ 진행자는 제출된 대안들을 취합하여 정리 작성하여 모든 전문가 구성원에게 송부한다.
④ 다른 전문가의 의견을 참고하여 자신의 수정 검토된 대안을 제출하고, 진행자는 재취합된 의견들을 정리 작성하여 다시 송부하고, 수정 검토된 의견들을 또 취합하여 정리함. 이를 반복하는 과정에서 최종적인 결정안을 채택하는 것이다.

3) 장단점

델파이 기법은 원거리에 떨어진 전문가들의 의견과 아이디어 등의 해결안을 받을 수 있다는 장점과 철저히 익명성이 보장되므로 소수의 지배나 집단사고를 예방할 수 있음. 문제해결에 대한 대안의 수준과 실행가능성 등을 피드백 반복하는 과정에서 정확하게 파악할 수 있어서 실질적인 우수한 대안을 찾는데 효과적이다. 그러나, 각 전문가들로부터 의견을 받고, 이를 취합하여 다시 피드백을 하는 반복 과정을 거치는데, 이 과정을 거치는데 상당한 시간과 정성이 요구된다는 단점이 있다.

> **연습 8**
> 합리적 의사결정과 제한된 합리성을 비교 설명하세요.　　　2023년 경영지도사 기출

I 의사결정의 의의

- 개인 의사결정은 개인이 특정 문제를 해결하기 위해 결정하는 것을 말하고, 집단에서의 의사결정이은 특정한 문제해결을 위하여 여러 사람들이 공동으로 해결방안을 모색하는 과정을 말함. 조직의 운영은 이러한 개인의사결정과 집단의사결정의 연속선상에 있으며, 의사결정은 자율적인 조직기반 구축의 핵심적인 활동에 해당하므로 매우 중요함.
- 개인의 의사결정과 집단의 의사결정에 있어서 그 근본이 되는 모형에는 합리적 의사결정 모형과 제한된 합리성 모형이 있으며, 이 두 모형에 대한 구체적인 설명을 하고자 함.

II 합리적 의사결정 모형(=규범적 모델)

1. 의의

- 의사결정자가 완전한 합리성에 기초하여 완전한 정보 속에서 최적의 대안의 의사결정을 한다고 간주하는 모형임. 이는 최소의 비용으로 최대의 효과를 얻으려는 경제성 모델에 근거하고 있음. 가능한 대안들을 모두 발견하고 평가하여 경제적으로 최적의 대안을 선택한다는 이론임.
- 구체적으로 기업의 구매담당자가 원자재 공급업체를 선정하는 과정에서 합리적 의사결정모형에 의한 최적의 선택을 하려고 하고, 소비자로서 가정주부가 물건을 가장 싸면서 알찬 제품을 고르고자 할 때 합리적인 의사결정을 하려는 사례에서 확인할 수 있음.

2. 가정

1) 합리적 경제인

   모든 의사결정자들은 합리적 경제인이며, 즉, 의사결정자는 항상 경제적 이익이나 경제적 효용가치를 극대화할 수 있도록 행동함. 여기에서 경제인은 사람을 말하는 것이 아니고, 이윤극대화나 비용최소화의 목적을 달성하기 위해서 합리적인 의사결정을 하는 인간의 측면을 설명하는 사람임.

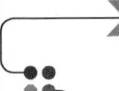

2) 완전한 정보와 완벽한 대안

합리적인 의사결정은 완전한 정보와 완벽한 대안 하에 이루어짐. 이는 의사결정에 필요한 모든 정보가 존재할 뿐만 아니라, 의사결정자는 이러한 완전한 정보에 접근할 수 있고, 모든 대체안들을 고려할 수 있다는 것임.

3) 일관성 있는 선호체계

의사결정자는 일관적인 선호체계를 지니고 있으며, 따라서, 대체안의 선택은 항상 일관성을 유지하게 됨.

4) 복잡한 계량화와 계산 가능

- 합리적 의사결정모형에서는 대체안의 분석 평가에 관한 확률이나 기대되는 결과에 대한 가중치의 설정 등과 같은 복잡한 계량화와 실제 계산이 가능하다고 보고 있음.
- 따라서, 합리적 의사결정모형에서 상황조건은 완전한 지식과 정보의 입수, 최적화된 기준에 의해서 대체안을 평가하려고 할 때 나타나는 의사결정임을 알 수 있음.

3. 장단점

1) 장점

합리적 의사결정 모형에서 의사결정자들은 대안을 찾기 전에 최적의 기준을 설정하도록 하여 기준을 정한 이후 최종적인 해결안을 찾는다는 점과 모든 대안에 대한 탐색 후에 수익을 극대화하는 최적 선택을 하고자 한다는 점에서 유익함.

2) 단점

정보가 지나치게 과다하여 정해진 시간 내에 분석을 하기 어려운 상황에 직면에 있거나, 가능한 모든 대안을 알아야 한다는 점이 부담으로 작용함. 취합된 지식과 정보에 편견이 없어야 하고, 이들을 모두 당연히 이해하고 있음을 전제한 상황에서 최적의 선택을 해야 한다는 부담이 있음.

4. 한계점

- 인간의 행동은 항상 완벽할 수 없고, 그렇게 합리적일 수도 없으며, 모든 정보를 한 번에 고려한다는 것은 현실적으로 불가능함.
- 수집한 지식과 정보를 모두 해석하는 인지적 능력에 한계가 있고, 대체안을 실행하는 과정에서 부딪히는 갈등 등을 배제하고 있음.
- 즉, 매번 항상 합리적 의사결정모형에 의한 적용을 하기에는 개인의 인지적, 심리적, 동기적, 시간적, 금전적 한계가 있다는 점을 고려해야 하는데, 이러한 측면을 보완한 것이 제한된 합리성임.

Ⅲ 제한된 합리성 모형(= 기술적 모형)

1. 의의

- 제한된 합리성 모형은 문제해결에 있어서 객관적으로 완전한 최선책을 발견하는 것은 불가능하므로 주어진 정보와 능력의 제한 속에서 소정의 기준을 세워 이를 통과하는 만족스러운 대안을 선택하게 된다고 함(March & Simon, 1958). 이를 만족모형이라고 부르기도 함.
- 건초더미 속에 수백 개의 바늘이 있을 때 그 중에서 가능한 한 가장 좋은 바늘을 찾아 사용하려고 하지만, 가장 좋은 것을 찾기에는 시간이 너무 한정되어 있고, 그렇다고 아무거나 무조건 집어서 사용하지는 않을 것임. 이러한 상황에서 문제해결을 대안을 선택하고자 할 때, 최선책을 발견하려고 하지 않고, 적절한 기준을 설정해 놓고 이를 통과하는 대안 중에 먼저 발견되는 것을 선택하게 되는 상황을 만족스러운 합리성 모형에 의한 의사결정이라고 함.

2. 제한된 합리성 모형에서 중요시하는 점

의사결정을 함에 있어서 객관적으로 최적의 대안을 선택하는 것이 아니라 객관적으로 만족스러운 수준의 대안을 선택하게 되며, 대안이나 해결책 모색에 있어 매우 제한적이고, 결과에 영향을 미치는 요소들을 통제할 수 없는 상황에서 충분한 정보도 없이 결정을 내리게 된다는 점을 강조함.

3. 제한된 합리성이 일어나는 이유

① 시간, 돈, 능력 등의 여러 가지 제약으로 인하여 필요한 모든 정보를 참조하고 분석해 지는 못하며, 역시 같은 이유로 가능한 대안들을 전부 검토해 볼 수 없음.
② 대안과 정보를 분석, 검토, 평가할 때 그 기준이 주관적이었기에 그것이 다른 사람에게도 합리적일 것이라는 가정에는 문제가 있음.
③ 모든 대안을 완전히 객관적으로 분석·평가하여 선택했다 하더라도 수집된 정보는 과거에 근거한 것이고, 대안이 실천되는 것은 다가올 미래이기 때문에 그 사이에 있을 변화는 예언가가 아닌 이상 아무도 예측할 수 없음.
④ 조직에 합리적인 것과 의사결정담당자에게 합리적인 것 사이에는 괴리가 있을 수 있으므로 조직 입장에서 합리성은 제한됨.

4. 상황조건

ⓐ 최소한의 판단기준만 있을 때, ⓑ 많은 상당한 시간을 투자할 필요가 없을 때, ⓒ 조직입장에서 또는 의사결정자 입자에서 중대한 사안이 아닐 때, ⓓ 의사결정결과에 대한 비용 대비 효익이 극대화가 될 필요가 없을 때를 상황조건으로 함.

5. 장단점

제한된 합리성에 의한 의사결정을 할 경우 상황을 인지할 수 있는 시간과 노력을 아낄 수 있지만, 얻어진 해결책이 최적의 의사결정에 의한 선택이 아닐 수 있다는 점에서 단점이 있음.

6. 시사점과 한계점

1) 시사점
   - 엄밀한 의미의 합리적 의사결정은 단지 이상에 불과할 뿐임을 설명하였고, 특히, 조직과 같이 급격한 경영상황이라는 변수가 있는 경우 합리적 의사결정은 단지 이상에 불과함.
   - 개인의 의사결정, 집단의 의사결정, 조직의 의사결정에서 개인이 아닌 집단이 이루어낸 의사결정이라 할지라도 반드시 합리적이라는 보장이 없음. 왜냐하면 대안은 여러 개인데, 사람마다 합리성의 기준이 다르기 때문임.
   - 정보가 완전할 수 없다는 사실에 기초해서 본다면, 이를 악용하여 의사결정자들은 정확한 정보를 왜곡하고 조작하여 자신에게 유리한 결정이 나도록 악용할 가능성도 있음을 시사하고 있음.

2) 한계점

   제한된 합리성 모델 하에서 의사결정자는 실제 발생한 문제가 매우 복잡함에도 불구하고, 이를 단순화시켜 접근하기 때문에 기업의 사활이 걸린 중대한 사안에 대한 의사결정 모델로서는 한계가 있을 수밖에 없음.

Ⅳ. 합리적 의사결정 모형과 제한된 합리성 모형의 비교

1. 비교

1) 합리적 의사결정 모형

완전한 합리성을 보유한 의사결정자가 사용가능한 완전한 정보를 통해서 최적 선택을 하는 규범적인 의사결정 모형임.

2) 제한된 합리성 모형

제한된 합리성의 관점을 가진 의사결정자가 제한된 정보 하에서 만족스러운 선택을 하는 기술적 의사결정 모형임.

2. 도식화

	합리적 의사결정 모형	제한된 합리성 모형
의사결정자의 합리성	완전한 합리성	제한된 합리성
정보의 가용성	완전	제한
대체안의 선택	최적 선택	만족 선택
모형의 유형	규범적	기술적

경영조직론 답안작성연습

연습 9
비공식집단에 대하여 약술하세요.

I 의의

1. 비공식집단의 의의

- 공식집단은 중요한 조직목표 달성을 위해 노력하도록 의도적으로 설계된 집단임. 능률과 비용의 논리에 의해 형성되어 수직적 계층구조를 형성함. 반면에, 〈비공식집단〉은 친밀한 대면접촉과 상호작용을 통해서 형성된 집단임. 인간의 감정이나 관습에 기초하여 형성된 집단을 의미함.
- 특히, 비공식집단의 유형을 살펴보면 개인의 목표나 이익을 충족하기 위해 형성된 이해집단 또는 이익집단이 있으며, 구체적으로 노동조합 등이 있음. 또한, 개인의 공통적인 특성이나 취미, 관심사에 의해 모인 우호집단이 있으며, 예를 들어서 동호회 등이 있음.

2. 이론적 기원

이렇듯 집단을 형성하려는 사람들의 속성을 설명한 이론적 기원은, 구성원들이 집단 덕분에 효율적으로 일을 할 수 있으리라는 효율성 추구, 호만스의「사회적 교환 이론」에 의한 인간관계 형성, 페스팅거의「사회적 비교이론」에 의한 자신과 타인의 비교를 위하여 집단을 형성한다는 점, 집단에 소속되어야만 비로소 정체성을 찾게 된다는 「사회적 정체성 이론」, 매슬로우의 「욕구단계설」에 의한 집단소속으로서 얻게 되는 안전의 욕구 등에서 확인할 수 있음.

II 비공식집단의 특징

1. 상황조건

비공식집단은 물리적으로 가까이 있는 구성원들 간에 형성하려는 〈근접성〉, 매우 자주 대하면 대할수록 마음이 안정되고 긴장감이 풀리면서 집단을 형성하려는 〈친숙성〉, 개인의 목표나 관심거리가 비슷한 사람들끼리 모이게 되는 〈유사성〉에 의하여 비공식집단이 형성된다고 함.

2. 비공식집단의 특징

비공식집단의 특징은 공통된 가치관과 감정을 갖고 안정적이고 개인적인 관계를 유지한다는 점과 자생적으로 형성되어 주로 인간관계가 중심적인 과업이고, 감정의 논리가 지배함. 일종의 사회의사소통의 창구로서 역할을 함.

3. 두 집단의 관련성

비공식집단은 개인의 인간적/사회적 욕구에 의해 형성되어 공식집단을 보완/촉진하는 작용을 하는 동시에 대립적 작용도 함께 하는 역할을 함. 공식집단은 비공식집단을 항상 수반한다는 특징을 갖고 있음. 따라서, 비공식집단이 잘 활용될 경우 공식적인 의사소통의 보완적 역할도 하고, 집단응집력 형성 및 유지에도 영향력을 제공함.

Ⅲ 비공식집단의 기능

1. 순기능

① **개인의 다양한 욕구 해소** : 유사한 정치적 성향, 취미활동, 비슷한 연령대의 가치관으로서 모인 집단으로서 개인의 다양한 욕구를 해소하면서 스트레스를 해소하고, 동일한 회사의 구성원으로 모인 경우에는 업무와 관련한 문제해결과 긴장완화로 업무달성의 촉진역할을 하게 됨.

② **정보의 흐름 촉진** : 공식집단에서 완결되지 않은 의사소통의 연결역할을 함으로써 하나의 정보원천으로서 집단 내의 정보흐름을 촉진하는 역할을 함.

③ **공식집단의 능률 촉진** : 공식적인 과업달성에 있어서 미처리된 것을 비공식적인 의사소통망에 의하여 해결안을 획득하여 업무능률을 도모할 수 있음.

④ **협력을 조장** : 비공식집단은 일반적으로 응집력이 높아서 근무하는 데 있어서 서로 협동하여 성공적으로 완수하는데 기여하게 함.

⑤ **관리자 능력부족의 공백을 메움** : 관리자가 가지고 있지 못한 지식이나 업무노하우를 팀원들이 자신들이 속한 비공식집단의 도움을 받아 해결할 수 있어서, 관리자의 부족한 부분을 채울 수 있음.

⑥ **작업집단의 안정성과 만족도 제고** : 동일한 조직에서의 비공식집단으로 형성된 구성원의 경우, 집단 내에서 안정감과 만족도를 높일 수 있음.

⑦ **의사소통의 증진** : 공통된 가치관, 취향, 취미활동, 정치적 성향으로 인하여 의사소통에 전혀 지장이 없이 원활하게 이루어지므로, 이러한 의사소통의 활성화는 집단활성화에 기여함.

2. 역기능

① **파벌형성** : 어떤 목표달성을 위해 강력한 힘이 수반된 경우, 공식집단에 위협을 가할 수 있는 파벌로서 작용하고, 공식집단이 나아가야 할 목표달성을 저해할 수 있음.

② **비정상적 정보흐름 발생** : 의사소통의 왜곡, 누락, 정보가 요약 정리되지 않은 상태에서 소문으로 번져나가 조직에 불리한 비정상적 정보흐름을 양산함.

③ **조직내 소외감 야기** : 비공식적 집단의 의사소통망에서 제외된 구성원은 정보전달과정에서 소외감을 야기하여 해당 구성원의 창의력 저하, 업무실적 저하, 이직률, 왕따문화가 발생하게 되는 근원이 되기도 함.

④ **부정적인 태도를 조장** : 조직이 조금만 잘못하더라도, 이에 민감하게 반응하여 필요 이상으로 문제를 확대하여 발전시킴.

⑤ **동조의 압력 조장** : 비공식집단은 대개 응집력이 강하여, 조직에 대하여 저항할 경우 매우 강력해지고, 이때 집단의사의견을 반영하여, 소수의견을 무시한 동조의 압력을 조장하기도 함.

> **연습 10**
> 트버스키와 카네만(A.Tversky & D.Kahneman)이 설명한 의사결정의 전형적 오류에 대하여 논하시오.

I 의사결정의 의의 및 중요성

1. 의사결정의 의의

의사결정이란 바람직한 목표달성을 위하여 하나 혹은 그 이상의 대체안 중에서 선택하는 과정을 의미하며, 의사결정자가 현실과 이상 사이의 문제를 지각하면서 의식적으로 여러 대안들 중에서 하나를 선택해야 하는 상황에서 과연 합리적인 선택이 무엇인가에 관심을 가짐.

2. 중요성

- 집단의 운영, 조직의 운영은 의사결정의 연속선상에서 이루어지며, 이는 사소한 의사결정부터 조직이 사활을 걸어야 하는 중요한 의사결정까지 다양하게 존재함. 이러한 의사결정이 잘 이루어진다면 조직은 성장 발전을 하겠지만, 자칫 의사결정 실패 상황이 도래한 경우 조직의 입지까지 위태롭게 되므로, 매우 중요한 부분임.
- 일부 학자들은 의사결정의 그레샴 법칙이라고 하여, 사소한 문제(악화)에 지나치게 몰입한 나머지 정작 중요한 문제(양화)의 해결에는 시간을 할애하지 못하는 경우가 발생한다고 하였으며, 따라서 직면한 상황에서 가장 합리적인 의사결정을 내리는 데 필요한 전형적 오류들을 트버스키와 카네만의 접근을 통하여 자세하게 설명해 보고자 함.

II 의사결정의 전형적 오류들

1. 과신오류(overconfidence bias)

1) 의의

- 과신오류는 지나친 자신감의 오류이며, 의사결정자가 자신의 미래에 일어날 의사결정 결과들에 대해 예측을 충분히 할 수 있다고 자신의 능력을 과신할 때 일어나는 오류임.
- 대표적으로 자동차 운전자의 80%이상이 자신의 운전 실력을 과신하거나, 하버드 대학생의 86%이상이 자신의 외모가 출중하다고 과신하거나, 복권구입자 대부분이 당첨확률을 과신하는 경우가 이에 해당함.

2) 오류 극복방안

과신오류를 줄이기 위해서는 의사결정을 할 때, 시간을 충분히 가지고 자신의 판단을 현실에 근접하도록 노력해야 함.

2. 유용성 오류(availability heuristic)

1) 의의

- 의사결정자가 자신이 수집한 정보에만 의존하여, 기억하기 쉬운 정보만을 갖고 의사결정을 하는 경향을 의미. 최근에 발생된 정보, 사건, 사고에 의존하거나 현저성이 높은 강렬한 상황이 기억에 남아 의사결정에 영향을 제공하는 것임.
- 일례로 자동차 사고와 비행기 사고 중에, 자동차 사고량이 실제로는 많음에도 불구하고, 사람들은 비행기 사고의 위험성만 기억하는 경우, 가까운 주변인이 음식장사에 성공한 것을 보고, 자신도 음식장사에 성공할 수 있다고 잘못된 의사결정을 하는 사례를 볼 수 있음.

2) 오류 극복방안

의사결정자 자신의 판단에 오류가 없는 지, 스스로 피드백을 하여 돌아보는 것이 필요하고, 최선의 양질의 Data를 모아서, 증거기반경영을 활용하여 가장 타당한 의사결정을 내리는 것이 필요함.

3. 대표성 오류(representativeness heuristic)

1) 의의

- 과거의 사건이 대표성을 갖게 되어, 현대의 비슷한 상황에서 같은 효과를 낼 것이라고 생각하여 이를 기준으로 의사결정을 하는 것임.
- 미국에서 성공한 월마트, 까르푸 등의 대형 창고 유통판매점 사례에서, 당시 글로벌한 성공을 기대하고 대표성 오류에 의한 의사결정에 의해 대한민국 시장으로 진입하였으나, 신세계 이마트, 롯데 홈플러스에 밀려 성공하지 못하고 퇴거함.

2) 오류 극복방안

의사결정을 할 때 기본적으로 필요한 정보 수집, 다양한 원천에서 수집해야 대표성 오류를 극복할 수 있음.

4. 고착된 편견 오류(anchoring heuristic)

1) 의의

- 의사결정을 위한 정보 수집 시, 과거에 접한 정보나 처음 접한 정보에 의존하여 의사결정을 내리게 되는 것임. 이 경우, 당면한 의사결정과 직접적 관련되지 않은 정보에 의존하여 최종결정을 내리게 되는 결과도 초래함. 확정적 편견(선택적 지각의 특수한 형태)과 활용적 편견(즉각적으로 사용가능한 정보에 의존하여 판단하려는 편견)이 있음.
- 특정 팀의 실적이 월등했음에도 불구하고, 회사의 연봉인상률 방침이 3%이므로, 그대로 일괄 적용해 버리는 사례를 들 수 있음.

2) 오류 극복방안

- 고착된 편견의 오류를 극복하기 위해서는 제로 베이스 사고(zero base thinking)에 기준함. 즉 기존에 갖고 있는 편견이나 선입관을 배제하고 문제해결에 접근하는 태도를 가져야 함. 모든 것을 백지상태로 두고 처음부터 다시 생각하게 되면 문제 해결에 필요한 새로운 시각을 도입하고 참신한 아이디어를 도출할 수 있음.

5. 인지 오류(framing bias)

1) 의의

- 의사결정이론에서 사람들은 합리적 경제인으로서 완전정보에 의한 규범적인 의사결정을 한다고 보았으나, 실상은 그렇지 않다는 것으로 정보를 인지하는 과정에서, 직면한 상황에 따라, 즉 긍정적인 상황에서는 위험추구적인 의사결정을, 부정적인 상황에서는 위험회피적인 의사결정을 함.
- 백화점 바겐세일 행사기간에 동일한 제품에 20% 낮은 가격표만 붙어있는 제품과 20% 할인이 부착된 제품 중 동일한 가격임에도 20%할인이 부착된 제품을 구매함.

2) 오류 극복방안

정보가 제공될 때의 다양한 측면을 면밀히 분석하여 의사결정을 해야 함.

6. 몰입상승 오류

1) 의의

- 경영자가 어떤 의사결정이 잘못되었음을 인지한 후에도, 시간, 노력, 자원 등을 계속 투입해 온 그간의 매몰비용을 생각하여 잘못된 의사결정을 유지하다가 결국, 조직에 큰 해를 입히는 것

- 미국정부가 GM자동차회사에 130억달러 국가재정을 투자하였으나, 결국 재정적으로 개선되지 못한 사례, 사업성이 전혀 없음이 명백한 초음속비행기 콩코드에 영국+프랑스가 합작하여 계속 투자를 했고, 결국 사업을 접은 사례, 호주 오페라하우스 공사기간의 장기화로 국가재정이 흔들릴 지경에 이르게 된 사례를 들 수 있음.

2) 원인

부정적 결과를 인정하고 싶지 않은 자기정당화 요구, 결정이 번복되면 그동안 투자한 시간과 비용에 집착하게 되는 매몰비용과 주변의 비난을 감수해야 한다는 점, 조직은 변화를 두려워하는 데서 기원한 타성과 관성이 존재한다는 점, 실행이 완료된 후에야 손익이 드러나기 때문에 결과를 지켜보자는 생각, 특히 정부조직이 일단 벌여놓은 사업을 취소하지 못하는 이유는 보이지 않는 국민의 압력이 있기 때문임.

3) 오류 극복방안

- 몰입상의 오류를 줄이기 위해서는 의사결정을 할 때 한 번에 결과가 나오게 하려는 것을 피하고, **점진적인 의사결정에 의하여**, 목표를 여러 작은 것들로 쪼개어 설정하고, **차근차근 해결을 보도록 해야 함**.
- 그 외에 의사결정 수행 중, 수시 피드백을 받는 태도, 의사결정권한을 가진 멤버를 돌아가며 갖도록 해야 하며, 차후에 발생되는 비용은 장기적으로 계산하고, 실패에 대한 비난풍토는 없애야 함.

7. 무작위적 오류

- 무작위적으로 발생되는 사건의 결과를 예측할 수 있다고 생각해 버리는 경향
- 13일의 금요일에는 중요한 의사결정은 하지 않는다든지, Tiger Woods는 주요 대회에서 빨간 셔츠를 입고 출전해야만 우승한다와 같은 징크스, 위험회피성향에서 오는 갈등으로 직면한 상황에서 확실한 것만 선호하여 해결을 보려는 사례에서 무작위적 오류가 발생하기도 함.

> **연습 11**
>
> 의사결정자가 최선의 의사결정을 내리는 데 필요한 모든 정보를 획득하고 처리하는 것이 불가능하다는 것을 고려해 볼 때, 최선의 대안을 선택하는 과정에서 범하는 오류는 의사결정의 질을 저해할 수 있다. 의사결정자가 흔히 범하는 아래의 오류들 각각에 대하여 개념적 정위와 조직 상황에서 발생할 수 있는 예시를 1가지씩 쓰시오. (25점)   2022년 제31회 기출
>
> (1) 가용성 편향(availability bias)
> (2) 고착 편향(anchoring bias)
> (3) 확증 편향(confirmation bias)
> (4) 사후확신 편향(hindsight bias)
> (5) 몰입의 심화(escalation of commitment)

I 의사결정의 의의 및 중요성

〈의사결정〉이란 바람직한 목표달성을 위하여 하나 혹은 그 이상의 대체안 중에서 선택하는 과정을 의미하며, 조직의 운영은 의사결정의 연속선상에서 이루어지고, 사소한 의사결정부터 조직이 사활을 걸어야 하는 중요한 의사결정까지 다양하게 존재하기 때문에 의사결정이 잘만 이루어진다면 조직의 성장 발전에 긍정적인 영향을 줄 것임은 명백하다. 이하에서는 조직이 직면한 상황에서 가장 합리적인 의사결정을 내리는 데 필요한 전형적 오류들을 트버스키와 카네만의 접근을 통하여 자세하게 설명해 보고자 한다.

II 의사결정의 전형적 오류들

1. 가용성 편향(availability bias)

1) 의의

의사결정자가 자신이 수집한 정보에만 의존하여, 기억하기 쉬운 정보만을 갖고 의사결정을 하는 경향을 의미. 최근에 발생된 정보, 사건, 사고에 의존하거나 현저성이 높은 강렬한 상황이 기억에 남아 의사결정을 하는 것이다.

2) 사례

자동차 사고와 비행기 사고 중에, 자동차 사고량이 실제로는 많음에도 불구하고, 사람들은 비행기 사고의 위험성만 기억하는 경우, 가까운 주변인이 음식장사에 성공한 것을 보고, 자신도 음식장사에 성공할 수 있다고 잘못된 의사결정을 하는 사례를 볼 수 있다.

2. 고착 편향(anchoring bias)

1) 의의

의사결정을 위한 정보 수집 시, 과거에 접한 정보나 처음 접한 정보에 의존하여 의사결정을 내리게 되는 것이다. 이 경우, 당면한 의사결정과 직접적 관련되지 않은 정보에 의존하여 최종결정을 내리게 되는 결과도 초래하기도 한다.

2) 사례

특정 팀의 실적이 월등했음에도 불구하고, 회사의 연봉인상률 방침이 3%이므로, 그대로 일괄 적용해 버리는 사례를 들 수 있다.

3. 확증 편향(확정적 편견, confirmation bias)

1) 의의

자신의 신념과 일치하는 정보는 받아들이고, 일치하지 않는 정보는 무시하는 경향을 말하며, 지각의 오류 유형에서 확정적 편견과 같다.

2) 사례

대표적 사례로 거론되는 게 1998년 미국은 물론 전 세계를 떠들썩하게 만든 빌 클린턴(Bill Clinton) 대통령이 백악관 인턴 모니카 르윈스키(Monica Lewinsky)와 벌인 '섹스 스캔들'이다. 클린턴이 믿기지 않을 정도로 무모한 섹스 행각을 벌인 심리적 배경엔 "예전에 괜찮았으니 이번에도 괜찮겠지" 하는 식의 확증 편향이 자리 잡고 있었다.

4. 사후확신 편향(hindsight bias)

1) 의의

처음에는 자신의 관점 및 생각을 숨기다가 나중에 결과를 확인하고 난 후 '내 그럴 줄 알았어. 내 짐작이 맞았어.' 마치 처음부터 잘 알고 있었다는 식으로 의사결정을 하는 오류이다.

2) 사례

주식을 매수한 후 운 좋게 오르는 경험을 한 투자자는 '내 그럴 줄 알았지.'라며, 투자금을 늘리게 되는데 이후의 주식가치가 계속 오른다면 좋겠지만, 그렇지 않고 떨어지는 경우가 대부분이다. 이처럼 전문가라고 하여 예측까지 정확하게 할 수 없는 경우를 사후 확신 편향이라고 한다.

5. 몰입의 심화(escalation of commitment)

1) 의의

경영자가 어떤 의사결정이 잘못되었음을 인지한 후에도, 시간, 노력, 자원 등을 계속 투입해 온 그간의 매몰비용을 생각하여 잘못된 의사결정을 유지하다가 결국, 조직에 큰 해를 입히는 것이다.

2) 사례

미국정부가 GM자동차회사에 130억달러 국가재정을 투자하였으나, 결국 재정적으로 개선되지 못한 사례, 사업성이 전혀 없음이 명백한 초음속비행기 콩코드에 영국+프랑스가 합작하여 계속 투자를 했고, 결국 사업을 접은 사례, 호주 오페라하우스 공사기간의 장기화로 국가재정이 흔들릴 지경에 이르게 된 사례를 들 수 있다.

> **연습 12**
> 집단의사결정의 의미를 설명하고, 집단의사결정 방법 중 명목집단법, 브레인스토밍, 델파이기법을 각각 기술하시오. 2018년 제27회 기출
> 집단의사결정기법의 장단점 2007년 제16회 기출

I 의사결정의 의의

1. 집단의사결정의 의의

의사결정이란 바람직한 목표를 달성하기 위하여 하나 혹은 그 이상의 대체안 중에서 선택하는 과정이며, 집단의사결정은 특정한 문제해결을 위하여 여러 사람들이 공동으로 해결방안을 모색하는 과정을 말함. 조직의 운영은 의사결정의 연속선상에 있으며, 의사결정은 자율적인 조직기반 구축의 핵심적인 활동에 해당함.

2. 의사결정의 중요성

조직이 성장 발전하거나 실패하는 것은 경영자의 의사결정에 달려있으며, 1985년 New Coke의 실패, Nissan의 조직구조와 제품의 혁신을 결정한 Carlos Ghosn 등의 사례에서도 볼 수 있으며, 의사결정의 그레샴의 법칙이라 하여 사소한 문제(악화)에 지나치게 몰입을 하게 되면 나머지 정작 중요한 문제(양화)의 해결을 지나치게 되는 결과를 초래함. 따라서, 의사결정에 있어서 제한된 시간 안에서 가장 합리적인 결과를 도출한다는 것은 기업경영에서 매우 중요한 일이며, 실무에서 가장 많이 활용되는 명목집단법, 브레인스토밍, 델파이기법을 기술하고, 그 장단점에 대하여 설명하고자 함.

II 집단의사결정 기법

1. 명목집단법

1) 의의

명목상 집단이 주어진 문제에 대하여 타인의 압력이 전혀 없는 상태에서 자신의 의견을 무기명으로 적어 제출하고, 진행자는 이들 의견들을 칠판에 순서대로 기록해 나간다음, 각 의견에 대한 장단점 및 타당성 등을 개방적으로 토론하면서 최적의 해결안을 선택하는 방법임.

이 방법의 특징은 참가자들이 서로 대화에 의한 의사소통을 못하도록 한다는데 있고, 반드시 서면으로 작성하여 제출을 해야 한다는 것임. 이것은 집단구성원들이 마음속에 진실로 생각하고 있는 바를 도출한다는 특징을 갖고 있고 시간이 걸리더라도 그 장단점과 타당성을 토의한다는 점에서 질(質)적인 측면을 강조한 의사결정기법임.

2) 과정

① 아이디어를 서면으로 무기명 작성을 하여 제출하는 단계임. 이때 구성원들이 서로 대화나 상호교환을 하지 않음.
② 제출된 아이디어들을 회의 주재자가 전체 아이디어들을 칠판에 기록함.
③ 제출된 의견과 아이디어들 하나하나를 집단 구성원들이 그 장단점과 타당성 등을 토론함.
④ 모든 의견과 아이디어들에 대한 장단점 토론 후에, 구성원들이 선호하는 의견을 투표 후에 결정함.

3) 장단점

- 구성원들이 제출된 아이디어에 대한 다양한 평가로서 최적안을 찾아내므로, 의사결정의 질 우수하고, 타인의 영향을 받지 않는 상태에서 자신의 의사를 개진할 수 있다는 장점이 있음. 또한, 구성원 전체의 타당성 및 장단점 토론에 의하여 최적안을 결정하므로, 의사결정결과의 수용성이 매우 높음.
- 회의를 주재하는 리더는 훈련을 받은 자질을 갖추고 있어야 하며, 한 번에 한 문제만 처리할 수 있다는 단점 때문에 각 아이디어에 대한 장단점 및 타당성 등을 토론하기까지 시간이 상당히 소요됨.

2. 브레인스토밍

1) 의의

여러 명이 한 가지 문제에 직면하여, 아이디어 연상작용에 의하여 가능한 한 아이디어들을 많이 내놓고, 이에 추가적인 의견을 첨가하면서 번쩍번쩍하는 아이디어로서 최적의 해결안을 찾아내는 방법이며, 가능한 한 많은 아이디어들을 제출하고 그 안에서 최적해결안을 찾아내는 양(量) 중심의 의사결정기법임. 이 기법은 오스본(Osborn)이 창안한 기법임.

2) 과정

① 집단구성원들이 한 자리에 모여 당면한 문제에 대하여 자신의 생각과 해결대안, 아이디어, 의견 등을 아무런 장애나 편견 없이 제출함. 제출된 아이디어나 의견들을 모두가 볼 수 있도록 차트에 기록함.

② 타인의 의견이나 아이디어들에 대하여 비판하거나 반대할 수 없으며, 가능한 한 많은 의견을 낼 수 있도록 심리적 지원을 제공함. 타인이 의견을 발표할 때 중간에 끼어들지 않음.

③ 제출된 의견과 아이디어들에 대하여 수정과 보완을 거쳐 최종적인 해결안을 도출하는 것으로 이루어짐.

3) 장단점

- 다른 구성원의 아이디어를 통한 학습효과가 있고, 아무런 장애나 편견 없는 의견을 지속적으로 제시하여 찾아나간다는 장점이 있음. 브레인스토밍의 특성상, 소수의 Big mouth에 의한 지배가 없음. 이 기법의 장점 중 하나는 소수의 의견도 무시하지 않고 참여와 기회를 제공한다는데 있음.
- 지나친 중구난방식 아이디어들을 제시하게 될 경우, 회의 분위기에 있어서 배가 산으로 가는 경우가 발생할 수 있고, 문제와 전혀 상관없는 분위기만 형성되거나 현실성을 결여한 아이디어들만 나열하면서 회의를 마치게 되는 결과를 초래할 수 있음.

3. 델파이기법

1) 의의

델파이기법은 설문지를 원거리에 있는 전문가에게 보내어 의견을 제시하도록 한 다음, 그 전문가들로부터 수거된 설문지 내용을 취합하여 정리한 다음에 다시 전문가에게 송부하고, 수정 검토된 의견들을 취합 정리하여 또다시 전문가들에게 송부하는 방식을 피드백 반복함으로써 최종적인 해결안을 채택하는 방법임. 이 기법은 전문가들이 서로 대면접촉을 하지 않은 상태에서 의사결정을 내린다는 특징을 가짐.

2) 과정

① 진행자가 전문가들에게 사전에 문제되는 사안들에 대하여 충분한 정보 제공함.

② 전문가들은 자료를 보고, 문제해결에 대한 대안을 진행자에게 제출함.

③ 진행자는 제출된 대안들을 취합하여 정리 작성하여 모든 전문가 구성원에게 송부함.

④ 다른 전문가의 의견을 참고하여 자신의 수정 검토된 대안을 제출하고, 진행자는 재취합된 의견들을 정리 작성하여 다시 송부하고, 수정 검토된 의견들을 또 취합하여 정리함. 이를 반복하는 과정에서 최종적인 결정안을 채택하는 것임.

3) 장단점

- 델파이기법은 원거리에 떨어진 전문가들의 의견과 아이디어 등의 해결안을 받을 수 있다는 장점과 철저히 익명성이 보장되므로 소수의 지배나 집단사고를 예방할 수 있음. 문제해결에 대한 대안의 수준과 실행가능성 등을 피드백 반복하는 과정에서 정확하게 파악할 수 있어서 실질적인 우수한 대안을 찾는데 효과적임.
- 각 전문가들로부터 의견을 받고, 이를 취합하여 다시 피드백을 하는 반복 과정을 거치는데, 이 과정을 거치는데 상당한 시간과 정성이 요구된다는 단점이 있음.

Ⅲ 집단의사결정의 장단점

1. 장점

1) 풍부한 정보와 지식의 활용

각자 다양한 의견과 정보제공, 분석을 하는 과정에서 상호자극으로 새로운 아이디어가 개발되기도 하고, 이에 의한 시너지효과도 창출할 수 있음. 즉, 풍부한 정보와 지식의 활용으로 다양한 의견의 개진, 최적안의 선택에 유리함.

2) 분업과 협업의 가능

문제가 복잡하고 전문성을 띠는 것일수록 분업과 협업에 의한 집단의사결정의 유효성은 더욱 커짐. 구성원들의 합의에 의한 최종적인 결정안을 채택하는 것이므로 그 수용성과 응집력이 높아지기 때문임. 실무에 있는 구성원이 회의에 참석할 경우 교육효과도 있고, 실천할 때에도 동기부여가 되어 분업과 협업을 할 수 있게 되는 것임.

3) 충실한 대안 평가 가능

여러 다양한 관점에서 문제점을 파악하고 검토하며 비판을 할 수 있으므로, 해당되는 문제에 대하여 다각도로 접근하여 풀어보는 충실한 해결안을 제시할 수 있음.

4) 정당성과 합법성의 증대

한 사람에 의해 만들어진 결정보다는 집단에 의해 결정된 해결안이 더욱 합법적으로 것으로 인정되며, 결과에 대한 정당성을 확립할 수 있음.

5) 해결책에 대한 수용성 증가

구성원 모두의 참여로 결정한 것은 실천을 할 때에도 모두의 참여를 부추기므로, 구성원 전반적인 수용성을 이끌어낼 수 있음. 중요한 의사결정 장소에 참여하였다는 사실만으로도 구성원은 자긍심과 직무몰입을 느끼게 되므로 실무에 대한 수용력이 커지게 됨.

2. 단점

1) **시간의 낭비**

   토론시간의 낭비, 의견대립에서 오는 인간관계의 왜곡 등으로 소요되는 비용이 상당함. 또한, 관리자가 급하게 결정을 내려야 하는 시간적 제한을 받을 때에는, 최적의 해결안을 도출하는데 있어서 오히려 제한을 받게 됨.

2) **동조의 압력**

   집단사고 경향이 많은 집단에서 동조압력은 심하게 나타나는데, 이러한 동조압력은 자신의 의견이 불확실할 때 집단의 의견에 동조하려고 하거나, 자신의 의견이 정확해도 집단의 대동단결을 중시하기에 순응하는 경우로도 나타남. 즉, 서로의 의견에 비판이라는 것이 없이 집단의 대동단결 의견에 동의하는 경향인데, 이는 솔로몬 애쉬의 집단동조현상을 알아보는 선분 실험에서도 확인된 바 있음.

3) **책임소재의 모호성**

   집단의사결정의 결과가 나쁘더라도 개인이 책임을 지는 것이 아니므로, 어차피 책임은 회사가 지는 것이니까 라는 생각으로 해당 문제에 신중하지 않을 수 있어서 대충 분위기에 맞추는 의견 정도만 제시하는 경우도 있고, 의사결정 결과를 실무에 적용한 이후 실패로 돌아갔을 때, 누구의 책임 소재로 돌려야 할 지 알 수 없어 실패된 결과를 잘 되돌리는 것이 아니라, 실패된 결과로서 방조하는 현상으로 나타나게 될 수 있음.

4) **창의성의 제약**

   자신이 참신하다고 판단하는 아이디어를 여러 사람 앞에 내놓았을 때, 구성원들의 반응을 생각하게 되므로, 이러한 경우 개인의 창의성이 제약받을 수 있음.

5) **집단 내 갈등 야기**

   최적안을 알고도 상호의견대립으로 불리한 타협안을 선택하거나, 의견의 불일치가 심할 경우, 갈등요인으로 잠재되어 다른 업무에까지 영향을 미칠 수 있음. 한두 사람의 실권자가 전체 의견을 주도해 버리는 경우 개인의 소중한 의견이 묵살되거나 편파적으로 변화하게 되고, 집단 내 조직정치가 작용하게 될 경우 구성원들 간 심한 갈등상태까지 갈 수 있음.

조직 내 집단사고의 증상과 극복방안을 제시하시오.   1997년 제6회 기출

I 집단사고의 의의

- 집단응집력이 지나치게 높은 집단의 경우, 구성원들 간 합의가 지나치게 커서 다른 대안의 모색을 저해하고, 소수의견을 무시하며, 충분히 검토되지 않은 상태에서 의사결정을 내리는 현상을 의미함. 즉, 집단구성원들 간에 동조압력과 전문가들의 과도한 자신감 등으로 인해 비합리적인 의사결정을 내리게 되는 현상을 말함.
- 집단사고의 기원은 1982년 미국의 심리학자 어빙 재니스(Irving Janis)가 그의 저서인 '집단사고에 의한 희생들'에서 피그만 침공이 실패한 이유를 분석하는 과정에서 만들어낸 개념임.
- 집단사고에 의해 희생된 구성원들은 대안에 대한 충분한 토론 없이 쉽게 합의된 대안이 최적안이라고 믿으며, 적을 과소평가하려는 경향이 있고 범법을 저지르면서도 자신들은 윤리적 도덕적이라고 합리화하려는 경향이 있음. 이하에서는 집단사고의 원인과 증상, 그 극복방안에 대하여 살펴보도록 하겠음.

II 집단사고의 원인과 증상

1. 집단사고의 원인

집단사고는 집단응집력이 지나치게 높은 경우, 구성원들 간 합의가 지나치게 커서 다른 대안의 모색을 저해하는 경우, 집단이 외부로부터 고립되어 있는 경우, 외부로부터 위험이 임박하여 구성원들이 엄청난 스트레스를 받고 있는 경우, 막강하지만 불합리한 지시적 리더십에 초점이 맞추어진 경우에 주로 발생함.

2. 집단사고의 증상

1) 잘못불가의 환상(=불사신이라는 환상)

명백한 위험이 다가옴에도 불구하고 지나치게 낙관적으로 상황을 바라보는 현상이며, 집단구성원들이 매우 낙천적인 성격에 과도한 위험부담을 추구하고, 자신들은 비판을 받아서는 안 된다는 환상을 가지고 있음.

2) 도덕적 환상

집단이 이루어낸 결정은 무조건 도덕적 윤리적이라는 환상으로 판단하는 경향임.

3) 적에 대한 상동적 태도

자신들의 의견에 반대하는 집단에 대해서는 무조건 부정적인 편견을 갖고 있는 태도를 말함.

4) 동조의 압력

집단의 규범, 가치관, 목표, 결론 등에 수긍하지 않음에도 불구하고 집단의 힘에 강제적으로 따라야 하는 현상이며, 집단 의사결정에 대해 의문을 가지는 구성원들에게 집단의 의사결정에 동조하도록 압력을 가하는 것임.

5) 집단과보호(=자기검열)

집단의 의견에 반대하는 의견은 집단의 화목을 깨뜨린다고 생각하는 집단친위대이며, 반대의견을 전혀 수용하지 않는 현상임. 따라서 구성원들은 집단의 의사결정에 감히 비판을 하지 않게 됨. 집단토론에서는 대개 강경론자가 분위기를 장악하는데, 누군가 반대의견을 제시하면 심하게 공격하고, 심지어 배신자라는 낙인까지 찍으며 차단시키는데, 그 이유라고 하는 것이 집단 내부에서 충분히 자기검열을 했기 때문에 이를 비판하는 것을 용납하지 않는 것임.

6) 집단합리화

집단의 생각은 반드시 합리적일 수밖에 없다고 여기는 것임. 집단이 내린 결정이니 합리적이고, 이를 반박하는 정보들에 대해서는 무시하는 현상임.

Ⅲ 집단사고의 결과

1. 편협한 의사결정 초래

집단의사결정에 빠지게 되면 의사결정에 있어서 문제해결이 처음 제시된 범위에서 벗어나지 못하게 제한되며, 새로운 정보나 변화에 민감하게 반응하지 못하는 결과를 가져 옴. 또한 전문가의 조언이나 자문을 무시하며 문제 인식에 소극적이고 상황적응능력이 떨어지게 되는 결과로 귀결되어 편협한 의사결정을 초래함.

2. 결과창출 저하

집단사고는 의사결정의 역기능적 결과를 초래하게 되는데, 대안을 불완전하게 탐색한다든지, 유리한 정보만을 선택하여 편협한 결정을 내리게 되어 결국 최적의 대안을 선택할 수 없게 되고, 성공적인 결과 창출의 가능성은 저하되는 결과를 가져 옴.

3. 심각한 집단동조현상

극단적 위기상황에서는 집단전염과 집단공포가 증폭되어 집단사고 경향이 많은 집단에서의 의사결정은 그렇지 않은 의사결정보다 집단동조현상으로 쏠림현상이 더 심각해진다고 함.

Ⅳ 집단사고 현상의 극복방안

1. 구성원 행동방향

1) 집단사고의 징후가 될 수 있는 행동을 자신이 하고 있는지 점검해야 함.
2) 자신이 토론의 진행방향과 반대의견을 갖고 있음에도 이를 당당하게 개진하지 않는지 자신을 돌아봐야 함.
3) 다른 구성원들에게 특정 의견에 동조하도록 권유, 압력을 하지 않아야 함. 자신이 Big mouth는 아닌지 점검해야 함.

2. 집단의 행동방향

1) 집단사고의 징후가 나타나는지 살펴보고, 우려되는 징후가 발생될 경우 이를 막을 수 있는 노력으로 반대의견 제시, 악마의 대변인으로서 역할을 할 수 있도록 독려해야 함.
2) 토론에서 다른 의견이 제시될 수 있도록 자유로운 분위기를 만들어야 함. 사회적인 비교과정, 합의과정에 충실해야 함.
3) 지나친 시간압박을 가하지 않아야 함.

3. 회의 주재자의 행동방향

1) 리더가 반대의견을 제시하여 회의를 고무시켜야 하고, 지나친 시간압박을 하지 않으면서 구성원들의 하나하나의 의견들을 잘 청취해야 함. 어떤 구성원이 비판적인 발언을 하더라도 이를 격려하여야 함.
2) 독립적인 토의 후에 의견 차이를 줄여나가도록 리더가 회의 분위기를 이끌어야 함. 정반합의 변증법적 토의, 반대를 위한 반대, 복수지지 등의 기법을 활용하여 충분한 의견교환의 시간과 타당성 토의가 되도록 하면서 결론을 이끌어 내야함.
3) 소수의 Big mouth에 의한 지배를 경계하여 구성원 모두의 의견을 수렴할 수 있도록 가끔은 익명에 의한 의견을 제출할 수 있도록 명목집단법을 사용하여도 바람직함.
4) 처음부터 두 개의 집단으로 나누어서 토론하게 하여 쏠림현상을 방지하고, 양 집단의 절충된 의견을 수렴하는 방식으로 이끌어도 바람직함.

경영조직론 답안작성연습

> **연습 14**
> Daft가 설명한 적합한 의사결정 모형의 선택을 위한 분석으로 조직 차원의 의사결정 모형을 도식화하고 각각의 4가지 상한을 자세하게 설명하시오.

I 조직의사결정의 의의

의사결정이란 특정한 문제해결을 위하여 여러 사람들이 공동으로 해결방안을 모색하는 과정인데, 특히 조직 차원의 의사결정은 개인이나 소집단 차원의 의사결정과는 다른 특징을 보이기 때문에 이에 대한 이해가 필요함. 조직 차원의 의사결정이 갖는 중요성은 결정의 효과 차원에서 설명이 가능하며, 즉, 결정에 대한 효과가 조직 전체에 영향을 미칠 수 있는 것이 조직 차원의 의사결정임.

II 상황에 적합한 의사결정모형

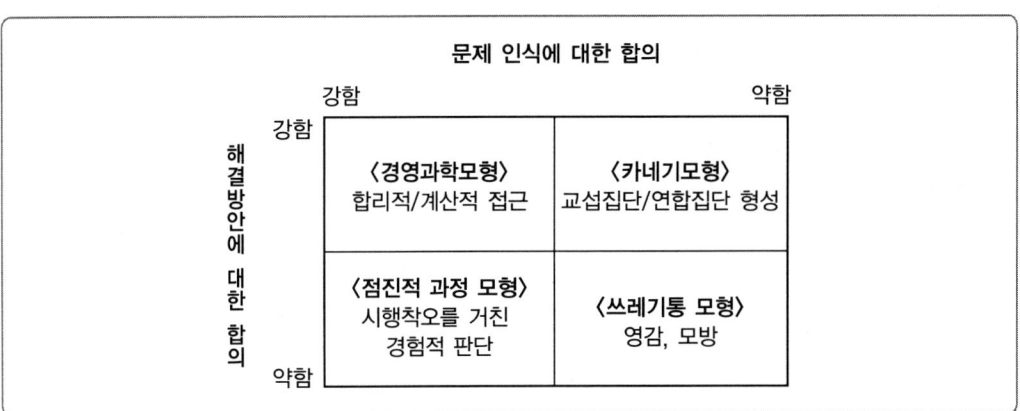

※ 출처 : R.Daft, Organizational Theory & Design, 12th, 524page~540page

〈제1상한〉: 경영과학모형

경영과학모형은 가능한 많은 정보량을 수집하여 계량화하고 최적해를 추출하기 위한 방정식을 만들어 대입하는 방식으로 하기 때문에 확실한 결론을 확보할 수 있음. 이에 의사결정자들은 문제에 대한 합의가 이루어지고 해결책에 대한 의견도 일치하여 모든 상황에서의 대안이 확실함.

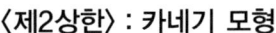

〈제2상한〉: 카네기 모형

해결대안은 많이 드러나 있지만 문제를 인식하는데 있어서 의견일치를 보지 못했으므로, 합의에 이르기까지 교섭과 타협이 필요한 모형임. 조직의 문제에 대해 의견 차이가 크면, 과학적 모형보다는 카네기 모형에 의존하여 의사결정을 내리는 경우가 많음.

〈제3상한〉: 점진적 의사결정 모형

문제에 대한 인식은 관련자들이 일치하지만, 해결방안을 알지 못한 경우에 활용하는 모형이며, 자신의 경험과 직관에 의존한 작은 선택의 연속을 진행하다가 잘 못될 경우 다시 최초의 진단부터 하게 되는 모형임. 문제해결까지 수많은 반복된 순환을 하면서 상황이 점차 확실해지고 좋은 해결책이 나타나기도 함.

〈제4상한〉: 쓰레기통 모형

문제인식도 어렵고, 해결방안도 불확실한 경우에 쓰레기통 모형에 의한 의사결정으로 해결을 보기도 함. 관리자의 직관과 경험, 영감과 모방, 통찰력 같은 것으로 오랫동안 심사숙고하면서 무의식에서 형성된 깊은 이해과 노하우에서 최종적인 해결안을 결정하는 사례임. 비과학적이기는 하지만, 비합리적인 것도 아닌 의사결정모형임.

Ⅲ 경영과학적 접근법

1. 의의

- 경영과학적 모형은 집단의사결정모형을 조직관리에 도입한 가장 합리적인 방식임. 즉, 기업경영에 사용되고 있는 수리적 모형, 즉, 선형계획법, 컴퓨터 시뮬레이션 등에 의한 과학적 기법으로 의사결정을 도모하는 것임.
- 제2차 세계대전 중에 전투상황의 문제해결을 위하여 과학적/수학적 기법을 사용하면서 처음 등장하였고, 이를 차츰 기업경영에 도입하기 시작함.

2. 상황요건

경영과학모형은 변수가 많은 문제를 정확하고 신속하게 해결하므로, 정보량이 많고, 분석가능하면서, 측정가능하고, 논리적인 방법으로 해결안을 구축하고자 할 때, 해결 시한이 극히 짧게 주어질 때 적합함.

3. 한계점

모든 변수들이 계량적으로 측정이 가능한 상황에서만 적합함. 계량화하기 어려운 정성평가에 있어서 경영과학으로 접근했다가는 오히려 이상한 결과에 도달할 수 있음.
기업은 경쟁자의 반응 예측, 신제품에 대한 소비자의 선호도 적중, 고객의 기호 변화 등의 질적인 요소에 있어서는 경영과학적 모형보다는 경영자의 직관과 감각에 의하여 판단을 내리는 것이 더 정확한 때가 많음.

Ⅳ 카네기 모형

1. 의의

R.Cyert, J.March, H.Simon의 카네기학파 연구에 기반한 조직의사결정모형. 제한된 합리성을 공식화하고, 조직의사결정에 새로운 시각을 제공했음. 조직 수준의 의사결정은 많은 관리자와 연관되어 있고, 최종 선택은 관리자의 연합에 기초한다고 설명함.

2. 특징 : "관리자의 연합(coalition)"

- 카네기모형의 핵심은 조직의 주요한 대부분의 의사결정이 관리자의 연합에 의해 이루어진다고 보았음. 여기서, 연합은 일반관리자, 스탭, 노조대표자, 은행, 고객 등을 모두 포함한 개념임.
- 이러한 관리자의 연합에 의한 의사결정은, 최적대안보다는 만족스러운 의사결정을 추구하고 선택하게 된다는 특징을 가짐.

3. 사례

정형화된 문제의 경우, 조직의 절차에 따라 관리자의 연합에 의한 만족스러운 의사결정을 하고, 비정형화된 문제의 경우, 타협과 갈등해결을 위하여 관리자의 연합에 따라 만족스러운 의사결정을 함.

4. 관리자들의 연합이 필요한 이유

- 조직의 공식목표와 팀의 운영목표가 항상 일치하지는 않기 때문에, 공식목표가 모호하고 모순될 때에는 해결해야 할 문제에 대한 연합을 형성하여 타협과 합의를 도출해야 할 필요가 있기 때문임.
- 또한, 관리자의 의사결정과 관련된 정보를 처리할 시간, 자원, 정신적 능력의 한계로 인하여 연합이 형성되어 서로 관점을 교환하면서 해결안을 구축하기도 함.

5. 시사점

- 조직은 최적의 해결책보다는 '만족스러운 해결책', 즉, 연합 구성원 모두를 만족시키는 해결책을 더 수용하는 경향이 강함을 알 수 있음.
- 관리자는 즉각적인 문제에 관심을 갖고 단기적인 해결을 지향하므로, 빠르게 연합을 형성하여 해결안을 만들어내려고 노력함.

※ 경영과학적 접근법은, 완벽한 해결을 위한 장기적인 해결을 지향하는 반면에 카네기 모형은 단기적으로 해결을 보려는 성향이 강함.

Ⅴ 점증적 의사결정모형

1. 의의

Mintzberg는 '많은 조직들의 의사결정은 한 번에 큰 결정을 하기 보다는, 작은 선택의 연속으로 이루어진다.'고 하였음. 문제가 무엇인지 빠르게 인지할 수 있지만, 해결에 있어서는 점진적으로 거쳐야 하고, 각 단계에서도 다시 처음부터 거꾸로 생각해야 하는 '가역성'이 있어야 하고, 각 의사결정과정에서 '통제성'이 있어야 함을 강조함.

2. 의사결정과정

1) 확인단계(인지와 진단)

관리자가 문제의 필요성을 인식하고 의사결정의 필요한 정보를 수집하여 진단하는 단계임.

2) 개발단계(탐색과 설계)

정의된 문제를 해결하기 위하여, 해결책의 형태를 갖추는 단계이며, 대안을 탐색하여 해결책을 설계함. 탐색은 과거 해결책 중에서 대안을 찾는 것이고, 설계는 체계적인 기초를 갖고 해결의 형태를 구축하는 것임.

3) 선택단계(판단, 분석, 협상)

해결책이 선택되는 단계로 여러 가지 대안의 비교나 해결책 평가를 통한 선택단계라고 할 수 있음. 여기서 판단, 분석, 협상이 발생되며, 최고경영자의 경험에 의한 판단과 체계적이고 과학적인 분석, 최고경영자와 관리자들의 이해가 다르므로 협상을 하면서 최종적인 선택을 하게 되는 것임.

3. 의사결정과정에서의 동태적인 요인들

점증적 의사결정과정에서 각 단계 과정이 확인단계-개발단계-선택단계의 순서로 순차적으로 일어나지는 않음. 왜냐하면, 각 과정에서 발생되는 상황적인 문제들 때문에 문제가 발생될 경우 다시 이전단계로 돌아가거나 최초 단계부터 다시 시작할 수 있기 때문임. 이것을, 점증적 의사결정모형의 가역성, 동태성이라 부름.

4. 점증적 모형과 카네기 모형의 결합**

- 문제인식이 불확실할 때에는, 카네기모형에 의한 접근으로 관리자들의 연합에 의하여 문제의 우선순위를 정하고, 갈등이 있는 경우 합의도출을 시도함.
- 문제해결이 불확실할 때에는, 점증적 모형에 의한 접근으로 시행착오과정을 통해, 작은 목표달성의 연속으로 종국적인 문제해결을 시도함. 여기서, 의사결정의 각 단계에서 해결이 막히면 처음부터 다시 시도하는 시행착오의 반복을 통하여 최종적인 해결대안을 도출함.

Ⅵ 쓰레기통 모형

1. 의의

- 극도의 불확실성에 처한 조직의 의사결정을 설명하기 위하여, M.Cohen, J.March, J.Olsen에 의해 주장됨.(1971) 그들은 합리적 의사결정모형이나 Simon의 바늘이론을 비판하면서 조직의 의사결정을 그보다 더 비합리적으로 이루어진다고 보았음. 즉, 합리성을 극도로 제약한 전제된 상황에서 의사결정의 네 가지 요소가 우연히 결합하여 의사결정이 이루어진다고 하였음.
- 연구 : 대학교의 총장의 의사결정 사례 약150여개의 연구결과를 작성한 논문
- 사례 : 각 행정부처의 의사결정, 상하관계가 분명치 않은 대학조직의 의사결정 등

2. 발생되는 상황 : 조직화된 무정부상태

조직의 불확실한 상황이 높을 때 이를 조직화된 무정부 상태라고 부름. 조직화된 무정부 상태는 공식적인 위계구조나 관료적인 의사결정 규칙에 의존하지 않으며, 유기적인 조직구조의 체계 속에서 극단적인 무질서가 보편화된 상황을 말함.

3. 세 가지 전제조건(원인, 특성)

① **선호의 불확실성** : 개인 자신이 어떤 목적으로 정책결정에 참여하는지 모르고 있는 경우가 많음. 또한, 대안의 선호도가 모두 달라서 우선순위가 정해지지 않은 대안만 널려있는 상황임.

② **불명확한 기술** : 의사결정참가자가 목표를 정확히 안다 해도, 이를 실행한 구체적인 수단이나 방법, 기술을 모름.

③ **일시적 참여자** : 시간이 변함에 따라 어떤 경우에는 의사결정에 참여했다가 또 어떤 경우에는 참여하지 않음. 자기 스스로 무슨 대안이 좋은지도 모르고, 어떤 대안을 선택해야만 유리한 지도 모르면서 회의에 참석했다가 빠지기도 하는 것임.

4. 네 가지 구성 요소

쓰레기통 모형의 특징은 의사결정과정이 문제인식에서 해결까지 연속적이지 않다는 것임. 즉, 다음의 네 가지 요소들이 의사결정기회를 만날 때까지 독자적으로 흘러가면서 (stream) 존재함.

① **문제(problem)** : 조직에는 문제들이 항상 쌓여있으며, 전혀 불가능한 문제도 관리자에 의해 제시되기도 함.

② **잠재적 해결책(potential solution)** : 특정 문제 해결에 초점을 둔 대안은 아니지만, 조직에 필요한 해결책이 수도 있다. 즉, 조직 내에는 무수한 해결대안들이 존재한다.
　예 조직의 학습조직운영정책은, 당장은 필요하지 않지만, 향후 필요한 해결책이 될 수도 있음.

③ **결정자들(participants)** : 조직의 의사결정자들은 항상 그 자리에 있는 것이 아니라, 무언가를 결정하는 태세로 임시적으로 존재함.

④ **선택기회(choice opportunities)** : 문제는 의사결정기회를 만날 때까지 독자적으로 흘러감. 그리고, 불꽃이 점화하듯이 문제가 해결책을 만나 의사결정이 이루어짐.

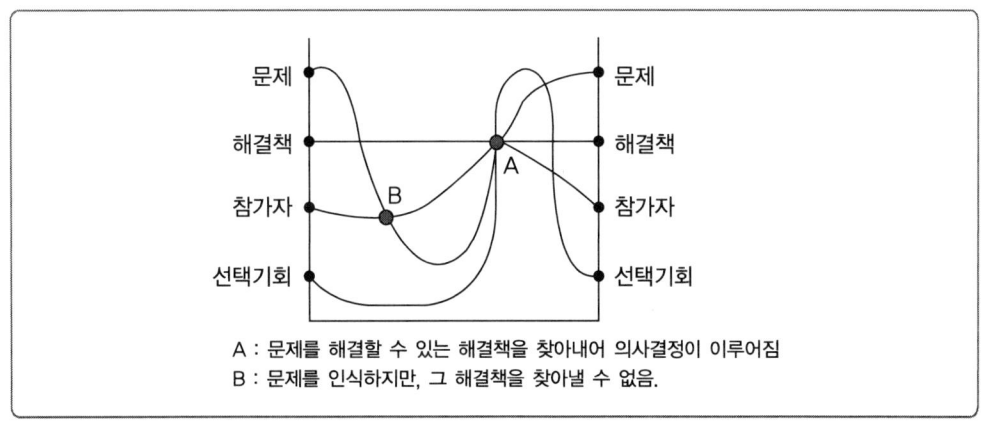

5. 경영조직에의 시사점

- 조직의 많은 의사결정은 사실 규범적이고 합리적인 의사결정보다는 '운'이나 '우연한 기회'에 의하여 이루어지는 경우가 많음을 알 수 있음.
- 주어진 상황에서 집단이 내릴 의사결정은 어떠한 해결책도 괜찮기 때문에, 의사결정참가자들은 '정치적/사회적인 동기'를 갖고 참여할 수 있음을 알 수 있음.
- 문제마다 해결책을 찾는다는 것이 어렵기 때문에, 조직에 문제가 많으면 대안책 선택이 쉽지 않음을 알 수 있음.
- 각 직면한 상황에 있어서 중요성이 있는 우선적인 문제에 대한 대안을 먼저 찾는 경우가 많음을 시사하고 있음.

6. 이론의 공헌점

- 기존 이론들은 무정부 상태를 단지 병리학적으로 바라보았지만, 쓰레기통 모형은 긍정적인 측면에서 무정부 상태를 바라보고 하나의 학문으로서 의사결정모형으로 체계적 분석을 시도함.
- 현실의 결정 문제를 좀 더 적실성 있게 대안책을 추구하고 분석하게 된다는 장점을 갖고 있음.

7. 이론의 한계점

- 조직의 혼란 상태는 조직의 일부에서 일시적으로 나타나는 특수한 경우이므로, 이 이론을 모든 상황에서 적용하여 일반화시키기에는 설명의 한계가 있음.
- 조직의 모든 정책결정을 우연이나 운으로만 받아들이기에는 결정자의 의지를 충분히 설명하지 못하였다는 비판을 받았음.

> **연습 15**
>
> 갈등과정을 설명하고, Thomas가 주장한 갈등처리의 행동방향 또는 갈등해결의 전략을 설명해 보세요.
>
> 갈등해결의 기본방식을 열거하고 설명하시오.　　　　　　　　　　1997년 제6회 기출

I 갈등의 의의와 관점의 변화

1. 갈등의 의의

갈등이란 개인 간의 상호작용, 집단 간의 상호작용에서 상대적 손실을 지각한 결과, 대립과 다툼, 적대감, 긴장이 발생하는 행동의 한 형태임(Joseph.Litterer). 이러한 갈등은 칡을 의미하는 한자어 葛과 등나무를 의미하는 藤으로 구성되어 있으며, 칡과 등나무가 서로 엉키면서 돌아가는 게 지속되면 결국 이를 풀기 어려운 상황에서 기원하였음.

2. 관점의 변화

1) 전통적 관점 : 갈등해악설

   갈등해악설로 보는 관점이며, 과학적 관리론을 주장한 테일러는 모든 갈등은 결국 관리자의 권위를 위협하는 것이므로 가능하면 회피해야 한다고 하였으며, 갈등상황이 전개되면 이를 해결해야 한다고 하였음.

2) 행동과학적 관점 : 갈등 불가피설

   아지리스의 미성숙-성숙 이론에 따라 갈등은 사람이 직면하는 불가피한 현상으로 보고 갈등의 존재를 인정하면서 이를 수용하고 해결책을 마련하는 과정에서 인간과 조직은 성숙하게 변화해야 나간다는 관점임.

3) 상호작용적 관점 : 갈등 촉진설

   이 관점은 갈등을 인정할 뿐만 아니라, 조장도 가능하다는 관점이며 구성원 간에 지나치게 평화스러우면 오히려 나태해지고 무관심을 유발하므로 조직성과에 도움이 되지 않는다고 설명하고, 갈등이 적정 수준으로 조장만 잘 된다면 **메기효과**(catfish effect)에 의하여 팀협력의 증진과 다양한 창의적인 의견 수렴으로 조직에 유익함을 가져다 줄 수 있다고 믿는 관점임.

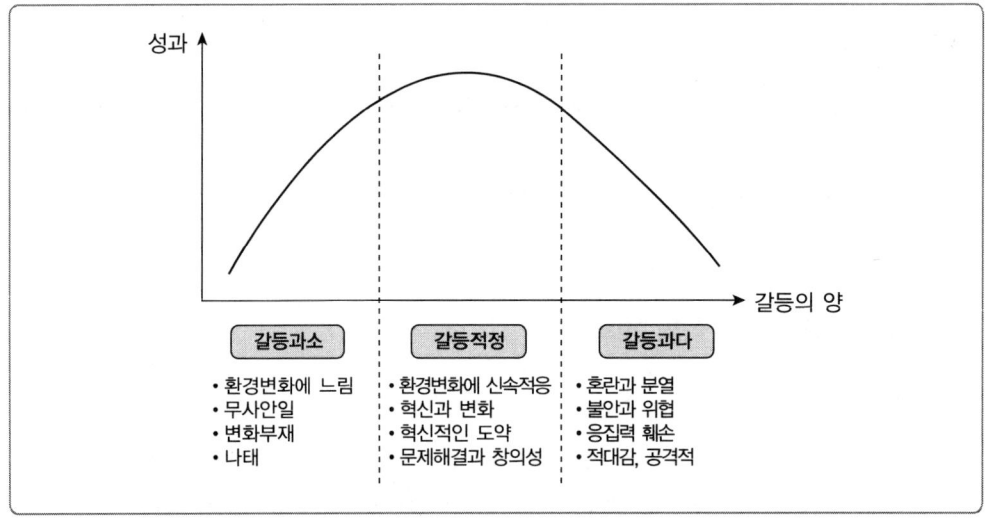

※ 출처: S.Robbinson Organizational Behavior 16th, 557page)

Ⅱ 갈등과정

1단계 잠재된 대립	2단계 개인 인지단계	3단계 의도단계	4단계 행동단계	5단계 결과단계
선행조건 및 원인 변수	인지된 갈등 잠재된 갈등	경쟁 협동 타협 회피 수용	표면화된 갈등	성과향상 or 성과저하

갈등과정은 조직에 영향을 미칠 때까지 일련의 단계를 거치는데, 특히 Pondy는 갈등이 전개되는 과정을 잠재된 갈등 단계, 인지된 갈등 단계, 감지된 갈든 단계, 표면화된 갈등, 갈등의 결과로 나누고 있음(Pondy, 1967).

1. 잠재된 갈등 단계

갈등이 생길 기회를 제공하는 상황이 존재하여 잠재된 상태를 말함.

2. 인지된 갈등 단계

개인 간 또는 집단 간의 상호작용 속에서 발생되는 대립과 긴장 상태를 감지하고 이를 감정에 적용하여 긴장, 좌절, 적대감을 경험하게 되는 단계임.

3. 의도단계

어떤 방향으로 가고자 하는 의사결정이나 행동이 나타나는 단계이며, 이 단계에서 토마스, 킬만, 라힘은 갈등처리의도의 모형을 제시하였으므로, 이를 중점적으로 자세하게 살펴보고자 함.

Ⅲ 갈등처리의도 모형

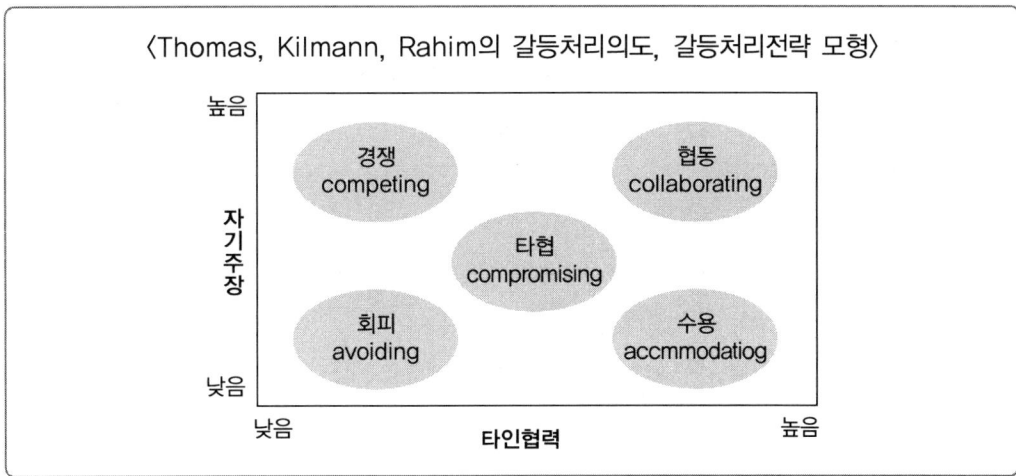

1. 경쟁(competing)

1) 의의
   - 한정된 자원의 확보를 위하여, 상대방의 입장을 전혀 고려하지 않은 채, 자신의 이익만 추구하는 행동
   - 일례로 한정된 자원, 금전, 권력, 승진, 실적추구 등을 위하여 상대방과 치열한 노력을 분투하는 경우. Win-Lose가 되어야 하는 상황에서의 행동방향을 들 수 있음.

2) 장단점
   장점은 의사결정과정이 신속하고, 결단력이 있지만, 단점으로 Loser가 되어야 하는 상대방의 분노와 원망을 불러올 수 있음.

2. 협동(collaborating)

1) 의의

- 서로의 목표, 관심사, 이해관계를 정확하게 파악하고 문제해결을 위한 통합적 대책을 추구하는 행동
- 각 멤버의 이익, 가치관 등을 일치시키면서 조직 전체의 목표를 설정하여 조직몰입을 유도하는 사례가 있음.

2) 장단점

장점은 양 당사자의 입장을 이해하고 이를 총체적인 문제해결 할 수 있다는 데 있고, 단점은 협동이라는 행동을 취하기까지 상당시간 소요된다는데 있음.

3. 타협(compromising)

1) 의의

양당사자가 서로 조금씩 양보하여, 자신과 타인의 관심사나 목표를 서로 주고받고 가장 최적의 행동방향으로 나아가도록 협의하는 것임.
조직목표가 중요하지만, 대단한 가치를 부여하는 것은 아니라고 생각하고, 타 경쟁업체와 더 큰 매력적인 공동목표를 설정하는 경우를 들 수 있음.

2) 장단점

장점은 둘 이상의 의사결정자간에 평화를 유지하면서 대안을 추구한다는 점이 있고, 단점은 자칫 우유부단한 모습으로 비추어 질 수 있음.

4. 회피(avoiding)

1) 의의

- 의사결정자간에 직면한 문제와 갈등상태에서 자신을 철회하는 것임. 일단 이번에는 한 발 물러가고 다음에는 양보 못하다는 심정으로 하는 행동임.
- 당면한 문제 사안에 대한 해결이 자신의 이익보다 더 중요하다고 생각될 때 하는 방법임.

2) 장단점

장점은 에너지와 시간을 저축할 수 있다는 점이 있고, 단점은 매우 중요한 사안에서 회피 전략을 택하여 비겁하게 보일 수 있음.

5. 수용(accommodating)

1) 의의
- 상대방의 관심사를 우선시하려고, 나의 이익을 양보하고 수용하는 행동전략임.
- 업무실수를 해버린 부하직원의 모습에 이를 나무라지 않고 수용하여 부하직원이 더 잘 배우도록 함으로써 부하직원을 개발하고자 한 경우임.

2) 장단점
소란과 싸움이 없고, 배려심을 발휘하여 이미지를 향상시킬 수 있지만, 단점으로 추종자들의 신뢰감이 감소하고 지금 수용하는 모습이 진심일까 하는 오해도 불러일으킬 수 있음.

Ⅳ 갈등의 결과

1. 갈등의 순기능
- 갈등이 적정수준인 경우 창조적인 마찰에 의한 창의적인 해결방안을 제시할 수 있음.
- 이러한 분위기가 지속되다 보면, 도전적인 조직분위기 형성과 적극적으로 문제를 인식하고 해결하고자 하는 성향으로 변화하게 됨.
- 갈등을 해결하기 위한 변화의 필요성에 공감하여 이를 수용하고 더 높은 수준의 목표 달성을 위한 적극적인 업무행동을 유발하게 됨.

2. 갈등의 역기능
- 갈등의 대표적인 역기능은 혼란의 가중, 분열로 인한 소극적 태도의 형성이며, 갈등의 고조로 인해 분란과 집단응집력이 감소하게 됨.
- 서로에게 공격적인 태도를 취하게 되고, 조직정치를 남발하여 지금의 당면한 상황을 자신에게 유리하게 만들어 나갈 수 있는 대안에만 집중하게 됨.
- 이렇게 자신의 이익에만 집중하고 상대방을 제압하는데 관심을 갖다 보면, 조직이나 집단목표 의식이 결여될 수밖에 없음.

Ⅴ 갈등의 관리

1. 갈등 해결

1) 문제의 해결
2) 상위목표의 도입
3) 여유자원의 조성
4) 권력의 개입에 의한 해결
5) 조직구조의 변경
6) 직접대면에 의한 해결
7) 무관심과 물리적 분리
8) 커뮤니케이션에 의한 해결
9) 기타

2. 갈등의 조장

1) 커뮤니케이션의 형태 변경
2) 구성원의 이질화
3) 경쟁의 조성
4) 조직구조의 변경

> **연습 16**
>
> 조직 내 커뮤니케이션 과정에서 나타날 수 있는 장애요인을 설명하고, 구성원 및 관리자 입장에서의 커뮤니케이션 활성화 방안을 설명하시오.   2014년 제23회 기출
>
> 의사소통에 대한 장애요인과 활성화 방안을 약술   2004년 제13회 기출
>
> 기능별 조직의 공식적 조직도상에 나타나는 커뮤니케이션 유형을 커뮤니케이션의 방향에 따라 구분하여 설명하고, 이들 각 유형이 사용되는 상황의 예시와 각 유형의 문제점을 제시하시오.   2015년 제24회 기출

I 커뮤니케이션의 의의

개인 또는 집단들 간에 의미 있는 메시지와 정보를 상호교환하여 공유하는 활동이나 과정을 말함. 조직 내 통풍 및 혈액순환을 촉진하는 신경계통과 같은 역할을 하는 매우 중요한 부문임. 커뮤니케이션은 구성원들 간 활동을 조정하고 통합하는 정보소통의 역할을 하면서 자율적 작업집단 형성에 활력을 불러 넣고, 공식조직에서 업무지시 통제를 할 수 있는 수단이 되기도 하고, 사원의 업적을 칭찬하고 격려하면서 동기부여를 촉진하기도 함.

II 커뮤니케이션 과정

의사소통과정은 전달자와 수용자의 상호작용 과정이며, 이것은 발신자의 부호화-경로-수신-해독을 거쳐 다시 피드백을 거치게 됨.

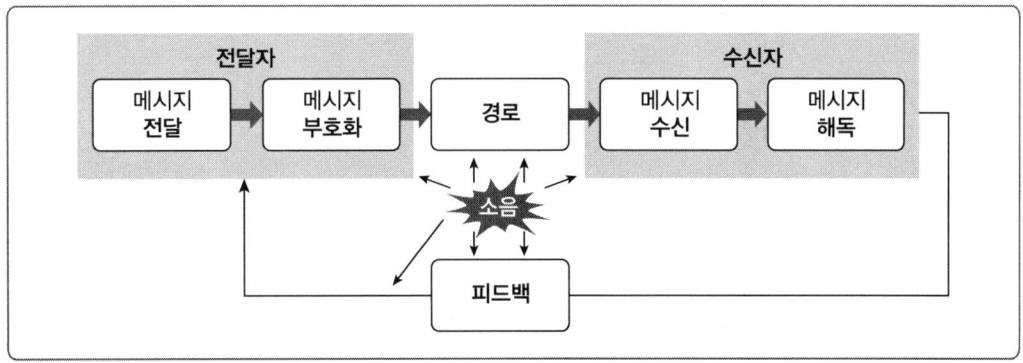

※ S.Robbins, Organizational Behavior 16th, 399page

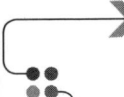

경영조직론 답안작성연습

1. 전달자

정보원이라고도 하며, 커뮤니케이션 과정에서 정보를 전달하는 사람임.

2. 부호화

전달자 자신의 생각이나 의도한 바를 언어, 상징, 부호, 제스쳐, 그림, 숫자 등으로 변화시키는 단계임. 발신자 입장에서 전달가능하고, 이해 가능한 형태로 변환하여 구어/문어로 사용함.

3. 경로

전화, 라디오, 팩스, 우편, 이메일, 카톡, 얼굴표정, 드레스코드, 수화, 몸짓 등과 같은 의사소통 매체를 선택하는 것

4. 해독

수신자가 부호화된 것을 다시 생각이나 의미로 변환시키며, 사람들은 보통 자신의 과거 경험이나 지식에 근거하여 해독하게 됨.

5. 피드백 및 잡음

피드백은 송신자로 하여금 메시지가 제대로 전달되고 이해되었는지를 알게 해 주는 수신자의 반응이며, 수신 받은 메시지를 전달자에게 다시 전달시키는 것을 의미함. 피드백은 대화나 표정 등을 통해 직접 표현을 하기도 하고, 기업의 경우 이직률의 감소, 사기향상, 매출향상 등으로서 나타나기도 함.

Ⅲ 커뮤니케이션 장애요인과 개선방향

1. 장애요인

1) 왜곡

왜곡은 전달자의 메시지나 정보내용에 자신의 가치관을 개입하여, 본래의 정보와 전혀 다른 의미를 부여하게 되는 경우를 의미함.

2) 누락 또는 여과

'누락'은 메시지/정보가 전달자에게 온전하게 전달되지 않고, 일부분만 불완전하게 전달되는 형상임. '여과'는 자기에게 유리한 정보는 전달하고, 불리한 정보는 고의로 제외시키는 경우를 말함.

3) 정보의 과다

정확하게 파악되지 않은 정보량이 과다하게 많은 경우, 요약/정리되지 않은 상태에서는 정확한 의사전달이 어려움.

4) 수용거부와 무시

수신자가 전달자에 관한 선입관/고정관념을 갖고 있을 때, 선택적 경청을 하려고 할 때, 전달자의 진정한 의사와 상관없이 무조건 수용을 거부하거나 무시하는 경우임.

5) 전달수단의 불완전성

직접대면, 문서, 상징물, 시청각경로, 기업사보 등의 복합적인 방법을 통해 정확한 의사전달이 이루어져야 하나, 그렇지 못한 경우, 전달내용을 정확하게 파악하지 못하는 경우가 많음.

6) 기타

전달자의 집중저하로 인한 경청실패, 송신자에 대한 신뢰 결핍, 준거체계의 차이, 상황에 따른 감정상태, 어의상의 문제, 커뮤니케이션 기술 부족 등으로 인한 장애요인도 발생함.

2. 개선방향

1) 전달자의 개선노력

① 분명하고 적절한 언어의 사용하면서 설명하여야 하고, ② 수용자 입장에서 사고하면서 의사전달을 노력한다면 상대방이 더 쉽게 이해할 수 있을 것임. 또한, ③ 사후검토와 피드백의 활용 "이해한 거, 맞지?"라는 확인으로 상대방에게 의사전달을 해야 할 필요성을 각인시켜주는 것이 좋음. 흥분한 상태에서 설명을 하면 무슨 뜻인지 상대방이 이해할 수 없는 경우도 있으므로 ④ 평정심 유지에 의한 의사소통 노력과 ⑤ 비언어적 의사소통 방법과의 병행경로 활용해보고, ⑥ 반복기법에 의한 의사소통에 ⑦ 적합한 사례에 의한 설명하면 효율적임.

2) 수신자의 개선노력

수신자는 무엇보다 ① 전달자의 의사전달내용에 집중해야만 의사소통의 상호작용이 원활해지고, ② 전달자의 감정에 이입하여 듣고자 하는 것이 바람직함. ③ 전달내용에 편견을 갖지 말고, 객관적으로 수용하는 자세로 ④질문에 의한 정확한 파악을 하기 위해 노력해야 함. 전달자의 설명에 질문을 해보는 것도 바람직함.

3) 효과적인 전달매체 선택

① 언어적/비언어적 전달매체의 병행 사용하거나 ② 조직의 공식적인 절차에서는 전자기기나 문서 사용이 바람직함.

4) 조직분위기 개선과 제도 보완

① hot-line 설치, ② 조직구성원 의견조사, ③ 고충처리제, 제안제도, ⑤ 옴부즈맨 제도, ⑥ 캔미팅, ⑦ 역할모델링 등 다양한 기법의 활용과 조직분위기를 화기애애하게 개선해야 함이 필요함. 또한, 그레이브바인 등 비공식적 커뮤니케이션의 순기능을 적극 활용하여 신속한 정보전달과 긴밀한 정보의 보고를 받도록 해야 함.

5) 피드백의 활용

"이해되십니까?", "예"라고 하는 상호작용을 통해 커뮤니케이션이 이루어지는 명확한 의사전달과 이해가 있다면 효율적임. 피드백은 상대방이 굳이 질문을 하지 않더라도 상대의 눈빛, 표정을 보고, 잘 이해하였는지 알아볼 수 있음. 또는 기업체의 경우 정기적인 성과평가로서 부하직원의 명확한 조직목표 전달이 되었는지 확인할 수 있음.

Ⅳ 공식조직의 커뮤니케이션

1. 하향적 커뮤니케이션

1) 의의 및 기능

조직의 위계 또는 명령계통에 따라 상위계층에서 하위계층으로 정보가 전달되는 것임. Top-down 방식 또는 지시적 커뮤니케이션이 있음. 하향적 커뮤니케이션은 업무지시에 의한 직무수행절차, 역할 등을 설명하여 구성원이 업무집중을 할 수 있도록 하고, 조직의 정책 및 방침을 전달하는 기능, 구성원에 대한 평가결과를 알려주고, 보상에 대한 공정성 지각과 함께 향후 기대되는 것이 무엇인지 알게 해 주는 기능을 가짐.

2) 문제점

① **정보의 누수현상** : 조직의 상부에서 하부로 내려가면서 그 내용이 일부 누락되거나 왜곡되는 경우를 정보의 누수현상이라고 함.

② **수용성에 한계** : 하향적 커뮤니케이션은 위에서 아래고 가는 일방적인 통행경로이므로 지시 내용이 모호하거나 부하의 현재 상황을 반영하지 못할 경우 부하의 심리적인 저항이 발생할 수 있음.

2. 상향적 커뮤니케이션

1) 의의

조직의 하위계층에서 상위계층으로 정보가 전달되는 것임. Bottom-up 방식이라고도 부르며, 업무보고 등, 의견제시, 제안제도 등이 있음.

2) 장단점

- 장점에는 현장근무자의 일선경험을 통해 조직의 목표달성에 도움이 되는 정보를 창출할 수 있고, 업무지시사항의 문제점을 발견하여 보고할 수 있으며, 조직의 의사결정에 구성원을 참여시킴으로써 수용성을 높일 수 있음. 또한, 부하직원이 적절한 행동을 취하였는지 확인할 수 있고, 오류시정을 할 수 있음.
- 단점에는 제시된 의견이 상사에 의해 수용되지 않을 경우, 부하는 무력감에 빠지게 되고, 이에 부하는 본인에게 불리한 사실보고를 하지 않음. 업무보고에 있어서 여과현상이 나타나 메시지의 정확성 훼손 가능성이 있음. 조직규모가 비대해질수록, 상향적 커뮤니케이션이 잘 활성화되지 않음.

3. 수평적 커뮤니케이션

계층수준이 동일한 팀 혹은 다른 팀의 동료들 간에 발생하는 정보의 흐름을 의미하며, 수평적 커뮤니케이션은 정보의 누수현상을 줄일 수 있으며, 문제해결의 타이밍을 적시에 맞출 수 있고, 직접적 정보교환을 통해 잠재적 갈등 방지하면서 팀협력을 촉진할 수 있다는 장점이 있음. 또한, 개인 간/부서 간 갈등을 대화적으로 해결하여 효과적으로 관리할 수 있음.

4. 대각적 커뮤니케이션

계층이 다른 타 부서 구성원과의 정보교류를 의미함. 구체적으로 영업팀 팀장과 생산팀 원과의 커뮤니케이션, 라인의 의사결정에 스탭의 조언을 구하는 정보교류 등이 이에 해당함.

5. 대외적 커뮤니케이션

조직의 외부에 속해 있는 구성원과의 정보교류이며, 예를 들어서 조직의 이해관계자인 주주, 고객, 협력업체, 지역사회와의 커뮤니케이션을 말함. 대외적인 커뮤니케이션은 조직의 대외적 이미지를 제고하여 근본적으로 조직경쟁력을 제고시키는 중요한 역할을 함.

[BATNA와 ZOPA]

1. 협상결과에 대한 최고의 대체안
BATNA(Best Alternative to a Negotiated Agreement)

1) 의의

BATNA는 협상으로 얻은 결과를 대신할 수 있는 대안 중에서 최고의 것, 즉, 받아들일 수 있는 협상결과 중 최소한의 것임.

2) BATNA의 중요성

협상당사자들은 내편의 BATNA 이상의 성과를 얻으려고 노력함. BATNA는 협상당사자가 협상결과로 받아들이려고 하는 최소한의 가치를 결정하므로, BATNA보다 높은 제안은 협상에 남아 있게 하고, BATNA보다 낮은 제안은 협상을 성공시키기 힘들도록 만듦. 협상에 임할 때, 상대방의 BATNA를 어느 정도 알고 있으면, 그것을 충족시키지 못하더라도, 상대방이 BATNA를 바꾸게 할 수 있을 것임(지피지기면 백전백승).

3) BATNA의 활용

협상을 시작하기 전에, 우선 특정한 문제를 어떠한 절차로 협상할 것인지 쌍방 간에 명확히 하는 것이 필요함.

그리고, 대체안이 생긴다면, 훨씬 유리한 협상이 가능하며, 그 이유는 협상이 결렬되어도 다른 대체안이 있으므로, 유리한 위치에서 상대방에게 압력을 행사할 수 있기 때문임.

예 가격을 할인해주지 않은 주인장에게 덤을 더 달라고 요구하는 사례
　　노조와의 협상에서 기본급을 낮추는 대신, 휴가일수를 더 늘려달라고 하는 사례

2. 교섭의 영역 ZOPA (Zone of Possible Agreement)

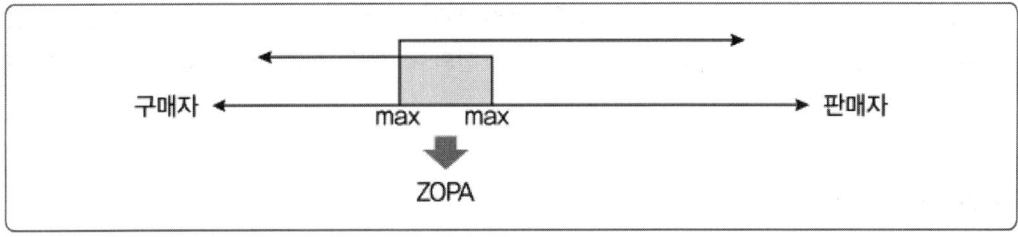

※Robbins, Organizational Behavior 16th, 544page

> **연습 17**
>
> 조직 갈등의 해결방안으로서 협상이 갖는 의미와 중요성을 기술하고, 분배적 협상전략과 통합적 협상전략을 비교 설명하시오. 2013년 제22회 기출
>
> 조직의 갈등관리에 있어서 협상의 의미와 중요성, 협상전략 그리고 협상과정에 대하여 설명하라. 2000년 제19회 기출
>
> 통합형 협상의 개념에 대하여 설명하고, 만약 당신이 조이서 컨설턴트라면 통합형 협상의 태도, 행동, 정보 각각의 관점을 통해 사업부간 갈등 문제의 해결방안을 설명하시오. 2020년 제29회 기출

I 협상의 의의와 중요성

1. 협상의 의의

협상이란 서로 상이한 이해와 관심을 갖고 있는 둘 또는 그 이상의 사람들이 합의에 이르기 위해 노력해 가는 과정으로서 교환율을 약정하는 과정이라고도 할 수 있음. 기업에서는 협상(negotiation)과 교섭(bargaining)이라는 용어로 사용되기도 함.

2. 협상의 중요성

협상은 소송비용, 중재비용 등을 절감하면서 양당사자 모두의 이해에 부합되는 이상적인 해결안으로 원만한 해결안을 절충시킬 수 있다는 점에서 반드시 알아두어야 할 필요가 있음.

II 협상과정

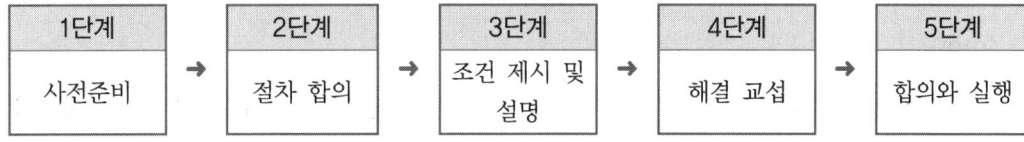

1. 사전준비

- 협상의 목표와 그 취지를 명확히 하고 전략을 수립하는 단계이며, 협상준비는 BATNA를 결정함으로써 완성됨. BATNA는 받아들일 수 있는 협상으로 얻은 결과를 대신할 수 있는 차선책 중 최고의 것을 말함.

- 협상에 임할 때, 상대방의 BATNA를 어느 정도 알고 있으면, 지피지기면 백전백승이라고 자신의 의견을 충족시키지 못하더라도, 상대방의 BATNA 정도는 바꾸게 할 수 있을 것임.
- 따라서, 협상을 시작하기 전에, 우선 특정한 문제를 어떠한 절차로 협상할 것인지 쌍방간에 명확히 하는 것이 필요함.

2. 절차 합의

- 협상 테이블에서의 절차와 규칙을 합의하는 단계이며, 이 단계에서 서로의 요구조건을 교환하기도 함.
- 누가 협상 테이블에 참석하고 언제까지 합의에 도착해야 하는지 결정하는 단계임.

3. 조건 제시 및 설명

서로 원하는 조건을 제시하고 그 배경과 이유, 타당성을 구체적으로 설명하는 단계임.

4. 해결 교섭

양당사자의 의견과 주장에 대하여 실천할 수 있는 범위 내에서 교섭(bargaining)을 하는 단계임.

5. 합의와 실행

합의된 사항을 문서화하고, 그 실행을 위한 구체적인 사항들을 결정하는 단계임.

Ⅲ 배분적 협상전략

1. 의의

- 배분적 협상전략이란 고정된 파이를 나누어 가지는 zero-sum 또는 win-lose협상전략을 말함.
- 협상이슈가 하나이거나, 어느 한 집단의 이익이 다른 집단의 손해로 이어지는 상황 등 서로 관심방향이 반대가 될 때 사용되는 협상전략임.

2. 협상에 들어가기 전에 준비사항

1) 협상의 타결영역

협상에 들어가기 전에 같은 주제에 대한 나의 기준을 미리 정해 놓고, 상대의 기준도 파악하면서 협상에 임하면 훨씬 성공적임. 구체적으로 협상목표, 상대가 요구하는 수준, 상대에게 제시하는 나의 최초 요구 수준 등을 미리 정해놓은 것이 바람직함.

이때, 나와 상대방의 목표추구 지점이 반대될 때 협상이 가능한 현실적 대안을 미리 예측을 하여 ZOPA를 미리 설정해 놓는다면, 협상은 성공을 이룰 가능성에 가까워짐.

2) ZOPA에 의한 선택

Zone of Possible Agreement, ZOPA란 실제 실현가능하고 협상이 이루질만한 타결영역을 의미함.

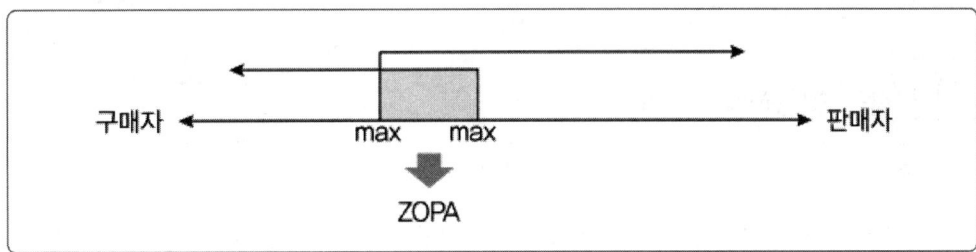

3. 배분적 협상의 핵심요소

1) 태도

배분적 협상은 win-lose 혹은 zero-sum 관점에서 출발한 태도를 갖게 되며, 상대방에 대한 적대적인 태도의 형성으로 강력하게 자기주장을 한다는 특징을 가짐.

2) 행동

서로 반대되는 관심사와 갖고 최후의 협상결과를 중요시하므로, 상대방과의 지속적인 장기적인 관계를 어렵게 함.

3) 정보

협상대상에 대한 충분한 정보를 갖고 협상 장소에 가야 하며, 보유하고 있는 정보내용을 상대방에게 알리면 불리해지므로 의사소통의 벽은 더욱 두껍게 됨. 배분적 협상의 핵심은 자신의 정보를 노출시키지 않으면서 상대의 정보를 얼마나 파악하고 있는지가 관건이 됨.

4. 협상결과에 대한 대체안으로서 BATNA

- BATNA는 협상으로 얻은 결과를 대신할 수 있는 대안 중에서 최고의 것, 즉, 받아들일 수 있는 협상결과 중 최소한의 것임.
- 협상당사자들은 내편의 BATNA이상의 성과를 얻으려고 노력함. BATNA는 협상당사자가 협상결과로 받아들이려고 하는 최소한의 가치를 결정하므로, BATNA보다 높은 제안은 협상에 남아 있게 하고, BATNA보다 낮은 제안은 협상을 성공시키기 힘들도록 만듦. 협상에 임할 때, 상대방의 BATNA를 어느 정도 알고 있으면, 자신의 주장을 충족시키지 못하더라도, 지피지기면 백전백승과 같은 말처럼 상대방의 BATNA를 바꾸게 할 수 있을 것임.
- 이러한 BATNA에 의한 협상테이블에서의 활용은 기업 입장에서는 실리를, 노동조합 입장에서는 명분을 추구하게 함으로서 협상결과에 모두 만족하게 되는 결과를 가져올 있음.

Ⅳ 통합적 협상전략

1. 의의

- 통합적 협상전략이란 파이의 크기가 늘어날 수 있다는 Plus-sum 가정에 기초한 Win-win 협상전략임.
- 조직은 배분적 협상전략보다는 통합적 협상전략을 더 활용해야 하는데, 그 이유는 통합적 협상전략일 때 어느 한쪽에 손해가 되는 일이 없으므로, 서로 앙숙이 되는 사태가 발생되지 않기 때문임.

2. 통합적 협상의 성공요인

- 서로 경쟁하는 것보다 협력하는 것이 모두에게 이익이 되리라는 믿음과 지식이 있어야 함.
- 능력이 있으면 자신 있게 협상에 임하여야 하고, 이때 상대방의 입장과 태도를 인정하고 대우하면서 협상에 임하여야 함.
- 정확한 의사전달과 상대방의 의견에 귀를 기울이면서 서로 오해가 없어야 하고, 무엇보다 친화와 협력을 유지할 수 있도록 신뢰하면서 최선을 다해야 함.

3. 통합적 협상의 핵심요소

1) 태도

통합적 협상은 win-win 혹은 plus-sum 관점에서 출발한 태도를 갖게 되며, 상대방의 의견이 제시되기까지의 과정과 입장 등을 이해하려는 타협, 협력, 수용의 태도가 필요함.

2) 행동

서로 공동의 이익을 추구한다는 생각을 갖고 해결안으로 도출되어야 할 내용이 나에게도 상대방에게도 모두 왜 중요한지 생각하여 예의와 존중에 의한 순리적인 행동방향, 즉 참여적 리더십이나 후원적 리더십, 참여적이고 협의적인 의사결정의 조직행동이 필요함.

3) 정보

통합적 협상전략은 최종적인 추구하는 결과가 승자-승자의 형태이므로, 상식적인 정보량과 분석을 통해 획득한 결과물을 상호 공유하여 협상안이 서로에게 왜 중요한지 알도록 해주어야 함.

4) 시간, 지위와 권한

- 협상 마감시간이 얼마나 남아 있는지도 매우 중요함. 시간을 넉넉하게 갖고 있을수록 취합할 수 있는 정보량도 많아지고 협상을 준비할 수 있는 여력도 있게 됨.
- 상대방의 지위와 권한을 미리 알아 놓는다면 협상에 유리한 우위를 점할 수 있음. 권한이나 재량권한 없는 자와 협상을 시도할 경우 시간만 낭비하게 되는 꼴이므로, 어느 정도 지위와 권한을 가진 자와 다시 협상을 해야 함.

4. 협상결과에 대한 대체안으로서 BATNA

- BATNA는 협상으로 얻은 결과를 대신할 수 있는 대안 중에서 최고의 것, 즉, 받아들일 수 있는 협상결과 중 최소한의 것임.
- 협상당사자들은 내편의 BATNA이상의 성과를 얻으려고 노력함. BATNA는 협상당사자가 협상결과로 받아들이려고 하는 최소한의 가치를 결정하므로, BATNA보다 높은 제안은 협상에 남아 있게 하고, BATNA보다 낮은 제안은 협상을 성공시키기 힘들도록 만듦.
- 통합적 협상에서의 BATNA의 역할은 양당사자가 서로 양보하면서 더 중요한 공동의 이익을 추구할 수 있도록 한다는데 있음.

Ⅴ 배분적 협상전략과 통합적 협상전략의 비교

1. 목표

배분적 협상전략은 개별이익을 추구한다는데 있고, 통합적 협상전략은 공동이익의 추구에 있음.

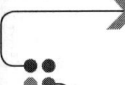

2. 추구하는 결과
- 배분적 협상전략 : win-lose (승자와 패자)
- 통합적 협상전략 : win-win (승자와 승자)

3. 협상초점
- 배분적 협상전략 : 최후의 타결지점
- 통합적 협상전략 : 해결안이 나에게도 상대방에게도 왜 중요한 지에 관심

4. 관심사와 이해관계
- 배분적 협상전략 : 서로 반대방향, 대립, 갈등, 적대적임.
- 통합적 협상전략 : 공동의 목표를 추구하는 보완하는 관계, 조화를 이루어야 하는 관계라고 생각함.

5. 관계의 지속가능성
- 배분적 협상전략 : 장기적인 지속적 관계를 어렵게 함.
- 통합적 협상전략 : 장기적인 관계 유지가 가능함.

6. 정보공유
- 배분적 협상전략 : 정보를 제공하면 상대방이 유리하므로, 정보의 공유는 낮음.
- 통합적 협상전략 : 이익이 되는 방향과 해결안에 대하여 정보공유도는 높음.

> **연습 18**
> 커뮤니케이션 네트워크의 유형을 설명하세요.

1. 의의

커뮤니케이션 네트워크는 조직 내 구성원 간의 커뮤니케이션 경로의 구조를 뜻하는 말이며, 집단이나 조직에서 정보가 오가는 길은 이미 정해져 있기 마련인데, 이러한 커뮤니케이션 경로로서 정보가 오고가는 길을 의미한다고 볼 수 있음.

2. 커뮤니케이션 네트워크 경로

1) 쇠사슬형

공식적인 계통과 수직적인 경로를 통해서 의사소통 및 의사결정이 이루어지는 형태이며, 라인중심의 관료조직, 공식적 명령 조직, Tall조직 등에서 나타남.

2) Y형

집단을 대표하여 조정역할을 할 수 있는 인물이 있는 경우에 나타나며, 특히 라인과 스탭의 혼합집단, 조정역을 통해야만 전체 커뮤니케이션이 이루어지는 매트릭스 조직구조 등에서 나타나며, 조정역을 하는 구성원은 상호간의 의견조율과 조정 역할을 하게 됨.

3) 원형

권력의 집중이나 지위의 상하관계 없이 특정 문제 해결을 위해서 구성된 전문가 조직으로 수평적이면서 민주적이라는 장점을 갖지만, 자칫 집단사고에 빠질 우려가 있음.

4) 수레바퀴형

집단 내 특정한 리더가 있을 때 발생하며, 특정 리더에 의해서 모든 정보의 전달이 이루어지기 때문에 정보가 특정 리더에게 집중되는 현상이 나타나고, 리더는 집중된 정보를 구성원과 공유하지 않음.

5) 완전연결형

구성원 전체가 서로의 의견이나 정보를 자유의지에 따라 교환하는 형태이며, 창의적인 아이디어와 만족도 상승, 의사전달의 정확도가 높다는 특징을 가짐. 주로 비공식집단에서 발생하는 비공식적인 커뮤니케이션, 학습조직에서 자유롭게 지식과 정보를 전달하는 커뮤니케이션 방법으로 나타남.

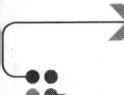

3. 커뮤니케이션 네트워크 유형별 결과

1) 커뮤니케이션 속도
수직적인 조직구조에서 쇠사슬형, 수레바퀴형, 완전연결형의 경우 의사소통이 매우 신속함.

2) 의사결정 속도
수직적인 조직구조에서 쇠사슬형, 완전연결형의 경우 과제해결을 위한 의사결정 속도는 매우 빠르게 나타남.

3) 커뮤니케이션 정확도
많은 정보를 집중시킨 수레바퀴형, 수많은 지식과 정보가 오고가는 완전연결형의 경우 정확함.

4) 구성원 만족도, 수용성
완전연결형, 원형의 경우 수평적인 의사소통이 발생되므로 구성원 만족도가 가장 높음

5) 권한 집중도
수직적인 조직구조에서의 쇠사슬형과 중앙에 지식, 정보, 권한을 집중시킨 수레바퀴형이 가장 높음.

> **연습 19**
> 커뮤니케이션 방법 중 그레이프바인의 특성, 유형, 활용방안에 관하여 설명하시오. (25점)

1. 비공식적 커뮤니케이션의 의의

1) 의의

비공식적 커뮤니케이션은 조직 내 어떤 위계나 권한관계로부터 벗어나 자연발생적으로 나타난 의사소통이며, 인간적 유대감, 학연, 입사동기 등과 같이 극히 사적인 관계에서 나타나는 커뮤니케이션이다. 비공식적 커뮤니케이션을 그레이프바인(grapevine)이라고 부르기도 한다. 미국의 남북전쟁 때 통신상의 장애가 많이 일어났는데, 그 이유가 전선이 나무들 사이에서 포도넝쿨 모양으로 어지럽게 얽혀져 있었기 때문이라는데 기원하여 복잡하고 어지럽게 번져나가는 커뮤니케이션을 그레이프바인이라고 부르게 되었다. 최근 기업체에서 발생하는 각종 유언비어, 소문과 인터넷상의 SNS 비공식 채널들, 메신저에 의한 주고받는 각종 소문들이 이에 해당한다.

2) 사례

사장의 친척이 되는 직원의 불공평한 승진 사례, 적자가 누적되어 급여지급이 어려워질 것이라는 소문, 이사회에서 경영인, 사장이 바뀔 것이라는 소문, 특정 팀 내에 사내연애에 대한 소문 등이 이에 해당한다.

2. 중요성과 형성원인

1) 중요성

그레이프바인은 업무와 관련된 정보를 자연스럽게 전파하는 기능을 갖고 있으며, 특히 조직 평화의 필요가 있는 경우 경고를 해주고, 조직문화 창조에 매개역할을 하는 것이다. 또한, 구성원 집단의 응집력을 높이는 기능을 하며, 아이디어 전달의 경로가 되기도 한다. 조직의 하부구조에서는 정보를 비공식적 커뮤니케이션을 통해 얻는 경우가 많다.

2) 형성원인

① 공식적 커뮤니케이션으로 전달되는 정보가 부족하거나 정보에 대한 신뢰가 낮을 때
② 조직 내 구성원의 신분과 관련되는 새로운 제도 도입 등 조직변화가 예상될 때 구성원들이 불안감을 갖게 되고 이를 해소하고자 제어되지 않는 커뮤니케이션이 발생할 때
③ 잡담과 같이 자기만이 알고 있는 정보를 타인에게 전달함으로써 긴밀한 인간관계를 형성하고자 할 때

④ 조직 내 권력 획득을 위한 활동으로 정치적 행동이 존재할 수밖에 없는 상황일 때 주로 그레이프바인이 발생한다.

3. 분석기법

1) 소시오그램

집단에서 개인 사이의 관계를 나타낸 도표이며, 미국의 심리학자 모레노(Moreno)가 만든 것으로서, 집단의 구성원이 서로 가지고 있는 감정이나 태도를 바탕으로 하여 구성원 상호 간의 선택, 거부, 무관심 과 같은 관계를 그림으로 나타내고 있다.

2) 소시오매트릭스

산술적 계산으로서, 선호를 1, 무관심을 0, 거부관계를 -1로 표시하여 각자의 선호신분지수를 파악한 다음, 가장 높은 지수를 얻은 사람을 집단의 지도자로 간주하는 기법이다.

4. 순기능과 역기능

1) 순기능

① **공식적 커뮤니케이션을 통해 얻기 어려운 정보 획득** : 공식적인 상하관계 또는 동료 간의 관계에서 업무와 관련하여 전달되지 않은 내용을 비공식적 커뮤니케이션을 통해 보완하고 완성하여 제대로 된 업무의 완성을 촉진하기도 한다.

② **정신적 긴장감 해소를 통한 스트레스 감소** : 비공식적인 커뮤니케이션을 통해 업무수행과정에서의 긴장감과 갈등을 해소하는 계기가 되기도 한다.

③ **새로운 정책이나 정보를 빠른 시간 내에 전달** : 새로운 보상제도의 적용, 조직구조의 변화, 신기술의 도입 등의 정보는 공식적 채널보다 비공식적 채널을 통해 더 빠르게 확산시킬 수 있다.

④ **조직변화에 대한 저항 약화** : 비공식적 커뮤니케이션을 통해 조직변화에 대한 순종, 동일화, 내면화 과정을 자연스럽게 유도하여 조직변화에 대한 극단의 저항상태를 예방할 수 있다.

2) 역기능

① **조직의 비효율성 증가** : 불필요한 정보와 사실과 맞지 않은 내용을 전달하여 소문으로 확산된다면 구성원의 몰입도를 저해하므로 조직의 비효율성만 나타나게 될 것이다.

② **그레이프바인 정보를 더 신뢰** : 공식적으로 전달되는 업무내용과 정보보다 비공식적 채널로 전달되는 정보를 더 신뢰하게 되는 조직문화를 양산하여 개인 간에 서로 신뢰할 수 없는 분위기를 조성하는 역기능이 나타난다.

5. 비공식 커뮤니케이션 네트워크의 유형

① **일방형** : 구성원들 사이에서 단선적인 통로를 통해 정보가 전달되는 것이다.
② **잡담형** : 한 사람에 의해 여러 사람에게 정보가 전달되는 형태로 반드시 필요한 이야기가 아니지만 재미와 흥미를 갖고 군더더기를 붙여가며 정보를 전달하는 것이다.
③ **확률형** : 커뮤니케이션 대상자가 사전에 선택되는 것이 아니라 그때그때 변하는 경우이다.
④ **군집형** : 정보를 전달해야 할 사람에게만 무리를 지어서 선택적으로 커뮤니케이션이 이루어지는 경우이다.

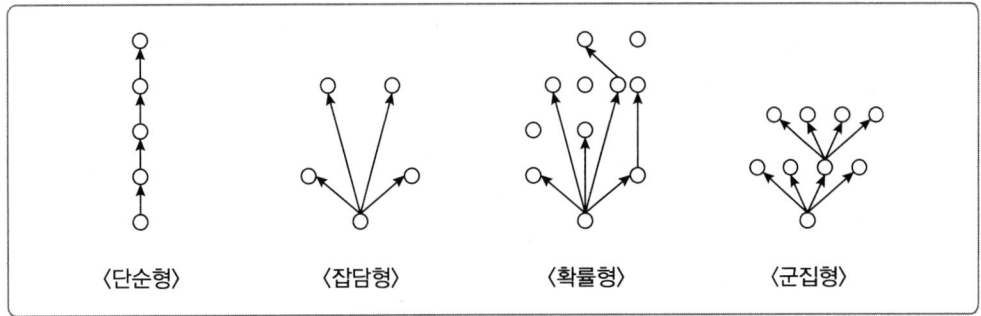

〈단순형〉　〈잡담형〉　〈확률형〉　〈군집형〉

6. 활용방안

그레이프바인과 같은 소문과 루머를 차단하려고 노력하지만, 이러한 노력을 대부분 수포로 돌아가는데, 그 이유는 차단하려고 하면 할수록 음성적인 정보 유통이 강화되기 때문이다.

1) 정수기 효과

구성원들이 커피 한 잔 마시면서, 이야기를 나눌 수 있는 자발적인 소통 공간을 만들어서 조직 내 유대감이 증진되고, 인간관계가 향상되어 팀협력으로 모을 수 있도록 해야 한다. 그러자면, 경영자는 주요 이슈에 대하여 공개적이고 개방적인 소통을 해야 함을 시사한다.

2) 약한 유대관계 속의 해우소

오늘날 수많은 직장인들은 인간관계 속에서 외로움을 토로하는 경우가 적지 않은데, 이러한 경우 그레이프바인은 해우소의 역할을 하여 끊임없는 의사소통으로 구성원들을 이어주는 역할을 할 것이다.

3) 사회적 교환 역할

사내 인트라넷, 정기적인 회의 등과 같은 공식적인 의사소통 채널에서는 긴장과 위축으로 제대로 발표나 설명을 할 수가 없는데, 이러한 이유로 구성원들은 더욱 비공식적인 의사소통인 그레이프바인에 의지하게 되고 있다. 즉, 그레이프바인은 스스로 원하는 정보를 얻기 위한 수단으로 활용할 수 있다는 장점도 있으므로, 구성원은 스스로 갖고 있는 정보를 오픈하고, 상사나 동료에게 원하는 정보를 구하는 사회적 교환으로서 역할을 하는 것으로 활용할 수 있다.

> **사례형 문제**
>
> 집단의 성과에 영향을 미치는 요인은 다음과 같이 다양하다. 다음 물음에 답하시오.
>
> 1) 역할의 개념, 역할갈등의 개념을 설명하고, 역할갈등이 발생하는 원인과 결과에 대하여 설명하시오. (20점)
>
> 2) 집단응집력의 개념, 유형, 결정요인, 응집력이 적당히 높을 경우의 순기능과 응집력이 지나치게 높을 경우의 역기능에 대하여 제시하고, 집단응집력과 성과(생산성)와의 관계에 대하여 ① 성과규범에 대하여 설명하고, ② 집단목표와 조직목표의 일치 여부와 관련하여 설명하시오. (30점)

문제 1)

I 역할과 역할갈등의 개념

1. 역할의 개념

- 하나의 사회적인 단위 내에서 주어진 직위에서 기대되어지는 행동패턴을 말함. 집단은 목표를 달성하기 위해 과업을 수행해야 하는데, 이를 한 사람이 수행할 수 없기 때문에, 여러 구성원들에게 지위를 부여하고, 그에 상응하는 행동을 요구하게 됨. 이때 집단구성원에게 주어진 역할을 새로운 지위가 부여되면 새로운 역할로 바뀌게 되는 것이다.
- 역할을 잘 설명해주는 대표적인 실험으로 스탠포드대학교 심리학자 P.Zimbardo와 동료들에 의해 이루어진 실험이 있으며, 이 실험은 개인이 얼마나 빨리 새로운 역할을 배우게 되는지 증명해 주는 대표적인 실험이다.

2. 역할갈등(role conflict)

역할갈등은 개인이 전혀 다른 역할기대에 직면하게 되는 상황인데, 한 가지 역할을 수행하고 있는 중에 전혀 다른 역할요건에도 순응을 해야 할 필요가 있어 힘들게 할 때 직면하는 감정 상태를 말한다. 조직구조에서 Y형 조직구조일 때 2명의 상사를 모시고 있는 부하직원의 경우, 극단적인 업무지시를 받았을 때 역할갈등을 경험하게 된다.

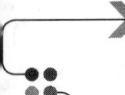

Ⅱ 역할갈등이 발생하는 원인

1. 가정-직장 간 갈등

맞벌이 부부의 경우, 여성의 육아시간과 근무시간과의 충돌에서 나타나는 갈등 사례이며, 팀장의 경우, 조직 내의 사장의 부하로서 해야 할 행동과 팀원의 상사로서 행동 간에 충돌되는 경우를 볼 수 있다.

2. 역할모호성에 의한 갈등

자신이 해야 하는 업무와 타인의 업무와의 경계가 모호하여, 권한과 책임 파악이 불분명한 경우, 역할갈등으로 번지게 되는데, 주로 신규직원의 경우에 자신의 업무역할을 파악할 수 없어 역할모호성을 느끼게 되거나, 승진을 하였으나 주위의 경쟁자에 의하여 과업 정보를 접하지 못하는 경우에 발생되기도 한다.

3. 역할인식 오류에 의한 갈등

역할을 부여하는 사람(sender)과 역할을 받은 사람(receiver)간에 지각하는 것이 일치하지 않을 경우에 발생한다. 일례로 학급 반장이 생각하는 역할은 반 친구들을 통제하고 지휘하는 것으로 인식하나, 반원들은 학급 반장을 궂은일을 도맡아 해야 한다고 인식하는 경우를 들 수 있다.

4. 역할과 가치관의 불일치로 인한 갈등

역할을 받은 사람이 자신의 역할이 무엇인지 정확하게 알고는 있지만, 자신의 가치관이나 정체성을 유지하는데 문제를 일으킬 경우, 갈등이 발생한다. 팀장이 사장으로부터 경쟁사의 원천기술을 불법으로 빼내오라는 지시를 받은 경우, 이때 팀장은 산업윤리라는 가치관과 접목하여 갈등을 경험하게 될 것이다.

Ⅲ 역할갈등이 발생하는 결과

1. 역할갈등 발생 이후 결과

역할갈등과 역할모호성 등이 지속될 경우, ① 직무에 대한 불만족이 증가하고, ② 업무 스트레스가 쌓이며, ③ 조직몰입이 감소되고, ④ 집단에서 이탈하려는 경향이 늘어나므로, 경영자는 이를 해결하기 위해서 집단구성원들의 역할을 명확히 제시해 주어야 할 뿐만 아니라 집단구성원들이 수행해야 할 역할이 중복되지 않고 서로 모순되지 않게 역할을 부여해야 한다.

2. 역할갈등을 최소화하는 방안

직무기술서에 의한 역할 명확화, 집단 내 커뮤니케이션 활성화에 의한 역할 재인식, 역할 과부하를 줄이기 위한 조직차원의 합리적이면서 명확한 역할조정과 분담, 가족친화적 인적자원관리 등이 필요할 것으로 사료된다.

문제 2)

I 집단응집성의 개념과 유형

1. 개념

집단응집성은 집단구성원 간에 느끼는 매력이며, 집단구성원으로서 남아 있도록 동기부여되어 이끌리는 정도, 집단목표와 집단규범에 순응하는 강도를 의미한다. 집단응집성은 집단에 대한 매력을 느끼는 긍정적인 태도, 일체감, 팀웍에 의해 구성되며, 집단응집력이 크다는 것은 집단구성원이 소속감을 갖고 목표를 잘 수용하여, 구성원 간에 상호 협력하는 상태인 것이다.

2. 유형

1) 정서적 응집력

정서적 응집력은 집단에 참여함으로써 더 많은 만족과 즐거움을 얻는 경우를 말한다.

2) 도구적 응집력

도구적 응집력은 자신의 구체적 목표달성을 위해, 즉 집단이 자기 이익 획득의 도구가 되기 때문에 생기는 소속의식이라고 할 수 있다.

Ⅱ 집단응집성의 결정요인

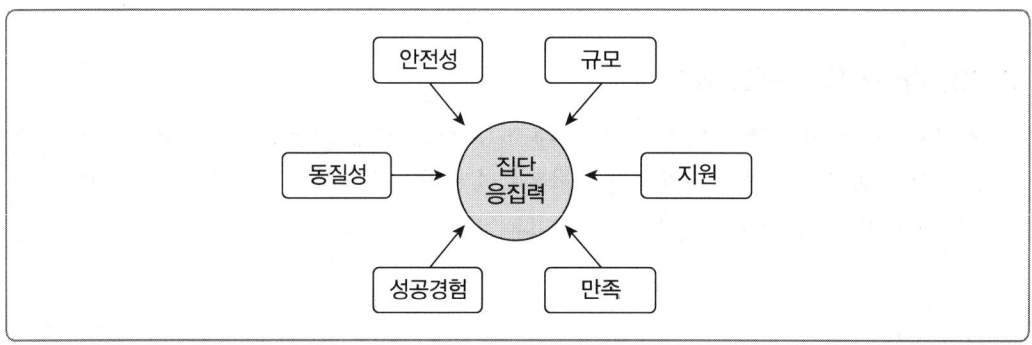

1. 집단구성원들 간의 동질성

집단구성원들 간의 동질성 정도가 집단응집력에 많은 영향을 미치는데, 동질성의 내용에는 연령, 성별, 교육수준, 기능수준, 태도, 가치관 등을 포함한다. 특히, 비슷한 태도나 가치관은 구성원들을 묶어주는 강력한 원천이다.

2. 집단의 안정성

집단의 안정성은 집단응집력을 형성하는데 긍정적인 영향을 미치며, 집단의 안정성은 집단구성원들이 서로 같이 일한 기간이 길수록 더 많이 형성된다.

3. 집단의 규모

집단의 규모가 클 때보다 작을 때 집단응집력이 높게 나타난다.

4. 동료로부터 정신적인 지원

집단구성원들이 동료로부터 코칭과 같이 정신적인 지원을 받을 때 집단에 대한 일체감이 높게 형성되고, 이것이 응집력을 높여준다.

5. 집단 성과나 규범에의 동조 등에 대한 만족도

집단구성원들이 집단에서의 성과, 규범에의 동조 등에 대해 만족할 때 집단응집력은 높아진다.

6. 목표달성을 통한 성공경험 공유

집단구성원들이 협력하여 어떤 어려운 일을 성공적으로 완수하였을 때, 즉, 목표달성을 통한 성공 경험을 공유하였을 때 집단응집력은 높아진다.

Ⅲ 집단응집성의 순기능과 역기능

1. 순기능

집단응집력이 적정 수순에 해당할 경우의 순기능을 살펴보면 다음과 같다.

1) 원활한 의사소통

집단구성원간의 상호 원만한 인간관계 향상으로 의사소통이 활발하게 진행되면서 서로에게 뿐만 아니라 집단에 대해 긍정적인 태도를 갖게 된다.

2) 구성원의 직무만족도 증가

구성원 자격의 유지/보장으로 인하여 구성원은 집단에 대한 호의적인 태도를 갖게 되어, 자신의 업무에 적극적이고 긍정적으로 대하게 되며, 구성원들은 집단에 대한 소속감의 증진과 업무에 대한 자긍심으로 업무에 대한 자신감도 형성된다.

3) 집단목표의 수용

긍정적인 집단응집성은 집단목표에 수긍하여 업무와 역할에 몰입하고, 조직에 충실하게 되므로 집단목표 달성이 증진되는 효과를 가진다.

4) 자신감과 자존감의 상승

집단에 대한 만족감과 사기가 높아지면서 자신에 대한 긍정적인 생각과 함께 자존감이 향상되는 결과를 갖게 된다.

5) 행복감(스트레스 완충)

집단에 대한 긍정적인 생각방향이 직무몰입 강화효과와 인간관계의 원만함을 유지하게 하여, 목표달성까지 자신의 스트레스를 집단 내에서 자연스럽게 완충하는 역할까지 할 수 있다.

6) 참여도/몰입도 상승

집단의 중요한 쟁점에 참여도를 높이며, 업무몰입과 조직몰입을 향상시킬 것으로 기대할 수 있다.

7) 집단성과의 상승

집단응집력의 긍정적인 상호작용이, 집단목표 달성과 집단성과를 상승하게 하는 효과를 가져올 것이다.

2. 역기능

문제는 집단응집성이 과도하게 커질 때, 조직의 입지까지 흔들릴 정도의 위험성으로 작용한다는 점이다. 이하 집단응집성의 지나치게 작용할 때의 부정적인 측면 위주로 나열하고자 한다.

1) 외부집단에 대한 거부

다른 집단에 대한 배척, 부정적인 견해 형성으로 과소평가하면서, 아무런 타당한 이유없는 강한 거부감으로 집단의 유연성과 효율성을 오히려 떨어뜨리고, 환경변화에 의한 적응력도 떨어지는 결과를 낳게 할 것이다.

2) 집단사고의 위험

집단의 동질성을 유지하려는 경향으로 집단목표나 의견에 대한 무조건적인 동의나 합의를 이끌어내어, 집단 의사결정의 질을 저하시키는 결과를 초래할 위험이 있다.

3) 동조의 압력

집단응집력이 과도하게 높아 다수의 의견이 무조건적인 찬성을 해야 하는 분위기 형성으로, 집단의사결정의 결과가 문제해결에 적합하지 않게 될 염려가 발생한다.

4) 다양한 사고의 부족

집단응집성이 과도한 속에서는 창의적인 의견을 제출하여도 다수의 동조압력과 분위기 연출로 구성원들의 다양한 사고를 기대하기 어려워 문제해결의 창의적인 대안을 탐색하는 데 한계가 발생한다.

5) 규범 위반에 대한 지나친 제재

집단규범을 위반하는 구성원에게 지나친 제재를 가하게 되어, 집단 내 반발과 저항세력을 키우는 결과를 가져 올 것이다.

Ⅳ 집단응집성과 집단성과와의 관계

1. 집단응집성, 성과규범, 생산성 사이의 관계

1) 의의

집단응집력이 높다고 하여 반드시 생산성과 직결되는 것은 아닌데, 집단의 성과규범이 어느 정도 정비되어 있는가에 따라 생산성을 좌우한다는 연구결과로 알 수 있다. 즉, 높은 집단응집성이 생산성 제고를 위한 필요조건은 되어도, 충분조건에는 해당하지 않는 것이다.

2) 연구결과

연구결과 생산 작업의 질을 높이는 취지의 성과규범이 잘 정비되어 있을수록 집단응집력이 높아져서 생산성이 훨씬 제고되는 경우도 있으며, 중간정도로서 그칠 수도 있다. 그러나, 성과규범이 허술한 상태에서 집단응집력만 높아지면, 생산성은 매우 낮아지게 된다는 사실을 알게 되었다.

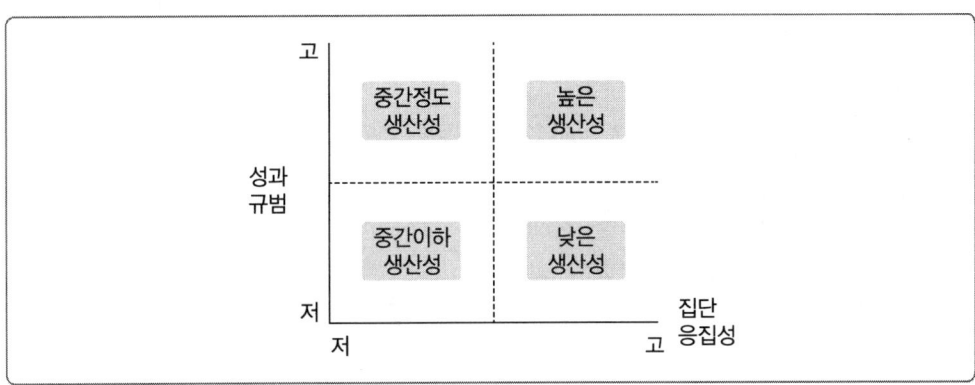

3) 조직행동에의 시사점

집단 내 구성원들 간 친밀하고 신뢰가 형성되어도 규범이 부실하면, 오히려 집단 내 생산성이 크게 저하될 수 있음을 알 수 있다. 경영층은 집단응집력 향상을 위하여 집단 내 각종 규범을 제도적으로 적용하는 등 집단을 지지할 때 높은 생산성을 유발할 수 있음을 시사하고 있다.

2. 집단응집성과 조직성과의 관계

구성원들이 집단목표와 조직목표를 동일시하는 정도가 클 경우에는 집단응집성은 조직성과에 긍정적인 영향을 미치는 반면에 집단의 목표와 조직 목표달성의 일치성이 떨어진다면 집단응집성은 오히려 부정적으로 작용하여 구성원들이 힘을 합쳐 리더에게 저항하고 반발하여 집단파업이 일어날 수 있다. 간혹, 리더가 구성원들끼리 뭉쳐 다니는 것을 좋지 않게 생각하는 경우가 있는데, 이는 후자의 상황을 두려워하기 때문이다.

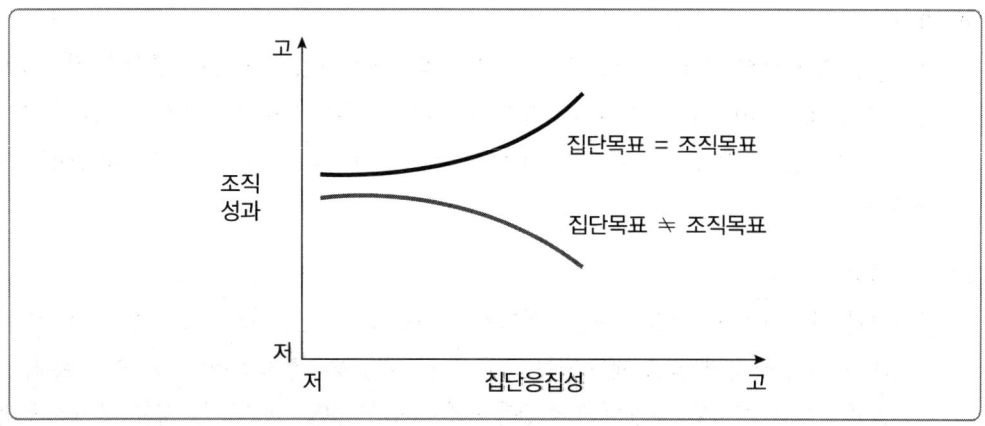

> **연습 20**
> 비공식적 커뮤니케이션으로서 그레이프바인을 설명하세요.

1. 비공식적 커뮤니케이션의 의의

1) 의의
- 비공식적 커뮤니케이션은 조직 내 어떤 위계나 권한관계로부터 벗어나 자연발생적으로 나타난 의사소통이며, 인간적 유대감, 학연, 입사동기 등과 같이 극히 사적인 관계에서 나타나는 커뮤니케이션임. 비공식적 커뮤니케이션을 그레이프바인(grapevine)이라고 부르기도 함.
- 미국의 남북전쟁 때 통신상의 장애가 많이 일어났는데, 그 이유가 전선이 나무들 사이에서 포도넝쿨 모양으로 어지럽게 얽혀져 있었기 때문임. 이에 기원하여 복잡하고 어지럽게 번져나가는 커뮤니케이션을 그레이프바인이라고 부르게 됨. 최근 기업체에서 발생하는 각종 유언비어, 소문과 인터넷상의 SNS 비공식 채널들, 메신저에 의한 주고받는 각종 소문들이 이에 해당함.

2) 사례
사장의 친척이 되는 직원의 불공평한 승진 사례, 적자가 누적되어 급여지급이 어려워질 것이라는 소문, 이사회에서 경영인, 사장이 바뀔 것이라는 소문, 특정 팀 내에 사내연애에 대한 소문 등이 이에 해당함.

2. 중요성과 형성원인

1) 중요성
그레이프바인은 업무와 관련된 정보를 자연스럽게 전파하는 기능을 갖고 있으며, 특히 조직 평화의 필요가 있는 경우 경고를 해주고, 조직문화 창조에 매개역할을 함. 또한, 구성원 집단의 응집력을 높이는 기능을 하며, 아이디어 전달의 경로가 되기도 함. 조직의 하부구조에서는 정보를 비공식적 커뮤니케이션을 통해 얻는 경우가 많음.

2) 형성원인
① 공식적 커뮤니케이션으로 전달되는 정보가 부족하거나 정보에 대한 신뢰가 낮을 때
② 조직 내 구성원의 신분과 관련되는 새로운 제도 도입 등 조직변화가 예상될 때 구성원들이 불안감을 갖게 되고 이를 해소하고자 제어되지 않는 커뮤니케이션이 발생할 때

③ 잡담과 같이 자기만이 알고 있는 정보를 타인에게 전달함으로써 긴밀한 인간관계를 형성하고자 할 때
④ 조직 내 권력획득을 위한 활동으로 정치적 행동이 존재할 수밖에 없는 상황일 때

3. 분석기법

1) 소시오그램

집단에서 개인 사이의 관계를 나타낸 도표이며, 미국의 심리학자 모레노(Moreno)가 만든 것으로서, 집단의 구성원이 서로 가지고 있는 감정이나 태도를 바탕으로 하여 구성원 상호 간의 선택, 거부, 무관심과 같은 관계를 그림으로 나타내고 있음.

2) 소시오매트릭스

산술적 계산으로서, 선호를 1, 무관심을 0, 거부관계를 -1로 표시하여 각자의 선호신분지수를 파악한 다음, 가장 높은 지수를 얻은 사람을 집단의 지도자로 간주하는 기법임.

4. 순기능과 역기능

1) 순기능

① **공식적 커뮤니케이션을 통해 얻기 어려운 정보 획득** : 공식적인 상하관계 또는 동료 간의 관계에서 업무와 관련하여 전달되지 않은 내용을 비공식적 커뮤니케이션을 통해 보완하고 완성하여 제대로 된 업무의 완성을 촉진하기도 함.
② **정신적 긴장감 해소를 통한 스트레스 감소** : 비공식적인 커뮤니케이션을 통해 업무수행과정에서의 긴장감과 갈등을 해소하는 계기가 되기도 함.
③ **새로운 정책이나 정보를 빠른 시간 내에 전달** : 새로운 보상제도의 적용, 조직구조의 변화, 신기술의 도입 등의 정보는 공식적 채널보다 비공식적 채널을 통해 더 빠르게 확산됨.
④ **조직변화에 대한 저항 약화** : 비공식적 커뮤니케이션을 통해 조직변화에 대한 순종, 동일화, 내면화 과정을 자연스럽게 유도하여 조직변화에 대한 극단의 저항상태를 예방할 수 있음.

2) 역기능

① **조직의 비효율성 증가** : 불필요한 정보와 사실과 맞지 않은 내용을 전달하여 소문으로 확산된다면 구성원의 몰입도를 저해하므로 조직의 비효율성만 나타나게 됨.
② **그레이프바인 정보를 더 신뢰** : 공식적으로 전달되는 업무내용과 정보보다 비공식적 채널로 전달되는 정보를 더 신뢰하게 되는 조직문화를 양산하여 개인 간에 서로 신뢰할 수 없는 분위기를 조성하는 역기능이 나타남.

5. 비공식 커뮤니케이션 네트워크의 유형

1) 일방형

구성원들 사이에서 단선적인 통로를 통해 정보가 전달되는 것임.

2) 잡담형

한 사람에 의해 여러 사람에게 정보가 전달되는 형태로 반드시 필요한 이야기가 아니지만 재미와 흥미를 갖고 군더더기를 붙여가며 정보를 전달하는 것임.

3) 확률형

커뮤니케이션 대상자가 사전에 선택되는 것이 아니라 그때그때 변하는 경우임.

4) 군집형

정보를 전달해야 할 사람에게만 무리를 지어서 선택적으로 커뮤니케이션이 이루어지는 경우임.

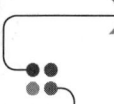

경영조직론 답안작성연습

> **연습 21**
> 갈등의 원인을 설명하세요.

1. 갈등의 의의

갈등이란 개인 간의 상호작용, 집단 간의 상호작용에서 상대적 손실을 지각한 결과로 대립, 다툼, 적대감, 긴장이 발생하는 행동의 한 형태임.(Joseph. Litterer) 이러한 갈등은 칡을 의미하는 한자어 葛과 등나무를 의미하는 藤으로 구성되어 있으며, 칡과 등나무가 서로 엉키면서 돌아가는 게 지속되면 결국 이를 풀기 어려운 상황에서 기원하였음.

2. 관점의 변화

1) 전통적 관점 : 갈등해악설

갈등해악설로 보는 관점이며, 과학적 관리론을 주장한 테일러(Taylor)는 모든 갈등은 결국 관리자의 권위를 위협하는 것이므로 가능하면 회피해야 한다고 하였으며, 갈등상황이 전개되면 이를 해결해야 한다고 하였음.

2) 행동과학적 관점 : 갈등 불가피설

아지리스(Argyris)의 미성숙-성숙 이론에 따라 갈등은 사람이 직면하는 불가피한 현상으로 보고 갈등의 존재를 인정하면서 이를 수용하고 해결책을 마련하는 과정에서 인간과 조직은 성숙하게 변화해야 나간다는 관점임.

3) 상호작용적 관점 : 갈등 촉진설

이 관점은 갈등을 인정할 뿐만 아니라, 조장도 가능하다는 관점이며 구성원 간에 지나치게 평화스러우면 오히려 나태해지고 무관심을 유발하므로 조직성과에 도움이 되지 않는다고 설명하고, 갈등이 적정 수준으로 조장만 잘 된다면 메기효과(catfish effect)에 의하여 팀협력의 증진과 다양한 창의적인 의견 수렴으로 조직에 유익함을 가져다 줄 수 있다고 믿는 관점임.

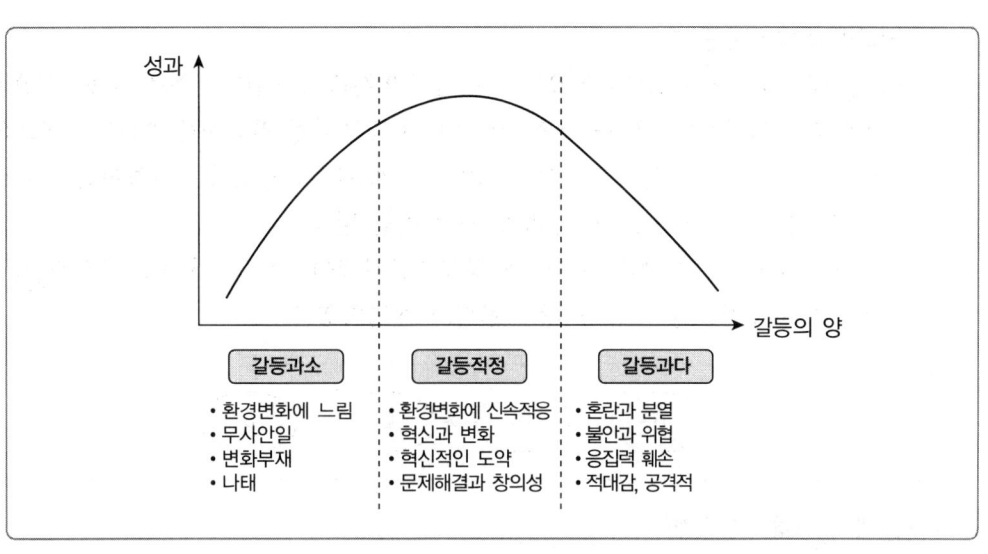

3. 갈등의 원인

1) 상호의존관계

① 의의 : 상호의존관계는, 과업수행이나 목표달성에 있어서 상호간에 협조를 요하는 공통의 이해관계가 존재하는 것임. 상호의존성은 목표를 달성하는 데 있어서 집단 간에 서로 협조를 하거나 정보의 제공, 동조 또는 협력하는 관계를 말하며, 한 사람이 하는 일이 완전히 독립적일 경우 과업 관련 갈등은 발생하지 않음. 이러한 상호의존성에 의한 갈등으로 공유적, 연속적, 호혜적 상호의존관계가 있음.

② 공유적 상호의존관계
- 직접적인 의존관계보다는 상위조직에 의해서, 조직체의 한정된 자원을 공유하면서 발생되는 갈등관계임. 예를 들어 냉장고 사업부와 컴퓨터 사업부가 상위조직인 전자회사에 대하여 필요한 기술, 시설, 자금, 원자재 등의 재원을 확보하기 위하여 전자회사라는 조직체를 공유하면서 경쟁을 하는 사례를 들 수 있음.
- 톰슨(Thompson)은 이러한 공유적 상호의존관계에서의 조정활동은 규칙, 절차 등으로 기준을 정하여 기준을 저해하지 않은 범위 내에서 경쟁에 의한 상호의존관계를 갖도록 하고 있음.

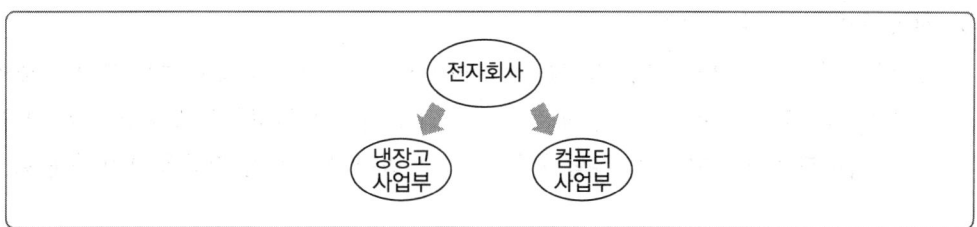

③ 연속적 상호의존관계

- A집단의 산출이 B집단의 투입이 되는 상호의존관계를 말함. 주로 자동차생산조립라인, 과자생산조립라인 등 각종 생산업체의 생산 가동 라인에서 발견되는 상호의존성이며, A의 업무가 완료되어야만 B가 일을 할 수 있고, B가 완료해야만 C가 일을 시작할 수 있는 연속적 업무관계에 있는 것을 말함.
- 톰슨(Thompson)은 이러한 연속적 상호의존관계에서의 조정활동을 계획과 일정표에 의하여 업무조정·조율을 해야 한다고 설명하였음.

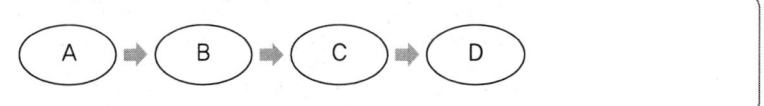

④ 호혜적 상호의존관계

- A집단의 산출이 B집단의 투입이 되고, B집단의 산출이 A집단의 투입이 되는 관계를 의미함. 각 개인 간의 상호의존관계가 동시다발적으로 발생하는 것으로 전쟁 시의 전투조직, 외과의사 수술실, 프로젝트 팀 활동 등이 있음. 갈등을 유발하는 상호의존관계의 강도는 호혜적 상호의존관계가 가장 크다고 볼 수 있음.
- 톰슨(Thompson)은 이러한 호혜적(교호적) 상호의존관계에서는 상호작용, 수평적 커뮤니케이션 등에 의한 조정을 해야 한다고 하였음.

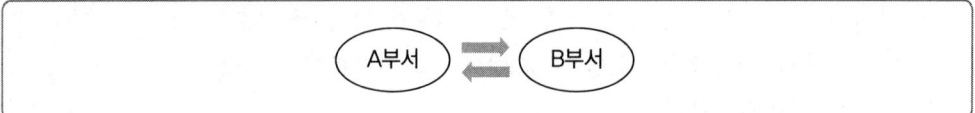

2) 영역모호성(역할모호성)

조직 내 집단들이 자신들의 역할을 수행함에 있어서, 방향이 분명치 못하고, 목표나 과업, 책임이 명료하지 않은 상태를 의미함. 이러한 영역모호성이 높을수록 집단 간에 관할이나 책임을 둘러싼 갈등이 발생하기 쉬움. 과업의 수행에 있어서 누가 무슨 일을 해야 할 지 명확하게 설정되어 있지 않으면, 특정한 업무를 서로 미루게 되는데, 나중에 이 일로 인하여 문제가 터지면 서로 책임을 미루게 됨.

3) 권력, 지위, 가치상의 차이

① 실제 권력과 공식적 지위와의 불균형 : 직급상으로 상위계층에 속하는 부장이 해외유학을 마치고 회사에서 실무를 배우는 사장의 손자를 부하직원으로 두고 있을 때 업무상 상하관계를 갖고 일을 분담하여 시킬 수 없어 심리적인 갈등을 발생하게 함.

② 부서간 기능 차이
- 영업팀은 매출신장을 통해 시장점유율 확대를 우선시하겠지만, 재무팀은 적절한 자원관리를 우선시하기 때문에 영업팀에서 제품가격을 소폭 인하하여 매출을 증대를 제안하면 재무팀은 적절한 자원관리가 되어야 하므로 이를 반대하게 됨.
- 생산부서에서는 제품의 원가 측면에서 효율성을 단기적인 시각으로 접근하지만, 연구개발부서에서는 장기적인 시각으로 기술적 우위에 더 가치를 두게 되므로, 두 부서 간의 갈등을 유발할 수 있는 상황이 발생할 수 있음.

③ 목표에 대한 인식의 차이 : 개별 부서가 추구하는 목표가 상이할 경우 갈등이 발생하는데, 예를 들어보면 영업팀장은 해당 기간에 매출을 얼마나 올렸느냐를 기준으로 보너스가 결정되기 때문에 고객만족을 극대화시키기 위해 구입한 제품이 소량일지라도 그때그때 신속하게 배송되기를 원함. 반면에 배송팀장의 보너스 결정기준은 배송비를 얼마나 감소시켰느냐에 따라 달려 있으므로 제품이 일정량까지 될 때까지 기다렸다가 배송해야 배송비를 줄일 수 있는 사례에서 영업팀장과 배송팀장의 목표에 대한 인식의 차이에 의해 갈등이 유발되기도 함.

④ 라인과 스탭 간 조직목표 인식의 차이 : 라인부서는 스탭부서를 자신이 필요로 하는 정보와 서비스를 제공하는 부서로 여기고 자신을 보조하는 부서로 생각하지만, 스탭부서는 자신들만의 전문성을 가지고 이를 통해 라인부서를 지휘하는 것으로 생각함.

4) 조직 내/외적 상황 측면
① **자원의 희소성** : 조직의 자원은 인적자원, 물적 자원, 재무적 자원, 기술적 자원 등이 있으며, 인사부서는 타 부서에 투입할 인력이 필요하고, 구매부서는 생산에 필요한 원재료가 필요하며, 재무부서는 필요한 예산을 지원해야 함. 그러나, 조직은 이러한 모든 자원을 항상 완벽하게 갖추어 놓고 있지 못하고 있어서 제때에 공급받아야 하는 여러 부서들과 갈등에 빠질 수밖에 없고, 제한된 자원을 가장 많이 확보하기 위하여 부서들은 정치적 행동을 하려 들고, 갈등은 더욱 심화될 것임.

② **차별적 보상에 의한 상대적 박탈감** : 조직에서의 대표적인 보상은 임금과 승진이며, 기업이 공정성을 담보한 연봉결정 기준이나 승진기준을 정해놓지 않으면, 부하는 열심히 일하기보다는 상사의 비위를 맞추는데 더 관심을 가질 것임. 발탁승진제도에 있어서 승진후보자인 개인이 발탁에 탁락한 결과에 승복하지 못할 경우 심한 자괴감과 갈등에 빠지게 됨.

③ **엄격한 위계적인 수직적 구조**
- 경영환경과 조직구조는 서로 적합(fit)하여야만 잘 유지되는데, 그렇지 못한 대규모 조직으로서 권한의 집중도가 높은 수직적 구조를 형성하고 있는 경우 구성원은 의사결정을 할 때 작업능률이 떨어지고 낮은 업무몰입으로 구성원간의 의사소통이 제대

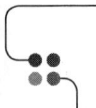

　　　로 되지 않아 갈등이 발생할 여지가 상당함.
　　• 매트릭스 조직구조에서는 연결역할을 하는 부하직원이 두 명의 상사의 상반된 업무지시에서 어떤 것을 우선순위로 할까 고민하는 과정에서 갈등이 발생하기도 함.
　④ 관리스타일
　　• 조직에서 구성원을 통제하는 방법을 관리스타일이라고 하며, 대표적으로 리더십이 있음. 과거에는 비전제시형 리더십을 선호하여 상사가 비전을 제시한 이후 업무지시를 강압적으로 하더라도 문제되지 않았지만, 최근에는 서번트 리더십을 선호하기 때문에 강압적인 업무지시를 내리게 되면 성공적으로 업무를 완수하기 어려움.
　　• 또한, 상사가 부하를 도구로 취급하고 비인격적으로 대할 경우에는 상사에 대한 불만이 커지게 되고, 이때 상사와 부하간의 갈등은 커지게 됨.

5) 개인차원의 요인
　① **업무상 숙련도 미숙** : 집단 구성원들이 공동으로 힘든 과업을 수행할 경우 능력이 높은 자는 낮은 자에 대해 불만을 가지게 됨. 왜냐하면 그로 인해 일의 진행에 차질을 빚기 때문임. 그렇게 되지 않기 위해서는 평상시보다 더 많이 일을 해야 하기 때문에 갈등이 발생하곤 함.
　② **성격, 가치관의 차이** : 자기가 몸담고 있는 조직에 대해서 구성원들이 가지고 있는 상이한 가치관이나 성격에 차이가 있는 경우 갈등을 일으킴. 어떤 사람은 조직을 돈을 버는 수단으로 생각하는 반면, 어떤 사람은 자신의 꿈이 실현될 수 있는 곳으로 생각하고 있는데, 이러한 가치관의 차이는 조직이 어려운 일에 직면해 있을 때 갈등으로 표출되어 나타나는 경우가 많음.
　③ **적절하지 못한 커뮤니케이션** : 메시지 구성이 잘 못 되었거나 적절하지 못한 매체를 사용한 경우 메시지 해석상에 어려움이 따르고 이것으로 인하여 갈등이 유발되기도 함. 커뮤니케이션에서 피드백도 그 방법이 적절하지 못할 경우 갈등을 일으키며, 일상적인 조직생활에서 상대방에게 상처를 주는 언행 역시 갈등의 원인으로 꼽을 수 있음.
　④ **지각의 차이** : 지각의 차이에서 유발되는 편견, 선입관 등으로 인하여 상대방에 대하여 자세하게 파악하기도 전에 갈등으로 불거지는 경우도 많음.

연습 22

다음의 내용을 참고하여 물음에 답하시오. (50점)

> 갈등은 어느 조직에나 존재하는데, 갈등에 대한 전통적 관점에서는 기본적으로 갈등은 조직에 역기능을 가져다주기 때문에 제거해야 된다는 입장이다. 반면에 현대적 관점에서는 갈등이 순기능을 가져다 줄 수 있기 때문에 조직은 갈등에 대해 보다 적극적인 관심을 가져야 한다는 것이다. 조직경영과 관련하여 중요한 갈등은 개인 간 갈등과 집단 간 갈등으로 대표되는 조직 내 갈등이다. 조직원들 끼리 또는 팀들 간에 업무를 수행하고 목표를 달성하는 과정에서 발생하는 갈등은 자칫 성과를 떨어뜨리는 결과를 가져올 수 있기 때문이다.

1) 갈등의 개념적 정의를 제시하고, 개인 간 갈등의 발생 원인을 개인차원, 업무차원, 조직차원으로 구분할 때 각 차원별로 그 원인 3가지를 설명하시오. (10점)

2) 개인 간 갈등관리의 유형을 라힘(M. A. Rahim)의 구분 기준에 의하여 제시하고 각 유형의 개념과 장단점을 설명하시오. (25점)

3) 집단 간 역기능적 갈등 해결방안과 조직성과를 높이기 위한 순기능적 갈등 조성방안을 각각 5가지 설명하시오. (15점)

2022년 제31회 기출

문제 1)

Ⅰ 갈등의 개념적 정의

갈등이란 개인 간의 상호작용, 집단 간의 상호작용에서 상대적 손실을 지각한 결과, 대립과 다툼, 적대감, 긴장이 발생하는 행동의 한 형태이다.(J.Litterer)

Ⅱ 갈등의 발생 원인 – 개인차원

1. 개인의 성격 및 가치관의 차이

개인마다 상이한 성격, 가치관, 상황, 경제적 여건, 삶의 철학과 우선순위, 기득권 등에 기인하여 개인 간의 갈등의 요인으로 불거지기도 한다. 일례로 내재론자인 A와 외재론자인 B가 실패된 과제결과를 가지고 의견이 달라 다투는 경우를 들 수 있다.

2. 숙련도와 능력의 차이

업무 숙련도와 능력, 학습효과 등이 다른 경우 개인차원의 갈등으로 불거지는데, 그 이유는 숙달된 능력이 오히려 업무량의 할당에 영향을 주기도 하고, 임금인상이나 승진에 적용되기도 하므로 개인 간의 질투와 갈등을 발생시키는 것이다.

3. 적절하지 못한 커뮤니케이션

메시지 구성이 잘못되었거나, 적절하지 못한 매체를 사용한 경우이거나, 메시지 해석상에 어려움이 따르는 경우이거나, 피드백의 방법이 적절치 못했거나 하는 이러한 커뮤니케이션 방식이 갈등을 형성하는 것이다. 또한, 상대방에게 상처를 주는 언행 역시 갈등의 원인이 되기도 한다.

Ⅲ 갈등의 발생 원인 – 집단차원

1. 상호의존관계

"상호의존관계"는, 과업수행이나 목표달성에 있어서 상호간에 협조를 요하는 공통의 이해관계가 존재하는 것이며, 이에는 공유적, 연속적, 호혜적 상호의존성으로 설명할 수 있다. 〈공유적〉상호의존성은 상위조직에 의해서 조직체의 한정된 자원을 공유하면서 나타나고, 〈연속적〉상호의존성은 A집단의 산출이 B집단의 투입이 되고, B집단의 산출이 C집단의 투입이 되어야 하는 상태이며, 〈교호적〉 상호의존성은 A집단과 B집단의 투입과 산출이 동시다발적으로 발생되는 상태를 말한다.

2. 부서간 영역모호성

〈영역모호성〉이란 조직 내 집단들이 자신들의 역할을 수행함에 있어서, 방향이 분명치 못하고, 목표나 과업, 책임이 명료하지 않은 상태를 의미한다. 영역모호성이 높을수록 집단 간에 관할이나 책임을 둘러싼 갈등이 발생하기 쉽다.

3. 목표에 대한 인식의 차이

부서간의 목표가 상이한 경우 집단 차원의 갈등 발생의 요인이 되기도 하며, 예를 들어 마케팅팀은 빠른 시일 내에 적극 제품 홍보를 통하여 시장을 점유하고자 하지만, 생산팀은 조금 천천히 하더라도 완제품을 만들고자 하는데서 오는 갈등 사례를 들 수 있다.

Ⅳ 갈등의 발생 원인 - 조직차원

1. 자원의 희소성

자원의 희소성(resource scarcity)이 갈등의 원인이 되기도 하는데, 자원에는 크게 재무자원, 인적자원, 물적자원, 기술자원 등이 있으며 인사팀은 인적자원이 필요하고, 구매팀은 원재료와 그 구매 비용이 필요하고, 재무팀은 필요한 예산을 지원해야 하나, 자원이 빠듯할 경우 조직에 대한 불만과 갈등이 잠재될 수밖에 없다.

2. 제도적 불공정성

차별적 보상에 의한 상대적 박탈감이나 신뢰성이 결여된 임금제도나 승진제도를 실행할 경우 구성원들은 공정성을 인식할 수 없어 열심히 일하기보다는 상사의 비위를 맞추는데 더 신경을 쓰게 될 수밖에 없다. 임금인상의 원칙, 승진기준 원칙이 확립되지 않으면 구성원들은 상대적 박탈감으로 갈등에 빠지게 될 수밖에 없다.

3. 위계적 조직구조

엄격한 위계적인 수직적 구조에 의한 갈등은 무조건 위계에 의한 명령지시를 받아들이고 이행해야 하는 지시적 리더십이 일방적으로 행하여지고 있는 경우 부하직원들은 상식과 맞지 않은 상황에서는 아무리 상사의 업무지시라 하여도 받아들이기 어렵다.

문제 2)

Ⅰ Rahim의 갈등처리의도 모형

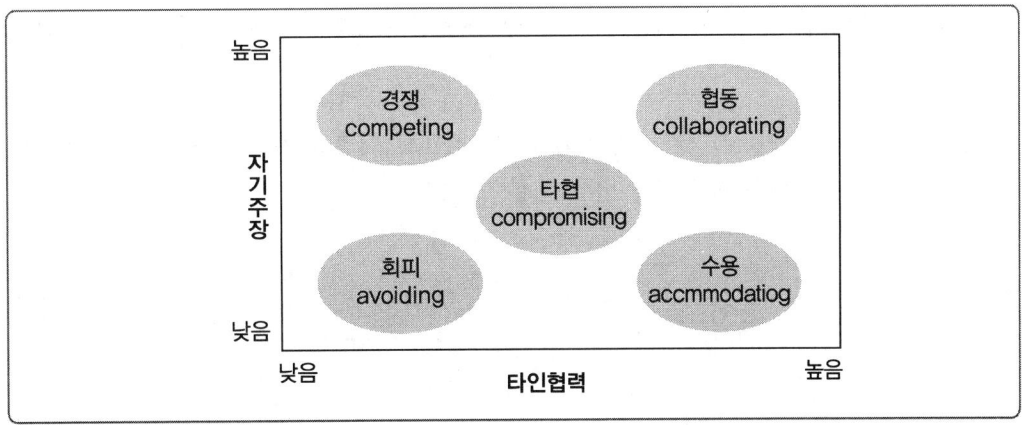

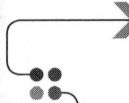

1. 경쟁(competing)

1) 의의

한정된 자원의 확보를 위하여, 상대방의 입장을 전혀 고려하지 않은 채, 자신의 이익만 추구하는 행동이며, 일례로 한정된 자원, 금전, 승진, 실적추구 등을 위하여 상대방과 치열한 노력을 분투하는 경우. Win-Lose가 되어야 하는 상황에서의 행동방향을 들 수 있다.

2) 장단점

장점은 의사결정자과정이 신속하고, 결단력이 있지만, 단점으로 Loser가 되어야 하는 상대방의 분노와 원망을 불러올 수 있다.

2. 협동(collaborating)

1) 의의

서로의 목표, 관심사, 이해관계를 정확하게 파악하고 문제해결을 위한 통합적 대책을 추구하는 행동이며, 각 멤버의 이익, 가치관 등을 일치시키면서 조직 전체의 목표를 설정하여 조직몰입을 유도하는 사례가 있다.

2) 장단점

장점은 양 당사자의 입장을 이해하고 이를 총체적인 문제를 해결할 수 있다는데 있고, 단점은 협동이라는 행동을 취하기까지 상당시간 소요된다는데 있다.

3. 타협(compromising)

1) 의의

양당사자가 서로 조금씩 양보하여, 자신과 타인의 관심사나 목표를 서로 주고받고 가장 최적의 행동방향으로 나아가도록 협의하는 것이다. 조직목표가 중요하지만, 그 보다 더 시급한 상황에서 타 경쟁업체와 더 큰 매력적인 공동목표를 설정하는 경우를 들 수 있다.

2) 장단점

장점은 둘 이상의 의사결정자간에 평화를 유지하면서 대안을 추구한다는 점이 있고, 단점은 자칫 우유부단한 모습으로 비추어 질 수 있다.

4. 회피(avoiding)

1) 의의

의사결정자간에 직면한 문제와 갈등상태에서 자신을 철회하는 것이다. 일단 이번에는 한 발 물러가고 다음에는 양보 못다는 심정으로 하는 행동이다. 당면한 문제 사안에 대한 해결이 자신의 이익보다 더 중요하다고 생각될 때 하는 방법임이다.

2) 장단점

장점은 에너지와 시간을 저축할 수 있다는 점이 있고, 단점은 매우 중요한 사안에서 회피전략을 택하여 비겁하게 보일 수 있다.

5. 수용(accommodating)

1) 의의

상대방의 관심사를 우선시하려고, 나의 이익을 양보하고 수용하는 행동전략이다. 업무실수를 해버린 부하직원의 모습에 이를 나무라지 않고 수용하여 부하직원이 더 잘 배우도록 함으로써 부하직원을 개발하고자 한 경우를 들 수 있다.

2) 장단점

소란과 싸움이 없고, 배려심을 발휘하여 이미지를 향상시킬 수 있지만, 단점으로 추종자들의 신뢰감이 감소하고 지금 수용하는 모습이 진심일까 하는 오해도 불러일으킬 수 있다.

문제 3)

Ⅰ 갈등의 해결 방향

1. 문제의 해결

당면한 문제를 토의하여 해결하는 방법이며, 언어상의 잡음현상으로 잘못된 이해를 해결하거나, 직면한 문제를 양 집단 간 신중하고 공개된 회의를 통해 해결하고자 하는 것이다.

2. 상위목표의 도입

상위목표는, 갈등상태에 있는 집단들에게 아주 매력이 있는 목표이며, 이러한 상위목표 아래 서로 협력하도록 참여시킴으로써 갈등을 해결하는 방법이다. 집단 간에 갈등이 있더라도 공동의 초월적 목표를 위해 서로 의논하고 교류하게 됨으로써 갈등이 해소되는 경우가 있다.

3. 여유자원의 조성

기존의 한정된 자원에 여유자원을 조성하여 자신에게 영향을 미치는 상대집단과의 연결고리를 잠시나마 느슨하게 또는 끊을 수 있도록 하는 여유자원의 조성은 완충장치와 같은 역할을 하는 것이다. 조직의 자원에는 지위, 공간, 보상, 인적자원 등 다양한 요소들이 포함될 수 있으며, 이러한 자원에 여유를 제공하게 되면 갈등 고리를 느슨하게 할 수 있다.

4. 권력의 개입(관리자의 개입)

공식적인 권한을 가진 상위자가 명령을 내림으로써 갈등을 해결하는 방법이며, 가장 오래되고 흔히 쓰이는 방법이다. 그러나, 힘에 의한 갈등해소 방법은 앞의 갈등 해소방법과 달리 갈등의 원인에 대해서나 아니라, 갈등 결과에 초점을 두기 때문에 집단 간 갈등의 여지는 남아 있게 되며 갈등의 재발가능성도 높다.

5. 직접대면에 의한 해결

가장 보편적인 방법이며, 대면회합을 통해 갈등요인이 되는 문제에 대하여 상호 입장을 밝히고 원인을 규명하여 갈등을 해소하고자 하는 방법이다. 직접대면을 통한 방법인 만큼 모든 문제를 터놓고 논의할 수 있도록 해야 하며, 상호 만족할만한 해결책을 찾도록 해야 한다.

Ⅱ 갈등의 조장 방향

1. 커뮤니케이션 형태 변경

의사전달 채널을 다양하게 활용하여 집단 간 긴장을 유발시키는 방법이며, 예를 들어서 Y형의 의사소통의 경우, 두 상급자에 의한 의견충돌을 발생하게 하여 갈등을 형성케 하는 것이다.

2. 조직구조의 변경

조직구조의 변경은 갈등해소 및 조장에 다 같이 유용한 방법이며, 집단 간 상호의존을 높이고, 의사결정권을 재분배하여 갈등을 적정수준으로 조장하기도 한다.

3. 구성원의 이질화

새로운 구성원을 영입하여 경쟁심을 부추기는 방법이며, 조직 밖의 새로운 인재 영입으로 비능률적이었던 조직분위기를 자극하는 방법이다. 마중지봉(麻中之蓬)이라 하여 구부러진 쑥도 삼밭에 가면 꼿꼿하게 잘 자라는 모습에 기원한다.

4. 경쟁의 조성

집단 간 경쟁의식을 고취시키는 방법으로 성과급, 연봉제, 인센티브 제도에 의한 선의의 경쟁에 자극을 주는 것이다. 이러한 경쟁의 출현은 기능적인 갈등을 발생하게 하여 조직 전반에 걸쳐 성과의 수준을 한층 높여줄 수 있다.

5. 반대제안법(악마의 옹호자)

조직 안에 비판 역할을 맡은 사람을 두는 제도이며, 이때 사람들은 비판을 받지 않기 위해 사전적 장단점 및 비판할만한 점을 잘 숙지하여 준비해 두었다가 이후 실무에서 모범적이면서 바람직한 발표, 업무보고, 행동을 보이게 된다.

경영조직론 답안작성연습

연습 23
임파워먼트(empowerment)를 기술하세요.   2024년 제33회 기출

I 의의

1. 임파워먼트의 의의

- 임파워먼트는 조직구성원들에게 자신이 조직을 위해서 많은 중요한 일을 할 수 있는 권한, 능력, 활력 등의 확신을 심어주는 과정임. 그러한 확신을 심어주기 위해서는 능력과 의지를 키우는 일, 공식적 권한을 위임해 주는 일, 실제 의사결정에 참여시킴으로서 영향력을 체험토록 하는 일 등이 전제되어야 함.
- 임파워먼트는 조직 내 권력의 분배를 뛰어넘어 권력의 창조, 권력의 증대에 초점을 두고 있는데, 즉, A와 B 두 사람이 긍정적인 상호작용을 통해서 양자 모두의 권력을 키워나갈 수 있다는 점에 있음.

2. 유사개념으로서 권한위양

- 권한위양은 의사결정과 책임의 공유가 아니라, 경영자의 권한을 하부에 위양하는 것이기 때문에 경영자의 권한은 그 만큼 줄어들고, 위양을 받은 종업원의 권한만 증가되는 방식임. 이에 상급자는 권한위양을 꺼리고, 부하직원은 권한위양을 받으려하므로 서로 간의 갈등이 발생될 수밖에 없음.
- 이러한 권한위양은 제한된 권력을 상급자와 하급자가 나누려는 zero-sum pie인 반면에, 임파워먼트는 상하급자 간에 권한의 공유를 의미하므로 plus-sum pie로서 모두에게 득이 되는 대안이라 할 수 있음.

II 임파워먼트의 중요성과 특징

1. 임파워먼트의 중요성

1) 무력감의 해소

무력감은 구성원들이 느끼는 결핍현상이며, 무력감에 빠진 구성원들은 권위에 한 없이 무너지는 심리적 상실감과 수동적으로 행동하게 하는 의존형 행동을 띠게 됨. 뿐만 아니라, 조직에 대한 애착이 없어지고 때로는 상식에서 벗어난 일탈행동을 보일 때도 있음.

그러나, 임파워먼트는 실행한 경우라면 이러한 구성원들이 느끼는 박탈감이나 무력감의 해소에 기여하게 될 것임.

2) 자율경영의 증진

자율경영의 전제요건으로 유능한 인재활용과 변화에 대한 진취적 조직문화, 구성원의 지속적/자발적인 참여가 전제되어야 하므로, 이에 임파워먼트는 현재 경영조직의 절실한 과제라 할 수 있음.

2. 특징

Greenleaf(1970)는 임파워먼트를 다음과 같이 공식화하면서 임파워먼트 강도는 부하에게 허용되는 자율성의 정도, 상하급자 간 추진방향의 합치 정도, 상급자의 후원 정도에 따라 달라진다고 설명하였음.

임파워먼트 = 자율성 × 방향성 × 후원

Ⅲ 임파워먼트 접근방법과 실행

1. 접근방법

1) 미시적 접근방법 : 개인 임파워먼트

미시적 접근방법은 구성원의 심리적·동기적 임파워먼트를 의미하며, 구성원들이 개인적 차원에서 자신의 직무에 대해 느끼는 믿음인 자기효능감과 관련되어 있고, 자신의 부족한 점을 명확히 인식하고, 긍정적인 자기암시를 제공하는 과정임.

2) 거시적 접근방법 : 집단·조직 임파워먼트

구성권들 간의 관계적 접근방법이며, 권한과 책임을 부여하는 관리기법임. 상급자가 하급자에게 자신의 파워를 다른 구성원에게 권한위양을 함으로써, 조직전체의 파워를 키워나가는 과정임.

2. 실행

1) 미시적 접근에 의한 실행 – "자신감의 제공"

개인의 능력개발을 통한 자신감의 부여, 동기부여효과를 통한 적극적인 태도의 조성, 인간관계를 고려한 무력감 원인의 제거로 자신감을 형성하고 더 높은 성과 목표를 설정하여 새로운 도전정신 발휘와 노력을 투입하는 과정에서 실현됨. 그 외에 긍정적인 자기와의 대화, 자아상 정립, 자기결정의 증진 등이 있음.

2) 거시적 접근에 의한 실행 – "권한위양"

거시적 접근에서의 임파워먼트는 단순히 상위직에서 하위직으로 권한위양을 의미하는 것이 아닌, 모든 계층이 자신의 업무수행을 하는데 장애를 받지 않도록, 필요한 권력을 행사하여 장애요인을 제거하고 적합한 근무환경을 조성하는 것을 의미함.

Ⅳ 임파워먼트의 4가지 구성 요인

1. 의미성

의미성이란 일 자체에 대해서 느끼는 가치를 말하며, 자신이 하고 있는 일에 대하여 아무런 의미를 느끼지 못하는 사람은 권능감이 전혀 없는 상태라고 볼 수 있음. 일 자체가 주는 내적 동기, 이것은 임파워먼트의 "엔진"에 해당하며, 개인이 심리적인 힘을 느끼도록 하는 가장 기본적인 요소임.

2. 역량감

두 번째 차원인 역량감은 자신의 일을 효과적으로 수행하는데 소요되는 능력에 대한 개인적 믿음, 자기효능감, 자신감에 해당함. 역량감이 있는 사람은 눈앞에 놓인 업무량에 스트레스를 먼저 느끼기 보다는 차근차근 계획을 세워서 해결해 나가려는 성향을 보이지만, 역량감이 없는 사람은 눈앞의 업무량에 부담과 압박감을 느끼고, 직접 부딪혀 보기도 전에 스스로 도태되어 버림.

3. 자기결정력

자기결정력도 직무만족과 관계가 깊으며, 업무를 수행하는 방법, 시기 등을 스스로 결정할 수 있으면 자신의 일에 대한 주인의식을 스스로 갖게 됨. 자기결정력은 앞선 의미감과 역량감이 충만할 때 과거 수많은 작은 성공을 경험하면서 스스로 체득한 방법에 의한 결정력을 발휘하게 되는 것으로 자기결정력이 높은 사람은 업무완성률도 높지만 혹여 실패할 경우의 책임감도 높은 수준으로 발휘함.

4. 영향력

최종성과에 얼마나 결정적인 기여를 할 수 있다고 믿는가와 관련되어 있으며, 스프라이쩌(Spreitzer)와 그의 동료들의 연구결과에 의하면, 역량감이 있고 영향력이 크다고 느끼는 사람들은 자신의 일에 있어서 보다 큰 성과를 내는 것으로 나타났음. 뿐만 아니라 자신들의 직무에 있어서 의미감을 느끼고 그만큼 만족감을 느끼게 되는 것으로 밝혀졌음.

Ⅴ 기대효과

1. 긍정적인 효과

- 스스로 의사결정권으로 통제권을 발휘하고 무기력감과 스트레스를 해소하여 강한 업무의욕과 성취감을 느끼도록 하는 긍정적인 효과를 기대할 수 있음.
- 권한위양, 업무능력의 확대로 구성원 기량의 향상을 노릴 수 있고, 능동적이고 적극적인 대응으로 고객에 대한 서비스 향상 등 환경변화에 대한 긍정적인 태도 형성을 가져올 수 있음.
- 개인 간 정보공유와 내부의 자율성을 보장하게 하여 수평적인 조직구조로 전환되도록 촉진함.

2. 부정적인 효과

- 권력의 공유부문 확대로 계층/부서간의 대립이 발생하여 조직 내 무질서와 혼란을 발생케 할 가능성을 초래할 수 있으므로, 유의해야 함.
- 구성원 책임범위의 수평적인 확대로 인하여, 구성원의 업무전문성이 오히려 약화될 우려도 적지 않음. 또한, 권한에 대한 중복투자로 인하여, 오히려 자원낭비의 가능성도 있다는 한계점이 존재하므로, 유의해야 함.

Ⅵ 저해요인과 성공적 실천전략

1. 저해요인

현 상황을 유지하려는 조직적 관성, 단기성과에만 치중하는 경향, 권한을 위양하지 않으려는 관리자의 태도, 목표와 수단의 전치, 조직의 경직화, 구성원의 창의성 제한 등의 관료적인 문화가 만연하였거나, 권한위양을 꺼리거나, 신뢰를 구축하지 않으려는 경향의 불신 풍조가 자리 잡았거나, 권한을 위양하여도 하위자의 업무스킬이나 역량이 부족한 경우 임파워먼트 효과는 반감됨.

2. 실천전략

1) 정보의 공개

필요한 정보를 개인이나 팀이 손쉽게 얻을 수 있어야만 임파워먼트를 느낄 수 있으며, 이러한 정보공개 방식을 적용하는 기업체에서의 구성원들은 자신의 일이 얼마나 중요하며, 무엇이 요구되고 있는지를 스스로 느낄 수 있도록 하는 경영방식을 책하여 큰 성과를 내고 있음.

2) 적극적 참여 유도

구성원들이 적극적으로 다양한 분야의 활동에 참여할 수 있도록 유도해야 함. 새로운 아이디어를 공유하고, 서로를 지원하고 격려해 주는 문화의 구축이 필요함. 임파워먼트는 권력은 나눌수록 커진다는 적극적인 논리에 기초하고 있으므로, 참여를 통하여 일에 대한 의미를 찾을 수 있도록 하고, 역량감, 자기결정감, 영향력 등을 체험해 볼 수 있게 해야 함.

3) 혁신활동 지원

새로운 개념을 시도해 볼 수 있도록 권한이 위임되어야 하고, 관료적 병폐를 극복할 수 있는 실질적인 권한과 힘을 구성원들에게 실어주어야 함. 실제 어느 정도 성장기를 달리고 있는 기업체에서 인력을 선발하고, 포상을 주고, 승진시키고, 해고시키는 인사노무 실무 권한을 인사부서에게 위양하고, 업무에 있어서의 예산편성권과 집행권을 철저히 위임하여 커다란 성과를 이룩하게 된 사례도 상당히 많음. 이러한 문화를 정착하기 위해서는 실패 사례로부터의 학습 문화 조성, 성공 사례에 대한 벤치마킹화로서 공유하는 문화를 촉진해야 할 것임.

4) 권한과 동시에 책임감 부여

권한위임은 방임을 의미하는 것이 아니므로, 업무에 대한 권한을 제공함과 동시에 책임감도 부여하여 자신의 선택과 행동에 대한 자기결정권을 발휘하게 하고, 업무에 대한 주인의식을 갖도록 해야 함.

> **연습 24**
>
> 변혁적 리더십과 교환적 리더십을 비교 설명하세요. 1998년 제7회 기출
>
> 거래적 리더십과 변혁적 리더십의 개념과 주요 구성요인을 설명하고, 각 리더십별로 권력의 원천과의 상호관련성을 기술하시오. 2019년 제28회 기출

I 거래적 리더십과 변혁적 리더십의 의의

1. 의의

리더십은 리더가 처한 상황을 고려하여, 구성원들로 하여금 특정 목표를 달성하도록 사회적 영향력을 행사하는 과정을 말함.(Stogdill) 리더의 행동은 리더 자신의 특성과 상황요인에 의한 함수로서 결정되므로, 리더 자신의 특성이 기대 이상의 성과를 달성할 수 있음을 알 수 있음(B=f(P, E)).

- 거래적 리더십은 부하의 역할과 업무요구사항을 명확하게 해줌으로써 부하 직원들이 목표를 달성할 수 있도록 지도하고 동기부여해주는 리더십을 말함.
- 변혁적 리더십은 리더의 행동특성이 부하들의 자각에 의한 변화를 촉진하고, 부하가 자신의 이익을 초월하여 조직의 이익에 관심을 갖도록 고무시킴으로써 자신의 성장과 발전을 위해 노력하도록 유도하고, 최종적으로 기대 이상의 성과를 달성토록 하게 하는 리더십을 말함.

2. 변혁적 리더십의 등장배경

- 변혁적 리더십은 번스(Burns)에 의해 처음 제시되었으며(1978), 그 후 베스(Bass)에 의해 조직상황에 맞추어 구체화되었음(1985). 변혁적 리더는 저차원 욕구에 얽매여 사는 사람들을 고차원 욕구를 추구하도록 마음속의 가치체계를 변혁(transform)시키는 리더임.
- 기존의 리더십이 리더와 부하 간에 발생하는 거래적 관계에 초점을 맞추어 발전하였다고 보고, 이러한 관점은 한계를 가질 수밖에 없으며, 이에 대한 대안으로 제시된 것임.

Ⅱ 주요 구성요인

1. 거래적 리더십

1) 조건적 보상

리더의 조건적 보상은 구성원들에게 과업과 업무를 명확하게 해주고, 그들이 만족스러운 업무수준을 달성할 것을 조건으로 하여 보상을 제공하는 것을 말함.

2) 능동적 예외관리

구성원의 직무수행과정에 적극 개입하여 지속적으로 과정을 살피며 잘못이 있을 경우, 그때그때 수정해주는 행동을 뜻함.

3) 수동적 예외관리

문제가 발생했을 때만 개입하여 수정해주고 지도해 주는 리더십 스타일을 말함.

2. 변혁적 리더십

1) 영감적 동기부여(카리스마1)

리더가 구성원들에게 비전을 제시하고 이를 긍정과 열정을 가지고 소통하는 것임.

2) 이상적 역할 모델(카리스마2)

추종자들이 리더에 대해서 존경, 자부심, 일체감을 갖도록 개인보다 집단이익을 강조하고 엄격한 윤리규범을 보여주면서 이상적인 리더로서 모범적인 행동을 보이는 것임.

3) 지적 자극

기존의 관행에 대해서 추종자들이 의문을 갖고 현실을 새로운 관점에서 바라보도록 외적으로 자극하는 리더의 행동을 말함.

4) 개별적 배려

추종자 개인의 욕구와 감정과 능력을 파악하여 코칭, 지원, 자극을 통해 임파워먼트를 주는 행동임.

3. 거래적 리더와 변혁적 리더의 특성 비교

1) 거래적 리더

거래적 리더는 현상유지에만 집중하여 단기적으로 상황을 조망하고, 기본적이면서 가시적인 보상수준의 지급으로 부하들의 저차원적 욕구를 외재적 보상 위주로 충족시키려는 특징이 있음. 부하들에게 규칙과 관행에 의한 관리표준을 설정하여 통제하고, 문제해결 위주의 해답을 찾아주는 곳을 알려줌.
① **현상 측면** : 거래적 리더는 현재의 상황만 유지하고자 하는 노력에서 발현되는 리더십 행동 유형임.
② **목표지향성** : 현상과 너무 괴리되지 않은 목표를 지향하면서, 현재의 안정적인 상황만 유지하면 되는 성향을 갖고 있음.
③ **시간** : 단기적 조망, 기본적이고 가시적인 보상에 의한 동기부여를 주로 제공함.
④ **동기부여 전략** : 저차원적 요구 충족 중심의 외재적 보상 위주의 동기부여 전략을 사용함.
⑤ **행동표준** : 부하들에게 규칙과 규정, 관행에 따른 관리표준을 설정하여 이에 적합한 동기부여 전략을 사용함.
⑥ **문제해결** : 문제해결 위주의 해답을 찾을 수 있는 곳을 알려줌.

2) **변혁적 리더**

변혁적 리더는 현상변화를 위한 노력을 아끼지 않고 매우 높은 이상적인 목표를 지향함. 상황을 장기적으로 조망하여 자신과 부하들의 노력을 발휘할 수 있도록 집중하고, 내재적인 동기부여 위주의 목표설정 권장에 의한 고차원적 요구를 지향하고, 창의적으로 도전하려는 부하직원들을 격려하면서 부하들이 스스로 해결책을 찾도록 함.
① **현상 측면** : 현상 변화를 위한 노력에 관심을 갖는데, 현재의 잘 못된 점을 개선하고자 하는 노력에서 변혁적 리더십 발휘가 시작되기 때문임.
② **목표지향성** : 보통 현상보다 매우 높은 이상적 목표를 지향함.
③ **시간** : 장기적으로 상황을 조망하면서 구성원의 내적인 욕구를 충족 위주의 개인 목표설정 권장에 의한 동기부여를 사용함. 따라서, 로크의 목표설정이론 위주의 과업과 동기부여를 실행하곤 함.
④ **동기부여 전략** : 고차원적 욕구, 내재적 욕구 충족 위주의 개인 목표설정 권장에 의한 동기부여를 추구함.
⑤ **행동표준** : 변혁적이고 창의적으로 새로운 시도에 도전하도록 부하를 격려함.
⑥ **문제해결** : 부하들이 스스로 해결책을 찾을 수 있도록 격려함. 즉, 주어진 사안이 왜 그렇고 어떻게 해야 할 지 스스로 해결을 모색할 수 있도록 격려하면서 문제해결을 찾아나가도록 한다는 특징을 가짐.

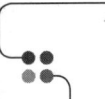# 경영조직론 답안작성연습

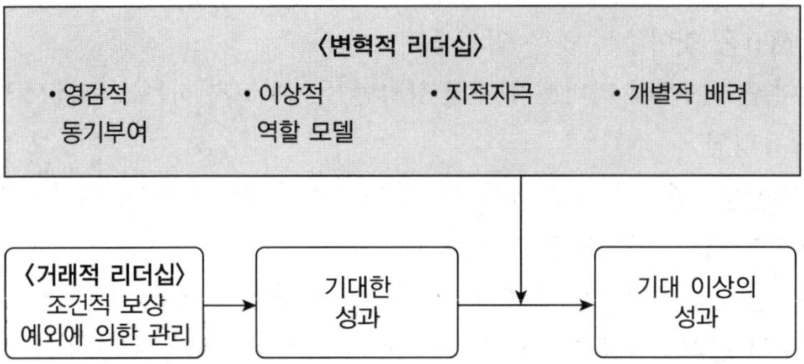

〈변혁적 리더십〉
- 영감적 동기부여
- 이상적 역할 모델
- 지적자극
- 개별적 배려

〈거래적 리더십〉
조건적 보상
예외에 의한 관리 → 기대한 성과 → 기대 이상의 성과

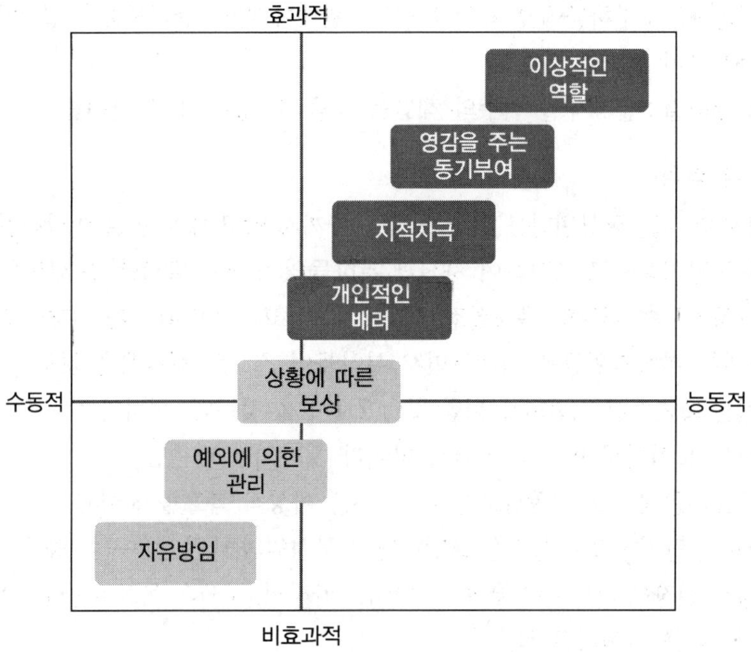

효과적 / 비효과적, 수동적 / 능동적 축:
- 이상적인 역할
- 영감을 주는 동기부여
- 지적자극
- 개인적인 배려
- 상황에 따른 보상
- 예외에 의한 관리
- 자유방임

Ⅲ 권력의 원천과의 상호관련성

1. 권력의 원천

French & Raven이 제시한 5가지 권력의 원천을 살펴보면 다음과 같음.

1) 보상적 권력

   보상적 권력은 개인이 상대방의 보상을 통제할 수 있는 힘이며, 물질적인 것뿐만 아니라 상징적인 것까지 모두 포함함. 배고픈 사람에게 음식을 제공하고, 죄수에게 자유를 제공하고, 근로자에게는 연봉인상, 승진, 인정, 칭찬, 도전적인 업무 부여, 선호하는 근무시간 부여 등 매우 다양함.

2) 강압적 권력

   강압적 권력은 권력행사자가 보상의 반대인 처벌할 수 있는 힘을 갖고 있는 경우이며, 부하직원을 한직으로 좌천시키거나, 연봉을 삭감하거나, 인사평가에서 낮은 점수는 부여는 사례 등을 들 수 있음.

3) 합법적 권력

   조직이 개인에게 부여한 공식적인 권한을 말하며, 개인의 직위, 지위, 계층에서 나옴. 합법적 권력은 조직의 상위계층에 있는 사람이 하위계층에 있는 사람보다 더 많은 권력을 가지고 있음.

4) 준거적 권력

   준거적 권력은 개인이 바람직한 특질을 가졌을 때 발휘되는 것으로 권력을 수용하는 사람과 일체감이 조성되었을 때 발생함. 구체적으로 권력행사자가 매력을 가졌거나, 상대방으로부터 존경을 받는 경우임. 권력수용자가 그를 존경하고 롤 모델로 여겨 동일시하고 싶다거나 그를 좋아하기 때문에 나타남.

5) 전문적 권력

   권력행사자가 전문지식, 특수기술, 업무수행상 특별한 노하우를 갖고 있을 때 형성됨. 집단구성원들은 대개 월등한 기술과 능력을 가졌다고 보이는 사람의 의견을 따르며, 그의 충고를 받아들이게 됨.

2. 거래적 리더십과의 상호관련성

거래적 리더십은 부하직원들에게 목표를 명확하게 알려주고 지도하면서 업무지시를 행하고, 업무이행과 완수라는 조건에 의한 보상을 실시하는 공식적인 성격을 띠고 있기 때문에, 권력의 원천 중에서 보상적 권력, 강압적 권력, 합법적 권력이 주로 발휘되는 경향으로 나타남.

3. 변혁적 리더십과의 상호관련성

변혁적 리더십은 영감적 동기부여, 이상적 역할 모델, 지적 자극, 개별적 배려를 특징으로 하고, 조직의 계층 등을 초월한 개인적인 권력으로서 준거적 권력과 전문적 권력이 주로 나타남.

> **연습 25**
>
> 피들러의 리더십 상황이론과 허시와 블랜차드의 상황적 리더십 이론을 각각 설명한 다음, 1) 리더십 유형, 2) 상황변수, 3) 리더십과 상황적합(matching)의 순서로 비교설명하시오. (50점)★★★
> 2022년 경영지도사 기출 변형

I 리더십 상황이론의 의의

- 〈리더십〉이란, 리더가 처한 상황 등을 고려하여, 구성원들로 하여금 목표를 달성하도록 사회적인 영향력을 행사하는 과정을 말하며, 리더십은 코치 역할을 하면서 구성원들의 역량을 촉진하고, 집단목표에 공헌할 수 있도록 사기를 높이는 중요한 역할을 하기 때문에 중요하다.

- 〈리더십 상황이론〉은 기존의 리더십 특성이론과 행동이론은 모두 보편적인 리더십 이론이라는데 있었지만, 리더십 상황이론은 이상적인 리더의 특성 또는 행동유형이 구체적인 상황에 적합할 때 효과적이라는 이론이다. **리더십 = f(리더의 자질, 상황특성, 부하특성)**

II 피들러의 리더십 상황이론

1. 의의

Fiedler의 리더십 상황이론에서 말하는 효과적인 리더십 스타일은 〈상황의 호의성〉에 따라 좌우된다는 것이다. 즉, 효과적인 리더십은 리더십 유형과 상황의 호의성간의 상호작용에 의해 결정되는데, 여기서, 상황의 호의성은 Ⓐ 리더-구성원 간 관계, Ⓑ 과업구조, Ⓒ 리더의 직위권한으로 구분하여 측정하였다.

2. 리더십 상황요소

상황의 호의성은 그 상황이 리더로 하여금 영향력을 행사할 수 있도록 하는 정도를 의미한다.

① **리더-구성원 간 관계** : 집단의 구성원들이 리더를 신뢰하고 좋아하며, 기꺼이 따르려는 정도를 뜻한다. 소시오매트릭스, 집단분위기 기준척도를 마련하여 측정한다.

② **과업구조** : 과업구조에는 과업요건이 얼마나 명백한 지에 관한 '목표명료성'과 과업수행에 사용되는 방법의 수에 해당하는 '목표-경로 다양성', 과업 수행 이후 결과를 알 수 있는 정도인 '검증가능성'으로 과업구조의 잘 구조화되었는지 정도를 측정한다. 과

업이 구조화될수록 상황은 리더에게 호의적임. 업무체계, 제도적 적용 등이 리더십 발휘의 영향력 속도를 지원해 주기 때문이다.

③ <u>리더의 직위권한</u> : 리더의 직위에 부여된 권한의 정도. 직위권한, 보상권한, 의사결정 권한 등이 있다.

3. LPC척도

<u>LPC(least preferred co-worker)</u>은 리더가 과거에 함께 일하기 가장 싫었던 사람과 같이 일할 수 있는가를 묻는 설문이며, <u>점수가 높을수록 관계지향적 리더십이고, LPC점수가 낮을수록, 과업지향적 리더십</u>임을 전제로 하고 있다.

4. 상황의 호의성과 리더십

상황과 결부하여 적합한 리더십을 살펴보면, 상황이 **아주 호의적**이거나, **아주 비호의적일 때**에는 **과업중심적 리더십**이 최선의 성과를 가져다주고, <u>상황의 호의성이 **중간정도**일 때에는 **관계지향적**인 리더십 스타일이 효과적임을 알 수 있다.</u>★★

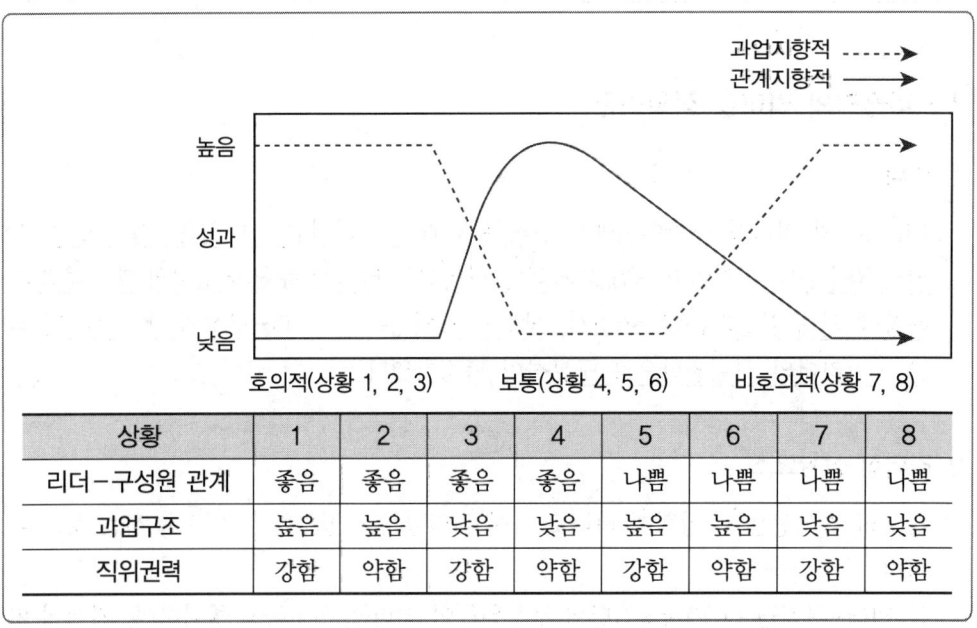

5. 공헌점

① 피들러의 주장에 따르면, 조직은 두 가지 선택을 할 수 있으며, 하나는 리더의 스타일을 상황에 따라 변경하여 <u>리더 교체</u>를 하는 방법이고, 또 하나는 상황을 바꾸어서 리더의 속성에 맞게 해주는 것을 설명하였다.(리더매치 'Leader match)
② 상황에 따라 성공적인 리더십은 다르다는 새로운 관점을 제시하였다.
③ 리더십 유효성에는, 리더나 부하 말고도 작업장에서의 상황변수가 존재함을 설명하였다.

6. 한계점

① <u>리더 행동-부하간의 관계는 상호작용과정에서 달라질 수 있고,</u>
② 리더십 유형의 분류기준으로 <u>LPC척도의 타당성에 의문</u>을 제기하는 등의 비판을 받았으며,
③ <u>상황요소의 분류기준이 애매하고 불분명하다고</u> 제시하였다.
④ 이 이론에서는 리더매치라고 하여, <u>리더를 바꾸는 방법을 설명만 하였을 뿐</u>, 실제 리더십 스타일을 바꾸기 어렵다는 점을 전제하고 있다는 점에 있어서 한계가 있고, 이러한 측면은 허쉬와 블랜차드의 상황적 리더십과에서 리더십 스타일을 부하의 성숙도에 맞게 변경할 수 있다는 점에서 차이점으로 나타났다.

Ⅲ 허쉬&블랜차드의의 리더십 상황이론

1. 의의

리더십의 유효성을 높이기 위해서는 <u>부하의 성숙도와 그들의 직무경험 및 정서적 성숙도</u>를 고려하여 그에 적합한 리더십 스타일을 선택해야 한다는 이론이다.

2. 부하의 성숙도

㉠ <u>달성 가능한 목표설정능력</u>, ㉡ <u>기꺼이 책임을 지려는 의사와 능력</u>, ㉢ <u>교육과 경험</u> 등으로 측정하며, 부하가 아주 유능한 경우에는 자율적으로 일하도록 해야 함이 효과적이고, 반대의 경우에는 하나하나 업무지시를 하면서 야단쳐가면서 알려주어야 한다.

3. 리더십 유형

① **지시적 리더십(telling)** : 성숙도가 최저인 하급자에 대해서는 인간관계 수준을 최저로 하면서, 상사의 직접적인 지도와 설명하에 작업을 하는 것이 효과적이다.

② <u>설득형 리더십(selling)</u> : 어느 정도 성숙한 하급자에게는 상사의 관심과 칭찬 위주의 설득형 리더십이 적합하다.

③ <u>참여형 리더십(participating)</u> : 성숙도가 높아지면, 상급자는 하급자를 중요한 의사결정과정에 참여시키면서, 과업지향적 리더십은 줄여주고, 관계지향적 리더십을 좀 더 발휘하여 사기충전을 해주어야 한다.

④ <u>위임형 리더십(delegating)</u> : 성숙도가 최고조인 하급자의 경우, 스스로 동기유발 하면서 책임감을 갖고 업무를 하므로, 상급자는 의사결정권한을 대폭 위양하는 유형이다.

4. 공헌점

① 부하의 성숙도에 의한 리더십 유형을 적용하여 설명하였다.
② <u>부하의 성숙도 수준에 의한, "융통성 있는 적응적 리더"</u>를 강조하였다. 즉, 리더는 동일한 상황이라 하더라도, 부하의 성숙도에 의하여 다른 유형의 리더십 스타일을 행사할 수 있음을 의미한다.

5. 한계점

① 지시적 리더십과 성숙도가 낮은 하위자와의 관계에서는 <u>상관관계가 있는 것으로 나타났으나</u>, 나머지의 경우 실증적 측면에서 일치성을 입증하기 어렵다.
② 상황변수로서 <u>부하의 성숙도 하나만을 갖고</u> 리더십 유형을 측정하는 것은 <u>지나치게 개괄적으로</u> 상황변수를 정의 내렸다는 한계가 있다.

Ⅳ 피들러 이론과 허쉬&블랜차드의 이론의 비교

1. 공통점 : 리더십 상황이론

리더의 각종 특성이나 행동에 영향을 제공하는 요인은 곧 리더가 처한 상황이라는 관점을 취하고 있다는 점에서 공통점이 있다.

2. 차이점

1) <u>리더십 유형 (단일차원, 독립차원)</u>

- 피들러는 리더십 상황이론에서의 리더의 유형은 <u>관계지향적 리더십</u>과 <u>과업지향적 리더십</u>으로 나누어 각 상황에 적합한 리더십 스타일을 설명하였다. 즉, LPC척도가 크면 관계지향적 리더십이고, LPC척도가 작으면 과업지향적 리더십에 가깝다고 설명하였다.

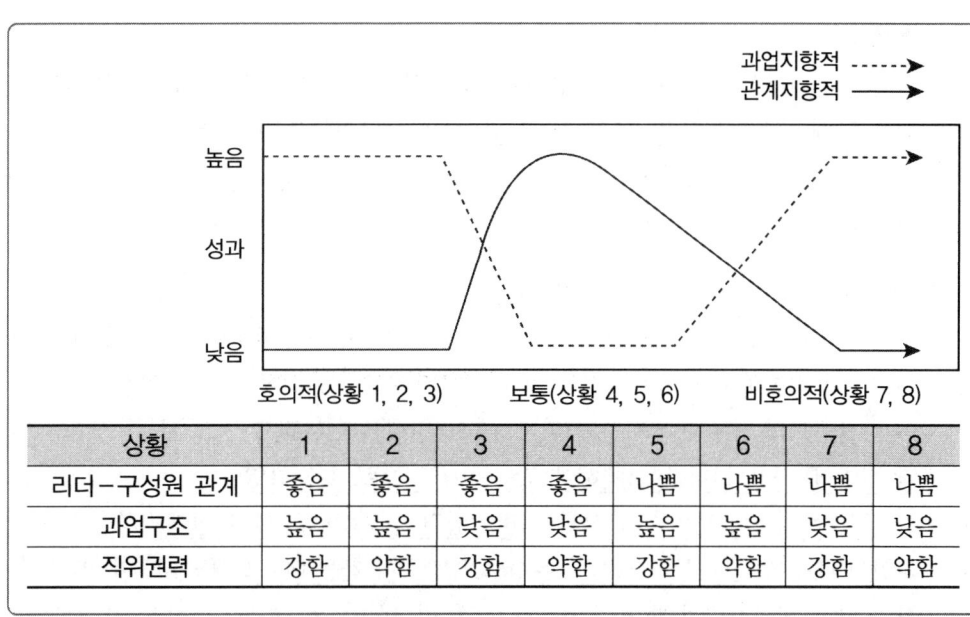

- 허쉬와 블랜차드의 상황적리더십에서는 <u>지시적, 설득적, 참여적, 위임적 리더십, 즉, 리더십을 네 가지의 형태로 구분하여 상황에 적합한 리더십 스타일을 설명하였다. 즉, 과업지향과 관계지향은 "행동"으로 보았기 때문에 둘 이상의 리더십 유형으로 양립이 가능하다고 설명했다는 점에서 다르다.</u>

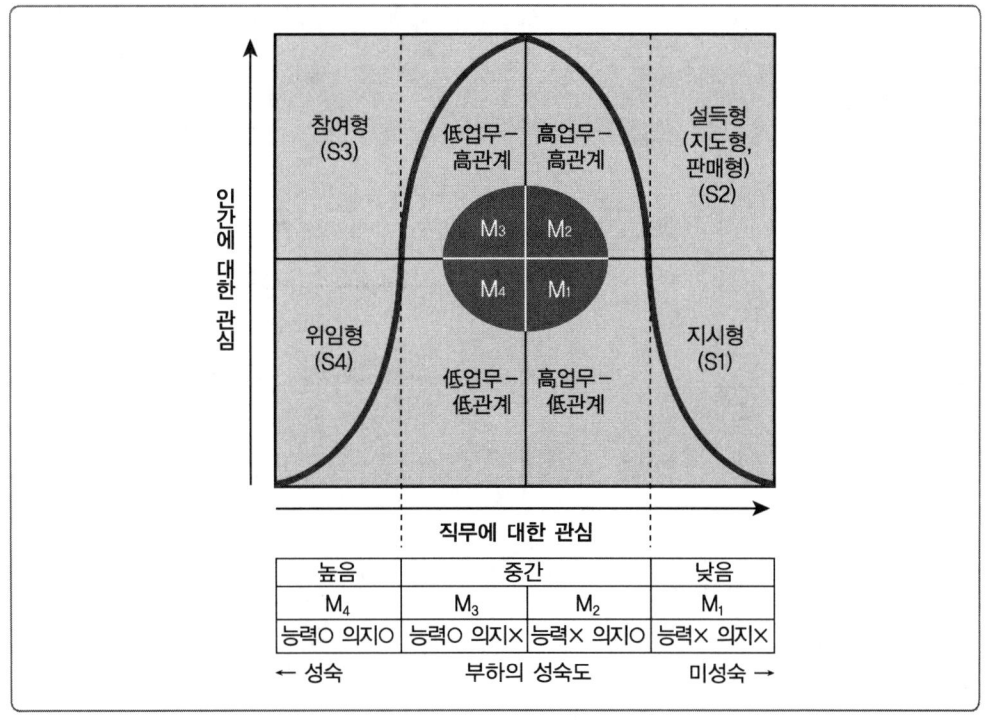

2) 상황변수
- 피들러의 리더십 상황이론에서 상황변수는 〈상황의 호의도〉라는 측면을 Ⓐ 리더-구성원간 관계, Ⓑ 과업구조, Ⓒ 리더의 직위권한으로서 설명하였다.
- 허쉬와 블랜차드의 상황적 리더십에서 상황변수는 〈부하의 성숙도〉라는 측면을 ①능력과 ②의지로서 설명하였다.

3) matching(리더십과 상황적합, 리더교체 여부)
- 피들러의 리더십 상황이론의 경우, 상황이 호의적이거나 비호의적인 경우 과업지향적 리더십이 적합하여 과업지향적인 인재를 리더로서 등용해야 함을 설명하고 있고, 상황이 중간정도의 경우 관계지향적 리더십이 적합함을 이론적으로 잘 설명하였다. 따라서, 각 상황에 따라 리더를 교체해야 함을 이론적으로 설명하였다.
- 그러나, 허쉬와 블랜차드의 상황적 리더십의 경우 과업지향과 관계지향은 "행동"으로 보았기 때문에 둘 이상의 리더십 유형으로 양립이 가능하다고 설명했으며, 부하의 성숙도가 낮은 신규직원일 때 발휘되는 지시적 리더십이 적합하고, 부하가 어느 정도 근속년수가 누적된 경우에는 설득형 또는 참여형 리더십으로 발휘하여 하며, 가장 성숙한 부하직원의 경우 전적으로 위임하는 리더십이 적합함을 이론적으로 설명하였다. 즉, 한 명의 리더가 생애주기별로 발휘할 수 있음을 설명하고 있다는 점에서 피들러 이론과는 다르다.

> **연습 26**
> 리더십 행위이론 중 관리격자이론 약술
> 2013년 제13회 기출

Ⅰ 리더십의 의의

1. 의의

리더십이란, 리더가 처한 상황 등을 고려하여, 구성원들로 하여금 목표를 달성하도록 사회적인 영향력을 행사하는 과정을 말하며, 리더십은 코치 역할을 하면서 구성원들의 역량을 촉진하고, 집단목표에 공헌할 수 있도록 사기를 높이는 중요한 역할을 함. 리더십 =f(리더의 자질, 상황특성, 부하특성)

2. 관리격자이론의 의의

블레이크(Blake)와 머튼(Mouton)은 구조주도와 배려 연구를 기초로 리더십 유형을 더욱 구체화하여, 각각 생산에 대한 관심과 인간에 대한 관심으로 구분하고, 리더십을 어떻게 개발하는 것이 가장 효과적인지 설명한 이론임.

Ⅱ 리더의 관심

1. 생산에 대한 관심

리더의 관심사를 집단구성원들의 성과를 극대화하는 생산에 초점을 맞추는 것으로 정책결정의 질, 절차와 과정, 연구의 창의성, 업무의 효율성에 관한 것임.

2. 인간에 대한 관심

집단구성원들 간의 긍정적 감정을 중요시하여 팀웍과 만족을 강조하는 것으로 조직몰입 제고, 자존심 유지, 신뢰에 근거한 책임 부여, 양호한 작업조건 배려, 긍정적인 인간관계 등이 해당함.

3. 리더십 스타일

리더십에 대한 관리격자 모델은 리더가 인간에 대해 가지는 관심의 정도를 9등분하고, 동시에 생산에 대한 관심의 정도를 9등분하여 이를 2차원적으로 살펴보는 것임. 엄격히 말하면, 이 모델은 81가지의 리더십 스타일을 제시하는 것임. 그리고, 극단의 리더십 스타일을 명명하여 다음의 5가지 리더십 유형을 제시하고 있음.

① (1,1)형, 무관심형 : 무관심형, 무능력형이며, 과업달성과 인간관계에 모두 관심을 보이지 않는 유형임.
② (1,9)형, 컨트리클럽형 : 컨트리클럽형은 생산에 대한 관심은 낮으나, 인간관계에 대하여는 지대한 관심을 보이는 유형임.
③ (5.5)형, 중간형 : 중간형이며, 생산과 인간관계 유지에 모두 적당한 정도의 관심을 보이는 유형임.
④ (9,1)형, 과업형 : 과업형은 인간관계 유지에는 관심이 낮으나, 생산에 대하여는 지대한 관심을 보이는 리더십 유형임.
⑤ (9,9)형, 팀형 : 이상형 또는 팀형이며, 생산과 관계유지에 모두 지대한 관심을 보이는 유형임.

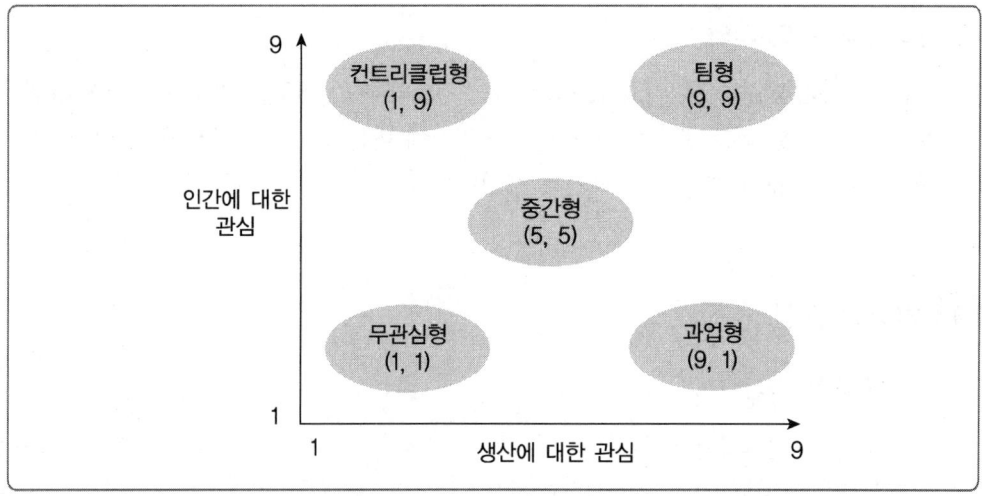

Ⅲ 공헌점과 한계점

1. 공헌점

인간을 생산에 대한 관심과 인간에 대한 관심, 두 부류로서 구분하여 리더십 유형을 설명하여 누가 보아도 리더십 유형을 쉽게 확인할 수 있게 하였으며, 가장 이상적인 (9,9)형을 기준으로 리더십 육성 및 개발을 해야 함을 시사하였음.

2. 한계점

- 인간행동의 복잡성을 고려해 볼 때, 리더십을 발휘하는 상황변수를 고려하지 못했다는 점에서 한계가 있음. 또한, 사회과학적 기법을 접목하여 여러 기업에 설문조사를 하여 분석한 결과 관리격자이론이 유효하다는 결론에 도달하지 못하여 이 이론은 심지어 허상(myth)이라는 비난까지 받았음.
- 팀형 리더십이 모든 상황에서 가장 효과적일까 하는 것으로 검증작업이 다수 실시되었으나, 일관된 연구결과는 보고되지 않고 있음.

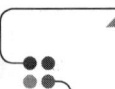
경영조직론 답안작성연습

[리더십 대체이론]

1. 의의

- 리더십 대체이론은 커와 저미어(Kerr & Jermier)에 의해서 제시되었음. 이들은 하급자, 과업, 또는 조직의 어떤 특성들은 구조주도나 배려와 같은 리더십의 기능을 대체할 수 있고, 리더십의 효과가 반감되거나 무력화(중화)될 수 있다고 주장하였음.
- 리더가 구조주도 행위를 발휘한다는 것은 하급자들에게 역할과 임무를 명백히 해주고 바람직하지 않은 행동에 대해서는 징계나 벌을 내리는 행위를 뜻함. 그런데, 조직 내에는 리더십의 도움이 없이도 역할과 임무의 명확화, 행동통제 등의 효과를 가져올 수 있는 다른 방법들이 존재함. 예를 들어 과업수행의 규칙과 결과를 매우 구체적으로 명시하고 있는 경우에는 리더가 따로 설명해 줄 필요가 없기 때문에 구조주도 행위를 발휘할 수 있는 여지가 거의 없게 됨.

2. 대체요인

리더십 대체요인이란 리더의 행동을 불필요하게 하거나 중복되게 만드는 상황특징들을 말함. 과업현장에 리더십 대체요인들이 많이 존재하면 할수록 하급자들의 태도나 성과에 대한 리더십 영향은 그만큼 줄어들게 됨. 이것을 뒤집어서 해석을 해보면, 좋은 리더십은 기존의 조직구조나 보상체계를 보완해 줄 수 있는 리더십이라는 논리가 성립함.

3. 유형

대체요인은 그 속성에 따라 하급자 요인들, 과업 요인들, 조직 요인들로 나누어 볼 수 있음.

[리더십 중화요인]

- 중화요인이란 리더 행동의 효과성을 방해하고 감소시키거나 제한하는 상황 특징을 의미하며, 리더십 효과 자체를 무력화 시키는 것임. 중화요인들이 조직현장에 많이 존재하게 되면 어떤 리더십 행위도 효과를 발휘할 수 없게 됨. 그러나, 이에 대하여 커와 저미어는 현실적으로 리더의 행위를 완전히 압도할 만큼 강력한 중화요인들을 갖는 조직은 없다고 주장하였음.
- 중화요인의 예로는, 리더가 제공하는 인센티브에 대하여 부하가 관심이 없다면, 이때의 리더십 유형은 과업지향적이건 관계지향적이건 작용하지 않게 됨.

[리더십 대체요인과 무효화 요인]

특정의 정의	관계지향적 리더십	과업지향적 리더십
개인		
경험/훈련	–	대체요인○
전문가 지향	대체요인○	대체요인○
보상에 대한 무관심	무효화 요인○	무효화 요인○
직무		
고도로 구조화된 과업	–	대체요인○
직무 자체에서 피드백 제공	–	대체요인○
내재적으로 만족을 줌	대체요인○	–
조직		
명확히 공식화된 목표	–	대체요인○
엄격한 규율 및 절차	–	대체요인○
응집력 있는 작업 집단	대체요인○	대체요인○

※ Kerr & Jermier, "substitutes for Leadership: Their meaning and Measurement," Organizational Behavior and Human Performance(1978)
※ Robins, Organizational Behavior 16th, 470page

경영조직론 답안작성연습

> **연습 27**
>
> 현대 기업경영에서는 전통적 리더십과는 달리 카리스마 리더십과 서번트 리더십이 새로운 관점에서 부각되고 있다. 두 리더십 유형의 의의, 주요특징을 각각 설명하고 현대 기업에 대한 적용 측면에서 장·단점을 비교하세요.
>
> 2012년 제21회 기출

I 리더십의 의의

- 리더십이란, 리더가 처한 상황 등을 고려하여, 구성원들로 하여금 목표를 달성하도록 사회적인 영향력을 행사하는 과정을 말하며(Stogdill), 리더십은 코치 역할을 하면서 구성원들의 역량을 촉진하고, 집단목표에 공헌할 수 있도록 사기를 높이는 중요한 역할을 함.
  리더십 = f(리더의 자질, 상황특성, 부하특성)
- 최근 새로운 리더십으로 카리스마 리더십과 서번트 리더십이 부각되고 있으며, 각각의 특징과 장단점을 비교하여 기업 실무에 적용할만한 유용한 측면을 살펴보고자 함.

II 카리스마 리더십

1. 의의

카리스마 리더십이란 매우 높은 자신감을 갖고, 상대방에 대하여 위압·지배적이며, 자신의 신념에 대한 강한 확신으로 추종자로 하여금 불가항력적으로 따르게 하는 천부적인 리더십을 의미함. 그리스어인 Kharisma는 신이 주는 재능이라는 의미이며, Charisma라는 어휘는 독일의 사회학자 막스 베버(Weber)에 의해 전통적 권한, 합법적 권한, 카리스마적 권한으로 분류하여 권한을 설명하면서 제시되었고, 이후 하우스(R.House)가 1977년 카리스마 모델을 발표하면서 활발한 연구가 시작되었음.

2. 카리스마 리더의 특성

① 환경 및 상황변화에 민감함.
② 구성원이 갖고 있는 욕구를 면밀히 파악함.
③ 웅장하고 이상적인 비전을 제시함.
④ 자기희생적인 모범을 보임으로써 구성원들의 신뢰와 몰입을 이끌어 냄.
⑤ 규범과 전통에 얽매이지 않는 자유로운 행동을 함.

⑥ 과격한 변화를 추구함.
⑦ 목표달성을 위해 위험을 감수함.

3. 적합한 상황요인

카리스마 리더십은 조직이 위태로운 위기상황일 때 나타날 확률이 크다고 하며, 과거 역사적으로 살펴보면 전쟁 상황에 등장했던 나폴레옹과 같은 전쟁영웅이 그러함. 또한, 기업환경이 불확실하거나 혁신적인 신제품을 도입하고자 하는 경우이거나 조직구성원들이 위험에 처해 있을 때, 등장한다고 함.

4. 카리스마 리더십의 발휘 과정

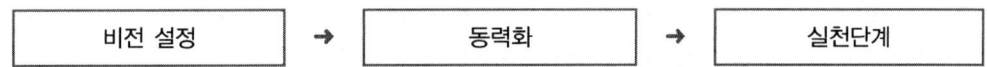

1) **비전 설정 단계**

   리더가 조직구성원들에게 강력하고 설득적인 비전을 제시하고, 높은 기대를 설정하여, 구성원들의 기대에 맞게 부응하기 위한 일관적인 행동개시를 하는 단계임

2) **동력화 단계**

   개인적인 자신감을 갖고 성공사례를 들어가면서 흥미를 보여주면서 적극적인 관심을 표명하고, 개인적인 확신과 성공에 대한 관심을 통해 집단을 동력화 시키는 단계임.

3) **실천 단계**

   집단과 조직에 대한 개인적인 지원을 표현하고 이에 공감하는 단계, 부하들에게 믿음을 보여줌으로써 집단이 성과를 달성할 수 있도록 확신을 표현함.

5. 카리스마 리더십의 효과

- 구성원은 리더에 대한 높은 신뢰와 업무몰입을 통한 직무만족과 리더의 비전과 사명에 대한 감정적 몰입으로 목표를 달성할 수 있다는 강한 자신감을 가지게 될 것임.
- 그러나, 카리스마 리더십은 부하직원들이 불안하고 스트레스에 처해 있는 불확실한 환경에서 발휘될 때 효과적이라는 것으로 언제나 항상 효과적이지는 않음.
- 기업의 창립 초기, 생존을 위협하는 위기 시에 그 효과가 발휘되는 리더십 유형에 해당함.

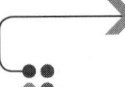

6. 공헌점

- 카리스마 리더십은 리더십 발전과정에서 볼 때, 그 동안의 리더십 특성이론, 행동이론, 상황이론에서 제시하였던 여러 요소들을 포함하고 있다고 평가할 수 있으며, 카리스마 리더를 조직에서 개발할 수 있는 가능성을 제시하여 그 가치를 높이 평가하고 있음.
- 연구결과에 따르면, 카리스마 리더십은 성과에 미치는 영향은 매우 큰 것으로 나타났으며, 그 효과는 리더가 제시하는 비전이나 그 내용에 따라 달라지는 것으로 나타났음.

7. 한계점

리더가 카리스마 리더로서 성과를 발휘하는 긍정적인 결과 측면에는 전혀 문제되지 않지만, 리더의 잘못된 판단으로 부하들의 비판적인 사고 및 의견이 잠식되는 결과로서 나타날 경우 문제될 소지가 있음. 또한, 카리스마적 리더는 언제나 항상 조직의 이익을 최우선으로 삼지는 않는다는 연구결과도 있음.

8. 변혁적 리더십과의 차이점

카리스마적 리더들은 구성원들의 충성과 헌신만을 강조하는 반면에, 변혁적 리더십은 임파워먼트를 통한 성과개선과 자아실현, 조직목표의 달성과 개인비전을 함양하게 한다는 점에서 서로 상이함.

Ⅲ 서번트 리더십

1. 의의

- 서번트 리더십은 다른 구성원들이 공동의 목표를 이루어 나가는데 있어서 정신적/육체적으로 지치지 않도록 환경을 조성해 주고, 도와주는 리더십을 의미함. 그린리프(Greenleaf)는 헤르만 헤세의 저서 『동방순례』라는 책에 나오는 서번트인 레오(Leo)의 이야기를 통해 서번트 리더십의 개념을 설명한 데서 출발하였음. 서번트란 하인 또는 종이라는 의미를 갖고 있으며, 리더십이라는 단어와 합하여 창의적이고 의미 있게 결합한 것임.
- 최근 서번트 리더십을 적극 수용한 기업들은 성공의 열매를 얻을 수 있었으며, 서번트 리더십은 이제 세계에서 내노라하는 기업들의 기본 경영철학으로 자리 잡고 있음.

2. 서번트 리더십의 주요 특성

1) 경청(listening)
경청은 부하에 대한 존중과 수용적인 태도로 이해하는 것이며, 리더는 적응적이고 능동적인 경청을 해야 부하가 바라는 바가 무엇인지 명확히 알 수 있음.

2) 공감(empathy)
공감이란 차원 높은 이해심이라고 하며, 리더는 부하의 감정을 이해하고 이를 통해 부하가 필요한 것이 무엇인지 알아내고 리드해야 하는 특징을 말함.

3) 치유(healing)
치유는 리더가 부하들을 이끌어 가면서 보살펴 주어야 할 문제가 무엇이 있는지를 살펴주면서 업무를 수행하면서 불안과 초조함에 시들어가지 않도록 해주는 것임.

4) 스튜어드십(stewardship)
서번트 리더는 부하들을 위해 자원을 관리하고 봉사해 주어야 함.

5) 부하의 성장을 위한 노력(commitment to the growth of people)
리더는 부하들의 개인적 성장과 개발, 정신적 성숙 및 전문 분야에서의 능력 향상과 자기발전을 위한 기회와 자원을 제공해야 함.

6) 공동체 형성(building community)
리더는 조직구성원들이 서로 존중하며, 봉사하는 진정한 의미의 공동체를 만들어 가야 함.

3. 서번트로서 기업의 역할
기업은 조직구성원에게 자신의 능력을 발휘할 수 있는 도전적인 직무의 기회를 부여하고, 잠재력을 아직 드러내지는 못하였으나 무언가를 하고 싶어 하는 의욕을 지닌 직원들을 동기부여해야 함.

4. 효과
서번트 리더십은 집단 긍정적인 정서를 심어주면서 구성원 간 서로 존중하도록 분위기를 만들어 주면서 심리적으로 호의적인 분위기 형성으로 관계의 질을 높여줌. 이러한 서번트 리더십의 특징은 집단구성원들의 직무만족, 조직몰입, 조직시민행동의 향상, 성과의 증진 등 조직에 긍정적인 방향으로 효과를 기대할 수 있음.

경영조직론 답안작성연습

> **연습 28**
> 리더십 행위이론 4가지 연구에 대하여 설명하시오.

I 의의

- 리더십은 리더가 처한 상황을 고려하여, 구성원들로 하여금 특정 목표를 달성하도록 사회적 영향력을 행사하는 과정을 말함(Stogdill). 리더의 행동은 리더 자신의 특성과 상황요인에 의한 함수로서 결정되므로, 리더 자신의 특성이 기대 이상의 성과를 달성할 수 있음을 알 수 있음($B = f(P, E)$).
- 기존의 관리자는 규칙에 따라 업무를 분배하고 지휘 감독하면서 단기적인 성과를 내었지만, 리더는 비전을 창출하면서 장기적으로 성취를 유도한다는 점에서 다름, 이러한 리더를 연구하는 리더십 이론은 크게 특성이론, 행위이론, 상황이론으로 구분되며, 그 중 행위이론에서 대표적인 4가지 연구에 대하여 서술하고자 함.

II 아이오와(IOWA) 대학 연구

1. 의의

리더가 자신의 권한을 어떻게 사용하는가에 근거하여 3가지의 유형으로 분류하였으며, 여기에는 독재적 리더십, 민주적 리더십, 자유방임적 리더십이 있음.

2. 리더십의 세 가지 유형

1) 독재적 리더십

   의사결정을 일방적으로 행하며, 명령을 내리고, 보상이나 처벌을 행사할 수 있는 권한을 이용하여 부하를 지휘하는 스타일을 말함.

2) 민주적 리더십

   의사결정에 부하들을 참여시키고, 목표를 투명하게 밝히며, 부하의 의견을 반영하면서 지휘하는 스타일을 의미함.

3) 자유방임적 리더십

   부하에게 권력이나 영향력을 거의 사용하지 않고, 부하 스스로 의사결정을 하도록 방치하는 스타일임.

3. 연구결과

구성원 만족도는 민주적 리더십에서 가장 높았고, 직무수행성과는 독재적 리더십에서 가장 높았으며, 자유방임형 리더십에서는 구성원 만족도와 직무수행성과 둘 다 낮은 것으로 나타났음. 종합적으로 민주적 리더십 유형의 효과성을 지지하는 결과가 많았으며, 이러한 결과는 부하중심의 민주적 리더십이 대체적으로 이상적임을 시사하고 있음.

Ⅲ 미시간(Michigan) 대학교 연구

1. 의의

K.Likert를 필두로 한 미시간대학교 연구팀은 어떤 리더십 유형이 집단성과를 증진시키는지를 알아내기 위해 다양한 리더에 대한 인터뷰와 설문조사를 실시하여 2개의 대표적인 리더 행동 유형을 도출하였으며, 이에는 직무중심적 리더와 종업원중심적 리더가 있다고 설명하였음. 이 둘의 스타일은 동일선상의 양극단에 놓고 비교하며 설명하였음.

2. 리더의 유형

1) 직무 중심적 리더

생산과업을 중시하여 생산방법과 절차 등 세부적인 사항에 관심을 가지며, 공식권한과 권력에 비교적 많이 의존하면서 부하들을 치밀하게 감독하는 행동 스타일을 의미함.

2) 종업원 중심적 리더

부하의 관계를 중시하여 권한을 많이 위임하여 지원적 업무환경을 조성하고, 부하의 발전과 성장·성취 등에 관심을 갖고 부하들을 관리하는 행도 스타일을 말함.

3. 연구 결과

- 두 가지 리더십 유형 중 효과적인 리더십 유형을 찾고자 하였으나, 실증연구 결과 어느 유형이 항상 효과적이라고 결론 내리지는 못하였음.
- 미시간 대학교의 리더십 연구는 직무중심형과 종업원중심형을 동일차원의 양극단으로 보고 있다는 점에서 기존의 연구와는 차이점을 가졌는데, 즉, 어떤 리더가 직무중심 스타일을 갖고 있으면 그와 동시에 종업원 중심의 스타일을 보여주기는 어렵다는 관점으로부터 시작하여 이 둘의 스타일이 동시에 존재할 수 없음을 나타내고 있음.

Ⅳ 오하이오(Ohio) 주립대학 연구

1. 의의

스톡딜(Stogdill)과 플라이쉬만(Fleishman)이 이끌었던 오하이오 주립대학의 리더십 연구는, 미시간 대학 연구에서와는 달리, 리더는 구조주도와 배려행위를 동시에 보일 수 있다는 관점을 취하고 있음. 오하이오 주립 대학의 연구에서 리더의 행동을 구조주도와 배려를 기준으로 하여 4가지의 리더십 스타일을 설명하였음. 그 측정은 리더행동 기술 설문지를 사용하였음.

2. 리더십의 2요인

1) 구조주도(initiating structure)

집단구성원들 간의 직위와 역할을 규정하거나 조직화하고, 공식적 의사소통 채널을 설정하여 집단의 과업을 달성하는 방법을 제시하는 등과 관련된 리더의 행위를 말함.

2) 배려(Consideration)

리더가 추종자들에게 보여 주는 쌍방의사소통, 의견수렴, 상호신뢰, 존중, 따뜻함 등으로 보여주는 리더의 행위를 말함.

	저 구조주도	고 구조주도
고 배려	Ⅲ유형 저 구조주도 고 배려	Ⅱ유형(가장 바람직) 고 구조주도 고 배려
저 배려	Ⅳ유형 저 구조주도 저 배려	Ⅰ유형 고 구조주도 저 배려

3. 연구 결과

어떤 경우에는 구조주도 성향이 주로 높은 리더가 효과적이고, 다른 경우에는 배려가 주로 높은 리더가 효과적일 수 있다는 것으로 나타났음. 대체로 가장 바람직한 리더십 스타일은 고 구조주도 - 고 배려형 리더인 것으로 밝혀짐.

4. 공헌점

오하이오 주립 대학의 리더십 연구와 관련한 수많은 실증연구로부터 구조주도와 배려의 유효성은 상황에 따라 달라진다는 사실을 발견하게 하였으며, 기존의 특성이론이 리더를 확보함에 있어서 선발에 의존할 수밖에 없는데 반해, 행동이론은 리더십 양성 교육훈련을 통하여 개발할 수 있게 됨으로써 이후 많은 리더십 훈련 프로그램들이 등장하게 되었음.

Ⅴ 관리격자이론

1. 관리격자이론의 의의

블레이크(Blake)와 머튼(Mouton)은 구조주도와 배려 연구를 기초로 리더십 유형을 더욱 구체화하여, 각각 생산에 대한 관심과 인간에 대한 관심으로 구분하고, 리더십을 어떻게 개발하는 것이 가장 효과적인지 설명한 이론임.

2. 리더의 관심

1) 생산에 대한 관심

리더의 관심사를 집단구성원들의 성과를 극대화하는 생산에 초점을 맞추는 것으로 정책결정의 질, 절차와 과정, 연구의 창의성, 업무의 효율성에 관한 것임.

2) 인간에 대한 관심

집단구성원들 간의 긍정적 감정을 중요시하여 팀웍과 만족을 강조하는 것으로 조직몰입 제고, 자존심 유지, 신뢰에 근거한 책임 부여, 양호한 작업조건 배려, 긍정적인 인간관계 등이 해당함.

3. 리더십 스타일

리더십에 대한 관리격자 모델은 리더가 인간에 대해 가지는 관심의 정도를 9등분하고, 동시에 생산에 대한 관심의 정도를 9등분하여 이를 2차원적으로 살펴보는 것임. 엄격히 말하면, 이 모델은 81가지의 리더십 스타일을 제시하는 것임. 그리고, 극단의 리더십 스타일을 명명하여 다음의 5가지의 리더십 유형을 제시하고 있음.

① (1,1)형, 무관심형

무관심형, 무능력형이며, 과업달성과 인간관계에 모두 관심을 보이지 않는 유형임.

② (1,9)형, 컨트리클럽형

컨트리클럽형은 생산에 대한 관심은 낮으나, 인간관계에 대하여는 지대한 관심을 보이는 유형임.

③ (5.5)형, 중간형

중간형이며, 생산과 인간관계 유지에 모두 적당한 정도의 관심을 보이는 유형임.

④ (9,1)형, 과업형

과업형은 인간관계 유지에는 관심이 낮으나, 생산에 대하여는 지대한 관심을 보이는 리더십 유형임.

⑤ (9,9)형, 팀형

이상형 또는 팀형이며, 생산과 관계유지에 모두 지대한 관심을 보이는 유형임.

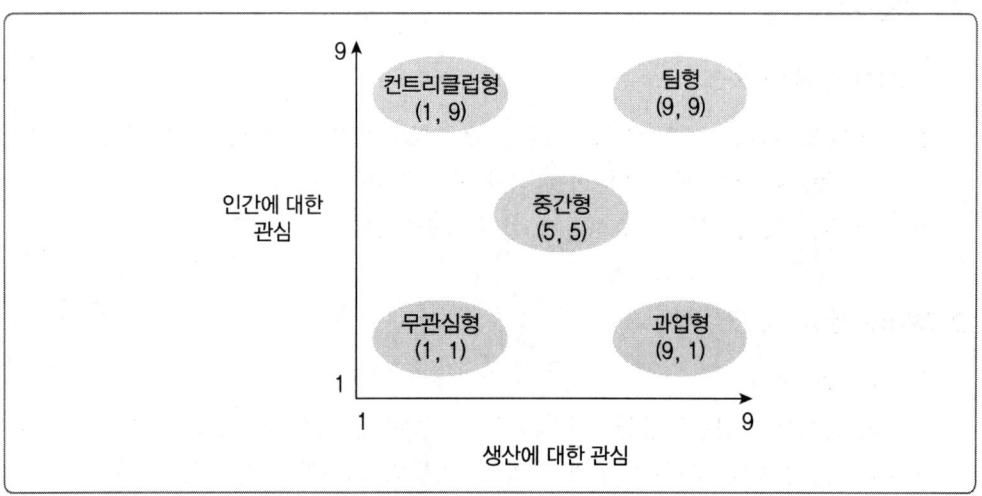

4. 공헌점과 한계점

1) 공헌점

인간을 생산에 대한 관심과 인간에 대한 관심, 두 부류로서 구분하여 리더십 유형을 설명하여 누가 보아도 리더십 유형을 쉽게 확인할 수 있게 하였으며, 가장 이상적인 (9,9)형을 기준으로 리더십 육성 및 개발을 해야 함을 시사하였음.

2. 한계점

- 인간행동의 복잡성을 고려해 볼 때, 리더십을 발휘하는 상황변수를 고려하지 못했다는 점에서 한계가 있음. 또한, 사회과학적 기법을 접목하여 여러 기업에 설문조사를 하여 분석한 결과 관리격자이론이 유효하다는 결론에 도달하지 못하여 이 이론은 심지어 허상(myth)이라는 비난까지 받았음.
- 팀형 리더십이 모든 상황에서 가장 효과적일까 하는 것으로 검증작업이 다수 실시되었으나, 일관된 연구결과는 보고되지 않고 있음.

연습 29
브룸-예튼-제이고의 리더십 규범이론

I 의의

- 브룸, 예튼이 1973년 의사결정자로서 리더의 역할에 초점을 맞추어 개발하였고, 브룸, 제이고가 1988년에 이를 수정 보완하여, 여러 가지 다른 조건에서 경영의사결정에 종업원이 참여하는 정도로서 리더십을 설명함. 주 내용은 7가지 상황, 5가지 리더십 유형 중에서 알맞은 것을 선택하여 의사결정에 그만큼만 간섭하고, 부하들을 그 만큼만 참여시켜야 함을 설명함.
- 요약하자면, 의사결정상황에 따라 리더의 간섭과 참여정도가 달라져야만 효과적이고, 이때 상황변수 7가지와 리더십 유형 5가지가 상호 조화를 이루어야 한다는 이론임. 리더십 규범이론은 '리더-참여 모형'이라고도 부르며, 이 이론에서 사용하는 도구는 의사결정나무임.

II 리더의 의사결정 스타일

1. 의사결정 스타일

1) A I (순수독단형)

리더가 현재 가진 정보를 활용하여 스스로 문제를 해결함. 이때에는 종업원 참여도가 없음.

2) A II (참고적 독단형)

리더가 구성원들로부터 정보를 얻되, 의사결정은 본인 스스로 내리는 스타일이며, 이때의 종업원 참여도는 낮음.

3) C I (개별참여형)

리더가 구성원 각자와 문제를 공유하고 아이디어나 제안을 얻되, 결정은 본인 스스로 내림. 종업원 참여도 적정한 수준임.

4) C II (집단참여형)

리더와 구성원이 그룹미팅을 통해 문제와 해결방안을 공유하지만, 의사결정은 리더가 스스로 내림. 종업원 참여도 적정함.

5) G II (위임형)

리더는 의사결정시 진행자 및 참여독려자의 기능만 수행하고, 실제 의사결정은 구성원 그룹에 위임하는 리더십 스타일이며, 종업원 참여도 높음.

2. 상황속성

1) 의사결정의 질 관련 속성들
   ① 의사결정 질의 중요성 (의사결정이 중요한 사안인가?)
   ② 문제와 관련된 리더의 정보 수준 (리더가 문제해결을 위한 충분한 정보와 기술을 보유하고 있는가?)
   ③ 문제의 구조화 여부 (문제가 뚜렷한가?)

2) 의사결정의 수용도와 관련된 속성들
   ① 하급자 수용의 중요성 (의사결정에 구성원의 참여가 필요한가?)
   ② 리더의 독단적 결정의 수용 가능성 (리더의 독단적 결정을 구성원이 수용할 것인가?)
   ③ 하급자들의 조직목표 공유 여부 (하급자들의 서로 조직목표를 공유하고 있는가?)
   ④ 하급자들 간에 갈등 존재 여부 (구성원 간 의견대립 가능성이 있는가?)

Ⅲ 공헌점과 한계점

1. 공헌점
① 리더가 내리는 의사결정 상황에 초점을 맞추어 조직에서 존재할 수 있는 여러 의사결정 상황들을 체계적으로 제시하였음.
② 브룸은 여러 국가의 약 500여명의 경영자들을 대상으로 타당성을 입증함.
③ 의사결정의 질, 의사결정의 수용도 등을 포함시켜 타이론과는 차이점을 보임.

2. 한계점
① 너무 복잡하여 조직에 적용하는데 어려움.
② 리더가 의사결정을 내릴 때, 리더에만 초점을 맞추고, 부하와의 상호작용에 대하여는 고려하지 않았음.
③ 대개의 리더들은 부하의 상황은 전혀 고려하지 않고, 자기만의 스타일을 고수한다는 것은 매우 당연한 사실을 정리한 것에 불과함.

> **연습 30**
>
> 관계중심의 리더십 이론으로 리더-구성원 교환이론을 설명하세요.

I LMX이론의 형성 배경

1. 평균적 리더십 스타일(Average Leadership style : ALS)

기존의 리더십 이론에서는 리더의 영향력이 집단 내 구성원들에게 동일한 정도로 적용된다고 보는 것이며, 이를 평균리더십 스타일이라고 함. 즉, 리더십을 부하들 개개인이 인식한 평균의 개념으로 이해하는 것임.

2. 수직짝관계이론(Vertical Dyadic Linkage theory : VDL)

1) 의의

실제로 리더와 구성원의 관계는 리더와 특정 구성원 간에 형성되는 일대일 관계이며, 리더십의 효과도 이 관계가 어떤 특성을 가지느냐에 따라 제각각일 수 있음. 이러한 관점에 착안한 것이 바로 수직짝관계이론임. 즉, 리더는 구성원들 각자와 각기 다른 관계를 발전시킨다고 전제하고 그 관계의 특성을 결정하는 원인과 결과 등을 규명하는 것임.

2) 내집단과 외집단

LMX이론은 VDL 이론에서 발전된 것이라 할 수 있음. VDL이론에서는 수직짝의 종류를 내집단과 외집단으로 나눔. '내집단(in-group)'은 동업자적 신뢰와 존경심이 형성되어 공동운명체 의식을 느끼고 서로 간에 영향력을 주고받음. 그러나, '외집단(out-group)'에서는 리더가 감독자로서의 역할을 하여 수직적이고 하향적인 영향력을 행사하며 상호 공식적 범위에서의 관계만 유지하게 됨.

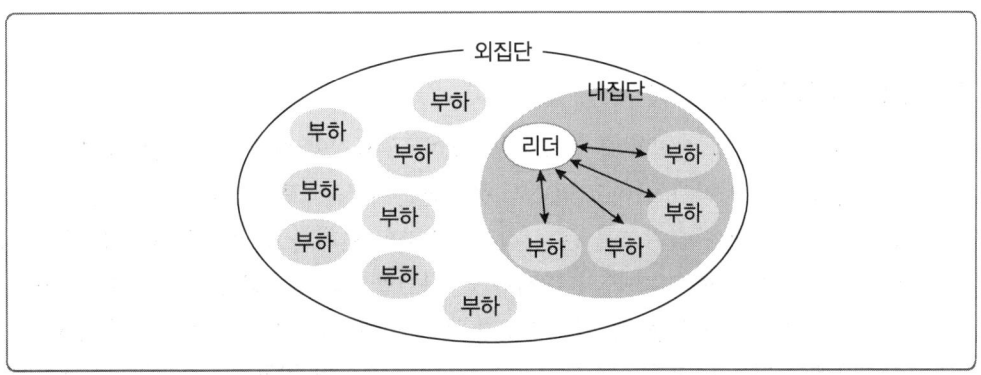

Ⅱ LMX의 개념과 발전요인

1. 개념

리더-구성원 교환이론은 리더가 자신의 부하와 어떤 관계를 맺고 있느냐에 따라 리더의 부하에 대한 영향력 행사가 달라진다는 이론임. LMX이론의 기반이 되는 개념에는 피그말리온 효과와 수직짝관계이론이 해당함. 피그말리온 효과는 내집단 구성원에 대한 기대와 믿음이 긍정적인 효과로 발생한다는 것이고, 수직짝관계에서 리더는 부하들 간의 관계에서 수직짝에 의한 차별적 관계를 형성한다는데 기원하고 있음.

2. 리더-구성원 간 교환의 질 발전요인

리더-구성원 간 상호작용을 통해 은연중에 내부와 외부로 유형화하는데, 이러한 유형화의 기준은 출신지역, 학벌, 성별, 태도, 성격, 특징 등이 유사하거나 높은 능력을 보유하고 있음을 인식하였을 때 내집단으로 선택하여 교환의 질을 발전시킴. 이때 측정된 교환의 질을 서로에 대한 기여, 존중, 충성심, 애정 네 가지 차원에서 주로 사용하게 됨. 연구에 따르면, ① 상대방의 능력에 대한 상호존중, ② 서로 간의 신뢰가 더욱 깊어질 것이라는 기대, ③ 장차 서로 경력발전에 도움이 있을 것이라는 믿음이 있을 때 리더와 구성원은 좋은 관계로 더욱 발전시킨다고 함.

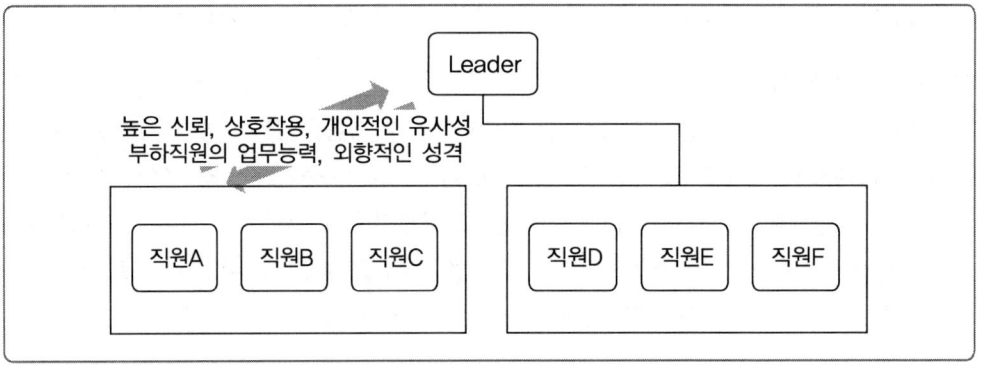

3. 집단별 직무성과와의 관계

- 〈내집단〉은 리더의 신뢰를 얻고 주의를 끌며, 우선적인 특권을 누리는 반면, 〈외집단〉은 리더와 적은 시간을 보내고 리더가 통제하는 우선적 보상을 거의 받지 못하며, 공식적인 권한 상호작용에 기초를 둔 리더-추종자의 관계를 갖게 되는 특징을 갖고 있음.
- 내집단의 구성원들은 리더와의 관계에 큰 부담을 느끼지 않고, 직무에 대한 책임감이 더 강하여 직무성과가 높고, 이직의도가 낮게 나타나는 반면, 외집단의 구성원은 리더와의 관계를 매우 어렵게 생각하고 불편해 하는 경향이 있고, 직무성과도 낮게 나타남.

Ⅲ LMX의 발전단계

그레인(Graen)과 얼빙(Uhl-bien)에 따르면, 리더와 구성원간의 관계에서 발전과정을 크게 세 단계로 이방인 단계, 면식단계, 파트너 단계로 나누어 살펴볼 수 있다고 주장하였음.

1) 이방인 단계

리더와 구성원간의 교류가 정해진 규정이나 공식적인 필요의 한계를 넘지 않으므로 각자 자신을 우선시하는 낮은 수준의 관계질을 형성함.

2) 면식 단계

리더와 구성원이 서로 어느 정도의 테스트를 하는 시기임. 상사는 부하의 역할감당능력과 의지를, 부하는 상사의 권한위임 의사와 보상능력을 서로 검증하여 그 결과가 긍정적이면 이전보다 더 밀접한 사회적 관계를 형성함.

3) 파트너 단계

리더와 구성원 간 상호 신뢰와 존경이 형성됨. 상사와 부하 모두 자기 자신보다는 집단의 이해를 중요시하는 경지에 도달하게 되는 것임.

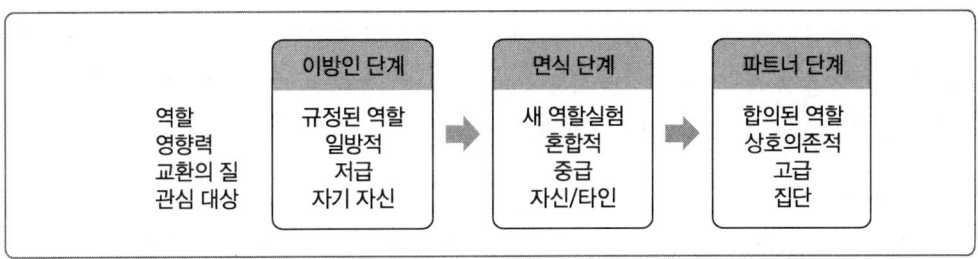

Ⅳ 리더-구성원 간 관계에 따른 결과

1. 긍정적인 결과

LMX이론에 따르면 구성원들이 리더와 어떤 관계를 맺는가에 따라 조직행동의 효과가 달라짐. 내집단에 속한 이들의 만족도와 직무몰입도가 더 높으며, 리더에 의한 평가점수도 더 좋을 뿐만 아니라 높은 수준의 조직시민행동과 조직정의 인식을 가짐. 따라서, 내집단에 속한 구성원들은 외집단에 속한 종업원들보다 낮은 이직률을 보이게 됨.

2. 부정적인 결과

- LMX차별화, 즉 리더-구성원 관계가 집단구성원 간에서 다르게 나타나는 정도가 커지면 특정 구성원을 편애한다는 불만이 발생하여 집단 성과에 악영향을 미칠 수 있음. 또한, 리더와 관계가 좋은 구성원이 다른 구성원들에 의해 따돌림을 당할 수도 있음. 이를 LMX 격리라고 부르기도 함.
- J.Pfeffer에 의하면, 특수한 인재들이나 부하들과 특별한 관계를 유지하며 특별 대우를 하게 되면, 득보다 실이 많다고 주장하였는데, 그 이유는 집단 내에서 소외감을 느낀 구성원이 존재하면 집단 내의 사기를 떨어뜨리며 팀웍이 저하되고, 결국 생산성이 감소하기 때문이라고 하였음. 소탐대실이라고 하여 내집단의 관계에 집중하다보면 오히려 정말 집단에 유리한 핵심인재를 잃어버릴 수 있음을 의미한다고 하겠음.

Ⅴ LMX이론의 평가

1. 시사점

1) 실증연구 결과로 입증

리더와 구성원 간 좋은 관계가 형성되면 구성원들의 직무만족이 향상되고 성과도 높아진다는 사실은 조직생활을 해 본 사람이면 누구나 공감할 수 있는 내용이며, 현실적인 조직의 고민을 담고 있다는 점을 시사함.

2) 부하들의 행동지침 제시

리더십에서의 의사소통 측면을 강조함으로써 구체적으로 조직구성원(리더, 부하들)이 행동해야 할 바를 알려주고 있음. 즉, 조직성과를 위해서는 서로에 대한 이해를 전제로 해야 한다는 점을 지적하였음.

3) 실무적인 적용 가능

경영학뿐만 아니라, 군사학, 소비자학, 정치학 등의 여러 학문 분야에서 LMX이론을 활용하여 리더십의 효과성을 증명해 보이고 있음.

4) 상호작용 과정

리더-구성원 교환이론은 리더십을 리더와 부하 간의 상호작용과정으로 보고 있으며, 리더는 부하가 목표를 달성하는 과정에서 부하에 대한 행동이 하나의 유형에 고정되어 있지 않고, 변화하는 것임을 시사해 주고 있음. 부하 또한 리더에 대한 인식이 리더의 행동변화에 의해 바뀐다는 것을 의미함. 즉, 리더십은 고정된 것이 아니라, 계속 변화하고 있음을 시사해 주고 있음.

2. 비판점

① **부하들의 성격적 상황요인** : 부하들이 내재론자이거나 자율적인 의지가 강한 경우에 비로소 LMX이론이 조직성과와 연결되는 것이며, 소극적이고 외부통제성향을 띠고 있어 누군가가 시키지 않을 때 노력을 기울이지 않는 부하들이 많다면 리더십의 효과가 나타나지 않을 수 있음을 간과하고 있음.

② **차별관리로 인한 역효과** : 내집단과 외집단을 구분하여 관리하는 방식의 리더십은 외집단에 속한 부하 직원들의 소외감과 사기저하를 낳을 수 있음. 자칫하면 대다수 부하들의 소외감을 불러일으키고 사기를 침체시키며, 팀웍에 위협받으면서 파괴적인 조직문화를 형성할 수 있음에 유의해야 할 것임.

연습 31

진정성 리더십에 대하여 약술하세요.

1. 진정성 리더십의 의의

- 진정성이라는 개념은 원래 '너 자신을 알라'라는 그리스 철학에서 연유하였고, 진정성에는 순수하고, 투명하고, 믿을 수 있고, 가치 있고, 가식이 없으며, 무엇보다도 진실한 리더십을 의미함.
- 최근 기업조직에서 리더가 가지고 있는 자신의 고유 가치를 리더십으로 발휘하는 것으로 회복시키자는 동기에서 진정성 리더십이 출발하였음.

2. 진정성 리더십의 핵심요소

① **자아인식** : 리더가 자신의 특성을 있는 그대로 인식하는 것을 말함.
② **편견 없는 수용** : 좋든 나쁘든 자신과 관련한 정보들을 진솔하게 수용하는 것도 중요함.
③ **내면의 신념과 가치에 일치되게 행동(⇨ 진정성 행동)** : 상황이 어쩔 수 없더라도 자신의 부정적인 행동을 합리화하지 않는 내면의 신념과 가치관이 일치되게 나타나야 함. 이러한 행동을 진정성 있는 행동이라고 일컬음.
④ **진정성에 기초한 대인관계** : 자기 자신을 적극적으로 표출하고, 상호 신뢰감과 친근감이 있는 대인관계를 형성하려는 모습은 진정성 리더십의 형성되는 요소에 해당함.

3. 진정성 리더십의 형성과정

- 진정성 리더십을 발휘하는 리더의 특성은 다음의 과정을 거쳐 형성되며, 이것은 진정성 리더십은 교육훈련을 통해 충분히 개발 가능함을 의미함.

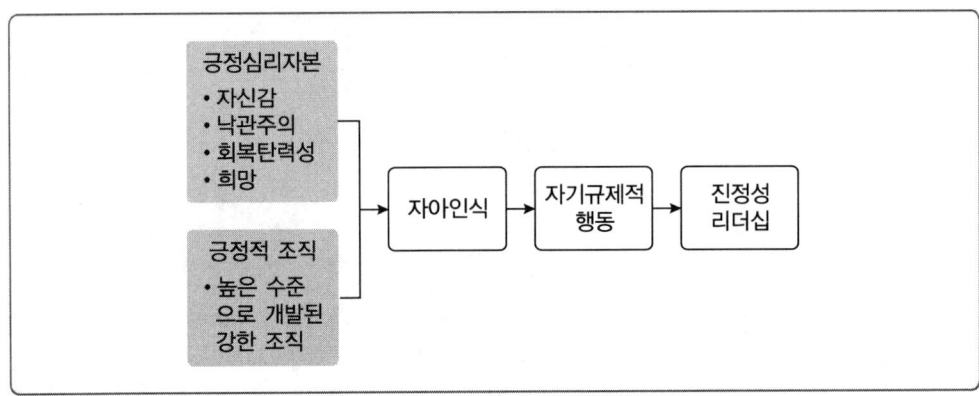

- 루산스(Luthans)의 긍정심리자본과 긍정적인 조직분위기가 결합되어 구성원 자아를 긍정적으로 인식하게 함. 자기규제적 행동은 자아인식과 행동을 일치시키려는 노력임. 이러한 노력을 통해 진정성 리더십을 형성하는 과정으로 설명할 수 있음.

4. 진정성 리더십의 효과

조직구성원들의 조직시민행동의 향상, 리더에 대한 만족의 증가, 조직몰입을 증가시키고, 이직의도를 감소시킬 수 있음.

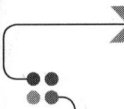

경영조직론 답안작성연습

연습 32
슈퍼리더십에 대하여 설명하시오.

I 슈퍼리더십의 내용

1. 슈퍼리더십의 의의

리더가 구성원들을 스스로 판단하고 행동에 옮기며, 그 결과에도 책임을 질 수 있는 셀프리더로 만드는 리더십을 말함. 슈퍼리더십은 하급자들의 자아관리 역량에 초점을 둔 이론이며, 부하직원들이 자신을 리드할 수 있는 역량과 기술을 갖도록 하는 것을 리더의 역할로 규정한 것임.

2. 슈퍼리더십의 역할

① 상사가 먼저 셀프리더가 될 것

조직에서 리더가 먼저 '셀프리더'가 되어 행동으로 모범을 보임으로써 부하의 대리학습을 촉진할 수 있는 역할모델을 함. 리더는 끊임없는 자기개발을 통해 전문적 권한을 확보하고 부하들로부터 역할모델이 되어야 하는 역할을 말함.

② 부하를 셀프리더로 만들 것

부하의 장래비전과 목표 설정을 지원하는 '코치'로서의 역할을 하여 구성원 개개인이 스스로를 이끌어 나갈 수 있는 셀프리더가 되도록 해야 함. 즉, 부하직원 스스로 목표 설정하는 것을 장려하고, 긍정적인 사고패턴을 창출하여 이에 적절한 보상정책과 건설적인 질책을 제공하여 스스로 책임을 다하는 셀프리더를 만들어야 함.

③ 조직을 자율경영체제로서 전환시킬 것

조직을 자율적으로 운영되는 체제로 전환시키는 '변화담당자'로서의 역할을 함. 팀웍을 통한 셀프리더십을 촉진하고, 셀프리더십 문화를 정착하는 역할임.

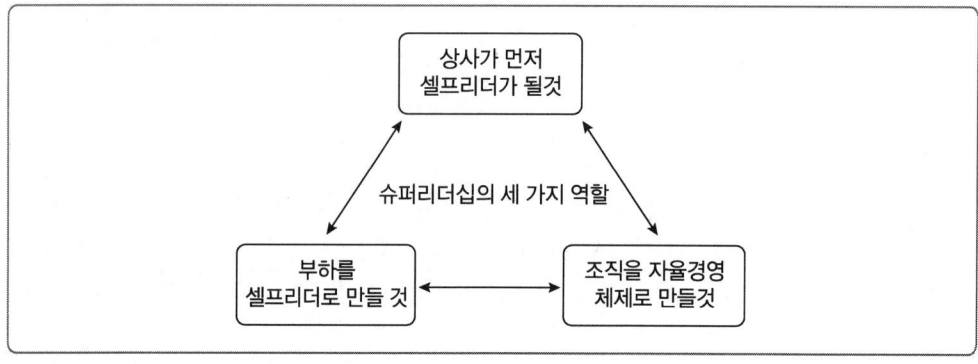

3. 슈퍼리더십 모델

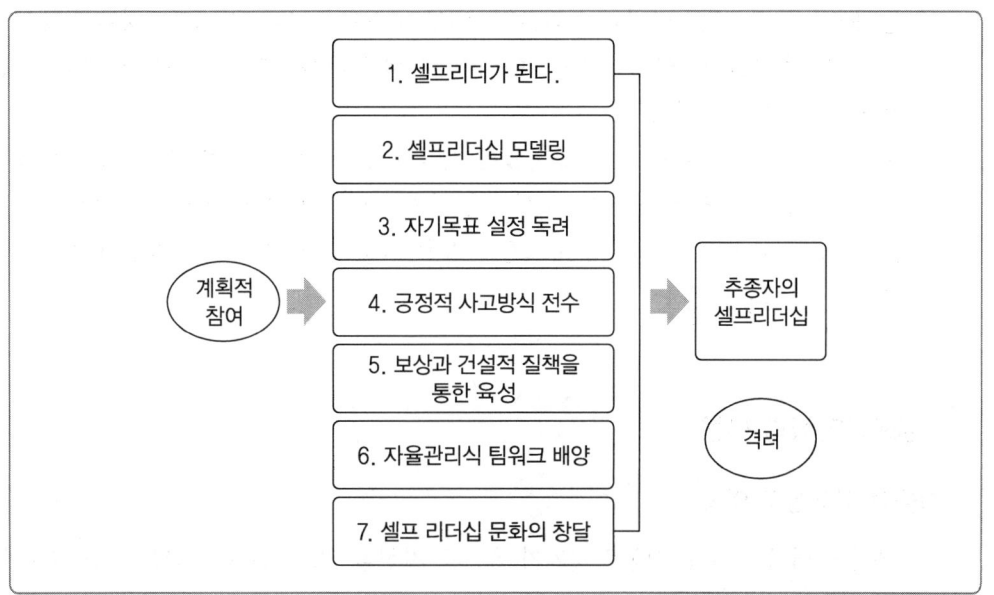

[수퍼리더십의 모델]

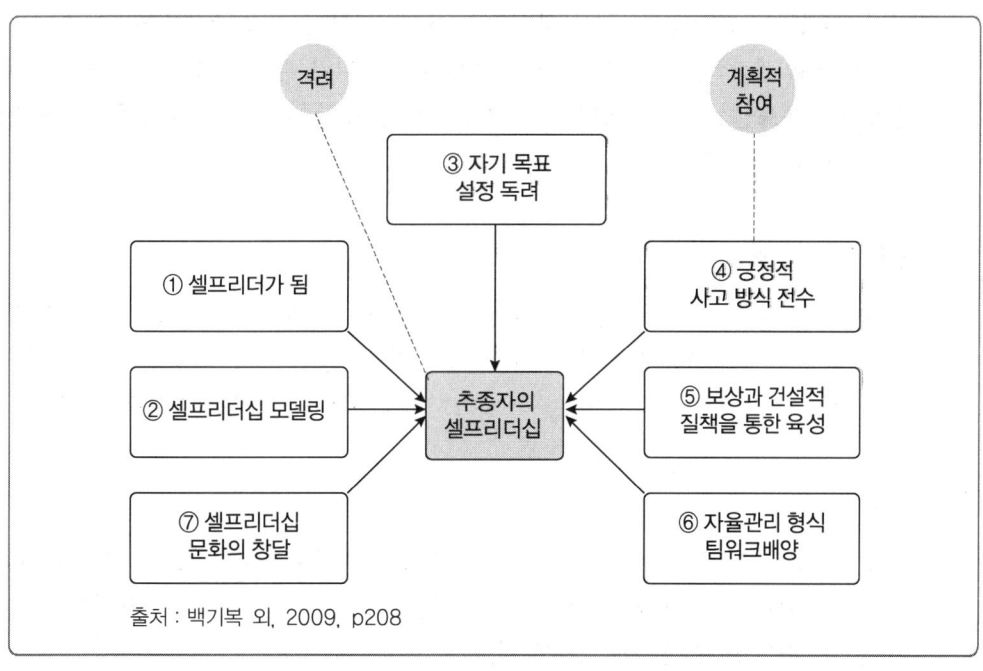

출처: 백기복 외, 2009, p208

- 먼저 상사는 셀프리더로서 역할모델이 되어야 하고, 이후 자기목표 설정의 전수와 긍정적인 사고방식을 구성원들에게 전수하여 조직 전체적으로 자율적인 팀웍을 배양함과 동시에 셀프리더십 문화를 정착하도록 전파시켜야 함.

4. 슈퍼리더십의 효과

① **긍정적인 효과** : 부하직원의 조직몰입, 업무 동기유발, 역량의 증대, 성과가 높아지는 긍정적인 효과를 기대할 수 있음. 이에 따라 셀프리더가 슈퍼리더로 될 수 있는 잠재력도 그 만큼 커지게 됨.

② **한계점** : 고성장 욕구를 갖고 있지 않은 사람에게도 셀프리더, 슈퍼리더로서의 동기부여를 불어넣어도 되는 것인지, 이 부분은 풀어야 할 과제로 남아 있음. 또한, 셀프리더들만으로 이루어진 집단의 경우 조정 문제를 어떻게 풀어야 하는 지의 과제는 지금도 연구가 지속되고 있음.

Ⅱ 셀프리더십의 내용

1. 자율적 리더십의 의의

- 자율적 리더십은 문자 그대로 자기가 스스로 자신을 리드하는 리더십을 말함. 부하들의 입장에서는 자기규제와 자기통제에 의하여 스스로 자신을 이끌어 나가는 것임. 리더의 입장에서는 부하들이 그러한 능력을 갖추도록 촉진하고 지원하는 과정을 의미함.
- 노자는 훌륭한 지도자는 자신이 부재중일 때에도 부하들이 스스로 알아서 움직이도록 해야 한다고 설명하였으며, 만약 팀 구성원들이 리더가 필요 없을 만큼 자율적으로 일하고 팀의 목표달성을 위해 열심히 노력하고 다른 팀원들과의 팀웍을 존중한다면 더 없이 바람직할 것이다.

2. 자율적 리더십 스킬

셀프리더십 스킬은 ㉠ 업무수행과 결과에 대해 스스로 격려하는 '자기강화', ㉡ 자기관찰과 자기평가, ㉢ 자신 및 팀의 성과목표에 대한 기대수준을 더욱 높게 올리는 '자기기대', ㉣ 자기목표의 설정, ㉤ 사전연습, ㉥ 자기비판을 하는 과정에서 함양될 수 있음.

3. 촉진방법

자율적 리더십을 촉진하기 위한 방법으로 최근 TSL이 알려지기 시작하였고, TSL(Thought Self Leadership) 기법이란, 심리/인지적인 방법을 통해 자신의 사고방식을 변화시키는 기법이며, 여기에는 크게 세 가지로 구분됨.

① **신념과 가치관 관찰기법** : 자신의 가치관을 면밀히 뜯어보고 변화시킬 부분을 파악하여 개선해 나가는 방법임.

② **언어반복에 의한 자기암시기법** : '나는 이 일을 성공적으로 수행할 수 있다.'와 같이 자신이 지향하는 모습을 드러내는 문장들을 반복하여 되풀이하는 것임. 여기에는 입 밖으로 꺼내어 말하는 것은 물론, 마음속으로 계속 되뇌는 것도 포함됨.

③ **상상에 의한 자기암시기법** : 자신이 해야 할 일, 행동 등에 대하여 미리 마음속으로 연습을 해보고, 긍정적인 결과들을 상상하는 것임. 예컨대, 부정적인 감정을 갖고 있는 상사나 동료, 부하들에게 어떻게 할 것인지 상상해보고, 자신에게 호감을 갖는 모습을 지속적으로 그려 보는 것임.

경영조직론 답안작성연습

[감성리더십]

1. 감성리더십의 의의

구성원들이 즐거운 기분으로 업무를 수행할 수 있도록 업무환경을 조성해 주고, 배려해 주는 리더십을 말함(다니엘 골만(D.Goleman)). 리더십 전문가인 네프(T.J.Neff)와 시트린(J.M.Citirin)은 Lesson from the Top이라는 그들의 저서를 통해 50명의 성공한 리더가 갖춘 15가지 공통자질을 제시하면서, 지적능력 혹은 기술적 능력은 훌륭한 리더가 되기 위한 필요조건이기는 하지만, 충분조건은 아니라고 설명하고, 인간의 감성적인 부분을 자극하여 동기부여를 시켜주는 리더십의 중요성을 주장하였음.

2. 감성리더십의 관리영역

1) 자기인식 능력

자신의 감정을 정확하게 인식하는 능력

2) 자기관리 능력

자신의 충동적인 감정을 제어하고, 상황에 적절하게 반응하는 능력

3) 사회적 인식 능력

타인의 입장에서 그들의 감정을 이해하고 공감하는 능력

4) 관계관리 능력

다른 사람의 감정을 이해하고, 상대의 감정에 따라 적절히 대응하며, 원만한 상호작용 및 긍정적인 관계를 유지하는 능력

3. 시사점

구성원들 간 감정 갈등이 발생된 경우, 감성지능을 효과적으로 대처할 수 있도록 해줌으로써, 만족스러운 대인관계를 유지할 수 있다는 점을 알 수 있게 해주고, 리더십 연구결과, 지속적인 성과를 내는 리더들의 공통점은 감성지능이 높다고 하였음(D.Goleman).

> **연습 33**
>
> A는 대기업의 인사부장이다. 회계부서에 중간관리자의 자리가 비어있는데, 이 자리를 메울 후보자를 추천해 달라는 요청을 받았다. 이 부서에서는 복잡한 회계업무를 외부 회계사들에게 아웃소싱을 하기 때문에 이 자리는 비교적 틀에 박힌 단순 부기를 하거나 청구서 등을 처리하는 자리이다. 대부분의 구성원이 그 자리의 업무가 구조화 정도가 매우 높은 업무라고 생각하고 있다. 이 중간관리자의 직속 부하들은 매우 협조적이어서 적극적으로 중간관리자에게 협력하려고 하고 있다. 또한, 이 자리는 상당한 권한이 부여되어 있어서 직위권한이 높고 상황통제력도 높은 편이다.
>
> 이러한 상황을 고려하여 피들러(Fiedler) 이론의 내용에 대하여 설명하고, 해당 사례를 분석한 결과 어떤 중간관리자를 추천하여야 하는지와 이론의 평가(공헌과 한계)를 제시하시오. (25점)

I 리더십의 의의

1. 의의

리더십이란, 리더가 처한 상황 등을 고려하여, 구성원들로 하여금 목표를 달성하도록 사회적인 영향력을 행사하는 과정을 말하며, 리더십은 코치 역할을 하면서 구성원들의 역량을 촉진하고, 집단목표에 공헌할 수 있도록 사기를 높이는 중요한 역할을 하기 때문에 반드시 알아두어야 한다. 리더십 = f(P, E)이라는 공식에서 볼 수 있듯이 리더십의 행위는 리더 자신의 특성(P), 부하의 특성(E1), 상황요인(E2)들의 상호작용의 결과로 나타낼 수 있다. 리더십 = f(리더의 자질, 상황특성, 부하특성)

2. 리더십 상황이론의 의의

리더십 상황이론은 기존의 리더십 특성이론과 행동이론은 모두 보편적이고 이상적인 리더의 특성 또는 행동유형이 구체적인 상황에 적합할 때 효과적이라는 이론이다. 대기업의 인사부장 A는 높은 업무 구조화 수준과 강한 직위권한, 부하와의 관계가 협조적인 상황에서 적합한 리더십을 발휘하여야 하는데, 이에 대하여 자세하게 서술해보고자 한다.

II 피들러의 리더십 상황이론

1. 의의

Fiedler의 리더십 상황이론에서 말하는 효과적인 리더십 스타일은 〈상황의 호의성〉에 따라 좌우된다는 것이다. 즉, 효과적인 리더십은 리더십 유형과 상황의 호의성간의 상호작용에 의해 결정되는데, 여기서, 상황의 호의성은 Ⓐ 리더-구성원 간 관계, Ⓑ 과업구조, Ⓒ 리더의 직위권한으로 구분하여 측정하였다.

2. 리더십 상황요소

상황의 호의성은 그 상황이 리더로 하여금 영향력을 행사할 수 있도록 하는 정도를 의미한다.

① 리더-구성원 간 관계 : 집단의 구성원들이 리더를 신뢰하고 좋아하며, 기꺼이 따르려는 정도를 뜻함. 소시오매트릭스, 집단분위기 기준척도를 마련하여 측정한다.
② 과업구조 : 과업구조에는 과업요건이 얼마나 명백한 지에 관한 '목표명료성'과 과업수행에 사용되는 방법의 수에 해당하는 '목표-경로 다양성', 과업 수행 이후 결과를 알 수 있는 정도인 '검증가능성'으로 과업구조의 잘 구조화되었는지 정도를 측정한다. 과업이 구조화될수록 상황은 리더에게 호의적임. 업무체계, 제도적 적용 등이 리더십 발휘의 영향력 속도를 지원해 주기 때문이다.
③ 리더의 직위권한 : 리더의 직위에 부여된 권한의 정도. 직위권한, 보상권한, 의사결정 권한 등이 있다.

3. LPC척도

LPC(least preferred co-worker)은 리더가 과거에 함께 일하기 가장 싫었던 사람에 대해 그 사람이 가지고 있는 특성을 설문항목에 답하는 방식으로 되어 있으며, 점수가 높을수록 관계지향적 리더십이고, LPC점수가 낮을수록 과업지향적 리더십임을 전제로 하고 있다.

4. 상황의 호의성과 리더십

그림과 같이 상황과 결부하여 적합한 리더십을 살펴보면, 상황이 아주 호의적이거나, 아주 비호의적일 때에는 과업중심적 리더십이 최선의 성과를 가져다주고, 상황의 호의성이 중간정도일 때에는 관계지향적인 리더십 스타일이 효과적임을 알 수 있다.★★

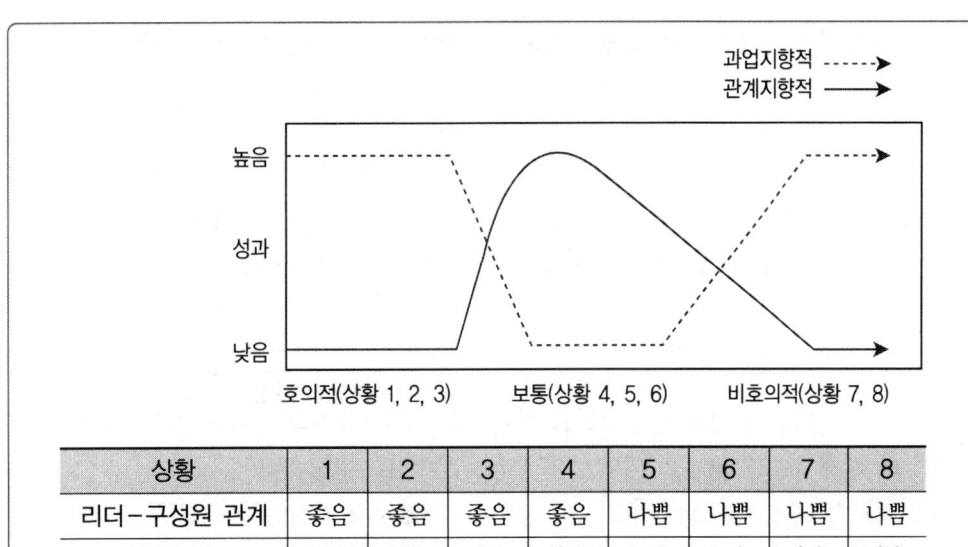

5. 공헌점

① 피들러의 주장에 따르면, 리더는 두 가지 선택을 할 수 있으며, 하나는 리더의 스타일을 바꾸는 방법이고, 또 하나는 상황을 바꾸어서 리더의 속성에 맞게 해주는 것을 설명하였다(리더 매치 Leader match).
② 상황에 따라 성공적인 리더십은 다르다는 새로운 관점을 제시하였다.
③ 리더십 유효성에는, 리더나 부하 말고도 작업장에서의 상황변수가 존재함을 설명하였다.

6. 한계점

① 리더 행동-부하간의 관계는 상호작용과정에서 달라질 수 있고,
② 리더십 유형의 분류기준으로 LPC척도의 타당성에 의문을 제기하는 등의 비판을 받았으며,
③ 상황요소의 분류기준이 애매하고 불분명하다고 제시하였다.
④ 이 이론에서는 리더 매치라고 하여, 리더의 스타일을 바꾸는 방법을 설명만 하였을 뿐, 실제 리더십 스타일을 바꾸기 어렵다는 점을 전제하고 있다는 점에 있어서 한계가 있고, 이러한 측면은 허쉬와 블랜차드의 상황적 리더십과에서 리더십 스타일을 부하의 성숙도에 맞게 변경할 수 있다는 점에서 차이점으로 나타났다.

Ⅲ 대기업 인사부장 A의 사례 적용 – "과업중심적 중간관리자 추천"

1. 개요

대기업 인사부장 A는 업무 구조화 정도가 높고, 강한 직위권한과 통제력을 발휘할 수 있으며, 부하와의 관계가 협조적인 상황에서 적합한 리더십을 발휘하여야 하는데, 그렇다면 Fiedler의 리더십 상황이론에 의한 적합한 리더십을 살펴보도록 하겠다.

2. 상황의 호의성 정도

① 직속 부하들의 매우 협조적이고 적극적으로 협력하려고 한다는 것은 〈리더와 부하간의 관계가 호의적임을 의미〉하고 있는 것이다.
② 비교적 틀에 박힌 단순부기를 활용하고, 대부분의 구성원들이 업무구조가 높은 수준이라고 생각하고 있으므로, 〈과업 구조가 명확함〉을 알 수 있다.
③ 상당한 권한이 부여되어 있고, 상황통제력도 높다는 것은 〈직위권한이 강하다〉는 것을 의미한다.

3. 결론

Fiedler의 이론에 따르면, 이러한 경우에는 과업 중심적인 리더가 성과를 더 낸다고 할 수 있기 때문에 A부장은 과업(업무)중심적인 중간관리자를 추천하는 것이 바람직할 것이다.

연습 34

다음 글을 읽고 물음에 답하시오.

> 대기업의 임원으로 승승장구한 사람들은 대개 풍부한 지식과 경험을 갖고 있다. 자신감이 넘치는 사람들이며, 이것이 바로 이들의 성공 원천이 된다. 하지만, 동시에 이러한 특징은 업무의 걸림돌이 되기도 한다. (A)<u>어떤 임원들은 실제 자신이 아는 것보다 본인이 더 많이 알고 있다고 믿는다. 다른 임원들은 모든 팩트(fact)를 확인하지도 않고, 자신의 머릿속 정보만을 근거로 혹은 과거의 특수한 일부 성공사례만을 기준으로 부하들에게 지시한다.</u> 최근의 경영환경은 이러한 임원들에게 도전적이다. 모든 팀원들의 학습을 가속화시키고 자신감을 북돋워주기 위해서는 (B)<u>리더의 겸손함이 필요하다. 겸손한 리더는 좋은 아이디어는 자신만 낼 수 있는 것이 아니며, 자신의 역할은 팀원들의 학습을 도우며 최종적인 책임을 지는 것이다.</u>

1) (A)에서 언급된 의사결정 오류들의 개념에는 과신오류, 유용성의 오류, 대표성의 오류이다. 이 오류들의 개념과 극복방안을 설명하시오.

2) (B)가 의미하는 리더십의 개념, 특성, 효과를 설명하시오.

문제 1)

I 의사결정의 의의 및 중요성

1. 의사결정의 의의

의사결정이란 바람직한 목표달성을 위하여 하나 혹은 그 이상의 대체안 중에서 선택하는 과정을 의미하며, 의사결정자가 현실과 이상 사이의 문제를 지각하면서 의식적으로 여러 대안들 중에서 하나를 선택해야 하는 상황에서 과연 합리적인 선택이 무엇인가에 관심을 가진다.

2. 중요성

- 집단의 운영, 조직의 운영은 의사결정의 연속선상에서 이루어지며, 이는 사소한 의사결정부터 조직이 사활을 걸어야 하는 중요한 의사결정까지 다양하게 존재함. 이러한 의사결정이 잘 이루어진다면 조직의 성장 발전을 하겠지만, 자칫 의사결정 실패 상황이 도래한 경우 조직의 입지까지 위태롭게 되므로, 매우 중요한 부분이다.
- 일부 학자들은 의사결정의 그레샴 법칙이라고 하여, 사소한 문제(악화)에 지나치게 몰입한 나머지 정작 중요한 문제(양화)의 해결에는 시간을 할애하지 못하는 경우가 발생한다고 하였으며, 따라서 직면한 상황에서 가장 합리적인 의사결정을 내리는 데 필요한

전형적 오류들을 트버스키와 카네만의 접근 중에서 과신오류, 접근성의 오류, 대표성의 오류에 대하여 살펴보고자 한다.

Ⅱ 의사결정의 전형적 오류들

1. 과신오류(overconfidence bias)

1) 의의

과신오류는 지나친 자신감의 오류이며. 의사결정자가 자신의 미래에 일어날 의사결정 결과들에 대해 예측을 충분히 할 수 있다고 자신의 능력을 과신할 때 일어나는 오류이다. 대표적으로 자동차 운전자의 80%이상이 자신의 운전 실력을 과신하거나, 하버드 대학생의 86%이상이 자신의 외모가 출중하다고 과신하거나, 복권구입자 대부분이 당첨확률을 과신하는 경우가 이에 해당한다.

2) 오류 극복방안

과신오류를 줄이기 위해서는 의사결정을 할 때, 시간을 충분히 가지고 자신의 판단을 현실에 근접하도록 노력해야 한다.

2. 유용성 오류(availability heuristic)

1) 의의

의사결정자가 자신이 수집한 정보에만 의존하여, 기억하기 쉬운 정보만을 갖고 의사결정을 하는 경향을 의미. 최근에 발생된 정보, 사건, 사고에 의존하거나 현저성이 높은 강렬한 상황이 기억에 남아 의사결정에 영향을 제공하는 것이다. 일례로 자동차 사고와 비행기 사고 중에, 자동차 사고량이 실제로는 많음에도 불구하고, 사람들은 비행기 사고의 위험성만 기억하는 경우, 가까운 주변인이 음식장사에 성공한 것을 보고, 자신도 음식장사에 성공할 수 있다고 잘못된 의사결정을 하는 사례를 볼 수 있다.

2) 오류 극복방안

의사결정자 자신의 판단에 오류가 없는 지, 스스로 피드백을 하여 돌아보는 것이 필요하고, 최선의 양질의 Data를 모아서, 증거기반경영을 활용하여 가장 타당한 의사결정을 내리는 것이 필요하다.

3. 대표성 오류(representativeness heuristic)

1) 의의

과거의 사건이 대표성을 갖게 되어, 현대의 비슷한 상황에서 같은 효과를 낼 것이라고 생각하여 이를 기준으로 의사결정을 하는 것이다. 미국에서 성공한 월마트, 까르푸 등의 대형창고 유통판매점 사례에서, 당시 글로벌한 성공을 기대하고 대표성 오류에 의한 의사결정에 의해 대한민국 시장으로 진입하였으나, 신세계 이마트, 롯데 홈플러스에 밀려 성공하지 못하고 퇴거한 사례에서 확인할 수 있다.

2) 오류 극복방안

의사결정을 할 때 기본적으로 필요한 정보 수집, 다양한 원천에서 수집해야만 대표성 오류를 극복할 수 있다.

문제 2)

I 서번트 리더십

1. 의의

서번트 리더십은 다른 구성원들이 공동의 목표를 이루어 나가는데 있어서 정신적/육체적으로 지치지 않도록 환경을 조성해 주고, 도와주는 리더십을 의미한다. 그린리프(Greenleaf)는 헤르만 헤세의 저서 『동방순례』라는 책에 나오는 서번트인 레오(Leo)의 이야기를 통해 서번트 리더십의 개념을 설명한 데서 출발하였다. 서번트(Servant)란 하인 또는 종이라는 의미를 갖고 있으며, 리더십이라는 단어와 합하여 창의적이고 의미 있게 결합한 것이다. 최근 서번트 리더십을 적극 수용한 기업들은 성공의 열매를 얻을 수 있었다는 사례를 많이 접하고 있으며, 이제 세계에서 내노라하는 기업들의 기본 경영철학으로 자리 잡고 있다.

2. 서번트 리더십의 주요 특성

1) 경청(listening)

경청은 부하에 대한 존중과 수용적인 태도로 이해하는 것이며, 리더는 적응적이고 능동적인 경청을 해야 부하가 바라는 바가 무엇인지 명확히 알 수 있어야 한다.

2) 공감(empathy)

공감이란 차원 높은 이해심이라고 하며, 리더는 부하의 감정을 이해하고 이를 통해 부하가 필요한 것이 무엇인지 알아내고 리드해야 하는 특징을 말한다.

3) 치유(healing)

치유는 리더가 부하들을 이끌어 가면서 보살펴 주어야 할 문제가 무엇이 있는지를 살펴주면서 업무를 수행하면서 불안과 초조함에 시들어가지 않도록 해주는 것이다.

4) 스튜어드십(stewardship)

서번트 리더는 부하들을 위해 자원을 관리하고 봉사해 주어야 하는 스튜어드십을 가져야 한다.

5) 부하의 성장을 위한 노력(commitment to the growth of people)

리더는 부하들의 개인적 성장과 개발, 정신적 성숙 및 전문 분야에서의 능력 향상과 자기 발전을 위한 기회와 자원을 제공해야 한다.

6) 공동체 형성(building community)

리더는 조직구성원들이 서로 존중하며, 봉사하는 진정한 의미의 공동체를 만들어 가야 한다.

3. 서번트로서 기업의 역할

기업은 조직구성원에게 자신의 능력을 발휘할 수 있는 도전적인 직무의 기회를 부여하고, 잠재력을 아직 드러내지는 못하였으나, 무언가를 하고 싶어 하는 의욕을 지닌 직원들을 동기부여해야 한다.

4. 효과

서번트 리더십은 집단 긍정적인 정서를 심어주면서 구성원 간 서로 존중하도록 분위기를 만들어 주면서 심리적으로 호의적인 분위기 형성으로 관계의 질을 높여줄 것이다. 이러한 서번트 리더십의 특징은 집단구성원들의 직무만족, 조직몰입, 조직시민행동의 향상, 성과의 증진 등 조직에 긍정적인 방향으로 효과를 기대할 수 있다.

> **사례형 문제**
>
> 조직정치의 원인 및 결과(부정적, 긍정적)에 대하여 설명하시오. (25점)
> ※ 다음 글에서 설명하는 이 현상의 개념과 유발요인, 효과적으로 감소시킬 수 있는 방안, 윤리적 고려사항을 설명하시오. (25점)
>
> 이 현상은 다른 사람들이나 조직의 안녕에 대한 고려 없이 자신의 이해관계를 관철하거나 보호하려는 개인들의 의도적 행동을 의미하며, 이는 현실적인 문제로 대부분 부정적인 결과를 초래한다. 특히 보복행위나 적대적 행동들과도 상호 관련성을 갖고 있기 때문에, 이를 줄이는 것은 조직구성원들이나 조직 자체에 심리적이고 물질적인 비용을 감소시킨다는 점에서 중요하다.

Ⅰ 조직정치의 의의

〈조직정치〉란, 조직전체의 이익보다는 특정 개인이나 부문의 이익을 보호/신장을 위하여, 공식적으로 승인받지 못한 방식으로 권력을 행사하는 활동을 의미한다. 조직정치는 ㉠ 환경변화에 신속하게 대응하면서 ㉡ 선의의 경쟁을 통하여 집단응집성을 제고하기도 하고, 무엇보다 ㉢ 공식적 권한이 부재된 경우 이를 대신할 수 있다는 점에서 그 중요성을 부인할 수 없고, 반면에, 조직정치가 만연할 경우의 단점은 조직의 합리성이 정치에 능한 몇몇의 소수인에 의해 가려질 수 있다는 역기능도 있으며, 조직 내 정치적 인식에서 오는 불안과 직무만족 하락, 스트레스 증가를 양산한다는 점이 있다. 조직정치는 공정성의 개입 여부에 따라 그 정당성을 판단할 수 있다는 점에서 각별하다.

Ⅱ 조직정치의 원인(유발요인)

1. 개인 차원의 원인

1) 성격

   개인이 마키아벨리즘 성향이 높거나 내부의 자기통제성향이 낮은 경우 조직정치를 활용하여 권력과 결탁하거나 남보다 우위의 직위를 먼저 획득하고자 할 가능성이 높다.

2) 욕구

   맥클랜드의 세 가지 욕구 중에서 "권력욕구 성향"이 강할수록 조직정치를 활용할 가능성이 높다.

3) 능력

어떻게든 기업 선발에 합격하여 채용은 되었으나, 실제 조직에 기여할 만한 능력이 없는 경우 조직정치를 활용하여 인정받고자 할 확률이 높다.

4) 근속기간

조직에 소속되어 참여기간이 짧아 당장 나간다 해도 잃을 것이 적은 경우에는 이왕에 이렇게 된 바에야 하고 싶은 것 다 하고 나갈 것이라는 생각으로 조직정치를 악용할 가능성이 크다.

5) 취업기회

굳이 여기가 아니더라도 외부의 타 기업체에서 일자리를 구할 가능성이 높은 사람이라면 자신의 욕망을 실현하고자 하는 학습 삼아 조직정치를 통해 연습할 가능성이 높다.

2. 집단 및 조직 차원의 원인

1) 애매모호한 목표, 규정, 역할

개인의 업무 실행에 수반되어야 할 목표가 애매모호하고, 주어진 역할도 명확하지 않은 경우 조직정치력을 발휘하여 애매모호한 목표 완수를 하였다고 주장할 가능성이 높다.

2) 기회와 자원의 희소성

연봉인상의 기회, 승진의 기회, 배치전환의 기회가 적거나 기업의 물적자원, 재무적 자원 등이 희소할 경우 이를 악용하여 권력층과의 유대관계를 쌓아 파벌을 형성할 가능성이 높다.

3) 기술과 환경의 극심한 변화

경영환경이 복잡하고 다양하여 이에 대응하고자 하는 유연성 발휘가 어렵거나 기술의 변화가 고도화되어 따라잡기 어려운 경우로서 조직의 생존이 위태한 경우 조직정치의 기회로 삼아 권력욕구를 표출하기도 한다.

4) 비구조화된 의사결정

객관적이고 공정한 기준과 지침이 아니라 특정된 어느 한쪽이 기울어진 편향된 의사결정의 할 경우 조직정치가 의사결정과정에 진입했기 때문이다.

5) 그 외

이외에도 조직변화(조직개편 시, 조직탄생 초기)이거나, 독재적이고 상명하달식 관리방식을 취하고 있거나, 상호 불신적 조직분위기가 만연하였거나, 불명확한 성과평가시스템으로 한쪽으로 기울어진 평가결과를 취하고 있는 경우 조직정치가 이미 들어와 있다고 할 수 있다.

III 조직정치의 결과

1. 부정적인 측면

직무만족과 조직몰입의 저하, 스트레스, 직무소진, 이직의도, 결근율의 증가, 조직시민행동의 저하, 생산성 하락, 조직경쟁력 약화 등의 결과를 가져온다.

2. 긍정적인 측면

조직정치는 일반적으로 부정적인 현상으로 인식되고 있지만, 늘 그런 것은 아님. 때로 조직정치는 정체된 조직분위기를 생동감 있게 바꾸어 주고, 무사안일한 구성원들에게 긴장감을 불어넣어주며, 소집단 내의 응집성을 높여주는 기능을 하는 경우도 있다.

※ 25점 문제 유형이므로, 답안지의 지면 활용도에 따라 조직정치의 결과를 구체적으로 작성하셔도 좋습니다.

IV 조직정치행동에 대한 윤리적 지침

1. 공리주의적 원칙

공리주의 원칙은 벤담의 최대 다수의 최대 행복에 기원한 것으로 관리자들은 조직정치행동이 조직 내외의 많은 사람들에게 만족을 주는지 검토해야 한다. 만약, 다수인원이 아니라 특정한 사람에게만 이익이 된다면 그 행동은 문제가 된다고 볼 수 있다.

2. 공정성과 정의의 원칙

아담스의 공정성의 원리에 기반하여 조직정치행동이 제한된 자원의 합리적 배분에 장애가 되지 않는지를 검토해야 한다. 다수의 사람에게 이익이 된다 하더라도, 성과평가나 보상지급의 공정성을 해친다면 그것은 올바르지 않기 때문이다.

3. 권리보호의 원칙

조직정치행동이 타인의 프라이버시와 자유의지를 해치지 않는 범위에서 주의를 기울여야 한다. 공정성을 실현하는 자원배분의 결과도 중요하지만, 과정도 중요한 것이고, 이는 개인과 조직 모두에게 적용되어야 함이 타당하기 때문이다.

경영조직론 답안작성연습

> **연습 35**
> 조직변화의 해빙, 변화, 재동결을 J.Kotter의 조직변화 8단계와 연결하여 설명해 보세요.

I 조직변화의 의의

'조직변화'란 적응적(unplanned) 또는 인위적(planned)으로 조직의 구조와 기술, 사람 등이 변화하는 것임. 구조적 측면의 변화는 직무재배치, 업무규칙/책임/절차/직무기술의 재배치 등의 변화를 말하고, 기술적 측면의 변화는 직무기술변화, 근무환경 지원기술 변화를 의미함. 사람 측면의 변화는 해빙, 변화, 재동결의 과정을 거쳐 변화하는데, 이하에서는 조직변화 중 사람 측면에서의 변화과정인 해빙, 변화, 재동결을 J.Kotter의 8단계와 연결하여 자세하게 살펴보도록 하겠음.

II 해빙

1. 의의

변화의 첫 단계인 해빙은 개인의 몸에 배어있는 풍습, 습관, 전통을 녹여내리고, 새로운 행동양식을 받아들이기 위해 준비하는 과정이며, 조직의 낡은 관습, 전통, 습관 등 과거의 방식을 깨뜨림으로써 새로운 대체안을 받아들일 태세를 갖추는 단계임. Lewin의 장의 이론 관점에서 보면, 해빙은 추진력이 강하거나 저항세력이 낮은 경우에 잘 일어난다고 함.

2. 코터(Kotter)의 8단계

[제1단계] 위기의식 고취
변화하지 않으면 망한다는 위기의식을 고취시켜서 조직을 해빙하는 단계를 말함. 조직이 잘 성장가도를 달리고 있을 때 경영환경 변화를 일찍 감지하고 변화할 준비태세를 갖추는 것을 말함.

[제2단계] 주도세력 결집
조직 각 분야, 각 계층의 힘 있는 사람들을 모아 변화를 주도할 수 있는 세력을 결집시키는 것임. 조직의 경영진들, 핵심인재들이 이에 해당함.

[제3단계] 비전과 전략 구축
변화를 이끌어 갈 비전을 확실히 하고, 달성 전략을 세우는 단계임.

[제4단계] 비전 전파
새로운 비전을 지속적으로 전파하기 위한 커뮤니케이션 전략을 수립하고, 실천하여 조직이 가진 변화에 대한 비전을 전파하는 것임.

Ⅲ 변화

1. 의의

변화에는 켈만(Kelman)의 분류에 따라 순종, 동일화, 내면화가 있으며, 새로운 기계, 새로운 제도 등 새로운 행동패턴을 받아들이는 단계임. 켈만의 유형 중 둘 이상의 변화를 적합하게 결합시켜서 효과적인 변화를 추구함.

2. 코터(Kotter)의 8단계

[제5단계] 임파워먼트
변화저항 세력을 제거하고, 조직의 변화가 현실화 되도록 위험을 감수하면서 창의적인 문제해결을 독려하는 단계임.

[제6단계] 단기성과 축적
단기적 변화성과를 인정하고 보상해줌으로써 변화가 가시화될 수 있다는 자신감을 제공하는 단계임.

[제7단계] 변화확대
단기성과를 기반으로 더 큰 변화의 당위성을 확보하여 더 많은 사람을 끌어들이고 조직에 더 넓게 변화를 확산시키는 단계임.

Ⅳ 재동결

1. 의의

새로운 행동이 학습에 의해 내재화되어 개인의 퍼스낼리티나 조직체에 적합하게 정착되는 단계임. 다시 말하면, 새로 획득된 조직변화의 행동, 지식, 시스템 등이 개인의 성격이나 계속적인 중요한 정서적 관계로 통합되고 고착화되는 과정을 말함. 샤인(Schein)에 의하면 사회적인 지지나 강화를 얻지 못하면 원래 영향을 주던 변화목표의 범위 내에서만 재동결이 지속될 것이라 설명하였음. 따라서, 재동결 과정에서 중요한 것은 새로운 행동, 태도, 시스템, 기술, 제도적인 부분들이 소멸되지 않도록 효과적으로 강화시켜 줄 수 있는 환경을 마련하여야 할 것임.

2. 코터(Kotter)의 8단계

[제8단계] 조직문화로 재결빙

변화된 상태를 조직문화로 고착시키고 지속시키는 단계임.

> **연습 36**
> 조직과 개인의 권력의 원천을 쓰고, 권력의 획득 및 행사방법에 대하여 논하라.
>
> 2005년 제14회 기출

I 권력의 의의

권력이란, 한 조직의 구성원 또는 집단이 자신의 의도대로 다른 개인 혹은 집단으로 하여금 어떤 행동을 하도록 할 수 있는 능력을 말함. 권력의 공식적인 측면인 '권한'이나 타인의 가치관, 행동, 태도 등에 변화를 가져오도록 움직일 수 있는 힘의 총량인 '영향력'과는 다름.

II 개인차원의 권력의 원천

1. 보상적 권력

권력행사자의 경제적/정신적 보상능력에 기초한 권력으로 특정인 B가 A의 보상권력에 의존하고 있다면 B는 A의 영향력에 지배되는 것임. 구체적으로 임금인상권, 승진권, 직무할당권 등이 있음.

2. 강압적 권력

강압적 권력은 권력행사자가 권력수용자에게 벌을 줄 수 있다는 인식에서 비롯됨. 예를 들어서 해고권, 징계권, 작업시간의 단축 지시권 등이 있음.

3. 합법적 권력(= 권한)

특정인 A가 특정인 B의 공식적 상위자일 때, B의 업무적 행동은 A의 영향력에 지배될 수 있음. 이 합법적 권력은 조직의 공식적인 지위에서 나오기도 하고, 우리나라 일본의 사례에서 연장자가 갖는 권력처럼 문화적 가치나 사회구조에서 나오기도 함.

4. 준거적 권력

특정인 A가 특정인 B의 존경과 지지를 받고, 타인들이 그를 닮으려 할 때, 나타나는 권력임. 예를 들어서 높은 웅변술, 인간관계능력, 도덕적 자질, 협상력 등이 있음.

5. 전문적 권력

특정 분야나 상황에 대해 어떤 지식이나 해결방안을 알고 있는 사람은 그것을 모르는 다른 사람들에 대하여 권력을 가짐. 예 경험이 많은 자가 하급자에 대하여 권력을 갖기도 하지만, 지식이 많은 하급자가 더 많은 지식으로 상급자를 조정하기도 함.

Ⅲ 집단차원의 권력의 원천

1. 환경의 불확실성 통제능력

환경의 불확실성은 시장조건의 변화와 같은 것이며, 여유자원의 확보, 정보통제권의 확보, 의사결정권한의 소유 등으로써 환경의 불확실성을 통제하는 권력을 유지할 수 있음.

2. 기능의 비대체성

특정 부분이 대체불가능하거나 필수불가결한 것일 때, 권력의 유지/존속이 가능함.

3. 업무의 중심성

특정 부문에서 수행하는 활동이 그 조직에서 어느 정도 중심성을 차지하고 있는가에 따라 권력이 결정됨. 예를 들어서 자동차회사의 경우 생산라인가동 부서의 권력이 크다고 할 수 있음.

4. 자원의 조달 및 통제능력

다른 부서가 필요로 하는 자원에 대해 조달 및 통제능력을 많이 가지고 있을수록 상대방 부서에 대한 권력은 커짐.

5. 조직행동에의 시사점

- 집단 수준의 권력의 원천들이 실제 조직에서 어떻게 작동하느냐는 해당 조직이 처한 환경, 즉, 전략에 따라 원천들의 영향력 크기가 달라짐.
- 권력의 수용과정에는 순응, 동일화, 내면화가 있으며, 각 수용과정에서 나타나는 권력의 원천을 살펴보면 다음과 같음.

Ⅳ 권력의 수용과정

1. 순응

보상적 권력과 강압적 권력에 대한 수용반응이며, 주어진 명령을 따르고 지시에 순응하는 것임.

2. 동일화

준거적 권력에 대하여 수용반응이며, 권력자의 매력에 빠지거나 그를 존경하여 그가 가진 생각이나 견해를 받아들이고 동일시하려는 것임.

3. 내면화

전문적 권력과 합법적 권력에 대한 수용반응이며, 권력자의 생각이나 주장에 감화되어 자발적으로 그를 따르는 것임. 이는 상급자의 요구와 하급자의 가치가 일치하는 경우에 해당함.

4. 경영조직에의 시사점

상급자는 부하직원들의 권력행사자의 뜻과 취지를 헤아려 깊이 이해하고 실천하게 되는 내면화를 가장 선호하는 것이 바람직함. 복종이나 동일화의 반응도 도움을 줄 수 있겠지만, 자율적인 능동성이 결여되었다는 측면에서 내면화에 못미침.

Ⅴ 권력행사의 획득 및 전략

1. 합법성

조직 내 정해진 규정/규칙 등의 적용으로서 권력을 획득, 유지하는 방법임.

2. 합리적 설득

논리적이고 사실적인 근거를 들어 합리적으로 상대를 설득하는 과정임. 상대방이 이상적인 성향을 갖고 있는 경우에 효과적임.

3. 영감어린 호소

비전과 가치를 감성적 열정으로 설명하는 것임. 주로 상대의 가치. 욕구, 희망, 열정 등에 호소하여 감정적 몰입을 유도하는 방식임.

4. 상담/협의

계획, 의사결정, 변화추구활동에 다른 사람들을 참여시킴으로써 동기를 유발하거나 업무수행에 필요한 각종 지원을 얻는 방법임.

5. 교환

상대방이 자신의 요청을 들어줄 경우, 상대방이 원하는 혜택이나 호의를 제공할 것을 약속하는 방법임.

6. 개인적 호소

친분이나 정을 바탕으로 부탁하는 것임. 우정, 조직에 대한 충성심, 도리 등을 내세우는 설득 유형임.

7. 영합

요구를 하기 전에, 아첨, 칭찬, 우호적 행동을 하는 것임.

8. 압력

위협이나 협박을 통해 반강제적인 동의를 구하는 방법임.

9. 연합

상대의 도움과 협조를 얻기 위해 타인의 도움과 지원을 끌어들이는 것임.

10. 상황에 맞는 전략들

사람에 따라서, 상황에 따라서 달성하려는 목적이 무엇인지에 따라서 각 전략들의 사용 정도가 다름. 그런데, 어떤 방식을 활용하는지에 따라 조직의 성과가 다름. 따라서, 위의 여러 가지 전략을 함께 사용하는 것이 효율적임.

경영조직론 답안작성연습

제3장
조직차원의 조직행동

제3장 조직차원의 조직행동

연습 1

당신은 노무법인에 근무하는 공인노무사로서, 화장지를 대량생산하여 원가우위를 추구하는 생산중심의 정교화 단계 A기업과 의약품을 개발하여 차별화를 추구하는 연구개발 중심의 집단공동체 단계 B기업으로부터 조직 재설계 컨설팅을 의뢰받았다. 두 기업은 현대 경영에서 요구되는 유연성, 창의성 향상을 위하여 팀제 도입을 원하고 있으며, 팀제 도입을 통하여 조직혁신을 추구하고 있다.

2019년 제28회 기출

[물음1] 4가지 유형의 팀제 및 조직혁신을 설명하고, A기업, B기업에 적합한 팀제 및 조직혁신 유형을 각각 논하시오. (35점)

한국전자의 박새로이 사장은 약 30년간 기존의 반도체 칩(chip)생산라인을 통해 노동집약적 사업을 추구하여 왔다. 그러나, 최근 경영환경의 변화로 기존의 사업에 한계상황을 맞이하면서 신성장 사업인 인공지능(AI)사업을 시작하였다. 하지만, 기대와는 달리 한국전자는 2개 사업부인 반도체 칩 사업부와 인공지능 사업부의 조직운영을 하면서, 전략방향, 조직구조의 설계 및 사업부간 갈등 등 단일 사업부일 때 보다 오히려 더 많은 어려움이 나타났다.

특히, 3가지 문제인 전략, 조직구조, 설계 및 사업부간 갈등의 문제로 조직의 균형과 안정성 에도 문제가 발생하였다. 박새로이 사장은 고민 끝에, 빅픽쳐 컨설팅의 조이서 컨설턴트를 찾아가서 회사의 사정을 설명하고 자문을 구하였다.

조이서 컨설턴트는 이 문제를 해결하는 과정에서 전략 해결책으로 탐험(exploration)과 활용(exploitation)을 조직구조설계의 해결책으로 양면형 조직(ambidextrous)을, 사업부간 갈등의 해결책으로 통합형 협상(integration negotiation)을 제시하였다.

2020년 제29회 기출

[물음1] '탐험과 활용'의 개념을 설명하고, 만약, 당신이 조이서 컨설턴트라면 탐험과 활용을 통해 2개 사업부 각각에 적합한 전략을 설명하시오. (15점)

[물음2] '양면형 조직'의 개념을 설명하고, 만약, 당신이 조이서 컨설턴트라면 양면형 조직구조의 개념을 통해 2개 사업부에 적합한 조직구조를 설명하시오. (15점)

Ⅰ 변화의 4가지 유형

조직변화 또는 조직혁신의 유형에는 아래의 그림에서 보여주 듯 4가지의 유형으로 구분되어 설명할 할 수 있으며, 이에 각 조직변화 유형별 구체적인 설명을 하고자 함.

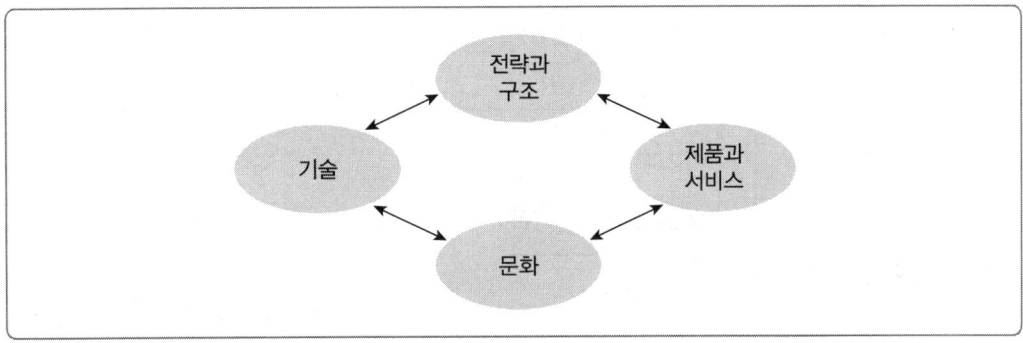

Ⅱ 전략과 구조의 변화(Strategy & Structure innovation)

1. 의의

- 전략과 구조의 변화는 기업경영과 관련하여 변화를 추진하는 경우이며, 전략과 조직의 변화는 경영전략 조직구조, 정책, 보상시스템, 노사관계, 통합장치, 경영정보시스템, 회계예산시스템 등이 포함되는 것임. 구조와 시스템 변화는 최고경영자에 의해 주도적으로 진행되는 반면에, 제품과 기술의 변화는 하위계층에 의해 주도적으로 진행됨.
- 전략 혁신은, 기업의 생존과 발전을 위한 변화를 의미함.
- 구조 혁신은, 조직구조, 정책, 보상시스템, 노사관계, 경영정보통제시스템, 회계예산시스템 등의 변화를 의미함.

2. 전략과 구조의 변화를 성공적으로 이끌기 위한 방법

1) 조직변화의 이중모형(dual-core approach)

- 조직변화의 이중모형은 '관리부문의 혁신'과 '기술부문의 혁신'으로 구분되며, 이 중 관리부문의 혁신은 새로운 조직에 대한 프로세스, 전략적 구조 변화를 말하고, 기술부문의 혁신은 조직적 목표에 대한 기술변화를 말함.
- '관리부문'에는 구체적으로 재무자원, 경제상황, 인적자원, 경쟁사 환경, 정부환경 등에 관심 있는 부문이고, '기술부문'에는 원재료를 제품과 서비스로 변환하는 과업을 수행하는 것을 말함.

2) 이중모형의 핵심

많은 조직들, 특히 비영리조직과 정부조직이 빈번하게 관리변화를 시도하고 있으며, 경쟁우위를 위해 기술과 제품만을 혁신하는 조직과는 다르게 구조화되어야 한다는 점이 핵심임.

[관리혁신과 기술혁신 : 조직변화의 이중모형]

	혁신유형	
	관리혁신	기술혁신
변화의 방향	관리부문 → 전략, 비전	기술 부문 → 실무진
변화의 예	전략, 인력감축, 조직구조	생산기법, 작업흐름, 제품아이디어
변화에 적합한 조직형태	기계적 조직	유기적 조직

3) 관리부문에서의 혁신

- 관리변화를 성공적으로 추진한 조직은 기술변화를 추진한 조직보다 관리자 비율이 높고, 규모가 크며, 집권화되고 공식화되어 있음. 그 이유는 조직이 정부, 재무적 환경, 법적 환경의 변화에 대응하여 하향적으로 변화를 추진하기 때문임.
- 관리변화를 채택한 조직은 하향적 프로세스와 기계적 구조를 사용하며, 예를 들어 6시그마, BSC, 의사결정의 분권화, 다운사이징, 리스트럭처링 등과 같은 변화들은 하향적인 방법으로만 이루어짐.

4) 기술부문에서의 혁신

제품기술 변화 및 신제품을 위한 혁신적인 기술변화 등의 기술적인 변화는 유기적 구조에 의해 촉진됨. 유기적 구조는 하위계층과 중간계층에 있는 구성원들이 아이디어를 끊임없이 창출할 수 있게 함.

5) K.Lewin의 해빙-변화-재동결의 3단계 모형에 의한 변화

변화를 위한 사전준비의 해빙, 새로운 상태로의 변화, 새로운 변화를 영구적으로 정착하기 위한 재동결 과정을 거쳐 변화방향을 활용해야 할 것임.

Ⅲ 제품과 서비스 혁신(product & service innovation)

1. 의의

- 기존의 제품과 서비스를 변경하여, 완전히 새로운 제품라인을 도입하거나 서비스 정신을 구축하는 것임. 기업에 생산하는 새로운 제품이나 서비스를 일부 변경하거나 또는 완전히 새로운 제품라인을 도입하는 경우 모두를 말함. 새로운 제품과 서비스는 해당 기업이 시장점유율을 확대하고자 하거나 새로운 시장, 소비자, 고객을 개척하기 위하여 추진하는 변화 방법임.
- 제품과 서비스 혁신이 성공하는 방법에는 불확실한 환경에 직면한 제품과 서비스 혁신에서 어떤 제품과 서비스가 고객의 선호도에 맞는지, 어떤 시장상황에서 맞는지가 쟁점이며, 연구결과에 의하면 혁신이 성공하는 것은 기술과 마케팅 부서 간에 협력이 얼마나 잘 이루어지느냐에 달려 있다고 함.

2. 제품과 서비스 혁신을 위한 조직설계

신제품과 서비스 개발을 하는 핵심부서는 연구개발부서, 마케팅부서, 생산부서이고, 기술환경의 경향과 고객니즈 모두를 고려하여, 각 부서 간의 수평적 조정이 있어야 함. 여기서, 수평적 조정은 연구개발부서, 마케팅부서, 생산부서 구성원들이 경쟁업체 제품을 분석하면서 고객이 말하는 것을 들어가며 아이디어와 정보를 공유하는 것을 의미함.

[신제품과 서비스 설계를 위한 조직설계 방법]

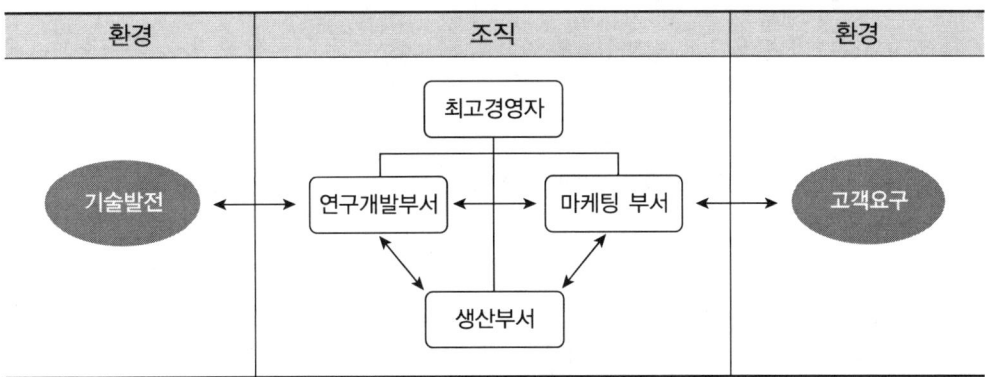

- 신제품을 개발하는 부서는 연구개발, 마케팅, 생산 부서이며, 전문성은 각 부서의 구성원들의 역량이 매우 우수함을 의미함. 세 부서는 차별화되어 있고, 전문화된 기능에 적절한 목표, 기술, 태도 등을 갖고 있음.

> 경영조직론 답안작성연습

- 마케팅부서는 고객의 요구와 긴밀한 연결역할을 하는 경계역할을 하고 있고, 연구개발부서는 제품생산에 투입될 기술에 주력함. 연구개발부서, 마케팅부서, 생산부서는 구성원들이 아이디어와 정보를 공유하면서 기능횡단팀으로서 수평적 조정을 통해 혁신을 추진한다는 특징을 가짐.

Ⅳ 문화 혁신(culture innovation)

1. 의의

구성원이 갖고 있는 가치관, 태도, 신념, 능력, 행동의 변화를 의미함. 조직은 사람과 사람간의 관계로 구성되며, 전략, 구조, 기술, 제품의 변화는 각각의 독립적으로 이루어지는 것이 아니라, 사람의 변화를 수반하면서 나타남.

2. 필요성

기업문화의 변화는 기본적으로 조직에서의 업무수행방식을 변화시키고, 구성원들의 조직몰입과 임파워먼트를 이끌어내면서 기업과 고객 간의 강한 유대감을 형성할 수 있게 함. 그러나, 문화를 바꾸는 것은 매우 어려운데, 왜냐하면 사람들의 핵심 가치관과 이미 갖추어진 사고와 행동방식을 위협하기 때문임.

3. 문화변화를 위한 조직개발기법

조직개발기법 활용으로 팀빌딩, 감수성 훈련, 부서 간 교류활동 등을 활용할 수 있음.

Ⅴ 기술 혁신(technology innovation)

1. 의의

기술변화는 지식이나 기술을 포함한 조직의 생산과정을 변화시키는 것으로 차별적인 경쟁력 확보를 가능하게 함. 기술변화는 제품을 보다 효율적으로 생산하고, 더 많은 양을 생산하도록 하므로, 기술변화는 제품과 서비스의 생산기법과 관련되어 있음. 따라서, 기술변화는 작업방법, 설비, 작업흐름의 변화를 포함함.

2. 기술변화(혁신)을 위한 성공적인 조직설계방안

1) 개요

- 유기적 조직은 창조적으로 생각하고, 새로운 아이디어를 도입할 자유가 구성원에게 주어지기 때문에 유연성이 있어서 하위층에서의 혁신이 활발하게 일어남. 중간과 하위계층의 구성원들은 아이디어를 자유롭게 제안하고 도출된 아이디어를 실험하는 자유도 갖고 있음.
- 기계적 조직은 규칙과 규정을 강조하기 때문에 혁신이 쉽지 않음. 그러나, 제품을 효율적으로 생산하는 데에는 분업화, 전문화가 잘 정착된 기계적 조직이 적합함.
- 따라서, 어떻게 하면 혁신과 효율을 동시에 달성할 수 있도록 하기 위해 기계적 조직과 유기적 조직을 설계하고 운영할 것인가가 과제가 되고 있으며, 따라서, 기술변화의 두 가지 측면을 동시에 달성하기 위해 많은 조직은 양면적 접근방법을 사용함.

2) 기술혁신을 위한 성공적인 조직설계 방안(1) : '양면적 접근방법'

- 양면적 접근방법은, 혁신창출과 실행에 적합한 조직구조와 프로세스를 갖추는 것임. 새로운 아이디어 탐색과 개발은 유기적 조직으로, 혁신을 실행하는 부서는 기계적 조직으로 설계하는 것임.
- 분권화와 자율성을 특징으로 하는 유기적 조직은 새로운 아이디어를 도출하고, 실험하는데 효과적인 조직구조임. 그러나 이와 같은 조직에서는 변화를 실행하기 어려운데, 그 이유는 분권화와 느슨한 구조에 적응된 구성원들이 변화에 순응하려 하지 않기 때문임.
- 이를 해결하기 위한 방법이 양면적 접근방법이며, 혁신창출과 실행에 적절한 조직구조와 프로세스를 갖추어서, 새로운 아이디어를 탐색하고 개발하는 부서를 유기적 구조를 설계하고, 혁신을 실행하는 부서는 기계적 구조를 설계하는 것임.

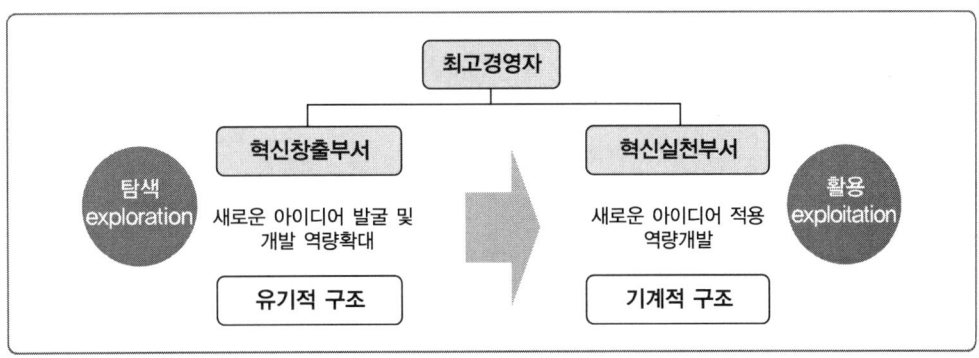

※ James.March(1991)

3) 기술혁신을 위한 성공적인 조직설계 방안(2) : '상향식 접근방법'

혁신기업은 매일 아이디어들로 업무를 수행하고, 고객을 접하면서 경쟁 속에서 업무에 최선을 다하는 기술층으로부터 나온다는 것을 명심하고, 직원들로부터 경영진으로 이어지는 상향식 접근을 독려해야 함. 성공적인 혁신의 대부분은 아이디어가 대단한 것이라기보다는 작은 실험들을 시도했던 것이 더 중요한 역할을 하였음.

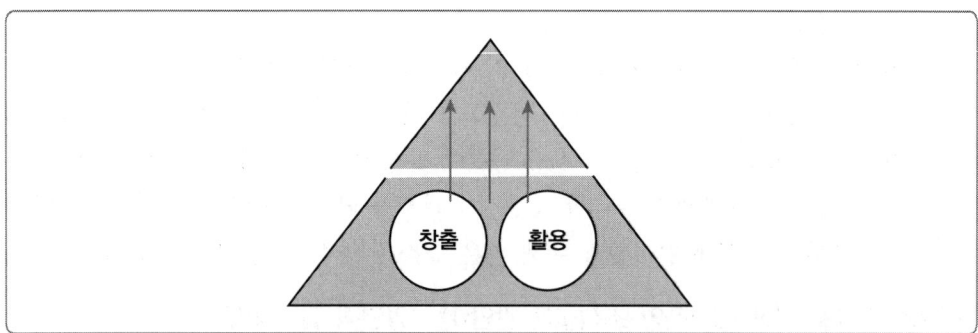

※ 출처 : R.Daft, Organization theory & design, 12th, 462page

연습 2
전략적 우위 달성을 위한 4가지 변화 유형 중에서 제품과 서비스 혁신에 대하여 서술하세요.

Ⅰ 전략적 우위 달성을 위한 변화의 네 가지 유형

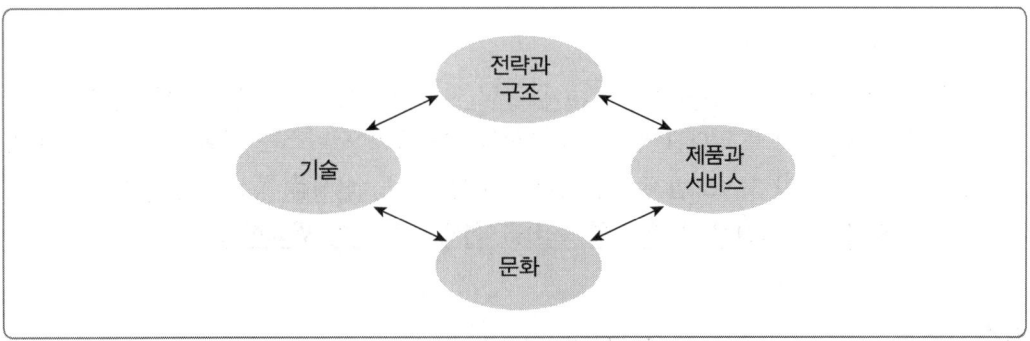

　오늘날 불확실한 상황과 리스크가 큰 환경변화에서 전략적 우위 달성을 위하여 경영자가 추진할 수 있는 변화유형에는 전략과 구조 변화, 제품과 서비스 변화, 기술 변화, 문화 변화가 있다. <u>네 가지 혁신과 변화는 상호의존적이며, 한 분야에서의 변화는 다른 분야의 변화를 요구한다는 특징을 갖고 있다.</u> 예를 들어서, 전략과 구조 변화는 새로운 구성원의 기술을 요구할 수 있고, 새로운 제품과 서비스 변화를 요구할 수 있는 것이다.

Ⅱ 제품과 서비스 변화

1. 의의

　제품과 서비스 변화는, 기업에서 생산하는 새로운 제품이나 서비스를 일부 변경하거나 또는 완전히 새로운 제품라인을 도입하는 경우 모두를 일컫는다. 제품과 서비스 변화의 목적은 기업이 시장점유율을 확대하거나 새로운 시장, 소비자, 고객을 개척하기 위해 추진하는데 있다.

2. 제품과 서비스 혁신을 성공적으로 이끌기 위한 고려사항

1) 불확실성이 높은 제품과 서비스 혁신
　<u>제품과 서비스는 조직 외부에 있는 고객에 의해 사용되기 때문에, 어떤 혁신이 고객의 요구에 적합하고, 시장에서 성공할 수 있을지에 대해 매우 높은 불확실성을 가지고 있다.</u>

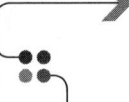
경영조직론 답안작성연습

이에 기존 연구들도 신제품의 개발, 판매와 관련하여 높은 불확실성이 존재함을 제시하고 있다.

2) 낮은 신제품 성공률

높은 불확실성에서 신제품의 실패는 모든 산업에서 매우 높은 비율로 나타난다. 하지만, 제품혁신은 기업이 시장, 기술, 경쟁의 변화에 적응하는 가장 중요한 방법이기 때문에 기업들은 이러한 위험을 감수해야 한다.

3) 수평적 연결된 조직설계 필요

연구결과에 의하면, 혁신이 성공하는 것은 기술과 마케팅 부서 간에 협력이 얼마나 잘 이루어지느냐에 달려 있다고 한다. 성공적인 신제품과 서비스는 기술적으로 우수하며, 고객욕구에 맞추어 정성스럽게 만들어지는 것이다. 즉, 신제품 혁신이 성공하려면, 부서들이 수평적으로 연결될 수 있도록 조직을 설계하는 것이 필요하다.

Ⅲ 신제품과 서비스 혁신을 위한 조직설계 방법

신제품과 서비스 성공방법에는 무엇보다 부서간의 협력관계를 구축하는 것이고, 이를 위한 수평적 연결된 조직설계를 활용하여 ① 부서 전문성 확보, ② 경계역할, ③ 부서 간 수평적 조정이 필요하다.

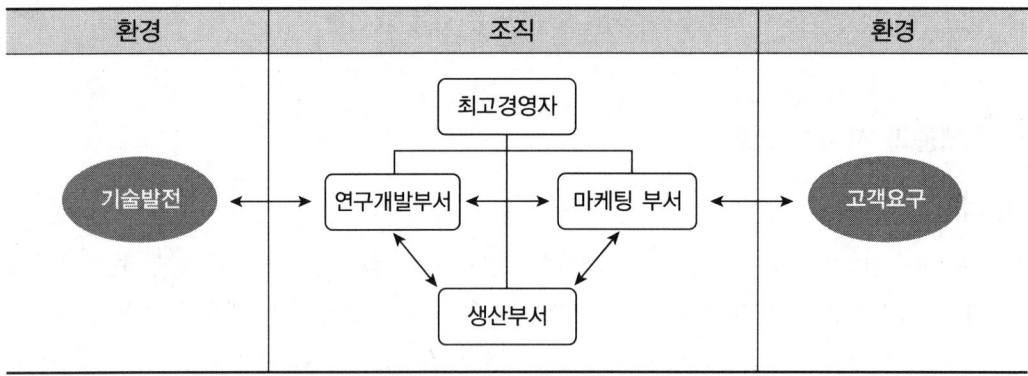

1. 부서의 전문성 확보(departmental specialization)

신제품을 개발하는 핵심부서는 연구개발, 마케팅, 생산 부서이다. 전문성이란 세 부서의 구성원들이 모두 담당 과업을 수행하는 데 있어서 그 역량이 매우 우수함을 의미한다. 세 부서는 서로 차별화되어 있고, 각각의 전문화된 기능에 적절한 기술, 목표, 태도를 가지고 있다.

2. 경계 역할(boundary spanning)

신제품 개발과 관련된 각각의 부서가 외부환경과 연계되어 있음을 의미한다. 연구개발부서 사람들은 다른 연구개발부서의 동료나 전문가협회와 연계되어 최근의 과학적 발전 추세를 잘 알고 있고, 마케팅 부서는 고객니즈와 긴밀하게 연결되어 있어서 고객의 소리를 듣고, 경쟁제품을 분석하고, 유통업자 제안을 검토한다.

3. 부서 간 수평적 조정(horizontal coordination)

연구개발부서, 마케팅부서, 생산부서의 구성원들이 아이디어와 정보를 공유하는 것을 의미하는 것이며, 기능횡단팀(cross-functional team)과 같은 메커니즘을 활용하는 수평적 신제품 개발과 관련된 정부의 양과 다양성을 증가시킴으로써 고객요구를 충족할 수 있는 제품을 설계하고, 생산과 마케팅 문제를 사전에 해결할 수 있게 한다.

4. 개방적 혁신과 크라우드소싱

- 성공적인 기업들은 고객, 전략적 파트너, 공급자, 그리고 외부인을 제품과 서비스 개발 과정에 직접적으로 참여시키는 등 <u>개방적 혁신을 실행</u>하고 있다. 신제품의 상업화에 대해 조직의 경계를 넘어서, 더 나아가 산업의 경계를 넘어야 한다는 것을 의미한다.
- 크라우드소싱(crowdsourcing)은 crowd + outsourcing의 합성어이다. 기존의 직원들이 아닌 온라인상의 지원자로부터 정보와 서비스 및 아이디어를 개방적 혁신의 접근방법으로 사용하는 것을 말한다.

> 경영조직론 답안작성연습

> **연습 3**
> 조직문화의 개념과 의미(중요성과 순기능/역기능 포함), 그리고 조직문화와 조직성과와의 관계를 설명하시오. 또한, 샤인(Schein)이 제시한 조직문화의 구성요소, 딜과 케네디(Deal & Kennedy), 그리고 퀸(Quinn)이 제시한 조직문화유형을 도식화하여 설명하시오. 2013년 제22회 기출

I 조직문화의 개념의 의미

1. 개념

조직문화는 구성원 활동의 지침이 되는 행동규범을 창출하는 공유된 가치와 신념의 체계를 말하며, 기업을 움직이는 보이지 않는 힘이라고도 함. 조직문화는 미국의 경우 기업문화라고도 하고, 일본의 경우에는 사풍으로 이해되고 있음. 조직문화는 전략적 특성과 부합될 때 경쟁력의 원천이 될 수 있고, 생산성과 조직유효성에 영향을 미치므로 매우 중요함.

2. 조직문화의 중요성

1) 조직의 운영과정에 영향

조직문화는 공식적, 비공식적 운영과정에서 광범위하게 영향을 미칠 수 있기 때문에 중요시됨. 과업을 처리하는 과정 속에서도 관행과 같은 문화적 요소가 묻어 있으며, 상호간의 교류 속에도, 갈등으로 부딪히는 와중에도 또는 중요한 결정과 선택의 순간에도 조직구성원들의 믿음으로 작용함. 따라서, 조직문화에 대한 올바른 이해는 조직의 효율적인 운영과정에 영향을 줌.

2) 조직의 전략과정에 영향

조직문화는 조직 전략의 방향을 선택할 때에도 이념의 형태로 그 과정에서 작용할 수 있으며, 전략을 수립하고 추진하는 과정에서도 때로는 전략 담당자들의 관점에서 제한하기도 하고, 또 어떤 때에는 전략실행에 있어 하나의 저항세력으로 작용할 수 있음.

3) 경쟁력의 원천

조직문화는 경쟁력의 원천으로 될 수 있는데, 기업의 경쟁력에는 자금력이나 자산과 같이 가시적인 것만 포함되는 것이 아니라, 현상이나 정보를 정확히 이해하여 개념화하여 결정을 내릴 수 있는 무형의 인지적 과정도 포함하고 있기 때문임. 올바른 문화를 갖고 있는 기업은 장기간에 걸쳐 경쟁우위를 점할 수 있으며, 조직문화는 사고팔 수 없는 고유의 무형 자산임.

4) 조직의 성과와 관련

하버드 대학교 연구팀이 200여개의 기업들을 연구한 결과, 강한 조직문화가 성공하려면 외부의 조직환경에 적절히 적응해야 한다는 결과를 낸 바 있으며, 외부환경에 적응하지 못하는 강한 문화는 약한 문화보다 성과가 낮은 것으로 나타났음. 즉, 조직문화는 조직의 성과와도 관련이 있음을 알게 해 주는 의미 있는 연구결과임.

5) 역사적 차원에서의 중요성

조직은 어느 한 시대 그 조직이 속한 사회의 가치관과 믿음과 행동양식 등을 조직문화라는 이름으로 유지하고, 다음 세대에 보전하면서 발전시키는 역할을 함. 조직문화는 기업의 광고문안이나 엠블럼 속에도 있고, 인사노무관리 정책에도 있으며, 노사 간의 갈등과 화합 속에서도 내재해 있는 것임.

Ⅱ 조직문화의 순기능과 역기능

1. 순기능

1) 개인과 조직을 연결 : 조직사회화 기능
   - 조직문화는 조직구성원들에게 또는 신입사원들에게 소속회사를 가진 구성원으로서 정체성을 제공함. 우리는 흔히 삼성맨, 현대맨 등의 말을 사용하는데, 조직구성원들이 일반적으로 공유하는 행동적, 심리적, 또는 지식이나 사고에 있어서의 독특한 동질성을 뜻하는 말임.
   - 또한, 직장인 한 사람의 행동이나 태도를 보면 그 사람의 소속회사나 소속집단을 추측할 수 있는데, 이것은 문화적 동질성으로서 조직사회화의 결과임.

2) 내부 단합

조직문화는 구성원들 간 갈등의 소지를 줄여주면서 협동심 유발하게 하는데, 일상적인 작업관계를 이끌어 나가고 사람들이 조직에서 어떻게 소통하고, 어떤 행동을 해야 하고, 어떤 행동은 하지 말아야 하는지, 권력과 지위가 어떻게 주어지는지를 결정하기 때문에 자연스럽게 내부적인 협동과 단합을 유도함.

3) 의사결정의 기준, 행동지침의 제공
   - 조직문화는 기업구성원들의 정신적/행동적 방향을 가늠해 주는 공유된 행동규범과 가치체계를 규정하므로, 중요하거나 또는 일상에서 부딪히는 과정에서의 의사결정이 기준이 되는 기능과 함께 구성원 행동의 지침이 되기도 함.

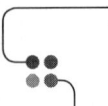

- 명시적인 규정이나 행동지침이 없어도 구성원이 어떻게 의사결정을 해야 할 지, 어떻게 행동을 해야 할 지를 알려주는 기능을 함. 한 마음 한 뜻을 중요시하는 기업문화에서는 구성원들의 단합에 의한 성과창출을 중요시하고, 개인의 개성을 중요시하는 기업문화에서는 독특한 창의력과 아이디어를 조직문화로 흡수하여 성과를 창출함.

4) 집단적 몰입의 증대

조직문화는 구성원들 간 커뮤니케이션 촉진하면서 상호이해의 폭을 넓힘으로써 인간관계의 폭을 넓히고 업무에 집중하게 하는 조직몰입을 증대하는 순기능을 갖고 있음. 조직문화는 가치관, 믿음, 행동의 통일을 가져옴으로써 조직구성원들의 집단에 대한 몰입의 결과를 낳음. 일종의 집단에 의한 학습 효과를 가져옴.

5) 공감대 형성으로 안정성 확립

경영자가 지향하는 가치와 구성원이 지향하는 가치관을 통합하여 공감대 형성하는 기능을 하기 때문에 문화적 동질성을 강화하게 되고, 이러한 조직분위기는 구성원에게 일종의 감정적인 애착을 갖게 하는 효과를 가짐. 대부분 문화적 동일성을 강화하기 위하여 규범과 통제가 증가하게 되며, 반드시 지켜야 할 한계를 넘은 경우에는 제재가 가하여지는데, 이러한 강한 통제는 조직구성원들의 강한 공감대와 안정성을 갖게 해 줌.

2. 역기능

1) 조직유효성 저해

구성원들 간 공유된 가치가 조직유효성과 합치되지 않을 경우, 조직문화는 자산이라기보다는 부채로서 조직목표에 저해될 수 있음. 즉, 매출창출이나 시장적응력 등의 조직유효성의 결과를 산출해내야 함에도 불구하고, 조직문화가 관습과 제도로 고착화되어 구성원의 행동과 가치관을 지배하게 되면 주객이 전도된 듯이 조직의 존재목적이 목표달성이 아닌 조직문화의 유지계승에만 멈춤

2) 합병에 걸림돌

강한 조직문화가 바람직하지 못한 방향을 지향할 경우, 기업발전에 오히려 부정적인 영향을 미침. 일례로 시너지 효과를 위하여 다른 조직과 흡수합병을 하는 사례에서 찾아볼 수 있는데, 서로 상이한 문화를 가진 A기업과 B기업이 합병하여 더 높은 경영성과를 이룩하고자 하였으나, 조직문화 융화의 실패로 결국 다시 분할된 사례를 들 수 있음.

3) 변화에 대한 저항의 원천

구성원들이 지나치게 기존의 문화에만 안주하고 있는 경우, 융통성 없는 조직으로서 혁신 자체를 거부하거나 변화에 대한 저항의 원천으로 작용함.

4) 다양성과 창의성 제약

매우 독특한 창의성과 자유로움의 기질을 가진 신규직원이 들어왔을 때 그가 회사문화와 다른 특성을 갖고 있다면 적응이 어려울 뿐만 아니라, 그가 가진 장점도 가려지게 되는 결과를 초래함. 각기 다른 독특한 개성이 마음껏 발휘되어야 함에도 불구하고 대세인 조직문화에 억눌려 못 움직이는 결과를 초래하고, 그들은 입사 이후에 조직문화에 눌려 숨을 죽이게 되는 것임.

Ⅲ 샤인의 조직문화 구성요소

샤인에 의하면, 조직문화는 세 가지 계층을 형성한다고 하였으며, 각 계층 간 상호작용을 통하여 변화/발전해 나간다고 하였음. 조직문화 인식수준의 구성요소라고도 함.

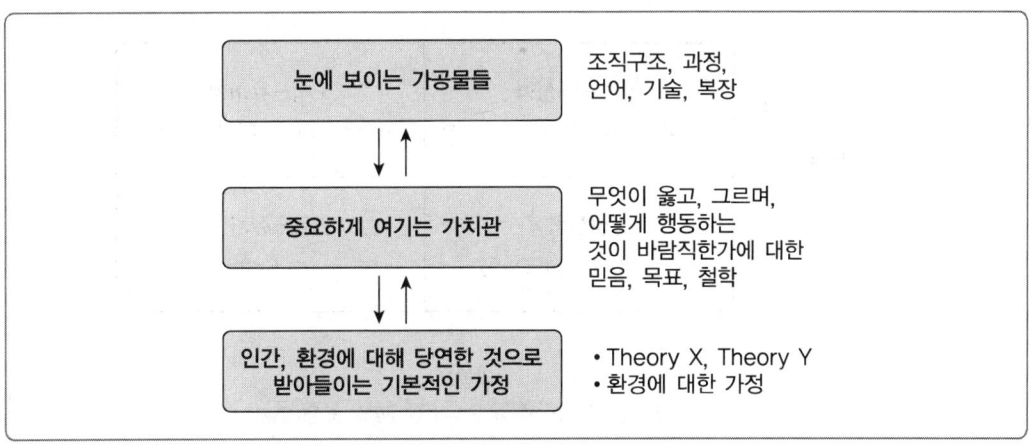

1. 기본적인 믿음(basic assumption)

동일한 문화권에 소속된 사람들이 당연하다고 생각하는 가장 기본적인 믿음으로 잠재적 수준의 선의식적 가치. 구성원들의 태도와 행동에 영향을 미치면서 궁극적으로 조직문화 형성에 가장 근본적인 요소로 작용함.

2. 가치관(value)

기본적인 믿음이 표출되어 인식의 수준으로 나타난 것이며, 물리적인 환경 또는 구성원의 합의에 의하여 옳고 그름을 결정하는 것임. 구성원들이 일반적으로 인식하고 있는 행동의 지침이나 공유된 평가의 기초로서 나타남.

3. 인공적인 창조물(artificial creation)

가치관이 표출되어 인간이 창출한 인공물들이며, 구체적으로 조직에 대한 전체적인 인상과 이미지 등이 나타나는 엠블럼, 사훈, 사가, 창립자의 경영철학, 사복, 건물의 이미지 등이 이에 해당함.

Ⅳ 딜과 케네디의 조직문화 유형

딜과 케네디의 조직문화의 분류 기준으로 환경이 기업경영에 미치는 '위험도'와 기업과 종업원에게 상태가 알려지는 '피드백의 속도'에 따라 분류함.

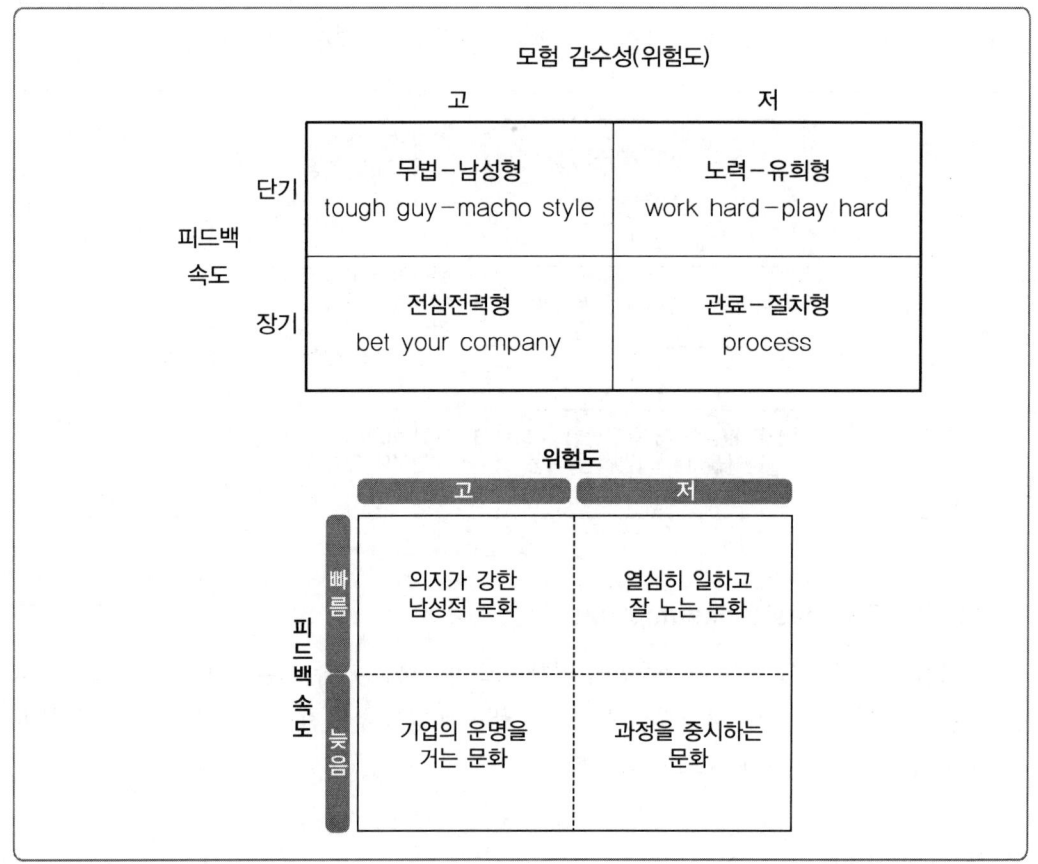

1. 의지가 강한 남성적 문화(무법-남성형)

1) 의의

위험도가 높고, 성과의 피드백을 빨리 요구하는 문화임. 남성형 문화, 모험형 문화, 강력한 지도자형 문화라고도 함. 구체적인 사례에는 건설업, 경영컨설팅, 경찰, 외과의사 등이 있음.

2) 장단점

빠른 기간 내에 질서정연하게 업무를 함. 과감한 행동이 성공하면, 상당한 보상을 받음. 그러나, 과거의 실패에서 교훈을 얻지 못하고, 단기지향성, 활동의 지속적인 가치가 무너짐.

2. 열심히 일하고 잘 노는 문화(노력-유희형)

1) 의의

위험도가 낮고, 성과의 피드백을 빨리 요구하는 문화. 근면과 노력이 성공의 열쇠가 될 확률이 높음. 근면형 문화라고도 불림. 구체적으로 자동차 판매, 부동산업, 대중소비용품의 판매 조직 등이 있음.

2) 장단점

빠른 기간 내에 처리할 수 있다는 장점이 있지만, 문제를 조기에 해결하려는 단기지향성, 질보다는 양을 우선시하므로, 생각과 주의력이 집중되지 못한다는 단점이 있음.

3. 기업의 운명을 거는 문화(전심전력형)

1) 의의

위험도가 높고, 성과의 피드백은 늦은 환경에서 형성되는 문화. 고위험형 문화, 투기형 문화로 불리며, 예를 들어서 유류, 항공, 자본재, 제조업, 광산업 등이 있음.

2) 장단점

높은 수준의 발명을 할 수 있고, 과학적 발전을 이룰 수 있는 반면에, 업무처리가 매우 늦고, 단기적인 경제위기로서 현금흐름의 문제에 직면함.

4. 과정을 중시하는 문화(관료-절차형)

1) 의의

위험도도 낮고, 성과의 피드백도 느린 환경에서의 문화유형. 절차형 문화라고도 함. 은행, 보험회사, 정부기관, 공공산업 등이 있음.

2) 장단점

작업장에 질서와 시스템을 적용시킨다는 장점이 있으나, 지나치게 형식적이고 창의성이 없으며, 장시간 근무에 싫증나는 경우가 많아진다는 단점이 있음.

V 퀸의 조직문화 유형

퀸(Quinn)분류기준에는 환경의 불확실성이 높을수록, 권력과 의사결정은 '분권화/차별화', 확실한 환경일수록, 권력과 의사결정은 '집중화/통합화'가 있고, 전체시스템의 경쟁지향(환경변화에 즉각적인 반응), 사회기술시스템의 유지지향(즉각적인 반응이 불필요)이 있음.

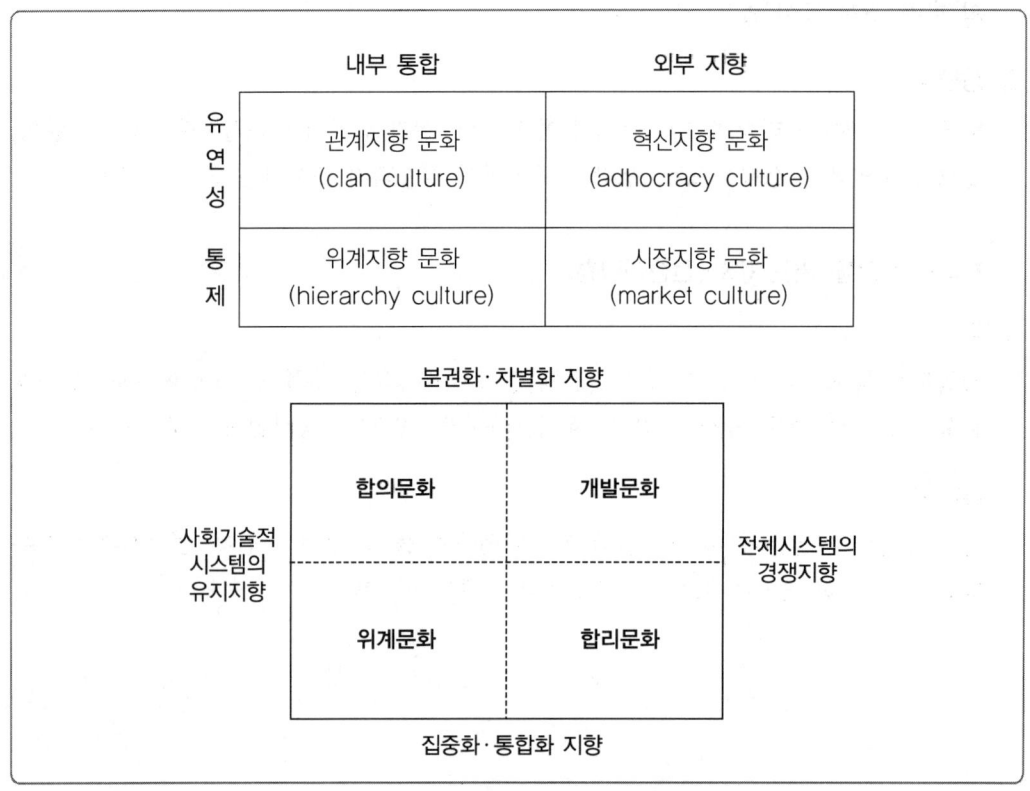

1. 합의문화

- 환경의 불확실성을 높게 지각하고, 즉각적인 반응이 불필요한 경우의 문화임.
- '집단유지'를 목적, 사기와 집단응집성 중요시하면서 구성원의 참여 속에 의사결정을 주로 하고, 리더는 지원적인 리더십 스타일을 고수함.

2. 위계문화

환경의 불확실성을 낮게 지각하고, 즉각적인 반응이 불필요한 경우의 문화이며, '규정집행'을 목적으로 함. 안정과 통제를 중요시하고, 사실에 기초한 의사결정을 주로 하면서 상급자는 보수적이고 신중한 리더십 스타일을 발휘함.

3. 합리문화

- 경영 현실의 확실성을 높게 지각하고, 즉각적으로 반응할 때 나타나는 문화 유형임.
- '생산성과 능률'을 중요시, 상급자의 권위를 인정하고 있는 문화임. 한 가지 목표에 의한 의사결정이 신속하게 이루어지며, 지시적이고 목표지향적인 리더십 스타일을 유지함.

4. 개발문화

- 현실성에 대한 불확실성을 높게 지각하고, 즉각적인 반응이 필요할 때 나타나는 문화유형임.
- '여러 개의 기업목표'가 있고, 외부의 지지와 성장을 중요시함. 의사결정은 직관적으로 이루어지고, 카리스마적 권위에 의한 리더십 스타일이 있음.

Ⅵ 조직문화와 조직성과의 관계

1. 구성원의 태도 및 행동

조직문화는 종업원의 태도와 행동과 높은 연관성이 있는데, 능동적인 건설형 조직문화는 구성원의 잔류의사와 혁신의지, 책임성과 상관관계가 있으며, 수동적인 방어형 조직문화는 이직의사가 높고 가늘고 길게 가려는 성향이 나타났다고 함. 이러한 연구결과로부터 구성원들은 서로 어울리면서 성장과 발전을 위해 서로 능동적으로 격려해 주는 조직을 더욱 선호한다는 사실을 알 수 있음.

2. 직무만족, 조직몰입

직무만족이란 자신의 직무에 대한 호의적인 태도이고, 조직몰입은 정서적 몰입, 지속적 몰입, 규범적 몰입으로 구분하여 이해할 수 있음. 조직에 긍정적이고 건설적인 조직문화가 존재하여 개인의 가치와 조직의 가치가 적합할 때 직무에 대한 호의적인 태도 형성은 물론, 정서적 몰입도 증가하는 효과를 가져올 것임.

3. 재무적 성과

- 조직의 가치와 개인의 가치관에 적합성이 있는 경우라면, 개인은 직무만족의 향상, 조직몰입의 증가, 업무에 대한 모티베이션의 상승, 업무에 대한 집중도 향상으로 개인의 성과는 상승가도를 달리게 될 것은 자명한 결과임.
- 조직문화가 개인의 가치가 적합할 때 나타나는 현상으로 개인은 출퇴근이 즐겁고 동료와 상사와의 업무생활이 즐거울 것은 당연히 기대할 만한 사실이므로, 재무적 성과는 당연히 개선될 것임.

4. 결근율, 이직률

강하고 긍정적인 조직문화가 개인의 성장과 발전의 의지와 잘 맞을 경우, 매일매일 출퇴근 자체가 신바람 나는 일이 될 것이며 개인의 성과에 연계되어 나타날 것임. 따라서, 결근율 이직률도 낮아지는 결과로 종국적으로는 개인의 성장과 발전이 조직의 성장과 발전으로 함께 나아가는 결과를 가져올 것임.

5. 조직에의 적용

이처럼 조직의 성과에 긍정적인 영향을 미치는 조직문화의 사례를 들어보면, 최고경영자의 경영이념과 조직구성원들의 행동양식이 일치된 상태로서 강한 문화가 형성된 경우, 전략과 비전이 조직문화와 일치되어 형성된 경우, 변화하는 경영환경에 유연하게 적응하는 문화가 형성된 경우라는 것을 알 수 있음. 이러한 연구결과는 조직문화가 기업경영에 얼마나 중요한가를 보여주는 것이며, 문화는 처음부터 운명처럼 정해지는 것이 아니라, 구성원들 간의 조화에 의해 형성되는 것이므로 회사와 구성원이 다 같이 바람직한 방향으로 조직문화를 변화시키고 새롭게 창출해야 할 것임.

> **연습 4**
> Kotter & Hestett의 기업문화와 성과와의 관계

1. 강한 문화 모형

1) 의의

강한 문화를 가진 기업은 규범과 가치가 사람과 과업을 연계하여 동기부여하고 통제한다는 특징을 갖고 있다.

2) 강한 문화의 장점

강한 문화는 조직의 핵심 가치가 강하게 그리고 널리 공유되고 있는 문화를 말한다. 강한 문화를 가진 조직은 많은 구성원들이 핵심 가치를 수용하고, 이에 대한 몰입도가 크다는 것이다. 강한 문화를 가진 조직은 행동을 강력하게 통제할 수 있는 분위기를 가지고 구성원들의 행동에 많은 영향을 미치며 높은 의견 일치를 뜻한다.

3) 강한 문화의 단점

조직문화가 너무 강하면 틀에 정확하게 맞추어야 하므로 융통성과 창의성이 결여된다. 비윤리적 행동에도 조직을 보호하려는 공동체 의식이 높다. 대부분 융통성이 없고 조직이 될 위험이 있다.

4) 약한 문화의 단점

약한 문화는 장점이 없다. 조직문화가 약하므로 불필요한 권력 게임, 갈등, 중재 기준도 없어서 조직문화의 장점을 하나도 누리지 못한다.

5) 강한 조직문화의 성과

강한 조직문화는 조직 구성원을 조직의 가치에 몰입하게 만들고, 조직과의 일체감을 형성시키며 또한 구성원들 간 협동 기반을 형성해 주기 때문에 구성원의 내적 에너지를 활성화시켜 성과를 높일 수 있다. 그러므로 강한 조직문화는 조직 전체의 성과를 장기적으로 높인다. 하지만 기업의 내외부 환경이 급변하는 경우 긍정적 관계가 감소한다.

2. 적합한 문화 모형

상황적으로 또는 전략적으로 적합한 문화만이 탁월한 성과를 낼 수 있다고 보는 모형이며, 높은 성과를 창출해 내기 위해서는 환경 또는 상황과 적합성을 가질 수 있는 문화로 바꾸어야 한다.

3. 적응적 문화

1) 의의

환경을 예측하고 변화에 적응하는 것을 지원하는 문화만이 장기간 탁월한 성과를 낼 수 있다는 것이다.

2) 환경 적응적 문화와 환경 부적응적 문화

환경 적응적 조직문화란 고객, 주주, 조직 구성원을 배려하며 변화에 적극적으로 대응하는 반면, 환경 부적응적 조직문화는 위험부담이 따르지 않는 일만 찾아 하고 자신의 부서의 이익을 위해서만 노력한다. 하지만 조직문화가 너무 강할 경우 그 변화가 신속하게 이루어지는데 어려움이 생긴다.

> **연습 5**
>
> 고배경 문화, 저배경 문화

1. 고배경 문화

대한민국의 문화가 가장 대표적이며, 사회적 타이틀이나 사회적 지위를 중시하고, 서로 간의 신뢰의 증표로 두루뭉술한 표현을 자주 사용하는 문화이다. 언어적 명확한 표현보다는 비언어적인 커뮤니케이션에 의한 문화적 결집을 중요하게 여긴다.

2. 저배경 문화

미국, 독일이 대표적이며, 명확한 말이나 서면으로 쓰여진 글에 의한 정보를 중요하게 여기는 문화이다. 구체적인 표현에 의한 적용을 중시하여 언어적 커뮤니케이션에 의한 상황해결을 하는 경향이 있다.

> 경영조직론 답안작성연습

연습 6
조직변화를 위한 하나의 기법으로서 해빙, 변화, 재동결에 대해 설명하시오.   2009년 제18회 기출

I 조직변화의 의의

- '조직변화'란 적응적(unplanned) 또는 인위적(planned)으로 조직의 구조와 기술, 사람 등이 변화하는 것임. 구조적 측면의 변화는 직무재배치, 업무규칙/책임/절차/직무기술의 재배치 등의 변화를 말하고, 기술적 측면의 변화는 직무기술변화, 근무환경 지원기술 변화를 의미함. 사람 측면의 변화는 해빙, 변화, 재동결의 과정을 거쳐 변화하는데, 이하에서는 조직변화 중 사람 측면에서의 변화과정에 대하여 자세하게 살펴보고자 함.
- 조직변화에는 점진적인 변화와 급진적인 변화로서 구분되어 이해할 수 있는데, 점진적인 변화는 조직의 전략이나 구조 등 근본적인 체계는 그대로 유지하면서 환경 변화에 적응해 가면서 비교적 장기적으로 조금씩 변화하는 것이고, 급진적인 변화는 조직의 구조와 전략 등을 뜯어고치면서 폭넓고 빠르게 변화를 시도하는 방식이며, 이 변화가 이루어지는 과정에서 해빙, 변화, 재동결이 수반되어 나타남.

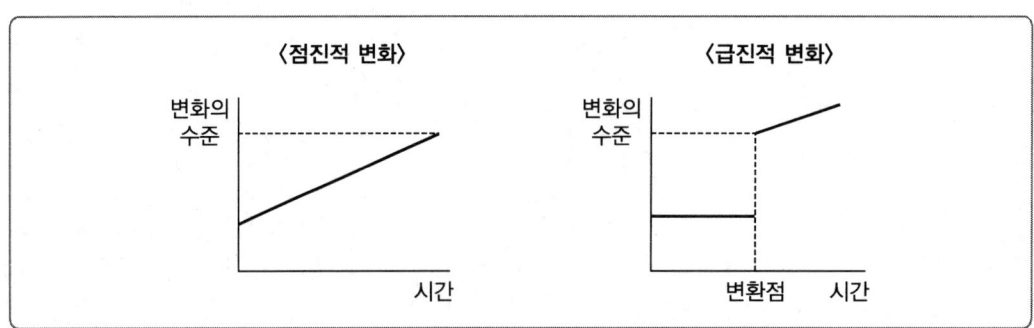

II 해빙

1. 의의

변화의 첫 단계인 해빙은 개인의 몸에 배어있는 풍습, 습관, 전통을 녹여내리고, 새로운 행동양식을 받아들이기 위해 준비하는 과정이며, 조직의 낡은 관습, 전통, 습관 등 과거의 방식을 깨뜨림으로써 새로운 대체안을 받아들일 태세를 갖추는 단계임. Lewin의 장의 이론 관점에서 보면, 해빙은 추진력이 강하거나 저항세력이 낮은 경우에 잘 일어난다

고 함. 일례로 새로운 업무자동화 기계 시스템을 도입하는 경우, 과거 호봉제에서 연봉제로 보상관리정책을 변화시키고자 하는 경우 등을 들 수 있음.

2. 조직이 해빙단계에서 사용할 수 있는 방법

1) 개요

조직이 해빙단계에서 변화를 잘 수용하기 위한 방법은 변화압력을 증가시키거나, 구성원이 도저히 저항할 수 없을 정도로 막강한 변화 압력이 기존 조직에 존재하거나, 도저히 저항할 수 없는 변화압력이 외부로부터 가해지는 경우에 해빙단계를 원만하게 잘 수행하게 될 것임.

2) 저항요인 감소 방법

조직구성원의 진정한 욕구와 일치시킬 수 있다는 확신을 심어주거나, 교육과 의사소통으로 변화의 당위성을 인정하게 하거나, 구성원의 참여에 의한 변화 의사결정을 하거나, 각종 인센티브 적용으로 합당한 보상을 하거나, 최후의 수단으로 강압과 강제(해고, 감봉, 형사고발, 승진기회박탈 등)하는 방법으로 할 수 있음.

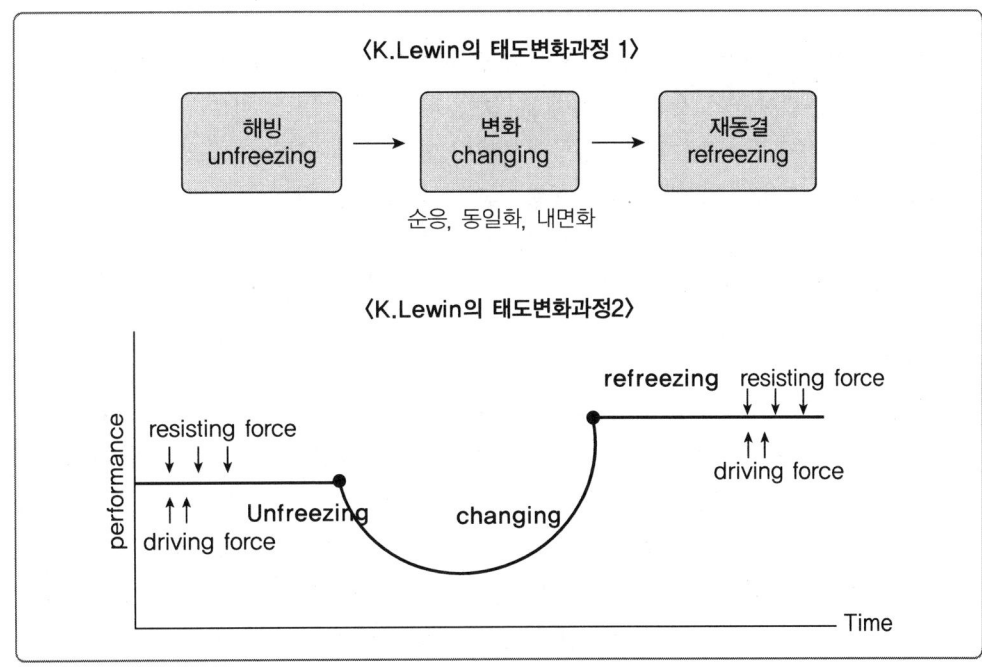

Ⅲ 변화

1. 의의

변화에는 켈만(Kelman)의 분류에 따라 순종, 동일화, 내면화가 있으며, 새로운 기계, 새로운 제도 등 새로운 행동패턴을 받아들이는 단계임. 둘 이상의 변화를 적합하게 결합시켜서 효과적인 변화를 추구함.

2. 켈만의 분류

1) 순응

한 개인이 자신의 생각과 반대되는 의견이나 판단을 하라는 압박을 받고, 그들의 호의적인 반응을 얻기 위해, 또는 불리한 반응을 회피하기 위하여, 그들의 영향력을 수용하는 것임. 이 경우 변화가 생기는 것 같으나 각 기능별 부문의 팀장이 이를 수행하지 않거나, 영향력을 행사하던 집단이 그 압력을 풀게 되면 그 개인은 곧 자신의 원래 생각으로 회귀하게 되므로, 일반적으로 순응을 변화의 기제라고 보지 않고, 해빙의 과정으로 보기도 함.

2) 동일화

한 개인이 다른 사람이나 집단과 관계를 맺는 것이 자신의 일부를 형성한다는 이유로 그들의 태도를 받아들여 자신의 일부를 형성할 때 발생함. 특히, 개인의 태도 변화과정에서는 자신과 가장 가까운 가족집단의 영향력이 있을 때 동일화는 더 크게 나타남. 조직 차원에서 바라볼 때 어떠한 집단의 영향이든 그 관계가 보상적이고 만족스러운 경우에 한해서만 유지될 수 있음. 즉, 조직이 변화를 시도하면서 준거인물의 변화, 팀장의 변화가 선행된 이후에 동일화는 잘 일어난다는 것을 알 수 있음..

3) 내면화

- 새로 갖게 된 태도와 그에 기초한 행동 자체가 만족스럽고 자신의 가치체계에 부합될 때, 즉, 타인의 주장이 자신의 보상체계에 부합되거나 합당한 것으로 받아들여질 때 나타남. 이렇게 일어난 조직변화는 동일화의 경우보다 훨씬 심층적인 것이 될 수 있음.
- 일반적으로 순응의 경우가 가장 바람직한 행위를 유도하는 신속한 방법이긴 하지만, 항상 감독이 따라야 하며 보상이나 벌이 주어져야 함. 반면에, 내면화는 가장 어려운 방법이기는 하나 일단 확립만 된다면 가장 효과적인 방법이기도 함.

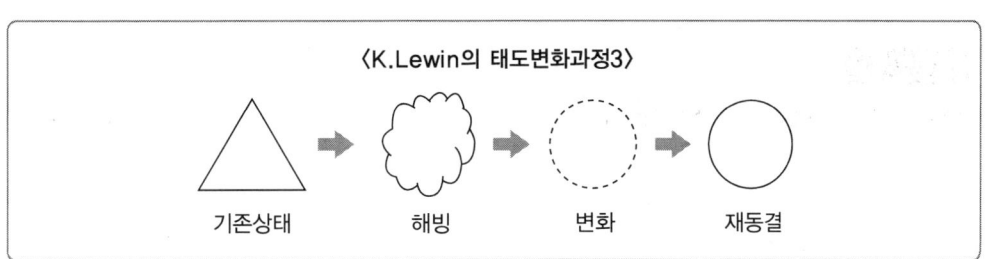

Ⅳ 재동결

1. 의의

새로운 행동이 학습에 의해 내재화되어 개인의 퍼스낼리티나 조직체에 적합하게 정착되는 단계임. 다시 말하면, 새로 획득된 조직변화의 행동, 지식, 시스템 등이 개인의 성격이나 계속적인 중요한 정서적 관계로 통합되고 고착화되는 과정을 말함. 샤인(Schein)에 의하면 새로운 행위가 학습되면서 내면화된다면 이러한 경우 자동적으로 재동결을 촉진시키지만, 동일화를 통해 변화가 일어난 경우에는 새로운 준거인물이 될 만한 사람이 발견되지 않거나 혹은 사회적인 지지나 강화를 얻지 못하면 원래 영향을 주던 변화목표의 범위 내에서만 재동결이 지속될 것이라 설명하였음. 따라서, 재동결 과정에서 중요한 것은 새로운 행동, 태도, 시스템, 기술, 제도적인 부분들이 소멸되지 않도록 효과적으로 강화시켜 줄 수 있는 환경을 마련하여야 할 것임.

2. 유의점

재동결을 위해서는, 변화과정 중에 있는 개인이 계속 변화할 수 있도록 강화시켜 줄 수 있는 환경이 마련되어야 함. 즉, 변화했다가도 다시 원위치로 돌아가려는 속성이 있으므로 계속 지원과 강화활동이 필요함.

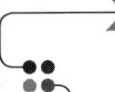
경영조직론 답안작성연습

> **연습 7**
> 조직개발의 목적과 기법에 대하여 논하라.   1998년 제7회 기출

I 조직개발의 의의

1. 의의

조직개발은, 행동과학의 지식과 기법을 사용하여 조직의 문제해결능력과 혁신성을 고취시키려는 계획적이고 장기적인 노력임. 조직개발은 시스템적 속성을 갖고 있으며, 한 부서의 변화가 다른 부서에도 영향을 제공하면서 바람직한 조직전체의 변화를 촉진할 수 있으므로, 관리자 입장에서는 매우 중요함.

2. 조직개발의 기능

조직개발은 인간의 잠재된 능력 개발하면서 내적충실화에 의한 조직변혁을 추구하여 조직변화의 전략적 실행을 유용하게 하도록 도와주는 역할을 함. 조직개발기법이 잘 수행되어 이행된다면 구성원의 태도 변화, 업무기술변화, 인간관계 변화를 수반하여 조직유효성을 제고시킬 수 있는 기능을 수행함.

II 조직개발의 특성

1. 인간중심의 변화 지향

조직개발은 일차적으로 사람의 변화를 통한 조직변화를 지향함. 조직개발은 인본주의적 가치를 지향하는 Y이론적 가정에 바탕을 둔 것임.

2. 조직개발 전문가의 참가

변화의 촉매역할을 담당하는 조직개발 전문가를 '변화담당자' 또는 '가치창조자'라고도 함.

3. 행동연구전략

조직개발은 조직유효성과 직무만족 향상을 위한 행동과학의 지식과 기법을 응용하는 행동연구 전략임.

Ⅲ 조직개발 실시 기법

1. 감수성 훈련

상사가 없는 집단훈련을 통해, 자신의 태도와 행동, 타인의 태도와 행동, 자신과 타인의 관계에 대한 이해를 증대시키는데 목적을 둔 인간관계 훈련임.

2. 팀 구축법

팀 구성원간의 신뢰와 개방성을 증가시키기 위한 고도의 상호작용을 증진시키고자 하는 기법임. 먼저 팀 목표와 우선순위를 정한 다음, 팀 목표에 대한 상이한 의견들을 제시, 토론하고, 각자의 역할을 정하여 과업을 수행하면서 목표달성 정도에 스스로 반성하고, 평가하는 과정으로 이루어짐.

3. 조사연구피드백

조직전체의 문제에 있어서 구성원들의 설문조사결과를 중심으로 이를 피드백으로 활용하여 집단과 조직의 문제를 해결하도록 하는 기법

4. 과정자문법

조직의 문제에 부딪힌 상황에서, 그 문제를 해결해야 한다고 느끼지만, 무엇이 잘못되어 있는지 모를 때, 외부의 경영상담 전문가를 영입하여 문제를 진단하도록 하는 기법임.

5. 매니지리얼 그리드 훈련

이상적인 리더로 제시되었던 (9.9)형 리더, 즉, 과업과 인간관계 모두에 높은 관심을 보이는 관리자가 되도록 고무시키는 기법임.

[개인/집단/조직 차원의 조직개발기법]

개인차원	감수성 훈련, 역할분석기법
집단차원	팀 구축법, 매니지리얼 그리드
조직차원	조사연구피드백, 근로생활의 질 프로그램

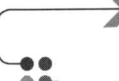

경영조직론 답안작성연습

> **연습 8**
>
> 의사결정은 문제를 해결하기 위한 수단 내지는 방법을 찾아가는 과정이라 할 수 있으며, 학자들은 각자의 관점에 따라 다양한 의사결정모형들을 수립하였다. 다음 물음에 답하시오.
> 1) 의사결정모형 중 합리적 의사결정모형, 점진적 모형, 쓰레기통모형이 개념과 각 모형에서의 의사결정과정을 설명하시오. (30점)
> 2) 위의 3가지 의사결정모형을 기업의 신입사원 선발에 관한 의사결정상황에 적용해 보세요. (20점)

문제 1)

I 조직의사결정의 의의

- 〈의사결정〉이란 특정한 문제해결을 위하여 여러 사람들이 공동으로 해결방안을 모색하는 과정인데, 특히 〈조직 차원의 의사결정〉은 개인이나 소집단 차원의 의사결정과는 다른 특징을 보이기 때문에 이에 대한 이해가 필요하다. 조직 차원의 의사결정이 갖는 중요성은 결정의 효과 차원에서 설명이 가능하며, 즉, 결정에 대한 효과가 조직 전체에 영향을 미칠 수 있는 것이 조직 차원의 의사결정이다. 아래 그림은 Daft의 조직 차원의 의사결정모형을 설명한 것으로 이하 자세하게 서술하여 보고자 한다.

[문제인식에 대한 합의]

		문제인식에 대한 합의	
		강함	약함
해결방안에 대한 합의	강함	〈경영과학모형〉 합리적/계산적 접근	〈카네기모형〉 교섭집단/연합집단 형성
	약함	〈점진적 과정 모형〉 시행착오를 거친 경험적 판단	〈쓰레기통 모형〉 영감, 모방

- 조직차원의 의사결정에서 〈점진적 의사결정 모형〉은 문제에 대한 인식은 관련자들이 일치하지만, 해결방안을 알지 못한 경우에 활용하는 모형이며, 자신의 경험과 직관에 의존한 작은 선택의 연속을 진행하다가 잘 못될 경우 다시 최초의 진단부터 하게 되는 모형이다.

- 쓰레기통 모형은 문제인식도 어렵고, 해결방안도 불확실한 경우에 쓰레기통 모형에 의한 해결을 보기도 하는데, 관리자의 직관과 경험, 영감과 모방, 통찰력 같은 것으로 오랫동안 심사숙고하면서 무의식에서 형성된 깊은 이해과 노하우에서 최종적인 해결안을 결정하는 사례이다.
- 문제의 사안에서는 Daft의 조직차원의 의사결정 이외에 합리적 의사결정모형에 대한 설명을 요하고 있고, 이후 각 의사결정모형에 의한 신입사원 선발에 적용을 해야 하므로, 우선 합리적 의사결정모형에 대하여 설명해 본다면 다음과 같다.

Ⅱ 합리적 의사결정 모형(= 규범적 모델)

1. 의의

- 의사결정자가 완전한 합리성에 기초하여 완전한 정보 속에서 최적의 대안의 의사결정을 한다고 간주하는 모형이며, 이는 최소의 비용으로 최대의 효과를 얻으려는 경제성 모델에 근거하고 있다. 가능한 대안들을 모두 발견하고 평가하여 경제적으로 최적의 대안을 선택한다는 이론이다.
- 구체적으로 기업의 구매담당자가 원자재 공급업체를 선정하는 과정에서 합리적 의사결정모형에 의한 최적의 선택을 하려고 하고, 소비자로서 가정주부가 물건을 가장 싸면서 알찬 제품을 고르고자 할 때 합리적인 의사결정을 하려는 사례에서 확인할 수 있다.

2. 가정

① **합리적 경제인** : 모든 의사결정자들은 합리적 경제인이며, 즉, 의사결정자는 항상 경제적 이익이나 경제적 효용가치를 극대화할 수 있도록 행동한다. 여기에서 경제인은 사람을 말하는 것이 아니고, 이윤극대화나 비용최소화의 목적을 달성하기 위해서 합리적인 의사결정을 하는 사람이다.

② **완전한 정보와 완벽한 대안** : 합리적인 의사결정은 완전한 정보와 완벽한 대안 하에 이루어진다. 이는 의사결정에 필요한 모든 정보가 존재할 뿐만 아니라, 의사결정자는 이러한 완전한 정보에 접근할 수 있고, 모든 대체안들을 고려할 수 있다는 것이다.

③ **일관성 있는 선호체계** : 의사결정자는 일관적인 선호체계를 지니고 있으며, 따라서, 대체안의 선택은 항상 일관성을 유지하게 되는 것이다.

④ **복잡한 계량화와 계산 가능**
- 합리적 의사결정모형에서는 대체안의 분석 평가에 관한 확률이나 기대되는 결과에 대한 가중치의 설정 등과 같은 복잡한 계량화와 실제 계산이 가능하다고 보고 있다.

- 따라서, 합리적 의사결정모형에서 상황조건은 완전한 지식과 정보의 입수, 최적화된 기준에 의해서 대체안을 평가하려고 할 때 나타나는 의사결정임을 알 수 있다.

3. 장단점

1) 장점

합리적 의사결정 모형에서 의사결정자들은 대안을 찾기 전에 최적의 기준을 설정하도록 하여 기준을 정한 이후 최종적인 해결안을 찾는다는 점과 모든 대안에 대한 탐색 후에 수익을 극대화하는 최적 선택을 하고자 한다는 점에서 유익하다.

2) 단점

정보가 지나치게 과다하여 정해진 시간 내에 분석을 하기 어려운 상황에 직면에 있거나, 가능한 모든 대안을 알아야 한다는 점이 부담으로 작용한다. 취합된 지식과 정보에 편견이 없어야 하고, 이들을 모두 당연히 이해하고 있음을 전제한 상황에서 최적의 선택을 해야 한다는 부담이 있다.

4. 한계점

- 인간의 행동은 항상 완벽할 수 없고, 그렇게 합리적일 수도 없으며, 모든 정보를 한 번에 고려한다는 것은 현실적으로 불가능하다.
- 수집한 지식과 정보를 모두 해석하는 인지적 능력에 한계가 있고, 대체안을 실행하는 과정에서 부딪히는 갈등 등을 배제하고 있다. 즉, 매번 항상 합리적 의사결정모형에 의한 적용을 하기에는 개인의 인지적, 심리적, 동기적, 시간적, 금전적 한계가 있다는 점을 고려해야 하는데, 이러한 측면을 보완한 것이 바로 제한된 합리성이다.

Ⅲ 점진적 의사결정모형

1. 의의

Mintzberg는 '많은 조직들의 의사결정은 한 번에 큰 결정을 하기 보다는, 작은 선택의 연속으로 이루어진다.'고 하였다. 문제가 무엇인지 빠르게 인지할 수 있지만, 해결에 있어서는 점진적으로 거쳐야 하고, 각 단계에서도 다시 처음부터 거꾸로 생각해야 하는 '<u>가역성</u>'이 있어야 하고, 각 의사결정과정에서 '<u>통제성</u>'이 있어야 함을 강조한 것이다.

2. 의사결정과정

1) 확인단계(인지와 진단)

관리자가 문제의 필요성을 인식하고 의사결정의 필요한 정보를 수집하여 진단하는 단계이다.

2) 개발단계(탐색과 설계)

정의된 문제를 해결하기 위하여, 해결책의 형태를 갖추는 단계이며, 대안을 탐색하여 해결책을 설계하는 단계이며, 탐색은 과거 해결책 중에서 대안을 찾는 것이고, 설계는 체계적인 기초를 갖고 해결의 형태를 구축하는 것이다.

3) 선택단계(판단, 분석, 협상)

해결책이 선택되는 단계로 여러 가지 대안의 비교나 해결책 평가를 통한 선택단계라고 할 수 있다. 여기서 판단, 분석, 협상이 발생되며, 최고경영자의 경험에 의한 판단과 체계적이고 과학적인 분석, 최고경영자와 관리자들의 이해가 다르므로 협상을 하면서 최종적인 선택을 하게 되는 것이다.

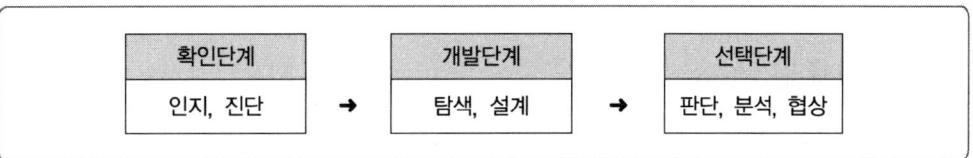

3. 의사결정과정에서 동태적인 요인들

점증적 의사결정과정에서 각 단계 과정이 확인단계-개발단계-선택단계의 순서로 순차적으로 일어나지는 않는다. 왜냐하면, 각 과정에서 발생되는 상황적인 문제들 때문에 문제가 발생될 경우 다시 이전단계로 돌아가거나 최초 단계부터 다시 시작할 수 있기 때문이다. 이것을, 점증적 의사결정모형의 〈가역성, 동태성〉이라 부른다.

4. 점증적 모형과 카네기 모형의 결합

문제인식이 불확실할 때에는, 카네기모형에 의한 접근으로 관리자들의 연합에 의하여 문제의 우선순위를 정하고, 갈등이 있는 경우 합의도출을 시도하고, 문제해결이 불확실할 때에는, 점증적 모형에 의한 접근으로 시행착오과정을 통해, 작은 목표달성의 연속으로 종국적인 문제해결을 시도함. 여기서, 의사결정의 각 단계에서 해결이 막히면 처음부터 다시 시도하는 시행착오의 반복을 통하여 최종적인 해결대안을 도출해야 할 것이다.

Ⅳ 쓰레기통 모형

1. 의의

극도의 불확실성에 처한 조직의 의사결정을 설명하기 위하여, M.Cohen, J.March, J.Olsen에 의해 주장된(1971) 이론이며, 그들은 합리적 의사결정모형이나 Simon의 바늘이론을 비판하면서 조직의 의사결정을 그보다 더 비합리적으로 이루어진다고 보았다. 즉, 합리성을 극도로 제약한 전제된 상황에서 의사결정의 네 가지 요소가 우연히 결합하여 의사결정이 이루어진다고 하였다. 쓰레기통 모형에 대한 연구는 대학교의 총장의 의사결정 사례 약 150여개의 연구결과를 작성한 논문 토대로 정립되었으며, 일례로 각 행정부처의 의사결정, 상하관계가 분명치 않은 대학조직의 의사결정 등이 있다.

2. 발생되는 상황: 조직화된 무정부상태

조직의 불확실한 상황이 높을 때 이를 조직화된 무정부 상태라고 부른다. 조직화된 무정부 상태는 공식적인 위계구조나 관료적인 의사결정 규칙에 의존하지 않으며, 유기적인 조직구조의 체계 속에서 극단적인 무질서가 보편화된 상황을 말한다.

3. 세 가지 전제조건(원인, 특성)

① **선호의 불확실성** : 개인 자신이 어떤 목적으로 정책결정에 참여하는지 모르고 있는 경우가 많음. 또한, 대안의 선호도가 모두 달라서 우선순위가 정해지지 않은 대안만 널려있는 상황이다.

② **불명확한 기술** : 의사결정 참가자가 목표를 정확히 안다 해도, 이를 실행한 구체적인 수단이나 방법, 기술을 모르는 상황에서 쓰레기통 모형에 의한 의사결정을 하게 될 확률이 높다.

③ **일시적 참여자** : 시간이 변함에 따라 어떤 경우에는 의사결정에 참여했다가 또 어떤 경우에는 참여하지 않음. 자기 스스로 무슨 대안이 좋은지도 모르고, 어떤 대안을 선택해야만 유리한 지도 모르면서 회의에 참석했다가 빠지기도 하는 것이다.

4. 네 가지 구성 요소

쓰레기통 모형의 특징은 의사결정과정이 문제인식에서 해결까지 연속적이지 않다는 것이다. 즉, 다음의 네 가지 요소들이 의사결정기회를 만날 때까지 독자적으로 흘러가면서(stream) 존재한다.

① **문제(problem)** : 조직에는 문제들이 항상 쌓여있으며, 전혀 불가능한 문제도 관리자에 의해 제시되기도 한다.

② **잠재적 해결책(potential solution)** : 특정 문제 해결에 초점을 둔 대안은 아니지만, 조직에 필요한 해결책이 수도 있다. 즉, 조직 내에는 무수한 해결대안들이 존재한다.
  예 조직의 학습조직 운영정책은 당장은 필요하지 않지만, 향후 필요한 해결책이 될 수도 있다.

③ **결정자들(participants)** : 조직의 의사결정자들은 항상 그 자리에 있는 것이 아니라, 무언가를 결정하는 태세로 임시적으로 존재한다는 것이다.

④ **선택기회(choice opportunities)** : 문제는 의사결정기회를 만날 때까지 독자적으로 흘러감. 그리고, 불꽃이 점화하듯이 문제가 해결책을 만나 의사결정이 이루어진다.

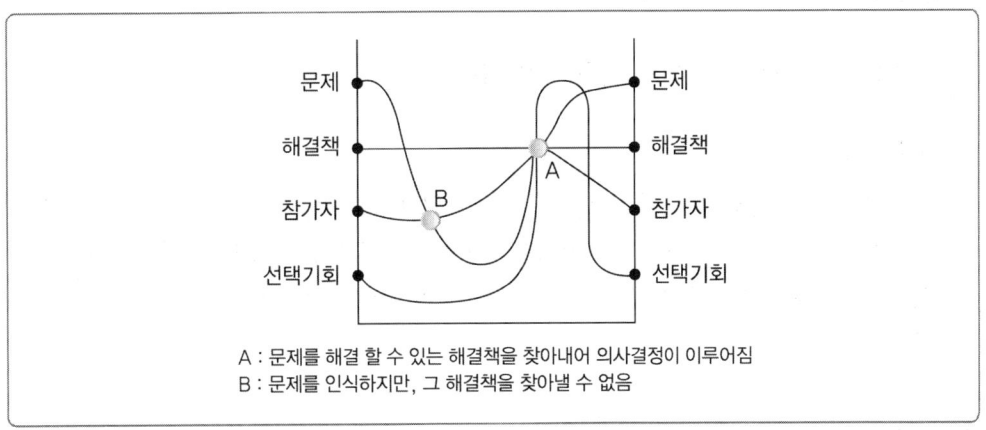

A : 문제를 해결 할 수 있는 해결책을 찾아내어 의사결정이 이루어짐
B : 문제를 인식하지만, 그 해결책을 찾아낼 수 없음

5. 경영조직에의 시사점

- 조직의 많은 의사결정은 사실 규범적이고 합리적인 의사결정보다는 〈운〉이나 〈우연한 기회〉에 의하여 이루어지는 경우가 많음을 알 수 있다.
- 주어진 상황에서 집단이 내릴 의사결정은 어떠한 해결책도 괜찮기 때문에, 의사결정참가자들은 〈정치적/사회적인 동기〉를 갖고 참여할 수 있음을 알 수 있다.
- 문제마다 해결책을 찾는다는 것이 어렵기 때문에, 조직에 문제가 많으면 대안책 선택이 쉽지 않음을 알 수 있다. 따라서, 각 직면한 상황에 있어서 중요성이 있는 우선적인 문제에 대한 대안을 먼저 찾는 경우가 많음을 시사하고 있다.

6. 이론의 공헌점

- 기존 이론들은 무정부 상태를 단지 병리학적으로 바라보았지만, 쓰레기통 모형은 긍정적인 측면에서 무정부 상태를 바라보고 하나의 학문으로서 의사결정모형으로 체계적 분석을 시도한 것이다.
- 현실의 결정 문제를 좀 더 적실성 있게 대안책을 추구하고 분석하게 된다는 장점을 갖고 있다.

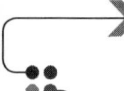
경영조직론 답안작성연습

7. 이론의 한계점

- 조직의 혼란 상태는 조직의 일부에서 일시적으로 나타나는 특수한 경우이므로, 이 이론을 모든 상황에서 적용하여 일반화시키기에는 설명의 한계가 있다.
- 조직의 모든 정책결정을 우연이나 운으로만 받아들이기에는 결정자의 의지를 충분히 설명하지 못하였다는 비판을 받았다.

문제 2)

Ⅰ 합리적 의사결정모형에 의한 선발과정

1. 계획단계

인력의 수요와 공급을 분석한 결과, 가용인력보다 필요인력이 더 많게 되면 인력선발이 필요하게 되고, 여기서 노동수요의 양적 측면과 질적 측면 모두를 고려해야 한다. 합리적 의사결정모형에 따르면 인력선발은 그 필요성이 이러한 논리적인 필요성에서부터 출발해야 한다.

2. 실행단계

필요한 인력을 확보하는 원천에는 내부노동시장과 외부노동시장이 있으며, 전자의 방법에는 대표적으로 사내공모제도가 있고, 후자의 방식에는 광고나 추천제도가 있다. 이러한 모집의 원천에 의한 방법으로 이력서 검토, 시험, 면접, 평가센터법 등의 다양한 선발도구를 활용할 수 있고, 최종적으로 선발 및 채용 결정을 할 때에는 종합적 평가법과 단계적 제거법을 사용할 수 있다. 이 과정에서 선발의 예측치와 준거치에 적합한 최종 합격자를 걸러내어 가능한한 선발오류를 최소화할 수 있도록 면밀히 검토해야 할 것이다.

Ⅱ 점진적 의사결정모형에 의한 선발과정

1. 확인단계

〈문제인식〉과 〈진단〉을 주내용으로 하는 확인단계에서는 선발과정에서 2종 오류 발생에 대한 문제인식과 이를 확인하는 진단과정으로 성과미달의 매출액이나 영업이익 등의 경영관련 정보를 수집하고 분석해야 할 것이다.

2. 개발단계

확인단계에서 검증된 문제를 해결하기 위하여 개발단계에서는 주어진 문제해결에 가장 도움이 되는 선발방법을 찾는 〈탐색과 선별과정〉이 있어야 하고, 기업의 조직문화와 경험적 가치관에 맞는 선발과정으로 〈고안〉하여야 할 것이다.

3. 선택단계

선발후보자 중 최종 합격자를 선택하는 단계이며, 회귀분석과 프로파일 〈분석〉에 의한 최종 선발인력을 결정하여 〈판단〉하고, 의사결정자들의 〈협상(교섭)〉에 의하여 최종 선택과 인력의 할당 등을 선택해야 한다.

Ⅲ. 쓰레기통 모형에 의한 선발과정

쓰레기통 모형에 의한 의사결정의 핵심은 선발 및 채용에 있어서 체계적으로 논리적으로 보일 뿐, 현실은 무질서하게 흩어져 있다가 우연히 결합되는 순간 채용여부가 결정된다고 보는 것이다.

1. 문제들

성과의 저하/급상승, 고객만족도의 하락/급증, 기존 인력들의 매너리즘, 경쟁사로의 급격한 인력 유출, 기술 변화 등의 상황변수들은 선발을 유발하게 하는 요인이 된다.

2. 해결책

조직이 선택할 수 있는 인적자원은 외부노동시장, 내부노동시장 어느 것이든 사용할 수 있으며, 타 기업체의 경력직 사원, 종업원 추천제도, 신규 공채 후보자 등 해결책으로 찾을 수 있는 것은 얼마든지 다양하다.

3. 참가자들

최고경영자, 팀장들, 인사담당부서에서 채용 의사결정을 하게 되며, 채용시즌이 되어 채용공고를 내거나, 인력이 필요하여 수시 채용공고를 내는 경우도 있다.

4. 선택기회

선발의 기회는 최고경영자의 우연한 채용 지시가 있거나, 채용예산이 추가 할당되거나, 정부정책의 변화에 의한 채용 압박이 있는 경우와 같이 어떠한 계기로 인하여 우연히 선발이 이루어질 수도 있다.

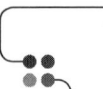

경영조직론 답안작성연습

연습 9

조직변화의 저항 이유를 개인, 집단, 조직 수준으로 나누어 설명하고, 변화 저항의 극복방법에 대하여 서술하시오. (25점)

I 조직변화의 의의

- '조직변화'란 적응적(unplanned) 또는 인위적(planned)으로 조직의 구조와 기술, 사람 등이 변화하는 것이며, 여기서 구조적 측면의 변화는 직무재배치, 업무규칙/책임/절차/직무기술의 재배치 등의 변화를 말하고, 기술적 측면의 변화는 직무기술변화, 근무환경 지원기술 변화를 의미한다. 또한, 사람 측면의 변화는 해빙, 변화, 재동결의 과정을 거쳐 변화한다.
- 조직변화에는 점진적인 변화와 급진적인 변화로서 구분되어 이해할 수 있는데, 점진적인 변화는 조직의 전략이나 구조 등 근본적인 체계는 그대로 유지하면서 환경 변화에 적응해 가면서 비교적 장기적으로 조금씩 변화하는 것이고, 급진적인 변화는 조직의 구조와 전략 등을 뜯어고치면서 폭넓고 빠르게 변화를 시도하는 방식으로 조직변화에 저항하는 사태는 이러한 급진적 변화를 추구할 때 발생한다. 이하에서는 조직변화에 저항하는 이유를 개인, 집단, 조직 수준으로 나누어 들어보고, 그에 대한 극복방안을 제시하고자 한다.

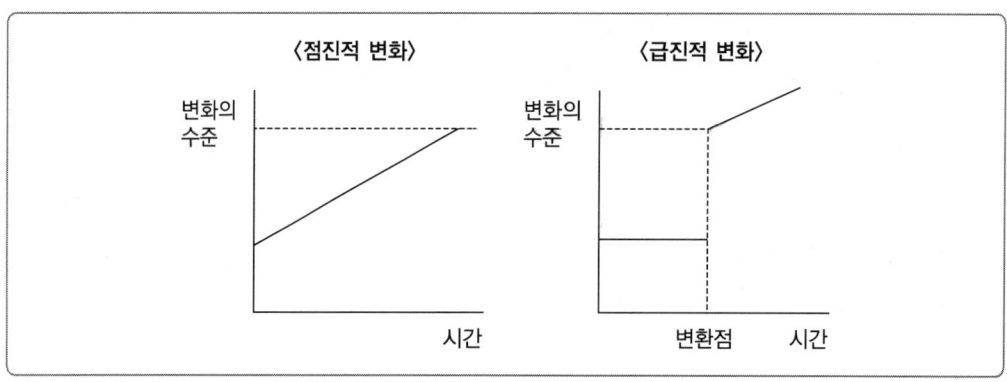

II 조직변화의 저항 이유

1. 개인차원의 저항요인

① **경제적 불안정** : 조직변화에는 인력수급의 양과 질적 변화, 부서의 이동, 전근, 전출, 해고, 구조조정 등의 변화가 수반되므로, 실업위협과 임금하락의 문제가 남을 수 있어서 개인 차원의 저항요인이 되기도 하는데, 일반적으로 사람은 본능적으로 안정의 욕

구가 강하기 때문에 매일 같은 일을 반복하는 것과 같은 안정을 원하게 된다. 이러한 상황에서 부서의 이동, 전근, 전출 등에 직면할 경우 미래에 대한 불안감으로 저항을 하게 되는 것이다.

② **불확실성에 대한 두려움** : 앞으로 해야 할 새로운 직무를 잘 하게 될까, 잘 못하면 해고당하는 것은 아닐까 하는 두려움, 즉, 친숙한 패턴이 사라지고 익숙하지 못한 상황을 염려하여 변화 자체를 아예 꺼리게 되기도 한다.

③ **사회적 관계의 위협** : 기존에 기득권을 갖고 있던 사람들은 안정된 직장에서 정년을 맞이하기를 바라기 때문에 더욱 변화를 꺼리게 되는 경향이 강하다. 변화가 있게 되면 권력의 원천, 자율행동범위 등이 예측불허가 되며 자기가 통제할 수 있는 자유재량의 범위가 전부 없어지게 되기 때문이다.

④ **새로운 지식/기술 학습의 부담** : 기존의 연장자는 새로운 지식/기술의 습득이 추가적인 노력 없이는 익숙해지기 어렵다는 사실 때문에 자신의 존재가치가 약화되는 것에 대한 부담을 느끼게 되기도 한다.

⑤ **변화 필요성 인식 결여** : 개인이 변화의 필요성이나 변화 후의 이점에 대해 정보가 부족한 경우, 저항세력으로 남게 됨.

2. 집단차원의 저항요인

① **지나친 집단응집력** : 집단응집력이란 집단구성원들이 집단목표와 행동규범에 순응하는 강도를 말하며, 환경변화를 인식하지 못한 집단의 경우로서 집단응집력이 환경변화와 대립각이 있을 때, 조직변화에 대한 저항세력으로 나타나게 된다.

② **집단사고** : 집단사고는 집단의사결정에서의 집단착각현상이며, 집단사고에 빠지게 되면, 조직구성원들은 새로운 정보나 변화에 민감하게 반응하지 못해 상황적응능력이 떨어지게 된다. 개인들은 만장일치를 할 수 없다는 것을 잘 알고 있으면서도 집단에 부정적인 정보를 없애면서까지 동조하려는 경향이 있다. 집단사고로 경직된 경우 일방적인 변화를 시도하는 것 보다는 차근차근 설득부터 이루어져야 할 것이다.

③ **집단규범** : 집단의 규범과 규칙 등에 얽매여, 환경변화에 의한 조직변화의 필요성을 간과하게 되고, 관료제의 비능률 결과를 초래할 수 있다. 집단구성원은 집단규범으로부터 보이지 않는 지시와 명령을 받고 있기 때문이다.

3. 조직차원의 저항요인

① **구조적 관성** : 조직을 구성하는 여러 집단들은 나름대로 기존의 상태를 유지하려는 〈타성이 존재〉하기 때문에 안정적이고 보수적 문화에서는 당연히 저항이 따를 수밖에 없다.

② **힘의 균형 파괴 위협** : 지금까지의 자원배분방법에 있어서, 혹시나 권력구조에 손실 또는 손해를 받을까 두려워 조직변화에 저항하게 되는 것인데, 그동안의 권력의 균형이라고 여겼던 모든 자원배분이 파괴될 것으로 위협을 느끼기 때문이다.
③ **과거의 변화노력에 대한 실패경험** : 과거에 변화를 하고자 했으나, 성공까지 이르지 못했던 경험이 있어서 향후의 변화에 좀 더 신중해지고 꺼리게 되는 경우인데 이러한 경우 주어진 경영환경을 면밀하게 살펴서 제한된 자원 안에서 변화노력을 차근차근 하는 것이 바람직하다.
④ **선행투자에 대한 미련** : 특히, 선행된 투자가 회수되지 않은 곳에서 미련이 남아 새로운 변화에 무조건 저항할 여지를 남기게 되는 경우도 있다.

Ⅲ 저항의 극복방법

1. 교육과 커뮤니케이션

변화의 필요성에 대한 교육 및 설명회 개최하여 개방적인 커뮤니케이션을 통한 긍정적 분위기 조성하는 방법이다. 만약, 의사소통도 안되고 변화의 소식이 그레이프바인으로만 전달된다면 오해로 인해 더욱 저항세력이 커지기 상황을 맞닥뜨리게 될 것이기 때문에 변화의 필연성, 변화방법, 변화결과에 대한 교육과 설명회가 있어야 함이 바람직하다.

2. 참여와 직무몰입

아무리 좋은 취지의 조직변화라 해도 자신이 도외시된다면 심리적으로 거리감을 느낄 수밖에 없으므로, 구성원들의 참여를 고무시켜 신뢰를 구축한 상태에서 자연스럽게 조직변화를 유도해야 함이 바람직하다. 그래야만 조직변화 이후에 구성원의 직무몰입을 유발할 수 있기 때문이다.

3. 상부의 지원(= 조직의 지원)

저항세력이 있어서도 리더가 꿋꿋하게 추진하면 저항세력은 약화될 것이고, 변화를 위한 각종 지원수단의 단계적 실행으로 점진적인 변화로의 기반을 확립해 나가야 한다. 새로운 기술, 새로운 제도를 모르는 것이 저항의 이유 중 하나이므로, 조직차원의 교육프로그램이나 각종 지원이 강력하게 뒷받침되어야 할 것이다.

4. 협상과 타협

종업원, 주주, 고객, 노조간부 등 이해관계자들과의 사전 협상 및 타협에 의하여 조직변화가 진행되어야 하며, 조직변화에 대한 다양한 정보 및 자료가 제공되어 변화의 타당성에 대한 의견수렴이 되어야 한다. 변화가 불가피한 상황이라면 이해관계가 다른 당사자들 간에 협상과 타협과정을 거쳐야 하며, 여의치 않을 때에는 제3자에 의한 중재에 맡겨서라도 해결을 보아야 한다.

5. 의도적이고 적극적인 접근

비공식집단의 인간관계전문가(Big mouth, 인간관계 스타, 부녀회장 등)를 통한 능동적 조작을 통해 저항세력을 줄여 나가야 하는데, 예를 들어서 저항이 클 것 같은 부서의 팀장들과 인간관계 스타들을 의사결정과정에 참여시켜서 사전적인 이해를 돕기도 하고, 적극적인 협조도 얻을 수 있다. 이러한 과정에서 의사결정참가자들은 사전적인 이해를 갖고 새로운 변화를 지금의 관습과 적절히 융합되도록 해야 한다.

6. 변화담당자(change agent) 신뢰

변화담당자로서 역할을 맡은 자에 대한 객관적이고 타당한 신뢰감을 형성하여, 경영환경의 변화방향에 의한 조직변화의 필요성을 인식하게 하여야 하는 방법인데, 원래 변화를 싫어했던 사람들도 변화담당자에게 신뢰가 있는 경우 기꺼이 변화를 받아들이기 때문이다.

7. 변혁적 리더십 발휘

조직구성원들로 하여금 리더에 대한 신뢰를 갖게 하는 카리스마는 물론, 조직변화의 필요성을 감지하고, 그러한 변화를 이끌어낼 수 있는 새로운 비전을 제시할 수 있는 변혁적 리더십이 발휘되어야 하는 방법이다. 변화라는 것이 본래 복잡하고 역동적이며 그 영향력이 크기 때문에 이를 실행하는 사람의 강한 리더십으로 변화를 주도해야 하기 때문이다.

경영조직론 답안작성연습

> **사례형 문제**
>
> 다음 글을 읽고 물음에 답하시오.
>
> 마이크로소프트(MS)는 애자일(agile) 전환, 즉 발 빠르게 움직이고 고객을 중심으로 생각하며 의사결정권한을 위임하는 새로운 형태로의 전환에 성공한 대표적인 대기업이다. 이 과정에서 2014년 새로 부임한 나델라(Satya Nadella)의 역할이 결정적이었다. 침몰하는 MS의 구원투수로 등판한 나델라 취임 후 지속적으로 조직문화 개선을 위해 힘썼다. 특히 그는 (A)조직 내 만연한 사일로(silo)를 없애기 위해 노력했다. 취임 초기 '하나의 마이크로소프트'를 강조하며 '성취, 성장, 공감'이라는 가치 중심적 키워드를 비즈니스와 조직 및 인사관리 시스템 전반에 이식한 것은 물론 조직 내 성공기준을 '구성원 모두가 성장 마인드셋을 갖는 것'으로 재정의하였다. 여기서 특이한 점은 조직구조만큼은 특이하게도 (B)제품 및 서비스 중심의 매트릭스 조직에서 전통 조직구조인 기능식 조직구조로 바꾼 것이다. 그 이유는 전통 조직구조를 활용해 경영자의 의중을 조직에 확실히 뿌리내린 후 다시 매트릭스 조직으로 전환하여 큰 혼란 없이 애자일 철학을 조직에 적용시키려 한 것이다. (C)최근의 많은 연구들은 6-sigma나 BPR 등과 같은 혁신을 성공적으로 거둔 조직들이 오히려 top-down 형태의 기계식 조직구조를 채택하는 경우가 많음을 보여주고 있다.
>
> 1) 사일로(silo)는 조직 내 조정과 통제의 실패로 정보흐름이 원활하지 않은 현상을 지칭한다. 조직 내 수직적 및 수평적 정보흐름을 개선하기 위한 방안을 설명하시오. (20점)
> 2) (B)에서 설명하는 두 조직구조의 개념, 장점, 단점을 설명하시오.(비교할 필요는 없음) (20점)
> 3) 전략과 구조의 혁신에 있어서 활용되는 개념을 (C)의 관점에서 설명하시오. (10점)

문제 1)

Ⅰ 로렌스(Lawrence)와 로쉬(Lorsch)의 연구

- 로렌스와 로쉬는 연구에 따르면, 조직 내에 존재하는 여러 부서는 각기 고유의 목적에 따라 분화되는 동시에 이를 조직 전체의 목적을 위해 하나로 〈통합해야 할 필요〉가 있다고 하였다. 이는 하나의 부서가 나름의 목표를 가지고 있기에 서로 갈등할 수 있지만, 제대로 된 조직이라면 이러한 갈등의 해소를 위한 공식적인 장치를 두어야 함을 뜻한다.
- 이처럼 조직구조는 조직의 전체 목표를 달성하는데 필요한 수직적, 수평적 정보가 원활하게 흐를 수 있도록 설계되어야 한다. 이는 조직구조적 차원의 변수인 복잡성, 집권화, 공식화가 조직목표 달성에 적합한 방향으로 설계되어야 정보의 흐름이 원활해진다는 의미를 담고 있다.
- 사일로(silo)는 조직 내 조정과 통제의 실패로 정보흐름이 원활하지 않은 현상을 지칭하며, 이때 수직적/수평적 정보흐름의 개선방안을 이하 자세하게 설명하고자 하며, 조직의 수직적/수평적인 메커니즘 간에는 근본적으로 상충관계가 있는데, 즉, 〈수직적 연결〉은 "통제"를

주목적으로 하는 반면에, 〈수평적 연결〉은 통제를 완화시키면서 그 수단으로 "조정과 협력"을 목표로 하고 있다는 것이다.

Ⅱ 수직적 정보흐름 개선방안

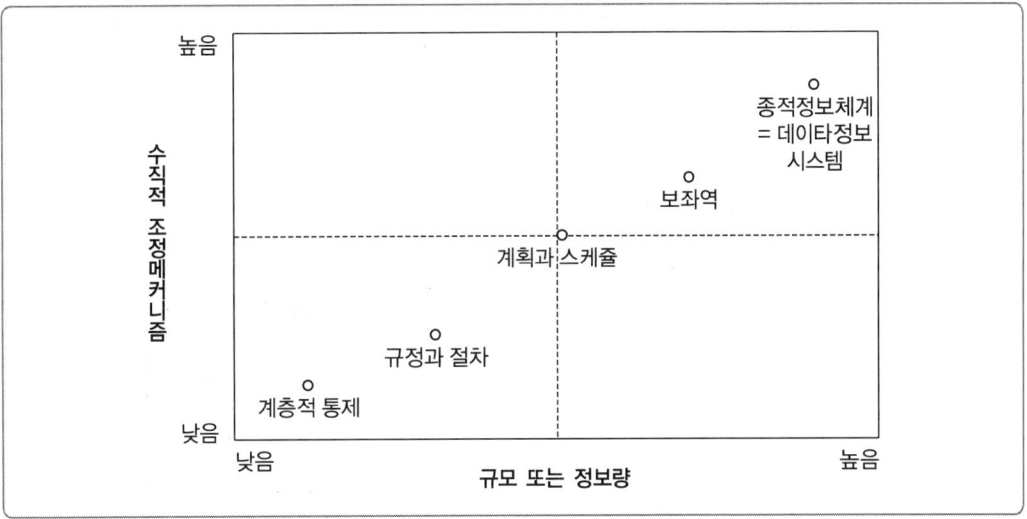

1. 계층적 통제

일반적인 명령체계에서 조직도상의 상사가 종업원에게 업무상의 애로점이나 의문이 있을 때 자의적으로 업무를 처리하는 것이 아니라 상사에게 보고하여 지시나 조언을 받아 해결하는 것을 말한다.

2. 규정과 절차

반복적으로 발생하는 문제나 의사결정 사안의 경우 상사와의 소통 없이 처리할 수 있도록 고안해 낸 방법이며, 구체적으로 예산통제 규정, 인사규정, 행정절차 등이 있다.

3. 계획과 스케쥴

'계획'은 조직목표와 각 부서의 필요성을 충분히 고려하여 수립되며, 대표적으로 예산편성 계획, 연초 과업수행계획 등이 있다. '스케쥴'은 공식적 보고나 직접적인 커뮤니케이션이 없어도 각 부서의 업무진행 사항을 숙지할 수 있도록 해 주기 때문에 관리상의 능률을 향상시킬 수 있다.

4. 보좌역

최고경영자의 과부화 된 업무를 수행하는 관리자에게 보좌역을 두어, 통제범위가 줄어들고 더욱 효과적인 의사소통을 가능하게 하는 방법이다.

5. 종적정보체계(데이터정보시스템)

정기적인 보고제도, 문서화된 정보 및 컴퓨터에 입력된 자료 등을 이용하여 계층 상하간의 정보전달을 데이터정보시스템을 활용하여 효과적으로 수행하는 방법이다.

Ⅲ 수평적 정보흐름 개선방안

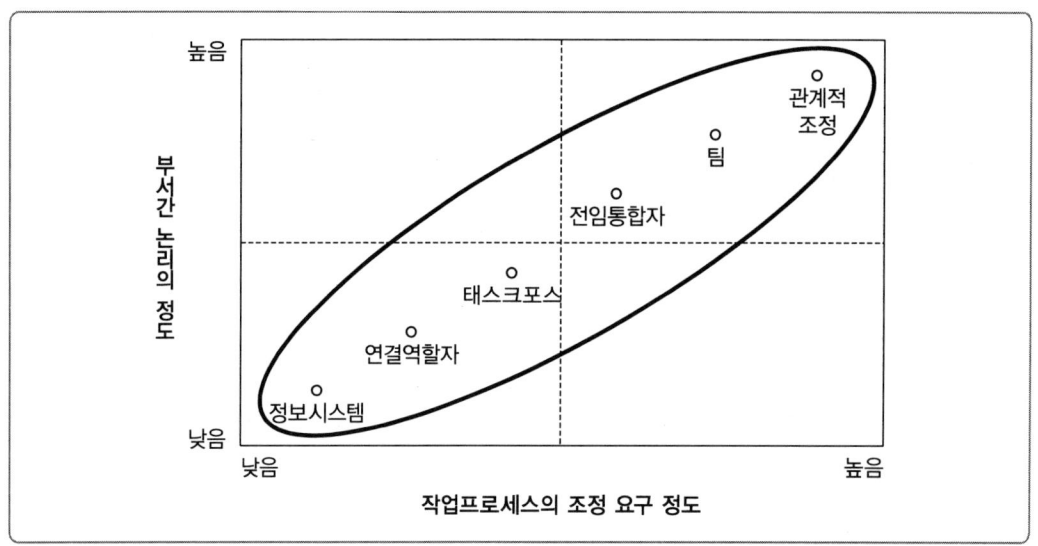

1. 정보시스템을 통한 조정

정보시스템은 조직구성원들의 문제해결과 의사결정에 대한 정보를 교환할 수 있게 해주는 의사소통망의 역할을 하는 것이며, 정보시스템을 통해 부서 간의 조정과 협력, 구성원 간의 조정과 협력을 다질 수 있다.

2. 연결역할자

이해당사자들 간에 이루어지는 직접적 접촉으로 연결역할자를 통하는 경우이며, 공식적인 권한은 없으나, 비공식적 권한을 상당히 부여받아 업무를 수행하는 사람이다. 전문적인 지식수준에 따라 성공 여부가 결정되기도 하는데, 예를 들어서 기술부 직원이 현장에

파견되어 기술적인 업무를 처리하는 사례, 영업부 직원이 고객과 회사 간의 영업중재를 통하여 영업실적을 올리는 사례를 들 수 있다.

3. 태스크포스

특정 과업을 수행하기 위하여 2개 이상의 부서를 서로 연결시킬 필요가 있을 때 일시적 위원회 조직인 TF팀을 사용하게 되는 경우가 있다. 태스크포스는, 특정과업을 수행하기 위하여 소집되어, 과업이 해결된 경우에는 해체되는 제도이며, 태스크포스 과업이 끝날 때까지 수행하다가, 과업이 종료되면, 다시 원래의 소속부서로 복귀하는 특징을 갖는다.

4. 전임통합자

전임통합자는 실질적인 권한을 갖고 연락역할을 수행하며, 각 부서가 조직전체의 목표와 상이할 경우 각 부서의 활동을 통합하여 효과적으로 조직전체의 목표가 달성될 수 있도록 하는 역할을 수행한다. 전임통합자는 여러 부서의 정보흐름에 민감하여야 하고, 조직 전체의 목표를 지향하며, 충분한 지식을 보유하여야 함. 사람들에게 신뢰를 줄 수 있어야 하고, 각 부서의 의견을 수렴하여 종합적인 의사결정을 한다. 주로 프로젝트 관리자, 브랜드 관리자 등의 직함을 갖고 있고 부서 간의 조정역할을 담당한다.

5. 팀

비교적 오랜기간 동안 강력한 조정이 요청될 때 팀을 활용하여 해결을 보기도 한다. 팀이란 소수의 사람이 상호 보완적인 업무기술을 가지고 공동의 목표를 달성하기 위하여 공동의 작업방식으로 스스로가 상호책임을 가지고 협동적으로 직무를 수행하는 집단이며, 팀 구성원들 사이 혹은 부서 간의 관계를 보다 긍정적이고 상호보완적으로 만듦으로써 집단의 행위가 자율기반의 구축에 이바지 하게 한다.

6. 관계적 조정

구성원들이 부서의 경계를 넘어 자유롭게 정보를 교환하고 지식을 공유하며, 문제해결에 임하는 조정방식이다. 사우스웨스트항공(Southwest Airline)의 팀 지체 개념이 대표적이다. 팀 지체는 팀을 이루기 전에 개별 팀 멤버들의 감정상태, 의도 등과 같은 관계적 조정을 시도하여 팀 형성이 다소 늦더라도 먼저 관계역량을 구축하게 한다는 개념이다.

문제 2)

I 매트릭스 조직구조

1. 개념

매트릭스 조직은 계층적인 기능식 조직에 수평적인 사업부제 조직을 결합하여 양자 간의 균형을 추구하는 것이다. 이 구조는 기능식 구조이면서 동시에 전략적 사업 또는 전략적 프로젝트 구조를 가진 것이다. 최근 경영환경이 치열한 경쟁과 다양한 소비자의 욕구, 각종 정부규제 등으로 인하여 다양하고 혁신적인 제품을 생산하여야 될 뿐만 아니라, 양질의 우수한 고품질의 제품생산도 요구되고 있는데, 이러한 경우 제품시장과 기술적인 전문성을 분리하여 정보를 처리하는데 가장 적합한 조직구조가 바로 매트릭스 조직이다. 주요 특징에는 강한 수평적 연결 형태를 취하면서 두 조직구조간의 관계를 보완하고, 2명의 상사 시스템을 갖고 있다.

2. 장단점

1) 장점

매트릭스 조직구조가 갖는 장점에는 ① 기술의 전문성과 제품라인의 혁신이 동시에 필요한 경우 매트릭스 조직이 모두 만족할 수 있게 하며, ② 조직 내부 자원을 효율적으로 사용하면서 외부환경에 신속하게 적응할 수 있고, 다수의 복잡하고 상호의존적인 활동을 수행하고 있을 때, ③ 제 활동 간의 조정을 용이하게 할 수 있다. 또한, 전문기술을 가진 사람들이 특정 기능부서나 사업부에 전속되지 않고, 다양한 분야의 업무를 수행하게 됨으로써, ④ 규모의 경제로부터 오는 이익, 즉, 최소의 인원으로 최대한의 제품생산에 전문성을 투입할 수 있는 효과를 노릴 수 있다.

2) 단점

2명의 상사 시스템에서 오는 갈등 문제와 관리자들이 원활한 의사소통을 위한 활동을 할 수 있도록 많은 시간을 필요로 한다는 문제, 다양한 인간관계 기술에 의한 교육훈련이 필요하다는 문제, 빈번한 회의와 갈등 조정 과정으로 인해 많은 시간과 커뮤니케이션 비용이 소요된다는 문제, 매트릭스 조직구조에 대한 설명을 구성원들이 이해할 때까지 해야 한다는 문제 등이 있다.

Ⅱ 기능조직

1. 개념

조직의 일차적인 분화가 생산, 영업, 관리 등 기능 중심으로 이루어진 조직구조이며, 일반적인 구매팀-생산팀-판매팀-관리팀으로 구성된 기본유형과, 기능별/제품별/지역별에 의한 수정형 기능조직으로서 구분하여 이해할 수 있다. 업무내용이 유사하고 관련 있는 업무들을 결합시킨 조직설계로서 직무전문화와 부문화로 이루어진 조직구조이다.

2. 장단점

1) 장점

기능조직의 장점에는 ① 규모의 경제 효과로서 유사한 업무를 결합하여 생기는 전문화의 이점을 누릴 수 있다는 점이 있고, 유사한 기능을 가진 직원들이 동일한 장소에서 근무하면서 ② 자원과 노력의 낭비를 최소화할 수 있다. (코호트 효과) ③ 업무에 필요한 기술을 동일한 부서 내에서 OJT를 통해 짧은 시간 내에 효과적으로 익힐 수 있으며, ④ 동일한 부서 내에서 공통된 사고와 언어를 공유하므로, 업무분위기가 좋아지며, 업무능률을 최대한 향상시킬 수 있어서 기능목표를 달성하는데 유리하다.

2) 단점

① 목표와 수단의 전치라는 측면이 있는데, 구성원은 자신이 속한 부서의 목표달성에만 집중하므로, 조직 전체의 목표달성에 대하여는 제한적인 시각을 갖게 된다는 점, ② 어떠한 결과에 대하여, 단일 기능부서가 전적으로 책임을 질 수 없으므로, 과업수행의 책임소재가 불분명하게 된다. 또한, ③ 환경변화에 적응력 감소하여 조직의 경직화에 직면하게 되고, ④ 부서 간 상호조정이 곤란하다는 점도 있다. ⑤ 규칙과 절차에 치중한 기능조직의 분위기는, 구성원 개인의 창의적인 의견 제안을 방해하는 결과를 낳기도 한다.

경영조직론 답안작성연습

문제 3)

I 전략과 구조 변화의 이중모형

1. 의의

- 전략과 구조의 변화는 기업경영과 관련하여 변화를 추진하는 경우이며, 전략과 조직의 변화는 경영전략 조직구조, 정책, 보상시스템, 노사관계, 통합장치, 경영정보시스템, 회계예산시스템 등이 포함되는 것이다. 〈구조와 시스템 변화〉는 최고경영자에 의해 주도적으로 진행되는 반면에, 〈제품과 기술의 변화〉는 하위계층에 의해 주도적으로 진행된다는 특성을 갖고 있다.
- 〈전략 혁신〉은 기업의 생존과 발전을 위한 변화를 의미하고, 〈구조 혁신〉은 조직구조, 정책, 보상시스템, 노사관계, 경영정보통제시스템, 회계예산시스템 등의 변화를 의미한다.

2. 조직변화의 이중모형(dual-core approach)

- 조직변화의 이중모형은 〈관리부문의 혁신〉과 〈기술부문의 혁신〉으로 구분되며, 이 중 관리부문의 혁신은 새로운 조직에 대한 프로세스, 전략적 구조 변화를 말하고, 기술부문의 혁신은 조직적 목표에 대한 기술변화를 말한다. 이중모형은 관리부분의 변화와 기술부문의 변화가 각기 상이한 논리에 따라 진행됨을 뜻하는 것이다.
- 〈관리부문〉에는 구체적으로 재무자원, 경제상황, 인적자원, 경쟁사 환경, 정부환경 등에 관심 있는 부문이고, 〈기술부문〉에는 원재료를 제품과 서비스로 변환하는 과업을 수행한다.

3. 이중모형의 핵심

이중모형은 관리부문의 변화와 기술부문의 변화가 각기 상이한 논리에 따라 진행됨을 뜻하며, 관리부분은 주로 스탭부서가 되며, 주로 통제 및 조정, 재무, 인사, 전략 등을 담당한다. 기술부문은 주로 생산, 기술, AS 등을 담당한다. 즉, 원재료를 제품과 서비스로 변환시키는 생산팀의 공정과정과 마케팅 전략팀의 업무과정이 사뭇 다르다는 것이다.

[관리 및 구조혁신과 기술혁신 : 조직변화의 이중모형]

	혁신유형	
	관리 혁신	기술혁신
변화의 방향	관리부문→▼ 전략, 비전	기술 부문→ ←↑→ 실무진
변화의 예	전략, 인력감축, 조직구조	생산기법, 작업흐름, 제품아이디어
변화에 적합한 조직형태	기계적 조직	유기적 조직

1) 관리부문에서의 혁신

관리변화를 성공적으로 추진한 조직은 기술변화를 추진한 조직보다 관리자 비율이 높고, 규모가 크며, 집권화되고 공식화되어 있다. 그 이유는 조직이 정부, 재무적 환경, 법적 환경의 변화에 대응하여 하향적으로 변화를 추진하기 때문이다. 관리변화를 채택한 조직은 하향적 프로세스와 기계적 구조를 사용하며, 예를 들어 6시그마, BSC, 의사결정의 분권화, 다운사이징, 리스트럭쳐링 등과 같은 변화들은 하향적인 방법으로만 이루어진다.

2) 기술부문에서의 혁신

제품기술 변화 및 신제품을 위한 혁신적인 기술변화 등의 기술적인 변화는 유기적 구조에 의해 촉진한다. 유기적 구조는 하위계층과 중간계층에 있는 구성원들이 아이디어를 끊임없이 창출할 수 있게 하는 것이다.

II 전략과 구조 변화를 위한 방안

1. 적합한 조직구조

전략 및 구조를 포함하는 관리 부문의 변화에 관한 다수 연구에서는 〈기계적 조직구조〉가 관리변화에 적합하다는 결론을 내리고 있다. 실제로 관리변화를 성공적으로 추진한 조직은 기술변화를 추진한 조직에 비해 관리자의 비율이 높고, 규모가 크며, 집권화의 정도와 공식화의 정도가 큰 것으로 알려져 있다. 이는 변화의 실행에는 구성원들의 적극적 참여가 필요하지만, 그 변화를 주도할 책임은 최고경영자에게 있음을 뜻한다.

2. 관리변화의 주된 수단

구조조정, 임금체계의 변경, 전략 재수립 등에 있으며, 6-시그마, 비즈니스 프로세스 리엔지니어링, 균형성과표, 다운사이징 등의 혁신기법들은 대개 경영진의 의지에 따라 〈하향적 방식(top-down)〉으로 진행되는 것이 보통이다.

3. 공감대 형성과 참여

주의할 것은 변화의 실행 주체가 하위계층의 구성원이라는 사실이며, 비록, 관리변화의 주도 계층이 최고경영진이라 하더라도 구성원들의 공감대 형성과 변화참여가 없이는 성공적인 변화실행을 기대할 수 없을 것이다.

> **연습 10**
>
> 조직문화에 대하여 그 구성요소를 설명하는 7S 모형의 내용과 시사점을 작성하고, 조직문화의 전파수단을 설명하시오. (25점)

Ⅰ 의의

- 맥킨지(Mckinsey) 컨설팅사의 파스칼(Pascal)과 피터스(Peters)가 조직문화의 구성요로서 고안하여 널리 알려진 7S는 조직문화의 주요 요소와 이들 간의 상호관계를 개념화하여 조직문화 연구과 조직개발에 많은 도움을 주도록 개발된 것이다.
- 7S에는 공유된 가치, 전략, 구조, 제도, 시스템, 구성원, 기술, 리더십 스타일이 있으며, 이하 각각의 개념 설명과 함께 조직문화의 전파수단으로 연계하여 설명하고자 한다.

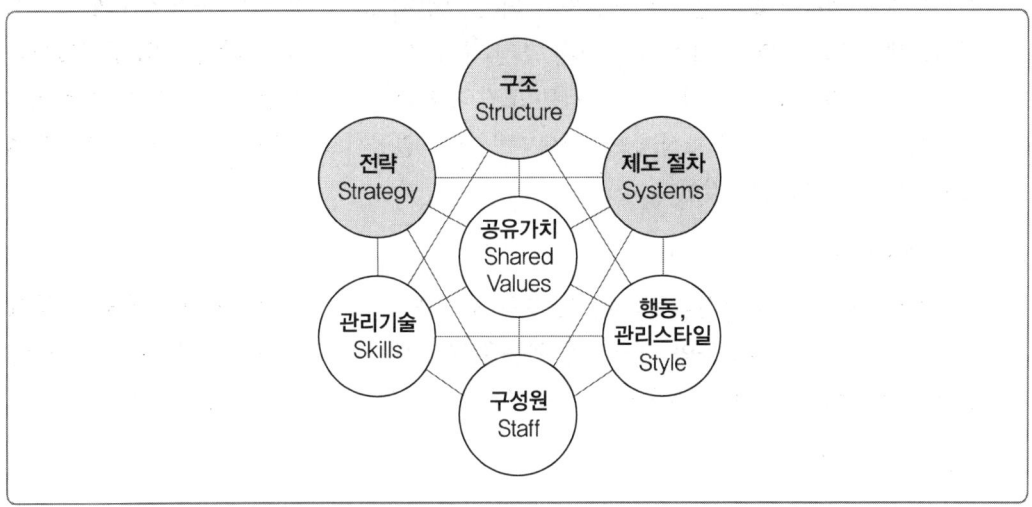

Ⅱ 7S의 구성요소

1. 구성요소

1) 공유가치(Shared value)

기업구성원이 함께 하는 가치관으로서 다른 조직문화의 구성요소에 영향을 주는 핵심요소이며, 조직문화형성에 있어서 가장 중요한 역할을 하는 것에 해당한다. 대개 기업문화를 강화하는 가치관을 이미지로 형상화하여 사용한다.

2) 전략(Strategy)

기업의 장기적인 계획과 이를 달성하기 위한 자원배분과정을 포함하며 기업의 장기적인 방향과 기본성격을 결정하고, 조직문화 형성에 영향을 준다. 조직체의 전략은 조직의 이념과 목적, 기본가치를 중심으로 이를 달성하기 위한 방향을 제시함으로써 다른 조직문화 구성요소들에 많은 영향을 주는 것이다.

3) 조직구조(Structure)

기업체의 전략수행에 필요한 틀로서, 조직구조와 직무설계, 그리고, 권한관계와 방침 등 구성원들의 역할과 그들 간의 상호관계를 지배하는 공식요소를 포함한다. 따라서, 조직구조는 후술하는 제도와 더불어 구성원들의 일상적인 업무수행과 행동에 지배적인 영향을 준다.

4) 제도(System)

기업경영의 의사결정과 일상운영의 틀이 되는 보상제도와 인센티브, 경영정보와 의사결정시스템, 경영계획과 목표설정시스템, 조정/통제 시스템 등 경영 각 분야의 관리제도와 절차 등을 포함하는 개념이다. 시스템은 조직의 기본가치와 적합성을 가지며, 장기적인 전략목적 달성에 필요한 보상제도, 인센티브, 의사결정시스템 등 각 분야의 경영관리제도와 절차를 포함하는 것이다.

5) 구성원(Staff)

기업체의 인력구성과 구성원들의 능력, 전문성, 신념, 욕구와 동기, 지각과 태도, 행동패턴 등을 말한다. 구성원들의 가치관과 행동은 조직체가 의도하는 기본가치에 의하여 많은 영향을 받고 있으며, 구성원들의 전문성은 조직체가 추구하는 전략에 따라 결정된다.

6) 관리기술(Skill)

기업체의 각종 물리적 하드웨어 기술과 이를 작동시키는 소프트웨어 기술, 그리고, 기업경영에 활용되는 경영기술과 기법, 구성원들에 대한 동기부여와 갈등관리, 변화관리 기술, 목표관리와 예산관리 기술 등을 포함한다.

7) 리더십 스타일(Style)

구성원을 이끌어 나가는 경영관리자들의 관리 스타일이며, 이는 구성원의 동기부여와 상호작용, 그리고, 조직분위기와 나아가서 조직문화에 직접적인 영향을 미친다.

2. 시사점

이 관점에 의하면, 이러한 제요소들의 연계가 조직효과성의 중요한 일부가 되는데, 다시 말하면 공유가치와 전략, 구조, 제도, 구성원, 기술, 리더십 스타일은 조직문화와 적절하게 상호작용하면서 기업전체의 성과에 영향을 주게 된다는 것을 시사하고 있다.

Ⅲ. 조직문화의 전파수단

1. 상징물

상징물은 다양한 의미를 내포하고 정서를 촉발하여 사람들이 행동을 하도록 유도하는 대상, 활동, 관계, 언어적 구성체를 뜻한다. 일반적으로 업무공간의 물리적 배치, 기업의 로고, 상징체계, 구호 등이 상징물의 일종이 된다.

2. 의례와 의식

의례와 의식(ceremony)은 참가자들의 사회적 상호작용을 위해 수행되는 문화 표현의 형태로서, 회사의 조회, 포상식, 워크샵, 체육대회, 창립기념일, 직원생일축하, 시무식과 종무식 등이 있다.

3. 스토리

스토리는 실제 사건에 기초한 이야기로서, 조직의 영웅이나 조직문화요소를 강하게 실천했던 행동에 관한 에피소드이다. 사실이냐 허구이냐의 여부와 상관없이 스토리는 문화전달의 좋은 수단이 될 수 있다.

4. 언어

언어는 특정 조직체 사람들의 정신이자 문화 그 자체이다. 어떤 조직의 중요한 문화 특성이 언어로 구현되기 때문에 각종 제스쳐나 호칭, 약자 등은 조직문화를 구성원에게 각인시키는 강력한 수단이다.

5. 조직구조

조직구조가 유기적인지 아니면 기계적인지 그것만 보아도 조직문화를 알 수 있다. 구조적 특징은 조직에서 누가 권력을 보유하고 있으며, 누가 의사결정을 주도하는지를 알려줌으로써 구성원들이 조직에 적응하는 것을 도와준다.

6. 권력관계

권력관계를 살펴보면, 누가 조직에서 영향력을 행사하고 있으며, 누가 그 원천과 능력을 갖고 있는지 확인할 수 있다. 권력관계의 양상, 공식성 여부 등의 검토를 통해 구성원들은 조직문화를 직·간접적으로 체험하게 된다.

7. 통제시스템

통제시스템은 재무통제방법, 보상시스템, 의사결정방법, 품질관리방법 등 기업이 계획한 활동을 제대로 구성원들이 수행하였는지를 확인하고 피드백을 제공하는 주요 활동들이다. 이들 활동의 내용을 검토함으로써 구성원들은 조직문화의 강도나 규범 위반 시 처벌의 내용 등을 확인할 수 있게 한다.

경영조직론 답안작성연습

제4장
조직이론 및 조직설계론

제4장 조직이론 및 조직설계론

> **연습 1**
> 폐쇄시스템과 개방시스템을 비교 설명한 후, 조직과 환경과의 관련 하에서 폐쇄시스템에서 개방시스템으로의 이행과정에서의 중요한 이슈에 관하여 논하라. 　　　　1995년 제5회 기출

I 시스템이론

1. 의의

- '시스템'이란, 환경과 상호작용을 하면서 전체적인 목표를 달성하기 위하여 독립적으로 또는 공동으로 작용하는 상호 관련된 집합. 시스템은 목표, 전체성, 개방성, 상호관련성, 통제메커니즘의 속성을 가짐.
- 시스템은 여러 개의 부문으로 구성된 전체로서 어떤 하나의 목적을 가지고 이를 성취하기 위하여 여러 구성요인이 유기적으로 연결되어 상호작용하는 결합체를 말함.

2. 등장배경

제2차 세계대전 후 독일의 생물학자 베르탈란피(Bertalanffy)가 과학과 사회가 발전할수록 여러 학문분야 간의 교류도 증진되며 모든 분야를 통합할 수 있는 공통의 사고의 틀이 형성된다고 하였음. 이것이 1950년대에 들어와서 여러 학문 분야로 확산되었고, 경영학 분야에서는 로젠즈웨이그(Rosenzweig), 존슨(Johnson) 등이 이를 소개하여 시스템이론으로 응용한 것임.

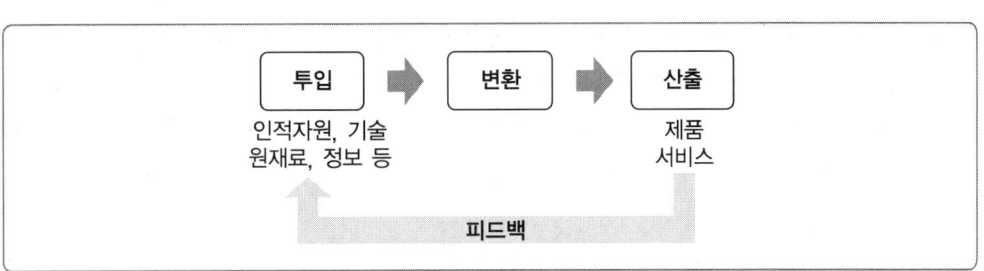

- 경영학에서의 시스템은 목표를 달성하기 위하여, 무엇인가를 투입하고 처리하는 과정을 거쳐 산출을 내고, 산출이 다시 새로운 투입으로 피드백 되는 과정임.

Ⅱ 시스템의 분류

1. 폐쇄시스템

폐쇄시스템은 체계를 둘러싼 환경과는 관련이 없는, 일종의 자급자족적 실체로서 과학적 관리론, 고전적 관리론, 인간관계론 등의 조직관으로 정태적, 안정적 환경에 적합함.

2. 개방시스템

1) 의의

시스템의 경계를 넘어서 시스템의 구성부분이 외부환경과 상호작용을 하는 시스템임. 조직이 환경과 끊임없는 상호작용관계 속에서 환경적응성을 지녀야 함을 의미함.

2) 특성

① **순환적 특성** : 조직은 환경에 열려 있는 개방 시스템으로서 환경으로부터 필요한 것을 받아들이고 다시 환경에 산출해 내는 순환적 특성을 가짐.

② **환경 의식** : 조직은 어떤 환경이 위협이 되고 기회가 되는지 파악하여 전략을 계획해야 하므로, 언제나 항상 환경을 의식하게 됨.

③ **부정적 엔트로피** : 엔트로피란 시스템이 붕괴되거나 쇠퇴하거나 정치하거나 소멸되는 현상을 말하며, 개방시스템은 멸망하지 않으려는 속성을 갖고 있기 때문에 시스템이 쇠퇴할 조짐이 보이면 더 많은 자원을 확보하여 자체적으로 수정하고 보완함으로써 시스템의 붕괴를 막는 부정적 엔트로피를 가짐.

④ **항상성** : 조직은 개방 시스템이기 때문에 어떤 규범이나 표준을 이탈하면 스스로 바로잡는 행위를 촉발시키므로, 가만히 두어도 환경과 교환하고 반응하는 역동적 균형을 유지하게 됨.

⑤ 확장성 : 개방 시스템이 정교하고 복잡하게 되면, 소멸에 저항하면서 자기 상태를 계속 유지하려는 활동이 활발해져서 오히려 시스템은 확장하고 성장하는 방향으로 움직임.
⑥ 균형성 : 개방 시스템은 안정과 변화라는 두 가지 상반된 활동의 균형을 추구하며, 조직이 안정과 변화 사이에 적당한 균형을 이루게 되면 급진적인 변동을 예방하고, 시스템의 불균형을 막아주는 역할을 함.
⑦ 이인동과성 : 방법과 수단은 다르지만 결국 모두 동일한 결과에 이른다는 의미이며, 목표를 달성하는데 다양한 투입과 전환과정이 있다는 것을 의미함. 즉, 어떤 문제에 직면하여 이를 해결할 수단이나 방법은 여러 다양한 측면이 있음을 의미함.

3. 시스템적 접근법의 기대효과

시스템적 접근법을 사용하게 되면 문제의 핵심 구성요소 파악 및 환경의 파악, 전체적인 관점으로 접근, 하위 시스템으로 분해, 시너지 효과 등을 적절히 활용하여 문제 해결에 대한 접근이 훨씬 효율적이고 그 효과가 커질 수 있음.

4. 시사점

시스템적 접근법은 유기체의 개념을 조직의 연구와 문제해결에 도입 적용함으로써 그 대상의 문제를 이해하고 해결하는 데 도움이 되고, 조직 내외에서 발생되는 상호관계를 분석할 수 있는 틀을 제공하면서 상호관계를 밝히고 있음.

5. 비판점

시스템 이론 자체가 추상적임. 문제들을 근본적으로 명확하게 이해할 수 없음에도 불구하고 추상적인 현상이나 문제를 마치 객관적인 사물인 것처럼 이해하려고 하였다는 비판을 받았음.

> **연습 2**
>
> 스코트(R.Scott)는 기존의 조직이론을 체계적으로 정리하여 조직과 인간에 대한 관점으로 조직이론의 유형을 분류하고 있다. 다음 물음에 답하시오.
> (1) 스코트의 4가지 조직이론 유형을 설명하시오.
> (2) 각 유형별로 이론의 가정, 강약점, 공헌분야 및 대표적 이론을 논술하시오.
>
> 2018년 제27회 기출

I Scott의 조직이론 분류

- 스코트(Scott)는 20세기를 지배한 주요 조직이론들을 조직과 인간에 대한 관점으로 분류하여 설명하였음. 우선, 조직에 대한 관점을 환경요인을 지각하는지에 따라 폐쇄적 관점과 개방적 관점으로 구분하고, 인간에 대한 관점을 업무능률이라는 합리적 관점과 인간관계를 중요시하는 사회적 관점으로 구분하였음.
- 스코트의 조직이론 분류의 의의는 횡단적 관점에서 동일한 시대에 주류를 이루었던 이론들을 살펴볼 수 있다는 점과, 종단적 관점에서 시간적 순서에 의한 조직이론의 발전과정을 살펴볼 수 있다는 점에서 의미가 있음.

		인간에 대한 관점	
		합리적	사회적
조직에 대한 관점	폐쇄적	'1900 ~ '1930 Taylor Weber Fayol 제1상한	'1930 ~ '1960 Mayo Selznick McGregor 제2상한
	개방적	'1960 ~ '1970 Chandler Lawrence & Lorsch Thompson 제3상한	'1970- March Weick Senge 제4상한

Ⅱ 폐쇄 - 합리적 조직 이론

1. 의의

1900년대부터 1930년대까지 지배한 이론이며, 조직을 외부와 상관없는 폐쇄된 체계로 보았으며, 인간을 업무능률에 기반한 합리적 사고를 하는 존재로 인식한 이론임. 이 시기의 이론들은 조직을 폐쇄된 체계로 인식하여 환경에서 오는 위협과 기회를 무시하거나 최소화하고, 환경과의 상호작용 측면을 고려하지 않았다는 점이 특징임. 대표적인 이론에는 테일러의 과학적 관리법, 페욜의 고전적 관리론, 베버의 관료제론이 있음.

2. 주요 특징

조직구성원들에게 합리성과 능률을 강조하고, 이를 달성하는 수단으로 강력한 통제와 지도를 하면서 고도로 전문화된 과업을 반복적으로 수행하도록 하였음. 또 다른 특징에는 외부환경으로부터 오는 위협과 기회를 무시하거나 최소화하였다는 특징이 있음.

Ⅲ 폐쇄 - 사회적 조직 이론

1. 의의

1930년대~1960년대를 지배했던 이론이며, 조직을 폐쇄된 체계로 보고, 조직구성원들의 인간적인 측면을 고려하여 인간의 다양한 욕구, 감정, 사회적인 욕구를 가진 존재로 인식하여 구성원들이 가진 사회적 욕구를 충족시키고 이를 통하여 조직의 생산성 향상을 추구하였음. 이 시기의 주류를 이룬 이론가들을 인간관계학파라고 불렀음. 여기에는 메이요와 뢰스리스버거의 인간관계론, 맥그리거의 XY이론이 있음.

2. 주요 특징

비록, 조직생존에 대한 외부환경을 도외시하였지만, 작업집단 내의 커뮤니케이션, 비공식조직, 업무태도, 지도성, 과업의 동기화 등을 중점적으로 다루었으며, 조직의 인간적이고 사회적인 측면만 강조하여 조직 없는 인간이라는 비판을 받았지만, 이후 인적자원관리의 발전에 기여를 하였음.

Ⅳ 개방-합리적 조직 이론

1. 의의

1960년대~1970년대의 형성된 이론들이며, 조직 내 구성원들을 다시 합리적 존재로 보는 견해로 후퇴를 보이고 있으나, 조직과 직접적인 상호작용을 하는 외부의 과업환경에 관심을 가짐으로써 일보 전진하는 관점을 보이고 있음. 따라서, 이 시기의 이론들을 일보 전진, 일보 후퇴한 이론들이라고 부르기도 함. 이 시기의 학자들은 환경과 조직구조의 관계를 설명한 번스와 스토커, 로렌스와 로쉬가 있고, 기술과 조직구조의 관계를 설명한 우드워드, 페로우, 톰슨 등이 있음.

2. 주요 특징

경영조직을 둘러싼 경제적, 사회적, 정치적, 기술적 환경변수를 중요하게 생각하고 조직을 개방적 존재로서 인식하였음. 조직을 둘러싼 환경의 강조, 상호 연결된 하위체계, 체계간의 조화를 중요하게 생각하였다는 특징이 있음. 그러나, 구성원들에 대한 관점을 다시 합리적 사고로 관점으로 후퇴했다는 점에서 한계가 있음.

Ⅴ 개방-사회적 조직 이론

1. 의의

이 이론은 경영환경의 중요성을 강조하면서 인간적 측면을 수용한 관점에 의해 형성되었으며, 급속한 기술변화, 고객욕구의 다양화, 치열한 시장경쟁 등의 경영환경의 중요성과 조직 내 구성원들의 감정과 태도, 동기부여 등을 동시에 중요하게 인식하였음. 이 시기의 대표적인 이론에는 센게의 학습조직, 페퍼와 살란식의 자원의존이론, 마치의 제한된 합리성, 웍의 정보투입과 해석 등이 있음.

2. 주요 특징

조직은 경영환경변화에 발맞춰 생존해야 한다는 관점으로 조직을 개방적 체계로 보았고, 조직 속의 비공식조직의 중요성, 단지 규칙성만으로는 설명하기 어려운 비합리적 관점의 동기부여 측면에도 중점을 두었음. 인간의 조직사회화, 학습에 관심을 가짐.

Ⅵ 각 유형별, 이론의 가정

1. 폐쇄-합리적 조직 이론

조직을 외부환경과 관련이 없는 폐쇄된 체계로 바라보았고, 조직을 구성하는 인간들을 합리적으로 사고하고 행동하는 존재, 즉, 업무능률의 수단으로서 인식하는 것을 가정으로 하였음.

2. 폐쇄-사회적 조직 이론

조직을 외부환경과 상관없이 존재하는 폐쇄된 체계로 보았고, 인간을 다양한 욕구를 지닌 존재로서, 사회적인 욕구를 가진 존재로서, 이를 통하여 생산성 향상을 이룰 수 있다고 봄.

3. 개방-합리적 조직 이론

조직을 경영환경 변화에 영향을 받는 존재로 인식하여 일보 전진하면서 인간을 합리적 존재로서 견해를 바라보는 일보 후퇴를 가정하고 있음.

4. 개방-사회적 조직 이론

환경의 중요성을 강조하면서 조직은 외부환경의 영향을 받는 오픈 시스템을 가정하고, 인간을 사회적인 존재로서 합리적인 목표달성보다는 비합리적인 생존을 더 중요하게 생각함을 가정하고 있음.

Ⅶ 각 유형별, 이론의 강약점

1. 폐쇄-합리적 조직 이론

강점은 업무의 정확성, 안정성, 책임성을 새롭게 인지하기 시작한 점과 조직의 효율성 강조하였다는 것이고, 약점은 경영환경에 대한 인식을 하지 못했다는 점, 지나치게 냉정한 관료제를 초래했다는 점, 낮은 계층의 인간에 대한 비인간적 대우를 야기하여 노동의 소외감을 야기했다는 점이 있음.

2. 폐쇄-사회적 조직 이론

강점은 인간을 사회적 관점에서 새롭게 인식하여 개인과 조직의 욕구에 관심을 갖고 있기 때문에 인간관계에서 오는 비공식조직, 의사소통, 집단역학, 구성원들의 욕구 등에 관심을 가졌다는 점임. 그러나, 약점은 조직의 논리를 외면하고, 인간의 문제에만 극단으로 치우쳤다는 점에서 조직 없는 인간이라는 비판을 받았음. 또한, 사탕발림 인사관리라고 하여 인간의 사회적 측면에 관심을 갖고는 있지만 결국 생산성 향상이라는 목적에 귀결되었다는 한계가 있음.

3. 개방-합리적 조직 이론

강점은 조직을 유기체로 간주하고 환경에 대한 적응적 관점으로 조직을 바라보는 개방적 체계로 인식하였고, 약점은 조직과 환경을 지나치게 실물적으로 바라보았다는 점과 인간에 대한 관점이 다시 합리적인 목표달성의 수단으로서 일보 후퇴했다는 점에 있음.

4. 개방-사회적 조직 이론

강점은 조직을 개방적으로 보면서 동시에 인간을 사회적인 존재로 바라보았다는 점이고, 이에 자기조직화, 조직학습, 조직문화 등에 관심을 가지게 되었음. 이것은 조직과 인간의 상호공존에 의한 생존을 도모한다는 차원에서 의미 있는 이론들임. 반면에 약점은 조직 문제가 발생 시 이에 대한 처방적 측면이 부족하였다는 데 있음.

Ⅷ 각 유형별, 이론의 공헌분야

1. 폐쇄-합리적 조직 이론

테일러의 과학적 관리론으로부터 출발하여 시간-동작 연구 등 과학적 방법에 의해 생산요소 중 하나인 노동력을 최대한 활용할 수 있는 방법에 집중하였고, 베버의 관료제론에서 알 수 있듯이 합리적인 운영에 의해 노동력을 인식하여 이후 산업공학, 인간공학을 중심으로 한 경영과학 분야에 공헌하였음.

2. 폐쇄-사회적 조직 이론

인간의 사회적 관계 속에서의 생산성 향상을 주요 쟁점으로 하고 있는 메이요와 인간관계론과 맥그리거의 XY이론에서 기원하여 이후에 사회학, 사회심리학을 중심으로 한 인적자원관리론 분야에 공헌하였음.

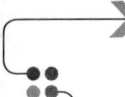

경영조직론 답안작성연습

3. 개방-합리적 조직 이론

조직은 외부의 경영환경과 상호작용을 하는 주체로서 인식을 하였으므로 이후에 상황이론, 전략적 선택이론과 환경변화에 적합한 조직구조를 설계하는 조직설계론 분야에 공헌하였음.

4. 개방-사회적 조직 이론

1970년대 이후 지금까지 영향을 미친 관점에 해당하며, 사회조직화, 하위시스템의 조직학습(또는 학습조직), 조직문화 분야에 공헌하였고, 급속한 기술변화, 고객욕구의 다양화, 치열한 시장경쟁, 정보기술의 발전으로부터의 영향을 받아 조직을 이루는 개개의 하위시스템의 유지와 존속에 관심을 가졌음.

Ⅸ 각 유형별, 이론의 대표적 이론

1. 폐쇄-합리적 조직 이론

1) 테일러의 과학적 관리론

작업능률을 향상시키고 생산성을 증가시키는 유일최선의 방법으로 과학적 관리법 주장하였으며, 그 내용에는 과학적 과업관리와 직무설계, 과학적 선발과 훈련, 차등성과급제, 기능적 감독자 제도 등이 있음. 인간을 생산요소 중 하나로서 중요하게 바라보았으므로, 정해진 시간 내에 과학적으로 최대한 활용할 수 있는 방안에 관심을 가졌으나, 노동의 소외감이라는 한계점을 갖고 있음.

2) 페욜의 고전적 관리론(일반관리론)

조직의 관리기능에 초점을 두어 관리원칙을 설명하였으며, 14가지 일반원칙으로 분업화, 규율, 지휘통일, 명령통일, 조직목표 우선, 공정보상, 집권화, 계층화 등으로 구체화하였음. 페욜의 고전적 관리론은 지금도 경영관리론에 영향을 받을 만큼 기여한 바가 있지만, 여전히 노동의 소외감이라는 단점을 갖고 있는 이론임.

3) 베버의 관료제론

베버는 합리적이고 작업능률을 극대화할 수 있는 이상적인 조직형태로서 관료제론을 주장하였으며, 여기에는 규칙에 의한 관리, 공정한 평가, 분업에 의한 전문화, 계층화, 평생고용계약 등을 주요내용으로 하고 있음. 관료제론은 업무의 정확성, 안정성, 비용감소를 기할 수 있고, 정실인사를 배격하였다는 측면에서 의미 있는 이론이지만, 여전히 인간성을 상실한 이론으로 규칙과 규정을 지나치게 강조하였다는 점과 지나친 전문화(분업화)추구로 인한 무능함이라는 한계가 남은 이론임.

2. 폐쇄-사회적 조직 이론

1) 메이요의 인간관계론

호손공장실험(조명실험, 계전기조립실험, 면접실험, 배전전선작업실 실험)을 통하여 조직 내의 인간관계의 중요성을 주장한 이론임. 즉, 조직구성원의 감정, 비공식조직, 태도, 가치관, 커뮤니케이션 등의 원활한 작용이 생산성 달성에 긍정적인 상관관계가 있음을 입증하였음. 작업장에서의 인간관계나 구성원의 욕구, 감정 등의 중요성을 최초로 설명 했다는 점에서 의미 있는 이론이나, 조직이 처한 환경변수를 고려하지 못했다는 점에서 조직 없는 인간이라는 비판을 받았음.

2) 셀즈닉의 제도화이론

셀즈닉은 조직은 외부환경 등의 영향으로 형성된 하나의 적응적인 유기체라고 주장하였으며, 즉 유기체적인 조직이 생존하기 위해서는 '호선'이라는 개념으로 이해관계자들을 흡수하는 제도화의 필요성을 강조했음.

3) 맥그리거의 XY이론

- 인간의 동기부여관점을 X이론적 인간관과 Y이론적 인간관으로 구분하여, 설명한 이론이며, X이론은 인간에 대한 관점을 '본래 게으르고 타율적이어서 강압 받거나 명령받지 않으면 일을 하지 않는다.'고 보는 이론이고, Y이론은 '태어나면서부터 일이 싫은 것이 아니라, 조건에 따라 책임을 떠맡거나 자진하여 책임을 지려고 한다.'고 보는 이론임.
- Y이론에서 '조건'은 일에 대한 동기부여의 요인으로서 매력적인 목표와 책임·자유재량을 부여하는 것이고 조직의 구성원들이 자발적으로 일에 의욕을 갖게 되고, 개인의 목표와 조직의 목표를 통합할 수 있게 되어 성과를 향상시킬 수 있다고 보았음.

3. 개방-합리적 조직 이론

1) 상황적합이론

- 조직이 처한 상황변수와 조직구조의 적합성이 조직유효성을 달성한다는 이론으로 대표적 학자인 학자는 번스와 스토커, 우드워드, 로렌스와 로쉬, 톰슨 등이 있음.
- 모든 상황에 적합한 유일·최선의 조직화 방법은 존재하지 않으며, 최선의 조직설계·관리방법은 환경에 있다고 주장하는 조직이론임. 따라서 조직의 내·외부 환경에 잘 맞는 조직이 가장 잘 적응 할 수 있다고 보았음. 상황적합이론은 조직구조를 결정하는 요인

으로 조직의 환경을 지나치게 강조했다는 점과 관리자의 임의적 선택 가능성을 무시했다는 비판을 받았음.

4. 개방-사회적 조직 이론

1) 마치의 제한된 합리성, 쓰레기통 모형
   - 제한된 합리성은 인간의 선택들은 상황지식과 기대된 결과의 측면에서 제한되고 불안전한 것이므로 행동은 결코 전적으로 합리적인 것이 아니라고 보고, 인간의 동기적·심리적·금전적·시간적 등의 제한된 상황에서는 가장 기술적인 의사결정을 할 수밖에 없다는 이론임.
   - 쓰레기통 모형은 우연한 기회, 운 등에 의하여, 의사결정이 해결되는 모형을 제시한 이론이며, 그 구성요소에는 문제, 해결, 참가자, 선택기회가 있음.

2) 웍의 경영정보 투입과 해석 이론

   실제로 존재하는 경영정보를 어떻게 획득하고 처리하는지에 관한 문제를 조직화된 모형으로 설명. 즉, 조직화를 환경탐색-해석-학습과정으로 설명, 조직구성원의 상호작용에 의하여, 경영정보가 창조(재구성)된다는 이론

3) 센게의 조직학습이론

   센게는 변화하는 시대에 이상적인 조직은 학습조직이라고 주장하면서, 21세기는 지식추출과 지식의 생산능력이 기업의 성공에 중요한 영향을 미치므로 끊임없이 새로운 것을 창조할 수 있는 조직이 되어야 한다고 하였다. 그는 학습조직의 구성요소 5가지를 제시했으며, 이에는 공유된 비전, 사고모형, 시스템적 사고, 개인적 숙련, 팀 학습이 모여 조직전반의 행동변화에 능숙한 학습조직을 형성한다는 이론임.

4) 자원의존이론
   - 자원의존이론은 환경의 통제를 극복하려는 조직의 주체적인 노력을 강조한 이론임. 자원의존이론에서 조직의 궁극적 목적은 생존이며, 생존 가능성은 조직 유지에 필수불가결한 자원들을 획득하고 유지하는 능력에 따라 결정됨. 하지만, 이 자원들이 조직 내부에 모두 존재하는 경우는 사실상 불가능하기 때문에 조직은 외부 환경, 즉 다른 조직들이 보유하고 있는 자원들을 조달해야 하고, 자원을 다른 조직으로부터 조달해야 하는 조직은 그것을 보유하거나 통제하는 조직에 종속됨. 바꾸어 말하면, 다른 조직에 대한 자원의존 상태에 놓이게 되는 것임.

- 자원의존의 정도는 자원의 중요성, 자원의 희소성, 및 대체 불가능성에 의해 결정되며, 다른 조직이 보유하고 있는 자원이 중요하며 희소가치가 높고 다른 자원으로 대체하기 어려울수록 다른 조직에 대한 자원의존 상태는 심화되는데, 이러한 경우의 의존성은 권력을 발생시키며, 따라서 자원 관계에서 조직간 불균형은 곧 조직간 권력 관계의 불균형을 초래함.
- 이를 관리하기 위한 하나의 방법은 또 다른 조직들로부터 대안적 자원 확보 채널을 확보하는 방법, 동일한 조직에게 해당 자원을 의존하는 다른 조직들과 제휴하거나 담합하여 협상력을 높이는 방법, 각종 제도나 사회적 규범에 기초해서 자원을 보유하고 있는 조직의 불합리한 권력 행사를 억제하는 방법 등이 있음.

경영조직론 답안작성연습

> **연습 3**
> 조직구조에 관한 이론적 출발은 베버의 이상적 관료제라고 할 수 있다. 이상적 관료제의 특징을 설명하고, 현대 기업 관점에서 이를 비판하시오.
> 2012년 제21회 기출

I 관료제의 의의

- 관료제는 독일의 사회학자 베버(Weber)에 의해 펼쳐진 이론이며, 관료제란 목표를 능률적·효율적으로 달성하기 위하여, 합리적인 규칙에 의해 움직이는 고전적인 조직구조 모형을 말함. 관료제란 말은 Bureau(사무실, 책상)과 cracy(관리, 지배)의 합성어로서 사무실 책상에서 미리 규정과 절차를 정해 놓고, 전체 구성원들은 이에 따라 현장 실무를 해야 한다는 의미를 담고 있음.
- 베버는 조직구성원들 간의 권력관계를 연구하여 조직의 권한구조 이론을 정립한데서 관료제가 출발하였는데, 여기에는 합법적 통치, 전통적 통치, 카리스마적 통치로 나뉘고 이 중 합법적 통치의 중요성을 강조하였음. 즉, 명문화된 규칙과 규정에 의한 통치(권한)가 합법적이고 정당하다고 믿기 때문에 조직의 통치에 따른다고 본 것임.

II 관료제의 특징

1. 분업에 의한 전문화

분업이란 작업능률을 향상시키기 위해서 직무를 보다 단순화·전문화된 과업으로 세분화하는 과정임. 모든 업무는 단순하고 일상적이며, 명확히 규정된 과업으로 분할되어 각 구성원에게 할당하는 것으로 경영자나 종업원들 모두는 전문화된 분업으로 직무를 할당받아 수행하게 됨.

2. 고도의 공식화, 집권화

회사에 적용되는 공식적인 규칙과 절차에 의존함으로써, 업무일관성을 모색할 수 있고, 사내질서 유지와 함께 직무담당자의 행동을 규제하고, 각종 의사결정권과 권한은 상위층에 집중되어 하위자에게 업무의 내용을 지시하게 되는 형태로 이루어짐.

3. 규칙에 의한 관리

모든 종업원들의 직무상의 행동은 규칙과 규정, 절차에 의한 관리로 이루어져 있으며, 규칙은 모든 권한의 원천이 되는 동시에 구성원의 행동을 규제하는 행동지침으로 활용됨. 규칙의 준수는 행동절차와 운영의 일관성을 높이고 조직의 안정성을 유지할 수 있음.

4. 권한의 계층구조

권한의 계층구조란 직위에 의한 위계구조를 말하며, 하위직위는 상위직위의 감독과 통제 하에 있으면서 업무를 수행하게 되는 구조를 말함.

5. 사적 감정이 배제된 제재조치

종업원의 잘못으로 발생된 그릇된 결과에 대한 제재조치는 규칙과 규정에 의하여 적용되므로 일관적인 특징을 갖고 있고, 그 제재 조치는 사적인 감정이 배제된 비인격적으로 적용됨. 구성원에 대한 개인적인 인신비평과 사적인 감정개입을 배제하고 규칙과 규정에 의한 제재조치를 적용함.

6. 공정한 평가

선발과 승진에 관한 의사결정은 후보자들의 기술적 자격, 능력, 성과에 기초를 둠. 규칙에 따르는 조직관리는 공정성을 유도하게 되며, 모든 종업원들은 규칙 및 객관적 기준에 의하여 평가를 받게 되는 것임. 따라서, 공정한 상급자는 부하들의 평가에 있어서 주관적인 판단이나 인간적인 배려를 배제하게 됨. 이를 또 다른 표현으로 정실인사(nepotism) 배제라고도 함.

7. 조직구성원의 신분보장(평생고용계약)

구성원들은 각 조직 내에서 경력경로를 밟아가도록 보장받으면서 종신고용(=평생고용계약)을 보장받게 됨. 종업원이 만족스러운 성과와 능력을 유지하는 한 직업안정이 보장되며, 조직은 종업원의 성실한 직무수행과 능력발휘를 위하여 신분보장, 고용안정, 단계적인 임금인상, 승진 등을 이용함.

8. 조직생활과 사생활의 명확한 구별

조직생활에서는 개인사정으로 인한 요구사항이나 이해관계를 완전히 배제한다는 특징을 가짐. 사사로운 사항들이 조직 활동의 합리적 수행에 저해요인으로 작용하지 못하도록 함.

9. 합리적 조직경영

합리적 조직경영은 조직목표를 세분화하여 각 부서의 목표를 특수화하는 것으로 모든 부서가 그들 각각의 목표를 달성할 때 회사는 전체 목표를 성취하게 될 것임. 관료제 시스템의 합리적 경영자는 조직 목표를 성취하기 위하여 가능한 한 효율적 수단을 이용하며, 과학적으로 조직을 운영함.

10. 사례

정부의 공무원 조직, 정부출연기관, 연구원, 대기업, 정당, 교회, 군대, 공공기관 등

Ⅲ 현대 기업관점에서 비판점

이상적 관료제는 업무의 불확실성을 감소시켜서 직무의 전문성을 발휘, 신속한 의사결정, 정실인사배격의 장점을 가짐. 또한, 관리활동의 표준화를 적용하여 공정성에 의한 업무능률을 꾀하고자 하였음. 그러나, 이러한 장점에도 불구하고, 최근 급격한 경영환경의 변화에 잘 적응하지 못한다는 비판점도 있어, 이에 대한 충분한 이해가 필요함.

1. 목표와 수단의 전치

조직전체의 목표가 하부단위나 개인의 목표에 의해 우선순위가 전도된다는 측면에서 많은 비판을 받음. 규칙이 그들이 달성해야 할 목표보다 중요시되고, 그 결과 목표와 수단이 전치되어 조직유효성이 감소됨. 예를 들어서 정해진 규칙에 지나치게 충실한 나머지 회사목표와 우선순위의 위치가 바뀌게 되는 사례를 들 수 있음.

2. 구성원의 소외 유발

관료제에서 조직은 구성원을 기계의 톱니바퀴로 여기고 있다는 점과 일상적인 자신의 업무가 타인에 의해 쉽게 대체될 수 있다는 사실이 자신을 무기력하게 만들기 때문에 노동의 소외감이라는 비판점을 낳게 됨. 일상적이고 반복적인 업무에 프로페셔널하면서 창의적인 프로정신을 잘 발휘할 수 없는 사례를 들 수 있음.

3. 권한의 집중

관료제의 병폐로서 현상은 소수의 손에 막대한 권한을 집중시킨다는 사실이며, 이러한 집중된 권력은 소수의 권력자들이 부패할 가능성이 많다는 점에 있어서 심각한 단점으로 남음.

4. 규칙과 규정 적용상의 오류

규칙과 규정, 절차 등의 공식화 정도가 심하고 많을수록, 급격하게 변화하는 경영 환경에 유연하게 적응하는 것을 어렵게 함.

5. 조직의 경직화

조직의 경직화란 조직의 태도, 분위기, 사고방식 등이 엄격하여 상황에 융통성이 없는 상태를 의미하며, 이러한 경직된 분위기 속에서는 경영환경 변화에 적합한 융통성을 발휘하기 어려움. 구체적으로 대학의 까다로운 강의등록절차는 학생들이 간절하게 원하는 과목에 대한 수강신청이 규칙우선주의 체계로 인하여 박탈되어 생기는 좌절감의 경우가 그러함.

6. 과잉동조(과두제의 철칙)

집단의 구성원들이 표준적인 행동양식에 지나치게 동조하는 현상을 말함. 관료제 내에서 상관의 지시나 관례에 따라 소극적으로 업무를 처리하려는 관료들의 병리적인 현상 가운데 하나임. 이와 같은 과잉동조는 목표와 수단의 전도, 법규만능사상, 구태의연, 선례답습주의, 무사안일, 책임 회피, 창의력의 결여 등을 조장하고 쇄신을 저해하는 조직풍토를 조성하게 됨.

7. 문서주의, 형식주의

대규모 조직에서는 사무처리의 비합리성을 배제하고 책임의 한계를 명확히 하기 위하여 주로 문서에 의한 업무처리를 하게 되는데, 과도한 관료제는 복잡한 결재 날인 절차(red-tape), 문서다작, 형식주의, 번문욕례 등을 초래하게 됨.

8. 무사안일주의

문제해결에 적극적이고 쇄신적인 태도를 취하지 않고, 정책결정을 지연시키며, 상급자의 지시·명령에만 의존하여 맹종하고, 책임을 회피하기 위하여 상급자의 권위에 의존하는 경우가 빈번함.

9. 변화에 대한 저항

관료제는 본질적으로 보수주의적·현상유지적인 특징을 가지는데, 이에 경영환경 변화에 의한 유연한 적응성이 결여됨. 규정에 지나치게 집착하다 보면 조직이 경직화되어 상황변화에 대처하는 융통성이 부족해질 뿐만 아니라, 개인의 변화에 적응하기 위한 재량권의 폭이 좁아지고 인간의 다양성이나 창의성의 개발이 제한을 받는다는 단점이 있음.

10. 전문화 추구로 인한 무능

분업화된 업무만 알고 있고, 전체적인 업무를 이해하는 능력이 부족하여 관료제는 훈련된 무능함이라는 비판을 받았음. 구성원들의 시야가 좁고, 통찰력이 부족하여 예외 발생 시 상황대처능력도 부족해지는 경향이 나타남. 분업으로 훈련된 전문화된 인력들은 아집과 고집에 의한 편견으로 상호간의 조정과 협조도 곤란해져서 뭔가 새로운 일을 하달하면 일단 분개하며 불가능하다는 의견으로 일갈하는 무능함으로 나타나기도 함.

> **연습 4**
>
> 거시조직이론 중 조직군 생태학 이론, 전략적 선택이론, 제도화 이론의 개념을 각각 설명하고, 이들 세 가지 이론의 차이점을 환경과의 대응관점(임의론과 결정론)과 조직의 분석수준에서 각각 논하시오.
>
> 2015년 제24회 기출

I 거시조직이론의 개요

- Astley와 Van de Ven은 조직분석 수준과 환경인식을 기준으로 하여, 거시조직이론을 분류하였으며, 여기서, 조직분석 수준은, 과거 개별조직이 주된 관심이었던 반면에, 최근 조직군들이 독특한 특성을 갖고 있는 것으로 나타나 연구가 급증하고 있음.
- 환경인식 즉, 환경과의 대응관점은 경영환경과 조직의 적합성을 강조하는 결정론과 경영자의 주관적인 선택을 강조하는 임의론으로 구분되어 설명할 수 있으며, 아래의 도식과 같이 분류할 수 있음.

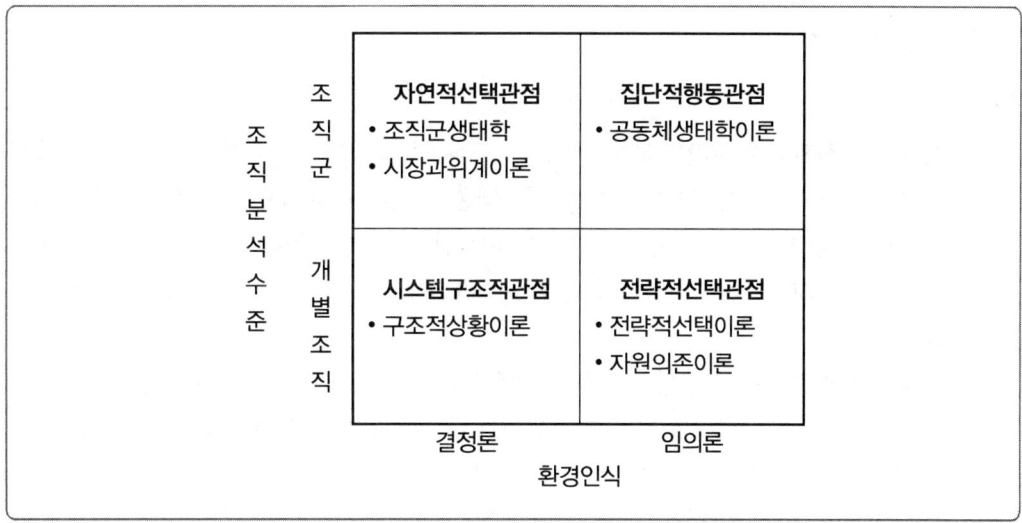

Ⅱ 각 이론의 개념

1. 조직군 생태학 이론

1) 의의
- 생태학이란 유기체가 환경으로부터 영향을 받아 어떻게 생성되고 분포하며 사멸하는가를 연구하는 학문이며, 조직군이란 유사한 형태의 자원을 활용하고 유사한 산출물을 생산하면서 유사한 행동양식을 보이는 조직들의 집합체를 말함. 생태학을 조직군에 적용한 '조직군 생태학 이론'은 개별조직의 집합체인 조직군과 환경과의 관계를 연구한 이론이며, 조직군이 경영환경에 적응하기 위하여, 어떻게 변이, 선택, 보존활동을 하는지에 관심을 갖고 연구한 이론임.
- 대표적인 연구자에는 한난(Hannan), 프리만(Freeman) 등이 있음.

2) 전제조건
조직은 한 번 정해지면 변화하지 않으려는 관성이 있기 때문에 조직군 안에 나타나는 혁신과 변화는 기존 조직의 계획과 변화를 통해서보다는 주로 새로운 조직유형의 탄생을 통하여 이루어짐.

3) 특징
① **생물학적 적자생존, 자연도태론에 입각** : 조직군생태학이론은 다윈(Darwin)의 『종의 기원』에서 볼 수 있는 생물의 변이, 적자생존, 자연도태설 또는 자연선택설은 조직군과 환경의 관계를 설명하는데 유추하여 해석할 수 있음. 생물 진화론은 새로운 종 또는 환경에 적합한 종이 출연하여 번성하는 반면에, 기존의 종은 왜 사멸하는지를 설명한 이론임.
② **조직군의 환경적합에 관심** : 조직군생태학이론은 환경적합에 많은 관심을 갖고 있으며, 조직은 각자의 형태를 가지고 발생·생존·소멸하며, 환경에 적합한 것은 선택되어 보존되고, 부적합한 것은 도태되고 소멸됨.
③ **적소(niche) 및 적합성(fitness) 강조** : 조직이 생존하는데 필요한 적합한 틈새를 강조하여, 새로운 조직은 모두 자신이 생존할 수 있는 적소 또는 적합성을 찾기 위해 노력함. 적소란 특정한 환경자원 및 필요가 존재하는 영역을 가리킴. 조직이 성장하게 되면 적소의 규모도 확장되지만, 적합한 적소를 발견하지 못하는 조직은 쇠퇴하거나 도태됨.

④ 변이, 선택, 보존 : 변이란 새로운 조직형태가 조직군 안에 출현하는 것을 말함. 변이가 발생함으로 인하여 조직형태의 다양성과 복잡성이 증가함. 다윈은 이를 돌연변이라고 하였지만, 조직군 생태학에서는 돌연변이뿐만 아니라, 계획적이고 의도적인 변이도 포함함.
- 적소란 적절히 찾아 형성된 조직은 환경에 적합한 것으로 받아들여져 생존됨. 여기서 적소란 특정한 환경자원 및 필요가 존재하는 영역을 가리킴. 수많은 변이 중에서 환경의 선택을 받아서 생존하는 조직은 몇 종에 불과함. 적소를 발견하여 생존에 필요한 자원을 공급받는 조직은 생존하지만, 그렇지 못한 조직은 사멸함.
- 보존이란 환경에 의해 적합한 것으로 선택을 받은 조직형태가 제도화되고 유지되는 것을 보존이라고 함. 어떤 기술이나 제품·서비스는 환경에 의해서 매우 가치 있는 것으로 여겨짐. 보존된 형태는 환경 속에서 지배적인 위치를 차지하게 됨.

4) 생존전략 : 제너럴리스트, 스페셜리스트
- 조직군생태학 관점에서 생존 전략은 제너럴리스트 전략과 스페셜리스트 전략으로 구분하여 이해할 수 있음. 제너럴리스트 전략은 넓은 범위의 적소 또는 활동영역을 지닌 조직, 즉 다양한 범위의 제품이나 서비스를 여러 시장을 대상으로 제공하는 전략이고, 스페셜리스트 전략은 좁은 범위의 제품이나 서비스를 한정된 시장에 제공하는 조직을 말함.
- 다양한 제품과 서비스를 목표로 하는 제너럴리스트는 환경에 변화하면 자원을 재배치할 수 있지만, 스페셜리스트는 그렇게 할 수가 없음. 그러나, 스페셜리스트는 대부분 작은 조직으로 나타나므로 해당 분야에서만큼은 전문성을 지니고 있다는 장점을 갖고 있음. 이 두 전략을 활용하여 성공하는 경영인은 개방된 적소에 진입하는 전략을 선택하고 조직을 맞추어 나갈 때 그 결과가 분명하게 나타난다고 할 수 있음.

5) 공헌점과 한계점
① **공헌점** : 조직군생태학이론은 ㉠ 조직의 연구 분석수준을 높여서 환경과의 관계를 거시 사회적으로 다루었다는 점, ㉡ 조직의 생존과 적응을 환경 선택적 관점에서 설명하였다는 점에서 유용하고, ㉢ 사회적인 영향을 받은 체계의 변화를 설명하였다는 점을 제공하였음.
② **한계점** : ㉠ 지나치게 환경결정론으로 치우쳐 있고, ㉡ 자연적인 생물체계를 인간으로 구성된 사회조직을 설명하고자 하는 데 근본적인 문제점이 있으며, ㉢ 경험적이고 실증적인 연구수준이 높지 않음. 예를 들어서 조직군에는 어떤 조직들이 포함되고 그 경계가 명확하지 않으며, 적소의 정의를 어떻게 조작적 정의를 내려야 할 지 알 수 없고, 적합성의 확립과정도 알 수 없으며, 변이의 근원은 무엇인지 알 수 없고, 미숙하다는 비판을 받았음.

2. 전략적 선택이론

1) 의의
- 전략적 선택이론은 상황요인 그 자체와 조직구조 사이에 매개역할을 하는 경영자에 의한 상황요인의 지각과 선택과정이 개입된다는 이론임. 전략적 선택 관점은 개별 조직을 분석수준으로 하여 임의론적 관점에서 조직이 환경을 변화시키거나 조직이 환경에 적응적으로 대응한다는 입장에 해당함.
- 전략적 선택이론은 조직은 환경 속에서 자신이 원하는 것만 전략적으로 선택하여 활용한다는 이론으로 챈들러(Chandler, 1962)가 주장한 전략결정론을 확장시켜서 차일드(Child, 1972)가 전략적 선택이론을 주장하였음.

2) 등장배경
- Child에 의해 제기된 전략적 선택 이론은 구조적 상황이론이 경영자에 의한 전략적 선택의 중요성을 무시하고 있다는 점을 지적하고, 조직설계를 결정론적 관점으로 설명하는 상황이론을 비판하면서, 이에 대한 경쟁적 패러다임으로 등장함.
- 구체적인 내용을 살펴보면, 환경과 조직은 어느 정도 느슨하게 연결(loosely coupled) 되어 있기 때문에, 동일한 환경 하에서도 조직은 주어진 목표에 도달할 수 있는 방법은 다양하다는 점이 있다고 하였음. 즉, 이인동과성의 개념을 강조하였으며, 이때 환경과 조직의 연결역할을 하는 관리자의 환경에 대한 지각이 중요하다고 하였음.

3) 전략과 조직구조의 관계
환경이 조직에 미치는 영향은 그다지 중요하지 않으며, 관리자가 환경을 어떻게 인식하느냐가 중요하다고 보았음. 즉, 환경의 일방적인 지배를 받는 것이 아니라 환경을 임의적으로 혹은 전략적으로 선택할 수 있다는 것이 전략적 선택이론임.

4) 전략적 선택이론의 방식
① 의사결정자 자율성에 의한 대안의 선택 : 의사결정자는 자율성을 갖고 있으며, 경영자가 상황요인에 적응하는데 다양한 대체안 중 어느 하나를 선택할 수 있음. 관리자들의 재량의 폭은 생각보다 넓어서 상황에 대처하는 대안에는 여러 가지가 있으며, 이 여러 대안들 중에 어느 것을 선택할 지는 관리자가 결정하는 것임.

② **환경조정 및 통제** : 조직은 때로 그들의 환경을 조정하고 통제할 수 있는 권력을 갖고 있음. 다시 말하면, 조직은 환경의 지배만 받는 것이 아니라 때로는 자신의 구미에 맞게 환경을 조정하고 통제할 수 있음을 의미함. 특히, 대기업의 경우 시장수요가 없더라도 자신들이 만들어 낸 제품과 서비스를 광고·홍보하면서 억지로 유행을 창조하여 구매하도록 부추기는 것임.

③ **주관적 지각과 평가** : 의사결정자들은 그들의 환경에 비추어 주관적이고 상대적으로 환경을 지각, 평가하고, 해석함. 동일한 환경에 대해서도 경영자들은 자기 주관에 따라 달리 해석하고 다르게 반응하기 때문에 다양한 해석과 전략적 선택들이 나오는 것임. 주관적 환경과 유사한 개념으로 창조적 환경이라고 부르기도 하는데, 환경이 조직을 창조하는 것이 아니라 조직을 창조된 환경에 맞추어 나가는 것임.

5) 공헌점

① 조직과 환경의 연결역할을 하는 최고경영자의 능동적인 역할(창조적 지각능력)을 강조하였다는 점, ② 구조적 상황이론의 한계점을 수정/보완하여 설명하였다는 점, ③ 관리자는 환경을 조직에 유리하게 조정하거나 통제할 수 있는 영향력을 갖고 있다고 보았다는 점에서 현상을 파악하게 해 줌.

6) 한계점

① 의사결정자들이 새로운 환경에 직면해서 겪게 되는 진입장벽으로 인한 최적선택의 제약이 존재한다는 점을 간과하였고, ② 사실 권력이라고 하는 것은 대규모 조직 또는 정치적으로 잘 연계된 조직 이외에는 환경에 영향력을 제공하는 권력에 한계가 있다는 점, 즉 조직 내외의 다양한 사회적 세력에 의하여 전략적 선택의 폭을 제약한다는 점을 지나쳤으며, ③ 경영자들이 실제로 보유하고 있는 자유재량의 범위가 협소하다는 현실 때문에 조직구조에 영향을 미칠 수 있는 범위가 제한된다는 측면으로 비판을 받았음.

3. 제도화이론

1) 의의

- '제도'란 조직이 취하는 실제의 설계구조나 운영시스템이며, '제도화이론'은 조직간 관계에 대한 관점 중 조직이 생존하기 위해서는 효율적인 생산을 하는 것 이상으로 이해관계자로부터 '정당성'을 획득하는 것이 중요하다고 주장한 이론임.
- 조직은 외부 이해관계자를 만족시키기 위해, 조직구조와 과정을 선택하며, 조직의 활동에 대한 외부 이해관계자의 기대는 조직에게 일종의 규칙으로 여겨져야 한다는 것으로 이해관계자들로부터의 기대를 정당성이라고 부름.

2) 정당성

'정당성'이란, 조직의 활동이 바람직하고 적절하며, 환경의 규범과 가치, 그리고 신념체계와 부합한다는 사회 전반의 시각을 의미함.

3) 제도적 동형화

'제도적 동형화'란, 동일한 환경에 있는 조직들이 서로 닮도록 이끌고 구속하는 과정을 말하는 것으로 이에는 모방적 동형화, 강압적 동형화, 규범적 동형화가 있음.

① 모방적 동형화
- 모방적 동형화란 조직에서 적용할 기술을 잘 이해하기 어렵거나, 조직의 목표가 모호하거나 환경이 불확실할 경우에 조직이 다른 조직에서 적용하고 있는 성공적인 전형적 모형을 찾아 모방함으로써 제도적 동형성을 찾는 것을 말함.
- 구체적으로 어느 기업에서 마케팅을 어떻게 해야 할지 모르는 경우에 성공한 다른 기업의 마케팅 전략을 벤치마킹하는 경우를 들 수 있음.

② 강압적 동형화 : 강압적 동형화란 어떤 조직이 의존하고 있는 다른 조직으로부터의 영향이나 사회적인 기대가 그 조직에 공식적이고 비공식적인 압력으로 작용하여 나타나는 현상임. 예를 들면 오염통제나 학교규제의 경우 지역의 다른 기업체의 영향, 지역주민들의 기대에 부응하기 위하여 비공식적 또는 공식적인 압력에 의해 오염통제 시설을 막대한 투자를 들여 마련하는 경우, 학교의 학생차별, 학교폭력 제재 등을 목적으로 지역사회에서 규제를 하는 사례로 볼 수 있음.

③ 규범적 동형화
- 전문성 및 전문적 기준을 수용하여 조직에 가장 효과적이고 최선의 방법이라고 할 만한 기법을 규범적인 요소로 수용하여 동형화가 이루어지는 현상임. 정부평가단이 경영평가를 실시할 때 외부자문기관의 컨설팅을 받아서 혁신을 했다면 높은 점수를 주고, 자체 인력으로 한 경우에는 무시하는 사례를 들 수 있는데, 이것은 전문가의 지시대로 혁신을 따랐다고 해야만 평가단으로부터 정당성을 인정받을 수 있기 때문이라는 데 기인함.
- 제도적 환경에 대하여 조직의 정당성을 제고하는 데에는 모방적/강압적/규범적 동형화가 모두 작용하거나, 어느 한 요인이 주로 작용할 수 있음. 기업의 모범기업에 대한 의존성, 환경의 불확실성, 전문적 기준, 기업의 자체적인 능력 등에 따라 동형화 수준에는 차이가 있으며, 경영자의 창의적인 시도와 환경에 대응하는 과정에서 발생하는 많은 다양성에도 불구하고, 조직의 모습을 유사하게 만듦.

4) 공헌점과 한계점

- 제도화 이론에서는 Ⓐ 조직을 목표 지향적이면서 합리적 실체로 파악하기 보다는 하나의 제도로 파악함으로써 경제적 효율성 보다는 지속적인 생존의 중요성을 강조하였다는 점, Ⓑ 조직과 환경간의 관계, 조직 간의 관련성에 관심을 가졌다는 점, Ⓒ 조직의 규범적이고 공식적인 측면의 중요성을 설명했다는 점 등에 있어서 공헌하였음.
- 제도화 이론의 초점은 Ⓐ 조직의 다양성보다는 유사성에 있기 때문에 자신만의 아이디어로 조직을 만들려는 관리자들의 동기를 저하시키므로 창의성 상실하게 한다는 점과 Ⓑ 가장 근본적인 문제점은 조직들 간의 유사성이나 이해관계자의 기대에 맞추어야 한다는 정당성을 중요하게 여긴 나머지 조직목표의 달성을 위한 효율성에는 무관심하다는 점임.

Ⅲ 차이점

1. 환경에의 대응관점(결정론, 임의론)

1) 조직군생태학 이론

조직군생태학이론은 경영환경과의 적합성을 중요하게 다루었으며, 경영환경의 변화에 조직이 적응해 나가야 함을 강조함. 즉, 환경결정론적 관점임.

2) 전략적 선택 이론

상황요인과 조직구조 사이에 경영자의 상황요인 지각과 선택과정이 개입된다는 이론으로서, 경영환경에 대한 조정/통제가 가능하다고 본 이론임. 환경임의론적 입장임.

3) 제도화 이론

조직구조나 행위는 제도적 환경의 영향 속에서 형성된다고 보고, 제도적 환경으로부터 정당성을 확보하고 지지를 얻어 안정적으로 기능을 수행한다고 보았음. 따라서, 비록 아스트리와 반드벤의 조직분석의 모형에는 없지만, 제도화 이론은 환경결정론적 입장임.

2. 조직분석 수준

조직군 생태학 이론은 개별조직의 집합체인 조직군을 분석단위로 하고, 반면에 전략적 선택 이론은 개별 조직을 분석단위로 하고 있음. 제도화 이론의 경우 개별조직의 정당성 확보와 생존을 위하여, 조직 간의 제도적 유사성, 동질성을 형성해야 한다는 이론이므로, 개별조직을 분석단위로 한 것인지 조직군을 분석단위로 한 것인지 명확한 파악이 어려움.

[R.Daft & A.Narashimhan의 거시조직이론 분류]

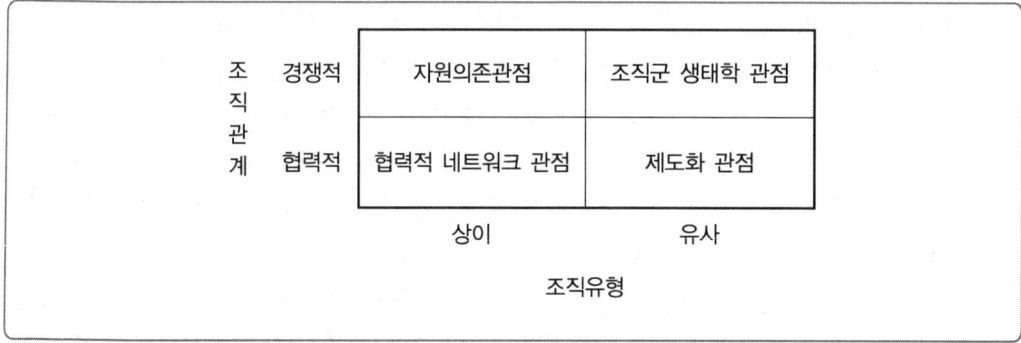

[협력적 네트워크 관점]

1. 의의

협력적 네트워크 관점은 자원의존관점에 대한 대안으로 떠오르는 이론임. 기업들은 경쟁력을 높이고 희소한 자원을 공유하기 위하여 공동체를 구성하고 있으며, 예를 들어서 항공기업들은 중소기업과 협력하여 차세대 제트기를 개발하고, 대형 제약회사들은 혁신적인 중소 생명공학기업과 협력관계를 맺으면서 자원과 지식을 공유하며 혁신을 촉진하고 있음.

2. 협력의 동기

협력관계를 맺는 이유는 새로운 시장에 진입하는 데 따르는 비용을 분담하고, 특정 산업 또는 기술에 대한 조직의 능력을 제고하려는 데 있음. 최근 혁신, 문제해결, 성과 제고를 위해서는 조직 간의 협력이 필수요건이며, 또한, 파트너십은 세계 시장에 진입하기 위한 가장 좋은 수단이 되기 때문임. 조직 간의 협력은 안전망의 역할을 하여 장기 투자와 위험추구를 가능하게 할 뿐만 아니라, 과거 적대적이었던 관계에서 동반자적인 관계로 변모하면서 더욱 혁신적이고 높은 성과를 달성할 수 있게 된다는 측면에서 협력의 이유를 들고 있음.

3. 조직간 관계에 대한 관점의 변화

1) 과거 전통적 관점 : 적대적 관계

과거에는 조직 간의 관계를 경쟁적이고 적대적이며, 각자의 이익을 추구하는 엄격한 관계였으며, 만약 법적인 문제가 발생할 경우에는 법적으로만 갈등을 해결하는 경향이 있었음. 혹여나 기업 간의 계약관계가 있는 경우에는 단기적인 거래로서 최소한의 관여만 하는 분리된 기업체로서의 관계를 갖고 있었음.

2) 새로운 관점 : 동반자 관계

협력적 네트워크 관계는 기업 간에 신뢰 관계를 형성하여 가치 있는 공통의 목표를 창출하고, 공정하고 공평한 거래 관계를 형성하면서 상호작용을 통한 문제해결을 하는 관계로서 보았음. 상호 긴밀한 조정 메커니즘을 가지면서 갈등이 있는 경우 장기적인 거래 관계에서 해결을 보고, 공유된 자원과 정보를 가지고 계약관계를 초월한 상호지원을 하는 관계라고 설명함.

[Barnard의 협동체계론]

1. 통합이론 의의

- 통합이론의 대표적인 학자는 바나드(Barnard)와 사이몬(Simon)이 있으며, 고전이론에서는 인간이 무시된 공식조직만 존재하고, 신고전이론에서는 공식조직이 무시된 채 인간만 존재한다고 비판하면서 조직과 조직 내 인간에 대해 비교적 균형 잡힌 접근을 시도하였음.
- 통합이론에서 말하는 조직은 하나의 목적을 위해 다수의 사람이 협동하는 상호작용을 통해 작동하는 시스템으로 보면서, 조직 상층부의 역할은 개인과 조직의 목적을 일치시키는 것이라고 주장한 이론을 말함.

2. 개인과 조직의 개념

1) 개인

Barnard는 자신의 저서 「집행자의 기능」이라는 저서를 통해 개인과 조직의 경제적 목적과 개인의 인간관계 목적이 통합되는 협동체계를 제시하였음. 그렇다면, 통합이론에서 말하는 개인의 본질적인 특징은 조직의 목적에 의해 허용되는 행동의 제한된 선택의 범위를 갖는 것이라고 하였으며, 혼자서 달성할 수 없는 목적을 이루기 위해 자발적으로 협동시스템에 참여함으로써 목적을 달성하기 위해 비인격화 내지 사회화 한다고 설명함.

2) 조직

Barnard는 조직을 집단이 아닌 협동적 관계이며, 인간 상호작용의 협동시스템으로서 보았음. 그는 조직을 2인 이상의 사람들이 의식적으로 조정된 행동을 하는 시스템이라고 보았음.

3. 조직의 기본요소

① 협동의지 : 조직의 목적달성을 위해 개인이 노력하고자 하는 마음의 상태를 말함. 이러한 공헌의욕은 개인이 조직에 주는 공헌과 이에 대한 대가로 조직으로부터 받는 것의 비교를 통해 발생하는 것이라고 봄.

② 공동의 조직목적 : 조직구성원들이 수용할 수 있는 목적을 말하는 것으로 목적달성의 방향으로 여러 구성원들의 힘이 결합되어 협동시스템으로 발전되어야 한다는 것임.

③ 커뮤니케이션 : 협동의지와 공동의 조직목적을 형성될 수 있게 하는 유일한 수단으로, 커뮤니케이션은 조직의 목적과 구성원의 협동의지를 연결시켜주는 수단으로서 필수적이라고 보았음. 조직에서는 공동의 목적달성에 대해 구성원이 공헌하려는 의욕이 높아야 하는데, 이를 위해서는 우선 조직구성원들이 커뮤니케이션을 통해 조직목적을 이해하고 있어야 한다고 보았음.

4. 조직균형론

1) 개요

바나드는 조직의 목적과 개인의 목적은 원래 일치하지 않는다는 데서 출발한다고 보았으며, 일치하지 않는 이 두 개의 목적을 어떻게 극복하느냐가 협동체계론의 출발점임. 그는 조직이 존속하기 위해서는 대내적 균형과 대외적 균형을 유지해야 한다고 보았음.

2) 대내적 균형

조직과 개인 구성원간의 관계에 관한 것으로 개인이 조직에 공헌하기 위해 협동할 의사를 가지고 있어서 조직을 떠나지 않고, 조직도 개인을 계속 보유하고 있는 상태를 말함. 이러기 위해서는 개인이 조직에 주는 공헌과 조직이 개인에게 주는 유인이 엇비슷하거나 공헌보다 유인이 커야 된다고 함.

공헌 ≤ 유인

3) 대외적 균형

외부환경(구매업체, 고객 등)과의 균형을 말하며, 조직 외부에서 들어온 원자재 등을 변화시켜 다시 조직 외부로 내보내어 잉여가치를 창출할 때 존속이 가능해진다고 보았음.

5. 평가

- 조직의 본질을 이해하는데 있어서 조직목적이라는 합리적 측면과 구성원의 인간적 측면을 모두 포함하여 설명하고 있는 이론이라는 데 의미 있음.

- 조직의 경제적 목적이라는 공식적 측면과 인간관계의 사회적 측면으로서 비공식적 측면을 통합하려는 시도를 높게 평가하였음.

[Simon의 의사결정체계]

1. 의의

- 사이먼의 의사결정체계는 조직과 개인을 모두 고려한 통합이론 관점에서 의사결정을 다룬 학자임. 사이먼은 인간은 가능한 한 합리적인 의사결정을 지향하지만, 그 합리성에는 한계가 있을 수밖에 없기 때문에 완벽하게 합리적인 의사결정은 근본적으로 불가능하다고 주장하였음(제한된 합리성).
- 사이먼 역시 바나드의 협동체계론과 마찬가지로 조직 목표와 개인 목표를 일치시켜야 한다고 보았음.

2. 조직관리의 핵심 : 제한된 합리성 안에서의 의사결정

- 사이먼은 기업의 커뮤니케이션이나 의사결정이 합리적으로 이루어지느냐의 문제가 조직관리의 핵심이라고 보고, 의사결정 활동을 중요한 조직행동으로 인식하였으며, 관리자들의 의사결정은 아무렇게나 해서는 안 되므로 제한된 합리성 안에서 하는 것이 가장 현실적으로 하였음.
- 건초더미 속에 묻힌 여러 개의 바늘 중에 한 개를 선택하여 사용할 때, 가장 좋은 바늘을 찾기 위해 온종일 낭비하는 것은 바람직하지 않으며, 그렇다고 무조건 아무거나 잡히는 대로 집어 사용하는 것도 바람직하지 않으며, 몇 개를 찾아보고 그 중에서 그대로 가장 괜찮은 바늘을 선택하여 사용하는 것이 가장 좋은 관리라고 하였음.

3. 관리인(administrative man)의 관점

- 사이먼은 과학적 관리법의 경영자들이 절대적 합리성만 추구하는 경제인 이라면 제한된 합리성 내에서 현실적으로 의사결정을 해 나가는 경영자들이 바로 가장 합리적인 관리인이라고 설명하였음.
- 여러 가지 한계 속에서 경험과 분석력으로 판단을 하는 관리자는 사용가능한 좋은 바늘을 찾아내는 의사결정을 하는 관리적 경험을 갖춘 사람이어야만 가능하다고 보았던 것임.

경영조직론 답안작성연습

> **연습 5**
> 도덕적 해이의 개념을 설명하고, 이와 관련된 이론인 거래비용이론과 대리인 이론을 서술하고, 도덕적 해이의 결과와 방지책을 설명하세요. (25점)

Ⅰ 도덕적 해이의 개념

일반적 의미의 〈도덕적 해이〉는 미국에서 보험가입자들의 부도덕한 행위를 가리키는 말로 사용되기 시작하였다. 윤리적으로나 법적으로 자신이 해야 할 최선의 의무를 다 하지 않은 행위를 나타내는데, 법 또는 제도적 허점을 이용하거나 자기 책임을 소홀히 하는 행동을 포괄하는 것이다. 이후 조직관리 관점에서 도덕적 해이 개념을 다양하게 사용하고 있으며, 이처럼 도덕적 해이로 인해 자신의 사익 추구를 위한 사회적 비용이 수반되는데, 대표적으로 거래비용이론과 대리인이론에 대하여 살펴보도록 하겠다.

Ⅱ 거래비용이론

1. 의의

거래비용이론에 의하여, 조직을 설명한 이론이며, Coase로부터 출발하여 Williamson에 의해 체계화되었다. Williamson 연구의 핵심은 위계적 성격을 갖는 조직이 시장에서 형성되는 이유를 밝힌 것이며, 일정한 범위의 거래가 시장에서 이루어지기 보다는 상대적으로 비용이 적게 들어 효율적인 경우에 조직이 형성된다고 본 것이다.

2. 거래비용의 유형

시장에서 거래하는 데 필요한 비용에는 정보획득에 드는 준비비용, 협상과 계약서 작성에 필요한 합의비용, 납기준수와 가격준수, 거래기밀유지와 같은 통제비용, 거래계약기간 중에 계약조건 변경에 의한 적응비용 등이 있는 것으로 알려졌다.

3. 시장실패의 원인

거래비용경제학에 의하면, 기업은 시장 메커니즘 또는 기업의 위계조직이라는 거래양식을 통해서 필요한 자원을 조달하는데, 그 결정은 거래비용을 통해서 이루어진다고 하였다. 그러나, ① 제한된 합리성, ② 거래의 불확실성과 복잡성 ③ 상대방의 기회주의적 행동 ④ 소수의 거래자, ⑤ 정보의 편재성 등으로 기회비용이 높아지는 경우, 시장거래는 더 이상 효율적으로 발휘하지 못하게 되는 시장실패를 겪게 된다고 설명하고 있다.

[거래비용이 발생하는 원인]

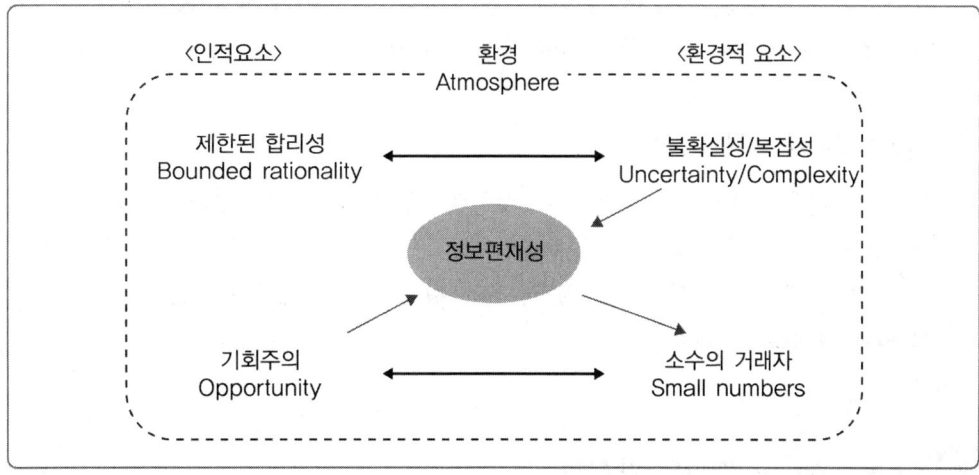

4. 거래비용과 도덕적 해이

시장실패의 원인이 되는 이유로서, 기회주의적 행동이 바로 도덕적 해이이고, 이러한 도덕적 해이를 방지하기 위해서 들어가는 비용이 거래비용으로 발생하게 되는 것이다.

Ⅲ 대리인 이론

1. 의의

사회적 관계에는 본인-대리인이 있으며, 기업 실무 사례로 들어보면 전문경영인은 주주의 대리인이라 할 수 있다. 여기서 본인-대리인간의 이해관계에서 충돌로 인한 대리인 문제가 발생할 수 있으며, 그 결과 대리인 비용이 발생한다는 이론이다. 효율적인 본인-대리인 관계를 유지하기 위해서는 대리인 비용을 최소화할 필요가 있다.

2. 대리인 비용

대리인 행동에 대한 주주의 〈감시비용〉, 대리인이 열심히 일을 하고 있고 주인에게 해가 되지 않고 있음을 확신시키기 위한 〈확증비용〉, 최적의 의사결정을 하지 않아 발생하는 〈잔여손실비용〉이 있다.

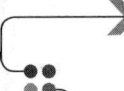
경영조직론 답안작성연습

3. 이론의 시사점

대리인 관계를 기업경영으로 해석하여 최고경영진을 위한 보상체계의 설계에 있어서 대리인 이론은 의미 있는 시사점을 주고 있다. 스톡옵션, 성과급제도 등은 경영자가 주주를 위한 최적의사결정을 하게끔 돕기에 대리인 비용을 줄이는데 기여할 수 있다.

4. 대리인 비용과 도덕적 해이

〈도덕적 해이〉란 계약이 성립된 이후에도 대리인이 정보비대칭성을 이용하여 계약을 불이행하거나 불성실한 태도로 계약을 실행하는 것을 말한다. 대부분의 주주들이 기업에서 멀리 떨어져 있기 때문에 전문경영자는 공금횡령, 이중회계장부 작성, 주가조작 등을 하게 되는 것이다.

Ⅳ 도덕적 해이의 결과와 방지책

1. 결과

도덕적 해이는 거래관계에 있는 상대방이나 이해관계자에게 손실을 입히고, 더 나아가 제3자에게까지도 피해를 입힐 수 있으며, 이러한 기업의 반윤리적 행위로서 나타나는 도덕적 해이는 조직성과에도 악영향을 미친다. 일례로 금융기관이 파산하면, 일차적으로 고객에게 피해를 입히고, 그 뿐만 아니라 경제 전반에 걸쳐 연쇄적인 시장악화를 초래하게 되며, 이후 사람들에게 부정적인 사례로서 남게 된다는 점에 있다.

2. 방지책

1) 계약관계에서 명확한 법률적 장치

개인 간의 관계 또는 고용관계에서 계약서 내에 명확한 근무시간과 보상 제도를 명시하고, 구체적인 상황에 해당할 경우 공식적인 인사 조치에 대한 명시를 하여 전문경영자가 도덕적 해이를 할 수 없도록 법률적/제도적인 장치를 마련하는 것이다.

2) 다양한 감독장치

매년 정기적인 인사감사제도 실시, 사외이사제도에 의한 검증, 정기적인 회계감사와 투명한 설명 보고 시스템 등을 마련하여 다양한 감독장치를 두고, 계약관계의 당사자 스스로 감독장치에 입하기도 하고, 감독 대상에도 해당하도록 하는 방식으로 해야 함이 안전하다.

3) 비공식적 제도에 따른 통제

도덕적 해이에 대한 통제는 명시적인 제도가 아니라, 사회적 평판과 비판, 신뢰와 윤리의식, 대외적인 이미지 등과 같은 비공식적인 제도를 통하여 이루어지기도 한다는 점을 알아두어야 한다. 예를 들어서 사회가 투명해질수록 조직의 운영상황이 오픈되는데 이러한 상황속에서 은연중에 도덕적 해이를 제한받게 되는 효과를 갖게 될 것이다.

4) 정부개입 및 법률적 규제

도덕적 해이 행동을 제한하는 개인정보보호법, 부정경쟁방지 및 경영기밀 유출에 관한 법률, 형법상의 횡령죄, 배임죄 등에 대한 제도적 규제를 강조하고, 정부는 지속적인 법제개정으로 개입하여 불필요한 분쟁과 협상비용을 감소시켜야 할 것이다.

경영조직론 답안작성연습

사례형 문제

다음 글을 읽고 물음에 답하시오.

> 과거에는 조직 간의 관계를 주로 경쟁적 관점에서 바라보았다. 경쟁에서 앞서기 위해서는 제한된 자원을 다른 기업보다 먼저 획득하기 위해 노력해야 했고, (A) 환경에 대한 의존도를 낮추기 위해 외부자원을 통제하기 위해 힘써야만 했다. 그러나, (B) 이제 많은 기업들은 협력이 성공에 필수적이라는 사실을 인지하고 있다. Apple은 삼성을 대체할 공급자를 찾지 못하자 결국 각종 법적분쟁을 마무리하고 삼성의 고객사로 남게 되었다. 삼성이 Apple을 넘어야 할 산이자 최대의 라이벌로 생각하지만, 만약 Apple이 실패할 경우 삼성 역시 엄청난 매출과 수익을 잃게 될 것이다. 따라서, 어느 정도 두 기업은 서로에게 유익한 관계로 묶여 있다고 볼 수 있다.

1) 위 글에서 밑줄 친 (A)와 (B)의 관점을 대표하는 조직이론을 하나씩 선정하여 각각의 이론에 대하여 ① 조직간 관계에 대한 기본적 가정, ② 핵심개념 및 용어, ③ 조직이 처한 문제를 해결하는 방안을 순서대로 설명하시오. (30점)

2) 위 글의 밑줄 친 (B)부분에서 설명하는 '기업 간 협력'이 발생하는 이유(동기)와 그 구체적 사례라 할 수 있는 조직 간의 수직적·수평적 네트워크에 관하여 설명하시오. (20점)

문제 1) 자원의존관점과 협력적 네트워크 관점

Ⅰ 조직간 관계 고찰의 필요성

 조직간 경쟁과 협력을 이해할 수 있는 통합적 모형과 관점은 경영자가 자신의 역할을 기업의 성과창출에만 관심을 두는 수직적 경영으로부터 조직간 관계를 초월하여 연결 관계를 구축하는 수평적 경영으로 변화시키는데 도움이 될 것이다. 조직간 관계는 조직들이 서로 유사한지 아니면 상이한지, 그리고 서로 협력적인지 아니면 경쟁적인지의 여부에 따라 구분될 수 있으며, 이를 정리하면 다음의 그림과 같다.

조직관계		조직유형	
		상이	유사
	경쟁적	자원의존관점	조직군 생태학 관점
	협력적	협력적 네트워크 관점	제도화 관점

Ⅱ A관점 : 자원의존이론

1. 조직간 관계에 대한 기본적 가정

- 자원의존이론이란 조직은 환경에 의존할 뿐만 아니라 능동적·적극적으로 가능한 한 환경에 대한 의존도를 최소화하고, 의존에서 비롯되는 여러 가지 제약과 불확실성에 대응하는 자율성과 독립성을 유지하기 위하여 환경에 영향력을 행사하려 한다는 이론이므로, 환경을 변화시켜 환경의 통제를 극복하고자 하는 조직의 주체적 노력을 강조하는 접근법이다.
- 조직간 관계에 있어서는 〈상이한 관점〉을 가정하며, 상이한 조직끼리 자원 확보를 위해 〈경쟁하는 관점〉을 취하고 있다.

2. 핵심개념

- 자원의존이론을 주장한 페퍼와 살란식(Pfeffer & Salancik)은 자원의존을 결정짓는 조건을 ① 〈자원의 중요성〉을 들고 있으며, 교환의 상대적 크기와 중대성에 의해 결정된다고 보았고, ② 이해관계자 집단이 자원의 배분과 사용에 대해 행사하는 〈재량권의 범위〉를 들었다. 이러한 재량권의 범위는 권력의 원천으로서 작용한다. 그리고 ③ 〈통제권의 집중〉을 들고 있는데, 조직이 특정 자원의 원천을 관리하고 교체하는 등 통제권을 갖고 있는지에 대한 것이다.
    ※ 자원의존이론은 "권력"을 강조한 이론임.
- 여기서 경영진의 대표적인 역할로서 〈재량적 역할〉은 환경을 조정하거나 환경 자체를 변화시킬 수 있는 경영자의 능력으로 재량권·자율권의 행사 수준 정도가 자원의존도를 결정한다고 하였다.

3. 조직이 처한 문제를 해결하는 방안

1) 환경의 불확실성에 대한 대응방안(소극적 대응전략)

　① 인수합병(Merger & Acquisition), ② 합작투자(joint venture), ③ 전략적 제휴(Strategic alliance), ④ 공급계약(supply contract), ⑤ 중역채용(executive hiring), ⑥ 광고와 홍보(advertisement & PR)가 있다.

2) 환경을 직접적 통제 전략(적극적 통제전략)

　① 활동영역의 변경(diversification), ② 정치활동과 로비(political action & lobby), ③ 산업협회(trade association), ④ 비합법적 행동(illegal action)이 있다.

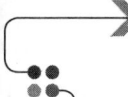

경영조직론 답안작성연습

Ⅲ B관점 : 협력적 네트워크 관점

1. 조직간 관계에 대한 기본적 가정

- 협력적 네트워크 관점은 자원의존관점에 대한 대안으로 떠오르는 이론이다. 기업들은 경쟁력을 높이고 희소한 자원을 공유하기 위하여 공동체를 구성하고 있으며, 예를 들어서 항공기업들은 중소기업과 협력하여 차세대 제트기를 개발하고, 대형 제약회사들은 혁신적인 중소 생명공학기업과 협력관계를 맺으면서 자원과 지식을 공유하며 혁신을 촉진하고 있다.
- 조직 간의 관계를 과거에는 적대적으로 보았던 전통적 관점에서 동반자로서 협력적 관계로서 바라본다는 것으로 상이한 조직간 관계에서 협력적 관계를 통해 생존하는 것을 가정하고 있다.

2. 핵심개념

〈사회연결망이론〉은 개인 및 조직 간의 상호작용을 통해 특정 형태의 연결망이 형성되고, 그 연결망 안에 위치한 개인 및 조직의 위치가 의식, 효용, 효과 등에까지도 영향을 미친다는 점에 초점을 둔 이론이다. 즉, 협력적 네트워크 이론은 이러한 사회연결망 형성이 조직 생존에 유리함을 설명하고 있는 것이다.

※ 거래비용 감소 목적, 기업체 수가 증가하고 있다면, 신뢰를 기반으로 한 공생관계 구축이 바람직

3. 조직이 처한 문제를 해결하는 방안

- 협력적 네트워크 관점과 사회연결망이론에 따르면, 타 조직에 대한 의존도는 위험을 오히려 감소시키는 것이며, 실제로 협력적 네트워크 구축은 시장실패나 조직실패를 동시에 극복할 수 있는 대안으로 평가받고 있다.

※ 가격경쟁, 인력경쟁을 할 필요가 없다. 전통적 조직체계가 허물어짐.

- 최근 많은 기업들이 경쟁사를 제거하기 보다는 공존함으로써 각자의 가치를 증진하는 법을 터득해 가고 있으며, 이에 따라 전통적 조직의 경계가 허물어진다고도 볼 수 있는 것이다.

문제 2) 기업 간 협력 발생 이유, 수직적/수평적 네트워크

I 기업 간 협력이 발생하는 이유

1. 전략적 공생의 필요성 ※co-evolution

최근 정보통신기술의 발전 등 경영환경의 변화로 인하여 조직이 혁신에 필요한 기술을 자체적으로 확보하는 것이 원칙적으로 불가능해졌으며, 기업들은 연구개발 등에 수반되는 각종비용과 위험비용 등을 경쟁사와 공유하면서 자사의 부담을 줄이려는 공생전략을 시도하고 있다.

2. 조직혁신의 필요성

조직의 비대화, 관료화되면서 종업원의 무기력함과 조직의 경직성이 증가하면서 변화적 응력이 감소하는 동시에 조직관리비용도 증가하게 되는 국면을 맞게 되고 말았는데, 이에 대한 해결로 사내벤처·분사제도, 소사장제도, 아웃소싱 등이 시도되고 있다. 즉, 핵심기능을 내부화하고 부가적인 기능을 외부화하여 조직실패 현상을 개선하고자 한 것이다.

3. 정보통신기술의 발전

※ IT기술

협력적 네트워크 조직이 효율적으로 운영되기 위해서는 긴밀한 조정이 이루어져야 하는데, 최근 정보통신 기술의 발전으로 인하여 이러한 조정과정이 용이하게 되었고, 협력적 네트워크 형성을 가속화하였다.

4. 세계화의 진전

※ 원자재공급-생산업체-유통업자-소비자

세계화의 진전과 정보통신기술의 발전은 가치사슬상 전방과 후방의 협력자들을 국내에 국한시키지 않고, 전 세계적으로 확보할 수 있게 되었고, 따라서, 국내에서 하던 생산공정을 인건비가 싼 중국이나 동남아에서 하는 합작투자로서 경쟁력 있는 가격에 안정성을 공급받게 되었다.

5. 거래비용 감소 목적

협력관계를 통한 원활한 수요·공급으로 거래비용 감소 효과를 거둘 수 있다.

Ⅱ 조직간 네트워크 유형

1. 수직적 외부 네트워크

1) 모듈기업

가치사슬상의 기능인 생산 또는 판매를 위하여 중심기업 산하에 수직적으로 연결된 여러 기업들 간 네트워크를 말한다. 자사의 능력을 지적 집약도가 높은 분야에 특화하고, 부품제조나 유통, 정보처리 등을 모듈로 구분하여 전략적으로 외주하는 방법이다. 구체적으로 각종 택배사업체, 홈쇼핑 및 인터넷 쇼핑 사업체 등이 있다.

※ 떼어다 붙일 수 있는 분야(배송업체, 반도체 생성 원자재, 대형마트, 롯데마트, GS슈퍼)

2) 생산자 주도형

최종완성업체 주도하에 독립적으로 존재하는 부품업체들이 참가하여 전체적인 제품의 조립과정과 유통과정이 이루어지는 네트워크이며, 자동차산업, 항공기산업, 전자산업 등의 네트워크 관계로 형성되어 있다.

3) 소비자 주도형

디자인업체, 대형구매자 중심으로 이루어진 하청관계로 노동집약적인 산업에서 많이 발견되는 것이다. 즉, 생산공장을 갖고 있지 않음. 제품디자인 능력과 네트워크 관리능력을 바탕으로 유지하며, 예를 들어서 의류산업, 신발산업 등이 있다.

2. 수평적 외부 네트워크

1) 전략적 기술제휴

경쟁기업 간에 전략적 기술제휴를 통하여, 기술공유, 공동기술개발 등을 하는 것이며, 예를 들어 과거 LG전자 + 일본의 알프스 전자의 합작연구회사, 애플의 하드웨어 + 소니의 소프트웨어 등이 있다.

2) 전략적 사업제휴

항공산업과 같은 과점적 특성이 강한 산업에서 활동하는 기업들이 제휴망을 구성하는 것으로, 아시아나항공사와 노스웨스턴항공사의 항공코드 공유하는 사례가 있다.

3) 정보통신 네트워크

비슷한 기능을 수행하고 있는 조직들이 정보통신기술을 바탕으로 네트워크를 형성하는 것으로서, 대학교와 대기업의 협찬으로 열린 사이버대학교 개설 등이 대표적이다.

4) 프로그램 협력 네트워크

독자적으로 개발할 수 없는 기능을, 유사한 조직들이 힘을 합하여 공동으로 개발하는 네트워크이다.

> **사례형 문제**
>
> 다음 글을 읽고 물음에 답하시오.
>
> > "강한 자가 살아남는다."는 말이 있지만, 실제로는 살아남는 자가 강한 것이며, 오래 살아남을수록 더욱 강한 자라 할 수 있다. 기업조직도 마찬가지이며 그 생존과 번영에도 행운과 우연이 작용한다. 어느 조직이나 생존을 위해서 매번 새로운 아이디어나 신제품을 내어 놓지만, 마치 우연의 일치로 그 중에서 어떤 제품은 시장에서 선택되고, 다른 것은 외면당한다. 이처럼 한 조직의 성공과 실패, 생존과 사멸은 그 조직이 산출하는 제품과는 상관없이 환경이 그것을 받아주는지 외면하는지에 달려있다. 심지어 철저한 시장조사를 통해 고객들이 원하는 모든 요구조건을 반영하여 출시되는 제품도 실패할 수 있다. 즉, 생존은 노력과는 별개로 별개의 요인에 의해 결정된다는 것이다.
> >
> > – 임창희 교수 저, 조직이론
>
> 1) 이 글이 설명하는 조직이론의 의의를 간단히 요약하고, 기본가정을 "적응"과 "경쟁력"이라는 두 가지 키워드를 활용하여 설명하시오. (20점)
> 2) 이 글이 설명하는 조직이론의 특징을 Astley & Van de Ven의 견해를 활용하여 두 가지로 요약하시오. (Astley & Van de Ven 모형의 두 가지 축) (15점)
> 3) 이 글이 설명하는 조직이론에서 "기업조직이 환경의 선택을 받는 과정"과 "Liability of newness"라는 개념을 설명하시오. (15점)
>
> ※Liability of newness : 신생기업의 불리함.

문제 1) 조직군 생태학 이론의 의의, 기본가정(적응, 경쟁력)

I 조직군 생태학 이론의 의의

생태학이란 유기체가 환경으로부터 영향을 받아 어떻게 생성되고 분포하며 사멸하는가를 연구하는 학문이며, 〈조직군〉이란 유사한 형태의 자원을 활용하고 유사한 산출물을 생산하면서 유사한 행동양식을 보이는 조직들의 집합체를 말한다. 생태학을 조직군에 적용한 〈조직군 생태학 이론〉은 개별조직의 집합체인 조직군과 환경과의 관계를 연구한 이론이며, 조직군이 경영환경에 적응하기 위하여, 어떻게 변이, 선택, 보존활동을 하는지에 관심을 갖고 연구한 이론이다. 대표적인 연구자에는 한난(Hannan), 프리만(Freeman) 등이 있다.

Ⅱ 기본가정

1. 환경 적응에 관한 가정

조직군 생태학 이론은 환경과의 적합성(fit)을 중시한다는 점에서 구조적 상황이론의 시각과 동일하지만, 조직이 환경에 적응하는 능력에는 〈한계〉가 있다고 보았으며, 그 이유는 다음과 같이 두 가지가 있다고 보았다.

1) 구조적 관성

조직은 내외부의 여러 가지 요인으로 인하여 기존의 조직구조 상태를 유지하려는 구조적 관성에 빠지게 되어 과거로부터 갖고 온 관습, 매몰비용, 정보의 한계로 인한 거부, 법적/제도적 제약 등을 고민하게 되고, 따라서, 조직이 적응을 하고 싶어도 현실적으로 환경에 들어맞게 적응하는 것은 말처럼 쉽지 않다.

2) 조직군 내 관계의 중요성

조직의 생존과 영속은 조직군 내 다른 조직과의 관계에서 결정되는 것이 지배적이라는 생각에 연유한다. 예를 들어서 가령 어떤 조직이 주어진 환경변화에 신속하게 대응을 했더라도 소비자의 니즈를 정확하게 간파한 다른 조직이 등장한다면 해당 조직은 더 이상 성과를 낸다고 볼 수 없다. 값이 오른 농작물을 재배하여 이익을 본 농부가 다음해에도 이익을 보리라는 보장이 없는 것이다. 따라서, 환경에의 적응이 쉽지 않다고 보았다.

2. 조직의 경쟁력에 관한 가정

1) 자원의 안정적 확보

조직군 생태학에서 바라보는 조직이 생존할 수 있는 경쟁력은 환경으로부터 자원을 안정적으로 확보할 수 있을 때 조직은 생존할 수 있다고 보았으며, 이때의 안정적인 자원의 확보는 조직군 내에서 해결할 수도 있고, 자급자족으로 해결할 수도 있다.

2) 신뢰

조직은 고객으로부터 신뢰를 얻을 때 생존할 수 있는 것이며, 신뢰를 얻는 것만으로도 생존을 보장받을 수 있다. 조직군 생태학에서 신뢰는 고객으로부터의 신뢰 이외에 조직군 내에서의 신뢰도 중요하게 바라보고, 위에서 설명한 자원의 안정적 확보와 신뢰를 형성할 수만 있다면, 조직의 생존가능성은 상대적으로 높다고 할 수 있다.

문제 2) **Astley & Van de Ven의 견해를 활용한 두 가지**

I Van de Ven의 견해를 활용한 두 가지

Astley와 Van de Ven은 조직분석 수준과 환경인식을 기준으로 하여, 거시조직이론을 분류하는 틀(frame)을 제시하였으며(1983), 이 분류는 거시조직이론의 여러 접근을 설명하였다는 점에 있어서 적절한 frame을 제시하고 있다.

1. 환경인식

환경인식은 결정론과 임의론으로 나누어지며, 임의론적 관점은 개인이나 조직이 자율적/진취적으로 행동함으로써 환경을 형성하는 행위자로서 파악하는 것이다. 반면 결정론적 관점은 개인이나 조직의 행위가 환경의 구조적 특성에 초점을 두며, 개인의 행동은 구조적 제약에 의해 결정되고 단지 이에 수동적으로 반응하는 것으로 간주되는 것이다.

2. 분석수준

조직분석의 수준은 개별조직을 대상으로 하는 미시적 수준과 조직공동체를 대상으로 하는 거시적 수준으로 구별되며, 전통적으로 개별조직이 주된 연구의 대상이었으나, 최근 들어 조직군들이 개별 조직에서는 파악할 수 없는 독특한 동태성을 가진다는 가정 하에 조직군 수준으로 하는 연구가 늘어가고 있다.

조직분석수준		결정론	임의론
	조직군	자연적선택관점 -조직군생태학 -시장과위계이론	집단적행동관점 -공동체생태학이론
	개별조직	시스템구조적관점 -구조적상황이론	전략적선택관점 -전략적선택이론 -자원의존이론
		환경인식	

문제 3) 기업 조직이 환경의 선택을 받는 과정

I 기업조직이 환경의 선택을 받는 과정

조직군 생태학 이론은 개별적 조직의 성공은 조직의 합리적인 설계와 노력에 달려있는 것이 아니라, 조직이 어떠한 환경에 속하고 이 환경이 어떠한 선택을 하는가에 달려 있다고 본 것이다. 대체적으로 환경의 선택과정을 변이, 선택, 보전의 세 단계로 이루어진다고 한다.

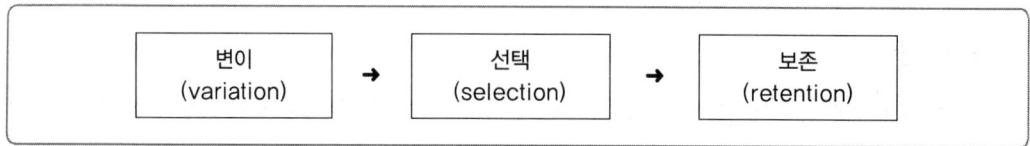

1. 변이(variation)

〈변이〉란 새로운 조직형태가 조직군 안에 출현하는 것을 말한다. 변이가 발생함으로 인하여 조직형태의 다양성과 복잡성이 증가하고, 다윈(Darwin)은 이를 돌연변이라고 하였지만, 조직군 생태학에서는 돌연변이뿐만 아니라, 계획적이고 의도적인 변이도 포함한다.

2. 선택(selection)

이후 수많은 변이 중에서 환경의 〈선택〉을 받아서 생존하는 조직은 몇 종에 불과하고, 적소(niche)를 발견하여 자원을 공급받는 조직은 생존하지만, 그렇지 못한 조직은 사멸한다.

3. 보존(retention)

〈보존〉이란 환경에 의해 적합한 것으로 선택을 받은 조직형태가 제도화되고 유지되는 것을 보존이라고 한다. 어떤 기술이나 제품·서비스는 환경에 의해서 매우 가치 있는 것으로 여겨지는 것이고, 보존된 형태는 환경 속에서 지배적인 위치를 차지하는 것이다.

II 신생기업의 불리함

- 한 조직의 소멸과 도태는 조직군의 밀집도 외에도 조직의 연령과 규모에 의한 영향을 받을 수 있다. 이를테면 오래된 대규모의 조직은 자원을 안정적으로 확보할 수 있고, 고객으로부터 신뢰가 형성되며 환경변화의 충격을 완충시킬 힘도 크기 때문에 생존의 가능성이 높아지

는 것이다. 따라서, 지속적으로 반복하여 혁신이나 변화를 수행하는 경우에는 그때마다 새로이 출발하는 상황이 되므로, 오히려 생존에 해가 될 수도 있는데, 이를 〈신생기업의 불리함〉이라고 부른다.

- 새로 출발하는 분야에서는 상대적으로 소규모로 사업을 시작하게 되며, 축적된 노하우도 없으므로, 결과적으로 생존가능성이 낮을 수 있다. 자동차 산업에 뛰어든 삼성그룹의 삼성자동차가 이러한 신생기업의 불리함을 경험한 대표적 사례이다(임창희, 조직행동 2010).
- 그러나, 다른 한편에서는 변화된 환경에 부응해야 함에도 불구하고, 구조적 관성에 의해 변화에 실패하여 생존이 힘들어질 수도 있다. 이러한 과거 법적책임, 골칫거리, 부채의 경우에는 앞서 언급한 적소에 걸맞은 새로운 조직이 출현하여 환경의 선택을 받는 경우도 있다(Liability of oldness).

경영조직론 답안작성연습

> **연습 6**
> 조직이 과업환경으로부터의 의존성을 극복하기 위해 사용할 수 있는 전략 및 방법으로 소극적 대응전략과 적극적 대응전략으로 구분하여 설명하시오. (25점)

I 조직환경의 의의

1. 환경의 불확실성

1) 환경의 의의

기업경영에 직접적인 영향을 주는 과업환경은 조직경계 외부에 존재하면서, 조직의 전략수립, 조직설계, 조직관리에 영향을 주는 환경요인이며, 경영자가 지각하는 과업환경은 확실한 환경과 불확실한 환경으로 구분할 수 있다. 이러한 환경은 조직영역 밖에 있으면서 조직이 생존, 성장하기 위해 대응해야 하지만, 불확실하며 동태적인 특성을 갖고 있어 통제하기 어렵다.

2) 환경의 불확실성

톰슨과 던컨은 환경의 불확실성은 복잡성과 동태성으로 설명하였으며, 여기서 복잡성은 환경요소의 수가 얼마나 많은가를 말하고, 동태성은 환경요소가 역동적으로 변화하는 정도를 말한다. 만약, 환경요소의 수가 많고 변화정도가 역동적이라면 환경의 불확실성은 크다고 말한다. 환경의 불확실성이 클수록 조직은 생존을 위하여 환경에 대한 의존도를 생각해 볼 수밖에 없다.

2. 자원의존 측면에서의 환경

1) 자원의존이론의 의의

- 자원의존이론이란 조직은 환경에 의존할 뿐만 아니라 능동적·적극적으로 가능한 한 환경에 대한 의존도를 최소화하고, 의존에서 비롯되는 여러 가지 제약과 불확실성에 대응하는 자율성과 독립성을 유지하기 위하여 환경에 영향력을 행사하려 한다는 이론이다 (Pfeffer & Salancik).
- 현실적으로 조직은 완전히 자족적일 수 없으므로, 조직은 중요한 자원을 공급받기 위해 외부 환경에 의존할 수밖에 없다는 사실을 강조한 이론이다.

2) 자원의존 측면에서의 환경

자원을 획득하고 유지할 수 있는 능력을 조직생존의 핵심요인으로 파악하고 있으며, 조직의 생존을 위해 가능한 한 환경에의 의존도를 최소화하기 위한 자율성과 독립성을 보유하기 위해서는 환경에 적극적이고 능동적으로 대처할 수 있는 자원을 확보해야 한다. 이러한 자원 확보를 위한 조직의 대응 전략 유형을 다음의 서술과 같이 자세하게 살펴보겠다.

Ⅱ 환경의 불확실성에 대한 대응방안(소극적 전략)

1. 인수합병(Merger & Acquisition)

인수합병은 공동의 성과물에 대해서 가장 강력한 통제를 할 수 있는 형태임. 인수기업이 피인수기업의 모든 자원과 자산, 채무를 흡수하는 형태이기 때문이다. GE의 경우 핵심 인재가 필요하여 아예 그 기업체를 인수해 버렸던 사례가 있으며, 현대건설의 경우 시멘트 공급을 위하여 시멘트 회사를 인수해 버렸던 사례가 있다.

2. 합작투자(joint venture)

합작투자는 완전소유보다는 약한 수준의 통제지만, 법률관계를 통해서 환경의 불확실성을 감소시킬 수 있는 전략이다. 합작기업은 둘 이상의 기업들이 혁신적인 제품이나 공동 기술을 개발하기 위하여 서로 협력하여 새로운 조직을 만드는 것이다. 소니의 소프트웨어와 MS의 하드웨어를 합작하여 새로운 제품을 개발하는 사례를 들 수 있다.

3. 전략적 제휴(Strategic alliance)

전략적 제휴는 둘 이상의 기업체가 서로 협력하기로 협약을 맺고 각각 독립성을 유지하면서 공동의 목표를 위하여 자원을 투여하는 것이다. 대한항공사와 델타항공사가 항공코드를 점유하는 전략적 제휴를 맺는 경우를 들 수 있다.

4. 공급계약(supply contract)

여러 조직들이 핵심 공급자들과 계약을 맺고 내부 자원과 역량을 보충할 수 있는 자원을 확보하는 전략이다. 모든 것을 독자적으로 수행하는 대신 협력관계를 맺으면서 필요로 하는 자원을 공급받는 것이다. 구체적으로 월마트, 테스코(TESCO) 등 대형유통판매점들이 상호간에 유익이 되는 협력관계를 맺으면서 필요로 하는 자원을 공급받는 것이다.

5. 중역채용(executive hiring)

조직에 큰 영향을 미치는 외부의 중요한 인적자원을 조직의 일부로 채용하여 유대관계를 확실하게 해놓는 전략이다. 경기악화 시 급한 자금이 필요한 경우를 대비하여 은행의 자금 중역을 회사의 사외이사로 영입하거나, 국세청에서 퇴임한 고위 공무원 출신을 회사의 요직에 앉히는 회계법인, 근로복지공단에서 퇴임한 고위 공무원을 요직에 앉히는 노무법인, 판사 및 검사 출신자를 영입하는 법무법인의 사례가 대표적이다.

6. 광고와 홍보(advertisement & PR)

광고와 홍보는 환경과 우호적인 관계를 만드는 효율적인 전략이며, 기업이 소비자단체로부터 공격을 받거나 재벌이 국민들로부터 손가락질을 받으면 기업 활동이 위축되고 매출이 감소함. 이에 대응하기 위하여 사전 또는 사후적인 광고와 홍보를 통해 자신들의 정당성과 결백함을 보여주며 브랜드 이미지를 상승시키는 전략이다. 대한항공이 조현아 땅콩회항 사건으로 위축되자 경영인에서 물어나도록 하고 새로운 전문경영인을 영입하려는 경우, 남양유업 영업직원이 대리점주에게 한 갑질 사건으로 매출급감의 충격이 오자 1+1 행사와 가격인하전략을 광고하고 다녔고, 영남제분의 회장 사모님의 살인청부사건으로 고객으로부터 외면을 받자 회사명을 한탑으로 바꾸고 홍보를 하였다.

Ⅲ 환경을 직접적 통제 전략(적극적 전략)

1. 활동영역의 변경(diversification)

철수 또는 다각화를 통해 통제가 가능한 활동영역을 모색하고 이를 통하여 환경의 불확실성에 대처하는 전략이다. 불황기에는 사업을 축소하거나 철회하기도 하는데, 삼성의 카메라 사업부를 철수시키고 스마트 사업부의 카메라 렌즈에 총력을 기울인 경우가 대표적인 사례이다.

2. 정치활동과 로비(political action & lobby)

법률이나 규칙에 얽매여 회사가 하고 싶은 일을 못하는 경우도 꽤 많은데, 기업의 경우 세법, 부동산법, 수출입 관세, 무역협정 등이 사업의 존폐를 결정짓는 경우도 많다. 정치활동과 로비는 관련법규를 자신들에게 불리하지 않도록 만들기 위하여 대정부 로비활동을 벌이거나 로비스트를 고용하기도 한다.

3. 산업협회(trade association)

산업협회는 동일한 산업에 속한 조직들이 서로 정보를 교환하고, 상대방의 활동을 감시하는 연합체이다. 산업협회는 소속 조직들의 이익을 지키기 위하여 자원을 모아 로비활동을 하는 데 사용하기도 한다. 예를 들어서 공인노무사협회는 소속노무사집단을 위하여 로비활동을 활발하게 하는 경우를 들 수 있다.

4. 비합법적 행동(illegal action)

뇌물 제공, 정격유착 등 비합법적 활동은 기업이 환경을 통제하기 위하여 사용하는 최후의 수단이다. 매출급감, 자원부족 등과 같은 경영위기가 닥쳤을 때, 경영자들을 비합법적 행동을 시도하게 된다.

연습 7

※ 아래의 제1)문과 제1)-1문은 동일한 답안을 요구하는 문제입니다. 둘 중 하나만 선택하여 작성하세요.

1) 당신은 노무법인의 컨설턴트이며, 현재 컨설팅 대상 업체의 CEO가 미팅에서 다음과 같이 이야기를 하고 있다.

> "차별화와 성공의 필수조건으로 여겨지는 기업 세계에서 서로 간 차이점이 약해지고 유사해지는 모습은 참 아이러니한 것 같습니다. 얼마 전에 읽은 저널에서 미국의 최고경영자 500명을 대상으로 한 조사 연구에 따르면 경쟁사와 자사 간의 전략적 차이가 없음을 솔직히 인정한 비율이 무려 70%가 넘는다고 하고, 대다수 CEO들은 전략적 실수 그 자체보다 그 전략을 사용한 유일한 경영자로 평가받는 것을 가장 두려워한다고 합니다."

이러한 맥락에서 조직형태가 제도 및 관행의 유사성을 설명하는 이론과 조직들이 왜 유사해지는지에 대한 메커니즘을 서술하시오. (50점)

1)-1 Iron cage 이론: Meyer & Rowan(신제도론) 관료제를 가치와 정당성이 있는 것

> 대부분의 조직들은 일상적인 업무수행을 위한 운영조건을 중요하게 생각하는 것 만큼이나 평판에도 지대한 관심을 갖는다. 기업조직이 평판을 관리하는 결과를 Fortune의 '일하고 싶은 기업' 순위조사나 Reputation Institute가 공개적으로 조사하여 발표하는 연간 "Global Reptrak 100"을 통해 극명하게 드러난다. 기업의 성공과 평판은 높은 확률로 함께 움직인다. 좋은 평판을 유지하는 것이 수익성에 도움이 된다는 사실은 항공업계의 조사결과에서도 밝혀진 바 있다. 대중적 이미지가 좋은 항공사의 ROA와 Net profit이 더 높게 나타난 것이다. 그 결과 많은 기업들이 조직의 경쟁우위를 높이기 위해서 평판을 적극적으로 형성하고 관리하고 있으며, 과거의 관행과는 다른 새로운 사업트렌드인 CSR개념을 다방면에서 도입하게 되었다. (Daft, 『조직이론과 설계』 5장에서 수정인용)

이 글이 설명하는 이론의 개념, 기본가정, 조직들의 구조적 속성이 유사해지는 이유, 이 이론이 조직구조에 미치는 영향, 이론의 시사점, 한계점을 설명하시오. (50점)

I 제도화이론의 개념

환경과 조직 간의 관련성을 다룬 여러 이론들 중에서 Meyer & Rowan에 의해 주창된 제도화이론은 환경으로부터 어떤 조직의 존재가 정당하다고 인정될 때 비로소 조직이 성공할 수 있다고 설명하였다. 여기서 말하는 〈제도〉란, 인간의 행동에 영향을 미치는 사회적 측면의 제 요인을 총체적으로 일컫는 표현으로 경제적 논리로 설명되지 않은 규범, 윤리, 감정 등이 이에 해당하며, 〈제도화〉는 활동방식이나 운영원리가 사회적 법칙으로서의 자격을 획득하는 것을

의미한다. 〈정당성(legitimacy)〉은 조직의 활동이 바람직하고, 적절하며, 환경의 규범과 가치, 그리고 신념체계와 부합한다는 사회 전반의 시각을 말한다.

※ 디마지오 & 파웰 정당성 개념, 동형화 개념 명확하게 알아두셔야 해요!!!

1. 제도화 이론

〈제도화 이론〉은 조직간 관계에 대한 관점 중 조직이 생존하기 위해서는 효율적인 생산을 하는 것 이상으로 이해관계자로부터 정당성을 획득하는 것이 중요하다는 이론이다.

2. 등장배경

DiMaggio & Powell이 경험적 불규칙성(empirical anomalies)을 규명하고자 하는 일련의 연구에서부터 제도화 이론이 대두되었다고 할 수 있다.(1983) 현실적으로 경영자들은 합리적인 의사결정자들이 아니라고 한다, 즉, 치밀하고 빈틈없이 정보를 수집하여 합리적으로 의사결정을 내리는 것이 아니라, 현실과 조직이론 간의 괴리 하에서 조직의 실제 의사결정 현상을 더 잘 설명해 줄 수 있는 이론개발의 필요성이 대두되었고, 이에 따라 제도화 이론이 등장하게 된 것이다.

3. 정당성(legitimacy)

〈정당성(legitimacy)〉은 조직의 활동이 바람직하고, 적절하며, 환경의 규범과 가치, 그리고 신념체계와 부합한다는 사회 전반의 시각을 말한다.

II 제도화이론의 기본가정

1. 사람들은 확실하고 예측 가능한 상황을 선호한다고 가정한다.

개별조직의 관행과 구조는 매우 합리적이며 안정적이면서 예측 가능한 방식으로 행동하고 있음을 외부 이해관계자에게 보여주기 위한 일종의 장치로 볼 수 있다. 이러한 노력의 결과로 조직은 환경으로부터 정당성을 얻게 되고, 필요한 자원을 획득할 수 있게 된다.

2. 조직이 효율성을 추구하기보다는 생존에 더욱 큰 관심을 가진다고 가정한다.

조직에는 내부적으로 과업수행을 통한 성과와 수익을 얻기 위해 만든 기술적·합리적 자원의 행동규범이 있으며, 외부적으로 이해관계자로부터 정당성을 얻기 위한 제도적 차원의 행동규범이 존재한다. 이 둘이 충돌할 때 조직은 생존에 요구되는 자원과 사회적 정당성을 얻기 위해 우선 그들을 둘러싼 외부환경의 요구에 순응하게 된다. 이는 기존의 과업환경을 강조한 전통이론과는 달리 제도적 환경의 중요성을 특히 강조한 것이다.

3. 현재의 제도는 새로이 창조되는 것이 아니라, 과거의 선택 및 기존 경로의 제약을 받지 않을 수 없다는 점에서 경로의존성(Path dependence)을 강조한다.

Ⅲ 제도적 동형화 : 조직들의 구조적 속성이 유사한 이유

제도화이론에 의하면 유사한 제도적 환경에서 활동하는 조직들은 동일한 구조적 형태를 띠게 되는데, 이를 〈제도적 동형화(institutional isomorphism)〉라고 한다. DiMaggio & Powell에 따르면, 제도적 동형화에는 3가지의 유형이 있다.

1. 강압적 동형화(coercive isomorphism)

- 강제적이고 거부할 수 없는 압력에 의해 일어나는 제도적 동형화이다. 이때, 강압적 압력은 정부규제나 법적 제약조건과 같은 공식적 입장뿐만 아니라, 사회 전반적으로 공유되고 있는 문화적 기대 등과 같은 비공식적 압력으로부터 발생된다. 강압적 동형화의 원인은 외부 의존성에 있다. 일반적으로 기업은 자신이 의존해야 하는 조직 또는 집단으로부터 각종 압력을 받게 되는데, 이는 그 조직과 유사한 구조와 기법 내지는 행동을 택하도록 가해지는 외부압력을 뜻한다.
- [사례]대형소매업체와 제조업체가 납품업체에 대해서 특정한 정책과 절차 및 기법을 지키도록 강요하는 것이 대표적인 사례에 해당한다. 또한, 오염통제규정이나 학교규제처럼 공식적/비공식적 압력에 의해 반드시 준수해야 함을 강요받는 사례가 해당한다.

2. 모방적 동형화(mimetic isomorphism)

- 성공을 거둔 조직들을 모델로 삼아 모방하는 방식이다. 이러한 모방은 성공의 증거가 명확할 때뿐만 아니라 아직 검증되지 않은 아이디어에 대해서도 일어날 수 있다. 모방적 동형화의 원인은 환경의 불확실성에 있으며, 대부분의 조직은 어떤 제품과 서비스를 생산해야 할 지, 어떤 기술을 사용해야 할 지, 언제쯤 원하는 결과를 얻을 수 있을 지, 때로는 원하는 결과가 무엇인지 조차도 모르는 불확실한 상황에 놓여 있다.
- 이러한 불확실성에 놓여 있을 때 성공한 조직들을 모방하여 그들이 하는 대로 하려는 모방적 힘이 작용하는 것이다. 특히, 경영자들은 한 기업에서 출현한 혁신을 무조건 성공적인 것으로 여기는 경향이 있기 때문에, 한 기업에서 사용된 경영관행을 모방을 통하여 급속도로 확산시키는 경향이 있다.

- [사례] 최근 WiFi 무선랜 설치가 카페, 호텔, 공항 등 공공장소로 급속히 확산되고 있으며, 미국의 스타벅스가 처음으로 WiFi 기지국을 설치하여 고객들로 하여금 매장 안에서 무선 인터넷을 자유롭게 이용하도록 한 이후에 대유행하였다. 또는 어떤 기업에서 마케팅을 어떻게 해야 할지 모르는 경우 성공한 기업의 마케팅 전략을 벤치마킹 하는 사례에서 확인할 수 있다.

3. 규범적 동형화(normative isomorphism)

- 주로 전문적인 기준을 수용하거나 전문가 집단에서 가장 효과적이고 최선의 방법이라고 규정한 기법을 수용하는 방식이다. 정보기술 회계 기준, 마케팅 노하우 등 여러 영역에서 이러한 규범적 동형화가 일어나고 있다. 규범적 동형화는 전문교육을 받은 규범에 기초를 둔 성과의 표준을 따라야 한다는 의무감에 기반한 것이다.
- [사례]경영대학원에서 어떤 기법을 다른 기법보다 나은 것이라 교육받은 전문가들은 외부에 이들 기법을 전파하게 된다는 사례에서 찾아볼 수 있다. 또한, 정부평가단이 공기업의 혁신성을 평가할 때 외부자문기관의 컨설팅을 받아서 혁신을 했으면 인정해주고, 자체인력으로 했으면 무시해버리는 경향이 있다. 이에 공기업들은 혁신을 위하여 또는 정부평가단으로부터 좋은 점수를 받기 위하여 외부전문가에 의한 컨설팅을 의뢰하여 전문가의 지시대로 혁신을 하는 방향으로 결정하게 되는 사례를 들 수 있다.
- 이 세 가지 메커니즘의 작용으로 제도적 환경에 의하여 정당성을 제고하는 데에는 모방적, 강압적, 규범적 힘이 모두 작용하거나 어느 한 동형화가 주로 작용할 수도 있다. 다른 기업에 대한 의존성, 불확실성, 모호한 목표 등의 정도에 따라 동형화 수준에 차이가 있으며, 경영자의 창의적인 시도와 환경의 요구에 대응하는 과정에서 발생하는 많은 다양성에도 불구하고 조직의 모습을 서로 유사하게 만드는 것이다.

Ⅳ 제도화가 조직구조 설계에 미치는 영향

제도화이론에 따르면 제도적 환경은 조직의 공식구조에 다음과 같은 영향력을 행사한다고 설명하고 있다.

1. 공식구조의 변화

제도적 환경 내에 있는 합리화된 신화를 받아들여 공식구조를 설계함으로써 조직은 스스로가 사회적으로 가치가 부여된 목적 위에서 적절하게 활동하고 있음을 보여주고, 조직활동의 근거를 얻게 된다.

2. 외부적 평가기준의 채택

제도적 환경에 속하는 조직들은 사회적 지지를 얻기 위해서 외부의 가치기준에 민감하게 반응할 뿐만 아니라 이러한 가치기준을 조직의 생존을 위해 적극적으로 채택·이용한다.

3. 안정성 획득

조직이 제도적 환경에 순응함으로써 조직의 생존은 이제 성과에 관계없이 사회적 약속에 의해 안정적으로 보장된다고 설명하였다.

V 이론의 시사점(공헌점)

1. 지속적 생존의 중요성 강조

- 조직은 〈생존에 필요한 정당성을 확보하는 과정〉에서 이해관계자가 타당하고 적절하다고 판단하는 구조나 활동을 전개하고, 대외적인 평판관리에 관심을 갖게 되며 이에 힘써야 함을 시사하고 있다.
- 제도화이론은 조직을 하나의 제도로 파악함으로써 경제적 효율성 보다는 지속적인 생존의 중요성을 강조한 이론이라는 데 의미가 있다. 즉, 조직구조와 성과간의 관계에서 긴밀한 관련성(tightly coupled)이 있는 것이 아니라, 느슨한 관련성(loosely coupled)이 존재하여 이해관계자들과의 적절한 관계 형성이 장기적인 성장을 하는 것이라고 생각한 것이다.

2. 사회 제도적 환경에 관심

- 제도화이론은 조직이 생존과 성공을 위하여 취하는 다양한 관리관행의 〈유사성〉, 원인의 〈유사성〉을 효과적으로 설명해준다는 점에서 그 가치가 있다. 그 동안 경제적/기술적 환경만을 강조하던 합리성 추구와는 달리, 이전에는 비합리적으로 치부되어 왔던 사회제도적 환경에 관심을 갖기 시작한 것이다.
- 제도적 환경에 부합하는 조직행동은 사회적인 인정과 정당성을 부여해주고, 조직의 지속적인 생존을 가능하게 하기 때문이다.

3. 실제 발생하는 현상에 관심

제도화 이론은 단지 이상적이고 규범적인 계획에만 관심을 두는 것이 아니라, 실제로 조직에서 일어나고 있는 현상들, 즉, 조직가치의 중요성, 조직문화의 역할, 집단 심리적인 합리성 등을 옹호하고 관심을 두면서 이를 제도적으로 동형화하고자 하였다.

Ⅵ 한계점

1. 일반 기업과 비영리조직(공기업)

제도화 이론의 주된 연구대상이 주로 공기업이었다는 점에서 제도적 압력의 적용범위가 제한될 수 있다. 공공기관이나 공기업은 정부와 공공의 압력에 의해 유사한 형태를 보일 가능성이 아무래도 높은데, 이러한 실증연구로 등장한 제도화 이론을 영리조직 등의 기업조직에도 적용할만한 타당한 이론은 되지 못한다.

2. 조직의 창의성 상실

조직 간의 유사성에 초점을 두었기에 새로운 아이디어의 창출이나 혁신을 위한 창의성이 매우 중요함에도 불구하고, 이에 대한 설명력이 떨어진다.

3. 조직의 효율성 상실

조직들 간에 유사성이나 이해관계자의 기대에 맞추어야 한다는 점은 강조하면서도 조직 자체의 효과성이나 조직목표를 달성하기 위한 효율성에 대해서는 무관심하다는 사실이다.

4. 생존과 사멸의 설명에 한계

제도화이론은 동형화 과정을 겪은 많은 조직들 간의 생존과 사멸의 차이를 설명하지 못하고 있다. 어떤 조직은 성공하고, 어떤 조직은 사멸하는가의 차이를 명확하게 설명하지 못하고 있다는데 한계가 있다.

Ⅶ Daft의 조직간 관계 분석 frame

조직간 관계는 조직들이 서로 유사한가 아니면 상이한가의 차원과, 서로 협력적인가 아니면 경쟁적인가 하는 두 차원을 기준으로 구분할 수 있으며, 제도화 이론은 특정한 조직형태가 사회 속에서 정당성을 획득하게 되는 계기와 과정이 어떠한지, 그리고 특정한 구조를 서로 모방하게 되는 이유가 무엇인지 설명해 주는 이론이라는데 의미가 있다.

조직관계		상이	유사
	경쟁적	자원의존관점	조직군 생태학 관점
	협력적	협력적 네트워크 관점	제도화 관점

조직유형

경영조직론 답안작성연습

연습 8

실제 발생되는 기업 현상에 대해서도 보는 사람의 관점에 따라 다양한 경영학적 해석이 가능하며, 다음 두 사람의 설명을 참고하여 물음에 답하세요.

> A학자 : 21세기 초반 각종 다양한 검색창으로서 싸이월드, 라이코스, 다음, 네이버, 야후 등이 우후죽순 생기면서 새로운 산업군으로 부상하게 되었던 적이 있다. 그때 싸이월드는 개인의 일상생활을 담은 업로드로 의사소통의 도구로서 활동을 했었지만, 이후 인터넷사용자들의 활발한 지식탐구욕구를 충족하지 못했다는 틈새전략(niche)에 실패하여 사멸하였고, 라이코스 역시 외부환경의 기대에 적합한 영역을 찾지 못하여 결국 실패하였다.
> 반면에 다음, 네이버는 넓은 범위의 활동영역 또는 좁은 범위의 한정된 시장을 대상으로 한 적합성에 성공하여 지금까지 살아남아 있고, 이는 외부환경에 적합한 것으로 선택되어 제도화되고 유지되어 왔다고 볼 수 있다.
>
> B학자 : 다음, 네이버는 뚜렷한 취향을 가진 인터넷사용자들을 대상으로 새로운 영역을 창조적으로 만들어냈기 때문에 살아남은 것입니다. 소규모 판매업체의 광고를 통해 저렴한 비용에 의한 간단한 구매창 개설, 다양한 개성을 가진 작가들을 발굴하여 웹툰을 개설하고 소비자 니즈에 대한 전략적 접근을 시도하거나, 최근 다음은 카카오와 합병하여 아예 별도의 카카오스토리, 카카오웹툰 앱을 만들어내어 판타스틱하고 능동적인 변화를 꾀하면서 성공을 거두고 있습니다. 이러한 전략적인 경영학적 접근이 많은 팬들을 끌어들이면서 자기만의 시장의 흐름을 만들어가고 있다는 것은 괄목할만합니다.

1) 조직군생태학이론(의의, 전제조건, 환경결정론에 의한 특징, 공헌점과 한계점)을 설명하고, 이 이론은 위의 두 학자 중 누구의 견해에 해당하는지 지문의 내용을 들어서 기술하세요. (15점)
2) 전략적 선택이론(의의, 등장배경, 전략적 선택 방식, 공헌점과 한계점)을 설명하고, 이 이론은 위의 두 학자 중 누구의 견해에 해당하는지 지문의 내용을 들어서 설명하세요. (15점)
3) Astley & Van de Ven의 거시조직이론 분류틀을 인용하여 두 학자의 관점에 따른 이론을 확인할 수 있는 도식화를 하고, 두 이론의 차이점을 비교 설명하시오. (20점)

문제 1) 조직군생태학 이론

1. 의의

〈생태학〉이란 유기체가 환경으로부터 영향을 받아 어떻게 생성되고 분포하며 사멸하는가를 연구하는 학문이며, 〈조직군〉이란 유사한 형태의 자원을 활용하고 유사한 산출물을 생산하면서 유사한 행동양식을 보이는 조직들의 집합체를 말함. 생태학을 조직군에 적용한 '조직군 생태학 이론'은 개별조직의 집합체인 조직군과 환경과의 관계를 연구한 이론이며, 조직군이 경영환경에 적응하기 위하여, 어떻게 변이, 선택, 보존활동을 하는지에 관심을 갖고 연구한 이론임. 대표적인 연구자에는 한난(Hannan), 프리만(Freeman) 등이 있음.

2. 전제조건

조직은 한 번 정해지면 변화하지 않으려는 관성이 있기 때문에 조직군 안에 나타나는 혁신과 변화는 기존 조직의 계획과 변화를 통해서보다는 주로 새로운 조직유형의 탄생을 통하여 이루어짐.

3. 특징

1) 생물학적 적자생존, 자연도태론에 입각

조직군생태학이론은 다윈(Darwin)의 『종의 기원』에서 볼 수 있는 생물의 변이, 적자생존, 자연도태설 또는 자연선택설은 조직군과 환경의 관계를 설명하는데 유추하여 해석할 수 있음. 생물 진화론은 새로운 종 또는 환경에 적합한 종이 출연하여 번성하는 반면에, 기존의 종은 왜 사멸하는지를 설명한 이론임.

2) 조직군의 환경적합에 관심

조직군생태학이론은 환경적합에 많은 관심을 갖고 있으며, 조직은 각자의 형태를 가지고 발생·생존소멸하며, 환경에 적합한 것은 선택되어 보존되고, 부적합한 것은 도태되고 소멸됨.

3) 적소(niche) 및 적합성(fitness) 강조

조직이 생존하는데 필요한 적합한 틈새를 강조하여, 새로운 조직은 모두 자신이 생존할 수 있는 적소 또는 적합성을 찾기 위해 노력함. 적소란 특정한 환경자원 및 필요가 존재하는 영역을 가리킴. 조직이 성장하게 되면 적소의 규모도 확장되지만, 적합한 적소를 발견하지 못하는 조직은 쇠퇴하거나 도태됨.

4) 변이, 선택, 보존

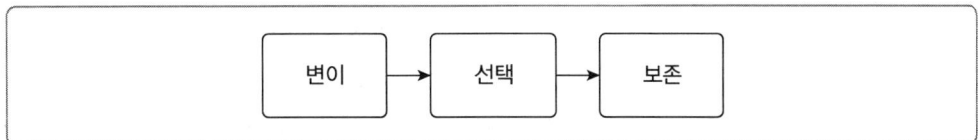

- 〈변이〉란 새로운 조직형태가 조직군 안에 출현하는 것을 말함. 변이가 발생함으로 인하여 조직형태의 다양성과 복잡성이 증가함. 다윈은 이를 돌연변이라고 하였지만, 조직군생태학에서는 돌연변이뿐만 아니라, 계획적이고 의도적인 변이도 포함함.
- 〈적소〉란 적절히 찾아 형성된 조직은 환경에 적합한 것으로 받아들여져 생존됨. 여기서 적소란 특정한 환경자원 및 필요가 존재하는 영역을 가리킴. 수많은 변이 중에서 환경의 〈선택〉을 받아서 생존하는 조직은 몇 종에 불과함. 적소를 발견하여 생존에 필요한 자원을 공급받는 조직은 생존하지만, 그렇지 못한 조직은 사멸함.

- 〈보존〉이란 환경에 의해 적합한 것으로 선택을 받은 조직형태가 제도화되고 유지되는 것을 보존이라고 함. 어떤 기술이나 제품서비스는 환경에 의해서 매우 가치 있는 것으로 여겨짐. 보존된 형태는 환경 속에서 지배적인 위치를 차지하게 됨.

4. 생존전략 : 제너럴리스트, 스페셜리스트

- 조직군생태학 관점에서 생존 전략은 제너럴리스트 전략과 스페셜리스트 전략으로 구분하여 이해할 수 있음. 〈제너럴리스트 전략〉은 넓은 범위의 적소 또는 활동영역을 지닌 조직, 즉 다양한 범위의 제품이나 서비스를 여러 시장을 대상으로 제공하는 전략이고, 〈스페셜리스트 전략〉은 좁은 범위의 제품이나 서비스를 한정된 시장에 제공하는 조직을 말함.
- 다양한 제품과 서비스를 목표로 하는 제너널리스트는 환경에 변화하면 자원을 재배치할 수 있지만, 스페셜리스트는 그렇게 할 수가 없음. 그러나, 스페셜리스트는 대부분 작은 조직으로 나타나므로 해당 분야에서만큼은 전문성을 지니고 있다는 장점을 갖고 있음. 이 두 전략을 활용하여 성공하는 경영인은 개방된 적소에 진입하는 전략을 선택하고 조직을 맞추어 나갈 때 그 결과가 분명하게 나타난다고 할 수 있음.

5. 공헌점과 한계점

1) 공헌점

    조직군생태학이론은 Ⓐ 조직의 연구 분석수준을 높여서 환경과의 관계를 거시 사회적으로 다루었다는 점, Ⓑ 조직의 생존과 적응을 환경 선택적 관점에서 설명하였다는 점에서 유용하고, Ⓒ 사회적인 영향을 받은 체계의 변화를 설명하였다는 점을 제공하였음.

2) 한계점

    Ⓐ 지나치게 환경결정론으로 치우쳐 있고, Ⓑ 자연적인 생물체계를 인간으로 구성된 사회조직을 설명하고자 하는 데 근본적인 문제점이 있으며, Ⓒ 경험적이고 실증적인 연구수준이 높지 않음. 예를 들어서 조직군에는 어떤 조직들이 포함되고 그 경계가 명확하지 않으며, 적소의 정의를 어떻게 조작적 정의를 내려야 할 지 알 수 없고, 적합성의 확립과 정도 알 수 없으며, 변이의 근원은 무엇인지 미숙하다는 비판을 받았음.

6. A학자의 관점 ★★

A학자는 새로운 인터넷 검색창의 발생(변이)로 인하여 이후 다양한 검색창이 우후죽순 생기면서 새로운 산업군으로 부상하였음을 설명하여 조직군을 대상으로 하는 조직이론 접근을 통하여 설명하였고, 이후 싸이월드, 라이코스는 환경적합의 영역을 구성해야 하는 틈

새전략에 실패하여 도태되었으나, 반면에 다음, 네이버 등은 넓은 범위의 활동영역을 대상으로 한 제너럴리스트 전략의 성공과 좁은 범위의 한정된 시장을 대상으로 한 적합성에 성공하여 보존되고 유지되었다고 보는 조직군생태학 이론의 내용을 기반으로 설명하고 있기 때문입니다. 조직군을 대상으로 한 연구 관점에서 경영환경요소로부터 선택되었다는 관점에서 설명하고 있기 때문에 조직군 생태학 이론에 기반한 설명에 해당한다.

문제 2) 전략적 선택 이론

1. 의의

- 전략적 선택이론은 상황요인 그 자체와 조직구조 사이에 매개역할을 하는 경영자에 의한 상황요인의 지각과 선택과정이 개입된다는 이론임. 전략적 선택 관점은 개별 조직을 분석수준으로 하여 임의론적 관점에서 조직이 환경을 변화시키거나 조직이 환경에 적응적으로 대응한다는 입장에 해당함.
- 전략적 선택이론은 조직은 환경 속에서 자신이 원하는 것만 전략적으로 선택하여 활용한다는 이론으로 챈들러(Chandler, 1962)가 주장한 전략결정론을 확장시켜서 차일드(Child, 1972)가 전략적 선택이론을 주장하였음.

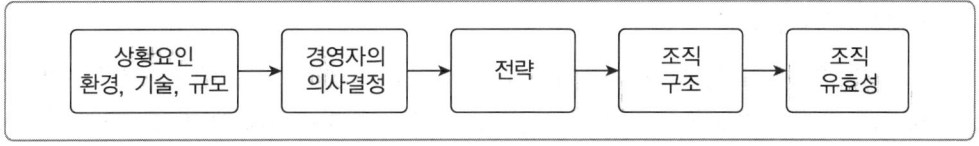

2. 등장배경

- Child에 의해 제기된 전략적 선택 이론은 구조적 상황이론이 경영자에 의한 전략적 선택의 중요성을 무시하고 있다는 점을 지적하고, 조직설계를 결정론적 관점으로 설명하는 상황이론을 비판하면서, 이에 대한 경쟁적 패러다임으로 등장함.
- 구체적인 내용을 살펴보면, 환경과 조직은 어느 정도 느슨하게 연결(loosely coupled)되어 있기 때문에, 동일한 환경 하에서도 조직은 주어진 목표에 도달할 수 있는 방법은 다양하다는 점이 있다고 하였음. 즉, 이인동과성의 개념을 강조하였으며, 이때 환경과 조직의 연결역할을 하는 관리자의 환경에 대한 지각이 중요하다고 하였음.

3. 전략과 조직구조의 관계

환경이 조직에 미치는 영향을 중요하지 그다지 중요하지 않으며, 관리자가 환경을 어떻게 인식하느냐가 중요하다고 보았음. 즉, 환경의 일방적인 지배를 받는 것이 아니라 환경을 임의적으로 혹은 전략적으로 선택할 수 있다는 것이 전략적 선택이론임.

4. 전략적 선택이론의 방식

1) 의사결정자의 자율성에 의한 대안의 선택

의사결정자는 자율성을 갖고 있으며, 경영자가 상황요인에 적응하는데 다양한 대체안 중 어느 하나를 선택할 수 있음. 관리자들의 재량의 폭은 생각보다 넓어서 상황에 대처하는 대안을 여러 가지가 있으며, 이 여러 대안들 중에 어느 것을 선택할 지는 관리자가 결정하는 것임.

2) 환경조정 및 통제

조직은 때로 그들의 환경을 조정하고 통제할 수 있는 권력을 갖고 있음. 다시 말하면, 조직은 환경의 지배만 받는 것이 아니라 때로는 자신의 구미에 맞게 환경을 조정하고 통제할 수 있음을 의미함. 특히, 대기업의 경우 시장수요가 없더라도 자신들이 만들어낸 제품과 서비스를 광고·홍보하면서 억지로 유행을 창조하여 구매하도록 부추기는 것임.

3) 주관적 지각과 평가

의사결정자들은 그들의 환경에 비추어 주관적이고 상대적으로 환경을 지각, 평가하고, 해석함. 동일한 환경에 대해서도 경영자들은 자기 주관에 따라 달리 해석하고 다르게 반응하기 때문에 다양한 해석과 전략적 선택들이 나오는 것임. 주관적 환경과 유사한 개념으로 창조적 환경이라고 부르기도 하는데, 환경이 조직을 창조하는 것이 아니라 조직을 창조된 환경에 맞추어 나가는 것임.

5. 공헌점

① 조직과 환경의 연결역할을 하는 최고경영자의 능동적인 역할을 강조하였다는 점, ② 구조적 상황이론의 한계점을 수정/보완하여 설명하였다는 점, ③ 관리자는 환경을 조직에 유리하게 조정하거나 통제할 수 있는 영향력을 갖고 있다고 보았다는 점에서 인지적 현상을 파악하게 해 줌.

6. 한계점

① 의사결정자들이 새로운 환경에 직면해서 겪게 되는 진입장벽으로 인한 최적선택의 제

약이 존재한다는 점을 간과하였고, ② 사실 권력이라고 하는 것은 대규모 조직 또는 정치적으로 잘 연계된 조직 이외에는 환경에 영향력을 제공하는 권력에 한계가 있다는 점, 즉 조직 내외의 다양한 사회적 세력에 의하여 전략적 선택의 폭을 제약한다는 점을 지나쳤으며, ③ 경영자들이 실제로 보유하고 있는 자유재량의 범위가 협소하다는 현실 때문에 조직구조에 영향을 미칠 수 있는 범위가 제한된다는 측면으로 비판을 받았음.

7. B학자의 관점

다음, 네이버는 뚜렷한 취향을 가진 인터넷사용자들을 대상으로 새로운 영역을 창조적으로 만들어냈기 때문이라고 하여 경영자의 자율성에 의한 능동적인 선택을 강조하고 있음을 알 수 있고, 소규모 판매업체의 광고를 통해 저렴한 비용에 의한 간단한 구매창 개설, 다양한 개성을 가진 작가들을 발굴하여 웹툰을 개설하고 소비자 니즈에 대한 전략적 접근을 시도하거나, 최근 다음은 카카오와 합병하여 아예 별도의 카카오스토리, 카카오웹툰 앱을 만들어내어 판타스틱하고 능동적인 변화를 꾀하면서 성공을 거두고 있다는 전략적 차원의 접근으로 경영환경의 다양한 니즈를 경영자가 창조적으로 지각하여 조정하고 통제할 수 있다는 것을 말해주고 있다. 따라서, 전략적 선택 이론에 의한 설명에 해당한다.

문제 3) 도식화와 두 이론의 차이점

1. 도식화

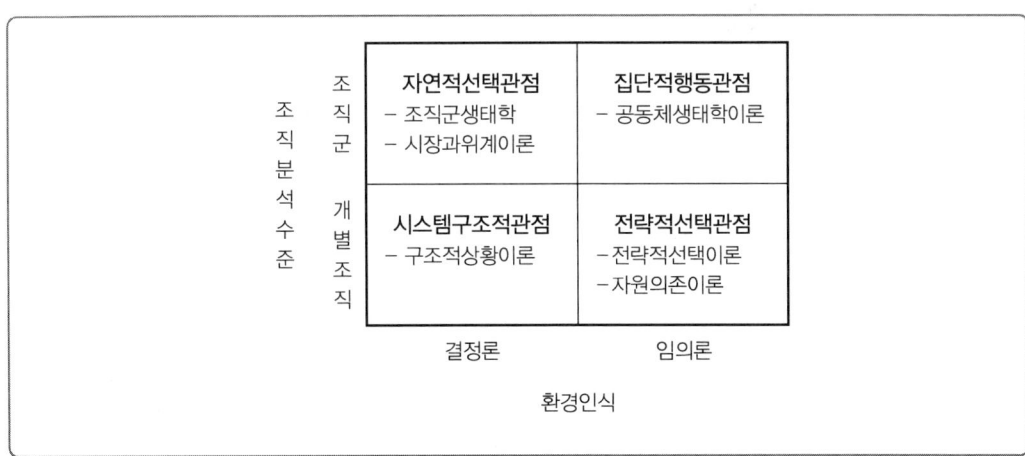

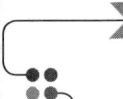

2. 환경인식 : 결정론 vs 임의론

결정론적 관점은 개인이나 조직의 행동은 환경의 특성에 의하여 제약되고 결정되어 환경과 조직의 적합성을 강조하는 견해에 해당하고, 임의론적 관점은 경영자의 주관적인 선택을 강조하는 관점으로 조직의 자율적이고 진취적인 행동이 적극적으로 환경을 형성할 수 있다는 견해이다. 이러한 측면에서 보면, A학자는 환경결정론적 입장에서 설명하였음을 알 수 있고, B학자는 임의론적 관점에서 설명하고 있음을 알 수 있다.

3. 분석수준 : 개별조직 vs 조직군

조직분석 수준에 있어서 개별조직을 대상으로 하는 전략적 선택 이론과 조직군을 분석대상으로 하는 조직군 생태학 이론은 분명 차이가 있으며, 조직군 상태학 이론의 경우 사례에서 제시하는 각종 인터넷업체들의 형성, 환경과의 적합성에 실패한 조직군, 환경영역 틈새에 제대로 안착한 조직군을 구분하여 설명한 이론이고, 전략적 선택이론은 경영의사결정자의 미시적 수준의 전략적 행동에 의한 창조적이고 능동적인 역할을 강조한 것이다.

> **연습 9**
>
> 다음 물음에 답하시오.
> 1) 상황적합론과 전략적 선택이론의 개념, 주요 내용, 평가(공헌과 한계)에 대하여 설명하시오. (8점)
> 2) 이 이론의 공통점을 설명하고, 차이점을 환경과의 대응관점(임의론과 결정론)으로 비교하시오. (7점)

문제 1) 상황적합론과 전략적 선택이론

Ⅰ 상황적합이론

1. 개념

조직이 처한 상황변수와 조직구조의 적합성이 조직유효성을 달성한다는 이론으로 대표적 학자인 학자는 번스와 스토커, 우드워드, 로렌스와 로쉬, 톰슨 등이 있다. 모든 상황에 적합한 유일·최선의 조직화 방법은 존재하지 않으며, 최선의 조직설계·관리방법은 환경에 있다고 주장하면서 환경과 조직 간의 적합성(fitness)이 이루어지도록 조직변수를 조정하고 통제함으로써 조직유효성을 제고할 수 있다는 조직이론이다. 과거 시스템이론의 한계를 극복하고, 환경이 다르면 유효한 조직형태도 다름을 설명한 것이다.

2. 각 변수에 대한 설명

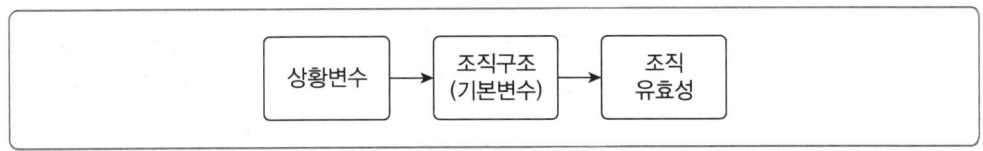

1) 상황변수

조직 내외의 상황의 특성을 나타내는 변수이며, 객관적 상황변수와 주관적 상황변수로 구분하여 이해할 수 있다. 객관적 상황변수에는 환경, 기술, 규모가 있고, 주관적 상황변수에는 전략, 권력작용이 있다.

2) 조직구조 변수

조직의 내부적인 특성을 나타내는 변수로서 조직구조 및 관리체계, 시스템 등이 이에 해당한다.

3) 조직유효성 변수

조직이 구성원의 목표와 조직목표의 합치를 통해 얼마나 잘 운영되고 있는가 또는 효율적인가를 나타내는 개념이다.

3. 관련 연구

1) 환경

환경이란 개방시스템(open system)으로서의 조직의 경계(boundary) 외부에 존재하는 모든 요소로서 조직의 전략수립, 조직설계 및 조직관리에 영향을 주는 제 요인을 의미한다.

① **Thompson과 Duncan의 연구** : 환경을 〈단순-복잡〉, 〈안정-동태적〉 차원으로 나누고, 이들을 조합하여 네 가지 환경을 도출한 다음 각 환경에 적합한 조직구조를 언급하였다. 이 중에서도 단순-안정적인 환경은 환경의 불확실성이 낮아 기계적 조직구조가 적합하며 대표적으로 컨테이너 산업 등이 있다. 복잡-동태적인 환경은 격변적이고 불확실하므로 유기적 조직구조가 적합하고 대표적으로 전자정보통신 산업이 있다.

② **Burns와 Stalker의 연구** : 영국 내의 약 20개의 기업을 대상으로 연구한 결과, 외부환경과 조직의 내부구조가 서로 관련이 있음을 발견하고, 안정적 환경에 직면한 조직은 〈기계적 조직구조〉를 갖고 있고, 동태적 환경에 직면한 조직은 〈유기적 조직구조〉를 갖는다고 설명하였다.

③ **Lawrence와 Lorsch의 연구** : Lawrence와 Lorsch는 그들의 저서『환경과 조직』에서 효과적인 조직설계의 유형은 환경의 불확실성에 따라 달라진다고 하였으며, 플라스틱, 식료품, 컨테이너 산업을 대상으로 연구한 결과, 환경의 불확실성에 따른 〈차별화(differentiation)와 통합(integration)의 정도〉가 서로 다르다고 주장하였다.

④ **Thompson의 변경조직** : 톰슨은 모든 조직에는 〈기술핵심조직과 변경조직〉이 있으며, 환경의 불확실성이 높아질수록 변경조직의 수를 늘려서 각각의 환경요소의 수에 대응하고, 동태적인 환경변화에 적응하도록 해야 함이 바람직하다고 설명하였다.

2) 기술

기술이란 조직의 투입물을 산출물로 변환시키는데 사용되는 작업절차, 기법, 기계, 공정, 행동 등을 총괄한 개념이며, 여기서 투입물에는 원료, 정보, 아이디어 등이 있고, 산출물에는 제품과 서비스가 있다.

① **Woodward의 연구** : 영국 남부 에식스 지방에서 약100여개의 제조업체를 대상으로 현장연구를 실시한 결과, 생산과정의 기계화 정도와 예측가능성 정도에 따라 〈단위생

산기술〉, 〈대량생산기술〉, 〈장치생산기술〉로 분류하였으며, 여기서, 단위생산기술과 장치생산기술의 경우 조직구조가 환경변화에 맞게 유기적으로 적응하는 형태를 갖추어야 하고, 대량생산기술은 기계적으로 표준화된 직무와 공식화된 절차를 가진다고 주장하였다.

② Perrow의 연구 : 예외의 빈도를 나타내는 〈과업의 다양성 또는 예외의 빈도〉와 문제의 〈분석가능성〉 차원으로 기술을 일상적, 비일상적, 공학적, 장인기술로 분류하고, 이 중 일상적 기술의 경우 거의 변화하지 않으므로 기계적 조직구조가 적합하고, 비일상적 기술과 같이 발생되는 문제와 사안을 분석하기 위한 탐색절차가 매우 복잡하고 경험과 기술이 요구되므로 유기적 조직구조가 적합하다고 하였다.

③ Thompson의 연구 : 톰슨은 기술의 상호의존성에 따라 공유적, 연속형, 교호적 상호의존성으로 분류하고, 각 기술에 적합한 조정방식을 사용해야 함을 설명하였다. 각 상호의존성에 따른 기술명칭은 〈공유적(중개형 기술)〉, 〈연속형(연결형 기술)〉, 〈교호적(집약형 기술)〉로서 불린다. 각 기술에 맞는 조정형태는 중개형 기술의 경우 "규정과 절차"에 의한 조정, 연결형 기술의 경우 "계획과 스케줄"에 의한 조정, 집약형 기술의 경우 "수평적 커뮤니케이션과 상호작용"에 의한 조정이 필요하다고 설명하였다. 따라서, 중개형 기술과 연결형 기술의 경우에 기계적 조정형태가 필요하고, 집약형 기술의 경우 유기적 조정형태가 필요함을 알 수 있다.

4. 공헌점

- 상황이론은 실제 조직세계의 현장 상황을 중심으로 연구를 한 것이기 때문에 이론과 실무를 연결시켜 유효성을 높일 수 있는 실제적이고 실무적인 행동대안을 제공했다는 점에서 시사하는 바가 크다.
- 상황이론을 근거로 하여 조직행위와 분석단위를 구체화할 수 있다는 점에 있다.

5. 한계점

- 상황적합이론을 따르면 따를수록 이론적 측면이 다양해지고, 예외적 변수도 많아져서 이론이라는 것은 보편타당한 이론을 찾는 것인데, 특성 상황의 특수한 사실만 나열한다면 학문으로서 보편타당성의 목적에 위배된 것이라 볼 수 있다.
- 지나치게 상황과 조직의 적합성만 추구하여 관심을 집중할 뿐, 그 적합관계가 어떠한 과정에 의하여 즉, 인간의 개성 및 권력작용변수 등 다양한 영향을 받았을 것인데, 이러한 부분에 대한 연구는 소홀하였다.

Ⅱ 전략적 선택 이론

1. 개념

전략적 선택이론은 상황요인 그 자체와 조직구조 사이에 매개역할을 하는 경영자에 의한 상황요인의 지각과 선택과정이 개입된다는 이론이다. 전략적 선택 관점은 개별 조직을 분석수준으로 하여 임의론적 관점에서 조직이 환경을 변화시키거나 조직이 환경에 적응적으로 대응한다는 입장에 해당한다. 전략적 선택이론은 조직은 환경 속에서 자신이 원하는 것만 전략적으로 선택하여 활용한다는 이론으로 챈들러(Chandler, 1962)가 주장한 전략결정론을 확장시켜서 차일드(Child, 1972)가 전략적 선택이론을 주장하였다.

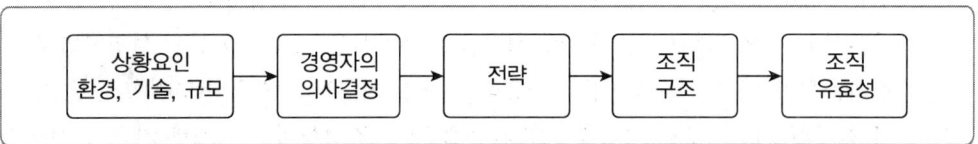

2. 등장배경

- Child에 의해 제기된 전략적 선택 이론은 구조적 상황이론이 경영자에 의한 전략적 선택의 중요성을 무시하고 있다는 점을 지적하고, 조직설계를 결정론적 관점으로 설명하는 상황이론을 비판하면서, 이에 대한 경쟁적 패러다임으로 등장하였다.
- 구체적인 내용을 살펴보면, 환경과 조직은 어느 정도 느슨하게 연결(loosely coupled) 되어 있기 때문에, 동일한 환경 하에서도 조직은 주어진 목표에 도달할 수 있는 방법은 다양하다는 점이 있다고 하였다. 즉, 개방체계로서 이인동과성 개념을 강조하였으며, 이때 환경과 조직의 연결역할을 하는 관리자의 환경에 대한 지각이 중요하다고 하였다.

3. 전략과 조직구조의 관계

환경이 조직에 미치는 영향을 중요하지 그다지 중요하지 않으며, 관리자가 환경을 어떻게 인식하느냐가 중요하다고 보았다. 즉, 환경의 일방적인 지배를 받는 것이 아니라 환경을 임의적으로 혹은 전략적으로 선택할 수 있다는 것이 전략적 선택이론이다.

4. 전략적 선택이론의 방식

① 의사결정자 자율성에 의한 대안의 선택 : 의사결정자는 자율성을 갖고 있으며, 경영자가 상황요인에 적응하는데 다양한 대체안 중 어느 하나를 선택할 수 있으며, 여기서 관리자들의 재량의 폭은 생각보다 넓어서 상황에 대처하는 대안을 여러 가지가 있고,

이 여러 대안들 중에 어느 것을 선택할 지는 관리자가 결정하는 것이라고 보았다.
② **환경조정 및 통제** : 조직은 때로 그들의 환경을 조정하고 통제할 수 있는 권력을 갖고 있다. 다시 말하면, 조직은 환경의 지배만 받는 것이 아니라 때로는 자신의 구미에 맞게 환경을 조정하고 통제할 수 있음을 의미한다. 특히, 대기업의 경우 시장수요가 없더라도 자신들이 만들어낸 제품과 서비스를 광고·홍보하면서 억지로 유행을 창조하여 구매하도록 부추기는 것이다.
③ **주관적 지각과 평가** : 의사결정자들은 그들의 환경에 비추어 주관적이고 상대적으로 환경을 지각, 평가하고, 해석함. 동일한 환경에 대해서도 경영자들은 자기 주관에 따라 달리 해석하고 다르게 반응하기 때문에 다양한 해석과 전략적 선택들이 나오는 것이다. 주관적 환경과 유사한 개념으로 창조적 환경이라고 부르기도 하는데, 환경이 조직을 창조하는 것이 아니라 조직을 창조된 환경에 맞추어 나가는 것이다.

5. 공헌점

① 조직과 환경의 연결역할을 하는 최고경영자의 능동적인 역할을 강조하였다는 점, ② 구조적 상황이론의 한계점을 수정/보완하여 설명하였다는 점, ③ 관리자는 환경을 조직에 유리하게 조정하거나 통제할 수 있는 영향력을 갖고 있다고 보았다는 점에서 현상을 인지적으로 파악하게 해 주는 이론이다.

6. 한계점

① 의사결정자들이 새로운 환경에 직면해서 겪게 되는 진입장벽으로 인한 최적선택의 제약이 존재한다는 점을 간과하였고, ② 사실 권력이라고 하는 것은 대규모 조직 또는 정치적으로 잘 연계된 조직 이외에는 환경에 영향력을 제공하는 권력에 한계가 있다는 점, 즉 조직 내외의 다양한 사회적 세력에 의하여 전략적 선택의 폭을 제약한다는 점을 지나쳤으며, ③경영자들이 실제로 보유하고 있는 자유재량의 범위가 협소하다는 현실 때문에 조직구조에 영향을 미칠 수 있는 범위가 제한된다는 측면으로 비판을 받았다.

경영조직론 답안작성연습

문제 2)

I 두 이론의 공통점과 차이점

Astley와 Van de Ven의 환경인식에 대한 가정과 조직분석 수준이라는 두 가지 차원에 의해 분류한 모형 틀(frame)을 통해 공통점과 차이점을 살펴보면 다음과 같다.

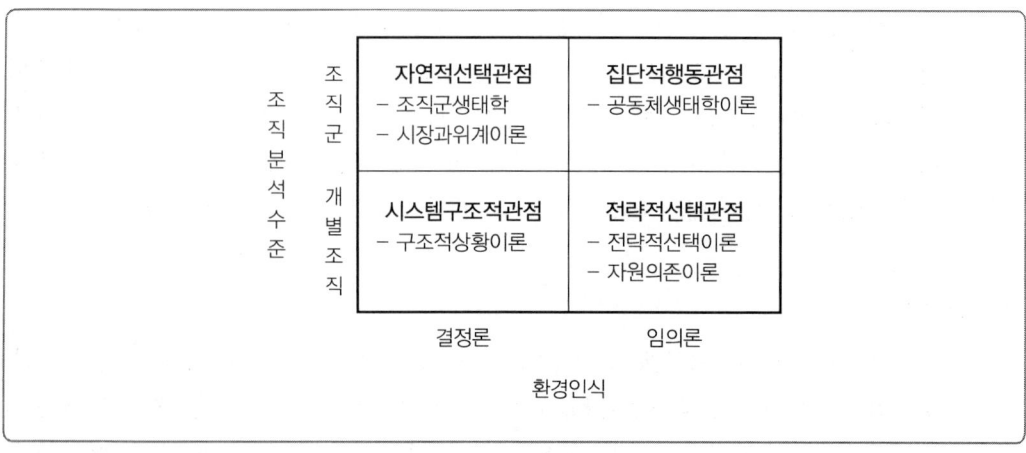

1. 공통점

상황적합이론과 전략적 선택이론은 〈개별조직〉을 주된 연구대상으로 하였으며, 두 이론 모두 조직구조에 영향을 미치는 변수를 고려하였다. 구체적으로 설명하면, 상황적합이론은 환경, 기술, 규모를 영향변수로서 개별조직을 설명하였고, 전략적 선택이론은 창조적 행위자로서 경영자의 자율적인 환경해석능력을 변수로서 개별조직을 설명하였다.

2. 차이점

① **상황적합이론** : 〈결정론적 관점〉에서 개인이나 조직의 행동은 환경으로부터 오는 구조적 제약에 의해 결정되고, 조직은 단지, 이에 수동적으로 반응하는 것임을 설명하고, 환경, 기술, 규모 등의 상황변수가 조직구조의 성과를 결정한다는 주장을 펼쳤다.

② **전략적 선택이론**
- 〈임의론적 관점〉에서 관리자의 자율성에 의한 의사결정을 통해 환경의 다양한 요인 중에서 유리한 환경요소를 선택한다는 행위자로 보는 이론이다.
- 전략적 선택이론은 상황적합론에 대한 경쟁적 패러다임으로 등장하였지만, 상황적합론의 유용성을 거부하기보다는 한계점을 보완하면서 현실에서 조직의 환경적응행동을 보다 잘 설명할 수 있게 해주고 있다.

> **연습 10**
> 조직이 직면하는 환경의 불확실성을 복잡성과 동태성 측면에서 분석하고, 각각의 상황에 적합한 산업의 예와 구체적인 조직설계 방안에 대하여 논하시오. 2015년 제25회 기출
> 조직구조에 영향을 주는 상황요인으로서 환경과 기술에 대하여 논술하시오. 2003년 제12회 기출

I 환경의 의의

- 기업경영에 직접적인 영향을 주는 과업환경은 조직경계 외부에 존재하면서, 개방시스템으로서 조직의 전략수립, 조직설계, 조직관리에 영향을 주는 환경요인이며, 경영자가 지각하는 과업환경은 확실한 환경과 불확실한 환경으로 구분할 수 있음.
- 톰슨과 던컨은 환경의 복잡성이라는 기준과 동태성이라는 기준으로 나누어 네 가지 환경을 도출하고 각 환경에 적합한 조직구조를 언급하고 있음. 이에 환경이 확실한지 불확실한지는 톰슨(Thompson)과 던컨(Duncan)의 이론에 따라, 복잡성과 동태성을 기준으로 분석할 수 있음. 그렇다면 복잡성과 동태성이란 무엇이고 각각에 적합한 산업의 예와 조직설계 방향에는 무엇이 있는지 살펴보도록 하겠음.

II 복잡성과 동태성 의의

1. 복잡성

복잡성은 환경을 구성하는 구성요소의 수를 의미하며, 하나의 조직체를 중심으로 둘러싸인 환경요소에는 정부의 가격정책, 수출입 환경, 원자재 공급 환경, 구매하는 고객의 욕구변화, 기술 시스템 변화 환경 등이 있음. 이러한 다양한 환경요소가 많을수록 복잡성이 크다고 설명하고 있음.

2. 동태성

동태성은 환경요소의 변화정도를 의미하며, 예를 들어서 소비자의 욕구 변화, 취향변화 등을 들어보면 여성의복의 경우 계절별로 스타일이 다르고, 매년 유행하는 흐름이 있으며, 고객의 욕구와 취향 변화가 큰 폭으로 변동성을 갖고 있는데, 이러한 경우 동태성이 크다고 말함.

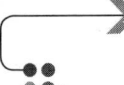
경영조직론 답안작성연습

3. 환경 불확실성의 통합적 틀

이러한 복잡성과 동태성을 기준으로 네 가지 환경을 도출할 수 있는데, 이를 최초로 도출한 사람이 바로 톰슨과 던컨임.

환경의 복잡성

	단순	복잡
안정적	**단순+안정** • 소수의 환경요소 • 환경요소의 낮은 변화성 컨테이너 제조업	**복잡+안정** • 다수의 환경요소 • 환경요소의 낮은 변화성 종합병원, 대학교
동태적	**단순+동태적** • 소수의 환경요소 • 환경요소의 높은 변화성 유행의류, 전자상거래	**복잡+동태적** • 다수의 환경요소 • 환경요소의 높은 변화성 전자산업, 컴퓨터산업

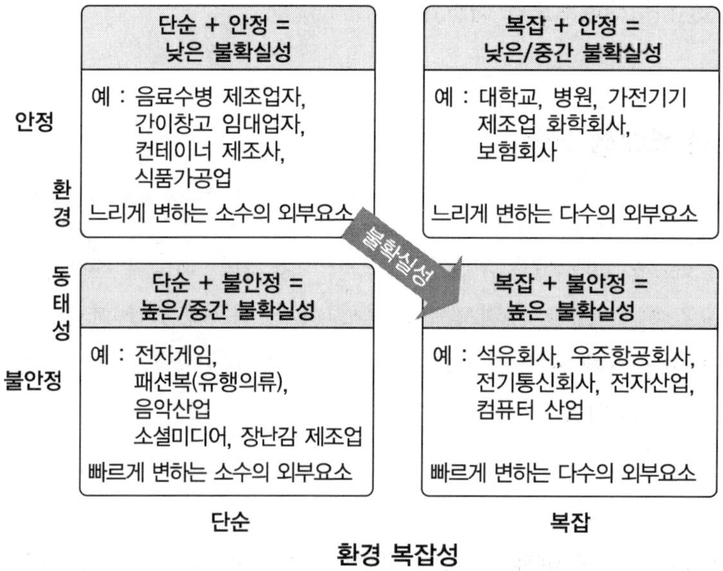

환경의 동태성

	단순	복잡
안정	**단순 + 안정 = 낮은 불확실성** 예 : 음료수병 제조업자, 간이창고 임대업자, 컨테이너 제조사, 식품가공업 느리게 변하는 소수의 외부요소	**복잡 + 안정 = 낮은/중간 불확실성** 예 : 대학교, 병원, 가전기기 제조업 화학회사, 보험회사 느리게 변하는 다수의 외부요소
불안정	**단순 + 불안정 = 높은/중간 불확실성** 예 : 전자게임, 패션복(유행의류), 음악산업 소셜미디어, 장난감 제조업 빠르게 변하는 소수의 외부요소	**복잡 + 불안정 = 높은 불확실성** 예 : 석유회사, 우주항공회사, 전기통신회사, 전자산업, 컴퓨터 산업 빠르게 변하는 다수의 외부요소

환경 복잡성

※ R.Daft, Organization Theory & Design, 12th, 164page

1) 단순, 안정적인 환경

환경을 구성하는 요소들이 소수이면서 단순하여 변화가 거의 없는 상태이며, 따라서, 환경의 불확실성이 거의 지각되지 않음. 이러한 환경에는 높은 수준의 복잡성, 집권화, 공식화가 높은 조직구조가 적합함.

2) 복잡, 안정적인 환경

환경을 구성하는 다수의 환경요소가 있지만, 그들 간에 변화가 없으므로, 불확실성이 낮게 지각되는 환경임. 따라서, 높은 수준의 복잡성이 존재하지만, 다양한 환경요소에 대한 전문화된 전담하는 직원이 있어야 하므로 분권화가 적합하고, 고도의 공식화가 적합함.

3) 단순, 동태적인 환경

소수의 환경요소가 있지만, 그 소수의 환경요소가 역동적으로 높은 변화성을 갖는 환경을 말함. 이 경우 환경의 불확실성인 높게 지각되는 환경이므로, 낮은 수준의 복잡성, 낮은 수준의 공식화, 분권화가 적합하다는 것임.

4) 복잡, 동태적인 환경

환경을 구성하는 요소의 수가 많고, 역동적으로 변화하는 동태성을 갖고 있으며, 따라서 이러한 환경에서는 낮은 수준의 복잡성, 분권화, 낮은 수준의 공식화가 적합함.

Ⅲ 적합한 산업의 예

1. 단순, 안정적인 환경

단순하고 안정적인 환경에서 적합한 산업은 컨테이너 제조업, 음료병 제조업, 청량음료 제조업, 간이창고 임대업, 식품가공업이 있음.

2. 복잡, 안정적인 환경

환경요소의 수가 많지만 변화 정도가 적은 안정적인 환경에서는 대학교, 병원, 가전기기 제조업, 보험회사가 있음.

3. 단순, 동태적인 환경

환경요소의 수가 적지만 역동적으로 변화하는 동태적인 환경에서의 산업의 예는 유행의류 제조업, 장난감 제조업, 전자게임, 패션업, 음악산업, 소셜미디어 등이 있음.

4. 복잡, 동태적인 환경

복잡하고 동태적인 환경에서는 전자산업, 석유회사, 우주항공회사, 전기통신회사, 대규모 의료체계 등이 있음.

Ⅳ 구체적인 조직설계방안

1. 기계적 조직과 유기적 조직

1) 의의

번스(Burns)와 스토커(Stalker)는 환경에 적응해 나가는 조직구조의 분류를 기계적 조직구조와 유기적 조직구조로 분류하였으며, 여기서 기계적 조직은 고도의 복잡성, 집권화, 공식화의 특징이 있으며, 일상적인 업무, 숙련된 행동에 적합함. 유기적 조직은 비교적 탄력적이고 적응적이며, 수평적인 커뮤니케이션과 상호 정보교환을 통한 업무를 특징으로 함.

2) 조직설계방안

안정적이고 확실한 환경에서는 기계적 조직구조가 적합하고, 복잡성과 동태성이 높아 격변적이고 불확실한 환경에서는 유기적 조직구조가 적합함.

2. 기술핵심조직과 변경조직

1) 의의

톰슨(Thompson)은 환경에 적응해 나가는 조직을 기술핵심조직과 변경조직으로 분류하였으며, 여기서 기술핵심조직은 조직에서 중요한 활동을 수행하는 부서이고, 변경조직은 기술핵심조직의 효율적 운영을 위하여 외부영향력을 흡수하는 부서라고 하였음.

2) 조직설계방안

복잡성과 동태성이 강하게 나타나는 경우, 즉 환경요소의 수가 많으면서 동태적이고 역동적으로 변화하는 환경의 경우에는 변경조직을 다수 설계하는 것이 효과적이라고 설명하였음.

3. 차별화와 통합

1) 의의
   - 로렌스(Lawrence)와 로쉬(Lorsch)는 플라스틱산업, 식품산업, 컨테이너산업의 사례를 들어 환경변화의 차이에 의한 차별화와 통합의 수준으로 설명하였음. '차별화'는 하위부서가 직면한 하위환경의 특성이 다름을 의미하며, '통합'은 조직전체의 목표달성을 위해 차별화된 부서 공동의 노력을 의미함.
   - 플라스틱산업은 경쟁이 치열하고 신제품이 자주 개발되며, 제품수명주기가 짧아 매우 동태적임. 컨테이너 산업은 신제품 개발이 거의 없는 안정적인 환경임. 식품산업은 그 중간 정도에 해당함.

2) 조직설계방안
   복잡성과 동태성이 높은 불확실한 환경의 경우 차별화와 통합의 수준은 높게 나타나고, 환경요소의 수가 적고 변화를 거의 하지 않는 안정적인 환경의 경우에는 차별화와 통합이 낮게 나타남. 로렌스와 로쉬의 연구결과에는 차별화와 통합이 높은 순서가 플라스틱 > 식품 > 컨테이너 순으로 나타났음.

4. 환경의 불확실성에 의한 구체적인 조직설계방안

	환경의 복잡성	
	단순	복잡
환경의 동태성 — 안정적	**낮은 불확실성** • 기계적 조직 • 소수의 변경조직 • 아주 낮은 차별화	**다소 낮은 불확실성** • 공식적, 집권적 • 다수의 변경조직 • 낮은 차별화
환경의 동태성 — 동태적	**다소 높은 불확실성** • 유기적 조직 • 소수의 변경조직 • 높은 차별화	**높은 불확실성** • 유기적 조직 • 다수의 변경조직 • 아주 높은 차별화

경영조직론 답안작성연습

> **연습 11**
> 조직환경을 환경의 불확실성과 자원의존 측면에서 각각 설명하고, 조직의 환경 불확실성에 대한 대응방안과 자원통제를 위한 전략에 대해 각각 논하시오. 2014년 제23회 기출
> 조직 간 관계를 보는 자원의존관점에 관하여 설명하고, 조직이 외부 자원 통제를 위해 사용하는 전략을 논하라. 2010년 제19회 기출

I 조직환경의 의의

1. 환경의 불확실성

1) 환경의 의의

기업경영에 직접적인 영향을 주는 과업환경은 조직경계 외부에 존재하면서, 조직의 전략수립, 조직설계, 조직관리에 영향을 주는 환경요인이며, 경영자가 지각하는 과업환경은 확실한 환경과 불확실한 환경으로 구분할 수 있음. 이러한 환경은 조직영역 밖에 있으면서 조직이 생존, 성장하기 위해 대응해야 하지만, 불확실하며 동태적인 특성을 갖고 있어 통제하기 어려움.

2) 환경의 불확실성

톰슨과 던컨은 환경의 불확실성은 복잡성과 동태성으로 설명하였으며, 여기서 복잡성은 환경요소의 수가 얼마나 많은가를 말하고, 동태성은 환경요소가 역동적으로 변화하는 정도를 말함. 만약, 환경요소의 수가 많고 변화정도가 역동적이라면 환경의 불확실성은 크다고 말함. 환경의 불확실성이 클수록 조직은 생존을 위하여 환경에 대한 의존도를 생각해 볼 수밖에 없음.

2. 자원의존 측면에서의 환경

1) 자원의존이론의 의의

- 자원의존이론이란 조직은 환경에 의존할 뿐만 아니라 능동적·적극적으로 가능한 한 환경에 대한 의존도를 최소화하고, 의존에서 비롯되는 여러 가지 제약과 불확실성에 대응하는 자율성과 독립성을 유지하기 위하여 환경에 영향력을 행사하려 한다는 이론임 (Pfeffer & Salancik)
- 현실적으로 조직은 완전히 자족적일 수 없으므로, 조직은 중요한 자원을 공급받기 위해 외부 환경에 의존할 수밖에 없다는 사실을 강조한 이론임.

2) 자원의존측면에서의 환경

자원을 획득하고 유지할 수 있는 능력을 조직생존의 핵심요인으로 파악하고 있으며, 조직의 생존을 위해 가능한 한 환경에의 의존도를 최소화하기 위한 자율성과 독립성을 보유하기 위해서는 환경에 적극적이고 능동적으로 대처할 수 있는 자원을 확보해야 함. 이러한 자원 확보를 위한 조직의 대응 전략 유형을 다음의 서술과 같이 자세하게 살펴보겠음.

Ⅱ 환경의 불확실성에 대한 대응방안(소극적 대응전략)

1. 인수합병(Merger & Acquisition)

인수합병은 공동의 성과물에 대해서 가장 강력한 통제를 할 수 있는 형태임. 인수기업이 피인수기업의 모든 자원과 자산, 채무를 흡수하는 형태이기 때문임. GE의 경우 핵심인재가 필요하여 아예 그 기업체를 인수해 버렸던 사례가 있으며, 현대건설의 경우 시멘트 공급을 위하여 시멘트 회사를 인수해 버렸던 사례가 있음.

2. 합작투자(joint venture)

합작투자는 완전소유보다는 약한 수준의 통제지만, 법률관계를 통해서 환경의 불확실성을 감소시킬 수 있는 전략임. 합작기업은 둘 이상의 기업들이 혁신적인 제품이나 공동기술을 개발하기 위하여 서로 협력하여 새로운 조직을 만드는 것임. 소니의 소프트웨어와 MS의 하드웨어를 합작하여 새로운 제품을 개발하는 사례를 들 수 있음.

3. 전략적 제휴(Strategic alliance)

전략적 제휴는 둘 이상의 기업체가 서로 협력하기로 협약을 맺고 각각 독립성을 유지하면서 공동의 목표를 위하여 자원을 투여하는 것임. 대한항공사와 델타항공사가 항공코드를 점유하는 전략적 제휴를 맺는 경우를 들 수 있음.

4. 공급계약(supply contract)

여러 조직들이 핵심 공급자들과 계약을 맺고 내부 자원과 역량을 보충할 수 있는 자원을 확보하는 전략임. 모든 것을 독자적으로 수행하는 대신 협력관계를 맺으면서 필요로 하는 자원을 공급받는 것임. 구체적으로 월마트, 테스코(TESCO) 등 대형유통판매점들이 상호간에 유익이 되는 협력관계를 맺으면서 필요로 하는 자원을 공급받는 것임.

5. 중역채용(executive hiring)

조직에 큰 영향을 미치는 외부의 중요한 인적자원을 조직의 일부로 채용하여 유대관계를 확실하게 해놓는 전략임. 경기악화 시 급한 자금이 필요한 경우를 대비하여 은행의 자금 중역을 회사의 사외이사로 영입하거나, 국세청에서 퇴임한 고위 공무원 출신을 회사의 요직에 앉히는 회계법인, 근로복지공단에서 퇴임한 고위 공무원을 요직에 앉히는 노무법인, 판사 및 검사 출신자를 영입하는 법무법인의 사례가 대표적임.

6. 광고와 홍보(advertisement & PR)

광고와 홍보는 환경과 우호적인 관계를 만드는 효율적인 전략이며, 기업이 소비자단체로부터 공격을 받거나 재벌이 국민들로부터 손가락질을 받으면 기업 활동이 위축되고 매출이 감소함. 이에 대응하기 위하여 사전 또는 사후적인 광고와 홍보를 통해 자신들의 정당성과 결백함을 보여주며 브랜드 이미지를 상승시키는 전략임.

Ⅲ 직접적 통제 전략(적극적 통제전략)

1. 활동영역의 변경(diversification)

철수 또는 다각화를 통해 통제가 가능한 활동영역을 모색하고 이를 통하여 환경의 불확실성에 대처하는 전략임. 불황기에는 사업을 축소하거나 철회하기도 하는데, 삼성의 카메라 사업부를 철수시키고 스마트 사업부의 카메라 렌즈에 총력을 기울인 경우가 대표적인 사례임.

2. 정치활동과 로비(political action & lobby)

법률이나 규칙에 얽매여 회사가 하고 싶은 일을 못하는 경우도 꽤 많은데, 기업의 경우 세법, 부동산법, 수출입 관세, 무역협정 등이 사업의 존폐를 결정짓는 경우도 많음. 정치활동과 로비는 관련법규를 자신들에게 불리하지 않도록 만들기 위하여 대정부 로비활동을 벌이거나 로비스트를 고용하기도 함.

3. 산업협회(trade association)

산업협회는 동일한 산업에 속한 조직들이 서로 정보를 교환하고, 상대방의 활동을 감시하는 연합체임. 산업협회는 소속 조직들의 이익을 지키기 위하여 자원을 모아 로비활동을 하는 데 사용하기도 함. 예를 들어서 공인노무사협회가 소속노무사집단을 위하여 로비활동을 활발하게 하는 경우를 들 수 있음.

4. 비합법적 행동(illegal action)

뇌물 제공, 정격유착 등 비합법적 활동은 기업이 환경을 통제하기 위하여 사용하는 최후의 수단임. 매출급감, 자원부족 등과 같은 경영위기가 닥쳤을 때, 경영자들을 비합법적 행동을 시도하게 됨.

경영조직론 답안작성연습

> **연습 12**
> 다음 물음에 답하시오.
> 1) 환경의 개념, 환경의 복잡성과 동태성의 개념에 대하여 설명하고, Duncan과 Thompson의 환경 불확실성 평가 틀을 제시하시오. (20점)
> 2) 환경 불확실성 정도에 대한 Lawrence와 Lorsch의 연구 내용에 대하여 설명하시오. (20점)
> 3) 환경의 복잡성과 동태성에 대한 대응방안으로 Thompson은 어떻게 주장하였는지 설명하시오. (10점)

문제 1) 환경의 개념, 복잡성과 동태성

I 환경의 개념

기업경영에 직접적인 영향을 주는 〈과업환경〉은 조직경계 외부에 존재하면서, 조직의 전략수립, 조직설계, 조직관리에 영향을 주는 환경요인이며, 경영자가 지각하는 과업환경은 확실한 환경과 불확실한 환경으로 구분할 수 있다. Thompson과 Duncan은 환경의 〈복잡성〉과 〈동태성〉이라는 기준으로 나누어 네 가지 환경을 도출하고 각 환경에 적합한 조직구조를 언급하고 있다. 이에 환경이 확실한지 불확실한지는 Thompson과 Duncan의 이론에 따라, 복잡성과 동태성을 기준으로 분석할 수 있다.

II 환경의 복잡성과 동태성 개념

1. 복잡성

〈복잡성〉은 환경을 구성하는 구성요소의 수를 의미하며, 하나의 조직체를 중심으로 둘러쌓인 환경요소에는 정부의 가격정책, 수출입 환경, 원자재 공급 환경, 구매하는 고객의 욕구변화, 기술 시스템 변화 환경 등이 있다. 이러한 다양한 환경요소가 많을수록 복잡성이 크다 라고 설명하고 있다.

2. 동태성

〈동태성〉은 환경요소의 변화정도를 의미하며, 예를 들어서 소비자의 욕구 변화, 취향변화 등을 들어보면 여성의복의 경우 계절별로 스타일이 다르고, 매년 유행하는 흐름이 있으며, 고객의 욕구와 취향 변화가 큰 폭으로 변동성을 갖고 있는데, 이러한 경우 동태성이 크다고 말한다.

Ⅲ 환경의 불확실성 평가 틀

이러한 복잡성과 동태성을 기준으로 네 가지 환경을 도출할 수 있는데, 이를 최초로 도출한 사람이 바로 톰슨과 던컨이다.

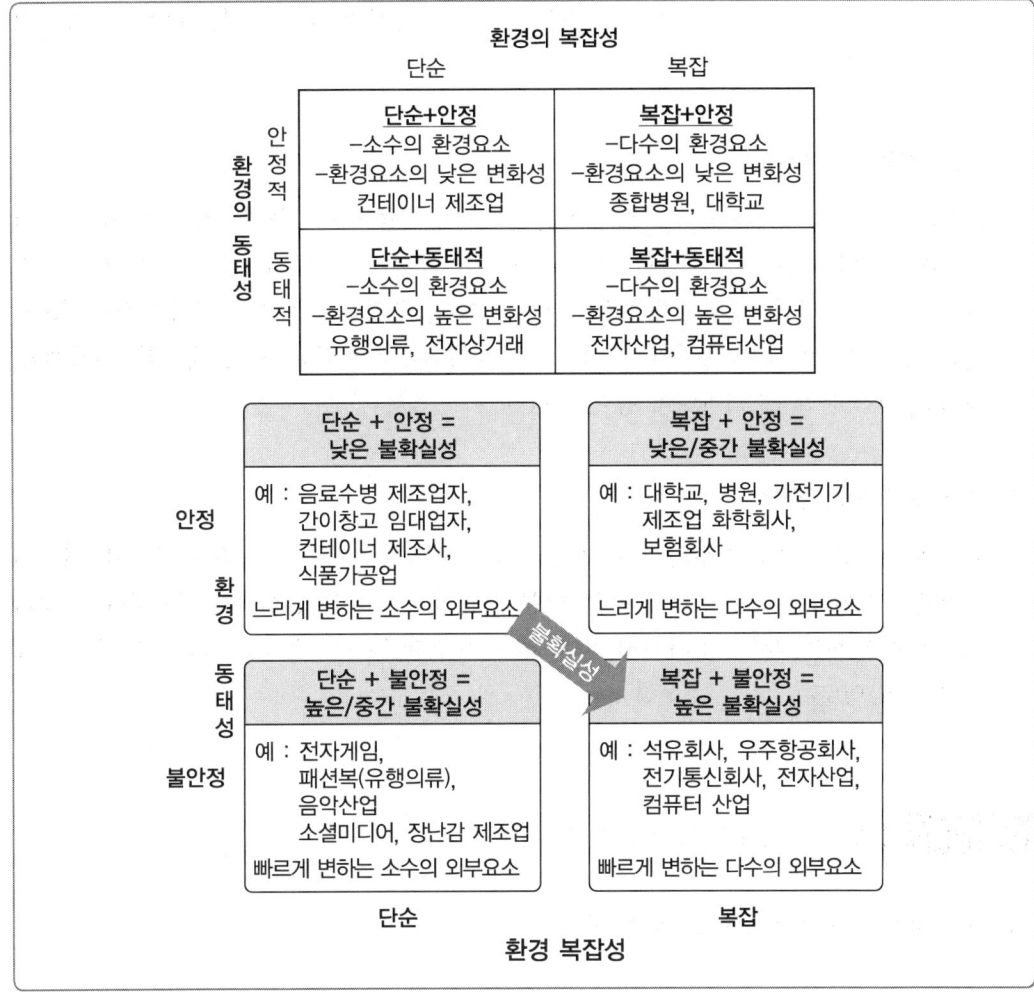

1. 단순, 안정적인 환경

환경을 구성하는 요소들이 소수이면서 단순하여 변화가 거의 없는 상태이며, 따라서, 환경의 불확실성이 거의 지각되지 않는다. 이러한 환경에는 높은 수준의 복잡성, 집권화, 공식화가 높은 조직구조가 적합하다. 구체적으로 컨테이너 제조업, 음료병 제조업, 청량음료제조업, 간이창고 임대업, 식품가공업이 있다.

2. 복잡, 안정적인 환경

환경을 구성하는 다수의 환경요소가 있지만, 그들 간에 변화가 없으므로, 불확실성이 낮게 지각되는 환경이다. 따라서, 높은 수준의 복잡성이 존재하지만, 다양한 환경요소에 대한 전문화된 전담하는 직원이 있어야 하므로 분권화가 적합하고, 고도의 공식화가 적합하다. 환경요소의 수가 많지만 변화 정도가 적은 안정적인 환경에서는 대학교, 병원, 가전기기 제조업, 보험회사가 있다.

3. 단순, 동태적인 환경

소수의 환경요소가 있지만, 그 소수의 환경요소가 역동적으로 높은 변화성을 갖는 환경을 말한다. 이 경우 환경의 불확실성이 높게 지각되는 환경이므로, 낮은 수준의 복잡성, 낮은 수준의 공식화, 분권화가 적합하다는 것이다. 환경요소의 수가 적지만 역동적으로 변화하는 동태적인 환경에서의 산업의 예는 유행의류 제조업, 장난감 제조업, 전자게임, 패션업, 음악산업, 소셜미디어 등이 있다.

4. 복잡, 동태적인 환경

환경을 구성하는 요소의 수가 많고, 역동적으로 변화하는 동태성을 갖고 있으며, 따라서 이러한 환경에서는 낮은 수준의 복잡성, 분권화, 낮은 수준의 공식화가 적합하다. 복잡하고 동태적인 환경에서는 전자산업, 석유회사, 우주항공회사, 전기통신회사, 대규모 의료체계 등이 있다.

문제 2) Lawrence와 Lorsch의 연구

I Lawrence & Lorsch의 연구

1. 개요

로렌스(Lawrence)와 로쉬(Lorsch)는 플라스틱산업, 식품산업, 컨테이너산업의 사례를 들어 환경변화의 차이에 의한 차별화와 통합의 수준으로 설명하였다.

2. 차별화와 통합

〈차별화〉는 하위부서가 직면한 하위환경의 특성이 다름을 의미하며, 〈통합〉은 조직전체의 목표달성을 위해 차별화된 부서 공동의 노력을 의미한다. 플라스틱산업은 경쟁이 치열하고 신제품이 자주 개발되며, 제품수명주기가 짧아 매우 동태적이다. 컨테이너 산업은 신제품 개발이 거의 없는 안정적인 환경이다. 식품산업은 그 중간 정도에 해당한다.

3. 조직설계방안

복잡성과 동태성이 높은 불확실한 환경의 경우 차별화와 통합의 수준은 높게 나타나고, 환경요소의 수가 적고 변화를 거의 하지 않는 안정적인 환경의 경우에는 차별화와 통합이 낮게 나타난다. 로렌스와 로쉬의 연구결과에는 차별화와 통합이 높은 순서가 플라스틱 > 식품 > 컨테이너 순으로 나타났다.

Ⅱ 환경의 불확실성에 의한 구체적인 조직설계방안

	환경의 복잡성	
	단순	복잡
안정적	**낮은 불확실성** -기계적 조직 -소수의 변경조직 -아주 낮은 차별화 -아주 낮은 통합수준	**다소 낮은 불확실성** -공식적, 집권적 -다수의 변경조직 -낮은 차별화
동태적	**다소 높은 불확실성** -유기적 조직 -소수의 변경조직 -높은 차별화	**높은 불확실성** -유기적 조직 -다수의 변경조직 -아주 높은 차별화 -아주 높은 통합수준

(환경의 동태성)

Thompson과 Duncan의 환경의 불확실성 통합적 평가틀에 Lawrence & Lorsch의 연구내용을 결합하면, 위와 같이 나타난다.

1. 단순, 안정적 환경

환경요소의 수가 적고, 변화정도가 적은 안정적인 환경에서는 Lawrence & Lorsch의 연구에 의한 차별화가 아주 낮기 때문에 통합수준도 낮다. 안정적인 환경에 있는 컨테이너 산업과 같은 경우 소수의 변경조직을 구성하여 업무지시 및 보고체계만 있어도 충분하다.

2. 복잡, 동태적 환경

환경요소의 수가 많고, 변화정도도 급격하게 변화하는 불확실한 환경에서는 Lawrence & Lorsch의 연구에 의한 차별화가 높아 다수의 변경조직이 설계되어야 하고, 이에 높은 수준의 통합이 필요하다. 즉, 전기통신회사, 우주항공회사의 경우 각 부서별 직면하는 환경이 다양하므로, 많은 부서 및 부문화가 되어 있고, 이를 통합할 수 있는 각종 수직적 또는 수평적 통합체계를 사용해야 하는 것이다.

문제 3) 환경의 복잡성과 동태성에 대한 대응방안으로 Thompson의 주장

Ⅰ 환경의 복잡성과 동태성에 대한 대응

1. 직위와 부서의 설치

환경요소가 다양하여 직면하는 부서별 환경이 상이할 경우, 이에 적합한 직위와 부서를 다양하게 설치하는 것이 유리하다. 구매팀은 원자재 신속한 조달해야 하는 업무를 해야 하고, 재무팀은 기업의 자금관리와 대출금리, 시장이자율 등에 민감할 수 밖에 없다.

2. 완충과 경계관리 역할

- 〈완충〉이란 환경변화가 있을 때 충격을 감소시키고 대응책을 마련하는 것이며, 이를 구체적으로 규격화 전략, 비축 전략, 평준화 전략, 예측 전략을 사용하는 것이다.
  ① 규격화 – 외부환경으로 투입되는 각종 자원들에 대한 표준을 미리 규격화하여 조직에 맞는 것만 선택하는 전략이다.
  ② 비축 – 다량의 원료, 원자재를 비축해 놓으면 시장가격의 상승 등과 같은 급변하는 환경에 타격을 입지 않는다.
  ③ 평준화 – 투입과 산출이 평준화되도록 유지하는 전략이며, 회사의 업무량이 시급할 때에는 단기계약직을 채용하고, 경영사정이 여의치 않은 경우 재계약을 하지 않는 경우이다.
  ④ 예측 – 환경변화를 주기적으로 예측이 가능한 상황에서 미리 대비하는 전략이다.
- 〈경계관리〉는 환경과 접해 있는 경계에서 완충을 위해 관찰하고 예의주시하는 것이다.
  ① 정보입수 – 필요한 환경정보를 탐색하여 조직 내로 들여오는 역할이다.
  ② 정보전달 – 조직 안의 정보를 부문별 전달하고, 조직 밖으로도 조직에 유리하게 내보내는 역할이며, 구체적으로 홍보활동이 있다.

- 〈경계의 확장과 수축〉은 환경변화에 따라 업무량이 많은 경우, 각 부문의 구성원들을 특정 경계선으로 동원시켜서 확장하거나, 조직 내부의 경영기밀유지를 위하여 경계조직에 속하는 직원들을 소수만 배치해 두는 상황을 말한다.
- 〈경계역할담당자〉는 대부분 사장, 임원들, 고객담당직원, 마케팅조사직원들이 한다.

> 환경의 복잡성과 동태성에 대한 대응 : 과업환경 관리 (Thompson)

1. 직위와 부서 설치
   외부환경의 복잡성이 높을수록 조직 안에 직위와 부서의 수가 증가하고, 그에 따라 조직 내부 복잡성도 높아지게 된다. 환경의 각 부문마다 그 부문을 담당할 부서 내지 사람을 두어야하기 때문이다.
2. 관계구축 : 완충과 경계관리 역할 (Thompson, 임창희, 조직이론)
   1) 완충역할
      ① 개념 : 조직을 환경의 교란으로부터 차단시켜서 조직 내부관리방식을 미리 계획한 대로 운영하려는 전략
      ② 규격화(coding) : 외부에서 조직으로 공급되는 다양한 인적·물적·정보적 자원의 표준과 규격을 조직에 맞게 사전에 정하여 안정적으로 자원을 조달받게끔 하는 것
      ③ 비축(stock piling) : 원자재나 인력 등을 포함한 각종 자원을 평소에 다량 확보하여 원가의 갑작스런 상승이나 공급담합 등의 변수에 대응하기 위한 전략
      ④ 평준화(leveling) : 적극적 완충 전략으로, 조직에서의 투입과 그로 인하여 생성되는 산출이 항상 평균상태를 유지할 수 있도록 시장의 수요나 조직의 공급을 평준화시키는 것이다. 항공업계가 비수기에도 안정적 매출을 얻기 위해 저렴한 비수기용 관광상품을 출시하는 것이나, 이동통신업체가 특정 시간대에 고객들의 개통이 몰리는 것을 방지하기 위해 사전예약을 받아 개통시간을 분산하는 것 등
      ⑤ 예측(forecasting) : 미래의 환경변화를 다양한 지표를 근거로 추정하고, 그에 대비하는 것을 뜻한다. 금융위기가 예상되는 경우에 정부에서 외환관리를 철저히 하는 것 등
   2) 경계관리역할
      외부환경의 핵심요소들과 조직의 각 부분을 연결하고 조정하는 전략으로서, 주로 환경과 정보를 주고받는 역할로 정의할 수 있다.
      ① 경계관리자와 그 역할 : 일반적으로 경계관리자의 역할을 수행하는 사람은 경영자, 판매원, 고객상담원, 일선감독자, 중역간부 등으로 다양하다. 이들은 각기 자신의 위치에서 다음의 두 가지 역할을 수행한다.
         i. 정보입수 / 정보전달 : 환경에 필요한 정보를 탐색하고 이를 조직 안으로 들여오는 정보입수 역할이다. 구체적으로 소비자 관련 정보를 수집하는 활동 등을 예로 들 수 있다. 또한, 조직 안의 정보를 조직에 필요한 정도로 조직에 유리하게 환경에 내보내는 정보전달 역할이다. 구체적으로 홍보부서의 기업홍보 활동 등을 예로 들 수 있다.
         ii. 경계확장과 경계축소 : 경계확장은 환경변화가 극심하여 조직에 위기를 초래할 때 그에 대응하기 위하여 모든 조직구성원들을 경계선 쪽으로 동원하는 것을 뜻한다. 반면 경계의 축소는 조직의 정보가 새어나가지 않도록 경계관리자를 최소한으로 두는 것을 뜻한다.

경영조직론 답안작성연습

연습 13

경영환경의 변화는 의사결정에 있어서 불확실성을 증대시킨다. 조직은 이에 대한 효과적 대응방안의 하나로써 구조적 설계 대안을 마련해야 한다. 다음 물음에 답하시오. (50점)

1) 조직 구조를 설계할 때 고려하는 3가지 핵심 요소를 설명하시오. (10점)
2) 조직 환경의 불확실성을 정의하고, 불확실성을 분류하기 위한 던컨(R. Duncan)의 2가지 구성 요소를 설명하시오. 그리고 이에 따른 4가지 수준의 조직 환경의 불확실성과 각 불확실성 수준에서 활동하는 조직의 구조적 특성을 함께 설명하시오. (25점)
3) 환경 불확실성에 대처하기 위한 조직의 대응방안 중 완충 역할(buffering role 또는 buffer)과 경계 역할(boundary spanning role)을 설명하시오. (15점)

문제 1) 조직구조 설계 시 고려하는 핵심요소 3가지

I 조직구조 설계 시 고려하는 핵심요소 3가지

1. 복잡성

조직 내 과업의 분화 정도를 말한다.

2. 집권화

조직의 상층부에 의사결정권, 명령지시권 등 권한이 집중된 정도를 의미한다.

3. 공식화

조직 내에 적용되는 각종 규정, 규칙 등이 문서화되어 적용되는 경우와 불문율로 적용되는 모두를 의미한다.

문제 2) 환경의 불확실성 구성요소, 환경의 불확실성 통합적 틀

I 환경의 불확실성 정의

〈과업환경〉은 조직경계 외부에 존재하면서, 조직의 전략수립, 조직설계, 조직관리에 영향을 주는 환경요인이며, 이는 경영자가 지각하는 과업환경은 확실한 환경과 불확실한 환경으로 구분할 수 있는데, 여기서 불확실한 환경은 Thompson과 Duncan의 〈복잡성〉과 〈동태성〉

이라는 기준에 따르면, 기업환경을 둘러싼 환경요소들이 많고, 각각의 환경요소들의 변화정도도 심한 경우로서 설명된다.

Ⅱ 환경의 불확실성 구성요소 2가지

1. 복잡성

〈복잡성〉은 환경을 구성하는 구성요소의 수를 의미하며, 여기에는 정부의 가격정책, 수출입 환경, 원자재 공급 환경, 구매하는 고객의 욕구변화 등등이 있다.

2. 동태성

〈동태성〉은 환경요소의 변화정도를 의미하고, 소비자의 욕구 변화, 취향변화 등으로서 확인할 수 있다.

Ⅲ 환경의 불확실성 통합적 틀

1. 4가지 수준의 조직 환경의 불확실성

	환경의 복잡성	
환경의 동태성	단순	복잡
안정적	**단순+안정** -소수의 환경요소 -환경요소의 낮은 변화성 컨테이너 제조업	**복잡+안정** -다수의 환경요소 -환경요소의 낮은 변화성 종합병원, 대학교
동태적	**단순+동태적** -소수의 환경요소 -환경요소의 높은 변화성 유행의류, 전자상거래	**복잡+동태적** -다수의 환경요소 -환경요소의 높은 변화성 전자산업, 컴퓨터산업

1) 단순, 안정적인 환경

환경을 구성하는 요소들이 소수이면서 단순하여 변화가 거의 없는 상태이며, 따라서, 환경의 불확실성이 거의 지각되지 않다.

2) 복잡, 안정적인 환경

환경을 구성하는 다수의 환경요소가 있지만, 그들 간에 변화가 없으므로, 불확실성이 낮게 지각되는 환경이다.

3) 단순, 동태적인 환경

소수의 환경요소가 있지만, 그 소수의 환경요소가 역동적으로 높은 변화성을 갖는 환경을 말한다.

4) 복잡, 동태적인 환경

환경을 구성하는 요소의 수가 많고, 역동적으로 변화하는 동태성을 갖고 있는 환경이다.

2. 각 불확실성 수준에서 활동하는 조직의 구조적 특성

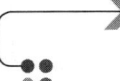

	환경의 복잡성	
	단순	복잡
안정적	**낮은 불확실성** -기계적 조직 -소수의 변경조직 -아주 낮은 차별화 -아주 낮은 통합수준	**다소 낮은 불확실성** -공식적, 집권적 -다수의 변경조직 -낮은 차별화
동태적	**다소 높은 불확실성** -유기적 조직 -소수의 변경조직 -높은 차별화	**높은 불확실성** -유기적 조직 -다수의 변경조직 -아주 높은 차별화 -아주 높은 통합수준

1) 단순, 안정적인 환경

이러한 단순하고 안정적 환경에는 높은 수준의 복잡성, 집권화, 공식화가 높은 조직구조가 적합하다. 적합한 산업은 컨테이너 제조업, 음료병 제조업, 청량음료제조업, 간이창고 임대업, 식품가공업이 있음.

2) 복잡, 안정적인 환경

높은 수준의 복잡성이 존재하지만, 다양한 환경요소에 대한 전문화된 전담하는 직원이 있어야 하므로 분권화가 적합하고, 고도의 공식화가 적합하다. 환경요소의 수가 많지만 변화 정도가 적은 안정적인 환경에서는 대학교, 병원, 가전기기 제조업, 보험회사가 있다.

3) 단순, 동태적인 환경

단순하고, 동태적인 환경에서는 불확실성인 높게 지각되는 환경이므로, 낮은 수준의 복잡성, 낮은 수준의 공식화, 분권화가 적합하다. 환경요소의 수가 적지만 역동적으로 변화하는 동태적인 환경이기 때문이다. 산업사례는 유행의류 제조업, 장난감 제조업, 전자게임, 패션업, 음악산업, 소셜미디어 등이 있다.

4) 복잡, 동태적인 환경

복잡, 동태적인 환경에서는 낮은 수준의 복잡성, 분권화, 낮은 수준의 공식화가 적합하다. 복잡하고 동태적인 환경에서는 전자산업, 석유회사, 우주항공회사, 전기통신회사, 대규모 의료체계 등이 있다.

문제 3) Thompson의 완충역할과 경계역할

Ⅰ 완충역할

〈완충〉이란 환경변화가 있을 때 충격을 감소시키고 대응책을 마련하는 것이며, 이를 구체적으로 규격화 전략, 비축 전략, 평준화 전략, 예측 전략을 사용하는 것이다.

1. 규격화

외부환경으로 투입되는 각종 자원들에 대한 표준을 미리 규격화하여 조직에 맞는 것만 선택하는 전략이다.

2. 비축

다량의 원료, 원자재를 비축해 놓으면 시장가격의 상승 등과 같은 급변하는 환경에 타격을 입지 않는다.

3. 평준화

투입과 산출이 평준화되도록 유지하는 전략이며, 회사의 업무량이 시급할 때에는 단기계약직을 채용하고, 경영사정이 여의치 않은 경우 재계약을 하지 않는 경우이다.

4. 예측

환경변화를 주기적으로 예측이 가능한 상황에서 미리 대비하는 전략이다.

Ⅱ 경계관리역할

〈경계관리〉는 환경과 접해 있는 경계에서 완충을 위해 관찰하고 예의주시하는 것이며, 여기에는 정보입수 및 정보전달, 경계의 확장과 수축 전략이 있다. 경계관리의 주 역할을 하는 〈경계역할담당자〉는 대부분 사장, 임원들, 고객담당직원, 마케팅조사 직원들이 있다.

1. 정보입수

필요한 환경정보를 탐색하여 조직 내로 들여오는 역할이다.

2. 정보전달

조직 안의 정보를 부문별 전달하고, 조직 밖으로도 조직에 유리하게 내보내는 역할이며, 구체적으로 홍보활동이 있다.

3. 경계의 확장과 수축

환경변화에 따라 업무량이 많은 경우, 각 부문의 구성원들을 특정 경계선으로 동원시켜서 확장하거나, 조직 내부의 경영기밀유지를 위하여 경계조직에 속하는 직원들을 소수만 배치해 두는 상황을 말한다.

> **연습 14**
> 조직구조에 영향을 주는 요인으로서 환경과 기술에 대하여 설명하시오. 2003년 제12회 기출
> 조직기술과 조직구조와의 관계를 우드워드, 톰슨, 페로우 이론을 중심으로 논술하시오.
> 2004년 제13회 기출

I 조직기술의 의의

'기술'은 조직의 투입물을 산출물로 전환하는데 이용되는 지식, 도구, 기법 등과 같은 활동을 말함. 즉, 변환과정에서 이용되는 기계, 종업원의 교육과 기술, 그리고 작업절차 등을 의미함.

II 우드워드(woodward)의 기술 분류에 따른 조직설계

1. 개요

우드워드는 제조업을 대상으로 실시한 연구에서 '생산형태'(생산기술의 복잡성)에 따라 단위생산기술, 대량생산기술, 장치생산기술로 분류하였음.

2. 기술 분류

1) 단위생산기술

개개의 제품단위를 고객의 주문에 따라 각각 생산하는 방식. 선박, 우주선, 맞춤양복이 이에 해당하며, 기술의 복잡성 매우 낮음. 결과의 예측가능성 매우 낮음.

2) 대량생산기술

표준화되어 있는 소정의 제품을 계속적으로 대량생산하는 방식. 자동차나 전자제품의 조립생산라인 등이 있음. 복잡성은 중간정도이고, 결과의 예측가능성은 최종상태로서만 예측이 가능함.

3) 장치생산기술

특정제품을 같은 제조방식에 따라 이미 고정적으로 설치된 장치공정에 의해 생산하는 것. 정유공장, 화학공장이 있음.

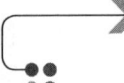

4) 기술 유형별 조직구조

대량생산기술은 표준화된 공식화된 절차에 의하여 업무가 진행되고, 집권화와 문서에 의한 의사소통이 높게 나타남. 따라서, 기계적 조직구조가 적합함. 단위생산기술, 장치생산기술은 비공식적이고 분권화된 체계 속에서 언어에 의한 의사소통이 주로 나타남. 따라서, 유기적 조직구조가 적합함.

Ⅲ 페로(Perrow)의 기술 분류에 따른 조직설계

1. 개요

페로는 지식을 바탕으로 한 기술 업종 측면에서 연구를 하였으며, '예외의 빈도(과업의 다양성)', '과업의 분석가능성' 두 가지 차원에서 기술을 설명하였음.

		과업의 빈도	
		동질성	다양성
과업 분석가능성	분석가능	**일상적 기술** 사무직, 회계감사, 자동차조립 등 ∴기계적 조직구조	공학기술 엔지니어링, 과학연구 등
	분석불가능	장인기술 예술 활동, 공연작품, 수작업 제품 등	**비일상적 기술** 전략적 계획, 사회과학 연구 등 ∴유기적 조직구조 적합

〈일상적 기술〉
1. 높은 공식화
2. 높은 집권화
5. 수직적/문서 의사소통

〈엔지니어링 기술〉
1. 중간정도의 공식화
2. 중간정도의 집권화
5. 문서와 구두 의사소통

〈장인기술〉
1. 중간정도의 공식화
2. 중간정도의 집권화
5. 수평적, 구두 의사소통

〈비일상적 기술〉
1. 낮은 공식화
2. 낮은 집권화
5. 수평적인 의사소통과 모임, 미팅

※ R.Daft, Organization Theory & Design, 12th, 302-304page

2. 기술 분류

1) 일상적 기술

과업의 내용이 분명하고, 분석하기 용이한 기술. 집권화된 의사결정과 높은 공식화를 특징으로 함. 예를 들어서, 사무직, 회계감사, 자동차 조립 등이 이에 해당함.

2) 공학적 기술

상당한 다양성이 존재하기 때문에, 예외의 빈도는 많으나, 합리적이며 체계적인 방법으로 분석할 수 있는 기술. 이 경우 잘 짜인 공식화에 의해 해결이 가능함. 구체적으로 공학 엔지니어링, 과학연구 등이 있음.

3) 장인기술

예외의 빈도가 적고, 과업을 분석하기가 비교적 어려운 기술. 과업이 다양하지 않으므로, 공식화 정도는 높되, 의사결정은 분권화됨. 그 사례에 해당하는 산업으로 예술 활동, 공연작품, 수작업 제품, 공예산업, 수제화 신발 등이 있음.

4) 비일상적 기술

예외의 빈도는 많고, 과업을 분석하기 어려운 기술이며, 이러한 업종은 공식화 정도가 매우 낮고, 의사결정의 분권화 정도는 매우 높음. 여기에는 전략적 계획, 사회과학 연구, 응용 연구 등이 있음.

5) 기술 유형별 조직구조

일상적 기술은, 고도의 규정과 절차, 의사결정의 집권화를 특징으로 하는 기계적 조직구조가 적합하고, 장인기술이나 공학기술은 다소 유기적인 특성이 나타나며, 비일상적 기술은 자유로운 의사소통에 의한 유기적인 조직구조가 적합함.

Ⅳ 톰슨(Thompson)의 기술분류에 따른 조직설계

1. 의의

- 톰슨(J.Thompson)의 기술유형을 생산조직 뿐만 아니라, 서비스 조직 등 모든 조직을 대상으로 한 포괄적인 분류하였으며, 조직구조에 영향을 미치는 상호작용을 세 가지 유형으로 정리하였음. 즉, 기술의 '**상호의존성**'에 따라 기술을 분류하여, 중개형, 연속형, 집약형 기술로 구분함.
- 상호의존성이란 부서들이 자신의 과업들을 완수하기 위하여 자원이나 원료 등의 필요를 이유로 서로에게 의존하는 정도를 말함. 낮은 상호의존성의 경우 각 부문들이 독립적으로 일을 할 수 있지만, 높은 상호의존성의 경우 서로 자원을 지속적으로 교환해야 하는 것을 말함.

2. 기술 분류

1) 중개형 기술(집합적 or 공유적 상호의존성)

- 부서간의 상호의존성이 거의 없는 기술형태이며, 조직의 공동목표에 각 부서들이 독립적으로 공헌할 수 있는 상태임. 이 경우 각 부서의 독립적인 성공이 조직 전체의 성공에도 기여하게 되며, 각 부서 간 업무의 표준화를 위해 '**규정과 절차**'를 사용함.
- 대표적으로 롯데리아 체인점, 은행지점, 우체국, 부동산 사무실 등이 여기에 해당함.

2) 연속형 기술(순차적 상호의존성)

- 작업 활동 간에 연속적인 상호의존관계를 가지는 기술이며, 한 부서에서 만든 부품이 다음 부서의 투입으로 되는 경우가 연속적으로 이루어져 있는 경우임. 이는 중개형 기술(집합적 상호의존성)보다 상호의존성이 높음. 이러한 기술유형에는 '**예정표나 계획**'에 의해서 조정이 이루어짐.
- 연속형 기술에 적합한 사례에는 전자산업의 대량생산 조립라인, 자동차회사 생산 조립라인, 과자 생산 조립라인 등 제조업체의 생산 조립라인에서 찾을 수 있음.

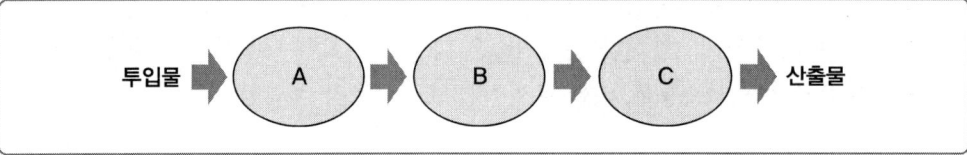

3) 집약형 기술(공유적 상호의존성)

- 업무 활동 간의 교호적 상호의존관계를 갖는 기술형태임. 하나의 과업을 이루기 위하여, 여러 부서의 활동이 동시에 상호의존관계를 형성하는 것으로 작업A의 결과가 작업B의 투입이 되는 동시에 작업B의 결과가 작업A의 투입이 되는 형태임. 이러한 기술유형에는 '**지속적인 협조와 상호조정, 회의, 직접대면**'에 의한 의사소통이 이루어짐.
- 예를 들어서 종합병원(원무팀, 접수팀, 수술팀, 진료팀, 물리치료팀, X-ray 검사팀 등), 연구실험실(각전문직 연구원들의 과업활동), 대학교(교수, 행정직원, 학생들), 전쟁 시의 전투조직(보병, 포병, 의료봉사원 등) 등이 있음.

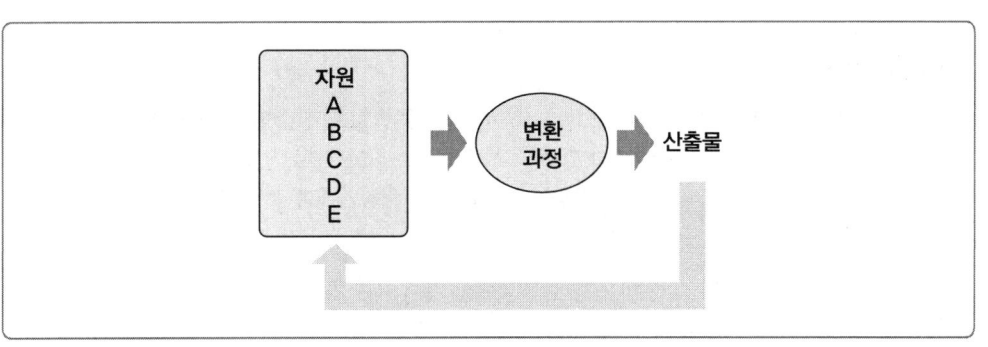

3. 기술 유형별 조직구조

- 중개형 기술은 낮은 복잡성과 고도의 공식화가 요구되며, 기계적 조정형태로서 나타남.
- 연속형 기술은 적당한 수준의 복잡성과 공식화를 특징으로 하며, 예정표나 계획과 같은 기계적 조정형태로서 나타남.
- 집약형 기술은 고도의 복잡성과 낮은 공식화를 특징으로 하며, 유기적인 조정형태인 커뮤니케이션, 상호조정 등으로 과업활동을 함.

기술 (상호의존성)	수평적 의사소통과 의사결정 요구	조정 형태
중개형 기술(mediationg tech.) 공유적 상호의존성 (pooled interdependence)	낮은 의사소통	표준화, 규정, 절차 등 **사업부제 구조**
연속형 기술(long-linked tech.) 연속형 상호의존성 (sequential interdependence)	중간정도의 의사소통	계획, 스케쥴, 피드백 등 **태스크포스**
집약형 기술(intensive tech.) 교호적 상호의존성 (reciprocal interdependence)	높은 의사소통	상호조정, 부서 간 미팅, 팀워크 **수평적 구조**

※ R.Daft, Organization Theory & Design, 12th, 306page

	기계적 조직구조	유기적 조직구조
Woodward	대량생산기술	단위소량생산기술, 장치(연속공정) 생산기술
Perrow	일상적, 공학적 기술	비일상적, 장인기술
Thompson	중개형, 연속형	집약형 기술

경영조직론 답안작성연습

> **연습 15**
>
> 조직의 각 부서는 다른 부서와 구별되는 고유한 기술 투입물을 산출물로 변환하는데 필요한 업무 프로세스, 기법, 기계 및 행동을 가지고 업무 활동을 전개한다. 이로 인해 각 부서의 구조적 특징도 달라지게 된다. 이러한 부서 수준의 기술을 분석하고 이해하기 위하여 페로우 (C.Perrow)는 개념적 모형을 개발하였다. 다음 물음에 답하시오. (25점)
>
> 1) 페로우(C. Perrow)가 개발한 모형에서 기술을 분류하는 2가지 기준을 설명하고, 해당 기준에 의해 도출되는 4가지 기술 유형을 쓰시오. (10점)
> 2) 페로우(C. Perrow)가 개발한 모형에서 일상적(routine) 기술과 비일상적(nonroutine) 기술에 따라 조직구조의 특성이 어떻게 달라지는지를 공식화, 작업자 숙련도 및 통제 범위 Span of control)의 3가지 차원에서 설명하시오. (15점)
>
> 2022년 제31회 기출

문제 1)

I Perrow의 기술

1. Perrow의 기술 정의

페로는 기술을 어떤 대상물을 변화시키기 위해 행해지는 모든 활동으로 정의하고, 지식을 바탕으로 한 기술 업종 연구를 통해, 〈예외의 빈도(과업의 다양성)〉, 〈과업의 분석가능성〉 두 가지 차원에서 기술을 설명하였다.

2. 예외의 빈도(과업의 다양성)

〈과업의 다양성〉은 예외의 빈도와 관련된 것으로, 과업이 수행되는 과정에서 발생하는 예외의 수를 말한다. 즉, 과업이 일상적이면 예외가 거의 발생하지 않는다.

3. 과업의 분석가능성

〈과업의 분석가능성〉은 과업수행 중에 발생한 문제에 대해 적절한 해결책을 찾아내는 탐색과정의 난이도이며, 분석가능성이 높다는 것은 문제가 구조화되어 있어서 해결책을 찾기 위한 논리적 분석을 이용할 수 있고, 분석가능성이 낮다는 것은 문제의 정의가 잘 되어 있지 않고 복잡하여 많은 시행착오를 해야 하는 것을 말한다.

Ⅱ Perrow의 기술 분류

	과업의 빈도	
	동질성	다양성
과업 분석 가능성 — 분석가능	**일상적 기술** 사무직, 회계감사, 자동차조립 등	공학기술 엔지니어링, 과학연구 등
과업 분석 가능성 — 분석불가능	장인기술 예술 활동, 공연작품, 수작업 제품 등	**비일상적 기술** 전략적 계획, 사회과학 연구 등

1. 일상적 기술

과업의 내용이 분명하고, 분석하기 용이한 기술. 집권화된 의사결정과 높은 공식화를 특징으로 하고, 예를 들어서, 사무직, 회계감사, 자동차 조립 등이 해당한다.

2. 비일상적 기술

예외의 빈도는 많고, 과업을 분석하기 어려운 기술이며, 이러한 업종은 공식화 정도가 매우 낮고, 의사결정의 분권화 정도는 매우 높다. 여기에는 전략적 계획, 사회과학 연구, 응용 연구 등이 있다.

3. 공학적 기술

상당한 다양성이 존재하기 때문에, 예외의 빈도는 많으나, 합리적이며 체계적인 방법으로 분석할 수 있는 기술. 이 경우 잘 짜여진 공식화에 의해 해결이 가능하다. 구체적으로 공학 엔지니어링, 과학연구 등이 있다.

4. 장인기술

예외의 빈도가 적고, 과업을 분석하기가 비교적 어려운 기술. 과업이 다양하지 않으므로, 공식화 정도는 높되, 의사결정은 분권화되어 있으며, 그 사례에 해당하는 산업에는 예술 활동, 공연작품, 수작업 제품, 공예산업, 수제화 신발 등이 있다.

경영조직론 답안작성연습

문제 2)

I 기술유형에 따른 공식화, 숙련도, 통제범위

1. 조직구조적 특성 : 기계적 vs 유기적

〈일상적 기술〉을 사용하는 부서에서는 고도의 규정과 절차, 의사결정의 집권화와 같은 기계적 조직구조의 특성을 갖고 있으며, 〈비일상적 기술〉을 사용하는 부서는 자유로운 의사소통에 의한 유기적 구조의 특징을 지닌다.

2. 공식화

"공식화'란 구성원이 행하는 과업의 내용, 수행절차, 수행방법, 그리고 수행결과 등에 대해 사전에 기준을 정해 놓은 정도를 말하며, 〈일상적 기술〉을 사용하는 경우 과업의 표준화, 분업화를 통하여 높은 공식화가 이루어져 있으며, 〈비일상적 기술〉을 사용하는 경우 업무를 수행하는 절차나 방법이 비공식적이며 표준화 정도가 매우 낮은 특징을 나타낸다.

3. 숙련도

숙련도는 작업에 숙달된 정도를 말하며, 구성원의 지식과 경험에 따라 달라진다. 〈일상적 기술〉의 경우 과업의 내용이 분명하고, 분석가능성이 높기 때문에 비교적 낮은 수준의 교육과 경험으로 반복된 업무를 한다는 차원을 갖고 있지만, 〈비일상적 기술〉의 경우 고차원적인 교육과 기술, 경험 등을 요구한다는 특징을 갖는다.

4. 통제범위(Span pf control)

〈통제범위〉란 관리자가 감독자가 지휘통솔하는 부하직원의 수를 말하며, 〈일상적 기술〉을 사용하는 업무일수록 공식화 정도가 높고 집권화되어 있으므로, 일선감독자의 통제범위는 넓어진다. 〈비일상적 기술〉을 사용하는 부서에서는 예외의 빈도가 높아 공식화가 어렵고, 문제 분석 가능성이 낮아 분권화가 요구되므로, 이 경우 감독자와 부하들은 자주 상호작용하면서 과업을 해결해야 하기 때문에 통제범위는 좁아진다.

> **연습 16**
> 유연생산기술(FMT)에 대하여 설명하세요.

Ⅰ 상황변수로서 기술의 의의

기술은, 조직의 투입물(원재료, 아이디어, 정보 등)을 산출품(제품과 서비스)로 변환시키는 데 사용되는 작업공정과정, 기법, 기계 등을 의미하며, 이러한 조직기술과 조직구조와의 관계를 연구한 대표적인 학자로서, Woodward의 연구결과로서 본 사안에 접근하고자 한다.

Ⅱ Woodward의 기술과 조직구조의 관계

1. 개요

우드워드(Woodward)는 약 100여개의 제조업체를 대상으로 실시한 현장 연구에서, '기술의 복잡성'을 기준으로 단위소량생산기술, 대량생산기술, 장치생산기술로 구분하여 설명하였다. 여기서 '기술의 복잡성'이란, 생산과정의 기계화 정도를 말하며, 기술의 복잡성이 높다는 것은 대부분의 작업이 기계에 의해 수행된다는 것이고, 기술의 복잡성이 낮다는 것은 작업자가 생산과정에서 많은 역할에 투입되는 것으로 이해할 수 있다.

2. 기술 유형과 조직구조

1) 단위생산기술과 조직구조
   - 단위생산기술은 특정 고객의 단위당 필요성을 충족시켜주기 위하여, 거의 사람의 수공에 의존하는 기술유형이다. 대표적으로 선박, 우주선, 맞춤양복 등이 있음.
   - 단위생산기술에서의 조직구조는 생산기술의 기계화 정도는 매우 낮고, 유기적인 조직구조로서 고객의 니즈에 맞는 운영이 되어야 한다는 특징을 가짐.

2) 대량생산기술과 조직구조
   - 표준화된 제품생산을 위하여 대량생산 조립공정라인에 의존하는 기술유형이며, 자동차 생산조립라인, 장난감 생산조립라인, 과자 생산 조립라인 등이 있음.
   - 대량생산기술에서의 조직구조는 기술의 복잡성은 중간정도이고, 기계적인 조직구조형태가 이러한 기술유형에 적합함. 즉, 고도의 복잡성, 집권화, 공식화의 특징을 가진 기계적 조직구조가 적합함.

3) 장치생산기술과 조직구조

생산의 전과정이 기계화되어 있는 것을 말하고, 정밀화학제품공장, 석유정제공장 등이 이에 해당함. 장치생산기술의 기계화 정도가 높다는 것으로 볼 때, 각 기계화된 장치생산시설에 전문적인 인력이 투입되어야 하므로, 유기적인 조직구조가 적합한 것으로 설명됨.

3. 연구결과

단위생산기술에서 대량생산, 장치생산기술로 가면서 생산기술의 복잡성에 대응하기 위하여 필요한 경영요구가 많아질 것으로 충분히 예상가능하고, 단위생산기술, 장치생산기술에는 고도의 숙련된 작업자, 구두상의 의사소통을 주로 활용하며, 대량생산기술을 일상적이고 반복적인 업무 특성상 문서에 의한 의사소통이 주를 이룬다는 특징을 가진 것으로 연구되었음.

Ⅲ 유연생산기술의 개념과 특징

1. 유연생산기술의 개념

1) 의의

유연생산기술이란 컴퓨터를 기초로 제품설계, 제조, 마케팅, 재고관리 및 품질관리 등을 전체적으로 관리하는 기술을 말함. 예를 들어 제품의 크기, 디자인, 형태 등 고객의 니즈가 다른 제품을, 하나의 조립라인에서 생산해 내는 것임.

2) 유연생산기술의 필요성

오늘날의 기업은 전략-조직구조-기술이 잘 연계되어야 하며, 특히 경쟁적 조건이 변화할 때, 더욱 전략-조직구조-기술의 연계성이 절실함. 이때 전략을 지원할 신기술을 채택하지 못하거나, 기술에 맞는 전략을 만들지 못하면, 성과는 오히려 떨어지므로, 이에, 최근의 각 기업체는 유연생산기술의 필요성을 잘 각인하고 있어야 할 필요가 있음.

3) 린 생산의 개념

- 린 생산이란 작업공정혁신을 통해 비용은 줄이고, 생산성은 높이는 것을 말함. 즉, 숙련된 기술자들의 편성과 자동화 기계의 사용으로 적정량의 제품을 생산하는 방식이다. 이는 일본의 '도요타 자동차'가 창안한 생산방식으로서, 기존의 수공업적 생산방식에서 나타나는 원가상승 및 대량생산문제의 대안임.
- 유연생산을 통해 모든 부품들이 상호의존적으로 사용되고, '유연관리 프로세스'와 결합할 때, 품질, 고객서비스, 원가절감이 최고의 수준에 이르는 것임.

4) 대량주문생산의 등장

유연생산기술과 린 생산방식을 토대로, 대량주문생산이 이루어지고, 개별 고객의 니즈에 맞게 독특한 디자인을 한 제품을 대량생산기술을 사용하여 신속하고 저렴한 비용으로 만들 수 있었음. 이러한 대량주문생산은 어느 정도 유기적인 조직구조에서 효율적인 생산을 할 수 있음.

2. 특징

1) 도식화

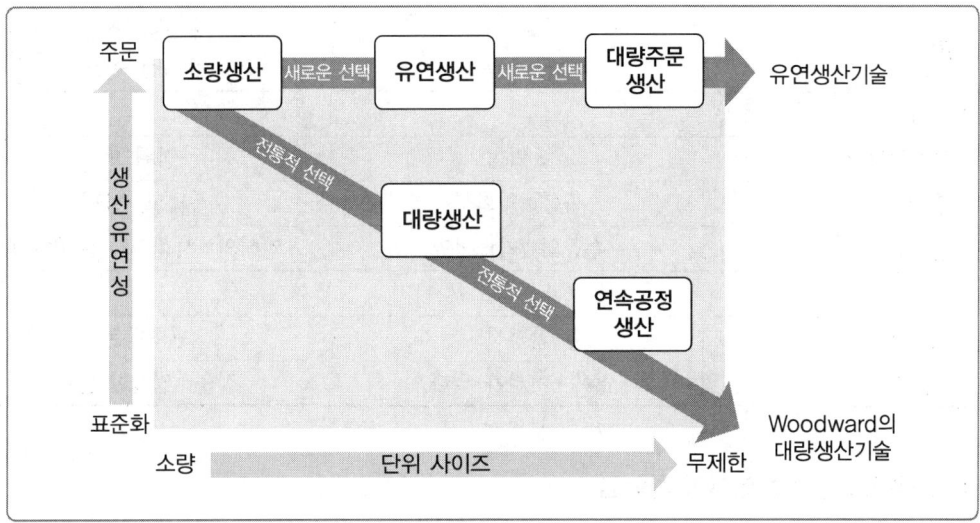

2) 대량주문생산을 위한 토대 제공

개별고객의 요구에 맞게 원하는 디자인으로 제품을 대량생산기술을 사용하여 신속하고 저렴한 비용으로 만들 수 있게 되었다. 대표적으로 농기계, 온수기, 의류, 컴퓨터, 산업용 세제 등이 있다.

3) 유연생산기술과 조직구조

유연생산기술은 생산기술의 복잡성을 증가시키고, 과업을 복잡하게 만들면서 상호작용, 상호의존성을 요구하므로, 유기적인 조직구조를 채택하게 된다.

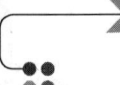

경영조직론 답안작성연습

Ⅳ 대량생산기술과 유연생산기술의 차이점

구분	대량생산	유연생산(스마트공장)
조직구조		
통제범위	넓음	좁음
계층 수	많음	적음
직무	일상적/반복적	숙련된 기술 필요직무
전문화	높음	낮음
의사결정	집권화	분권화
종합	관료적인 기계적 구조	자기통제적인 유기적 구조
인적자원		
상호작용	독립형	팀워크
훈련	좁음. 일회성	폭넓고, 빈번
전문성	수공의, 기술적인	인식의, 사회적인 문제해결
조직 간		
고객수요	안정적	변화하는
공급자	많음. 거리가 멀다.	적음. 밀접한 관계

1. 조직구조적 차원에서의 차이점

- **대량생산기술** : 계층 수도 많고, 한 사람의 상급자에 의한 통제범위도 넓어 대규모의 비대한 조직구조 형태를 가짐. 업무는 전문화되어 일상적이고 반복적임. 집권화된 특징도 갖고 있어서 관료제 및 기계적 조직구조에서 적합한 기술임.
- **유연생산기술** : 계층 수는 적으면서, 한 사람의 상급자에 의한 통제범위가 좁아, 밀도 있는 업무관리가 충분히 가능함. 분권화된 특징을 갖고 숙련된 기술에 의한 업무수행을 실시함. 유기적인 조직구조에 적합함.

2. 인적자원 차원에서의 차이점

대량생산기술의 경우, 독립적인 연결형 상호의존성을 갖고 있으며, 일회성으로 종료되는 업무성질을 가짐. 유연생산기술의 경우에는 팀워크에 의한 밀도 있는 상호의존성으로 당면한 문제해결을 목표로 업무에 대한 폭넓은 교육과 경험으로 해결을 하려고 함.

3. 조직간 차원에서의 차이점

- 대량생산기술의 경우 원자재 공급을 기반으로 하여 대량생산을 해야 하므로, 가능한 많은 공급자업체에서 생산을 해내야 하고, 안정적인 고객시장에서 적합함.
- 유연생산기술의 경우에는 급격한 경영환경에 존재하는 고객 니즈의 변화에 적응하기 위하여, 적합한 공급업체를 선택하여 밀도 있는 원자재 공급으로 생산과정을 수행함.

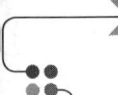

경영조직론 답안작성연습

> **연습 17**
>
> 조직설계의 핵심적인 구조적 차원 중 공식화, 전문화, 집권화의 개념을 각각 설명하고, 아래 지문에 나타난 상황적 요인을 고려하여 A조직과 B조직간에 공식화, 전문화, 집권화의 정도가 어떠한 차이를 보일지 비교·설명하시오. (25점)   2017년 제26회 기출
>
> > A조직 : 차별화된 신제품 개발을 임파워먼트된 팀 중심으로 운영하는 90명 정도의 기업으로, 사장을 비롯해 구성원 간에 직접적인 의사소통을 주저하지 않는 가족적인 문화를 가지고 있다.
> > B조직 : 가전제품을 대량생산하여 원가우위를 추구하는 기업으로, 내부 효율성을 중시하고 분업화·표준화된 방식으로 운영하고 있는 10,000명 정도의 조직이다.
>
> 조직구조의 구성요소들을 설명하세요.   1998년 제7회 기출

I 조직구조의 의의

- 조직구조는 목표를 달성하기 위하여 조직 활동을 기능별 또는 위계별로 세분화하여, 이에 대한 관리적 책임과 통제의 범위를 조직화한 것임. 조직구조를 다른 개념으로 설명하면 조직 안에서 과업들이 분리되고, 분리된 과업들이 연결되며, 과업의 집단들이 부서를 이루고, 다시 부서들끼리 연결된 상태를 말함.
- 이러한 조직구조의 구성요소에는 복잡성, 집권화, 공식화가 있으며, 그 중 복잡성은 과업의 분화 정도를 의미하는데 그 중 수평적인 분화 정도를 전문화와 부분화로 구분하여 설명할 수 있음.
- 본 사례에 접근하여 복잡성의 일부인 전문화와 공식화, 집권화에 집중하여 그 개념을 먼저 살펴보고, A조직과 B조직의 사례에 적합한 조직구조의 구성요소를 설명하고자 함.

II 조직구조의 구성요소 - 전문화, 집권화, 공식화

1. 전문화

1) 의의

전문화는 분업의 원리에 따라 일을 세분화하여 담당자에게 전담하여 할당·배분하는 것을 말함. 전문화 정도가 높으면 구성원들은 매우 제한된 업무만을 수행하게 되며, 전문화 정도가 낮은 경우 구성원들은 다양한 직무를 수행할 기회를 갖게 됨. 전문화는 분업화라고 부르기도 함. M.Porter의 전략과 조직구조의 관계에서 제품 차별화 전략을 사용하는

중소기업이나 소규모기업의 경우 낮은 수준의 전문화와 낮은 수준의 집권화, 낮은 공식화를 특징으로 한다고 설명함.

2) 수평적 전문화와 수직적 전문화

- 수평적 전문화는 과업을 세분화한 정도를 말하며, 조직이 수행하는 업무를 구성원들이 횡단적으로 분할하여 수행하는 형태임. 생산조립라인에서 한 생산직 사원이 하루 종일 부품을 본체에 삽입하는 작업을 반복하는 경우 수평적 전문화의 정도가 높다고 표현함.
- 수직적 전문화는 특정 과업을 수행함에 있어서 과업수행방법의 결정이나 재량권, 책임감을 어느 정도 갖고 있는가에 관한 것임. 수직적 분업화를 줄이기 위해 직무충실화라는 개념을 도입하여 직무의 내용을 풍부하게 만들어 의사결정의 재량권과 책임을 늘리며, 능력을 발휘할 수 있는 여지를 크게 하고, 도전적이고 보람 있는 일이 되도록 직무를 구성함으로써 동기부여로 보람 있는 일터가 되도록 하는 방법이 있음.

2. 집권화

1) 의의

조직의 어느 단일점에 의사결정권, 재량권 등의 권한이 집중된 정도를 말함. 최고경영자가 의사결정에 영향력을 발휘하는 정도, 일선 감독자가 직무의 중요한 요소에서 나타내는 자유재량권의 정도를 말함. 집권화는 주로 상층부에 집중되지만, 하층의 어느 부분에 집중되어도 집권화된 것을 마찬가지임.

2) 특징

- 집권화는 정책·계획·활동이 통일화되어 표준화된 이익이 있고, 최고경영자가 많은 경험과 탁월한 능력을 보유한 경우 분권화보다 유리하게 발휘될 수 있다는 장점이 있는 반면에, 구성원의 창의력 발휘가 어렵고, 자칫 경영자와 현장간의 커뮤니케이션 갭이 형성될 수 있다는 단점이 있음.
- 분권화는 구성원의 창의력 및 잠재능력 발휘에 용이하며, 현안 문제에 가장 근접하고 잘 아는 사람에게 위임되기 때문에 상황대처능력이 높은 반면에, 팀 능력이 부족한 경우 구성원 간 갈등이 우려될 수 있음.

3. 공식화

1) 의의

공식화란 조직 내 직무가 표준화된 정도를 말함. 조직구성원이 수행하는 과업의 내용, 수행절차, 수행방법 등을 사전에 기준을 정해 놓은 정도를 말함. 여기에는 명시적 공식화와 암묵적 공식화가 있으며, 명시적 공식화는 언제 무엇을 어떻게 해야 할 지를 직무기술서나 규칙, 규정 등으로 명시한 것이고, 암묵적 공식화는 문서화되어 있지는 않더라도 사회규범처럼 내재화되어 적용되는 불문율과 같은 것임.

2) 특징

공식화가 중요한 것은 조직 내 질서를 유지하게 하고, 조직 활동의 예측 및 통제를 가능하게 하면서, 업무의 일관성으로 관리의 효율성을 확보할 수 있다는 장점이 있지만, 공식화가 지나치게 많을 경우 목표와 수단의 전치, 조직의 경직화를 초래하며, 자율성과 창의성을 저해하는 등의 문제점을 양산하기도 함.

Ⅲ A조직의 경우

1. 개요

A조직은 차별화된 신제품 개발을 임파워먼트된 팀 중심으로 운영하는 90명 정도의 기업으로, 사장을 비롯해 구성원 간에 직접적인 의사소통을 주저하지 않는 가족적인 문화를 가지고 있으므로, 환경의 변화와 고객의 취향에 유연하게 적용하면서 혁신을 추구하는 중소기업이므로, 수평적인 의사결정과 커뮤니케이션에 의한 창의성과 자율성을 존중하며, 아직 일관된 규범이나 규칙이 정비되어 있지 않은 조직임을 알 수 있음. 따라서, 다음과 같이 전문화, 집권화, 공식화의 수준을 예측할 수 있음.

2. 전문화 : 낮은 수직적 전문화

A조직의 팀중심의 가족적인 문화의 특성상 업무들은 수직적 전문화 수준이 낮아 구성원 개인이 다양한 업무들을 수행하여 직접적인 의사소통이 조직 전반적으로 활발하게 일어나는 형태를 취하게 됨.

3. 집권화 : 낮은 집권화

조직의 어느 단일점에 의사결정권, 재량권 등이 집중되어 있는 정도인 집권화의 경우, A조직에는 낮게 나타날 가능성이 높음. 왜냐하면 직접적인 의사결정과 의사소통을 주특징으로 하여 신제품과 혁신을 주생산품으로 하고 있기 때문임.

4. 공식화 : 낮은 공식화

조직 내 직무가 표준화된 정도를 말하는 공식화는 아직 규칙과 규정이 정비되어 있지 않은 상태인 A조직의 경우, 낮은 수준으로 나타나 조직이 처한 다양한 환경 변화인 고객의 변화, 정부정책의 변화, 원자재의 변화, 경쟁업체의 변화 등에 유연하게 대처하게 될 가능성이 높음.

Ⅳ B조직의 경우

1. 개요

B조직은 대량생산과 원가우위 정책, 내부효율성, 분업화, 표준화로서 이루어져 있으며, 대규모 조직으로서 높은 수준의 전문화, 집권화, 공식화의 특징을 갖게 될 것임을 예측할 수 있음. M.Porter의 전략에 의한 조직구조에 따르면, 원가우위 전략의 경우 대량생산체계로서 높은 수준의 전문화, 집권화, 공식화를 특징으로 한다고 설명하였음.

2. 전문화 : 높은 수직적·수평적 전문화

직무가 개별 업무로 세분화된 정도인 전문화는 대규모 기업인 B조직에서는 높은 수준의 수평적 전문화와 높은 수직적 전문화 수준으로 나타남.

3. 집권화 : 높은 집권화

대량생산시스템을 가동하기 위해서는 과학적이고 체계화된 분업화에 의해 이루어져야 하므로, 높은 수준의 집권화, 낮은 수준의 분권화 형태로 나타나게 됨.

4. 공식화 : 높은 공식화

대규모 조직 내의 질서 유지를 위해서는 많은 규칙과 규정, 직무기술서, 업무분장 등이 있어야만 하므로, B조직은 높은 수준의 공식화를 특징으로 함.

연습 18

챈들러(Chandler), 포터(Porter) 및 마일즈와 스노우(Miles & Snow)의 전략이론을 설명하고, 각각의 전략이론 관점에서 전략과 조직구조의 관계를 논하시오. 2011년 제20회 기출

I 전략의 의의

'경영전략'이란, 기업의 목표달성을 위하여 경쟁적인 주변 환경 변화에 적응하여 기업전체 및 그의 주요 부문 활동에 대하여 하나의 방향을 제시하는 모든 목표, 계획, 방침을 가리킴. 이러한 경영전략의 기능에는 급변하는 경영환경 변화에 적응할 수 있도록 하는 하나의 방침을 알려주고, 기업의 성장과 경쟁기회를 발견하는 기회를 창출하면서, 중요한 선택의 기로에 있을 때 의사결정의 룰로서 활용할 수 있다는 점에서 조직 생존을 위해 반드시 알아 두어야 하는 부분임.

II 챈들러의 전략결정론

1. 의의

- 전략적 선택이론은 상황요인 그 자체와 조직구조 사이에 매개역할을 하는 경영자에 의한 상황요인의 지각과 선택과정이 개입된다는 이론임. 전략적 선택 관점은 개별 조직을 분석수준으로 하여 임의론적 관점에서 조직이 환경을 변화시키거나 조직이 환경에 적응적으로 대응한다는 입장에 해당함.
- 전략적 선택이론은 조직은 환경 속에서 자신이 원하는 것만 전략적으로 선택하여 활용한다는 이론으로 챈들러(Chandler, 1962)가 주장한 전략결정론을 확장시켜서 차일드(Child, 1972)가 전략적 선택이론을 주장하였음.

[챈들러의 전략 결정론]

[차일드의 전략적 선택이론]

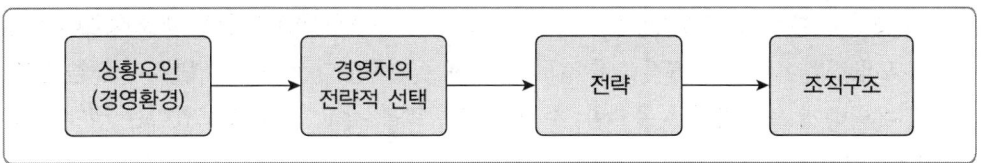

2) 등장배경
   - Child에 의해 제기된 전략적 선택 이론은 구조적 상황이론이 경영자에 의한 전략적 선택의 중요성을 무시하고 있다는 점을 지적하고, 조직설계를 결정론적 관점으로 설명하는 상황이론을 비판하면서, 이에 대한 경쟁적 패러다임으로 등장함.
   - 구체적인 내용을 살펴보면, 환경과 조직은 어느 정도 느슨하게 연결(loosely coupled)되어 있기 때문에, 동일한 환경 하에서도 조직은 주어진 목표에 도달할 수 있는 방법은 다양하다는 점이 있다고 하였음. 즉, 이인동과성의 개념을 강조하였으며, 이때 환경과 조직의 연결역할을 하는 관리자의 환경에 대한 지각이 중요하다고 하였음.

3) 전략과 조직구조의 관계
   환경이 조직에 미치는 영향은 그다지 중요하지 않으며, 관리자가 환경을 어떻게 인식하느냐가 중요하다고 보았음. 즉, 환경의 일방적인 지배를 받는 것이 아니라 환경을 임의적으로 혹은 전략적으로 선택할 수 있다는 것이 전략적 선택이론임.

4) 전략적 선택이론의 방식
   ① **의사결정자 자율성에 의한 대안의 선택** : 의사결정자는 자율성을 갖고 있으며, 경영자가 상황요인에 적응하는데 다양한 대체안 중 어느 하나를 선택할 수 있음. 관리자들의 재량의 폭은 생각보다 넓어서 상황에 대처하는 대안을 여러 가지가 있으며, 이 여러 대안들 중에 어느 것을 선택할 지는 관리자가 결정하는 것임.
   ② **환경조정 및 통제** : 조직은 때로 그들의 환경을 조정하고 통제할 수 있는 권력을 갖고 있음. 다시 말하면, 조직은 환경의 지배만 받는 것이 아니라 때로는 자신의 구미에 맞게 환경을 조정하고 통제할 수 있음을 의미함. 특히, 대기업의 경우 시장수요가 없더라도 자신들이 만들어낸 제품과 서비스를 광고·홍보하면서 억지로 유행을 창조하여 구매하도록 부추기는 것임.
   ③ **주관적 지각과 평가** : 의사결정자들은 그들의 환경에 비추어 주관적이고 상대적으로 환경을 지각, 평가하고, 해석함. 동일한 환경에 대해서도 경영자들은 자기 주관에 따라 달리 해석하고 다르게 반응하기 때문에 다양한 해석과 전략적 선택들이 나오는 것임. 주관적 환경과 유사한 개념으로 창조적 환경이라고 부르기도 하는데, 환경이 조직을 창조하는 것이 아니라 조직을 창조된 환경에 맞추어 나가는 것임.

5) 공헌점

① 조직과 환경의 연결역할을 하는 최고경영자의 능동적인 역할을 강조하였다는 점, ② 구조적 상황이론의 한계점을 수정/보완하여 설명하였다는 점, ③ 관리자는 환경을 조직에 유리하게 조정하거나 통제할 수 있는 영향력을 갖고 있다고 보았다는 점에서 현상을 파악하게 해 줌.

6) 한계점

① 의사결정자들이 새로운 환경에 직면해서 겪게 되는 진입장벽으로 인한 최적선택의 제약이 존재한다는 점을 간과하였고, ② 사실 권력이라고 하는 것은 대규모 조직 또는 정치적으로 잘 연계된 조직 이외에는 환경에 영향력을 제공하는 권력에 한계가 있다는 점, 즉 조직 내외의 다양한 사회적 세력에 의하여 전략적 선택의 폭을 제약한다는 점을 지나쳤으며, ③ 경영자들이 실제로 보유하고 있는 자유재량의 범위가 협소하다는 현실 때문에 조직구조에 영향을 미칠 수 있는 범위가 제한된다는 측면으로 비판을 받았음.

Ⅲ 포터의 전략 유형

1. 의의

포터(M.Porter)는 많은 기업의 연구를 통해서 경영자가 산업환경의 다섯 가지 영향요인을 잘 이해하면 훨씬 더 수익성이 높고 위험이 낮은 전략을 수립할 수 있다고 제안하였음. 포터에 의하면 산업 내 경쟁자와 비교한 기업의 상대적 위치는 신규진입자의 위협, 공급업체의 협상력, 구매업체의 협상력, 대체재의 위협, 기존 업체 간 경쟁관계라고 하는 다섯 가지 영향요인에 의하여 결정된다고 하였으며, 기업의 경쟁전략을 저원가 전략, 차별화 전략, 집중화 전략으로 구분하여 설명하였음. 포터는 경영자는 이 모델을 통하여 경쟁우위와 경쟁범위를 평가할 수 있다고 보았음.

		경쟁우위	
		저원가	독특성
경쟁범위	넓음	저원가 전략	차별화 전략
	좁음	집중화된 저원가 전략	집중화된 차별화 전략

2. 저원가 전략

1) 의의

경쟁자에 비해 가격을 낮게 책정함으로써 시장점유율을 증대시키는 전략임. 이러한 저원가 전략은 혁신과 성장을 위한 새로운 기회를 찾거나 위험을 감수하기 보다는 안정성을 추구하는 전략으로서, 인건비 및 원자재 구입비용의 절감, 시설관리비 등의 절감 등을 추구하는 전략임. 월마트, 이마트, 홈플러스 등의 대형유통판매점의 경우 원가절감에 의한 전략을 사용하여 고객의 시선을 끌고 있는 경우임.

2) 적합한 조직구조

저원가 전략은 조직의 내부적인 효율성이 중시되므로, 높은 집권화, 높은 공식화, 수직적 조직구조가 적합함.

3. 차별화 전략

1) 의의

차별화 전략은 산업 내 다른 경쟁자에 비해 독특한 제품이나 서비스를 제공하는 전략이며, 가치 있고 대체할 수 없는 원료로 고품질의 제품을 만드는 제품차별화 정책, 엄청난 광고비를 투자하여 고객을 사로잡는 광고차별화 전략, 로켓트 배송 및 총알 배송 등의 서비스 전략 등의 사례가 있음. 이 전략은 경쟁사가 치고 올라오는 위험과 대체재의 위험을 줄일 수는 있으나, 많은 비용이 소요된다는 부담이 있음.

2) 적합한 조직구조

차별화 전략의 경우 핵심역량 구축에 의한 학습이 중요시되므로, 높은 분권화, 낮은 공식화 등 수평적인 조직구조가 적합함.

4. 집중화 전략

1) 의의

집중화 전략은 특정 지역이나 고객에 집중하는 전략임. 한정된 특수한 고객에 집중을 하거나 특별한 제품에 집중하는 정책의 경우가 해당함. 이와 같은 사례에서 기업은 설정된 목표 시장을 대상으로 집중화된 저원가 전략이나 집중화된 차별화 전략을 시도할 수 있음.

2) 적합한 조직구조

특정 지역이나 고객에 집중하는 전략 특성상, 상황에 부합된 수직적인 조직구조, 수평적인 조직구조 모두 부합됨.

IV 마일스와 스노우의 경영전략 유형과 조직구조

마일스와 스노우(Miles & Snow)의 연구에서는 전략을 조직이 환경변화에 적응하는 패턴이라고 보고, 그 전략유형을 구분하였음.

1. 방어형 전략

1) 의의

조직의 안정성 추구에 초점을 두고, 환경변화에 대하여 신중하게 현상유지적인 태도를 추구하는 경영전략임. 주로 경기악화 상태에 놓여 있는 기업체이거나 쇠퇴기에 진입한 기업체의 경우에 적용하는 전략에 해당함.

2) 적합한 조직구조

방어형 전략에는 고도의 수평적 분화, 고도의 공식화, 집권화된 통제가 가능한 관료제, 기능조직구조가 적합함. 조직구성원의 창의성 보다는 일관된 정책으로 질서를 유지하면서 회사가 다시 매출을 확보할 수 있는 상태로 회복되어야 하기 때문임.

2. 공격형 전략

1) 의의

기업의 성공원인을 새로운 제품개발과 시장기회의 포착 및 개척에 두고, 광범위한 시장개발을 하는 전략임. 적극적으로 환경에 맞추어 위험감수를 마다하지 않으면서 창의적인 아이디어를 중요시 여기고 경쟁기업보다 시장에 먼저 진입하고 점유하는 것을 목적으로 함.

2) 적합한 조직구조

공격적인 전략에서는 최대한 기업의 창의성이 규칙에 의해 전도되지 않아야 하므로, 공식화 수준은 낮고, 분권화된 통제, 유연하고 원활한 의사소통이 가능한 개방적이고 탄력적인 조직이 요구됨.

3. 분석형 전략

1) 의의

방어형 전략과 공격형 전략을 결합한 것. 수익을 최대화하고 위험을 최소화하려는 전략임. 발전가능성이 높은 사업 부문에는 공격형 전략을 추구하면서 쇠퇴기에 접어든 사업 부문은 방어형 전략을 사용하는 사례이며, 이러한 경우 하나의 조직 내에서 적용되는 조직구조는 다음과 같음.

2) 적합한 조직구조

하나의 조직 내에서 유연성과 안정성을 모두 추구하므로, 고도의 표준화/기계화/집권화와 유기적인 분권화/개방화 조직의 성격을 모두 가진 매트릭스 조직구조 등이 적합함.

4. 낙오형 전략

1) 의의

변화하는 환경에 직면했을 때, 일관성 있게 적응할 수 있는 반응 메커니즘을 지니지 못하고, 항상 불안한 상태에 있는 것임.

2) 적합한 조직구조

조직구조의 변화나 혁신은 오히려 구성원의 불안감만 가중하므로 현재의 조직구조를 유지하는 것이 적합함.

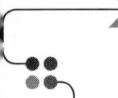

경영조직론 답안작성연습

> **연습 19**
> 글로벌 환경을 위한 조직설계를 약술하세요.

I 글로벌화의 원인

1. 규모의 경제 실현

국내의 시장점유율로서 더 이상 **규모의 경제**를 실현하기 어려움. 이에 조직은 생존을 위하여 해외 진출을 시도하고, 해외진출에 의한 국제시장에서의 단위당 원가를 줄이면서 글로벌 시장 확장을 실현할 수 있음.

※ 규모의 경제: 누적 생산량이 많아질수록 단위당 소요비용/시간은 줄어드는 현상

2. 범위의 경제 실현

두 가지 이상의 제품 생산이 각각의 생산보다 시너지 효과가 있고, 적게 듦. 예를 들어서 여러 국가에 진출한 기업은 소수의 국가에만 진출한 기업보다 마케팅 파워와 시너지 측면에서 큰 효과를 누릴 수 있음을 알게 됨. 또한, 이러한 **범위의 경제**는 경쟁사와의 시장경쟁에서 영향력을 크게 가질 수 있음.

※ **범위의 경제** : 두 가지 이상의 생산품(제품) 생산이, 각각의 생산보다 시너지효과가 발생하여 비용이 오히려 적게 드는 현상

3. 생산원가 절감의 효과

- 글로벌 기업의 조직설계는, **원료구입비용과 생산원가 절감의 효과**가 있음.
- 구체적으로 인건비가 싼 국가의 인력을 고용하고, 땅값이 싼 국가에 공장을 세워서 제품생산을 하고, 수요가 많은 국가에 가져다 판다면 최적의 기업 활동을 하게 됨. 결국 비용 때문에 글로벌 국제기업을 지향하게 될 수밖에 없음.

Ⅱ 국제화 발전단계

구분	1.국내기업단계	2.국제기업단계	3.다국적기업단계	4.글로벌기업단계
발전단계	초기 해외시장 진입	해외시장에서 경쟁적 입지	폭발적 성장	글로벌
조직구조	국내시장 중심 구조+수출부서	국제시장 중심구조+국제사업부	세계적이며, 지역적 특성을 지닌 제품	매트릭스, 초국가적 구조

1. 국내기업단계(domestic stage)

- 초기 해외시장의 진입단계에 있으면서 국내시장 중심으로 수출부서를 조직 내부에 갖추게 되는 단계임.
- 해외 판매 등은 주로 수출부서 중심으로 이루어지며, 이때의 해외시장은 매우 제한적임.

2. 국제기업단계(international stage)

해외시장에서 경쟁 입지를 굳히면서, 조직 내부에 국제사업부(기존의 수출부서가 국제사업부로 대체됨)를 구축하는 단계임. 해외 판매, 서비스, 물류 등을 맡은 전문가 고용이 시급하고, 다수의 해외 시장이 잠재된 시장으로서 인식되기 시작함.

3. 다국적 기업 단계(multinational stage)

- 해외시장에서 폭넓은 경험과 능력으로 다국적 기업으로서 폭발적으로 성장하는 단계임.
- 공급업체, 생산업체, 유통업체 등이 전 세계 여러 지역으로 동반진출을 함.

4. 글로벌 기업단계(global stage)

기업이 한 국가를 초월하여 전 세계의 자회사들과 서로 연계되는 단계임. 이 단계에서 오너십, 지배력, 수뇌부 등이 몇몇 국가로 분산되고, 무국적 상태의 기업으로서 글로벌 방식에 의한 영업을 함.

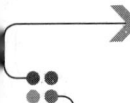
경영조직론 답안작성연습

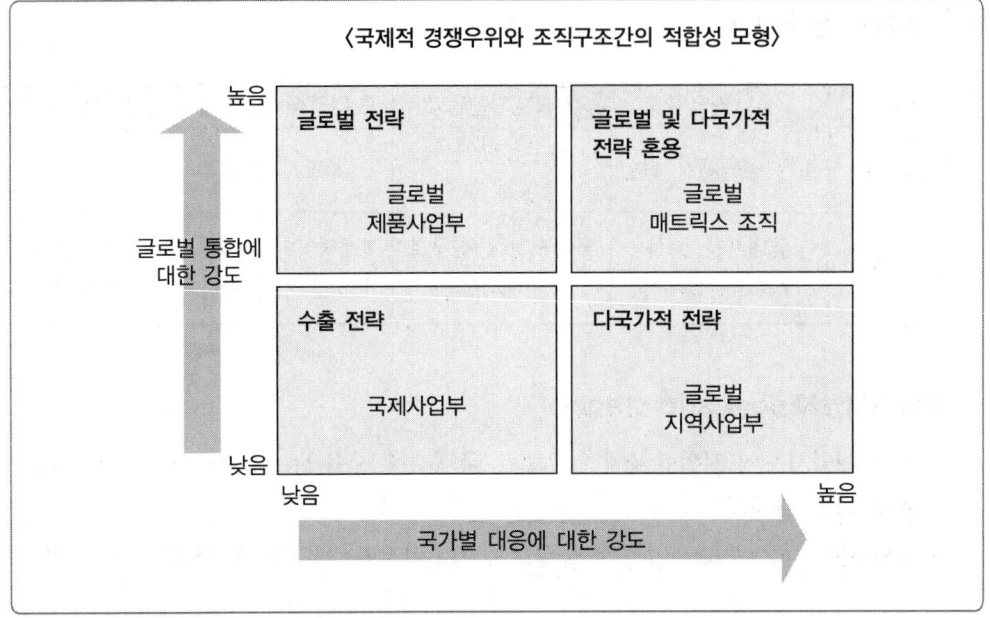

※ 글로벌 전략은 제품설계와 제조 및 마케팅 전략 등을 전 세계적으로 "**표준화**"시는 것을 말하고, 다국가적 전략은 "**현지화**"한 시장진입 전략을 의미함.

Ⅲ 글로벌 전략에 적합한 조직구조

1. 국제사업부 조직

1) 개념

전형적으로 수출부서가 생긴 다음, 점진적으로 수출부서가 확대되면서 국제사업부로서 나타나는 조직임.

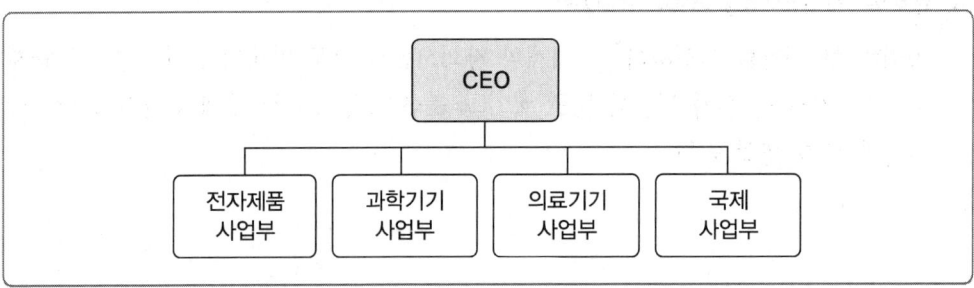

2) 특징
- 여러 국가에서 사업을 하는데 필요한 기능 부서를 갖는다는 특징이 있음.
- 국내 사업부에서는 주로 기능식 조직구조가 주로 사용되지만, 사업영역이 국제적으로 확장되는 경우에는 제품별 사업부 조직구조, 지역별 사업부 조직구조, 매트릭스 조직구조를 채택하여 작은 단위로 세분화하여 해외활동을 관리함.

2. 글로벌 제품사업부제 구조

1) 개념
제품별 사업부가 특정 제품분야에 대해서는 전 세계시장에 걸쳐서 모든 운영에 책임을 지게 되는 조직구조. 이렇게 함으로써 세계 전역에 걸친 다양한 사업과 제품을 관리하는 데 효과적이기 때문임.

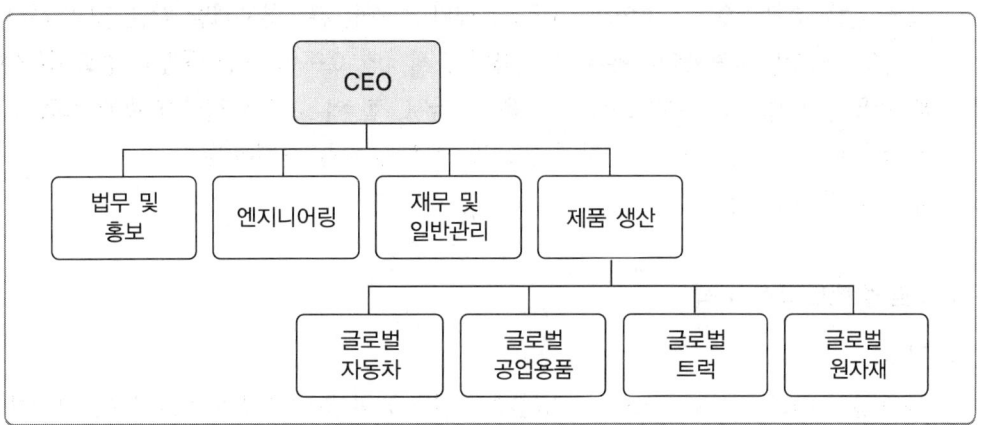

2) 특징
표준화된 제품을 전 세계적으로 판매하는 경우에는 유리하나, 어떤 국가에서는 제품 사업부들 간에 협력보다는 경쟁이 심화되어 조직운영이 원활하지 못하게 되기도 함.
예 일상소비재용품(비누, 샴푸, 세탁세제 등), 자동차부품, 공업용품, 공구(BOSCH) 등

3. 글로벌 지역사업부제 구조

1) 개념
- 전 세계시장을 지리적인 권역으로 나누어 최고경영자에 직속하는 지역별 사업부를 두고, 각 지역사업부는 그 지역 범위 내에서 관련된 전 기능을 총괄하도록 함.
- Hofstede에 의하면, 국가마다 사회문화적 차이가 있으므로, 글로벌 기업의 경우 현지화의 필요성을 설명한 바 있음.

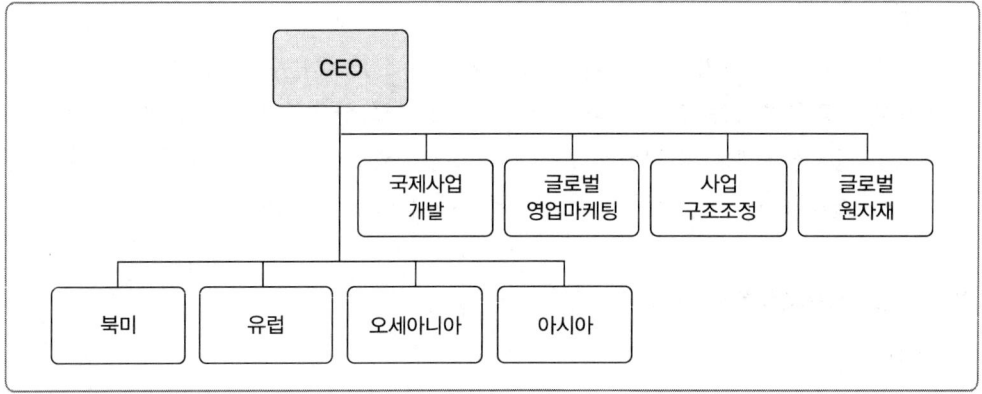

2) 특징

글로벌 지역사업부제 구조를 사용하는 조직에서 직면하는 문제는, 각 지역사업부의 자율성에 관한 것임. 즉, 그 지역의 시장진출에만 집중할 뿐, 연구개발 같은 것은 기대하기 어려움. 글로벌 지역사업부제는 각 지역의 구체적인 요구에 대한 대응을 중요시하며, 이 때 비용의 통제가 큰 문제가 될 수 있음. 따라서, 전 세계 모든 지역에 대한 조정 문제를 전담하는 부서를 새로이 설치하여 글로벌 조정 문제를 해결해야 함.

예) 네슬레, 스타벅스 등

4. 글로벌 매트릭스 조직

1) 개념

둘 이상의 다른 조직구조 또는 조직설계 요인들을 함께 활용하는 것을 말함. 제품표준화와 지역별 현지화를 조합한 전략을 사용할 때, 효과적임.

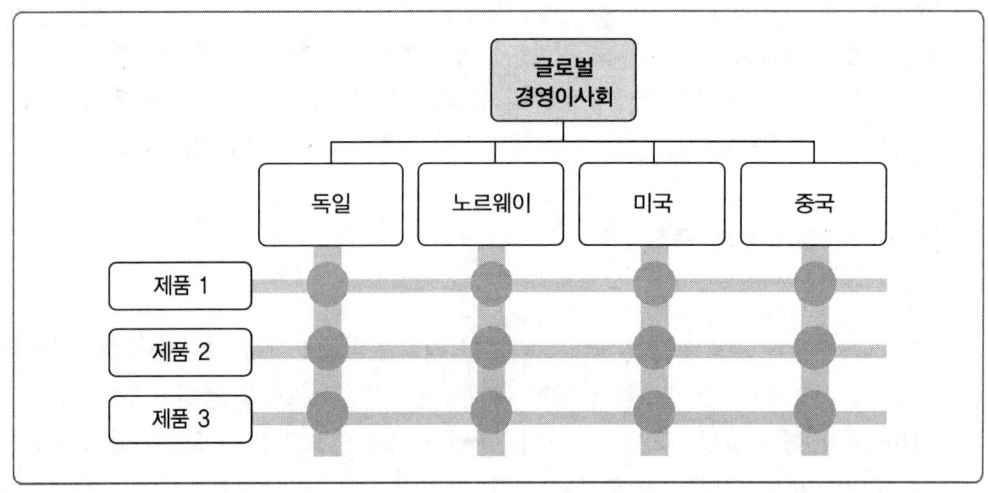

2) 특징

기능별, 지역별, 제품별 사업부 조직을 혼용하여 사용할 수 있음.
예 코카콜라, 맥도널드, 네슬레 등

5. 경영조직차원에서의 시사점

글로벌 시장에서 조직이 운영하는데 있어서, 이상적인 조직구조는 없으며, 기업체는 글로벌 환경에서 직면하는 여러 문제들을 극복하기 위하여, 빈번히 조직구조를 변경해야 함을 알 수 있음.

성공방안 : 글로벌 조정 메커니즘

Hofstede의 연구에서는, 각 나라마다 상이한 사회적인 가치와 문화 차이를 인식하고, 조직의 규범과 가치는 국가 문화에 의해서 영향을 받는다는 사실에 기초하여, 국제기업을 조정하고 통제하는 것이 매우 중요함을 설명하였음.

1. Global team

- 국가의 경계를 초월하여, 다양한 기술을 가진 글로벌한 인력으로 구성된 팀을 말함.
- 이문화 팀, 가상 글로벌 팀 등이 있음.

2. 본사의 계획과 통제

본사 차원의 계획, 스케쥴 설정에 적극적 역할을 수행하여 각 나라에 흩어져 있는 지역 조직들이 동일한 방향으로 나아갈 수 있도록 강력하게 통제하는 것임. 본사 차원에서 각 지역에 반복적으로 나타나는 문제들을 해결함.

3. 확장된 조정 역할

조정을 위한 구체적인 조직 역할 또는 직위를 설정하여, 글로벌 기업의 각 부문들을 통합할 수 있음. 성공적인 기업의 경우, 최고 기능관리자나 네트워크 조정자가 국가의 경계를 넘어서 전 세계의 전문가와 자원을 파악하여 이를 연결하고 조정하는 책임을 가지고 있음.

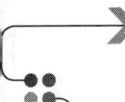

4. 초국적 조직

- 초국적 조직은 가장 진보된 국제조직의 형태임. 이 조직은 다양한 변경조직을 갖고 있어서, 조직의 복잡성이 가장 높으며, 여러 다양한 부문들을 통합하는 메커니즘으로 인해 조직의 조정활동이 가장 잘 이루어지고 있는 형태임.
- 초국적 조직은, 매우 전문화된 사업 단위들이 전 세계에 널리 퍼져 있고, 조직구조는 유연하여 시장 환경에 대응을 할 수 있으며, 경영자는 전략과 혁신을 시도하고, 통합과 조정은 공식적인 구조와 시스템보다는, 주로 기업문화, 공유된 비전과 역할, 경영스타일에 의해 이루어짐.
- 글로벌 전략을 갖고 있는 기업체라면, 이러한 초국적 조직의 관점에서 해외시장 확장과 효율적인 조정통합에 의한 관리로서 글로벌 비전을 확립하는 것이 필요하다 사료됨.

※ 참고 : R.Daft. Organization Theory & Design 12th, 233page-262page

연습 20

다음 사례를 참고하여 물음에 답하시오.

> 한국엔터의 홍길동 사장은 아이돌 굿즈와 관련한 한국 전통 제품군들을 생산하는 대규모 사업부와 아이돌 굿즈 기획을 컨설팅하는 소규모 사업부를 운영하였다. BTS, 블랙핑크와 더불어 뉴진스 등이 공전의 히트로 한류 붐이 거세지면서 제품 생산 및 컨설팅 의뢰 폭증으로 해외 사업에 진출하게 되었다. 홍길동 사장은 전 세계를 하나의 시장으로 보고 표준화 제품군을 생산하는 사업부를 첫째 아들에게, 문화적 차이를 감안하여 중남미·동남아 지역 위주의 차별적 서비스를 제공하는 컨설팅 사업부를 둘째 아들에게 맡겨 해외 사업을 진행하였고 형제 간의 간섭 없이 전략, 조직구조를 만들도록 전권을 각각 위임하였다. 사업이 번창할 것이라는 기대와는 달리, 오히려 회사가 어려움에 처하면서 경영 위기를 맞게 되었다. 컨설팅 결과에 따르면, 첫째와 둘째 모두 잘못된 전략, 조직구조를 활용하였으며, 첫째와 둘째 모두 지나치게 사업을 확장하여 해외 사업에 무작정 뛰어들었다가 과중한 부담을 버티지 못한 것이었다. 이에 셋째 아들에게 조직쇠퇴 원인을 파악하고 해결하는 중책을 맡기게 되었다.

[물음 1] 바네(J. Byrne)의 대규모 조직과 중소규모 조직의 차이점을 설명하시오. (10점)

[물음 2] 국제적 경쟁우위와 조직구조 간의 적합성 모형(Model to Fit Organization Structure to International Advantage)의 4가지 유형을 도식화하여 제시하고, 2개 사업부에 적합한 유형을 각각 설명하시오. (20점)

[물음 3] 밀러(D. Miller)의 조직쇠퇴 4가지 유형을 설명하고, 한국 엔터가 처한 조직 쇠퇴 유형 및 극복방안을 설명하시오. (20점)

2023년 제32회 기출

물음 1 | 대규모 조직, 중소규모 조직

I. 대규모 조직, 중소규모 조직

1. 개요

조직의 규모를 판단하는 측정기준에는 총투하자본금, 매출액, 종업원 수 등이 있으나, 최근 종업원 수 기준에 의한 규모측정 판단기준으로서 대부분 활용하고 있고, 이에 종업원 수에 의한 규모에 따라 대규모 조직과 중소규모 조직으로 구분된다.

2. 대규모 조직과 중소규모 조직

- 〈대규모 기업〉은 종업원 수가 상당히 많은 기업체를 의미하며, 조직구조의 복잡성이 높고, 고집권화, 고공식화의 특징을 갖는다. 퀸과 카메론의 조직수명주기에서 공식화 단계, 정교화 단계에 이에 해당한다.
- 〈중소규모 조직〉은 종업원 수가 상대적으로 적은 기업체를 의미하며, 조직구조의 낮은 복잡성, 분권화, 낮은 수준의 공식화의 특징을 갖는다. 퀸과 카메론의 조직수명주기에서 창업단계, 집단공동체 단계에 이에 해당한다.

3. 복잡성의 역설

복잡성은 역설적으로 복잡성과 분화의 정도가 클수록 조직에서의 조정과 통합니즈가 커지게 되고, 전문성의 증가와 조직규모의 증가로 인해 분업화가 증가하면, 조직구조는 수평적으로 복잡해진다. 즉, 복잡성이 커지면서 조직구조는 분화되는 한편, 이에 대한 조정과 통제의 필요성은 더욱 커지게 된다는 것이다. 효과적인 조직은 이러한 분화와 통합의 이슈를 잘 다루는 조직이다

물음 2 글로벌 조직구조 4가지 유형, 도식화, 2개 사업부에 적합한 유형

I 글로벌화 원인

최근 글로벌 조직설계의 중요성으로서 거론되는 이유에는 몇 가지가 있다.
① 규모의 경제 실현 : 누적생산량이 많아질수록 단위당 비용이 감소하는 현상
② 범위의 경제 실현 : 두 가지 이상의 생산품(제품) 생산이, 각각의 생산보다 시너지효과가 발생하여 비용이 오히려 적게 드는 현상
③ 생산원가 절감 효과 : 원료구입비용과 생산원가 절감의 효과가 있다는 이유에서 글로벌 조직설계의 중요성이 있다.

Ⅱ 글로벌 조직구조 4가지 유형

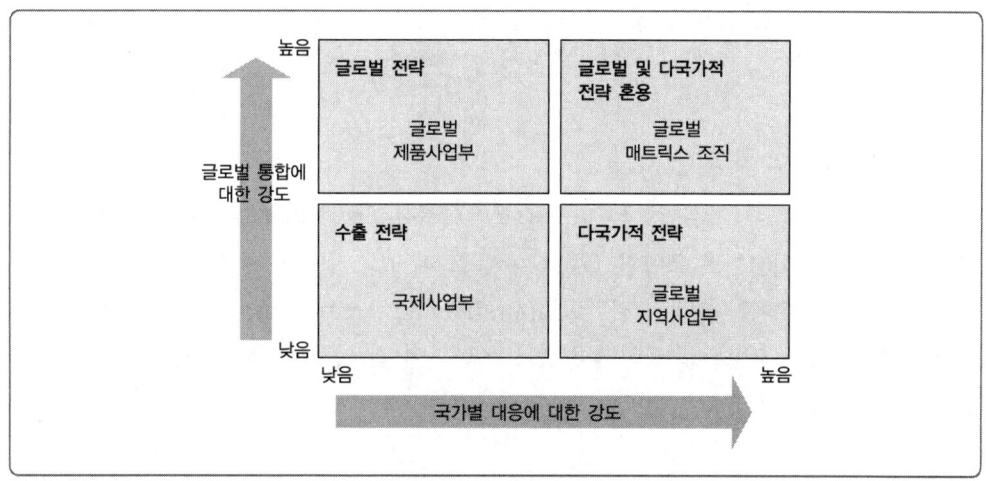

1. 국제사업부

전형적으로 수출부서가 확대되면서 국제사업부로서 나타나는 조직이며, 여러 국가에서 사업을 하는데 필요한 기능 부서를 갖는다는 특징이 있다. 두 압력 모두가 작은 경우에는 국제화전략(international strategy)이 필요한데, 이는 국내 사업부문들과 동일한 위상의 국제사업부를 두고 수출 중심의 세계화 전략을 추진하는 것을 뜻한다.

2. 글로벌 제품사업부제 구조

글로벌 통합 압력은 높은데 현지 지향 압력은 작은 경우에는 글로벌 전략(global strategy)을 통한 원가절감이 필요하다. 이는 모든 국가의 소비자들에게 표준화된 제품을 제공하되, 동의 조정과 운영 측면만 개별 국가단위로 수행하는 것을 뜻한다. 제품별 사업부가 특정 제품분야에 대해서는 전 세계시장에 걸쳐서 책임을 지게 되는 조직구조이며, 세계 전역에 걸친 다양한 사업과 제품을 관리하는데 효과적이다. 표준화된 제품을 전 세계적으로 판매하는 경우에는 유리하나, 어떤 국가에서는 제품 사업부들 간에 협력보다는 경쟁이 심화되어 조직운영이 원활하지 못하다는 단점이 있다.

3. 글로벌 지역사업부제 구조

글로벌 통합 압력은 낮은데 현지 지향 압력은 높은 경우에는 다국적 전략(multi-domestic strategy)을 통한 현지 차별화가 필요하다. 이는 각 국가별로 커스토마이징(customizing)

된 제품과 서비스로 승부를 거는 전략을 뜻한다. 전 세계시장을 지리적인 권역으로 나누어 최고경영자에 직속하는 지역별 사업부를 두고, 각 지역사업부는 그 지역 범위 내에서 관련된 전 기능을 총괄하도록 하며, Hofstede에 의하면, 국가마다 사회문화적 차이가 있으므로, 글로벌 기업의 경우 현지화의 필요성을 설명한 바 있다. 글로벌 지역사업부제 구조의 문제는 각 지역사업부의 자율성에 관한 것에 있다.

4. 글로벌 매트릭스 구조

둘 이상의 다른 조직구조 또는 조직설계 요인들을 함께 활용하는 것을 말한다. 제품표준화와 지역별 현지화를 조합한 전략을 사용할 때 효과적이다. 두 압력(통합과 현지화) 모두가 높은 경우에는 초국적 전략(transnational strategy)이 필요한데, 이는 원가절감과 차별화라는 모순된 목표의 동시충족을 통하여 전 세계의 각국에 걸친 가치창조활동을 수행하는 것이다.

Ⅲ 2개 사업부에 적합한 유형

1. 글로벌 제품사업부 : 표준화된 제품군 생산 사업부

첫째 아들이 맡은 사업부는 전 세계를 단일시장으로 보고 글로벌 통합에 초점을 두는 조직형태인 글로벌 제품사업부가 적합하다.

2. 글로벌 지역사업부 구조 : 문화 차이를 감안한 차별적 서비스의 컨설팅사업부

각 국가별 차이를 감안한 컨설팅 서비스의 제공에 초점을 두므로 현지적응에 주안점을 두는 글로벌 지역사업부 구조가 적합하다.

물음 3 밀러의 조직쇠퇴유형 4가지, 한국엔터의 조직쇠퇴 유형 및 극복방안

Ⅰ 조직쇠퇴의 의의

1. 의의

〈조직쇠퇴〉란 오랜 기간에 걸쳐 나타나는 절대적이고 상당한 조직자원기반의 감소, 즉, 인적자원과 물적자원 등의 감소를 수반하면서 조직의 생존이 어렵게 되어 도태하거나 소멸하는 현상을 말한다.

2. 이카록스 패러독스

과거 D.Miller교수는 '이카록스 패러독스'를 제안하면서, 항상 성공을 경계해야 함을 주장하였으며, 성공한 경영자가 권력을 오래 잡고 있을수록 조직은 경영자를 중심으로 한 폐쇄적이고 고착화된 사고방식으로, 변화에 적응하지 못하고 소멸되는 상태로 전락할 수 있음을 설명하였다.

Ⅱ Miller의 조직쇠퇴유형

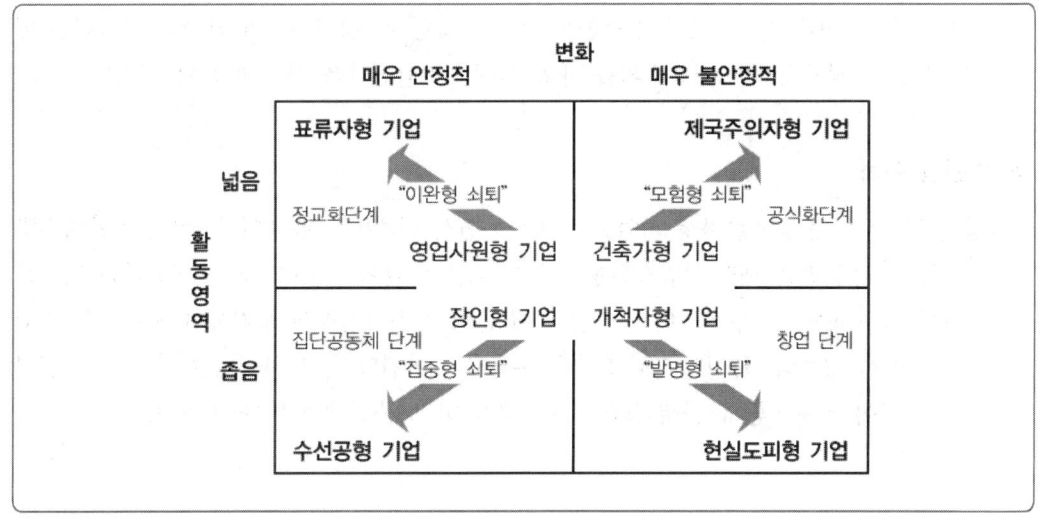

1. 발명형 쇠퇴

개척자형 기업이 현실도피형 기업으로 변신하면서 쇠퇴하는 유형이다. 즉, 기술혁신을 통하여 시장에서 선두위치를 점했던 기업들이 소비자의 욕구 무시, 경제적 한계 무시하면서까지 기술혁신만을 강조하는 근시안적인 전략을 수행하는 현실도피형 기업으로 전락한 경우이다. 소비자의 욕구에 부응하는 기술혁신, 상품개발, 다양한 시장개척 등으로 극복해야 한다.

2. 집중형 쇠퇴

장인형 기업이 수선공형 기업으로 변신하면서 쇠퇴하는 유형이며, 완벽한 제품을 출하시키려고 하는 장인형 기업이 극도의 비용절감을 강조하다가 품질을 손상시키고 기술혁신을 도외시하며, 결국 소비자들로부터 외면당하는 수선공형 기업으로 쇠퇴하게 되는 유형이다. 이러한 유형의 경우 하급자와 소비자의 말을 경청하는 경영자를 선임하여 경영철학과 문화의 변화를 도모해야 한다.

3. 모험형 쇠퇴

- 건축가형 기업이 제국주의형 기업으로 변신하면서 쇠퇴하는 유형이며, 기업가정신을 갖춘 최고경영층이 시장의 유망한 분야를 발견하고 지속적인 사업 확장을 도모하던 건축가형 기업이 무차별적인 다각화를 함으로써, 폭발적으로 늘어나는 업무의 복잡성을 통제하지 못하는 제국주의자형 기업으로 쇠퇴하는 경우이다.
- 이러한 경우 전망 없는 사업은 정리하고, 핵심사업 및 관련 사업에만 집중하여 경영을 해야 하고, 이에 적합한 전문경영인을 선임해야 한다. 경쟁우위가 약한 사업단위는 매각하고, 핵심사업부문 경쟁우위를 재확립하는 지혈전략을 사용해야 할 것이다.

4. 이완형 쇠퇴

영업사원형 기업이 표류자형 기업으로 변신하면서 쇠퇴하는 유형이다. 뛰어난 판매전략과 폭넓은 유통망을 가진 영업사원형 기업이 제품의 질이나 소비자의 욕구보다는 제품포장에만 치중하여, 각 부서들이 구심점 없이 흩어져 전략실행이 불가능한 표류자형 기업으로 전락한 경우임. 통일된 판매전략을 수립하기 어렵다면, 본사 차원에서 상호 연결망을 구축하여 정보교환과 공생전략을 설정해야 하고 품질개선을 해야 한다.

Ⅲ 한국엔터의 조직쇠퇴 유형 및 극복방안

1. 사례 분석

사례에서 살펴보면 한국엔터의 두 사업부가 지나치게 사업을 확장하여 해외 사업에 무작정 뛰어들었다가 과중한 부담을 지게 되었다고 설명하고 있음을 확인할 수 있고, Miller의 조직쇠퇴유형 중에서 한국엔터의 두 상황에 어울리는 유형은 모험형 쇠퇴임을 알 수 있다.

2. 모험형 쇠퇴

1) 개념

모험형 쇠퇴는 무분별한 다각화에 빠져 업무의 복잡성과 다양성을 통제하지 못하고 몰락해 가는 유형을 의미한다.

2) 건축가형 기업이 제국주의자형 기업으로

이는 건실한 기업가정신을 발휘하여 사업영업을 발굴하는 건축가형 기업이 무분별한 사업다각화를 추진하다 제국주의자형 기업으로 몰락해 가는 과정이다.

3. 극복방안

이를 극복하기 위해서는 전망이 약한 사업을 정리하고 핵심사업에만 전력으로 질주하는 방식으로 전략을 전환할 필요가 있다. 또한, 경영상황에 적합한 전문경영인을 선임하거나, 경쟁우위를 창출하는 부문에 집중하고, 그렇지 않은 부문은 매각하는 지혈전략이 필요하다.

경영조직론 답안작성연습

> **연습 21**
> 암묵지(tacit knowledge)와 형식지(explicit knowledge)를 비교 설명하고, 이에 기초하여 노나카(Nonaka)가 제시한 조직의 지식창조과정을 설명하시오. 2013년 제22회 기출

I 지식의 의의와 중요성

- 지식이란 조직이나 개인이 얻은 경험을 체계적으로 정리한 정보로서, 의사결정이나 경영활동에 효용가치를 발휘할 수 있도록 하는 실력, 노하우, 기술정보 등을 총망라한 것임
- 토지, 노동, 자본, 정보 등의 경영자원에 더하여 최근 지식이 제5의 경영자원으로 떠오르고 있음. 지식은 개인이 갖고 있는 숙련기술, 전문기술 뿐만 아니라 연구개발, 자격증, 이미 등의 지적능력 모두를 포함하고 있음. 이에 기업의 부가가치 창출은 노동이나 자본, 재화 등의 능력보다는 지식의 획득, 창조, 공유 및 활용능력에 의해 더 좌우될 것으로 예측하고 있음.

II 지식의 유형

1. 형식지

형식지란 객관적으로 측정·관찰할 수 있는 논리적이고 체계적인 지식을 말함. 언어나 숫자로 표현할 수 있고, 쉽게 공유할 수 있는 객관적이고 구체적인 지식임.

2. 암묵지

암묵지란 개인의 독특한 노하우와 주관적 경험으로 구성된 감성적이고, 주관적이면서 직관적인 지식을 말함. 학습과 체험에 의해 개인에게 습득되어 있지만, 겉으로는 드러나지 않는 추상적인 지식을 말함.

III 지식의 변환

1. 사회화(socialization)

암묵지에서 암묵지로 변환되는 것으로 업무노하우의 공유, 사무실 내에서의 OJT, mentoring 등이 이에 해당함.

2. 외부화(externalization)

암묵지에서 형식지로 변환되는 것으로서, 머릿속에 담아두었던 암묵지를 신제품으로 창출하여 생산해 내는 사례를 들 수 있음.

3. 내부화(internalization)

형식지를 암묵지로 변환하는 것으로 예를 들면 Learning by doing으로 개인에게 내재화시키는 지식이 있고, 요리책에 나와 있는 요리법을 반복 연습하여 머리와 손에 숙달시키는 경우도 이에 해당함.

4. 결합화(또는 조합화 combination)

형식지를 형식지로 변환시키는 것으로 새로운 시스템적 지식을 또 다른 새로운 형태로 체계화 시키는 것임.

Ⅳ 지식의 증폭작용 : 나선형식 지식확장

- 노나카(Nonaka)는 나선형식 지식확장이라 하여 조직 안에서 이것이 효율적으로 이루어진다면 지식은 기하급수적으로 확장될 것이며, 점점 커지는 나선형처럼 지식확장의 소용돌이를 일으킬 것이라고 하였음.
- 나선형식 지식확장은 개인 속에 잠재된 암묵지가 외부화를 통해 형식지가 되고, 이것이 조합화를 통해 새로운 지식으로 결합화되어 체계화되며, 이것을 개인의 잠재력 안에 내부화하고, 그 다음 이것을 사회적으로 공유하는 형태로 지식은 점점 나선형식 확장을 통해 불어난다고 하였음.

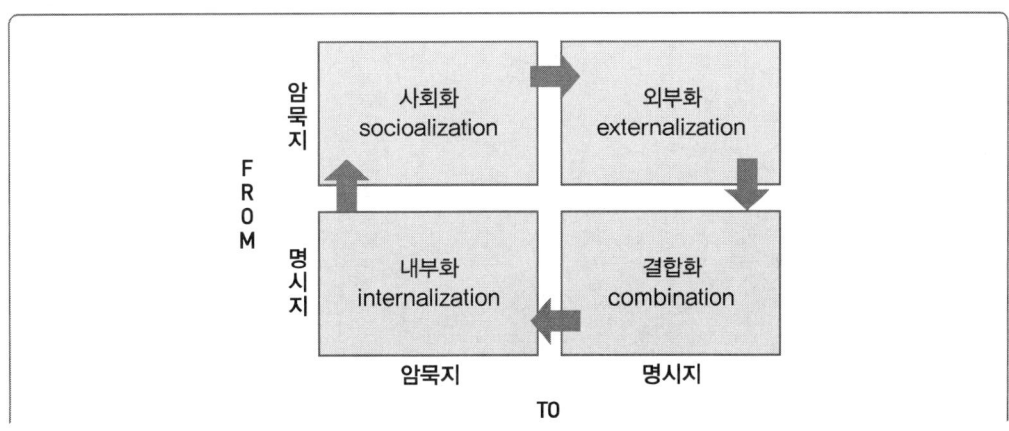

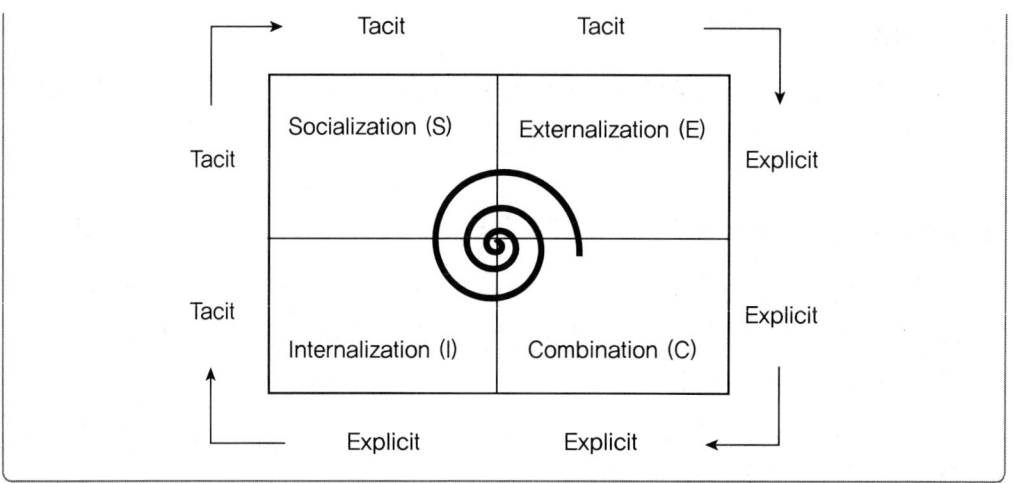

> **연습 22**
>
> 현대 조직구조에 관한 통찰을 제시한 학자로 민쯔버그를 들 수 있다. 민쯔버그가 주장하는 조직의 5가지 기본 부문을 설명하시오. (25점) 2012년 제21회 기출

I 민쯔버그의 조직구조

- 민쯔버그(Mintzberg)에 의하면 조직구조는 5각형으로 형성된 다섯 가지의 구성형태를 보이고 있고, 이 5각형의 내부에 실제 다양한 조직구조 형태와 조직이 직면하는 다양한 상황을 발견할 수 있다고 주장했음. 이 모형에서 각각의 조직구조 형태는 5각형의 모서리에 위치하고 있음.

- 또한, 조직에는 적어도 다섯 가지의 기본 부문이 있으며 각 부문별로 나름대로의 힘을 발휘하여 각각 자기 쪽으로 조직을 몰고 가려는 힘이 작용한다고 하였음. 따라서, 다섯 부문 중 어디에 무게중심이 있는가에 따라 조직의 형태가 달라진다고 하였음.

- 조직의 다섯 가지 기본 부문은 조직을 둘러싼 다양한 상황에 따라서 각 기본부문에서 우선적으로 요구되는 힘이 달라지며, 이 힘의 방향에 따라 조직설계가 달라진다는 것임.

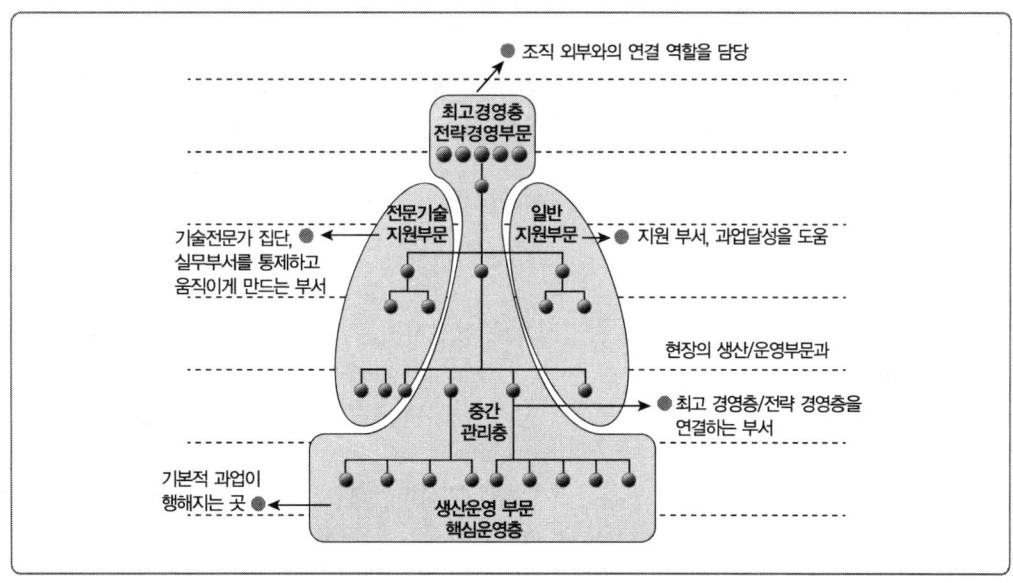

Ⅱ 조직의 다섯 가지 기본부문

1. 핵심운영 부문

1) 의의

조직의 핵심이 되는 업무를 수행하는 곳이며, 조직의 제품이나 서비스를 생산해 내는 기본적인 일을 담당하는 곳임. 제조업체에서는 생산부서가, 대학에서는 교수의 강의실, 병원에서는 진료활동이 일어나는 진료실이나 수술실이 여기에 해당함.

2) 조정압력

조직에는 전문화하기 위하여 핵심 운영 측에서 행사하는 힘이 있음. 이 힘은 **작업 기술의 표준화에 의한 조정**을 통하여 발휘됨. **전문적 관료제 구조**에서 이 힘이 강하게 작용함.

2. 전략 부문

1) 의의

조직을 가장 포괄적인 관점에서 관리하는 최고경영층이 있는 곳임. 여기에서 조직의 전략을 수립함.

2) 조정압력

조직에는 집권화하기 위하여 최고경영층에서 행사하는 힘이 있음. 이 힘은 **직접감독에 의한 조정**을 통하여 발휘되고, **단순구조**의 조직에서 이 힘이 강하게 작용함.

3. 중간라인 부문

1) 의의

전략부문과 핵심운영 부분 간을 직접적으로 연결시키는 라인에 위치한 모든 중간관리자로 구성됨.

2) 조정압력

사업단위를 분할하기 위하여 중간관리층에서 행사하는 힘으로, 이 힘은 **산출물의 표준화에 의한 조정**을 통하여 발휘됨. **사업부제 구조**에서 강하게 작용함.

4. 기술전문가 부문

1) 의의

조직 내의 과업 과정과 산출물이 표준화되는 시스템을 설계하는 분석가들을 포함하고 있음.

2) 조정압력

조직에는 표준화를 위해 기술전문가들이 행사하는 힘이 있으며, 이 힘은 **과업과정의 표준화에 의한 조정**을 통하여 발휘됨. 기계적 관료제에서 이 힘이 강하게 작용함.

5. 지원스탭 부문

1) 의의

기본적인 과업흐름 이외의 조직문제에 대한 지원을 제공하는 모든 전문가로 구성되어 있음. 이들은 인사부서, 홍보 부서, 법률고문 등 매우 다양함.

2) 조정압력

조직에는 협조 및 혁신을 하기 위하여 지원스탭에서 행사하는 힘이 있음. 이 힘은 **상호작용에 의한 조정**을 통하여 발휘됨. 혁신구조에서 이 힘이 강하게 작용함.

Ⅲ 결론

- 상기의 설명된 다섯 가지 기본부문은 매우 긴밀하게 관련되어 있는데, 예를 들어서 전략부분과 중간라인부문은 조직전체의 조정과 통제를 담당하고 있고 하위시스템 기능을 수행하고 있음. 또한, 기술전문가 부문과 지원스탭과도 연관되어 있음.
- 조직은 다섯 가지 기본부분들의 힘을 동시에 경험하고 있으며, 서로 다른 힘의 배합을 통해, 가장 어떤 한 방향으로의 힘이 지배적일 때, 5가지 순수형 조직구조로 나타나게 됨.

경영조직론 답안작성연습

> **연습 23**
> 민쯔버그의 5가지 순수형 조직구조를 설명해 보세요.

I 개요

민쯔버그의 5개의 부서 중에서 어느 부서가 가장 지배적인 것인지, 또는 힘의 방향에 따라 조직설계가 달라지는데, 이러한 지배력 또는 힘의 방향에 따라 다음 다섯 개의 전형적인 조직모델이 된다고 함.

II 단순구조

1. 의의

단순구조의 특징은 단순함에 있으며, 권한이 최고경영자에게 집중되고, 핵심운영부서가 비공식적이며 유기적임. 지원부서나 중간라인계층도 거의 존재하지 않음. 즉, 집권화된 유기적 구조임.

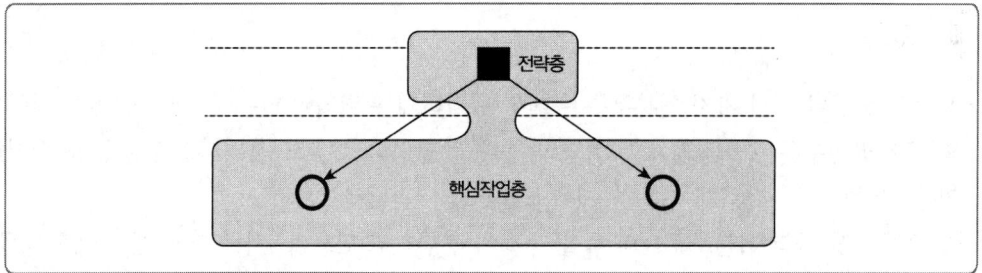

2. 적합한 환경

- 환경이 단순하나 동태적인 경우
- 조직이 사용하는 기술시스템이 복잡하지 않은 경우
- 카리스마, 독재적 리더십과 같은 강력한 리더십이 필요한 경우
- 창업 시, 위기 시, 국면전환 시의 경우 선택함.

3. 전략

경영자는 조직을 환경으로부터 보호받을 수 있는 틈새에 위치시키는데, 전략에 초점을 두고 있으며, 비전제시형 리더십을 발휘함.

4. 효과 및 유의점

신속하고 유연성이 있으며, 유지비용이 적게 들어 동태적 환경에 적응할 수 있다는 장점이 있음. 그러나, 기업주 개인에 의해 조직의 성패가 좌우될 수 있다는 위험이 있음.

5. 사례

벤처기업, 중소기업 같은 소규모 조직에서는 사장이 독자적으로 조직을 운영하며, 비공식적이고 중앙집권화된 조직형태를 띔.

Ⅲ 기계적 관료제 구조

1. 의의

베버의 관료제 조직구조에 가까운 형태로 작업이 반복적으로 수행되며, 매우 높은 공식화를 보임. 조직에 많은 규제와 규칙이 존재하며, 의사소통도 매우 공식화되어 집권화된 형태의 의사소통을 보임.

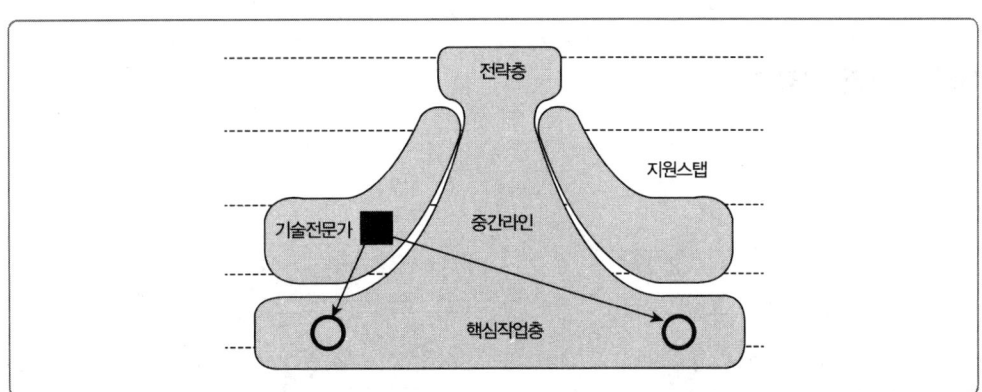

2. 적합한 환경

- 단순하고 안정적인 환경
- 규모가 어느 정도 크고, 성숙기에 이른 조직의 경우
- 대량생산과 대량서비스를 산출해야 하는 경우
- 정부조직 등에서 활용됨.

3. 전략

명시적인 전략계획을 갖고 있으며, 오랜 기간 인정되어 왔던 단순구조의 조직형태에 대하여 급진적 변화를 시도한다는 점에서 전략적인 특징을 발휘함.

4. 효과 및 유의점

효율성, 신뢰성, 정확성, 일관성을 토대로 기술적 합리성을 추구할 수 있다는 장점이 있으나, 생산현장의 비인간화 문제가 야기되고, 라인과 스탭간의 조정문제가 발생하여 환경변화에 적응력이 떨어지기도 함.

5. 사례

정부기관, 공공기관처럼 복잡하고 공식적이며, 지위계층의 구분이 수직적으로 높은 경우가 해당됨.

Ⅳ 전문적 관료제 구조

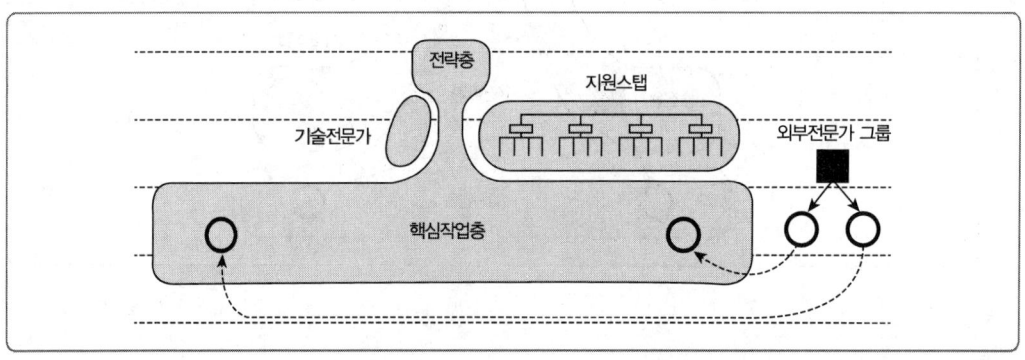

1. 의의

과업의 복잡성으로 인해 고도의 기술이나 지식을 소유한 전문가들이 작업일선에서 자신의 업무에 대하여 상당한 통제력과 재량권을 행사하는 조직임. 집권화 되면서 동시에 분권화 형태를 갖춤.

2. 적합한 환경

복잡하고 안정된 환경에 적합함. 그 이유는 포괄적이고 광범위한 프로그램에 의해서만 문제가 해결되어야 할 만큼 환경이 복잡하지만, 표준화된 지식과 기술 및 운영절차를 사용할 수 있을 정도로 안정되어 있는 환경이기 때문임.

3. 전략

대부분의 전략을 소수 전문가들의 판단, 특정이익단체의 집단적 선택, 그리고 조직상층부의 승인 등 여러 요인들 간에 혼돈스러운 모습으로 계획되고 추진됨.

4. 효과 및 유의점

민주적 구조이며, 구성원들에게 폭넓은 재량권이 주어진다는 장점이 있으나, 지원 부서와의 조정, 전문가들 간의 조정, 전문적 재량권의 남용에 따른 혁신에서의 문제 등이 발생함.

5. 사례

병원, 대학처럼 복잡한 조직이지만, 실무자들이 전문가들이기 때문에 결정권한이 실무자에게 위임되어 있음.

Ⅴ 사업부제 구조

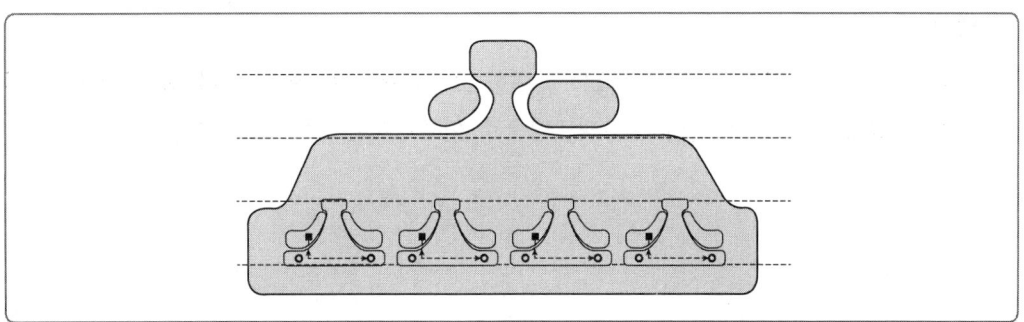

1. 의의

각각의 사업부는 산출품이 표준화하는 성과통제시스템을 토대로 각기 독자적으로 운영됨. 중간관리층이 조직의 핵심부문으로 등장하고, 각 사업부는 독립적임.

2. 적합한 환경

- 제품 및 서비스의 다양성이 존재하는 경우
- 기술시스템이 사업주의 특성에 따라 분화될 수 있는 경우
- 다각화의 필요성을 느끼는 성숙기에 다다른 조직의 경우

3. 전략

개별사업들에 대한 포트폴리오관리를 통해 기업전략을 수행하고, 개별사업 자체에 대한 전략을 통해 사업전략을 수행함.

4. 효과 및 유의점

- 자원의 효율적 배분이 가능하고, 관리자들을 전반적으로 훈련시킬 수 있으며, 사업부간 영향이 크지 않아 위험을 줄일 수 있다는 장점이 있음.
- 그러나, 성과통제 시스템은 질적인 측면을 무시하고, 양적이고 재무적인 성과에만 치중하여 혁신능력을 저하, 조직의 반사회적인 행동이나 무책임한 행동을 양산하기도 함.

5. 사례

국제기업처럼 여러 부문으로 구성된 중간관리층이 실권을 쥐고 있음.

Ⅵ 혁신구조

1. 의의

행동의 공식화가 전혀 요구되지 않은 유연한 조직이며, 고도의 수평적 직무전문화가 이루어져 있고, 과업의 수행이 프로젝트팀으로 이루어지는 경향이 있음.

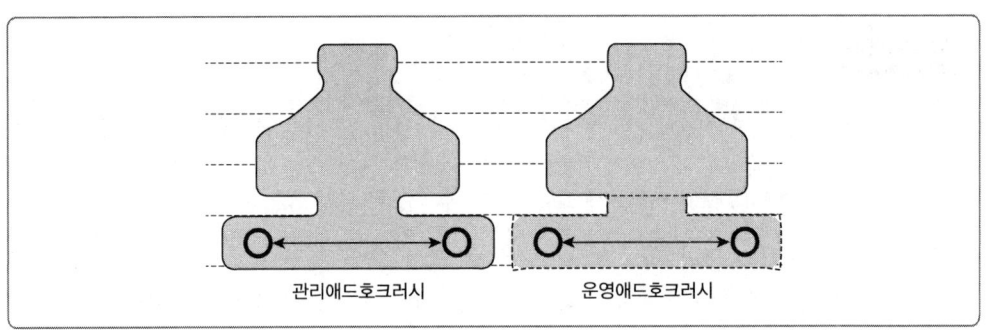

2. 적합한 환경

- 첨단기술의 개발, 경쟁에 따른 잦은 제품변화
- 한시적인 대규모 프로젝트 수행 등 복잡하고 동태적인 환경에서 주로 채택됨.
- 조직의 연령이 낮거나, 해당 산업이 태동기에 있을 때 적합함.

3. 전략

전략적 초점이 끊임없는 수렴과 발산의 싸이클로 나타나고 있으며, 이 과정에서 전략의 실행은 경영층의 명령이나 지시에 의해서보다는 밑으로부터의 학습과정에 의하여 진행됨.

4. 효과 및 유의점

- 구성원의 능력과 재능을 최대한 발휘하게 함으로써, 혁신을 유도하는 민주적 구조이며, 변화에 유연하게 대응할 수 있다는 장점이 있음.
- 기능부서와 프로젝트관리자간의 권력투쟁으로 인한 갈등과 개인의 역할과 책임 및 권한의 모호성, 스트레스와 심리적 긴장으로 인한 조직 내부의 비효율성 극복에 유의해야 함.

5. 사례

컨설팅회사나 광고회사처럼 고객과의 계약을 통하여 업무를 수행하는 경우, 화학회사나 우주항공회사처럼 조직체의 문제를 해결하기 위한 혁신을 수행하는 경우가 해당함.

경영조직론 답안작성연습

> **연습 24**
>
> 당신은 노무법인에 근무하는 공인노무사로서, 화장지를 대량생산하여 원가우위를 추구하는 생산 중심의 정교화 단계 A기업과 의약품을 개발하여 차별화를 추구하는 연구개발 중심의 집단공동체 단계 B기업으로부터 조직 재설계 컨설팅을 의뢰받았다. 두 기업은 현대 경영에서 요구되는 유연성, 창의성 향상을 위하여 팀제 도입을 원하고 있으며, 팀제 도입을 통하여 조직 혁신을 추구하려고 한다.
>
> (1) '조직수명주기', '팀제 설계에서 고려해야 할 상황' 두 측면에서 A기업, B기업을 각각 분석하시오. (15점)
> (2) 4가지 유형의 팀제 및 조직 혁신을 설명하고, A기업, B기업에 적합한 팀제 및 조직 혁신 유형을 각각 논하시오. (35점)
>
> 2019년 제28회 기출

문제 1)

I 의의

1. 조직수명주기의 의의

인간이 태어나서 유년기, 소년기, 청년기 등을 거쳐 하나의 성숙하는 수명주기를 거치듯이 조직에도 탄생, 성장, 쇠퇴하는 수명주기를 갖는 것을 말하며, Quinn과 Cameron은 조직수명주기를 창업단계, 집단공동체단계, 공식화단계, 성숙화단계, 변신 및 조정단계로서 구분하여 설명하였음.

2. 팀제의 의의

상호보완적인 기술을 가진 구성원들이 공동의 목표를 달성하기 위하여, 공동책임하에 상호작용하는 조직단위를 말함. 팀제는, 환경변화를 민감하게 감지하고, 고객지향적 문화와 현장밀착형 경영에 적합한 조직구조라는 점에서 최근 각 조직체에서 적용되는 사례가 증가하고 있음.

본 사례에서, A기업은 대량생산, 원가우위를 추구하는 생산중심의 정교화 단계에 있고, B기업은 연구개발, 차별화를 추구하는 집단공동체 단계에 있으며, 두 기업에 적합한 팀제 도입을 위한 분석내용을 조직수명주기와 팀제 설계 시 고려사항 중심으로 살펴보면 다음과 같음.

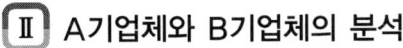

Ⅱ A기업체와 B기업체의 분석

1. A기업체

1) 조직수명주기 : "정교화 단계"
   ① **의의** : 정교화 단계는, 조직이 이제까지 쌓아왔던 명성을 유지하고 조직체계를 완성하는 단계이며, 이러한 정교화 단계에서 조직이 성공하기 위해서는, 구성원의 협력과 팀웍이 발휘되는 팀제가 적합함.
   ② **조직특성** : 조직구조적인 특성은, 정교화 단계에서의 조직은 더 이상의 진행되는 관료제를 막기 위하여, 팀제 등으로서 전환하여 조직 내부의 적합성과 환경유연성을 동시에 추구하는 특징을 갖고 있다. 이에, 적합한 통제시스템은 단순화해야 함.
   ③ **위기 및 대응방안** : 정교화 단계에 접어든 조직은 관료제의 부작용으로 인하여, 일시적인 쇠퇴기를 맞게 되는 경우가 있으므로, 팀제 도입, 경영진의 교체, 단합대회 등으로서 조직의 재활력화가 필요한 시기임.

2) 팀제 설계 시 고려사항
   ① **로빈스의 팀 설계방향** : A기업체의 특징은 대량생산, 원가우위 전략을 갖고 있으므로, 업무프로세스에 따른 팀제 구성이 되어야 함이 바람직함.
   ② **포터의 전략과 조직구조의 관계** : 또한, 이러한 원가우위 전략을 갖고 있는 기업체의 조직구조 특성은 일반적으로 높은 수준의 공식화와 집권화 경향을 갖고 있으므로, A기업의 제도적인 특성과 존속기간을 살펴본다면, 대부대과형 팀제 또는 자율관리팀과 교차기능팀이 적용하고, A조직의 규모로 볼 때, 조직의 비대화를 극복해야 하는 문제가 남아 있다면, 가상팀의 적용이 적합하다 사료됨.

2. B기업체

1) 조직수명주기 : "집단공동체 단계"
   ① **의의** : 집단공동체 단계는 조직구성원들이 가족애를 갖고 협동하여 조직목표에 일체감을 갖고 직무에 몰입하는 단계임.
   ② **조직특성** : 조직구조적인 특성은, 이전의 창업가 단계에 비해 조직규모가 차츰 증가하면서 직무의 분업화가 진행되고, 몇몇 공식적인 시스템이 등장하면서 강력한 관리적 리더십이 발휘되어 하위관리자의 업무재량권을 제한하는 모습으로 나타남.
   ③ **위기 및 대응방안** : 이 시기의 하위관리자들을 자신의 업무에 대한 위임과 자율권을 경영자에게 요구하게 되고, 이러한 자율성의 위기에 따라 경영자는 관리층에게 책임과 권한을 위임하면서, 이를 통제하는 방향으로 시스템 구축에 관심을 갖게 됨.

2) 팀제 설계 시 고려사항

① **로빈스의 팀 설계방향** : B기업체의 특징은 제품개발, 차별화 전략을 갖고 있으므로, 과업의 상호의존성이 높은 교호적 상호의존관계에 있는 과업부터 팀으로 포함시키고, 하나의 팀에 맡겨진 과업이 자기완결적인 팀이 되도록 해야 함이 중요함.

② **로렌스와 로쉬의 차별화** : 차별화는 하위부서가 직면한 하위환경이 다르므로, 각 부문마다 기본성향과 공식적 구조도 다름을 의미함. 즉, B기업체의 차별화된 조직구조적 특성은 하나의 목표에 연계된 업무들, 즉, 교호적 상호의존관계에 있는 업무들을 중심으로 한 팀 형성이 있어야 함을 알 수 있음.

③ **포터의 전략과 조직구조의 관계** : B기업체는 차별화전략 제품개발전략을 추구하고 있으므로, 새로운 시장진입과 시장점유, 경영환경에 유연하게 적응하기 위한 낮은 공식화, 분권화가 유리하고, 따라서, 연구개발팀, 특정 프로젝트팀, 태스크포스팀 또는 교차기능팀과 같은 업무권한은 강하면서 제도적인 제한에 얽매이지 않은 팀제가 적합하다 사료됨.

문제 2)

Ⅰ 4가지 유형의 팀제와 조직혁신

1. 4가지 유형의 팀제

팀 조직의 개념적 분류를 업무수준과 권한위임의 강조, 존속기간과 제도적 수준을 기준으로 하여, 4가지로 구분할 수 있음.

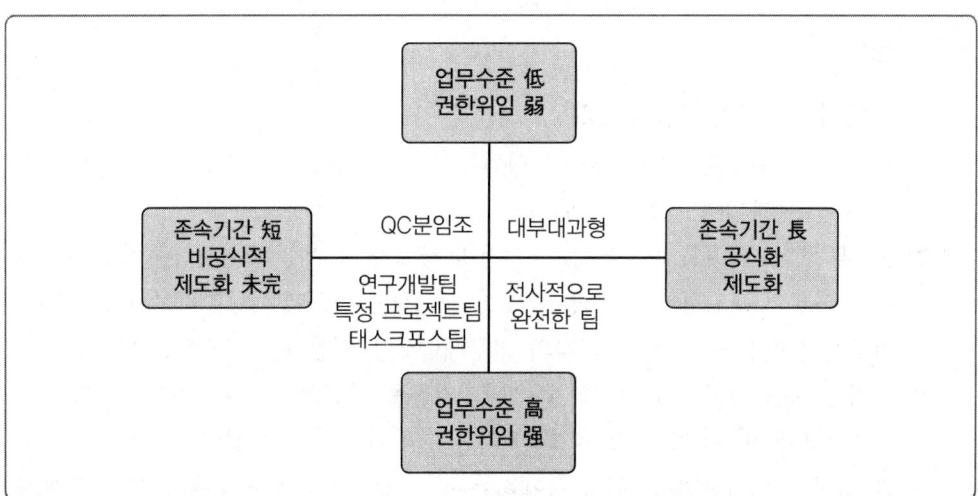

1) 대부대과형

   기존 조직의 합리화를 위하여 플랫화, 슬림화된 조직형태임. 일반적으로 대규모 기업체에서 나타나며, 공식화와 제도적 적용이 완비되어 있고, 업무수준이나 강도는 낮으면서 권한위임이 적은 특징을 갖는 팀 유형에 해당함.

2) QC분임조

   단기간의 특수임무 수행을 위한 임시조직임. 생산라인에서 주로 나타나는 팀 유형이며, 업무과정 또는 생산과정에서의 문제해결분임조로서 일시적으로 나타났다가 곧 해체되는 특징을 가짐.

3) 연구개발팀, 특정 프로젝트팀, 태스크포스팀

   중요한 프로젝트나 창조적 업무 수행을 위하여 조직된 팀조직 형태임. 업무수준이나 권한위임상태가 강하면서, 비공식적이고 회사의 제도적 적용에서 자유로운 특징을 가짐.

4) 전사적으로 완전한 팀

   네트워크 형태로 전면적으로 도입한 팀 형태임. 업무수준이나 권한위임도 강하면서 제도적인 적용도 장기적인 특징을 갖는 팀에 해당함.

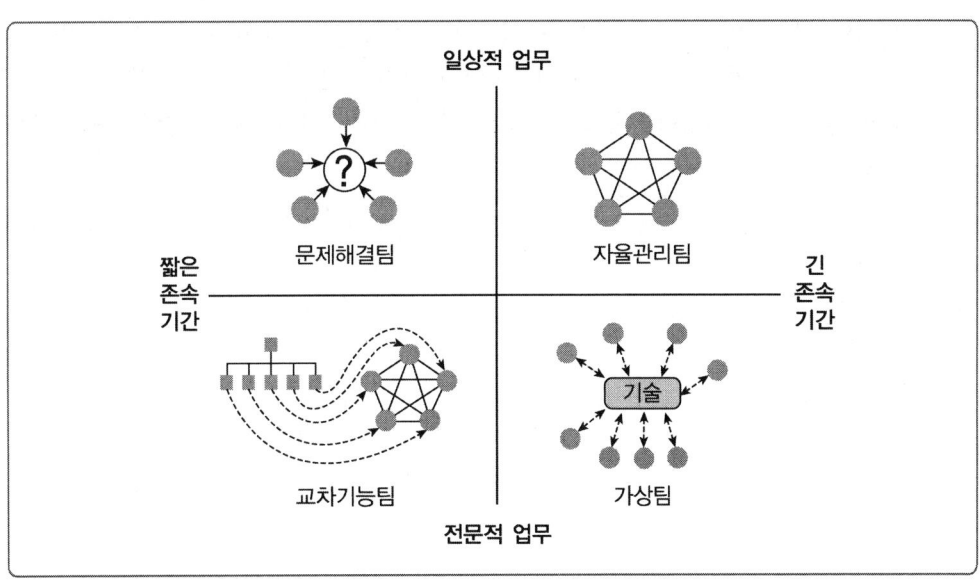

① **문제해결팀** : 회사의 다수 특수 프로젝트를 수행하거나 직면한 문제를 해결하기 위해 관련된 사람들 몇 명이 주기적으로 혹은 일정기간 동안 모여서 정보와 의견을 서로 나누면서 해결책을 찾아내는 팀임. 품질관리분임조, 품질개선팀, 경영효율화팀 등이 있음.

② **자율관리팀** : 상부로부터 전권을 위임받아 스스로 계획을 세우고 실천하고 통제와 감독까지 맡아하는 팀 형태로, 심지어는 팀원의 선발과 평가도 팀 자율로 하기 때문에 종래의 관리자나 감독자는 역할이 줄어들거나 아예 없어지기도 함.

③ **교차기능팀** : 특수한 일이든지 반복적인 일이든지 직무수행을 위해 각 방면에 소속되어 있던 서로 다른 기능을 가진 사람들이 모여서 팀 작업을 하는 것을 말함. 군대에서의 공병, 포병, 보병 등으로 구성된 수색대팀은 대표적인 교차기능팀임. 이때 수색이라는 특정한 과업을 수행하기 위해 만든 팀으로 원래는 TF팀이라고 했으며, 이는 교차기능팀의 임시적 형태에 불과함. 교차기능팀이라면 좀 더 장기적이고 안정적인 이미지를 가짐.

④ **가상팀** : 팀 구성원들이 시간, 공간 또는 조직의 경계를 초월하여, 주로 전자통신을 통하여 커뮤니케이션을 하면서 과업을 수행하는 다기능팀을 의미함. 예를 들어서, 미국의 한 소프트웨어 개발업체는 개발의 일부를 미국에, 일부는 인도에, 그리고 나머지는 영국에 배치하여 24시간 개발업무를 수행토록 함. 미국에서 퇴근할 때쯤이면 인도가 출근을 하고, 인도에서 일하다 퇴근시각이 되면 개발하던 것을 웹상에 올려놓고 퇴근하면 영국 팀원들이 출근하는 시간이 되어 끊이지 않고 24시간 개발체제를 운영할 수 있음.

2. 조직혁신

1) 전략과 구조 혁신

2) 제품과 서비스 혁신

3) 기술혁신

4) 문화혁신

> **연습 25**
> 조직 설계에 있어서 분화, 통합의 의의 및 방법을 논하라.　　　2001년 제10회 기출

Ⅰ Intro

- Lawrence & Lorsch는 환경의 불확실성과 조직구조의 관계를 분화와 통합이라는 개념으로 설명을 하였으며, 환경의 불확실성에 대응하기 위한 조직의 통합방법을 플라스틱 산업, 식료품 산업, 컨테이너 산업을 대상으로 실증연구를 실시하였음.
- 그 결과 플라스틱 산업 > 식료품 산업 > 컨테이너 산업의 순서로 분화와 통합의 수준이 가장 높았음을 알아내었음.
- 분화는 차별화라고도 하는데 이러한 개념적 정의를 먼저 하고, 분화된 조직의 상태를 어떻게 통합해야 하는지 방법적 측면을 설명하고자 함.

Ⅱ 분화의 의의와 하위환경

1. 분화의 의의

분화는 서로 기능적으로 상이한 부서에 속한 관리자들은 그 기본 성향이 다르고, 부서 간의 공식적 구조도 다르다는 것을 의미함. 분화는 하나의 조직 내에 부서들이 얼마나 많이 분리되었는지에 관한 것이며, 차별화와 동일한 개념임.

2. 차별화와 하위환경

- 로렌스와 로쉬는 부서 간의 차별화가 존재하는 것은 목표 성향, 시간 성향, 종업원간 성향, 구조의 공식성에 따라 각 기능부서간에 태도와 행동 측면에서 큰 차이가 있음을 의미한다고 설명하고, 이러한 차이는 각 하위부서가 직면한 하위환경의 특성이 서로 다르기 때문에 나타나는 것이라고 하였음.
- 로렌스와 로쉬는 환경의 불확실성이 높을수록 차별화가 많이 되어 있다고 하였으며, 플라스틱 산업, 식료품 산업, 컨테이너 산업을 대상으로 연구 조사를 실시하였음. 그 결과 환경의 불확실성이 높은 플라스틱 산업 내에 있는 기업들의 연구개발 부서, 생산 부서, 영업 부서 간에는 목표성향, 시간성향, 종업원 간 성향, 구조의 공식성에 현격한 차이가 나지만, 환경의 불확실성이 낮은 컨테이너 산업 내의 각 기능부서간에는 목표성향, 시간성향 등이 별로 차이가 나지 않음을 발견하였음.

경영조직론 답안작성연습

Ⅲ 통합의 의의와 방법

1. 통합의 의의

조직의 통합이란 차별화된 부서 간의 행동이 조직 전체의 목적과 일치하는 방향으로 움직여 나가도록 하는 공동의 노력을 말함. 환경의 불확실성이 높은 산업 내에 있는 조직일수록 차별화의 정도가 높으며, 이를 조정하기 위한 통합방법도 많음.

2. 통합방법

1) 플라스틱 산업의 경우

환경의 불확실성이 높은 플라스틱 산업의 경우 사전에 설정된 규율, 방침, 계획과 같은 기계적 통합방식 뿐만 아니라, 임기응변적인 태스크포스팀, 통합 스탭, 위원회, 연락역할 담당자 등과 같은 유기적이며 다양한 통합방법이 이용되고 있음.

2) 컨테이너 산업의 경우

주로 규칙, 방침, 계획과 같이 이미 정해진 기계적 방식에 의해 통합이 이루어지고 있음.

3) 식료품 산업의 경우

통합방법의 종류는 플라스틱 산업과 식료품 산업의 중간정도에 해당함.

Ⅳ 결론

1. 차별화와 통합의 관계

- 부서 간에 차별화가 높을수록 각 부서의 종업원들이 문제를 같은 시각으로 보는 것이 어려워지므로, 부서 간의 통합이 어려워짐을 알 수 있음.
- 연구개발 부서와 같이 환경의 불확실성이 높을수록 환경변화에 대응할 수 있는 경계의 역할이 중요하게 되며, 반면에 제조업체에서의 생산부서의 경우 상대적으로 낮은 차별화의 특징을 가짐. 이러한 각 부서 간의 차별화를 통합하기 위한 관리자의 통합 역할도 매우 중요해짐.
- 성공적인 기업의 경우 환경의 불확실성 정도에 적합한 차별화와 통합을 동시에 확보하고 있다는 점에 착안하여 관리자로서 전체적인 통합방법에 관심을 가져야 할 필요가 있음.

2. 환경의 변화방향과 조직설계

로렌스와 로쉬의 연구결과가 의미하는 것은 환경의 불확실성 정도와 조직의 분화 및 통합의 정도가 적합성을 유지할 때 조직의 성과가 좋다는 것임. 안정적 환경에서는 차별화와 통합의 정도가 낮은 조직설계가 적합하지만, 동태적이고 복잡한 환경에서는 차별화와 통합의 정도가 높은 조직설계 형태가 적합함.

경영조직론 답안작성연습

> **연습 26**
> 조직의 구성원 통제방식을 계층적 통제와 분권적 통제로 나누어 설명하고, 구성원 통제방식이 IT의 영향으로 어떻게 변화될 것인지를 행동통제와 결과통제 측면에서 논하시오. 2017년 제17회 기출

Ⅰ Intro

많은 조직에서 경영자의 통제에 대한 접근방식이 달라지고 있으며, 직원들의 참여와 임파워먼트라는 변화방향과 관련하여 계층적 통제보다는 분권적 통제를 채택하는 회사들이 많아졌음. 계층적 통제와 분권적 통제는 상이한 기업문화 철학을 보여주는 것임. 대부분의 조직은 계층적 통제와 분권적 통제에 대한 경영자들의 신념에 따라서 어느 하나는 강조함.

Ⅱ 계층적 통제

1. 의의

- 계층적 통제는 규칙, 정책, 권위계층, 문서, 보상시스템 및 여타 공식적 메커니즘을 광범위하게 사용하여 구성원들의 행동을 모니터링하면서 영향을 미치는 방식을 말함.
- 계층적 통제는 사람을 바라보는 관점을 X-이론적 관점에서 기반을 두고, 사람들은 자기 절제를 할 수 없으며, 신뢰할 수 없다고 보면서 사람들을 밀접하게 모니터하고 통제되어야 한다고 보는 것임.

2. 통제방법

- 계층적 통제에서는 명확한 규칙과 정책, 절차를 정해 놓고, 집권적 권위와 공식적인 계층 및 철저한 관리감독에 의존하는 방법임. 직무기술서는 일반적으로 구체적이고 과업 관련적이며, 경영자들은 수용 가능한 직원들의 성과를 최소한도로 정함. 이러한 표준적인 성과를 달성하게 되면, 개별 직원들에게 임금, 복리후생, 승진 등과 같은 외재적 보상이 주어짐.
- 계층적 통제에서는 조직문화가 다소 경직되어 있으며, 경영자들은 문화가 직원이나 조직을 통제하는 유용한 수단이라고 생각하지 않음.

3. 결과

직원들은 경영주의 지시를 따르고, 지시받은 대로만 행동함. 업무에 무관심한 느낌을 가지게 되고, 근무태만과 이직이 많은 편임.

Ⅲ 분권적 통제

1. 의의

- 분권적 통제는 조직목표 달성을 위하여 문화적인 가치관, 전통, 공유된 신념 등에 의존하며, 경영자들이 직원들에게 광범위한 규칙이나 철저한 감독을 하지 않아도 구성원들을 신뢰할 수 있고 효과적으로 일하려는 의지가 있다는 가정 하에 운영하는 방식을 말함. Y-이론적 인간관에 기초하고 있음.
- 분권적 통제는 가족주의적이고 수평적인 가치관에 의존하며, 사람들이 조직에 완전히 몰입할 때 가장 일을 잘한다고 보고 있음.

2. 통제 방법

- 규칙과 절차는 필요한 경우에만 활용되고, 경영자들은 직원 행동을 통제하기 위해 공유된 목표나 가치관에 의존함. 조직에서는 회사목표를 달성하는 방향으로 행동에 영향을 미치기 위하여 직원들의 선발과 사회화를 대단히 강조함. 어떠한 조직도 직원들의 행동을 100% 통제할 수 없으므로, 자기통제와 자기절제가 직원들의 직무성과를 표준 이상으로 끌어올리는 것임. 직원들에 대한 임파워먼트, 효과적 사회화 및 교육이 모두 자기통제를 할 수 있도록 내적 표준을 형성할 수 있도록 하는 것임.
- 분권적 통제에서는 권력이 분산되어 있으며, 지식과 경험이 공식적 지위만큼 권련의 기반으로 작용함. 조직구조는 수평적이며 문제해결과 향상을 위해 권위나 팀들을 유연하게 운영함.
- 구성원 모두가 품질 통제를 하면서 업무에 집중하고, 직무기술서는 결과지향적이고 수행해야 할 구체적인 과업보다는 달성해야 할 산출물을 강조. 직원들은 목표설정, 성과의 표준 설정, 품질관리, 통제시스템 설계 등 광범위한 영역에서 참여함.
- 경영자들은 임금과 같은 외재적 보상 보다는 의미 있는 일의 부여, 학습 및 성장의 기회 제공 등 외재적 보상도 적극 활용함.

- 분권적 통제는 문화가 적응적이며, 경영자들은 문화가 개인, 팀 및 조직목표를 결속시키는 보다 강력한 전반적 통제 수단으로서 중요하다는 것을 인식하고 있음. 분권화에서는 직원들이 전문적 영역의 인재들을 모아서 경영자들이 혼자 제시할 수 있는 절차보다 더 나은 절차를 제시할 것임.

3. 결과

분권적 통제를 하게 되면, 그 결과 직원들이 진취적이며 책임감을 추구하게 됨. 자신의 일에 적극적으로 개입하고, 헌신하면서 이직이 적은 편임.

사례형 문제

다음의 사례를 읽고, 각각의 문항에 답해주세요.

A조직 : 정년이 보장되어 있고, 국민들이 낸 세금에 의해 예산이 안정적으로 관리되며, 많은 규정과 절차가 존재하는 조직으로 다음과 같은 조직도를 가지고 있다.

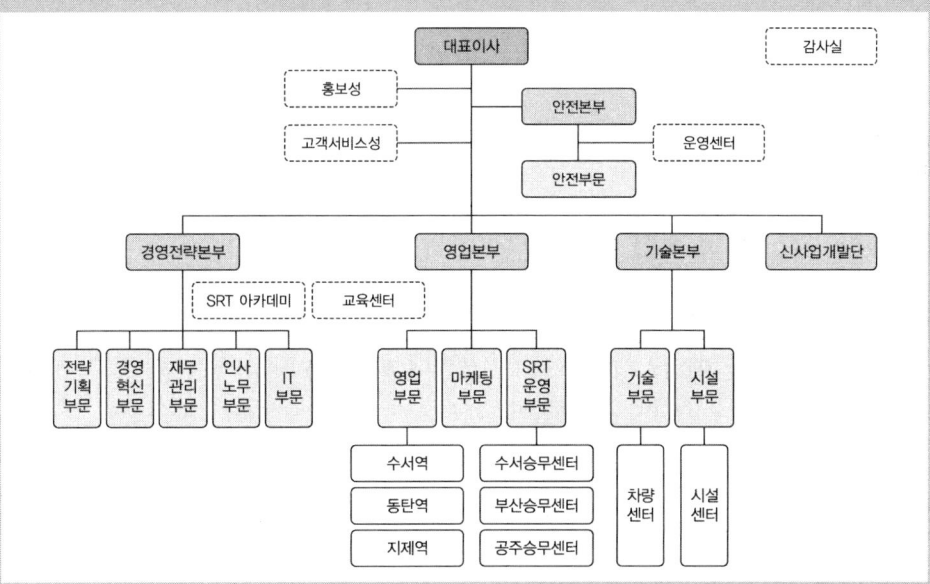

B조직: 산업 내 경쟁이 심한 게임 어플리케이션(APP) 개발업체로 하나의 게임 앱을 완성할 때까지 일시적/잠정적으로 존재하며, 구성원들은 다양한 기술을 가지고 있는 전문가로 권한위임과 자율성이 보장된다. 혁신이 요구되는 신생 조직으로, 다음과 같은 조직도를 가지고 있다.

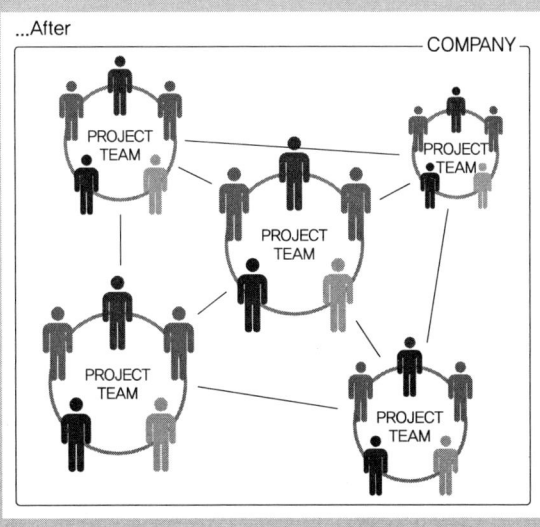

1) A조직과 B조직의 특징을 조직설계를 위한 구조적 차원(복잡성, 집권화, 공식화)으로 설명하시오. (20점)
2) Burns & Stalker의 연구를 소개하고, 이들의 연구에 기반할 때 A조직과 B조직은 각각 어디에 해당하는지 설명하시오. (10점)
3) Perrow의 연구를 소개하고, A조직과 B조직이 어디에 해당하는지 설명하시오. (10점)
4) Quinn과 Cameron의 조직수명주기 연구를 소개하고, A조직과 B조직이 어디에 해당하는지 설명하시오. (10점)

문제 1) A조직과 B조직의 특징

I A조직과 B조직의 특징

1. A조직의 특징 – "효율성을 위한 관료제"

A조직은 정년이 보장되어 있고, 세수 확보를 통해 안정적인 재무운영이 가능하며, 공식화가 높은 조직이고, 조직도에 따르면 권한과 책임범위가 명확하게 규정되어 있는 공무원 조직이면서 전형적인 관료제라고 할 수 있다. 관료제의 주요 목표는 효율성과 생산성이며, 안정적인 환경에 적합하고, 권한은 조직의 최고층에 집중되며, 갈등은 상급자의 의사결정으로 해결된다.

2. B조직의 특징 – "문제해결을 위한 혁신조직"

B조직은 앱 개발을 완성하기 위해 임시적, 잠정적, 동태적으로 결합된 조직으로서 전형적인 애드호크라시 조직이라고 할 수 있다. 혁신조직의 주요 목표는 유연성과 적응성이며, 동태적인 환경에 적합하고, 권한은 능력과 기술을 가지고 있는 실무 전문가 계층에게 분산되며, 갈등은 토론 및 상호작용에 의하여 해결된다는 특징을 갖고 있다.

II 조직설계를 위한 구조적 차원

1. 개요

조직설계를 위한 차원은 구조적 차원과 상황적 차원으로 구분할 수 있으며, 구조적 차원이란 조직 내부 특성을 설명하는 구조변수로서 복잡성, 집권화, 공식화, 전문화, 권한계층이 있고, 상황적 요인은 조직의 환경, 기술, 규모, 전략 및 권력과 같이 조직구조에 영향을 주는 요소들로 구성된다. 이러한 상황적 요인에 해당하는 상황변수가 구조적 차원인 조직구조에 영향을 주는 것이다.

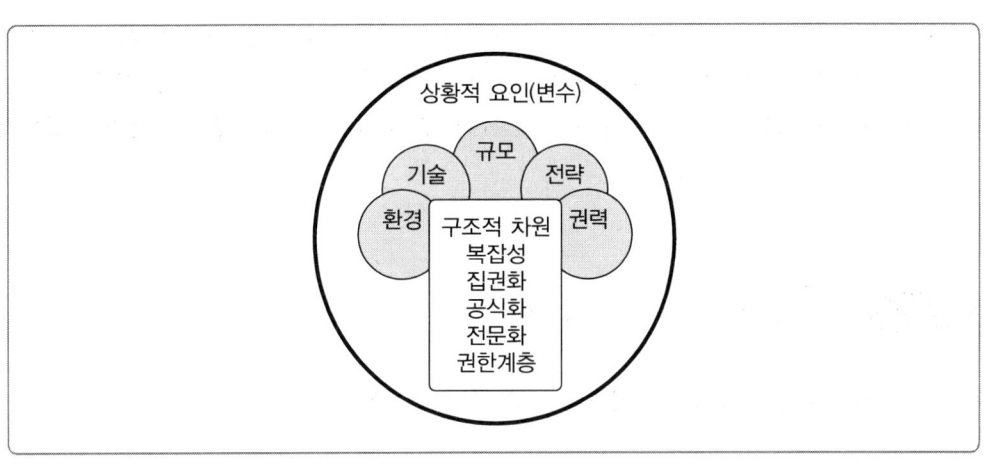

2. 조직설계의 구조적 차원

1) 복잡성

- 복잡성이란, 조직 내에서의 부서나 부서활동의 개수를 말하는 것으로, 분화의 정도로서 이해할 수 있다. 복잡성을 측정하는 방식은 수직적, 수평적, 장소적 방식이 있으며, 그 중 일반적으로 수직적 복잡성을 의미한다. 수직적 복잡성이란 조직 내 위계계층의 수이다.
- 〈A조직〉은 관료제로서 효율성을 위해 과업과 권한 및 역할이 분리되어 위계계층의 수와 부서 및 활동의 개수가 많아 〈복잡성이 높다〉는 특징을 갖고 있다. 반면에 〈B조직〉은 혁신조직으로서 각 분야의 전문가들로 구성되므로 조직을 구성하는 위계계층의 수가 적기 때문에 〈복잡성 수준은 낮다〉.

2) 집권화

- 집권화는 조직의 중요한 의사결정권, 명령지시권, 통제권 등이 조직의 특정 부분이 집중되어 있는 정도를 말하며, 주로 조직의 상층부에 집중되어 있다.
- 〈A조직〉은 구성원을 효율적으로 통제하기 위해 모든 정보와 권한을 조직의 상층부에서 보유하고 있으므로 〈집권화 정도가 높지만〉, 〈B조직〉에서는 신속하고 탄력적인 운영을 위해 실무 전문가들에게 위임하고 있으므로 〈분권적 의사결정〉이 요구된다.

3) 공식화

- 공식화는 조직구성원이 수행하는 과업의 내용, 수행절차, 수행방법, 그리고 수행결과 등에 대하여 사전에 기준 등을 문서화하여 정해 놓은 것으로, 직무명세서, 규칙과 절차, 역할규정 등이 있다.

- 〈A조직〉은 모든 구성원의 행동을 효율적으로 예측하기 위해 직무상 행동을 규칙과 규정에 의해 정하고 있으므로 〈공식화 수준은 당연히 높게〉 나타나지만, 〈B조직〉은 직면한 사안에 대한 심도 있는 해결이 필요하므로 미리 규칙이나 규정을 정해둘 필요가 없어 〈공식화 수준이 낮다〉.

문제 2) Burns와 Stalker의 연구

I. Burns & Stalker의 기계적/유기적 조직구조

1. 연구의 개요

번스와 스토커(Burns & Stalker)는 영국 내에 있는 20개의 기업을 대상으로 연구한 결과, 외부환경과 조직의 내부구조가 서로 관련이 있음을 발견하였다. 동태적 환경에 직면한 조직구조는 안정적인 환경에서 활동하고 있는 조직구조와 현저한 차이를 갖는다는 사실을 알아낸 것이다.(1961)

2. 기계적 조직과 유기적 조직구조의 개념

1) 기계적 조직구조

기계적 조직구조는 고도의 복잡성, 집권화, 공식화의 특징이 있으며, 일상적인 업무, 숙련된 행동에 적합한 조직이다. 주로 안정적인 환경에 직면해 있기 때문에 표준화된 절차와 규칙, 분명한 권한구조, 문서에 의한 의사소통 등 기계적 조직구조의 특징을 갖는 것이다. 의사결정도 소수의 상급자에 의하여 해결되고, 규칙이나 절차에 의해 미리 정하진 방법에 의존하여 업무를 처리하는 관료제적인 특징을 갖는다.

2) 유기적 조직구조

유기적 조직은 비교적 탄력적이고 적응적이며, 수평적인 커뮤니케이션과 상호 정보교환을 통한 업무를 특징으로 한다. 주로 동태적 환경에 직면한 조직은 유기적인 특징을 지닌 조직구조를 갖는다. 문서화된 규칙이나 절차가 거의 없으며, 의사결정도 분권화되어 있고, 토론이나 상호작용으로 갈등해결을 하며, 종업원간 수평적 의사소통이 빈번하게 이루어지며, 예상치 못한 환경변화에 유연하게 대응할 수 있다.

Ⅱ 기계적/유기적 조직의 차이에 다른 A조직, B조직

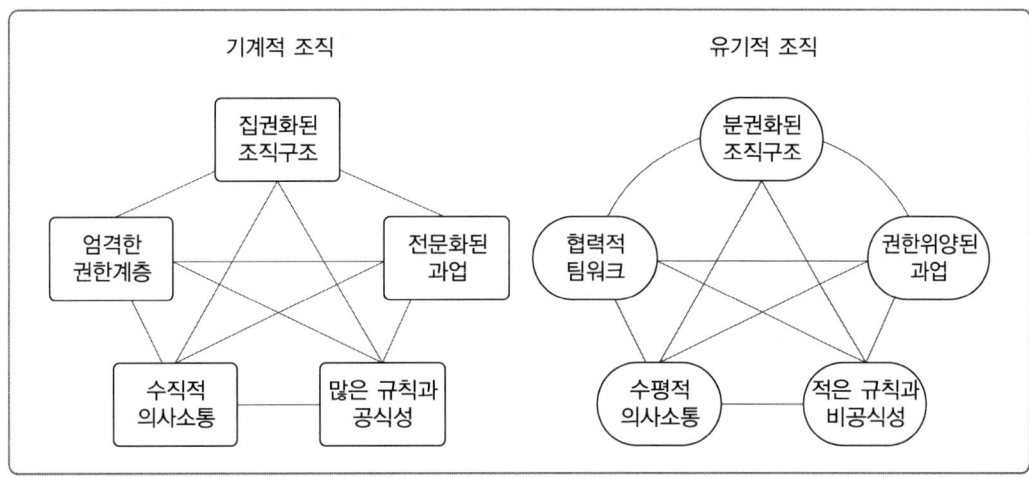

1. 집권화된 조직구조 vs 분권화된 조직구조

기계적 조직구조인 A조직에는 집권화된 조직구조를 가지고 있으며, 여기서 집권화란 조직의 중요한 의사결정권, 명령지시권, 통제권 등이 조직의 특정 부분이 집중되어 있는 정도를 말한다. 유기적 조직인 B조직에는 분권화 조직구조를 갖고 있으며, 여기서 분권화란 의사결정권, 업무재량권 등이 실무능력을 갖춘 구성원들에게 위양되어 있는 것을 말한다.

2. 전문화된 과업 vs 권한위양된 역할

A조직에서는 과업을 기계 부품처럼 분화시켜서 직무기술서에 따라 업무를 수행하지만, B조직에서 역할은 목표달성을 위한 역동성이 강조된 개념으로 구성원이 부서나 팀에 소속되어 일을 하면서 역할은 상황에 맞추어 자율적으로 일을 실행한다.

3. 높은 수준의 공식화 vs 낮은 공식화

기계적 조직인 A조직에서는 많은 규칙과 규제, 표준화된 절차 등이 작동하여 의사소통상의 문제, 성과상의 문제를 해결하고자 할 때에는 공식화된 시스템이 관여한다. 유기적 조직인 B조직은 문서에 의해 일을 하는 것 보다는 수평적인 의사소통과 정보공유에 의하여 이루어지는 경우가 많다.

4. 수직적 의사소통 vs 수평적 의사소통

A조직에서는 수직적인 의사소통으로 상위층이 하위직원에게 업무지시와 절차를 내려 보내고, 이에 대한 업무결과나 의견 등을 올려보내라는 요구를 하게 된다. B조직에서는 유기적인 특징을 갖고 있기 때문에 수평적인 의사소통이 강조되어 변화하는 환경변수인 고객의 요구, 기술 요구, 경쟁사 요구 등에 발 빠르게 대처할 수 있다.

5. 엄격한 권한계층 vs 협력적 팀워크

A조직은 수직적 계층과 공식적인 명령체계가 중요하며, 주요 작업들은 기능적 계열에 따라 수직적으로 이루어지며, 부서 간의 협력은 크게 강조되지 않는다. 반면에, 유기적 조직으로서 B조직은 협력적 팀워크가 강조되어 각 부서의 사람들이 주어진 문제를 협력적으로 해결하려는 경향을 보이게 된다.

문제 3) Perrow의 연구

I Perrow의 기술

1. Perrow의 기술 정의

페로는 기술을 어떤 대상물을 변화시키기 위해 행해지는 모든 활동으로 정의하고, 지식을 바탕으로 한 기술 업종 연구를 통해, '예외의 빈도(과업의 다양성)', '과업의 분석가능성' 두 가지 차원에서 기술을 설명하였다.

2. 예외의 빈도(과업의 다양성)

과업의 다양성은 예외의 빈도 또는 동질성과 관련된 것으로, 과업이 수행되는 과정에서 발생하는 예외의 수를 말한다. 즉, 과업이 일상적이면 예외가 거의 발생하지 않는다. 그러나, 과업의 다양성이 높으면 예외적인 상황이 발생할 가능성이 크다.

3. 과업의 분석가능성

과업의 분석가능성은 과업수행 중에 발생한 문제에 대해 적절한 해결책을 찾아내는 탐색과정의 난이도이며, 분석가능성이 높다는 것은 문제가 구조화되어 있어서 해결책을 찾기 위한 논리적 분석을 이용할 수 있고, 분석가능성이 낮다는 것은 문제의 정의가 잘 되어 있지 않고 복잡하여 많은 시행착오를 해야 하는 것을 말한다.

Ⅱ Perrow의 기술 분류

	과업의 빈도	
	동질성	다양성
과업 분석가능성 — 분석가능	일상적 기술 사무직, 회계감사, 자동차조립 등	공학기술 엔지니어링, 과학연구 등
과업 분석가능성 — 불가능	장인기술 예술 활동, 공연작품, 수작업 제품 등	비일상적 기술 전략적 계획, 사회과학 연구 등

1. 일상적 기술 : A조직

과업의 내용이 분명하고, 분석하기 용이한 기술. 집권화된 의사결정과 높은 공식화를 특징으로 하고, 예를 들어서, 사무직, 회계감사, 자동차 조립 등이 이에 해당한다.

2. 공학적 기술

상당한 다양성이 존재하기 때문에, 예외의 빈도는 많으나, 합리적이며 체계적인 방법으로 분석할 수 있는 기술. 이 경우 잘 짜여진 공식화에 의해 해결이 가능하다. 구체적으로 공학 엔지니어링, 과학연구 등이 있다.

3. 장인기술

예외의 빈도가 적고, 과업을 분석하기가 비교적 어려운 기술. 과업이 다양하지 않으므로, 공식화 정도는 높되, 의사결정은 분권화되어 있으며, 그 사례에 해당하는 산업에는 예술 활동, 공연작품, 수작업 제품, 공예산업, 수제화 신발 등이 있다.

4. 비일상적 기술 : B조직

예외의 빈도는 많고, 과업을 분석하기 어려운 기술이며, 이러한 업종은 공식화 정도가 매우 낮고, 의사결정의 분권화 정도는 매우 높다. 여기에는 전략적 계획, 사회과학 연구, 응용 연구 등이 있다.

Ⅲ A조직과 B조직의 경우

1. A조직의 경우

A조직은 일상적 기술을 사용하는 기계적 조직구조의 특징을 갖고 있으므로, 높은 수준의 수직적 복잡성, 의사결정의 집권화, 고도의 규정과 절차로서 높은 수준의 공식화를 특징으로 한다.

2. B조직의 경우

B조직은 유기적인 특징을 갖고 있는 조직구조이므로, 비일상적 기술의 형태에 의한 과업을 수행할 것이며, 따라서 낮은 수준의 복잡성, 의사결정권과 업무재량권 등이 골고루 하위층에 위양하는 분권화, 수평적인 의사소통과 상호작용에 의한 문제 해결을 시도하는 유기적인 조직구조의 특징을 갖는다.

문제 4) Quinn & Cameron의 조직수명주기

Ⅰ 개요

Quinn & Cameron의 조직수명주기는 조직이 어떻게 성장하고 변화하는지를 알게 해주는 유용한 개념이며, 조직이 탄생하고, 성장하고, 사멸하는 과정을 확인할 수 있게 하면서, 각 단계별로 부딪히는 문제점과 이를 극복할 수 있는 방향, 단계별 적합한 조직구조, 리더십, 관리스타일을 알 수 있는 이론이다.

Ⅱ 조직수명주기

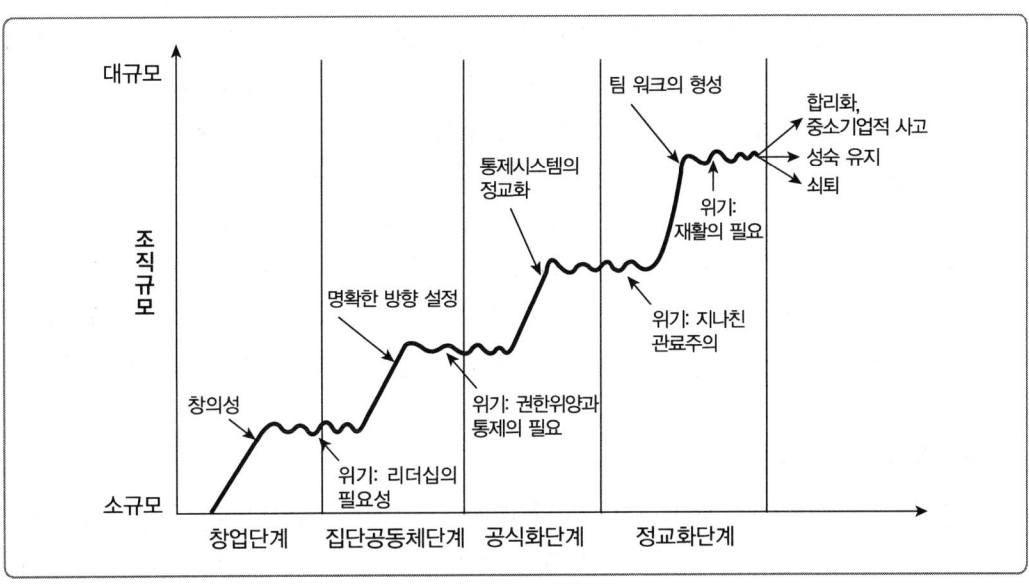

1. 창업단계 : B조직

- 조직이 처음 생겨나는 창업단계에서 경영자는 창의력을 바탕으로 창조적인 신제품이 주력하거나, 새로운 시장진입에 주력한다는 특징을 갖고 있으며, 혁신적 성향을 가진 창업자는 제품의 질을 목적에 둔 기술적 측면과 이를 홍보하는 마케팅 활동에 총력을 기울이는 단계이다.
- 창업단계에서는 경영자와 소수의 인원이 결합되어 조직되었으므로, 극도로 비공식적이고, 비관료적인 특징을 가지며, 비공식적이고 직접적인 커뮤니케이션에 의하여 통제되고, 대부분 경영자 개인의 직접 감독으로 관리가 이루어진다. 이 단계에서 종업원 수가 하나 둘 증가하게 될 경우 점차 관리상의 문제가 발생하게 되며, 이 단계에서 창업주나 구성원 모두에게 리더십 결여에 의한 위기에 직면하게 된다. 따라서, 창업가는 창의적인 신제품에만 주력할 것이 아니라, 조직 내부의 질서안정에도 관심을 갖고 관리능력과 리더십 역량을 키워야 할 필요가 있다.

2. 집단공동체 단계 : B조직

- 리더십 위기가 해결되고 난 이후에, 강력한 리더십이 형성되고, 조직은 이전보다 더 분명한 목표와 방향을 가지게 되며, 점차 역할의 분화, 역할의 할당, 권한계층을 형성하게 되는 단계이다. 집단공동체 단계에서 조직구성원들은 기업의 성공을 위하여 가족애를

갖고 협동하여 헌신하면서 조직목표에 일체감을 갖고 직무에 몰입하는 단계이다.
- 이 단계에서 주요 특징은 규모가 차츰 증가하면서, 직무의 분업화가 진행되고, 몇몇 공식적인 시스템이 등장하며, 강력한 관리적 리더십의 등장으로 조직목표와 방향을 정립하고, 차츰 위계질서에 맞게 부서를 정립하면서 하위 관리자의 재량권을 제한하는 모습으로 나타난다는 것이다. 이에 자신의 업무에 확신을 가진 하위계층 관리자들이 회사의 리더에게 재량권을 요구하는 등 의사결정의 위임과 자율권을 요구하게 됨. 이를 자율성의 위기라고 한다. 경영자에게 모든 권한이 집중되어 책임과 권리를 부하들에게 위양하지 않으면, 리더에게 권한이 과부하되고, 이에 중간관리층은 자율성의 위기를 느끼고 점차 재량권을 요구하는 모습으로 나타나는 것이다. 따라서, 이 단계에서 경영자는 관리층에게 책임과 권리를 위양하고, 이를 통제하는 메커니즘을 마련하는 것이 필요하다.

3. 공식화 단계 : A조직

- 공식화 단계에는 조직 내부의 안정성과 효율성을 위하여, 제도와 규칙, 절차, 통제시스템을 사용하는 단계이며, 종업원간 의사소통은 공식적으로 이루어지고, 조직은 통제와 업무효율을 강조하는 특성을 갖는다. 규칙과 절차에 의한 밀도 있는 공식적인 통제가 가동되는 시기이고, 구성원 간 전반적인 커뮤니케이션은 공식화됨을 특징으로 한다.
- 공식화된 규칙, 계획, 업무 스케줄에 의하여 질서정연하게 이루어지며, 상부는 공식적인 커뮤니케이션에 의해 보고받는다. 공식화된 내부시스템과 프로그램은 구성원들을 억압하는 수단으로 작용하여 혼란이 발생될 수도 있고, 또 지나친 공식화는 관료제를 유발하여 점차 조직은 관료화되고, 중간관리자와 스텝진과의 잦은 의견충돌이 발생한다는 문제점을 갖고 있다. 즉, 과도한 공식화는 비능률을 야기하여 조직의 경직화, 목표-수단의 전치, 구성원의 창의성 저해 등을 가져오는 것이다. 이러한 경우 가능한 신속하게 성숙화 단계로 접어드는 것이 필요하고, 조직 전반적으로 자율성을 원하고, 공식적 통제를 피하려 하므로, 해결방안으로 팀웍을 적극 활용토록 해야 한다.

4. 성숙화(정교화) 단계 : A조직

- 정교화 단계는 이제까지 쌓아왔던 조직의 명성을 유지하고 조직체계를 완성하는 단계이며, 성숙화 단계에 접어든 조직의 성공을 위해서는 구성원의 협력 등 팀웍이 크게 기여할 수 있다. 더 이상 진행되는 관료제를 막기 위하여, 새로운 조직구조로서, 팀제, TF팀 등으로 전환하여 활력을 부여하여 조직 내부의 적합성과 조직외부의 환경유연성을 동시에 추구하는 단계이다.
- 그동안 공식화된 시스템을 단순화하여 내부적인 적합성과 외부적인 유연성을 동시에

추구하는 것을 특징으로 하고 있으며, 모든 조직들은 성숙기(정교화) 단계에 도달한 후, 일시적으로 쇠퇴기에 진입하고 혁신과 구조조정을 하지 않으면 안 될 시기에 직면하게 되며, 이 기간 동안에는 경영자가 자주 교체가 되기도 한다. 이러한 쇠퇴기 극복과 방지를 위하여 조직의 재활력화가 필요하기 때문에 외부로부터 새로운 경영진을 영입하거나, 구성원의 팀웍과 자율성을 강조하기 위한 새로운 조직구조로서 전환하거나, 회사 내의 단합대회, 워크샵을 행사하여 재활력을 도모할 수 있다.

Ⅲ A조직과 B조직의 경우

1. A조직의 경우

A조직은 정년제도가 보장되어 있는 안정적이면서 성장가도를 달리는 기업체로서, 많은 규정과 절차가 존재하고 있으므로, 조직수명주기 단계에서 〈공식화 단계〉와 〈정교화 단계〉에 해당할 것으로 사료되며, Quinn & Cameron에 따르면 이 단계에서 발생되는 관료제의 위기와 재활력화로서 발생될 수 있는 문제점에 대한 대비책을 갖고 있어야 함이 바람직하다.

2. B조직의 경우

B조직은 앱 개발업체이며 임시적/잠정적인 조직이고, 구성원들에게는 권한위임과 자율권이 보장되어 있어 수평적인 커뮤니케이션과 상호작용이 가능하며, 혁신을 요하는 신생조직이므로, 조직수명주기에서 〈창업기 또는 집단공동체 단계〉에 해당하는 것으로 사료된다. Quinn & Cameron에 따르면 이 단계에서 발생되는 리더십 위기와 자율성의 위기를 극복하는데 있어서 체계적인 제도 마련과 구성원 동의절차를 수반한 시스템 확립이 필요할 것으로 사료된다.

경영조직론 답안작성연습

연습 27

기술과 조직구조의 관계에 대한 우드워드, 페로우, 톰슨의 연구내용을 각각 설명하고, 그 시사점을 설명하시오. (페로우의 연구내용은 도식화하여 설명하세요) (50점)

I 조직기술의 의의

- 〈기술〉은 조직의 투입물을 산출물로 전환하는데 이용되는 지식, 도구, 기법 등과 같은 활동을 말하며, 변환과정에서 이용되는 기계, 종업원의 교육과 기술, 그리고 작업절차 등을 의미할 뿐만 아니라, 지식을 기반으로 하여 투입되는 자원을 변화시키기 위하여 수행하는 각종 활동을 포괄적으로 지칭하는 개념이다. 조직이 사용하는 기술의 유형은 조직구성원들이 과업을 수행하는 방식뿐만 아니라 조직구조에도 영향을 미치는 상황변수이며, 예를 들어 자동차의 대량생산기술은 원유를 정제하는 기술과는 다른 별개의 구조적 지원을 필요로 하며, 마찬가지로 종합병원 응급실의 의료서비스 업무는 은행의 일상적인 서비스업무와는 별개의 조직구조를 요구하게 되는 것이다.
- 기술과 조직구조간의 관계에 대해서 연구를 하였던 대표적인 학자에는 우드워드, 페로우, 톰슨이 있으며, 이하에서는 세 학자의 연구내용과 그 시사점에 대하여 살펴보고자 한다.

II 우드워드(woodward)의 연구내용과 시사점

1. 개요

우드워드는 100여개의 제조업을 대상으로 실시한 연구에서 '생산형태'(생산기술의 복잡성)에 따라 단위생산기술, 대량생산기술, 장치생산기술로 분류하였다. 여기서 생산기술의 복잡성이란 제조과정의 기계화 정도를 의미하며, 기술복잡성이 높으면 대부분 작업이 기계에 의해 이루어진다는 뜻이다. 이러한 우드워드의 경우는 기술결정론의 시초가 되었다.

2. 기술복잡성에 의한 기술 분류

1) 단위생산기술

단위생산기술은 개개의 제품단위를 고객의 주문에 따라 각각 생산하는 방식으로 선박, 우주선, 맞춤양복이 이에 해당하며, 고객의 주문을 받아 생산하고 조립하는 공작소 중심으로 운영되어 노동력의 주문 작업에 대한 의존도가 매우 높다는 특징을 갖는다. 단위생산기술은 사람의 수작업에 의한 노력으로 만들어진 제품이어야 하므로, 기술의 복잡성 매우 낮아 기계화 정도가 거의 없고, 결과의 예측가능성 매우 낮다.

2) 대량생산기술

대량생산기술은 표준화되어 있는 소정의 제품을 계속적으로 대량생산하는 방식이며, 자동차나 전자제품의 조립생산라인 등 일반적인 공업제품의 생산에 사용되는 기술이다. 대량생산기술의 복잡성은 중간정도이고, 결과의 예측가능성은 최종상태로서만 예측이 가능하다는 특징이 있다.

3) 장치생산기술(연속공정생산기술)

특정제품을 같은 제조방식에 따라 이미 고정적으로 설치된 장치공정, 즉 전체과정이 기계화되어 있는 상태에서 생산하는 것이며, 자동화된 기계가 연속공정을 통제하므로 결과에 대한 예측가능성이 매우 높다. 대표적으로 정유공장, 석유화학공장, 원자력발전소 등이 있다.

3. 시사점 : 기술 유형별 조직구조

우드워드는 기술과 조직구조의 관계를 상업적 성공 여부로 비교하여 설명하였으며, 성공한 기업의 조직구조 특성은 대부분 유기적 시스템과 기계적 시스템으로 구분하여 해석할 수 있다는 점을 발견하였다. 이에, 대량생산기술은 표준화된 공식화된 절차에 의하여 업무가 진행되고, 집권화와 문서에 의한 의사소통이 높게 나타나고, 따라서, 기계적 조직구조가 적합하다. 단위생산기술, 장치생산기술은 비공식적이고 분권화된 체계 속에서 언어에 의한 의사소통이 주로 나타나며, 따라서, 유기적 조직구조가 적합하다.

Ⅲ 페로(Perrow)의 연구내용과 시사점

1. 개요

페로(Perrow)는 지식을 바탕으로 한 기술업종 측면에서 연구를 하였으며, '예외의 빈도(과업의 다양성)', '과업의 분석가능성' 두 가지 차원에서 기술을 설명하였다. 〈과업 다양성〉은 작업에서 예외의 수를 의미하는 것으로 변환과정에서 나타나는 예상치 못한 새로운 일들의 빈도를 의미한다. 과업 다양성은 사람들이 조직의 투입물을 산출물로 변환시킬 때 작업절차가 매번 같은 방식으로 수행되는지 아니면 다른 방식으로 수행되는지를 말한다. 〈분석가능성〉이란 작업이 잘 구조화되어 있어 문제를 해결하는 절차가 객관적이고 추론이 가능한지의 여부를 말한다.

```
                        과업의 빈도
                    동질성          다양성
         ┌─────────────────┬─────────────────┐
       분 │   일상적 기술    │    공학기술     │
       석 │ 사무직, 회계감사, │ 엔지니어링,      │
  과   가 │  자동차조립 등    │  과학연구 등    │
  업   능 │ ∴기계적 조직구조  │                 │
       ├─────────────────┼─────────────────┤
  분   불 │    장인기술      │   비일상적 기술  │
  석   가 │ 예술 활동, 공연작품,│ 전략적 계획,     │
  가   능 │   수작업 제품 등  │ 사회과학 연구 등 │
  능                        │ ∴유기적 조직구조 적합│
  성   └─────────────────┴─────────────────┘
```

〈일상적 기술〉	〈엔지니어링 기술〉
1. 높은 공식화 2. 높은 집권화 5. 수직적 / 문서 의사소통	1. 중간정도의 공식화 2. 중간정도의 집권화 5. 문서와 구두 의사소통

〈장인기술〉	〈비일상적 기술〉
1. 중간정도의 공식화 2. 중간정도의 집권화 5. 수평적, 구두 의사소통	1. 낮은 공식화 2. 낮은 집권화 5. 수평적인 의사소통과 모임, 미팅

※ R.Daft, Organization Theory & Design, 12th, 302-304page

2. 페로의 기술 분류

1) 일상적 기술

일상적 기술은 과업의 내용이 분명하고, 분석하기 용이한 기술을 말하며, 일상적 기술을 사용하는 산업에 적합한 조직구조는 집권화된 의사결정과 높은 공식화를 특징으로 하며, 예를 들어서, 사무직, 회계감사, 자동차 조립 등이 이에 해당한다.

2) 공학적 기술

공학적 기술은 상당한 다양성이 존재하기 때문에, 예외의 빈도는 많으나, 합리적이며 체계적인 공학적 방법으로 분석할 수 있는 기술이다. 이 경우 조직구조의 특징은 잘 짜여진 공식화에 의해 조직문제 해결이 가능하다는 점인데, 중간정도의 공식화와 집권화 수준을 갖고 있다고 설명하기도 한다.(Daft) 구체적인 산업의 사례에는 공학 엔지니어링, 과학 연구 등이 있다.

3) 장인기술

장인기술은 예외의 빈도가 적고, 과업을 분석하기가 비교적 어려운 기술이다. 과업이 다양하지 않으므로, 공식화 정도는 높되, 의사결정은 분권화된다. 그 사례에 해당하는 산업으로 예술 활동, 공연작품, 수작업 제품, 공예산업, 수제화 신발 등이 있다.

4) 비일상적 기술

비일상적 기술은 과업의 다양성, 즉 예외의 빈도는 많고, 과업을 분석하기 어려운 기술이며, 이러한 업종은 공식화 정도가 매우 낮고, 의사결정의 분권화 정도는 매우 높다는 것을 특징으로 한다. 여기에는 전략적 계획, 사회과학 연구, 응용 연구 등이 있다.

3. 시사점 : 기술 유형별 조직구조

- 페로의 기술 분류에 의한 조직구조를 살펴보면, 〈일상적 기술〉은 고도의 규정과 절차, 의사결정의 집권화를 특징으로 하고, 주로 공식적인 규칙과 엄격한 관리 프로세스에 의해 조정이 이루어지므로 〈기계적 조직구조〉가 적합하고, 장인기술이나 공학기술은 다소 유기적인 특성이 나타나며, 〈비일상적 기술〉은 구성원의 재량권이 크고, 서로간의 수평적 피드백에 의한 조정이 이루어지면서 이러한 수평적 의사소통에 의한 〈유기적인 조직구조〉가 적합함을 알 수 있다.
- 페로에 따르면, 부서기술의 속성이 밝혀지고 나면, 적절한 조직구조로 결정되는데, 부서기술과 조직구조 특성간의 적합성(fit)은 부서의 성과에 결정적인 영향을 미치므로, 관리자들은 자신의 부서를 설계할 때 기술에 맞는 조건들을 고려해 볼 필요가 있다고 설명하였다.
- 페로의 분류에 의한 기술유형에서 일상적 기술에 가까울수록 조직목표는 혁신과 변화보다는 이윤의 안정적 추구에 있게 되며, 반대로 비일상적 기술에 가까울수록 조직목표는 당장의 이윤보다는 혁신과 경쟁우위 확보에 목표를 두게 됨을 알 수 있다.

IV 톰슨(Thompson)의 연구내용과 시사점

1. 개요

톰슨(J.Thompson)의 기술유형을 생산조직 뿐만 아니라, 서비스 조직 등 모든 조직을 대상으로 한 포괄적인 분류하였으며, 조직구조에 영향을 미치는 상호작용을 세 가지 유형으로 정리하였는데, 즉, 기술의 '상호의존성'에 따라 기술을 분류하여, 중개형, 연속형, 집약형 기술로 구분하였다. 〈상호의존성〉이란 부서들이 자신의 과업들을 완수하기 위하여 자원이나 원료 등의 필요를 이유로 서로에게 의존하는 정도를 말하며, 낮은 상호의존성의 경우 각 부문들이 독립적으로 일을 할 수 있지만, 높은 상호의존성의 경우 서로 자원을 지속적으로 교환해야 하는 것이다.

2. 톰슨의 기술 분류

1) 중개형 기술(집합적/공유적 상호의존성)

부서간의 상호의존성이 거의 없는 기술형태이며, 조직의 공동목표에 각 부서들이 독립적으로 공헌할 수 있는 상태이다. 이 경우 각 부서의 독립적인 성공이 조직 전체의 성공에도 기여하게 되며, 각 부서 간 업무의 표준화를 위해 '규정과 절차'를 사용한다. 대표적으로 롯데리아 체인점, 은행지점, 우체국, 부동산 사무실 등이 여기에 해당한다.

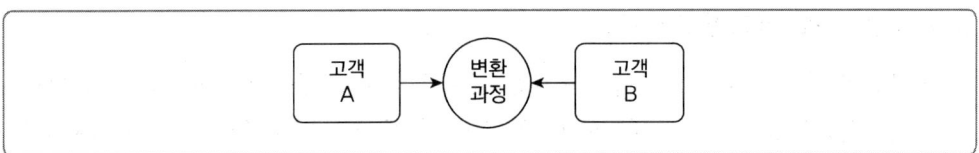

2) 연속형 기술 (순차적 상호의존성)

작업 활동 간에 연속적인 상호의존관계를 가지는 기술이며, 한 부서에서 만든 부품이 다음 부서의 투입으로 되는 경우가 연속적으로 이루어져 있는 경우이다. 이는 중개형 기술(집합적 상호의존성)보다 상호의존성이 높음. 이러한 기술유형에는 '예정표나 계획'에 의해서 조정이 이루어진다. 연속형 기술에 적합한 사례에는 전자산업의 대량생산 조립라인, 자동차회사 생산 조립라인, 과자 생산 조립라인 등 제조업체의 생산 조립라인에서 찾을 수 있다.

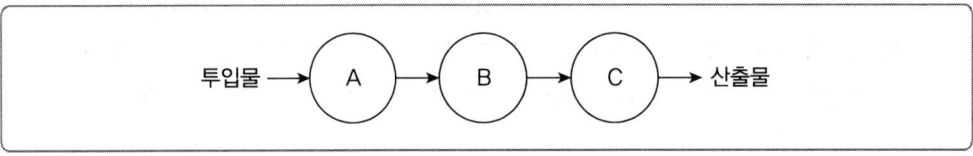

3) 집약형 기술(교호적 상호의존성)

업무 활동 간의 교호적 상호의존관계를 갖는 기술형태임. 하나의 과업을 이루기 위하여, 여러 부서의 활동이 동시에 상호의존관계를 형성하는 것으로 작업A의 결과가 작업B의 투입이 되는 동시에 작업B의 결과가 작업A의 투입이 되는 형태이다. 이러한 기술유형에는 '지속적인 협조와 상호조정, 회의, 직접대면'에 의한 의사소통이 이루어진다. 예를 들어서 종합병원(원무팀, 접수팀, 수술팀, 진료팀, 물리치료팀, X-ray 검사팀 등), 연구실험실(각전문직 연구원들의 과업활동), 대학교(교수, 행정직원, 학생들), 전쟁 시의 전투조직(보병, 포병, 의료봉사원 등) 등이 있다.

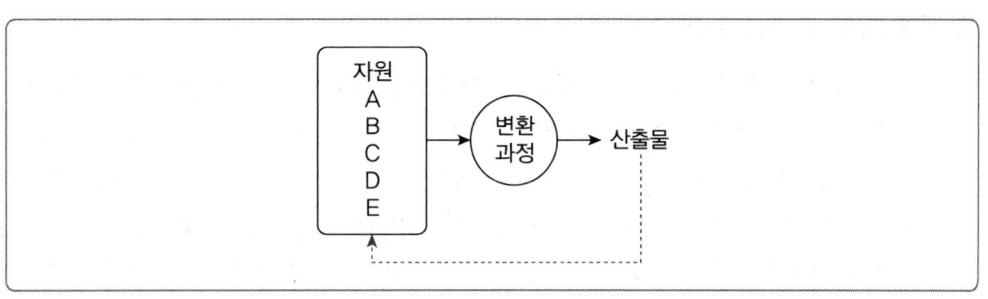

3. 시사점 : 기술 유형별 조직구조

〈중개형 기술〉은 낮은 복잡성과 고도의 공식화가 요구되며, 규정과 절차라는 "기계적 조정형태"로서 나타나며, 〈연속형 기술〉은 적당한 수준의 복잡성과 공식화를 특징으로 하며, 예정표나 계획과 같은 "기계적 조정형태"로서 나타나고, 〈집약형 기술〉은 고도의 복잡성과 낮은 공식화를 특징으로 하며, "유기적인 조정형태"인 커뮤니케이션, 상호조정 등으로 과업활동을 해야 한다.

기술 (상호의존성)	수평적 의사소통과 의사결정 요구	조정 형태
중개형 기술(mediationg tech.) 공유적 상호의존성 (pooled interdependence)	낮은 의사소통	표준화, 규정, 절차 등 사업부제 구조
연속형 기술(long-linked tech.) 연속형 상호의존성 (sequential interdependence)	중간정도의 의사소통	계획, 스케줄, 피드백 등 태스크포스
집약형 기술(intensive tech.) 교호적 상호의존성 (reciprocal interdependence)	높은 의사소통	상호조정, 부서 간 미팅, 팀워크 수평적 구조

※ R.Daft, Organization Theory & Design, 12th, 306page

4. 상호의존성과 부서화

조직 전체의 과업 달성을 위해서는 과업을 몇 개의 부서에서 나누어 맡아야 하는데, 이때는 조정 필요성이 가장 큰 부서끼리 서로 가까운 곳에 위치하도록 먼저 묶고, 점차 조정의 필요성이 적은 부서까지 묶어 가는 것이 효율적이다. 정리하면, 상호관계가 밀접한 교호적 부서끼리 먼저 하나의 범주로 묶은 다음 이렇게 묶은 부분들 간의 과업진행 순서를 고려하여 다시 부서화를 진행하여야 한다.

5. 상호의존성과 불확실성

- 상호의존성은 불확실성을 야기하므로, 상호의존 방식과 기술유형에 따라 조직이 불확실성을 줄이는 조정방법이 달라질 수 있다. 중개형 기술의 경우 부서 간 상호의존성이 낮으므로 개별부서에서 처리하는 업무의 합이 곧 조직 전체의 업무량이 되므로, 여기에서는 서비스하는 대상(고객)을 늘림으로써 불확실성을 줄일 수 있다.
- 연속형 기술을 사용하는 조직에서는 가치사슬상의 투입과 산출을 담당하는 업체들과의 관계가 얼마나 호의적인지 여부에 따라 성과가 달라질 수 있으므로, 여기에서는 수직적 통합을 통해 불확실성을 줄일 수 있다.
- 집약형 기술을 사용하는 조직에서는 전문성을 갖춘 구성원들이 조직 내에 많을수록 성과가 향상되므로, 전문가를 영입하거나 구성원에게 교육훈련을 강화함으로써 불확실성을 줄일 수 있다.

> **연습 28**
>
> 오늘날의 기술 환경은 우드워드가 연구하던 1950년대 산업시대 공장 환경과는 많이 다르다. 특히 컴퓨터는 모든 생산형태를 바꾸고 스마트공장에서 유연생산기술(FMT)을 사용하게 하였다.
> 1) 조직설계에 영향을 미치는 상황변수로서 기술의 개념을 제시하고, 우드워드의 연구내용을 설명하시오. (30점)
> 2) 유연생산기술의 개념과 특징에 대하여 기술하고, Woodward의 대량생산기술과 유연생산기술을 활용하는 조직구조 간 차이를 비교 서술하시오. (20점)

문제 1) 기술의 개념, 우드워드의 연구내용

I 조직설계에 영향을 미치는 상황변수로서 "기술"

- 상황적합이론에 의하면, 조직의 유효성을 높이기 위해서는 상황에 적합한 조직구조를 형성하거나 유지해야 한다. 여기서 상황변수란 조직구조 형성에 영향을 미치는 결정요소로서 환경, 기술, 규모 등의 객관적 변수와 전략, 권력작용 등의 주관적 상황변수가 있다.
- 〈기술〉은 투입(원료, 원자재, 정보, 아이디어 등)을 산출물(제품과 서비스)로 변환시키는데 사용되는 작업절차, 기법, 기계, 공정 등을 총괄한 개념으로, 기술은 조직의 생산프로세스에 해당한다.

II 우드워드(Woodward)의 연구

1. 개요

우드워드는 100여개의 제조업을 대상으로 실시한 연구에서 '생산형태'(생산기술의 복잡성)에 따라 단위생산기술, 대량생산기술, 장치생산기술로 분류하였다. 여기서 생산기술의 복잡성이란 제조과정의 기계화 정도를 의미하며, 기술복잡성이 높으면 대부분 작업이 기계에 의해 이루어진다는 뜻이다. 이러한 우드워드의 경우는 기술결정론의 시초가 되었다.

2. 기술복잡성에 의한 기술 분류

1) 단위생산기술

단위생산기술은 개개의 제품단위를 고객의 주문에 따라 각각 생산하는 방식으로 선박, 우주선, 맞춤양복이 이에 해당하며, 고객의 주문을 받아 생산하고 조립하는 공작소 중심으로 운영되어 노동력의 주문 작업에 대한 의존도가 매우 높다는 특징을 갖는다. 단위생산기술은 사람의 수작업에 의한 노력으로 만들어진 제품이어야 하므로, 기술의 복잡성 매우 낮아 기계화 정도가 거의 없고, 결과의 예측가능성 매우 낮다.

2) 대량생산기술

대량생산기술은 표준화되어 있는 소정의 제품을 계속적으로 대량생산하는 방식이며, 자동차나 전자제품의 조립생산라인 등 일반적인 공업제품의 생산에 사용되는 기술이다. 대량생산기술의 복잡성은 중간정도이고, 결과의 예측가능성은 최종상태로서만 예측이 가능하다는 특징이 있다.

3) 장치생산기술(연속공정생산기술)

특정제품을 같은 제조방식에 따라 이미 고정적으로 설치된 장치공정, 즉 전체과정이 기계화되어 있는 상태에서 생산하는 것이며, 자동화된 기계가 연속공정을 통제하므로 결과에 대한 예측가능성이 매우 높다. 대표적으로 정유공장, 석유화학공장, 원자력발전소 등이 있다.

3. 시사점 : 기술 유형별 조직구조

- 우드워드는 기술과 조직구조의 관계를 상업적 성공 여부로 비교하여 설명하였으며, 성공한 기업의 조직구조 특성은 대부분 유기적 시스템과 기계적 시스템으로 구분하여 해석할 수 있다는 점을 발견하였다. 이에, 〈대량생산기술〉은 "표준화된 공식화된 절차"에 의하여 업무가 진행되고, "집권화와 문서에 의한 의사소통"이 높게 나타나고, 따라서, 〈기계적 조직구조가 적합〉하다. 〈단위생산기술, 장치생산기술〉은 비공식적이고 분권화된 체계 속에서 언어에 의한 의사소통이 주로 나타나며, 따라서, 〈유기적 조직구조〉가 적합하다.
- 우드워드의 기술에 대한 이 같은 발견은 조직구조를 만들 때 새로운 시각을 제공해 주는데, "서로 다른 기술들은 개인과 조직에 다른 종류의 요구를 하게 되며, 이러한 요구는 적절한 구조를 통해 충족되어야 한다."는 것을 알 수 있게 하였다.

문제 2) 유연생산기술, 대량생산기술과 유연생산기술을 활용하는 조직구조의 차이

Ⅰ 유연생산기술의 개념과 특징

1. 유연생산기술의 개념

- 〈유연생산기술〉이란 컴퓨터를 기초로 제품설계, 제조, 마케팅, 재고관리 및 품질관리 등을 전체적으로 관리하는 기술을 말한다. 예를 들어 제품의 크기, 디자인, 형태 등 고객의 니즈가 다른 제품을, 하나의 조립라인에서 생산해 내는 것이다.
- "린 생산"이란 작업공정혁신을 통해 비용은 줄이고, 생산성은 높이는 것이며, 유연적 생산 프로세스와 결합할 때, 품질, 고객서비스, 원가절감이 최고의 수준에 이르는 것이며, 〈유연생산기술과 린 생산방식〉을 토대로 대량주문생산이 이루어지고, 개별 고객의 니즈에 맞게 독특한 디자인한 제품을 대량생산기술을 사용하여 신속하고 저렴한 비용으로 만들 수 있고, 이러한 대량주문생산은 어느 정도 유기적인 조직구조에서 효율적인 생산을 할 수 있다는 개념이다.

2. 특징

1) 도식화

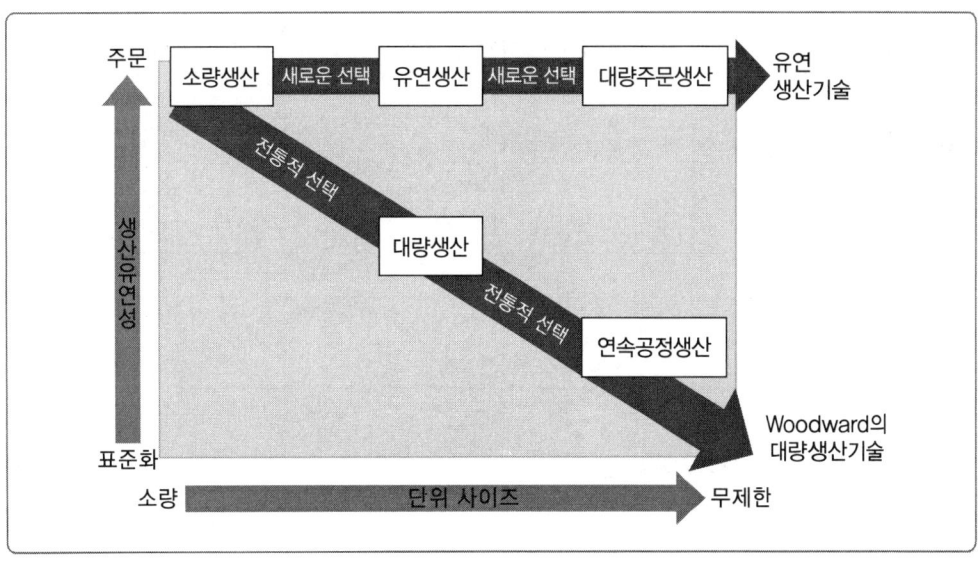

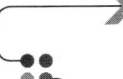
경영조직론 답안작성연습

2) 대량주문생산을 위한 토대 제공

개별고객의 요구에 맞게 원하는 디자인으로 제품을 대량생산기술을 사용하여 신속하고 저렴한 비용으로 만들 수 있게 되었으며, 대표적으로 농기계, 온수기, 의류, 컴퓨터, 산업용 세제 등이 있다.

3) 유연생산기술과 조직구조

유연생산기술은 생산기술의 복잡성을 증가시키고, 과업을 복잡하게 만들면서 상호작용, 상호의존성을 요구하므로, 유기적인 조직구조를 채택하게 된다.

Ⅱ 대량생산기술과 유연생산기술의 차이점

	대량생산	유연생산(스마트공장)
조직구조		
통제범위	넓음	좁음
계층 수	많음	적음
직무	일상적/반복적	숙련된 기술 필요직무
전문화(=분업화)	높음	낮음
의사결정	집권화	분권화
종합	관료적인 기계적 구조	자기통제적인 유기적 구조
인적자원		
상호작용	독립형	팀워크
훈련	좁음. 일회성	폭넓고, 빈번
전문성	수공의, 기술적인	인식의, 사회적인 문제해결
조직 간		
고객수요	안정적	변화하는
공급자	많음. 거리가 멀다.	적음. 밀접한 관계

1. 조직구조적 차원에서의 차이점

1) 대량생산기술

계층 수도 많고, 한 사람의 상급자에 의한 통제범위도 넓어 대규모의 비대한 조직구조 형태를 가지며, 업무는 전문화되어 일상적이고 반복적이다. 집권화된 특징도 갖고 있어서 관료제 및 기계적 조직구조에서 적합한 기술이다.

2) 유연생산기술

계층 수는 적으면서, 한 사람의 상급자에 의한 통제범위가 좁아, 밀도 있는 업무관리가 충분히 가능하고, 분권화된 특징을 갖고 숙련된 기술에 의한 업무수행을 실시하기 때문에 유기적인 조직구조에 적합하다.

① 통제범위 : 넓음 vs 좁음
감독자의 통제범위 측면에서 대량생산기술은 조직공정에 의한 일상적이고 반복적인 과업으로 제품의 생산과정과 최종적인 상태를 예측할 수 있으며, 관리자가 직접 관리하고 감독하는 부하의 수가 넓기 때문이다. 반면에 유연생산기술은 전문지식과 폭넓은 경험을 가진 밀도있는 상호작용으로 해결하는 수평적 관계이므로, 통제범위가 좁다.

② 전문화 : 높음 vs 낮음
여기서 말하는 전문화는 분업화는 말하는 것이며, 대량생산기술의 경우 세분화된 업무가 존재하는 높은 수준의 전문화이지만, 유연생산기술은 컴퓨터로 생산기술을 환경변화에 맞추어 발빠르게 변화시키는 것으로 업무의 세분화가 낮다.

③ 통합의 정도 : 낮음 vs 높음
통합이란, 업무의 분화된 상태를 공동목표를 위해 조정하는 것이며, 대량생산기술은 효율적인 생산을 위한 표준화, 공식화 등 정해진 매뉴얼에 의한 수행만 하면 되기 때문에 통합의 정도는 낮고, 유연생산기술은 기술복잡성이 높고 공식화가 낮아서 전문가가 많아 통합이 더 필요하다.

④ 의사결정 : 집권화 vs 분권화
집권화는 조직의 상층부에 의사결정권, 명령지시권, 재량권 등이 집중되어 있는 상태를 말하며, 대량생산기술의 경우 기계적 조직으로서 특징에 기인한 집권화가 높고, 유연생산기술은 분권화되어 있다. 유연생산기술이 분권화된 이유는 기술의 복잡성이 증대하여 구성원들이 분권화를 통한 관리의 효율성을 높일 수 있기 때문이다.

⑤ 정보의 흐름 및 권한의 원천 : 수직적 지위 vs 수평적 지식
정보의 흐름 측면에서 대량생산기술은 수직적이고, 유연생산기술은 수평적이다. 권한의 원천 측면에서 대량생산기술은 지위가 되고, 유연생산기술은 지식이 된다.

인적자원 차원에서의 차이점

대량생산기술의 경우, 독립적인 연결형 상호의존성을 갖고 있으며, 일회성으로 종료되는 업무성질을 가짐. 유연생산기술의 경우에는 팀워크에 의한 밀도 있는 상호의존성으로 당면한 문제해결을 목표로 업무에 대한 폭넓은 교육과 경험으로 해결을 하려고 함.

조직간 차원에서의 차이점

- 대량생산기술의 경우 원자재 공급을 기반으로 하여 대량생산을 해야 하므로, 가능한 많은 공급자 업체 시장 하에서 생산을 해내야 하고, 안정적인 고객시장에서 적합함.
- 유연생산기술의 경우에는 급격한 경영환경에 존재하는 고객 니즈의 변화에 적응하기 위하여, 적합한 공급업체를 선택하여 밀도 있는 원자재 공급으로 생산과정을 수행함.

Ⅲ 유연생산기술의 필요성과 시사점

1. 유연생산기술의 필요성

오늘날의 기업은 전략-조직구조-기술이 잘 연계되어야 하며, 특히 경쟁적 조건이 변화할 때, 더욱 전략-조직구조-기술의 연계성이 절실하다. 이때 전략을 지원할 신기술을 채택하지 못하거나, 기술에 맞는 전략을 만들지 못하면, 성과는 오히려 떨어지므로, 이에, 최근의 각 기업체는 유연생산기술의 필요성을 잘 각인하고 있어야 할 필요가 있다.

2. 조직설계에의 시사점

오늘날 숨 가쁜 경쟁으로 시장은 더욱 격변하고 있고, 제품수명주기는 단축될 뿐만 아니라, 소비자들은 더욱 까다롭고 많은 지식을 보유하게 되었다. 이러한 요구에 맞추기 위해 유연성은 기업들에게 전략적으로 중요하게 다가오고 있으며, 기존의 기계적 조직에서 오는 경직적이라는 특성은 새로운 기술의 도입을 가로막기 때문에, 관리자들은 기술시스템과 사회시스템이 함께 잘 연결되어야 성과를 거둔다는 사실을 인식할 필요가 있다.

> **연습 29**
>
> 로렌스와 로쉬는 조직구조의 분화가 심화될수록 부문 간의 통합의 필요성 역시 증가한다고 주장하였다. 1) 그들의 연구내용을 간단히 소개하고, 2) 분화와 통합의 관점에서 오늘날 글로벌 기업에 어울리는 구조형태를 두 가지 제안하고, 각각의 특징을 설명하시오. (25점)

문제 1) 로렌스와 로쉬의 연구

I Lawrence와 Lorsch의 연구

1. 연구의 요약

- Lawrence와 Lorsch는 그들의 저서 『환경과 조직』에서 효과적인 조직설계의 유형은 환경의 불확실성에 따라 달라진다고 하였으며, 플라스틱, 식료품, 컨테이너 산업을 대상으로 연구한 결과, 환경의 불확실성에 따른 〈차별화(differentiation)와 통합(integration)의 정도〉가 서로 다르다고 주장하였다.
- 따라서, 환경의 불확실성이 커지고, 복잡성이 증가할수록 조직은 각각의 하위환경에 대응하기 위하여 분화에의 압력이 증가하는 동시에 부분간의 조정을 통한 통합 역시 증가한다고 보고, 결국 성공적인 조직이란 차별화와 통합을 효과적으로 해결하는 조직이라 설명하였다.

2. 연구내용

- Lawrence와 Lorsch는 플라스틱, 식료품, 컨테이너 산업에 있는 10개의 기업을 대상으로 환경차이에 따른 조직구조 효과성에 대한 연구를 수행하였다. 플라스틱 산업은 경쟁이 치열하고 신기술과 공장혁신이 빈번하게 일어나는 불확실한 환경하에 있고, 컨테이너 산업은 과거 약 20여 년간 특이할만한 신제품 개발이 없었던 안정적 환경하에 있음을 알게 되었으며, 그리고, 식료품 산업은 앞의 두 산업의 중간 정도에 해당하는 불확실성을 갖고 있는 경우였다.
- 실증연구에 의하면, 불확실성이 큰 플라스틱 산업에서는 연구개발부서, 생산부서, 영업부서 간에 구성원의 성향이나 목표성향, 조직구조의 특징들이 상당히 달랐으며(높은 분화), 이들을 조정하고 있는 통제하는 통합기제(TF팀, 위원회, 전임통합자 등) 역시 매우 발달되어 있는 반면, 안정적 환경에 있는 컨테이너 산업에서는 각 부서 간 큰 차이가 없으며(낮은 분화), 이들 간의 통합기제도 상당히 형식적 수준(성문화된 규율, 방침 등)에 그치는 것으로 나타났다.

3. 연구의 결론

결론적으로 불확실성이 높은 환경에서는 분화와 통합 정도가 큰 조직이 적합한 반면, 안정적인 환경에서는 분화와 통합 정도가 낮은 조직이 적합하다는 점을 확인할 수 있었다.

문제 2) 글로벌 기업에 어울리는 조직구조 형태

Ⅰ 분화와 통합의 동시 충족

글로벌 기업은 제품 및 서비스를 일관성 있게 관리하는 동시에 현지고객의 니즈에 부응해야 한다는 이중의 압력에 직면하여, 한 종류의 제품을 내놓을 때에는 다국가적 기업의 위상에 걸맞게 지역사업부의 형태로 운영해야 하고, 여러 종류의 제품이나 서비스를 출시하는 경우에는 globalization(세계화)와 localization(지역화)을 동시에 충족하여야 한다. 따라서, 환경변화의 폭과 속도 측면에서 고도의 불확실성에 높여 있다고 말할 수 있다. 이하에서는 이러한 불확실성 하에서 부문간의 〈분화와 통합의 니즈를 동시에 충족〉시킬 수 있는 조직구조를 설명하고자 한다.

Ⅱ 글로벌 기업에 어울리는 조직구조 형태

1. 글로벌 매트릭스 조직

1) 개념

초국가 전략에 부합하는 조직구조는 글로벌 매트릭스 조직이다. 이는 둘 이상의 조직설계요인이 동시에 작용할 때 사용되는 구조로서, 초국가 전략 하의 글로벌 통합니즈와 지역별 대응 및 차별화 니즈를 함께 충족하기 위한 조직구조이다. 둘 이상의 다른 조직구조 또는 조직설계 요인들을 함께 활용하는 것을 말하며, 제품표준화와 지역별 현지화를 조합한 전략을 사용할 때, 효과적이다.

2) 특징

- 고도로 분권화된 지역별 적응조직을 운영하는 동시에 글로벌 사업 간의 조정이 동시에 필요하므로, 집권화의 필요성 역시 높은 편이다. 이러한 경우에는 강한 조직문화와 정보통신 네트워크를 활용하여 각 국가별 조직 간에 높은 차원의 연계가 가능하도록 조직을 운영해 나가야 한다.

- 기능별, 지역별, 제품별 사업부 조직을 혼용하여 사용할 수 있어서 글로벌 매트릭스로 운영하는 기업체는 글로벌 환경에서 직면하는 여러 문제들을 극복하기 위하여, 빈번히 조직구조를 변경해야 한다. 대표적으로 코카콜라, 맥도널드 등이 이에 속한다.

3) 장단점

글로벌 매트릭스 조직은 환경대응에 용이하며, 글로벌화와 현지화를 동시에 실현할 수 있다는 점, 기술과 혁신의 신속한 전파가 가능하다는 점에서 장점이 있지만, 능력과 기능이 중복되어 갈등과 비용이 발생하기도 하고, 이에 조정과 통합비용이 필요하다는 단점도 있다.

2. 글로벌 제품사업부 조직

1) 개념

- 글로벌 전략에 부합하는 조직구조는 글로벌 제품사업부 구조이며, 이는 특정 제품을 전 세계에 걸쳐 단일한 관리방식으로 생산, 판매, 유통하기에 적합한 조직구조로서, 글로벌 통합에의 압력을 소화하기에 용이한 조직구조이다. 즉, 기업의 제품별 사업부가 특정 제품분야에 대해서는 전 세계시장에 걸쳐서 모든 운영에 책임을 지게 되는 조직구조. 이렇게 함으로써 세계 전역에 걸친 다양한 사업과 제품을 관리하는데 효과적이기 때문이다.
- 표준화된 제품을 전 세계적으로 판매하는 경우에는 유리하나, 어떤 국가에서는 제품 사업부들 간에 협력보다는 경쟁이 심화되어 조직운영이 원활하지 못하게 되기도 한다. 대표적으로 일상소비재용품(비누, 샴푸, 세탁세제 등), 자동차부품, 공업용품, 공구(BOSCH), 쿠쿠압력밥솥, 초코파이, 신라면 등이 있다.

2) 장단점

시장기회에 유연성 있게 대처할 수 있다는 장점이 있지만, 기능간의 일관성이 부족하고, 제품부문간 조정에 애로가 있다는 한계점도 있다.

3. 글로벌 지역사업부 조직

1) 개념

- 다국적 전략에 적합한 조직구조는 글로벌 지역사업부 조직이며, 이는 특정 국가에 적합한 방식으로 재화나 용역을 생산, 판매, 유통하기에 적합한 조직구조로서, 현지적응 니즈를 충족하기에 용이한 구조가 된다. 전 세계시장을 지리적인 권역으로 나누어 최고경영자에 직속하는 지역별 사업부를 두고, 각 지역사업부는 그 지역 범위 내에서 관련된 전 기능을 총괄하도록 한 것이다.

- Hofstede에 의하면, 국가마다 사회문화적 차이가 있으므로, 글로벌 기업의 경우 현지화의 필요성을 설명한 바 있으며, Hofstede의 국가별 차원의 조직문화를 살펴보면, 불확실성 회피, 권력거리, 남성성-여성성, 개인주의-집단주의, 단기-장기지향성 등의 기준에 따라 각각 다르게 나타나므로 이에 적합한 조직문화와 조직구조를 형성하여야만 업무효율성을 달성할 수 있다고 설명한 바 있다.

2) 장단점
- 글로벌 지역사업부 조직은 현지시장에 맞는 제품과 서비스를 제공한다는 점에서 유리하다는 점이 있고, 단점은 지역 간 협력이 곤란하다는 점, 기능상 노력이 중복될 수 있다는 점에서 조정비용, 갈등비용이 발생할 수 있다.
- 글로벌 지역사업부제 구조를 사용하는 조직에서 직면하는 문제는, 각 지역사업부의 자율성에 관한 것이며, 즉, 그 지역의 시장진출에만 집중할 뿐, 연구개발 같은 것은 기대하기 어렵다는 점이다. 글로벌 지역사업부제는 각 지역의 구체적인 요구에 대한 대응을 중요시하며, 이때 비용의 통제가 큰 문제가 될 수 있다. 따라서, 전 세계 모든 지역에 대한 조정 문제를 전담하는 부서를 새로이 설치하여 글로벌 조정 문제를 해결해야 한다. 대표적으로 네슬레, 스타벅스 등이 있다.

4. 초국적 조직

초국적 조직은 가장 진보된 국제조직의 형태이며, 기술혁신, 글로벌 학습 및 지식공유, 글로벌 통합, 현지적응 등의 이점을 동시에 추구하고자 하는 거대 다국적기업의 조직구조를 뜻한다. 초국적 조직은 거대 이러한 다차원적 목표를 달성하기 위하여 세계 각지에 흩어져 있는 자회사들을 정보통신 네트워크를 활용하여 통합시키는 조직구조이다.

> **연습 30**
> BPR과 프로세스 조직에 대하여 설명하세요. (인사노무관리)

I Intro

1. 의의

M.Hammer는 비즈니스 프로세스 리엔지니어링에 관한 그의 저서에서 직무수행과정의 재설계를 영업실정을 나타내는 중요하고도 현대적인 척도인 비용, 품질, 서비스, 속도 등의 극적인 변혁을 실현하기 위해 업무수행 전 과정을 완전히 재고하여 근본적으로 재설계한 것이라 정의하고 있음. 여기서 과정설계의 핵심이 되는 프로세스란, "하나 이상의 입력을 받아들여 고객에게 가치 있는 결과를 산출하는 행동들의 집합"이라 말할 수 있음.

2. 직무과정설계의 필요성

1) 직무과정에 대한 체계적 접근 필요

기업 내 모든 일은 서로 연계되어 있으며, 직무수행의 흐름이 원활한 지의 여부가 기업 전체의 효율성과 직결된다는 점에서 직무구조에 대한 설계뿐만 아니라, 직무가 수행되는 과정에 대한 체계적 접근이 필요함.

2) 고객만족의 중요

고객의 욕구를 충족시키기 위해서 기업들은 질 좋은 제품을 보다 빠르게 고객들에게 전달해야 하므로, 과거의 직무수행과정에 대한 전면적이 재검토를 할 필요가 있음.

II BPR의 주요 내용

1. 직무과정설계가 요청되는 상황요건

1) 업무 효율성이 요구되는 작업장

리엔지니어링은 프로세스를 규명하는 업무들이 여러 부문에 산재되어 있고, 업무처리 단계별로 의사결정 소요기간과 대기시간이 길어 직무수행과정 전체가 비효율적으로 이루어지는 것을 치유하는 데 적합함.

2) 의사소통이 결핍된 작업장

부서 간의 의사소통이 원활하지 못하고 각 부문들이 자신의 업무에만 집착하여 기업 전체의 성과를 훼손할 가능성이 있는 경우에 리엔지니어링은 매우 유용함.

2. 설계절차

직무과정 재설계를 위해서는 우선 기업의 핵심 프로세스가 무엇인지 파악할 필요가 있음. 이들 프로세스 간 흐름이 효율적인지 분석한 것을 토대로 문제점을 도출하고, 이를 개선하기 위하여 어떤 변화가 있어야 할 지 정리한 다음, 마지막으로 개선된 프로세스가 기존 프로세스에 비해 나아졌는지 검토하고 최종안을 확정함.
① 핵심 프로세스 위주로 기업 내 주요 업무 흐름을 파악함.
② 업무 프로세스의 흐름도를 작성하고, 관련된 부서를 확인하고 업무 흐름에 대한 분석을 통해 문제점을 도출함.
③ 프로세스 재설계 착수함.
④ 새롭게 설계된 업무 프로세스 평가와 효율적이라 판단되면 정착시키는 것으로 확정함.

Ⅲ 기대효과

1. 단기적인 효과

1) 비용 및 원가 절감

프로세스 처리시간의 단축은 비용 및 원가의 절감으로 이어지며, 고객이 인지하는 품질과 서비스의 수준 향상에도 기여함.

2) 고객만족도 증가

프로세스 혁신은 단기적으로는 고객만족도의 증가를 가져오고, 이에 더불어 비용 절감을 할 수 있다는 점에서 높은 비전을 기대할 수 있게 함.

2. 장기적인 효과

프로세스의 개선은 장기적으로 혁신적 기업문화의 형성, 경영시스템의 효율화와 유연화 등의 결과로 이어질 수 있으므로, 기업 경쟁력의 제고에 기여함.

Ⅳ 핵심성공요인

1. 현상타파적 사고

현재의 문제점을 과감히 드러낼 수 있는 현상타파적 사고가 필요함. 점증적인 사고방식으로는 프로세스의 혁신을 수행할 수 없으며, 제로-베이스 사고에서 새로 고객가치 창출과정을 설계한다고 생각할 때 비로소 성공적인 BPR이 가능함.

2. 근본적인 문제 추적

한 부서의 문제점을 임시방편적으로 해결하는 것이 아니라, 문제를 발생시킨 근본원인을 추적해야 함. BPR은 어느 부서 단위의 문제해결이 아니라 기업의 가치창출 과정 전반에 대한 개선과 혁신이기 때문임.

3. 정보처리기술을 이용한 프로세스 혁신

이 과정에서 정보처리기술을 이용한 프로세스 혁신이 필요하며, IT기술을 활용할 경우 기존에는 해낼 수 없었던 원가절감과 업무시간의 대폭적 감소가 가능해짐.

4. 최고경영자의 강력한 의지와 지원

최고경영자의 강력한 의지와 지원 그리고 종업원에 대한 재교육이 필요함. BPR과정에서 경영진의 확고한 의지와 추진력이 있다면 변화에 대한 저항의 극복이 가능함.

경영조직론 답안작성연습

> **연습 31**
> BPR과 프로세스 조직에 대하여 설명하세요. (경영조직론)

I 프로세스 조직의 의의

1. 의의

리엔지니어링(BPR)에 의하여 기존의 업무처리절차를 재설계하여 획기적인 경영성과를 도모하도록 설계된 조직이며, 고객과 시장에 대한 정보가 중요해지고 있는 오늘날에는 의사결정이 정보에 가장 밀착된 현장에서 바로 이루어져야 하는데, 이러한 업무와 관련된 빠르고 신속한 의사결정으로 BPR을 접목하여 비용, 품질, 서비스, 업무속도 측면에서 변혁이 있는 것을 말함.(M.Hammer)

2. 등장배경

시장에서 고객의 중요성이 증가하면서 조직의 운영도 생산자 중심에서 소비자 중심, 이용자 중심으로 변해야 한다는 취지에서 제품과 서비스를 생산하는 과정을 근본적으로 재설계해야 할 필요성이 증대되었음. 고객의 기대가치를 가장 이상적으로 반영할 수 있도록 조직전체의 업무 프로세스를 고객에 맞게 재설계되어야 할 것이 중요해 졌기 때문임.

II 프로세스 조직의 특징

1. 과거의 단순 업무 프로세스와의 차이점

프로세스 조직의 근본적인 목표로서 고객가치를 가장 이상적으로 반영한다는 것으로 전체적인 업무 프로세스를 재설계했다는 점에서 과거의 단순한 업무 프로세스와는 다름. 일례로 손해사정인의 경우 고객으로부터 전화를 받으면, 전화로 해결할 수 있는 사항을 즉시 알려주고, 이후 현장조사를 위하여 즉각 약속을 잡고 몇 시간 내에 일을 처리하는 과정으로 이루어져 있음.

2. 특징

1) 팀 단위의 업무수행

프로세스 팀은 하나의 프로세스를 완수하기 위하여 함께 일하는 사람들의 집합이며, 하나의 완결된 팀 업무를 위하여 서로 다른 기술과 기능을 보유한 사람들로 구성되어 있음. 이들은 하나의 조직구조를 구성하는 최소한의 단위가 되는 것으로 프로세스팀의 형태로서 운영됨.

2) 서로 다른 기술과 기능을 보유한 종업원들로 구성

프로세스 조직에서는 서로 다른 기술과 기능을 보유한 종업원들이 일련의 업무과정을 처리하며, 부가적인 업무는 제거되고 프로세스가 단순하게 이루어져 있음. 이러한 단순화된 업무처리과정에서 구성원 하나하나는 프로페셔널한 전문적인 기술과 기능을 보유한 질적으로 높은 수준의 과업을 수행하게 됨. 따라서, 복합적인 과업을 수행하는 다기능공 또는 다기능 보유자가 요구됨.

3) 프로세스 결과에 대한 총체적인 책임

프로세스 팀원은 하나의 과업에 대하여 각자가 책임을 지는 것이 아니라, 프로세스 결과물에 따라 팀 전체가 책임을 지며, 맡은 일은 서로 다를 수 있음.

4) 고객의 요구에 대한 신속한 대응

리엔지니어링을 통하여 고객의 요구에 신속하게 대응할 수 있음.

5) 조정비용의 감소

프로세스 팀제가 되면, 통제를 줄이고, 부가적인 업무를 제거함으로써 기존의 엄격한 통제로 인한 지나친 조정비용 등을 줄일 수 있음. 프로세스팀은 독립적이면서 자기 완결적인 프로세스를 담당함으로써 과거 전통적 기능조직에서 요구되던 조정비용 및 통제비용이 필요하지 않음.

3. 설계단계

기업 내 주요 핵심 업무와 업무흐름을 파악한 다음, 프로세스를 재설계하는데, 이때 부가적이고 불필요한 것은 제거함. 이후 새롭게 설계된 프로세스에 대한 비용-효과 분석이 효율적이라고 판단되면, 이를 작업장 내 정착하는 것으로 최종 확정함.

Ⅲ 장단점

1. 장점
1) 고객에 대한 유연하고 신속한 대응
2) 고객중심의 가치 창출
3) 조직목표에 대한 폭넓은 시각 형성
4) 팀웍과 협력 증진
5) 책임감 공유

2. 단점
1) 핵심 프로세스 규명에 시간 소요
2) 조직문화, 직무설계 등과 보상시스템 개선 필요
3) 관리자는 권력과 권한 감소
4) 종업원에 대한 훈련기간 필요

Ⅳ 성공조건

1. 복잡한 직무를 수행할 만한 인재 요구
하나의 구성원이 여러 기능과 질적으로 높은 수준의 과업을 수행할 수 있도록 복합적인 직무를 효과적으로 수행할 수 있는 사람이 요구됨. 그러므로, 이를 위한 교육이 이루어져야 함.

2. 프로세스팀별 평가와 보상
프로세스 조직에서 개별 프로세스는 독립적이므로 프로세스팀별로 창출한 가치를 평가하여 보상을 해주어야 함.

3. 프로세스 관리자는 코치로 역할
프로세스 조직의 관리자는 코치가 되어 직원들이 보다 질적으로 우수한 직무를 수행할 수 있도록 도와주어야 함.

> **연습 32**
>
> 효과적인 팀을 만들기 위한 팀 효과성 모형에 대하여 설명하시오. (25점)

I 팀 효과성 모형의 의의

효과적인 팀의 핵심요소는 세 가지의 범주로 구분하여 볼 수 있는데, 첫 번째는 팀을 효과적으로 만드는 적절한 자원과 같은 〈상황적 영향력〉이며, 두 번째는 〈팀의 구성〉과 관련이 있다. 세 번째는 〈과정변수〉가 있으며, 과정 변수에는 팀 내에서 벌어지는 팀 효능감, 갈등 수준, 사회적 태만, 공동의 목표 등이 있다.

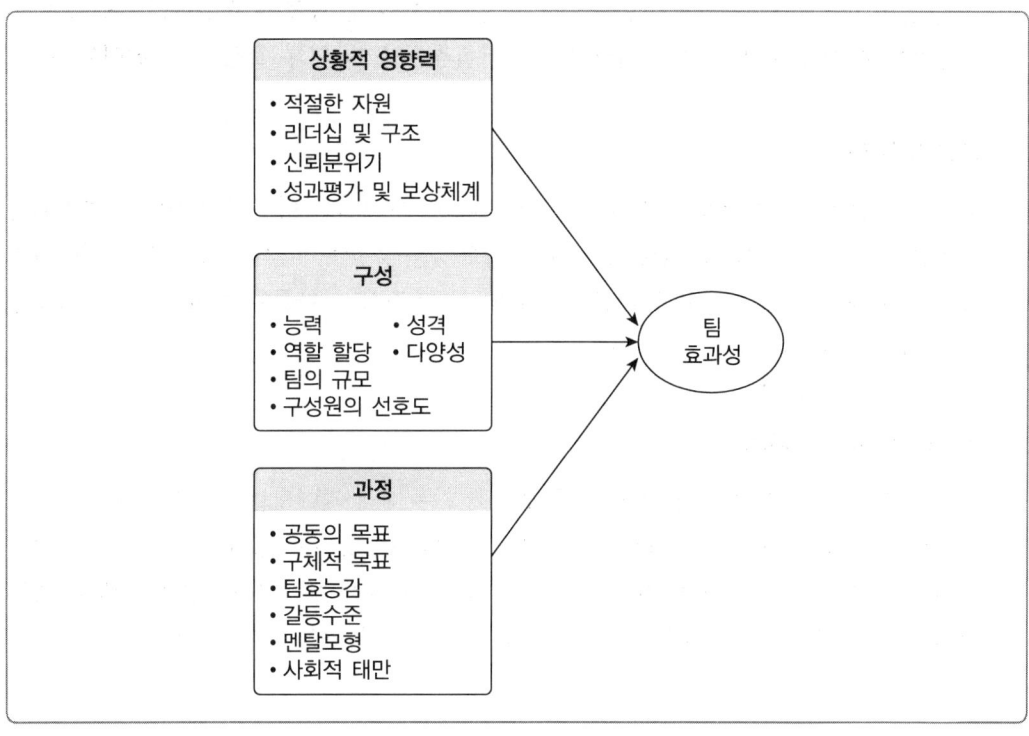

경영조직론 답안작성연습

II 상황적 영향력 변수

1. 적절한 자원

모든 작업팀은 팀웍을 유지하기 위해 집단 내외부의 자원의 의존하게 되며, 만약 자원이 부족하게 되는 경우에는 직무의 효과적 수행이나 목표 달성을 위한 팀 능력을 감소시키게 된다. 효과적인 작업집단의 특성 중 가장 중요한 것은 조직으로부터 지원을 받는 자원이라는 연구결과도 있다.(Hyatt & Ruddy, 1997)

2. 리더십 및 구조

팀 멤버 중 누구에게 이 일을 맡기는지 동의할 수 없고, 모든 구성원에게 작업량을 배분하지 못하는 경우 팀은 제대로 돌아갈 수가 없다. 따라서, 작업의 세부적인 할당과 이를 통합하는 합의에 관한 사항을 합리적인 리더십과 구조에 의해 결정할 수 있어야 한다.

3. 신뢰 분위기

효과적인 팀의 구성원들의 특성은 서로 신뢰한다는데 있다. 팀 구성원들의 상호신뢰는 팀웍을 촉진시키고, 서로의 행동을 감시할 필요성을 줄이며, 타 멤버가 자신을 이용하지 않을 것이라는 믿음을 형성시켜 팀의 목표와 팀 결정을 받아들이게 되고, 이에 몰입할 수 있게 해주는 것이다.

4. 성과평가 및 보상체계

효과적인 팀 모형을 위한 성과평가 및 보상체계는 개인 기여도를 평가할 뿐만 아니라, 팀 차원의 성과를 반영하여 개별 구성원을 인정해주는 동시에 집단에게 보상을 해주는 혼합적인 시스템을 갖추어야 한다. 즉 개인 성과를 인정해주는 연봉인상과 함께 팀 성과에 대한 이익배분제, 성과배분제 등으로 팀의 노력과 몰입을 강화할 수 있는 것이다.

III 구성 변수

1. 개인의 능력

팀 성과는 결국 개인의 지식, 기술, 능력에 의존하는 것이며, 과업이 상당한 노력과 난이도를 갖고 있을 때 지적인 두각을 나타내는 구성원으로 이루어진 고능력팀이 작업을 더 잘 하고, 변화하는 과업환경에 더욱 적합하다는 연구결과도 있다. 고능력팀 멤버들은 기존의 지식들을 새로운 문제에 보다 효과적으로 적용할 수 있기 때문이다.

2. 성격

구성원의 성격은 작업행동에 영향을 미치게 되고, 종업원 각자의 행동은 팀원 전체의 행동에 영향을 미칠 수 있다. Big-5 차원에서 살펴보면 평균 수준 이상의 외향성, 포용력, 성실성, 정서적 안정성, 개방적인 사고력을 가진 팀은 더 좋은 성과를 보이는 경향이 있는데, 팀 멤버간의 개방적인 친화력이 작용했기 때문이다.

3. 역할 할당

팀원들이 함께 일을 잘 할 가능성을 증가시키기 위해 관리자는 각자가 가져올 수 있는 개별적인 강점을 이해하고, 강점을 가진 멤버를 선발하며, 팀원의 능력과 강점에 맞는 작업과제에 대한 역할을 할당해야 한다.

4. 다양성(heterogeneity)

다양성에는 인구통계학적인 특성이 기인한 표면적 다양성과 팀 멤버의 경험, 경력, 특성, 개성, 취미, 성격, 특기 등과 같은 내면적 다양성으로 구분되며, 이러한 다양한 구성원을 보유한 팀은 다른 관점에서 혜택을 얻을 수 있다는 연구결과도 있는 반면에, 각기 다른 개성에서 우러나오는 갈등으로 인하여 이직이 많을 것이라는 예측도 있다.

5. 팀의 규모

팀의 규모는 과업의 특성에 따라 달라지는데, 일반적으로 10-12명 정도가 효과적인 팀 운영을 위한 규모로서 알려져 있다. 미국 기업체의 경우 과업을 수행하는 팀의 구성원이 많아질 경우 5~7명 정도씩 특정 주제를 중심으로 소집단으로 나누어 운영하는 관례를 행하기도 한다.

6. 구성원의 선호도

모든 구성원이 팀을 이룰 필요는 없다. 단독으로 일하는 것을 즐기는 사람은 팀 단위로 일하는 것을 요구받게 되면 팀의 사기나 분위기에 직접적인 위협이 될 것이다. 이러한 결과는 팀원을 선발할 때 개인의 능력, 성격, 기술 등 뿐만 아니라 개인의 팀에 대한 선호도 또한 고려해야 함을 시사해 주는 것이다. 고성과팀은 집단의 일원으로 일하는 것을 선호하는 사람으로 구성되어야 할 것이다.

Ⅳ 과정 변수

1. 공동의 목표

효과적인 팀은 팀 미션을 분석하고, 그 미션을 달성하기 위한 목표를 개발하며, 목표를 달성하기 위한 전략을 수립함으로써 시작한다. 지속적으로 더 나은 성과를 내는 팀은 무엇을 해야 할 지, 어떻게 해야 할 지 분명한 실행계획 하에 과업에 임하게 된다. 팀은 공동의 목표 달성을 위한 좋은 계획을 갖고 있어야 하며, 상황조건에 따라 적응하면서 해결해 나가야 한다.

2. 구체적 목표

공동의 목표는 구체적이고, 측정가능하면서, 현실적인 성과 목표로서 달성 가능한 것이어야 한다. 그래야만 팀 멤버 간의 커뮤니케이션이 촉진되고, 목표달성까지 차근차근 접근할 수 있다. 또한, 개인이 갖고 있는 목표와 일관성 있게 팀 목표도 도전할만한 것이어야 과업 속도를 가속화시킬 수 있고 정확도를 향상시킬 수 있다.

3. 팀 효능감

효과적인 팀은 자기 팀에 대한 자신감을 갖고 있으며, 성공할 수 있다고 믿는다. 이것은 팀 효능감이라고 부른다. 성공적인 팀은 미래의 성공에 대한 믿음을 불러일으키고, 팀원들에게 동기부여를 제공하여 더욱 열심히 일하게 한다.

4. 멘탈 모형

효과적인 팀은 강한 정신력을 공유한다는 특징을 갖는다. 물론, 잘못된 멘탈을 갖고 있는 팀의 성과는 나빠지게 될 것이며, 여기서 멘탈 즉, 정신력은 상식에 의한 합리적인 인지력, 일에 대한 긍정적인 태도, 빈번한 상호작용을 말하는 것이다. 높은 수준의 강한 멘탈은 객관적으로 좋은 성과를 가져오는 것으로 평가되었다.

5. 갈등수준

갈등촉진설 관점에서 보면 적정수준의 갈등을 유지하는 것이 지속적인 토론을 유발하고, 비판적 평가를 촉진하면서, 나태한 태도를 예방할 수 있다. 적정 수준의 갈등은 경쟁력 있는 팀으로 형성하여 좋은 성과를 이루어내는 팀으로 만들어낼 수 있다.

6. 사회적 태만

사회적 태만은 개인의 목표와 팀의 목표가 느슨하게 연결되어 있다고 생각한 데서 비롯되는 것이며, 구성원이 사회적 태만에 빠지게 되면 팀 노력을 희생시킬 수밖에 없는 결과를 초래하게 된다. 팀원 모두가 목표와 접근방법을 공유하고, 공동의 책임을 갖게 함으로써 사회적 나태를 막을 수 있으며, 팀은 개인의 책임과 팀의 책임을 명확하게 구분하여야 할 것이다.

경영조직론 답안작성연습

[역피라미드 조직]

1. 의의

소비자주도형 조직으로 조직구조가 경영자에 의한 명령보다는 고객의 요구에 따라 설계되고 운영되는 조직을 말함.(Galbraith & Lawler) 고객요구가 빠르고 다양화됨에 따라 기업 간 경쟁이 격화되어 고객만족이 기업생존을 좌우하는 핵심과제가 되고 있으며, 이로 인해 종래 조직의 외부자로 인식해왔던 고객을 기업의 내부자로 인식하도록 조직도를 재개념화한 것이 역피라미드 조직임.

2. 고객지향적 조직화 필요

기업의 모든 활동에 고객의 욕구와 가치를 중시하도록 조직을 설계하는 것을 말함. 즉, 조직이 추구해야 할 지향가치로서 고객의 욕구를 충족시킬 수 있는 새로운 제품과 서비스 개발 등을 통하여 고객생활의 질 향상을 지향하는 조직을 설계하고 운영하는 것임.

3. 사례

- 노드스트롬(Nordstrom) 백화점은 조직도에 사원들을 맨 위에 배치함으로써 사원들의 중요성을 상징화하였음. 이는 경영자가 구성원을 통제하기 보다는 서비스를 제공하는 직원들을 뒷받침하는 사람이라는 것을 상징적으로 나타내고 있음.
- 카이스트 대학교 이광형 총장실에는 조직도가 거꾸로 게시되어 있는데, 이러한 거꾸로 보게 되는 조직도는 최고경영자라 할 수 있는 총장 입장에서 누구를 섬겨야 하는지 알 수 있게 해준다는 의견을 말한 바 있음.

4. 역피라미드 조직의 특징

고객중심의 조직문화를 갖는 역피라미드 조직은 고객과의 직접적인 접촉에 의해 원하는 바에 따라 서비스를 제공하는 책임을 가짐. 이때 경영자는 군림하는 지위가 아니라 고객에 대한 서비스를 향상시키는 데 필요한 자원과 정보를 제공하는 등 지원적 역할을 수행한다는 특징을 가짐.

5. 성공적 운영방안

- 잭 웰치는 "관료제 조직에서는 직원들이 상사에게는 스마일한 얼굴을 보여주고, 고객에게는 지저분한 엉덩이를 디밀게 된다."라고 이야기한 바 있으며, 이에 역피라미드 조직에서 고객과의 접점에 있는 종업원들은 주인의식과 주도성을 갖고 고객의 필요충족이라는 관점에서 바라볼 수 있어야 함.

- 중간관리자는 현장실무자들이 제대로 뛸 수 있도록 교육훈련 지원, 수평적인 의사소통, 참여적이면서 후원적인 리더십을 발휘해야 함이 바람직함.
- 경영자는 고객중심의 문화 풍토 조성을 위하여 경영마인드를 함양하고, 이에 기준한 규정과 규칙 제·개정으로 밀도 있는 제도적 적용을 추진해야 할 것임.

[혼합조직]

1. 의의

- 기능조직과 제품조직을 혼합적으로 사용하여 설계한 조직형태이며, 두 조직의 특성을 적당히 혼합하여 조직의 효율성을 높이고자 한 조직임.
- 혼합조직의 특성은 기업의 규모 증대로 성장가도를 달리면서 제품의 종류가 많아지고, 시장이 다양해지면, 기업의 주요한 기능이 분산될 수 있으므로, 몇몇 기능들을 집중화하여 각 사업부와 별도로 운영되는 본사의 기구로 남기는 형태를 갖추고 있음.

2. 적합한 상황

1) 환경, 기술 측면
   - 시장진입이라는 외적 효율성과 내부적 혁신을 중시하는 제품조직으로서 불확실한 환경, 소비자 욕구가 급변하는 상황에 적합함.
   - 일상적이거나 비일상적 기술을 사용하는 기업, 기능과 제품부분의 상호의존성이 존재하는 상황에서 적합함.

2) 규모

   비교적 큰 규모의 조직에서 제품사업부 간 자원의 중복으로 이를 제거할 필요가 있거나, 조직의 목표가 각 기능부서에 대한 효율성과 고객의 다양한 욕구 충족, 혁신을 필요로 하는 상황에서 적합함.

3. 장단점

1) 장점

   기능부서의 규모의 경제 효과, 전문화의 이점에 의한 효율성을 유지하면서 제품 부서의 환경에 대한 적응성과 시장진입의 효율성을 추구할 수 있음.

2) 단점

   제품조직의 특성으로 각 사업부 내에서 각 기능 간 효과적인 조정이 가능하며, 주요 기능부서가 본사기구로 남아 업무를 수행하므로, 사업부 간 조정의 효율성을 높일 수 있음.

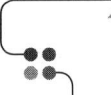

경영조직론 답안작성연습

> **연습 33**
>
> 다음을 읽고 물음에 답하시오.
> 1) 기능식 조직과 사업부제 조직의 개념과 상황요건 및 장단점에 대하여 각각 설명하시오. (35점)
> 2) 거래비용 개념을 활용하여 계층제 형성의 이유에 대하여 설명하고, 어떤 경우에 기능식 조직을 적용하게 되고, 어떤 경우에 사업부제 조직을 적용하게 되는지 설명하시오. (15점)

문제 1) 기능식 조직과 사업부제 조직의 개념, 상황요건, 장단점

I 조직의 의의와 중요성

- 〈조직〉이란 공동의 목표를 달성하기 위하여, 의도적으로 정립한 체계화된 구조에 따라 구성원들이 상호작용하면서, 협력관계를 구축하여 외부환경에 적응하는 사회적 집단이다.(H.Koontz, A.Brown, E.Gutenbreg, L.A.Allen)
- 조직을 통해서 조직목적달성을 위한 각종 자원의 결합이 가능하고, 상품과 서비스를 생산하여, 혁신을 촉진할 수 있고, 현대적인 제조기술과 정보기술을 활용하여 환경에 적응하고 대응하며, 창업주나 종업원, 고객을 위한 가치를 창출할 수 있고, 다양한 구성원을 수용하여 갈등을 조정하는 수단이 되므로, 중요하다.

II 기능식 조직(Unitary-form)

1. 의의

기능식 조직은 조직의 일차적인 분화가 생산, 영업, 관리 등 기능 중심으로 이루어진 조직구조이며, 업무내용이 유사하고 관련 있는 업무들을 결합시킨 조직설계방법이다. 기능식 조직구조는 직무전문화와 부문화로 이루어진 조직구조로서, 구매팀-생산팀-판매팀-관리팀 등의 기능별로 분화하여 각 기능관리자는 최고경영자에게 업무보고하도록 설계된 조직이다.

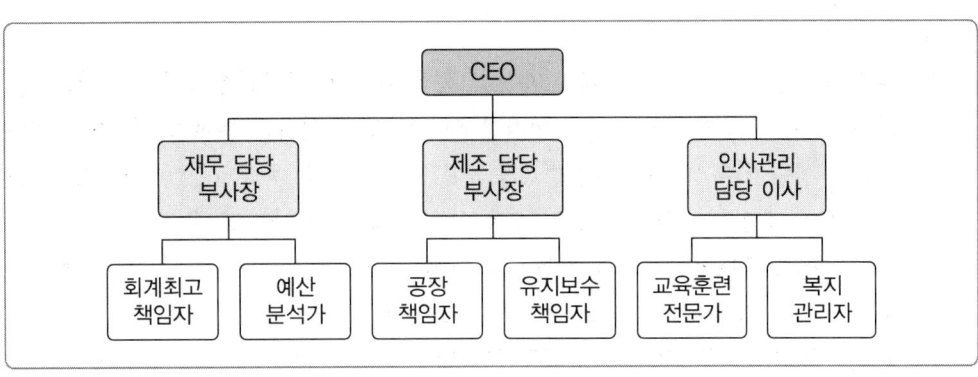

2. **상황요건** : "안정적 환경, 일상적 기술, 작은 규모"

환경은 비교적 안정적이고, 각 부서 간의 기술적인 상호의존성이 낮으며, 일상적인 기술이 사용되는 조직에서 적합하고, 조직규모는 작거나 중간정도일 때 적절히 활용될 수 있다.

3. **장단점**

1) 장점

① **규모의 경제 효과** : 기능조직의 가장 중요한 장점은 유사한 업무를 결합하여 생기는 전문화의 이점이며, 이러한 전문화된 업무 특성으로 규모의 경제 효과를 얻을 수 있다는 장점이 있다. 규모의 경제 효과란, 생산요소 투입량의 증대에 따른, 생산비 절약 또는 수익향상의 이익을 의미한다.

② **교육훈련 효과, 업무능률 향상** : 기능식 조직은 같거나 유사한 기능을 가진 직원들이 동일한 장소에서 근무하면서 공통된 사고와 언어를 공유하게 되므로, 자원과 노력의 낭비를 최소화하면서 업무교육과 업무능률을 향상시킬 수 있다. 즉, 업무에 필요한 기술을 동일한 부서 내에서 숙달시킬 수 있으므로, 짧은 시간 내에 효과적으로 기술을 익히는데 유리하고, 같은 부서 내의 동료들 사이에서 공통된 사고와 언어를 공유하므로, 업무분위기가 좋아지며, 업무능률을 최대한 향상시킬 수 있다(Cohort effect).

③ **각 기능별 기술 개발 용이** : 개인이 업무수행이 필요한 모든 기술을 소속 부서 내에서 짧은 시간에 효과적으로 숙달하여 다양한 기능과 지식을 효과적으로 습득할 수 있다. 즉, 기능직 조직은 구성원이 전문지식과 기술을 개발하는 데 도움이 되는 조직으로서 기능목표 달성이 가능하다는 장점이 있다.

2) 단점

① **목표와 수단의 전치** : 구성원은 자신이 속한 부서의 목표달성에만 집중하므로, 조직 전체의 목표달성에 대하여는 제한적인 시각을 갖게 된다는 한계가 있으며, 이러한 현상은 구성원이 부서 목표달성에 치중하여 조직 전체의 목표달성에 제한적 시각을 갖는 〈부서 이기주의〉와 〈부서 간 상호조정 곤란〉으로 나타날 수 있다.

② **책임소재의 불분명** : 어떠한 결과에 대하여, 단일 기능부서가 전적으로 책임을 질 수 없으므로, 과업수행의 책임소재가 불분명하게 된다.

③ **환경변화에 적응력 감소(= 조직의 경직화)** : 급속히 변화하는 경영환경에서는 새로운 의사결정이 많아지고, 부서 간 상호의존성이 증가할 수밖에 없다. 이러한 경영환경에서 단지, 종적관리 메커니즘만으로 효과적인 조직관리를 하기에는 매우 어렵고, 동일한 소속부서의 동료들과의 업무협조는 잘 되지만, 다른 부서와의 상이한 목표로 인하여 부서 간의 조정이 매우 어렵게 되며, 규칙과 절차에 치중한 기능조직의 분위기는, 구성원 개인의 창의적인 의견 제안을 방해하는 결과로 나타난다는 한계점을 갖고 있다.

III 사업부제 조직(Multi-divisional form)

1. 의의

규모가 커짐에 따라, 대규모 기능조직을 제품별/지역별 등으로 사업단위를 분할하여 독립채산제로서 운영하는 조직구조이며, 낮은 집권화와 높은 공식화를 특징으로 한다. 규모증대, 제품다각화 요구에 의하여, 기존의 직능부제 조직이 사업부제 조직으로 경영상 필연적으로 나타날 수밖에 없다. 사업부제 조직은 제품별 사업부제, 고객별 사업부제, 지역별 사업부제의 형태로 나타난다.

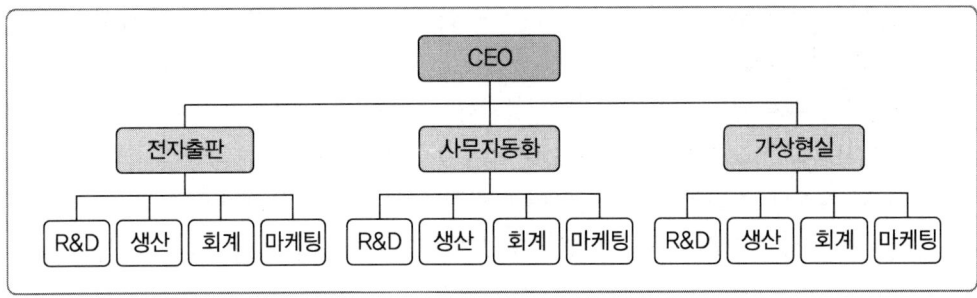

2. 상황요건 : "불확실한 환경, 비일상적 기술, 큰 조직규모"

조직 내에서 기능부서간의 조정문제가 매우 중요해지면 사업부제 조직을 사용하는 것이 효과적이며, 환경의 불확실성이 크거나, 기술에 있어서 상호의존성이 크고 비일상적일 때, 조직의 목표가 내부적인 효율성과 외부적인 적응성이 모두 중요할 때 효과적이다. 조직규모가 비대해지면 여러 부서 간 기능 조정의 필요성이 증가하므로, 크고 복잡한 조직은 여러 개의 작은 제품별 조직으로 나눔으로써 용이하게 조정 및 통제를 할 수 있다.

3. 장점과 단점

1) 장점

① **최종적인 조직성과 강조** : 제품이나 서비스에 대한 모든 책임이 사업본부장에게 부과되어 전체적인 조직목표를 망각할 가능성이 있는 기능조직의 단점을 제거할 수 있다. 사업부제 조직은 목표달성 수단에 초점을 두지 않고 최종적인 조직성과를 강조한다는 특성을 갖는다.

② **환경변화에 신속한 대응** : 사업 부문별 분권화된 형태로 운영되므로 환경변화로서 그때그때마다 대처할 수 있다는 장점을 발휘하며, 사업부제 조직구조는 기능부서 간 조정이 원활하게 이루어지고 각 제품은 개별고객이나 지역특성에 따른 요구사항에 쉽게 대응할 수 있다.

③ **사업부 내 기능 간 조정 용이** : 사업부제 조직은 여러 가지 기능 부서가 한 사업부 내에 있기 때문에 기능 부서 간 조정을 달성하는 데 탁월하며, 전통적인 수직적 계층을 통해서는 더 이상 적절히 통제할 수 없는 경우, 조직목표가 적응과 변화를 지향하는 경우 적합하다.

④ **그 외 : 고객만족, 최고경영자의 전략수립과 육성**
사업부마다 다른 제품과 서비스를 생산해 내므로 시장 특성에 적절히 대응하므로, 고객들의 만족 효과까지 가져올 수 있다. 제품의 차별화와 제품에 대한 책임의 명확화로 소비자 만족을 증대할 수 있다. 최고경영층이 일상적인 업무에서 벗어나 장기적인 전략 수립에 집중하여 환경변화에 대응할 수 있으며, 포괄적인 업무수행이라는 특성은 최고경영자의 육성에도 적합하다.

2) 단점

① **규모의 경제 상실** : 규모의 경제로부터 얻는 이점을 갖지 못하여 모든 제품단위마다 설비를 갖추어야 하므로, 자원 활용 측면에서 비경제적이다.

② **제품 라인 간 기능조정 곤란** : 제품 라인이 독립적으로 분리되어 있고, 라인 간 협력을 위한 인센티브가 거의 없기 때문에 제품 라인 간의 조정이 곤란하여 제품의 호환성이

없거나, 각 부서 사원들 간의 조정절차 숙지 부족으로 소비자의 불만이 증가할 수 있다.
③ 기술전문화 추구 곤란 : 기능이 여러 사업부로 분산되기 때문에 기술의 기능별 전문화가 어려워진다. 또한, 연구개발 인력은 전체 조직에 이익이 될 수 있는 기초 연구를 수행하기 보다는 자신이 속해 있는 제품라인에 이익을 낼 수 있는 사업에만 주로 수행하게 되기 때문이다.

문제 2) 거래비용 개념을 활용하여 계층제 형성 이유, 어떤 경우에 기능식 조직 or 사업부제 조직을 적용하는지

I 계층제 형성 이유

1) R.Coase의 『기업의 본질』
R.Coase는 『기업의 본질』이라는 저서에서 기업의 등장을 거래비용 개념으로 설명하였는데, 기업의 경계를 결정하는 원인에 대하여 〈거래비용〉이라는 개념을 사용하여 거래를 이루는 조직형태를 설명하게 되었고, 어떤 형태든지 거래비용을 절감시키는 형태로 이루어진다고 주장하였다.

2) 거래비용의 개념
거래비용이란 2인 이상의 경제주체 간 재화와 용역의 이동에 수반되는 비용을 말하며, 이에는 준비비용, 합의비용, 통제비용, 적응비용 등이 발생하는데, 이러한 거래비용이 발생하는 이유를 Williamson은 제한된 합리성, 기회주의, 정보의 불확실성과 복잡성, 소수의 거래자, 정보의 편재성에 의하여 발생될 수밖에 없고, 기업과 시장과의 효율적인 거래를 설명하는데 있어서 기업 활동 가운데 어떤 부분을 내부화하고, 어떤 부분을 외부화해야 하는 지를 설명하였다.

3) 계층제 형성의 이유
- 거래비용이론에서는 시장거래비용이 높은 경우 그것을 대체하는 방안으로 내부조직화를 제안하였으며, 이는 〈계층제 조직〉을 선택하는 것이다. 거래당사자를 조직계층에 안으로 끌어들여 구성원으로 만들고 계층제적 규칙과 권한에 따라 그들을 조정하여 거래의 예측성을 높이고, 기회주의를 제어할 수 있으며, 거래비용을 낮출 수 있는 것이다.
- 또한, 조직규모가 커질수록 기업가는 내부자원을 적재적소에 활용하기 어렵고, 각 기능을 잘 하는지 관리도 어렵기 때문에 Coase와 Williamson은 기업이 어떤 거래를 조직 내부에서 처리할 때의 비용과 외부 조달로 해결할 때의 비용이 같아지는 수준에서 기업의 최적 크기가 결정될 것이라고 보았다.

Ⅱ 기능식 조직 or 사업부제 조직으로서 적합한 경우

1. 기능식 조직 : 기능부서 내의 조정비용이 저렴할 경우 적용

기능식 조직은 기능적으로 분화된 몇 개의 부서로 이루어져 있으며, 각 기능 부서들이 최고경영층을 중심으로 수직적으로 통합을 이루는 조직이다. 업무조정을 하향으로 이루어지며, 소규모이고 업무가 단순할 경우에 적합하다. 기능식 조직은 각 부서에 유사한 기능을 수행하는 구성원들이 배치되어 있고, 시설을 공유하면서 유사한 과업들이 결합되어 있기 때문에 기능부서 내의 조정비용이 저렴해진다.

2. 사업부제 조직 : 기능부서 간의 조정비용이 저렴할 경우 적용

- 사업부제 조직은 계열사를 거느리고 있는 대기업 사업부제와 유사하며, 최고관리자들은 조직의 일상적인 업무보다는 전략적인 의사결정에 더 집중하고, 각 사업부서들은 자율적인 의사결정과 운영권을 가지고 효율적인 사업을 수행하며 사업성과에도 책임을 지는 조직이다.
- 조직의 각 기능이 사업부서의 이익목표를 위해 유기적으로 협조하기 때문에 기능부서 간의 비용은 저렴하나, 기능부서 내의 조정비용은 증가하게 된다.

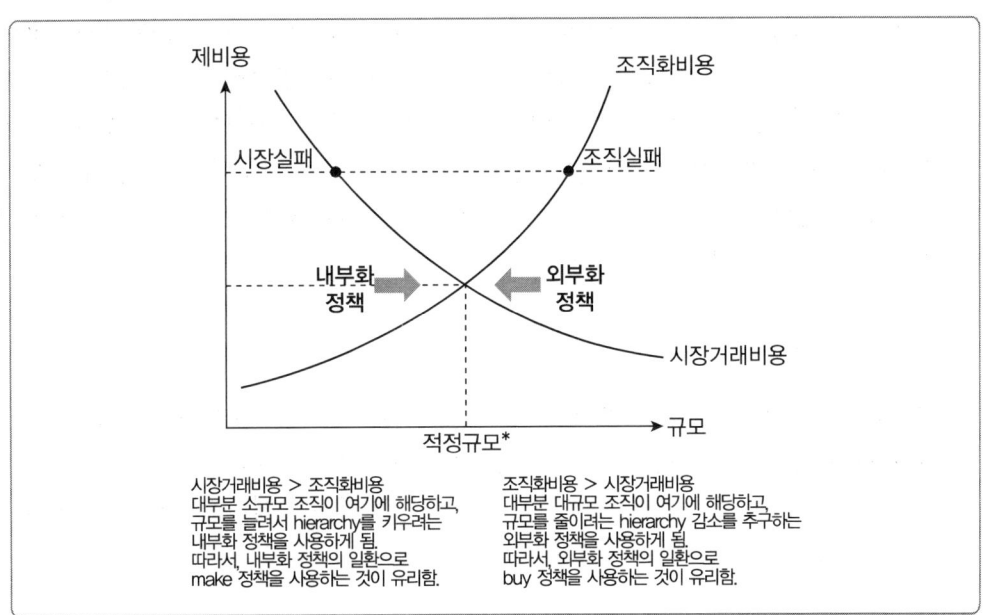

경영조직론 답안작성연습

> **연습 34**
> 거래비용이론과 신뢰의 내용을 활용하여 네트워크 조직의 개념과 등장배경, 그리고 장단점을 논하시오. (50점)

I 거래비용이론

1. R.Coase의 『기업의 본질』

거래비용이란 거래를 하는 데 필요한 정보수집비용 등과 같이 거래 과정에서 지출되는 비용을 말한다. R.Coase는 『기업의 본질』이라는 저서에서 기업의 등장을 거래비용 개념으로 설명하였는데, 기업의 경계를 결정하는 원인에 대하여 〈거래비용〉이라는 개념을 사용하여 거래를 이루는 조직형태를 설명하게 되었고, 어떤 형태든지 거래비용을 절감시키는 형태로 이루어진다고 주장하였다.

2. 거래비용이론

거래비용이란 2인 이상의 경제주체 간 재화와 용역의 이동에 수반되는 비용을 말하며, 이에는 준비비용, 합의비용, 통제비용, 적응비용 등이 발생하는데, 이러한 거래비용이 발생하는 이유를 Williamson은 제한된 합리성, 기회주의, 정보의 불확실성과 복잡성, 소수의 거래자, 정보의 편재성에 의하여 발생될 수밖에 없고, 이러한 이유로 인해 거래비용이 높아지고, 시장거래는 더 이상 효율적인 기능을 발휘하지 못하게 되어, 이 경우 기업은 필요한 자원을 시장거래보다 더 효율적으로 조달하기 위해 필요한 기능을 기업 내에 위계조직으로 설립하게 된다는 것이다.

3. 거래비용의 구성

거래비용에는 잠재적인 거래 대상자인지에 대한 정보를 확보하는데 필요한 준비비용, 거래당사자와 협상하고 계약서 작성하여 합의하는 합의비용, 거래관계를 유지하고 납기를 준수하면서 제품과 서비스의 양과 질을 유지하는데 드는 통제비용, 계약기간 중에 발생하는 조건의 변경에 대한 적응비용 등이 있다.

4. 거래비용이론의 네트워크 조직에 적용

거래비용이론은 경제학 이론을 조직이론에 연결시킨 것으로 기업과 시장 사이의 효율적인 경계를 설명하면서, 기업 활동 가운에 어떤 부분을 내부화하고, 어떤 부분은 외부화해야 하는지를 설명한 이론이다. 이러한 거래비용이 상당히 낮을 때에는 시장거래가 효율적이므로 조직은 필요하지 않게 된다. 반면에, 위계로서 여겨지는 내부조직화를 활용하게 되면 환경의 불확실성을 최소화할 수 있지만, 조직 비대화에 따른 규모의 비경제와 경직성 등으로 인해 조직실패를 초래할 수 있다. 기회주의적 행동으로 인한 시장실패와 조직의 비대화에서 오는 조직실패를 모두 해결하려는 시도가 바로 신뢰를 바탕으로 운영되는 네트워크 조직이다.

Ⅱ 신뢰

1. 의의

〈신뢰〉란 공동체 안에서 다른 구성원이 정직함에서 우러나오는 언행일치, 거짓이나 위선이 아닐 것이라는 기대, 그리고 어떤 일을 제대로 수행할 수 있으리라는 기대를 말하며, 오늘날에는 사회적 자본으로서 인정되는 것 중 하나가 신뢰라고 하였다.(Colquitt)

2. 신뢰의 형성요인

신뢰가 형성되기 위해서는 ㉠ 능력, ㉡ 호의, ㉢ 성실성, ㉣ 성과, ㉤ 개방성에 의하여 형성된다고 보았으며(Colquitt), 〈능력〉은 특정분야에 대한 재능, 지식과 기술 등을 말하는 것이고, 〈호의〉는 진심으로 타인에 대해 관심을 가지고, 타인의 이해를 보호하고 배려하는 것이며, 〈성실성〉이란 타인이 받아들일 수 있다고 보는 원칙들, 즉, 정직성, 가치관 내지 신념과의 일치성, 겸손, 충실함 등을 자신이 준수하는 정도를 말한다. 〈성과〉는 어떤 주어진 일을 성공적으로 해낸 것을 말하며, 〈개방성〉이란 타인과 아이디어 및 정보를 공유하는 정도를 말한다.

3. 신뢰 개념의 네트워크 조직에의 적용

네트워크 조직을 잘 유지하기 위해서는 협력 기업들과 튼튼한 신뢰관계를 구축하는 것이 중요하다. 협력 기업들과 신뢰가 쌓이게 되면, 계약이나 업무상 협의·조정에 의한 제반 거래비용을 절감시킬 수 있고, 네트워크 조직이 마치 단일 기업이 된 것 처럼 통합력을 확보할 수 있다. 신뢰구축을 위해서는 네트워크의 중심이 되는 기업이 협력기업들에게 자원이나 지식을 적절히 지원해 나가는 공생적 자세를 견지할 필요가 있다.

경영조직론 답안작성연습

Ⅲ 네트워크 조직

1. 네트워크 조직의 의의

네트워크 조직은 업무적인 상호의존성이 큼에도 불구하고, 자본적으로 연결되지 않은 조직들이 환경변화에 따른 복잡한 문제들을 해결하기 위하여, 신뢰를 바탕으로 수직적, 수평적, 공간적으로 관계 메커니즘을 갖춘 조직이다.

2. 협력적 네트워크 관점

조직간 관계에 따른 협력적 네트워크 관점에 의하면, 다른 조직에 대한 의존은 위험을 감소시키고, 파트너 관계의 형성이 쌍방 모두에게 더 높은 가치를 달성하게 한다. 서로 협력하는 조직시스템 속에 포함되면 모두가 서로를 돕기 때문에 이에 포함된 개별 기업이 모두 더 나아질 수 있으며, 조직은 개방시스템으로서 환경으로부터 필요한 자원을 공급받기도 하고, 환경이 필요로 하는 자원을 제공해 주기도 하면서 생존해 나간다. 따라서, 네트워크 조직은 환경 내에 있는 다른 조직과의 협력관계를 나타내는 현상이라고 볼 수 있다.

Nike 사례

나이키는 핵심기술인 "Air system" 개발과 마케팅에만 전념하고, 생산 등의 다른 기능은 전세계적으로 경쟁력 있는 기업과 공급계약/장기적 제휴를 함으로써, 효율적인 운영을 하고 있다. 즉, 나이키는 공급업자, 신발제조업자, 판매업자 등을 네트워크 조직화하여 운영하고 있는 것이다.

3. 등장배경

1) 전략적 공생의 필요성
2) 조직혁신의 필요성
3) 정보통신기술의 발전
4) 세계화의 진전
5) 한계사업의 구조조정
6) 거래비용 감소

4. 네트워크 조직의 유형 구분

1) 수직적 외부 네트워크

① **모듈기업** : 가치사슬상의 기능인 생산 또는 판매를 위하여 중심기업 산하에 수직적으로 연결된 여러 기업들 간 네트워크를 말한다. 자사의 능력을 지적 집약도가 높은 분야에 특화하고, 부품제조나 유통, 정보처리 등을 모듈로 구분하여 전략적으로 외주하는 방법이다. 구체적으로 각종 택배사업체, 홈쇼핑 및 인터넷 쇼핑 사업체 등이 있다.

② **생산자 주도형** : 최종완성업체 주도하에 독립적으로 존재하는 부품업체들이 참가하여 전체적인 제품의 조립과정과 유통과정이 이루어지는 네트워크이며, 자동차산업, 항공기산업, 전자산업 등의 네트워크 관계로 형성되어 있다.

③ **소비자 주도형** : 디자인업체, 대형구매자 중심으로 이루어진 하청관계로 노동집약적인 산업에서 많이 발견되는 것이다. 즉, 생산공장을 갖고 있지 않음. 제품디자인 능력과 네트워크 관리능력을 바탕으로 유지하며, 예를 들어서 의류산업, 신발산업 등이 있다.

2) 수평적 외부 네트워크

① **전략적 기술제휴** : 경쟁기업 간에 전략적 기술제휴를 통하여, 기술공유, 공동기술개발 등을 하는 것이며, 예를 들어 과거 LG전자 + 일본의 알프스 전자의 합작연구회사, 애플의 하드웨어 + 소니의 소프트웨어 등이 있다.

② **전략적 사업제휴** : 항공산업과 같은 과점적 특성이 강한 산업에서 활동하는 기업들이 제휴망을 구성하는 것으로, 아시아나항공사와 노스웨스턴항공사의 항공코드를 공유하는 사례가 있다.

③ **정보통신 네트워크** : 비슷한 기능을 수행하고 있는 조직들이 정보통신기술을 바탕으로 네트워크를 형성하는 것으로서, 대학교와 대기업의 협찬으로 열린 사이버대학교 개설 등이 대표적이다.

④ **프로그램 협력 네트워크** : 독자적으로 개발할 수 없는 기능을, 유사한 조직들이 힘을 합하여 공동으로 개발하는 네트워크이다.

5. 네트워크 조직의 장점

① **조직의 개방화/슬림화** : 전략적인 네트워크관계 형성과 관리 활동 자체는 기업을 과업환경에 민감하게 반응할 수 있는 개방적 조직으로 만들고, 경쟁력을 갖춘 특정 분야만을 내부화하고, 나머지 활동은 외부조직으로 네트워크화함으로써 핵심역량 중심의 조직으로서 슬림화할 수 있다.

② **수평적 통합화** : 네트워크 조직의 설계는, 수평적인 연결 관계 구축에 역점을 두고 있으며, 기업내의 횡적 통합화가 대단히 중요한 과제가 되어 기능간의 횡적 통합과 능력을 배양하게 되는 장점을 갖고 있다.

③ **임파워먼트** : 수직적 외부네트워크의 경우 작은 조직으로 분권화하여, 구성원들에게 자율과 책임에서 오는 적극적인 참여와 창의성 발휘를 고무시키고, 대단한 동기부여 효과를 가져올 수 있다.

④ **혁신을 통한 경쟁력 배양** : 기술개발을 위한 전략적 제휴나 새로운 사업영역을 개척하기 위한 사내벤처의 경우, 최신기술을 획득할 수 있게 하여 지속적인 제품과 서비스의 혁신을 통한 경쟁력 배양을 하게 한다.

6. 단점

① **행동의 제약·폐쇄화** : 새로운 사업영역에 진출하고자 하거나, 새로운 전략을 구사하려고 할 때, 기존 네트워크 내의 관련 조직들이 압력을 행사할 수 있음. 지배적 네트워크 관계에서는 특히 심각하고, 네트워크관계가 한번 형성되면, 상대 특유적인 투자적 성격 때문에 의존성이 발생하게 되는데, 이러한 관계에서 네트워크 탈퇴는 어렵게 된다는 점이 있다. 즉, 초기의 느슨한 관계에서의 장점을 잃어버리게 되는 것이다.

② **경쟁자 배양과 대안의 필요** : 네트워크 관리자가 철저하지 않을 경우, 기술/경영노하우 등 외부기업과 공유하는 과정에서 기회주의적 행동을 보이거나 경쟁자로 둔갑할 가능성이 있으므로, 언제나 대안을 준비해 두는 것이 필요하다.

③ **네트워크간 경쟁심화** : 폐쇄적 성격을 띤 네트워크 관계가 경직되어 고착화되는 지경에 이르게 되면, 사회전체의 효율성을 떨어뜨리게 된다는 단점도 있다. 또한, 네트워크 밖의 기업들이 네트워크를 형성하여, 각 네트워크 간 극심한 경쟁을 초래할 수 있다.

> **연습 35**
>
> 혼합형 구조의 개념과 적합한 상황 및 장단점에 대하여 설명하시오. (25점)

I Mintzberg의 조직구조 유형

1. 의의

민쯔버그(Mintzberg)에 의하면 조직구조는 다섯 가지의 구성형태를 보이고 있으며, 이 5각형 내부에 다양한 조직구조 형태와 각 조직이 직면하는 다양한 상황을 발견할 수 있다. 이 모형에서 각각의 조직구조와 구성형태는 5각형의 모서리에 위치해 있으며, 실제 각 순수형 조직구조에 가깝게 존재하는 경우도 있고, 둘 이상의 순수형 구조가 결합된 혼합형 조직으로 존재하는 경우도 있다. 이러한 조직구조는 하나의 순수유형 구조에서 다른 순수유형 구조로 전환되어 가는 과정에서 주로 발견되는 것이다.

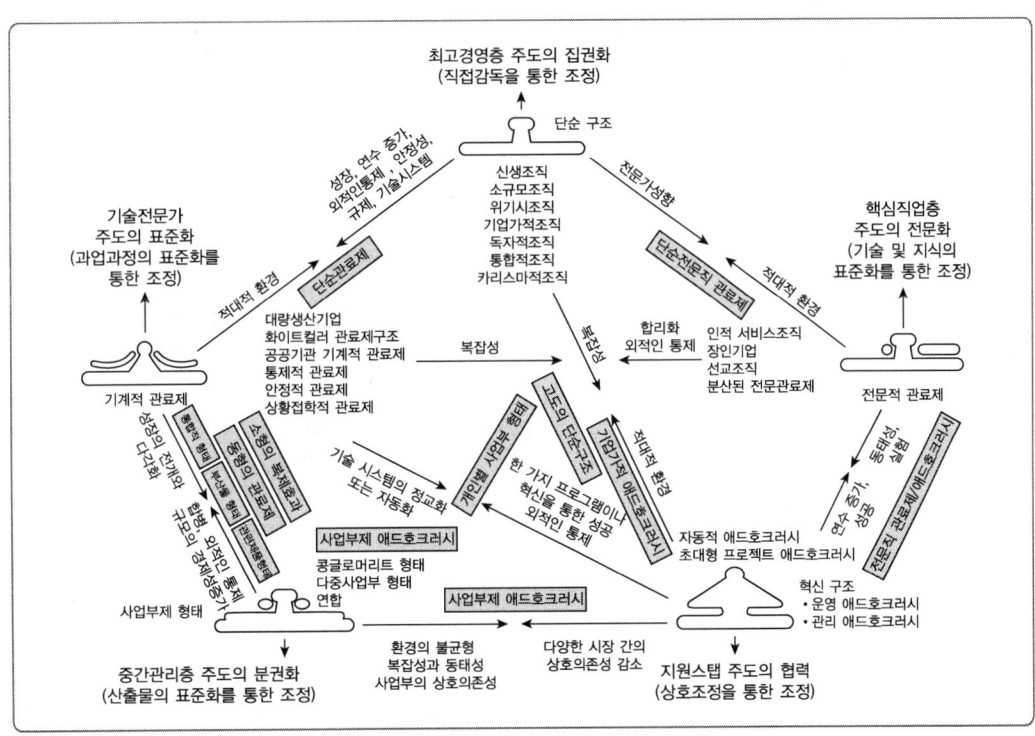

2. 혼합형 구조

민쯔버그(Mintzberg)는 조직은 이러한 다섯 가지 힘들을 동시에 경험하고 있으며, 조직 구조를 설계하는 것은 서로 다른 힘들의 배합을 결정하는 것이라고 보았다. 어떤 한 방향으로의 힘이 지배적일 때 조직은 5각형 어느 하나의 모서리에 위치한 순수형 구조에 가깝게 되는 것이다. 이러한 관점에서 볼 때, 혼합형 구조가 나타나는 것은 둘 이상의 힘이 동시에 작용하기 때문이며, 하나의 구조가 다른 구조로 전환하면서 기존이 지배적인 힘이 다른 새로운 힘으로 대체되는 현상에서 혼합형 구조가 나타난다고 볼 수 있다.

Ⅱ 혼합형 조직

1. 의의

기능조직과 제품조직을 혼합적으로 사용하여 설계한 조직형태이며, 두 조직의 특성을 적당히 혼합하여 조직의 효율성을 높이고자 한 조직이다. 혼합형 조직의 특성은 기업의 규모 증대로 성장가도를 달리면서 제품의 종류가 많아지고, 시장이 다양해지면, 기업의 주요한 기능이 분산될 수 있으므로, 몇몇 기능들을 집중화하여 각 사업부와 별도로 운영되는 본사의 기구로 남기는 형태를 갖추고 있다.

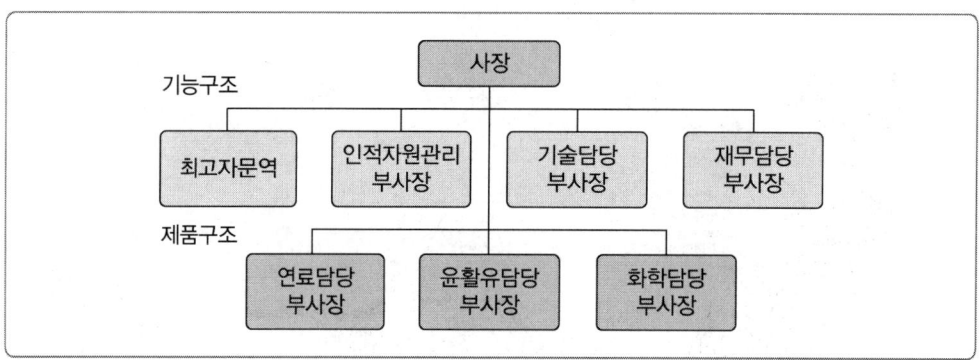

2. 적합한 상황

1) 환경, 기술 측면

시장진입이라는 외적 효율성과 혁신을 중시하는 제품조직으로서 불확실한 환경, 소비자 욕구가 급변하는 상황에 적합하고, 일상적이거나 비일상적 기술을 사용하는 기업, 기능과 제품부분의 상호의존성이 존재하는 상황에서 적합하다.

2) 규모

비교적 큰 규모의 조직에서 제품사업부 간 자원의 중복으로 이를 제거할 필요가 있거나, 조직의 목표가 각 기능부서에 대한 효율성과 고객의 다양한 욕구 충족, 혁신을 필요로 하는 상황에서 적합하다.

3. 장단점

1) 장점

기능부서의 ⓐ 규모의 경제 효과, ⓑ 전문화의 이점에 의한 효율성을 유지하면서 제품부서의 환경에 대한 적응성과 시장진입의 효율성을 추구할 수 있다. 뿐만 아니라, ⓒ 제품조직의 특성에서 오는 각 사업부 내에서 기능 간 조정이 가능하면서, 주요 기능부서가 본사에 남아 업무를 수행하기 때문에 조직목표와 제품조직으로서의 목표를 조화롭게 유지할 수 있다.

2) 단점

각 제품사업주를 감독하기 위한 스탭 수의 지나친 증가로 인한 ⓐ 관리경비가 낭비될 수 있고, 이렇게 관리감독층의 비대화로 인하여 각 제품 사업부가 ⓑ 환경변화에 효과적으로 대응을 할 수 없는 지경에 이를 수 있고, ⓒ 본사와 사업부간의 갈등이 있을 경우 조정에 대한 과제가 남는다.

경영조직론 답안작성연습

연습 36
네트워크 조직의 의의와 장단점 2009년 제18회 기출

I 네트워크 조직의 의의

1. 의의
- 네트워크 조직은 업무적인 상호의존성이 큼에도 불구하고 자본적으로 연결되지 않은 조직들이, 서로의 자원을 내부 자원처럼 활용하기 위하여 조직 간 상호의존적인 협력관계를 형성하는 조직을 말함.
- 조직 간 관계에 대한 협력적 관점에 의하면, 다른 조직에 대한 의존은 위험을 감소시키고, 더 높은 가치를 달성하게 한다는 점에서 협력관계를 나타낸다고 하며, 따라서 이러한 협력적 관계에 의한 네트워크 조직의 장단점에 대하여 자세하게 살펴보고자 함.

2. 등장배경
- 급속한 기술발전과 치열한 경쟁 환경으로 기업의 생존을 위한 혁신을 단독으로 수행하기 어렵기 때문에 새로운 제품개발에 수반되는 위험과 거래비용을 감소시키기 위하여 '**전략적 공생**'을 시도할 수밖에 없고, '**세계화의 진전**'과 '**정보통신기술의 발전**'으로 조직의 외부협력자들과 실시간 정보교류와 의견교환을 할 수 있게 되었음.
- 게다가 관료제의 비능률, 조직의 비대화와 경직성 증대로 핵심 업무는 내부화하고, 부가적인 업무는 외부화하여 슬림화를 추구하는 '한계사업 구조조정'에 의한 '조직혁신이 필요'하게 되었음.

II 네트워크 조직의 장단점

1. 장점

1) 조직의 개방화

   과업환경에 민감하게 반응하는 개방적, 열린 조직으로 관리능력을 배양할 수 있음.

2) 조직의 슬림화

   조직은 핵심역량 강화 부분을 특화하고 나머지 부분은 네트워크 형식으로 운영하므로 조직 비대화를 개선하는 조직 슬림화를 할 수 있음.

3) 수평적 통합화

네트워크 조직 설계는 경계 간의 수평적 연계관계 구축에 역점을 두고 기능 간의 횡적 통합화 능력을 배양하게 됨.

4) 임파워먼트

소규모의 독립적인 조직으로 분권화되므로 조직구성원들에게 자율과 책임에서 오는 적극적인 참여정신과 창의성 발휘 등을 고무시켜 대단한 동기부여 효과를 가짐.

5) 혁신 경쟁력 배양

기술개발을 위한 전략적 제휴나 새로운 사업영역을 개척하기 위한 사내벤처의 경우 네트워크 조직은 최신 기술습득이나 창의성 발휘로 지속적인 혁신을 이루어 시장경쟁력을 제고하게 됨.

2. 단점

1) 행동의 제약

네트워크 내 관련된 조직들의 압력으로 새로운 전략이나 행동을 하고자 하여도 네트워크 관계에서 비롯되는 제약을 받음.

2) 네트워크 폐쇄화

상대 특유적인 투자의 성격을 가지고 있어서 상대방에 대한 의존성 문제가 발생하고, 이러한 관계가 한번 형성되면 장기화되어 구성원은 고정화되므로, 상호간의 행동제약으로 인하여 네트워크 관계 전체가 폐쇄화될 수 있음.

3) 경쟁자 배양

네트워크 관리가 철저하지 않을 경우 기술, 경영 노하우 등 지식이 일방적으로 유출되어 네트워크 파트너가 경쟁자로 둔갑할 위험이 있음.

4) 네트워크 간 경쟁 심화

네트워크 안의 조직은 효율성이 극대화되지만, 네트워크 영역 밖의 조직에 대해서는 폐쇄적이므로 사회전체의 효율성이 감소할 수 있고, 각 네트워크 사이에 극심한 경쟁을 초래할 수 있음.

이러한 네트워크 조직 간 경쟁 심화로 더 나은 전략적 제휴 등의 새로운 네트워크 관계 형성을 저해하여 사회전체의 효율성을 감소시킬 수 있음.

경영조직론 답안작성연습

> **연습 37**
> 조직쇠퇴의 의의와 원인을 작성하고, 조직쇠퇴의 과정을 Weitzel & Jonsson의 관점에서 설명하시오.

I 조직쇠퇴의 의의

- 조직쇠퇴란 오랜 기간에 걸쳐 나타나는 절대적이고 상당한 조직자원기반의 감소, 즉, 인적자원과 물적자원, 재무자원, 정보자원 등의 감소를 수반하면서 조직의 생존이 어렵게 되어 도태하거나 소멸하는 현상을 말함.
- 조직쇠퇴는 관리자로서 항시 유의하여야 하는 것이며, 조직쇠퇴 과정에서 해결방향을 미리 알고 있다면 조직이라는 거대한 함선이 침몰하는 사태는 예방할 수 있을 것이므로 반드시 알아두어야 할 필요가 있음. 따라서, 조직쇠퇴의 주요 원인을 살펴보고, Weitzel & Jonsson에 의한 조직쇠퇴 단계와 해결방안을 살펴보도록 하겠음.

II 조직쇠퇴의 원인

1. 조직의 구조와 문화

조직구성원들의 조직의 어딘가에서 잘못을 발견하고 다른 행동을 취하려 해도, 조직의 구조와 제도에 의해 제약을 받게 되는 경우임. 오랫동안 성공가도를 달린 조직이 성공관습에 젖게 되어 타성을 갖게 되고, 주변의 경영환경이 변화하여도 좀처럼 과거습관을 바꾸려 하지 않는데 기인한 조직구조와 문화의 타성에 원인을 찾을 수 있음.

2. 환경부적응으로 인한 퇴화

대부분의 조직은 개방시스템으로서 외부환경에서 자원을 투입하고 산출물로 외부의 수요를 충족시키면서 영위해 가는데, 조직으로 투입되던 자원이 갑자기 감소한다든지 조직의 산출물에 대한 수요가 감소하면 그런 조직은 당연히 존재의 필요성을 상실함.

3. 경쟁의 심화

동종업계의 경쟁이 극심화되어 여기에서 낙오되는 기업이 생기기 때문에 쇠퇴하게 됨. 예를 들어 중국의 저가 제품이 시장에서 우월하게 되면 중국의 제품에 밀려 국내 기업은 쇠퇴기에 이르게 되는 것임.

4. 취약성

자원이 부족하거나, 변화에 대처할 능력이 부족하거나, 인재가 부족해도 살아남기 힘듦. 중소기업은 대기업에 비해 시장정보 수집이나 환경변화에 대한 전략적 대응에 취약하기 마련인데, 결국 이를 이겨내지 못하고 쇠퇴하는 경우가 많음.

5. 규모의 경제

규모의 경제는 최소의 비용으로 최대의 효과를 거두어야만 생존할 수 있다는 원칙이며, 만약 무모한 규모 확장과 맹목적인 다각화를 행할 경우 쇠퇴를 불러오기도 하는데, 왜냐하면 경험이 부족한 곳에 과도한 설비투자나 자원을 쏟아 부었다가 기존의 튼튼했던 자원마저 소진하게 되는 사태가 발생되는 경우가 있기 때문임.

6. 경영진의 잘못된 의사결정

최고경영진의 능력과 결정은 조직의 성공과 소멸에 직접적인 영향을 미치는데, 그 이유는 최고경영자의 개인적 특성과 시각에 따라 조직의 전략이 수립되고 실천될 가능성이 크기 때문임. 환경의 압력을 잘 못 인식하여 그 대응이 늦으면 조직은 크게 타격을 받을 수밖에 없음.

Ⅲ Weitzel & Jonsson의 조직쇠퇴

[쇠퇴단계와 성과의 차이]

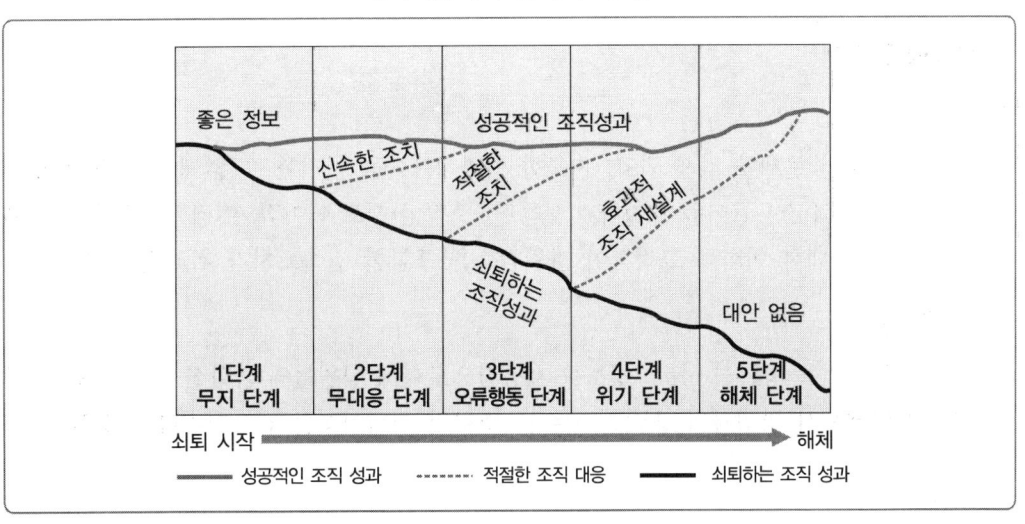

※ Weitzel & Jonsson

1. 무지단계

1) 의의

조직의 장기적 생존을 위협하는 내/외부의 변화가 있고, 조직은 여기에 신중하게 접근을 해야 하는데, 이에 대하여 무지하고 둔감한 상태를 말한다. 이 단계에는 과도하게 많은 임원, 번잡한 절차, 고객과의 잦은 충돌 같은 문제들이 상존하고 있음. 경영자는 이 시기에 쇠퇴신호를 놓치게 되는 경우가 많음.

2) 해결방안

이에 대한 해결책은 **조기경보체계를 구축**하는 것임. 시기적절한 조기경보와 이에 대한 조치로 조직을 다시 본 궤도에 올려놓을 수 있는 시기임.

2. 무대응 단계

1) 의의

조직쇠퇴의 두 번째 단계는 각종 성과악화라는 경고에도 이를 부인하며 나타나는 무대응 단계임. 이때, 경영자는 직원과 주주들에게 모든 것이 잘 되고 있다고 설득하려 하며, 어떤 경우에는 분식회계로 성과문제를 은폐하려는 경향으로 나타남.

2) 해결방안

이 단계의 해결은, 쇠퇴가능성을 인정하고, 조직을 재활성화하기 위한 신속한 조치를 취하는 것임. 새로운 문제해결 접근법, 참여의사결정의 확대, 무엇이 잘못되었는지 파악하려는 노력을 하는 리더십이 필요함.

3. 오류행동 단계

1) 의의

조직이 심각한 문제를 겪게 되고, 저조한 성과지표들을 무시할 수 없게 되는 단계이며, 이 단계의 쇠퇴 소용돌이를 조절하지 못하면, 조직 실패로 이어짐. 이러한 심각한 상황에서 리더는 중대한 변화를 고려하여 사원감축을 포함한 긴축조치가 취해질 수 있음.

2) 해결방안

리더들은 가치를 명확히 하고, 정보를 제공함으로써 구성원들의 불확실성을 줄여나가야 함. 이 단계에서 경영자의 중대한 실수는 조직의 회생기회를 감소시킨다는 것임.

4. 위기 단계

1) 의의
조직이 여전히 쇠퇴단계에서 효과적으로 대처하지 못하여 공황상태에 놓여 있는 단계임. 이 단계에서 조직은 혼란을 겪게 되고, 기본으로 돌아가려는 노력, 급격한 변화, 그리고 분노를 경험하게 됨.

2) 해결방안
경영자에게 위기단계로 엄습하는 사태를 방지하는 최선의 방법은, 전면적인 재조직, 최고경영자의 교체, 전략/문화의 혁신적 변화, 중대한 변화, 극심한 인력감축이 필요함.

5. 해체단계

1) 의의
이 단계의 쇠퇴는 돌이킬 수 없는 단계임. 조직은 시장의 명성과 최고의 직원들을 모두 잃고 자본이 고갈되어 있음.

2) 해결방안
이 단계에서 유일하게 실천 가능한 전략은 질서정연한 방법으로 조직을 닫는 것임. 또한, 직원들의 직장상실로 인한 충격을 줄여야 한다는 것임.

연습 38

조직쇠퇴의 의의와 원인을 작성하고, 조직쇠퇴의 과정을 Miller의 관점에서 설명하시오.

I 조직쇠퇴의 의의

1. 의의

- 조직쇠퇴란 오랜 기간에 걸쳐 나타나는 절대적이고 상당한 조직자원기반의 감소, 즉, 인적자원과 물적자원, 재무자원, 정보자원 등의 감소를 수반하면서 조직의 생존이 어렵게 되어 도태하거나 소멸하는 현상을 말함.
- 과거 D.Miller교수는 '이카록스 패러독스'를 제안하면서, 항상 성공을 경계해야 함을 주장함. 성공한 경영자가 권력을 오래 잡고 있을수록 조직은 경영자를 중심으로 한 폐쇄적이고 고착화된 사고방식으로, 오로지 경영자에 의존한 전략과 목표 중심으로 움직이다가 변화에 적응하지 못하고 소멸되는 상태로 전락할 수 있음을 설명하였음. 따라서, 각 조직쇠퇴단계에 직면한 올바른 극복방법을 미리 각인해 둔다면, 극단적인 노사불협의 쇠퇴에 의한 몰락을 합리적으로 극복할 수 있을 것임.

2. D.Miller의 조직쇠퇴모형

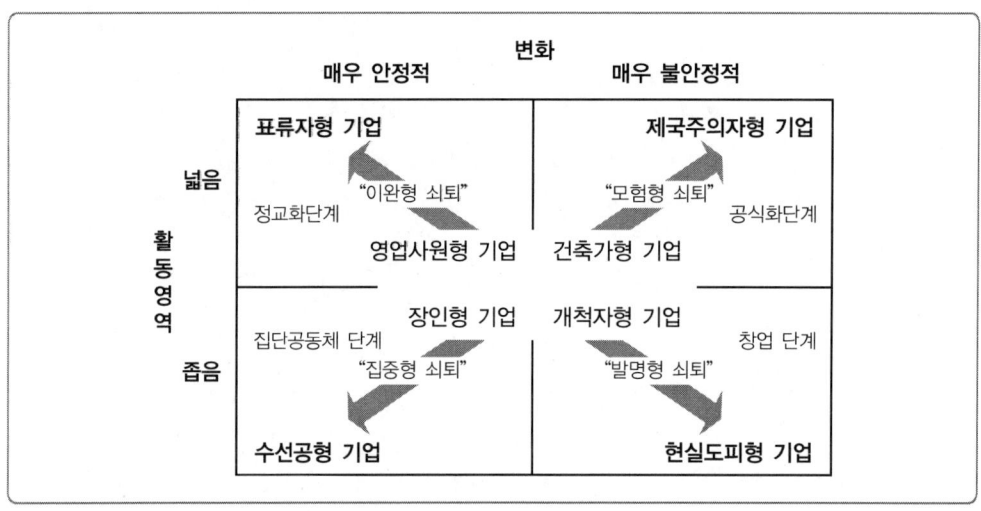

※ 출처 : 김인수, 거시조직이론 "조직쇠퇴"

Ⅱ 발명형 쇠퇴(창업단계)

1. 의의

- 개척자형 기업이 현실도피형 기업으로 변신하면서 쇠퇴하는 유형임.
- 즉, 기술혁신을 통하여 시장에서 선두위치를 점했던 기업들이 소비자의 욕구 무시, 경제적 한계 무시하면서까지 기술혁신만을 강조하는 근시안적인 전략(소비자에게 필요 없는 기술혁신)을 수행하는 현실도피형 기업으로 전락한 경우임.

2. 극복방안

- 소비자의 욕구에 부응하는 기술혁신과 상품개발, 시장을 다양하게 개척하여 적극적인 판촉활동을 하고, 경제적인 기술혁신을 해야 함.
- 기업의 운영목표의 변화로서 새로운 기술의 우위확보에서 '가치 있는 제품과 서비스 창출'로 전환하고, 현실과 동떨어져서는 안 되기 때문에 부서 간 긴밀한 의사소통이 있어야 하며, 외부환경과에 대응하기 위해 부서 간 조정체계가 있어야 함.

Ⅲ 집중형 쇠퇴(집단공동체 단계)

1. 의의

- 장인형 기업이 수선공형 기업으로 변신하면서 쇠퇴하는 유형임.
- 완벽한 제품을 출하시키려고 하는 장인형 기업이 극도의 비용절감을 강조하다가 품질을 손상시키고 기술혁신을 도외시하며, 결국 소비자들로부터 외면당하는 수선공형 기업으로 쇠퇴하게 되는 유형임.

2. 극복방안

- 권력을 공유하고 하급자와 소비자의 말을 경청하는 경영자를 선임하여 경영철학과 문화의 변화를 도모해야 함.
- 도외시된 부문이 있는지 유의하여야 하고, 각계각층에 의견기회를 균등하게 배분해야 함.
- 관료적인 통제방식을 지양하고, 새로운 의사결정 형태를 도입하여 경영참여와 권한위양을 해야 함.
- 원가절감만을 강조하다보면 싸구려 제품이 출시되므로, 품질 또는 원가추구 전략의 재확립하고 고객욕구를 반영해야 함

- 제조와 기술에만 몰두하면서 상대적으로 소홀했던, 소비자와의 밀접한 접촉, 경쟁력을 갖춘 제품생산, 제품 및 시장 다각화에 관심을 가져야 함.
- 창의적인 연구를 강조하면서 폭넓은 정보원천으로부터 다양한 정보수집, 열린 공개적 토론을 통한 의사결정기회가 있어야 함.

Ⅳ 모험형 쇠퇴(공식화 단계)

1. 의의

- 건축가형 기업이 제국주의형 기업으로 변신하면서 쇠퇴하는 유형임.
- 즉, 기업가정신을 갖춘 최고경영층이 시장의 유망한 분야를 발견하고 지속적인 사업확장을 도모하는 건축가형 기업이, **무차별적인 다각화를 함으로써, 폭발적으로 늘어나는 업무의 복잡성을 통제하지 못하는** 제국주의자형 기업으로 쇠퇴하는 경우임.

2. 극복방안

- 전망 없는 사업은 정리하고, **핵심사업 및 관련 사업에만 집중하여** 경영을 할 수 있는 전문경영인을 선임하여야 함.
- 경쟁우위가 약한 사업단위는 매각하고, **핵심사업 부문 경쟁우위를 재확립하는 지혈전략**을 사용해야 함.
- 신제품 및 생산을 강조하여, 신제품개발과 생산부서 확충에 초점을 두어야 함.

Ⅴ 이완형 쇠퇴(정교화 단계)

1. 의의

- 영업사원형 기업이 표류자형 기업으로 변신하면서 쇠퇴하는 유형임.
- 뛰어난 판매전략과 폭넓은 유통망을 가진 영업사원형 기업이, 제품의 질이나 소비자의 욕구보다는 **제품포장에만 치중**하여, 각 부서들이 구심점 없이 흩어져 전략실행이 불가능한 표류자형 기업으로 전락한 경우임.

2. 극복방안

- 통일된 판매전략을 수립하기 어렵다면, 본사 차원에서 상호 연결망을 구축하여 **정보교환과 공생전략**을 설정해야 함.
- 시장 확대에만 치우친 결과 기업이 시장에서 표류하지 않기 위해서는, 제품개발, 생산 분야에 대한 관심과 정책적 배려, **품질개선**, 시장요구에 기민하게 대처하는 판매활동, 생산공정을 단순화해야 함.
- 조직전체를 중심 가치에 응집시키기 위하여, 지역별, 제품별, 고객별로 나누어 이에 **적합한 강력하고 다양한 리더십**이 필요함.
- 권한을 하부에 위양하여 경영환경에 신축적이고 기민한 대처를 하도록 해야 하며, 부서 간 갈등해소를 위해, 제품별/지역별/소비자 유형별로 각 부서를 연결하여야 함.

경영조직론 답안작성연습

연습 39

매트릭스 조직의 본질, 의의 및 한계점을 약술하세요.   1989년 제2회 기출

I 매트릭스 조직의 의의

1. 의의

매트릭스 조직은 계층적인 기능식 조직에 수평적인 사업부제 조직을 결합한 조직 또는 기능식 조직에 프로젝트 조직을 결합한 형태로 양자 간의 균형을 추구하는 것임. 이 구조는 기능식 구조이면서 동시에 전략적 사업 또는 전략적 프로젝트 구조를 가진 것임. 제품과 기능 또는 제품과 지역을 동시에 강조하는 다초점이 필요한 경우 통제관리가 잘 작동되지 않을 때 효과적임.

2. 등장배경

최근 현대 경영환경은 치열한 경쟁과 다양한 소비자의 욕구, 각종 정부규제 등으로 인하여 다양하고 혁신적인 제품을 생산하여야 될 뿐만 아니라, 양질의 우수한 고품질의 제품생산도 요구되고 있음. 이러한 경우 제품시장과 기술적인 전문성을 분리하여 정보를 처리하여야 하는데, 이러한 상황에 적합한 조직구조가 바로 매트릭스 조직임.

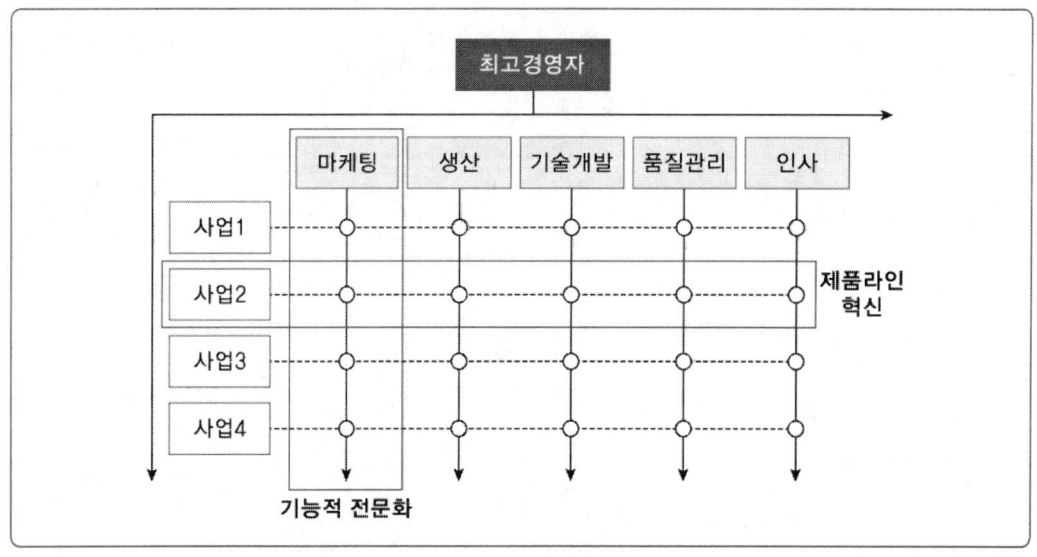

Ⅱ 매트릭스 조직의 본질

1. 특징

1) 강한 수평적 연결 형태

매트릭스 조직구조는 수평적 연결이 강한 형태의 조직구조임. 매트릭스 구조의 독특한 특징은 제품부분과 기능부문이 동시에 구성되어야 한다는 점임.

2) 두 조직구조 간의 관계 보완

매트릭스 조직구조는 전통적인 계층구조에 의한 관계와 프로젝트 구조에 의한 관계를 서로 보완해 주는 것이 필요함. 보완관계는 협의에 의한 상호작용으로 기능의 횡적 역할로 나타남.

3) 2명의 상사 시스템

매트릭스 조직은 전통적인 명령일원화의 원칙을 위반하고 있는데, 매트릭스 조직 자체가 각 구성원이 기능조직과 매트릭스 조직구조에 동시에 속하도록 되어 있기 때문에 한 명의 구성원은 2명의 상사를 가지게 되는 특징을 가짐. 이때, 제품관리자와 기능관리자는 조직 내에서 동등한 권한을 가지고 있고, 구성원들은 2명의 상사에게 보고해야 함.

2. 적합한 상황

1) 환경 측면

환경의 불확실성이 매우 높고, 조직의 목표가 기술의 전문성과 제품라인의 혁신 모두를 중요하게 생각할 경우로서 경영환경의 변화에 적응해야 할 때 적합함.

2) 기술 측면

Perrow 관점에서 살펴볼 때, 비일상적인 기술일 조직이 사용할 때 적합하고, Thompson 관점에서 보면 기능 내부의 상호의존성이 높을 때 매트릭스 조직이 적합함.

3) 규모 측면

소수의 제품라인을 갖고 있는 보통규모의 조직일 때 가장 효율적으로 기능을 발휘함. 단일제품은 매트릭스가 필요하지 않으며, 매우 많은 종류의 제품을 생산하는 조직에서는 부문 간의 조정이 어려워 사용이 곤란함.

3. 장점

1) 기술의 전문성과 제품라인의 혁신이 동시에 필요한 경우
조직이 기술의 전문성과 제품라인의 혁신을 동시에 필요로 하는 경우 매트릭스 조직구조는 두 측면을 모두 만족시킬 수 있음.

2) 조직 내부 자원을 효율적으로 사용하면서 외부환경에 신속하게 적응
조직의 내부자원을 각 제품 라인에 효율적으로 사용할 수 있으며, 외부환경의 변화에 신속하게 대응할 수 있음.

3) 경영자로서의 자질 함양
조직구성원들에게 양 부분의 관리기술을 습득할 기회를 제공하여 경영자로서의 자질을 함양하게 함.

4) 조정을 용이하게 하는 역할
조직이 다수의 복잡하고 상호의존적인 활동을 수행하고 있을 때, 제 활동 간의 조정을 용이하게 할 수 있음.

5) 규모의 경제 이익
전문기술을 가진 사람들이 특정 기능부서나 사업부에 전속되지 않고, 다양한 분야의 업무를 수행하게 됨으로써, 규모의 경제로부터 오는 이익, 즉, 최소의 인원으로 최대한의 제품생산에 전문성을 투입할 수 있는 효과를 추구할 수 있음.

Ⅲ 한계점

1. 2명의 상사 시스템에 의한 갈등 문제
명령일원화라는 전통적인 관리원칙에서 벗어나 두 명의 상사를 갖는 구조로 인하여, 역할갈등 문제가 발생할 수 있음.

2. 비용 문제
관리자들이 원활한 의사소통을 위한 활동을 할 수 있도록 많은 시간을 필요로 한다는 문제, 다양한 인간관계 기술에 의한 교육훈련이 필요하다는 문제, 빈번한 회의와 갈등 조정 과정으로 인해 많은 시간과 커뮤니케이션 비용이 소요된다는 문제, 매트릭스 조직구조에 대한 설명을 구성원들이 이해할 때까지 해야 한다는 문제 등이 있음.

3. 매트릭스 조직을 잘 이해하지 못할 경우

매트릭스 내의 사람들이 정보와 권한의 공유에 대하여 적응하지 못하는 경우 조직이 제 기능을 발휘하지 못함. 또한, 종업원들이 매트릭스 구조의 특성을 잘 이해하지 못하거나 적응하지 못할 경우 제대로 작동하지 못한다는 한계가 있음.

경영조직론 답안작성연습

연습 40

퀸과 카메론의 조직수명주기 모형을 서술하시오.

I 조직수명주기 모형의 의의

1. 의 의

조직수명주기는 시간의 흐름에 따른 조직의 발전과정을 설명한 것이며, 조직수명주기 모델은 조직이 시간의 흐름에 따라 어떻게 성장하고 변화하는지를 단계별로 구분하여 설명하고 각 단계에서 나타나는 조직구조 특성이나 강조되는 경영관리 특성을 규명하는 것을 특징으로 하고 있음. 모든 조직이 조직수명주기에서 제시하는 변화의 과정들을 거치게 되지만 조직마다 특성이 다르기 때문에 단계별 구체적인 변화 양상은 다를 수 있음.

조직수명주기에 대한 연구는 무수히 많지만, 그 중 미국의 조직문화 연구자인 퀸(Quinn, R. E.)과 카메론(Cameron, K. S.)이 제시한 조직수명주기 모델은 기존의 여러 모델들을 포괄하는 것으로 평가되며 가장 보편적으로 활용되고 있음. 퀸과 카메론은 조직수명주기를 창업단계-집단 공동체 단계-공식화단계-정교화단계로 구분하고 각 단계별 특징을 다음과 같이 규명하였음.

2. 조직수명주기 모형의 중요성

조직수명주기는 하나의 조직에도 인간의 생로병사와 같이 조직도 마찬가지의 성장경로를 거치면서 각 단계별 특징이나 위기 극복방안 등을 통하여 조직을 진단하기 용이하고, 이를 극복하고 개선할 수 있는 방향을 제공해 준다는 점에서 유용함.

II 창업단계

1. 의의

새로운 조직이 탄생하여 창업자의 창의성을 바탕으로 조직이 성장하는 단계에 해당함. 이 단계에서는 해당 산업에서의 생존이 가장 중시됨. 조직구조는 비공식적, 비관료적이며 창업자 개인에 의한 통제가 주를 이루며, 기술지향적이고 창의적인 창업자들은 새로운 제품이나 서비스 개발에 집중함. 조직이 성장하면서 직원의 수가 증가하며 이에 따른 관리적 문제도 뒤따르게 되고, 지속적인 성장을 위해서는 관리지향적이며 강력한 리더십이 요구됨.

2. 조직구조

이 시기에는 비공식적인 체제로 운영되며, 종업원에 대한 보상이나 통제는 경영주 개인의 직접 감독에 의존하고 있으며, 계획·공식화를 위한 체계적인 시스템이 거의 없기 때문에 단순구조에 가깝다고 할 수 있음.

3. 위기

점차 조직이 확대되고 한 명의 리더만으로 조직관리를 수행하기에는 어려움이 발생하는 리더십 위기가 발생함.

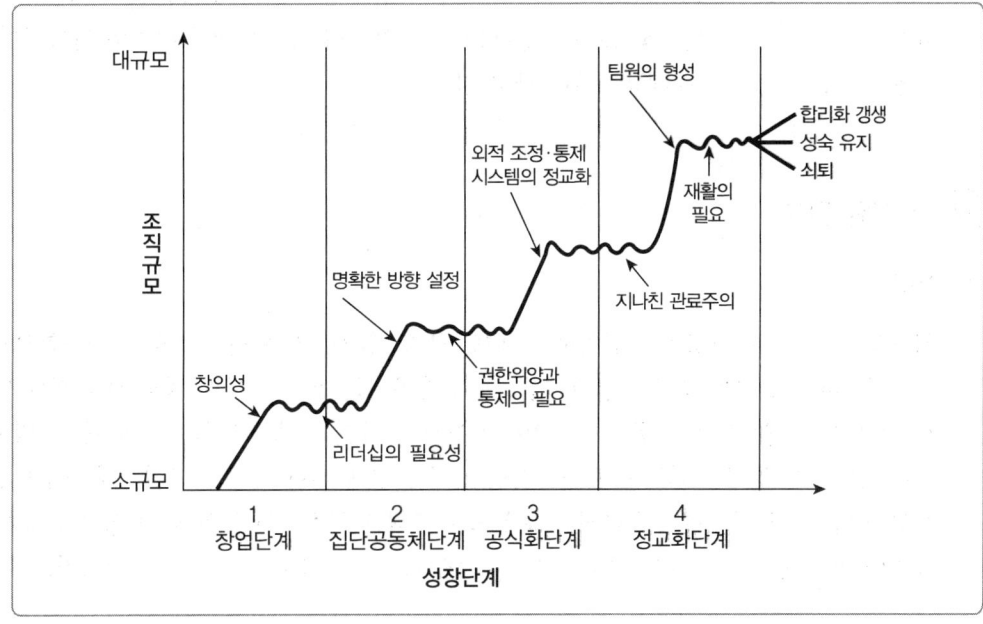

Ⅲ 집단공동체 단계

1. 의의

창업자 또는 외부에서 영입된 전문경영자가 강력한 리더십을 발휘해 조직의 관리체계가 명확해지는 단계임. 이 단계에서는 조직의 목표와 방향성을 분명히 함으로써 해당 산업에서 성장해나가는 것이 가장 중시됨. 공식화 또는 표준화된 규정이나 규칙이 많아지고 의사결정은 집권적인 특성을 지니고, 조직의 체계가 서서히 잡히지만 비공식 커뮤니케이션에 여전히 의존하는 구조임. 조직은 이 단계에서 급속한 성장을 경험하게 되고, 성공을 경험하고 일정 시간이 지나면서부터 하위계층 관리자들의 리더십 자율성에 대한 요구가 발생해 상위 경영자와의 갈등이 발생할 수 있음. 이러한 위기를 극복하기 위해서는 의사결정권 위임과 이에 따른 통제메커니즘을 확보하는 전략이 요구됨.

2. 조직구조

조직의 성장이 가속화됨에 따라 창업 단계의 비공식적 구조로부터 점차 관료제의 비중이 늘어나면서 공식성과 복잡성이 증가되는 시기임. 계층이 증가하고 역할의 세분화가 진행됨.

3. 위기

성장 과정에서 조직구조의 복잡성이 증가함에 따라 구성원 각각이 자율성의 보장을 요구하게 되고, 경영진은 관료적 통제의 권한을 놓지 않으려 하면서 권한위임의 필요성이 대두됨. 이러한 위기를 자율성의 위기라고 함.

Ⅳ 공식화 단계

1. 의의

최고경영자가 의사결정권을 위임하고 제도, 규정, 절차, 및 통제 시스템을 구축함으로써 조직의 내부효율성을 추구하는 단계임. 이 단계에서는 조직 내부 안정과 시장 확대가 가장 중시된다. 공식적인 커뮤니케이션이 많아지고 지원 부서의 역할이 강화됨. 경영자는 전략 차원에서 문제에 접근하고 일상적인 기업 운영에 대한 사항은 하위경영진에게 위임하고, 내부 통제 시스템의 효율적인 운영으로 조직은 일정기간 동안 다시 성장을 경험함. 그러나 동시에 관료주의가 팽배해지면서 불만을 가진 직원들이 조직을 떠나기도 함.

2. 조직구조

관료주의적 속성이 강화되면서 스탭이 늘어나고, 절차의 공식성이 증가하며, 위계에 따른 업무 부담이 명확해짐. 내부소통은 주로 공시적 수단을 활용하여 이루어지며, 효율성과 수익창출을 중시함.

3. 위기

시장 확대의 과정에서 점차 조직을 구성하는 제 분야에서 혁신이 일어나지 않고, 효율과 규정만을 중시함에 따라 새로운 형태의 조직이 요청되는 시기임. 이 시기의 위기를 관료제 위기라고 부름. 이는 규정과 절차에 얽매이는 형식주의(번문욕례(繁文縟禮), red-tape)가 지나쳐서 생기는 문제임.

Ⅴ 정교화 단계

1. 의의

팀제 또는 매트릭스 조직과 같은 정교한 구조로 조직을 재설계하여 조직유연성을 제고하는 단계임. 이 단계에서는 관료제를 통한 성장이 한계에 이르고 직원들은 가능한 공식적 통제를 피하고자 하며 자율성을 원하게 되는 시기임. 조직은 공식적 시스템의 단순화, 수평적 조정관계, 분권화, 팀 육성 등을 강조함으로써 관료주의에서 파생된 문제들을 극복하고자 하는 움직임이 나타나며, 재성장을 위해 새로운 경영자를 영입하는 등 조직에 새로운 활력을 불어넣기 위한 노력이 수반되기도 함. 그러나 조직규모가 커지면서 환경대응 능력이 떨어져 혁신을 하지 않고서는 문제해결이 어려운 상황에 직면하는 경우도 있음. 더 이상 성장하지 못할 경우 조직은 쇠퇴기에 접어듦.

2. 조직구조

방대한 통제시스템과 규칙 및 절차가 구축되면서 나타나는 문제점을 극복하기 위하여 팀제를 도입하는 동시에 상호 협동의 달성을 위하여 수평적 조정기제를 강화하는 등의 시도를 하게 됨. 태스크포스나 팀제 혹은 매트릭스 조직 등을 만들어 부문 간 협력을 강조함. 이 단계를 협력화 단계라 부르기도 함.

3. 위기

팀 육성에 의한 방법으로 활력을 회복하였더라도, 성숙기에 도달한 이후에는 일시적 쇠퇴기에 진입하게 됨. 이는 조직의 규모가 점차 증가하고 관성이 증가함에 따라 혁신과 구조조정을 필요로 하기 때문인데, 이의 극복과 조직재활을 위해서는 문제해결과 혁신을 강조하는 참여형 조직 운영방식이 요청됨.

경영조직론 답안작성연습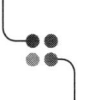

> **연습 41**
> 학습조직의 특성을 약술하라.   2007년 제16회 기출

I 학습조직의 의의

'학습조직'이란, 지식을 창출하고, 획득하여, 이전 보급하는데, 새로운 지식과 통찰력을 반영하여 조직의 전반적인 행동을 변화시키는데 능숙한 조직임. 조직의 흥망성쇠를 좌우하는 근본적인 원인은, 조직학습능력의 결여에 있으며, 새로운 시대의 거대한 경제적/사회적 압력에 살아남으려면, 기업은 '학습조직이 갖는 무한한 가능성'이라는 강력한 힘을 구비하여야 함.

II 학습조직의 형태와 요소

1. 형태

- 학습조직은, 개인 스스로 학습을 하는 개인학습, 팀원 간 지식과 경험을 공유하는 집단학습, 그리고, 조직학습으로 형태를 구분할 수 있음.
- 조직학습 수행에 필요한 구체적인 요소에는 적절한 구조, 기업의 학습문화, 권한과 능력의 위양, 환경분석, 지식의 창출과 이전, 학습기술, 품질, 전략, 지원 분위기, 팀웍과 네트워킹, 비젼 등이 있음.

2. 조직학습 시스템의 설계

1) 개요

- 조직의 흡수능력은 사전지식과 노력의 강도에 의해서 결정되며, 여기서, 사전지식은 조직 내에서 이용 가능한 기존지식을 말함. 기업이 사전지식을 개발하는 방법에는, 연구개발, 제조활동, 훈련에 대한 투자 등 내부적으로 지식을 축적하고 흡수능력을 발전시킬 수 있음.
- 사전지식은 조직의 흡수하고자 하는 노력의 강도와 학습 성향에 따르게 되는데, 노력의 강도는 문제해결을 위해 조직구성원에 의해서 투여되는 에너지양을 의미하고, 학습 성향은 조직이 지식을 창출, 습득, 공유, 활용하는 방식의 방향을 결정해 주는 역할을 함.
- 사전지식과 노력 강도는 조직 내의 학습시스템에 의해 골고루 전파되며, 모든 조직은 공식적이든 비공식적이든 학습하는 과정과 구조를 가지고 있다는 점에서 학습시스템이라고 할 수 있음.

- 그 외 학습의 내부적인 영향요인으로서 조직구조(중복구조, 자기조직화팀, 자율권, 다양성), 조직문화(학습 분위기, 실험장려, 개발적응분위기, 자기성찰, 신뢰성), 참여적이고 지원적인 리더십, 인프라스트럭쳐(지식관리시스템, 평가/보상시스템)에 적용하는 제도에 의해 학습의 속도가 빨라짐.

    ※ **인프라스트럭쳐** : 조직학습이 효율적/효과적으로 이루어질 수 있도록 촉진해 주는 내부 지원 환경과 관련된 것

3. 학습조직으로서 변화과정

학습조직으로서 구성원의 태도와 업무행동의 변화과정에는 해빙-변화(순응, 동일화, 내면화)-재동결의 과정을 거쳐서 적응하게 됨.

4. 학습조직의 설계

학습조직의 설계는 미들업다운 관리에 의한 설계로서, 중간관리자가 주도가 되어 학습조직을 운영하고 관리되어야 효율적이고, 하이퍼텍스트 조직에 의한 조직 전체의 역량 지원적인 형태로 존재하여야 한다고 설명함.

1) 미들업다운 관리

    중간관리자는 최고경영진에 의해 창출된 비전과 목표를 현장 종업원들이 잘 이해하고 실행할 수 있도록 구체화시켜 전달해 주고, 현장의 기술과 제품, 시장을 가장 잘 알고 있는 종업원들의 정보나 지식을 통합/변환시켜 최고경영진에 제시한 비전과 목표를 달성할 수 있도록 함. 이때 중간관리자는 지식창출팀의 리더로서 최고경영층과 실무작업층을 연결하는 통합과 변화관리자로서의 역할을 수행함.

2) 하이퍼텍스트 조직

    노나카와 다케우치는 미들업다운 관리가 효과적으로 이루어질 수 있는 가장 적절한 조직으로 하이퍼텍스트 조직을 제시함. 하이퍼텍스트는 컴퓨터 화면에 여러 창들이 동시에 나타나 있는 형태를 의미하는데, 조직에서는 세 가지 층(사업단위, 프로젝트팀, 지식기반)으로 구성하여 운영되는 조직임.

Ⅲ 학습조직의 장애요인

관료주의, 지나친 경쟁분위기, 빈약한 커뮤니케이션, 부족한 리더십, 경직된 계층구조 등

Ⅳ 학습조직의 실천전략

1. 체계적인 문제해결

학습은 계획-실행-점검을 통하여, 이에 수반되는 과학적 방법으로 문제해결을 해나가야 함.

2. 실험을 통한 시범적 적용

학습활동은 체계적으로 새로운 지식을 습득하여 이를 체계화하는 것이며, 외부로부터 익힌 지식과 기술을 조직으로 가져와서 이상적인 작업에 적용해 보는 것임.

3. 과거의 경험으로부터 학습

조직은 학습조직 구축전략으로서, 성공과 실패를 재검토하고, 이를 체계적으로 평가하여 구성원들이 공개적으로 활용할 수 있도록 얻은 교훈을 기록해 나가야 함.

4. 벤치마킹에 의한 학습

벤치마킹은, 기업이 경쟁력 제고를 위하여 타사에서 배워온 혁신기법을 적용하는 것이며, 복제나 모방과는 다른 개념임. 학습은 자기반성과 분석만으로 이루어지는 것은 아니며, 타사의 모범사례를 조직의 특성에 맞게 적용하는 전략적 적용으로서 이루어져야 함.

5. 정보지식의 이전

새로운 지식과 정보, 아이디어, 의견 등은 몇 사람의 손에 쥐어져 있는 것 보다는, 폭넓게 공유될 때, 최대의 효과를 가져오는 것임.

Ⅴ 센게(P.Senge)의 학습조직모형

1. 의의

- 피터 센게는 학습조직 이론의 창시자이자 경영혁신 분야의 선구자로 손꼽히는 인물로, 기업이 사라지는 현상은 하나의 '증상'에 불과하다고 말하면서 "지배적인 교육 시스템을 바꾸지 않고는 지배적인 관리 시스템을 결코 바꿀 수 없다."며, "그 과정에 있어서는 심오한 의미의 '지식'이 필요한 법인데, 우수한 개개인이 모인 것과는 별개로 조직 차원의 학습이 전혀 이루어지지 않고 있는 것"이라고 설명하였음.
- 변화하는 경영현실에 부단히 적응할 능력을 갖춘 '학습하는 조직'을 만들기 위한 다섯 가지 '규율(Discipline)'을 제시하였으며, 이때 말하는 규율은 '실천에 옮기기 위해 반드시 배우고 숙달해야 하는 일련의 이론과 기법의 집합체'를 뜻하는데, 이는 '시스템 사고', '개인적 숙련', '정신모델', '공유 비전 구축', '팀 학습'임. 이 다섯 가지는 서로 영향을 주고받으며 조화롭게 발전되어야 하고, '모든 학습 규율의 결합체'라고 강조하며 가장 많은 지면을 할애하는 핵심 규율은 바로 '시스템 사고'라고 하였음.

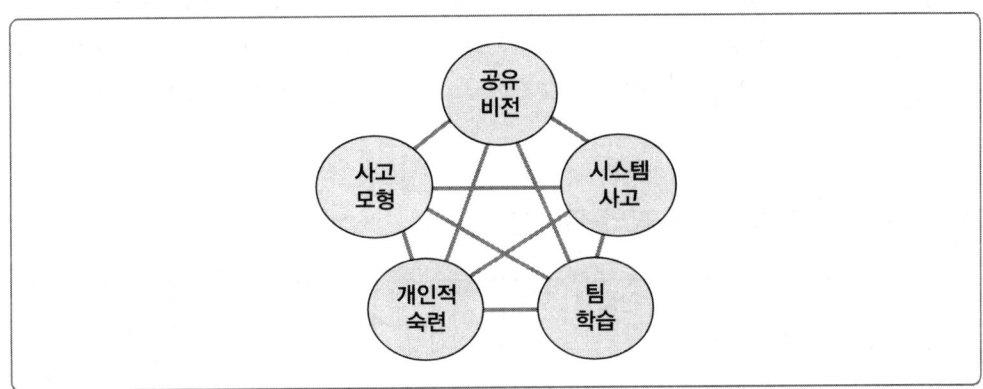

2. 시스템 사고(system thinking)

시스템적 사고는, 현상을 단편적으로 이해하는 것이 아니라, 전체를 보고 전체에 포함된 각 부분들 사이의 상호작용, 인간관계를 이해하는 문제해결의 수단임. 이것은 부분이 아니라 전체를 보고, 수동적인 반응자의 자세를 취하는 것이 아니라 능동적인 참여자의 자세를 취하는 것이며, 요컨대 현실에 소극적으로 반응하기보다 적극적으로 미래를 창조하는 태도를 취하는 데 유용한 사고로서, 이러한 시스템 사고가 없으면 다섯 가지 학습 규율을 통합하지도, 실천하지도 못하기 때문에 다섯 가지 규율 중 가장 중요하다고 보았음.

3. 개인적 숙련(personal mastery)

개인적 숙련은, 현재의 자기능력을 심화시켜 나가는 행위이며, 진정한 본질적인 가치를 지향하기 위하여, 자신감, 임파워먼트, 동기부여, 축적된 지식 등이 되어야 함.

4. 사고 모형(mental model)

사고모형은, 인간이 경험하는 현상들을 이해하는 체계 또는 준거의 틀임. 이러한 사고모형을 기반으로 부단히 성찰함으로써, 새로운 사고의 전환을 도모하여야 함.

5. 공유된 비전(shared vision)

공유비전은, 조직이 추구하는 방향이며, 그것이 왜 중요한 것인지에 대하여 구성원들이 공감대를 형성하는 것임.

6. 팀 학습(team learning)

팀 구성원들이 바람직한 결과를 얻기 위하여, 의도적이고 체계적으로 지속하는 학습행위를 말함. 팀 학습을 위해서는, 타인의 관점이나 의견을 존중하면서 자신의 의견을 밝히는 가운데, 서로의 생각을 유연하게 교감할 수 있는 상호작용이 중요하다고 보았음.

Ⅵ 관료제 조직과 학습조직의 차이점

구분	관료제 조직	학습조직
계층구조	계층 수가 많고, 기능에 의한 수직적인 형태를 보임.	계층 수가 적고, 수평적인 형태를 지님.
전문성	단일분야에 집중된 업무전문성을 발휘	다양한 분야의 전문성이 필요함.
공동체의식과 상하관계	통제와 지식에 의한 공동체로서 형성되어, 명령과 복종의 고용관계를 형성함.	신뢰와 목표 공유에 의한 공동체로서, 대등한 관계에서 커뮤니케이션을 함.
권한과 책임	최고경영진에 권한이 집중되었으나, 작업결과가 좋지 않을 경우 그 책임을 전가하려는 성향으로 나타남.	구성원에 골고루 권한이 분산되어 있으며, 작업결과가 좋지 않을 경우, 자발적으로 그 책임을 다하려고 함.
정보의 활용과 흐름	경영층에 정보가 독점되어, 공식적 의사소통 채널을 통하여 정보를 공유	정보의 공유와 이전을 중요하게 생각하여, 공식적이고 비공식적인 채널을 통하여 정보를 접할 수 있도록 함.
변화에 대한 적응	경영환경변화에 경직적인 자세를 취함.	유연하고 신속하게 반응하려고 함.
지식창출 담당자	최고경영진	모든 구성원

> **연습 42**
> 프로젝트 조직의 특성을 약술하라.

I 프로젝트 조직의 의의

- 동태적인 환경변화에 따라, 전략적으로 중대한 문제의 해결과 목표달성을 위하여, 조직 내 인적자원과 물적자원을 일시적으로 결합한 조직형태임. 프로젝트 자체가 유한성을 지니고 있기 때문에 프로젝트 조직도 임시적 잠정적이라는 특징을 가짐. 즉, 프로젝트 조직은 해산을 전제로 하여 임시로 편성된 일시적 조직이며, 혁신적이고 비일상적인 과제의 해결을 위해 형성된 동태적 조직임.
- 최근의 격변하는 경영환경의 상황에서 외부환경에 유연하게 대처하면서 비전을 창출하기 위한 목표 달성을 도모하기 위해, 조직의 중요한 프로젝트의 해결까지 일시적으로 형성하였다가 목표달성 후 해체하는 조직이 많이 활용하므로, 이에 대하여 자세하게 살펴볼 필요가 있을 것임.

II 프로젝트 조직의 특성

1. 시스템으로서의 조직

프로젝트 조직은 특정 과제 중심으로 필요한 업무를 종합화한 조직이므로, 여러 직능을 종합화한 시스템으로서의 특징을 갖고 있음.

2. 일시적·잠정적 조직

프로젝트가 완료되면 해산하므로, 일시적이고 잠정적인 동태적 조직임.

3. 직무의 체계

권한의 계층적 구조라는 성격 보다는, 직무의 체계라는 성격이 강하게 나타남. 즉, 조직 활동이 계층에 의해 움직이는 것이 아닌, 직능상의 횡적인 상호관계에서 움직임.

4. 라인의 장

프로젝트 관리자는 라인의 장이 맡고 있으며, 프로젝트를 실현하는 책임과 권한을 보유함.

5. 프로젝트 조직의 권한

프로젝트 조직의 권한은, 프로젝트의 합법성 내에서 존재함. 즉, 공식적인 권력은 거의 없으나, 프로젝트라는 합법성 내에서는 각종 권한과 책임이 위양되어 있음.

Ⅲ 프로젝트 조직 형성의 구심점과 유의점

1. 구심점

1) 형성과 충원

프로젝트 관리자 개발 방법에는 OJT기법이 사용되고, 팀원 선발은, 가능한 모든 후보자들을 평가하여 상위관리자와 의견조정으로 최종결정을 내리게 됨.

2) 갈등관리

다양한 전문기술 보유자간의 의견대립, 구성원의 프로젝트 주목표를 이해하지 못하는 경우, 역할모호성을 느끼고 있는 경우, 프로젝트 관리자의 권한이 적을 경우, 구성원 간 상호의존성이 적은 경우 갈등이 발생하게 되므로, 프로젝트 관리자는 갈등관리자 역할을 수행하면서 이들을 대처할 수 있어야 함.

2. 유의점

1) 팀웍 형성

프로젝트 팀원들은 대부분 공식적 절차의 부족, 역할정의의 부족으로 자신의 지위에 불안을 느끼고, 자신의 지식과 기술을 프로젝트에 소비해 버린다는 위험으로 승진이 늦게 됨을 걱정하기도 함. 이에, 회사는 인사관리상의 불안감을 해소하여 주고, 서로 신뢰할 수 있도록 하면서 과업을 수행할 수 있도록 팀웍 강화에 관심을 가져야 함.

2) 탁월한 관리자 선정

프로젝트 조직은 폭넓은 지식과 통솔력을 가진 프로젝트 관리자를 요구함.

3) 기존 직능부제 조직과의 조정

프로젝트 조직은 기존 직능부제 조직에서 구성원이 선발되므로, 기존 조직과 프로젝트 조직 사이의 결원에 의한 업무조정을 하여야 함.

> **연습 43**
> 사내벤처·분사 조직의 특성을 약술하라.

I 사내벤처·분사 조직의 의의

1. 의의
- 사내벤처·분사조직은 '기업가적 조직'이라고도 함.
- 조직구성원에게 기업가 정신을 고취하게 함으로써, 조직 내/외부에 기존 사업과는 이질적인 신규 사업을 위한 자율적인 사내기업을 설치/운영하여 지속적인 혁신과 조직변화를 촉진하려는 조직임.

2. 등장배경
- 최근 지식정보화 시대로의 변화는 기업으로 하여금 끊임없는 자기혁신과 자기개발을 요구하고 있음.
- 치열한 경쟁과 불확실한 경영환경에서 경영조직이 유지 발전되기 위해서는 새로운 사업 발굴해야 할 필요가 있으며, 지속적인 조직활성화 추구를 위한 새로운 방안으로 등장하였음. 또한, 사내벤처·분사 조직은 도전적이고 창의적인 인재육성에 적합한 조직구조임.

※ 대표적인 사례
- 삼성SDS의 사내벤처는 네이버
- LG데이콤의 사내벤처는 인터파크
- 인터파크의 사내벤처는 G마켓
- 아모레퍼시픽의 사내벤처는 espoir (에스쁘아)

II 사내벤처·분사 조직의 목적과 특징

1. 사내벤처·분사조직의 목적
경영다각화와 사업재구축의 효율적인 추진과 신제품과 신규사업개발의 효율화, 조직활성화와 기업체질 개선, 그리고 도전적이고 창의적인 인재육성을 목적으로 하였음.

2. 특징

'중소기업의 장점과 대기업의 장점을 통합'

사내벤처·분사조직은 중소기업의 장점과 대기업의 장점을 통합한 조직임. 즉, 중소기업의 혁신적이고 신속한 의사결정 장점과 대기업의 풍부한 자금력, 강한 기업권력을 발휘하는 장점을 다 같이 갖고 있음.

Ⅲ 조직유형과 도입효과

1. 조직유형

① 기존 사업의 일부 혹은 신규사업부분을 본사로부터 독립시켜 독립법인화하는 형태
② 대규모 기업 속에 독립적인 소사업 단위가 무수히 존재하는 형태
③ 새로운 제품 아이디어를 가진 독립적인 창업법인이 본사와 다른 분사들과 유기적인 연결 관계를 구축하는 형태

2. 기대효과

1) 사기진작

대기업의 경우, 인사적체 문제의 해결을 통한 중간관리자들의 사기진작이 가능함.

2) 품질향상과 원가절감

자기 책임하에 움직여지기 때문에 불량률을 크게 낮추고, 품질향상과 원가절감 효과를 기대할 수 있음.

3) 지속적인 혁신성향

조직구성원의 창의력과 도전의욕을 높여 조직의 지속적인 혁신성향을 높임.

4) 노사관계 개선

정년 연령의 유능한 인재를 계속 활용할 수 있다는 측면, 혁신적인 사업영역에 젊은 인재를 투입하여 활용할 수 있다는 측면 등은 노사관계관리에 대한 부담을 줄일 수 있다는 점 등 긍정적인 효과를 기대할 수 있음.

5) 학습장치로서의 효과

진출하려는 시장의 성격이나 윤곽이 불확실한 영역에서의 실험장치 내지 학습장치로서의 효과를 기대할 수 있음.

Ⅳ 유의점

1. 본사와의 갈등관리

사내벤처·분사의 자율권과 본사의 경영방침이 충돌하는 경우 갈등이 야기되기도 함. 이에, 조직의 전반적인 목표와 비전달성을 위한 사내벤처·분사조직의 위상을 명확히 하여, 운영되어야 함이 바람직함.

2. 제한된 사업영역

모든 사업영역에 사내벤처·분사 조직을 적용하는 것 보다는, 제한된 사업영역에 활용하는 것이 유리함.

3. 구체적인 청사진 제시

본사는 소사장 기업 육성에 대한 구체적인 청사진을 제시하여, 근로자들과의 신뢰할 수 있는 분위기를 조성해야 함이 바람직함.

경영조직론 답안작성연습

> **연습 44**
> 사업부제 조직의 특성을 약술하라.

I 사업부제 조직의 의의

규모가 커짐에 따라, 대규모 기능조직을 제품별/지역별 등으로 사업단위를 분할하여 독립채산제로서 운영하는 조직구조임. 낮은 집권화와 높은 공식화를 특징으로 함. 규모증대, 제품다각화 요구에 의하여, 기존의 직능부제 조직이 사업부제 조직으로 경영상의 필연성으로 나타나게 됨.

II 사업부제 조직의 특성과 유형

1. 사업부제 조직의 특성

1) 전략적 결정의 기업 내 침투

각 사업부는 독자적 이익, 책임을 갖는 자립적 경영단위로서 이루어져 있으며, '기업 가운데의 기업'으로서 역할을 하고 있음. 즉, 사업부 자체를 외부환경에 적응시켜 가기 위한 전략적 결정의 책임을 사업부제 조직의 장에게 배분하고 있음.

2) 의사결정의 합리성 확보

이익책임을 갖는 경영단위로서 '이익기준'에 의한 합리적인 의사결정을 확보함.

3) 혁신적 결정에 대한 모티베이션

사업부제 조직은 혁신적 결정을 자극하는 근무환경을 조성하는 조직설계의 요청에 의한 것임. 여기서, '혁신'은, 새로운 생산공정, 새로운 시스템과 구조적 변화 등을 의미함.

4) 시장경제 메커니즘의 기업 내 도입

각 사업부에 시장메커니즘이 도입되어 가격기구를 통해 자신의 이익을 최대로 할 수 있도록 최적의 의사결정을 함.

2. 유형

제품별 사업부제, 지역별 사업부제, 고객별 사업부제 유형이 존재함.

Ⅲ 사업부제 조직의 중심 역할

1. 이익책임단위

독자적인 이익을 추구하는 권한과 책임을 갖고 있으며, 이를 위한 의사결정기준과 의사결정의 독립성을 가짐.

2. 제품책임단위

독자적인 제품시장의 환경변화에 동태적이고 혁신적인 적응을 기하는 기업가적인 책임이 부여됨.

3. 시장책임단위

각 사업부는 독자적인 고객별/지역별 시장책임의 중심점을 구하는 시장책임단위를 생각할 수 있음.

Ⅳ 사업부제 조직의 문제점과 유의할 점

1. 문제점

각 사업단위가 이익에만 집착하거나, 직원의 가치 및 운영측면의 사고를 결하였거나, 급진적인 변화를 시도하여 무차별적인 사업부제를 적용하는 등 문제점을 양산함.

2. 유의점

1) 본사 중앙조정부서의 확립

분권적인 이익관리를 행하는 데에는 본사의 종합조정기능을 강화하는 것이 필요함.

2) 적정규모

분권적인 이익관리의 단위로서 사업부제 조직이 역할을 수행하기 위해서는, 자율성을 기할 수 있는 충분한 규모에 해당하여야 함.

3) 구성원의 상호작용과 능력

사업부제 조직의 제반제도를 실현시킬 수 있는 구성원의 상호작용과 경영상황에 대한 이해가 있어야 함.

4) 최고경영자의 분권화 태도

사업부제 조직의 장에게 의사결정권의 부여, 관리통제권을 부여하여, 본사 차원에서 지배와 지원을 동시에 신축적으로 수행할 수 있어야 함.

V 장단점

1. 장점

1) 최종적인 조직성과 강조

제품이나 서비스에 대한 모든 책임이 사업본부장에게 부과되어 전체적인 조직목표를 망각할 가능성이 있는 기능조직의 단점을 제거할 수 있음. 사업부제 조직은 목표달성 수단에 초점을 두지 않고 최종적인 조직성과를 강조한다는 특성을 가짐.

2) 환경변화에 신속한 대응

사업 부문별 분권화된 형태로 운영되므로 환경변화로서 그때그때마다 대처할 수 있다는 장점을 가짐. 사업부제 조직구조는 기능부서 간 조정이 원활하게 이루어지고 각 제품은 개별고객이나 지역특성에 따른 요구사항에 쉽게 대응할 수 있음.

3) 사업부 내 기능 간 조정 용이

사업부제 조직은 여러 가지 기능 부서가 한 사업부 내에 있기 때문에 기능 부서 간 조정을 달성하는 데 탁월하며, 전통적인 수직적 계층을 통해서는 더 이상 적절히 통제할 수 없는 경우, 조직목표가 적응과 변화는 지향하는 경우 적합함.

4) 고객만족

사업부마다 다른 제품과 서비스를 생산해 내므로 시장 특성에 적절히 대응하므로, 고객들의 만족 효과까지 가져올 수 있음. 제품의 차별화와 제품에 대한 책임의 명확화로 소비자 만족을 증대할 수 있음.

5) 최고경영자의 전략 수립과 육성

최고경영층이 일상적인 업무에서 벗어나 장기적인 전략 수립에 집중하여 환경변화에 대응할 수 있으며, 포괄적인 업무수행이라는 특성은 최고경영자의 육성에도 적합함.

2. 단점

1) 규모의 경제 상실
규모의 경제로부터 얻는 이점을 갖지 못하여 모든 제품단위마다 설비를 갖추어야 하므로, 자원 활용 측면에서 비경제적임.

2) 제품 라인 간 기능조정 곤란
제품 라인이 독립적으로 분리되어 있고, 라인 간 협력을 위한 인센티브가 거의 없기 때문에 제품 라인 간의 조정이 곤란하여 제품의 호환성이 없거나, 각 부서 사원들 간의 조정절차 숙지 부족으로 소비자의 불만이 증가할 수 있음.

3) 기술전문화 추구 곤란
기능이 여러 사업부로 분산되기 때문에 기술의 기능별 전문화가 어려워짐. 또한, 연구개발 인력은 전체 조직에 이익이 될 수 있는 기초 연구를 수행하기 보다는 자신이 속해 있는 제품라인에 이익을 낼 수 있는 사업에만 주로 수행하게 되기 때문임.

4) 제품라인 통합/표준화 곤란
구성원들은 관련 부서의 제품라인에만 관심을 집중하여 전체 조직차원에서 기술의 통합과 전문화가 곤란할 수 있음.

연습 45
팀 조직의 특성을 약술하라.

Ⅰ 팀 조직의 의의

- 팀 조직은 소수의 사람이 상호 보완적인 업무기술을 가지고 공동의 목표를 달성하기 위하여 공동의 작업방식으로 스스로가 상호책임을 가지고 협동적으로 직무를 수행하는 집단임.
- 팀 활성화는 팀 구성원들 사이 혹은 집단 간 관계를 보다 긍정적이고 상호보완적으로 만듦으로써 집단 수준에서 이루어지는 모든 집단행위가 자율기반의 구축에 이바지하는 제반활동을 말함.

Ⅱ 4가지 유형의 팀제

1. 도식화

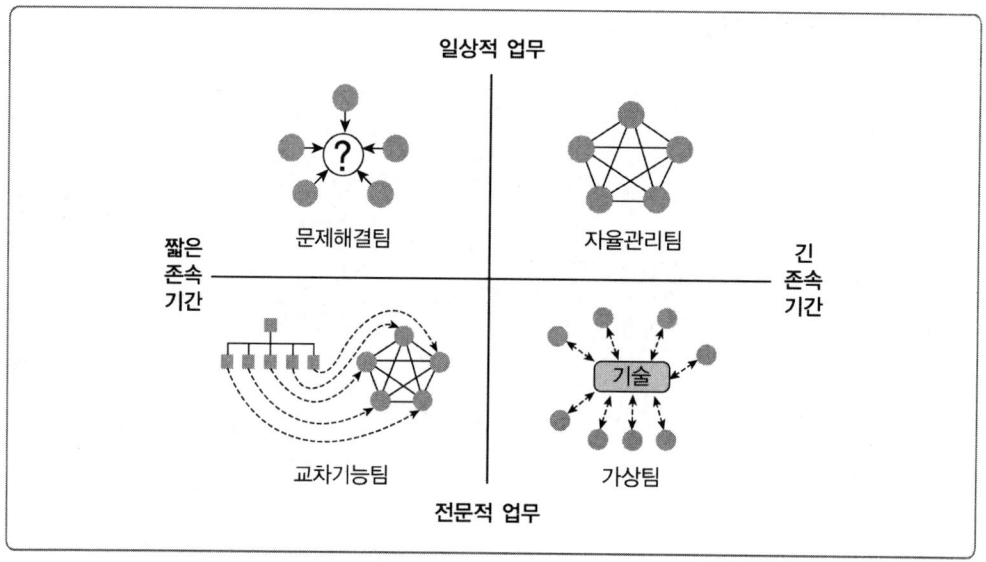

2. 4가지 유형의 팀제

1) 문제해결팀

회사의 다수 특수 프로젝트를 수행하거나 직면한 문제를 해결하기 위해 관련된 사람들 몇 명이 주기적으로 혹은 일정기간 동안 모여서 정보와 의견을 서로 나누면서 해결책을 찾아내는 팀임. 품질관리분임조, 품질개선팀, 경영효율화팀 등이 있음.

2) 자율관리팀

상부로부터 전권을 위임받아 스스로 계획을 세우고 실천하고 통제와 감독까지 맡아하는 팀 형태로, 심지어는 팀원의 선발과 평가도 팀 자율로 하기 때문에 종래의 관리자나 감독자는 역할이 줄어들거나 아예 없어지기도 함.

3) 교차기능팀

특수한 일이든지 반복적인 일이든지 직무수행을 위해 각 방면에 소속되어 있던 서로 다른 기능을 가진 사람들이 모여서 팀 작업을 하는 것을 말함. 군대에서의 공병, 포병, 보병 등으로 구성된 수색대팀은 대표적인 교차기능팀임. 이때 수색이라는 특정한 과업을 수행하기 위해 만든 팀으로 원래는 TF팀이라고 했는데, 이는 교차기능팀의 임시적 형태에 불과함. 교차기능팀이라면 좀 더 장기적이고 안정적인 이미지를 가짐.

4) 가상팀

팀 구성원들이 시간, 공간 또는 조직의 경계를 초월하여, 주로 전자통신을 통하여 커뮤니케이션을 하면서 과업을 수행하는 다기능팀을 의미함. 예를 들어서, 미국의 한 소프트웨어 개발업체는 개발의 일부를 미국에, 일부는 인도에, 그리고 나머지는 영국에 배치하여 24시간 개발업무를 수행토록 함. 미국에서 퇴근할 때쯤이면 인도가 출근을 하고, 인도에서 일하다 퇴근시각이 되면 개발하던 것을 웹상에 올려놓고 퇴근하면 영국 팀원들이 출근하는 시간이 되어 끊이지 않고 24시간 개발체제를 운영할 수 있음.

Ⅲ 장단점

1. 장점

팀제의 장점은 ① 환경의 변화에 유연하게 대처하면서 의사결정을 신속하게 할 수 있다는 점, ② 부서를 융통성 있게 신설, 확장, 추가, 해체할 수 있기 때문에 인력을 효율적으로 활용할 수 있다는 점, ③ 조직 내 정보교환이 원활하다는 점, ④ 계층이 수평적으로 되어 있어서 멤버들의 창의적인 아이디어가 발굴되고, 의사결정에 참여시킴으로써 동기부여가 된다는 점이 있음.

2. 단점

① 조직의 인력규모를 축소하고 조직의 구조를 수평 조직화하는 과정에서 중간계층을 회사에서 퇴출시켜야 하기 때문에 중간관리자와 기능전문가에게 위협이 될 수 있고, ② 기존의 명령·지시에 의한 통제 개념의 전환이 필요하며, ③ 자원이 중복 사용될 수 있음. ④ 수평적인 관계에서 팀을 관리하는 능력이 필요하며, ⑤ 잘못된 과정 정의로 비효율이 발생할 수 있음. ⑥ 잘못 운영하면 멤버 간 상호경쟁만을 강조하게 될 수 있다는 단점이 있음.

연습 46

최근 급성장한 서비스 기술을 제조 기술과 비교하고, 서비스 조직의 설계방향에 대하여 설명하시오. (25점)

I 제조업과 서비스업의 의의

- 〈제조업〉은 자연에서 얻은 원자재를 가공하여 생활에 필요한 물건을 생산하는 산업으로서 음식료품, 섬유나 의복, 목제품, 종이제품, 플라스틱 제품, 기계와 장비 등을 만드는 산업이 제조업에 해당하고, 그 외에도 경공업과 중공업 등의 공업, 광업, 건설업도 제조업이라고 할 수 있다. 제조업은 제품생산을 통해 주목적을 이루는 업종이며, 전통적으로 제조업은 기업형태의 주류를 이루어 왔다. 최근 선진국에서는 정보통신산업이 발달함에 따라 제조업에 종사하는 인력의 수가 감소되고 있는 추세이다.
- 〈서비스업〉은 생활의 편의와 삶의 질 향상을 위하여 무형의 노무를 제공하는 산업으로 흔히 용역이라고도 하며, 일반적으로 물질적 재화를 생산하는 활동 이외에 광범위하게 기능하는 활동을 포괄하는 개념이다. 여기에는 상업·금융업·보험업·운수업·공무업·가사노동 등 주로 서비스를 제공하는 모든 업종이 포함된다. 서비스업은 서비스의 생산과 공급을 통해 목적을 달성하며, 조직의 기술에서 가장 큰 변화 중의 하나는 서비스 분야의 급성장이다.

※ 제조업 : 유형의 산출물을 제공하는 산업
　서비스업 : 인간이 갖고 있는 지식 or idea에 기반해서 무형의 산출물을 제공하는 산업

II 제조기술과 비교한 서비스 기술의 특징

[제조기술과 서비스기술의 차이점]

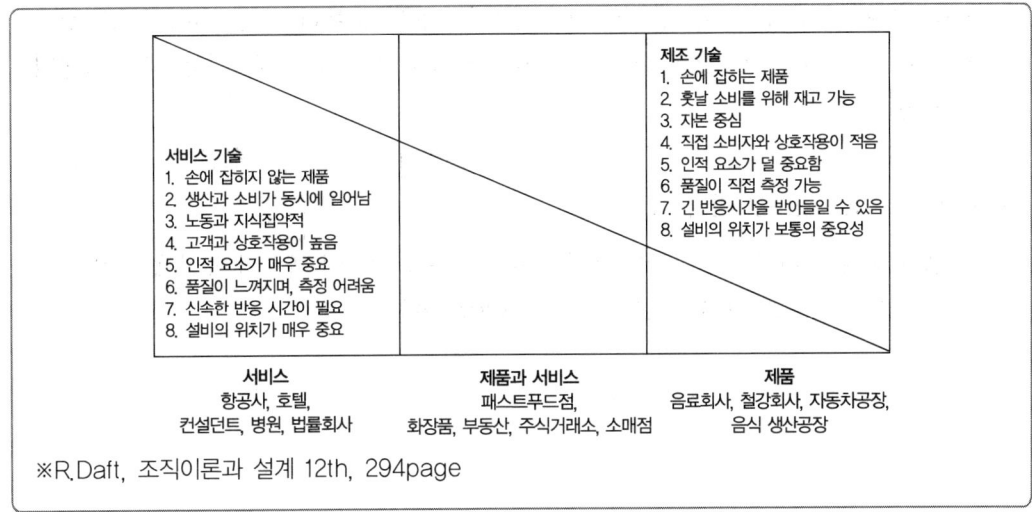

※R.Daft, 조직이론과 설계 12th, 294page

1. 직접적 접촉에 의한 서비스

서비스업은 고객과 생산자간의 직접적인 접촉인 높은 상호작용에 의하여 발생하는데, 대부분의 은행·보험회사 등에서의 서비스 활동은 고객과 서비스 제공자 간의 접촉으로 이루어지므로, 서비스 활동의 효율성은 이에 종사하는 구성원들의 능력, 자세, 행동, 매너 등에 따라 달라지게 된다.

2. 무형의 산출 & 생산과 동시에 소비

- 서비스 산출은 무형성(無形性)을 갖는다. 서비스는 형태가 보이거나 만져지지가 않기 때문에(intangible), 서비스 활동을 측정하기 용이하지 않다. 물론 은행의 예금통장 수, 보험회사의 보험계약 수는 숫자화할 수 있겠지만, 이러한 양적인 성과평가기준에 따라 질적 측면인 서비스 질을 평가하기란 간단하지 않다.
- 물리적인 제조기술과 달리, 지식과 아이디어로 구성되어 고객과의 상호작용 속에서 생산과 동시에 소비된다는 특성을 갖고 있다.

3. 노동·지식 집약적

서비스란 무형의 제품으로 고객요구가 있기까지는 존재하지 않으며, 만약, 서비스가 생산되어 바로 소비되지 못하면, 사라지고 만다. 따라서, 서비스 기술은 노동집약적이면서 지식집약적이라는 특성을 갖는다. 반면에, 제조업은 자본집약적이고 대량생산, 연속공정, 유연생산기술에 대한 의존도가 높다.

4. 품질이 느껴지며 측정이 어려움

세일즈맨으로부터 받는 서비스, 의사나 변호사, 비용사로부터 받는 서비스는 고객의 만족수준을 결정하며, 서비스의 품질은 느껴지는 것이지 유형의 제품처럼 직접 측정되는 것이 아니다.

5. 서비스에 대한 신속한 반응시간

고객만족과 품질서비스의 지각에 영향을 미치는 반응시간이 빠르기 때문에 서비스는 반드시 고객이 원하고, 필요로 할 때 제공되어야 한다.

Ⅲ 서비스 조직의 설계방향

서비스 기술이 조직구조에 통제 시스템에 어떤 영향을 미치는가라는 측면에서 볼 때, 고객 가까이에서 일하는 기술핵심에 있는 종업원들이 매우 중요하다. 고객접촉에서 필요로 한 서비스와 제품조직의 차이는 다음과 같다.

1. 서비스 조직과 제품 조직 간의 구조적 차이점

	서비스 조직	제품 조직
1) 조직구조 특징		
– 분리된 경계 역할	적음	많음
– 지리적 분산	많음	적음
– 의사결정	분권화	집권화
– 공식화	낮음	높음
2) 인적자원		
– 종업원의 기능 수준	높음	낮음
– 스킬의 강조점	인간관계	기술적

※ R.Daft, 조직이론과 설계 12th, 298page

2. 서비스 조직의 설계 방향

1) 조직구조 특징

① **분리된 경계 역할** : 경계 역할이란 고객을 다루는 제조업에 주로 사용되는데, 기술핵심에 미치는 혼란을 줄여주는 것이다. 이것은 서비스업에는 별로 사용되지 않으며, 그 이유는 서비스가 무형자원이고, 경계연결자(각 부서, 변경조직)에 의해 서비스가 발생하는 것이 아니기 때문이다.

② **지리적 분산** : 서비스 기업은 무형의 산출물을 다루기 때문에 규모가 클 필요가 없고, 장소적으로 분산되어 고객들 가까이 위치해 있는 것이 유리하다. 이에 주식거래소, 의사의 병원진료소, 컨설팅 회사, 은행 등의 시설이 분산되어 있는 것이다. 한편 제조기업의 경우 원료공급과 인력활용이 용이한 단일지역에 집중하여 운영을 하고, 외부환경과의 분리된 경계역할이 각 부서마다 정해져 있다.

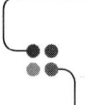

③ **의사결정** : 서비스업종은 의사결정의 분권화가 높은데, 고객만족을 추구하기 위해서 신속한 의사결정을 거쳐야 하므로 현장에서 실무를 담당하는 자에게 권한위임을 하고 있기 때문이다. 제조기업의 경우 업무효율성을 위하여 집권화된 의사결정이 보편화되어 있다.

④ **공식화** : 서비스 기업은 생산과 동시에 소비가 일어나고, 고객과 상호작용이 높으므로 공식화의 정도가 낮은데 반해, 제조기업은 미래소비를 위한 재고가 가능하고, 직접 소비자와 상호작용이 적으므로 업무 프로세스가 규정과 절차에 의해 지정되어 공식화 수준이 높다.

3. 인적자원

직접적인 상호작용에 의해 무형의 서비스를 제공하는 종업원의 친절, 말씨, 공손 등의 기능수준은 높을 수밖에 없고, 사회적이고 인간관계적인 스킬이 강조된다. 반면에, 제조기업은 기계적 업무를 다루는 스킬에만 집중하고 고객과 부딪힐 문제 사례가 거의 없으므로, 기능수준이 낮다.

연습 47

윤리와 경영자 윤리, 그리고 기업의 사회적 책임의 개념을 설명하고, 기업의 사회적 책임에 대한 4대 분야를 제시하시오. (25점)

Ⅰ 윤리와 경영자 윤리, 기업의 사회적 책임의 개념

1. 윤리와 경영자 윤리의 개념

〈윤리〉는 옳고 그름과 관련하여 개인이나 집단의 행동을 이끌어 가는 도덕적 원칙과 가치관이고, 〈경영자 윤리〉는 도덕적 관점에서 무엇이 옳고 그릇된 것인지 결정하는 원칙으로 경영자의 의사결정과 행동을 이끌어 내는 것이다. 사회적 책임은 이러한 경영자 윤리가 확장된 것이다.

2. 기업의 사회적 책임(CSR : corporate Social Responsibility)의 개념

경영자 윤리가 확장된 개념이며, 조직이 사회적 발전을 위해 대외적으로 가지고 있는 여러 가지 책임 및 의무사항을 의미하는 것이다. CSR의 대상에는 기업의 이해관계자로서 종업원, 주주, 소비자, 정부, 지역사회 등이 있고, CSR 적용영역에는 경제적 기능, 사회적 기대 부응, 사회 거시적 목표 달성 등이 있다.

Ⅱ 기업의 사회적 책임 4대 분야

Archie Carroll에 따르면 〈경제적 책임〉은 재화와 서비스의 효율적 생산을 통한 수익 창출에 있어서의 사회적 책임을 의미하고, 〈법적 책임〉은 법적 의무의 준수를 말하며, 〈윤리적 책임〉은 윤리적으로 공정한 활동이라 하였다. 마지막으로 〈자선적 책임〉은 기부 및 자선과 같은 사회공헌활동을 의미하고, 이 네 가지 책임은 모두 동시에 충족시켜야 한다고 설명하였다.

경영조직론 답안작성연습

연습 48

윤리경영과 이중목적조직에 대하여 설명하세요.

Ⅰ 윤리경영의 의의

1. 개념

〈윤리경영〉이란 도덕적 관점에서 경영자의 행동과 의사결정이 사회적 책임을 다하는 모습으로 나타나는 것을 말한다. 〈기업의 사회적 책임〉은 경영자의 윤리경영이 확장되어 사회적 발전을 위하여 대외적으로 가지는 책임과 의무사항을 말한다.

2. Adams의 내부접근법 : 공정성

3. 이해관계자 접근에 의한 외부접근법

Ⅱ CSR피라미드

Archie Caroll의 CSR 4가지 분야에는 경제적 책임, 법적 책임, 윤리적 책임, 자선적 책임으로 구분하여 설명한다.

1. 경제적 책임

제품과 서비스를 통한 수익창출, 지역사회 고용창출 등을 의미한다.

2. 법적 책임

현행 근로기준법, 산업안전보건법, 최저임금법 등을 준수하여 이행하는 것을 말한다.

3. 윤리적 책임

조직을 둘러싼 고객, 경쟁업체, 지역사회, 노동조합, 정부 등 이해관계자들로부터 정당성을 획득하고, 공정한 경영을 하는 것을 말한다.

4. 자선적 책임

기부 및 자선활동으로 사회적 책임을 다하는 것을 의미한다.

Ⅲ 이중목적 조직

1. 의의

하나의 조직 내에서 이직적 사명과 사회적 사명, 2가지 목적을 함께 추구하는 조직을 말한다. 예를 들어, 매출창출을 우선시 하고, 사회적 책임을 도외시하는 조직의 경우 사명표류(mission drift)에 빠지게 된다는 것이다.

2. 이중목표를 달성할 수 있는 조직설계 방안

① 명확한 목표설정과 효과성 측정
② 분할된 부서의 통합
③ 유사회사와의 협력관계
④ 중장기적인 사명 강조
⑤ 균형적 사고방식을 가진 인재 채용
⑥ CSR인증 획득

Ⅳ 그 외 관련 개념

1. 도덕적 해이

2. 거래비용, 역선택

3. 무임승차행동

연습 49

가상조직의 개념 및 장단점을 설명하시오. (25점)

I 가상조직의 개념

- 특정 조직이 컴퓨터 네트워크 상에 존재하는 가상공간(cyber-space)이라는 매체를 통해 형성된 조직을 가상조직이라 한다. 가상조직이라는 개념은 네트워킹을 포함한 정보통신 기술의 비약적인 발달로 최근에 등장한 것으로서 기존의 조직개념과는 그 차원을 달리한다. 즉, 가상조직은 컴퓨터 네트워크 상에나 존재하는 가상공간이나 전자적 네트워크의 매체를 통해서만 그 모습을 드러내며, 기존 조직이 갖추고 있는 일정한 구성원이나 사무실·생산물 등과 같은 외견상 감지할 수 있는 물리적 실체가 있는 것이 아니다.
- 이 경우 전통적인 경계 역할이 무너지고, 개방적 운영이 이루어지게 되며, 이론적으로는 기회주의로 인한 시장실패와 조직의 비대화에서 오는 조직실패 모두를 해결하고자 하는 시도가 신뢰를 바탕으로 한 가상조직이다. 가상조직은 네트워크 조직 또는 모듈형 조직이라고도 불리운다.

II 장·단점

1. 장점

- 규모가 작은 조직이더라도 정보통신기술을 활용하여 조직이 필요한 인력과 자원의 획득이 가능하다.
- 공장, 장비, 시설, 유통시설 등에 막대한 투자를 하는 것이 없이도 사업의 운영이 가능하다.
- 변화하는 시장과 고객의 요구에 매우 유연하고 신속하게 대응할 수 있다. 협력을 맺는 업체의 변경, 자원조달의 원천을 쉽게 변경할 수 있기 때문이다.
- 각종 관리상의 간접비용 절감이 가능하다.

2. 단점

- 분권화의 정도가 크기 때문에 각종 업무활동을 수행하는 구성원들에게 관리자가 직접적 통제를 하기가 어렵다.
- 협력업체와 관계를 유지하고 갈등을 해소하는데 시간과 비용이 소요되고, 사업의 전략적 가치와 밀접한 협력업체와 갈등이 발생할 경우에는 조직 전체가 위태해 질 수 있다.
- 계약에 따라 구성원 또는 협력업체가 교체될 수 있어서 네트워크 구성원들의 충성심과 기업문화가 약화될 수 있다.

■ 최우정 노무사

[저자경력]
- 성균관대학교 일반대학원 경영학 석사 졸업
- 前, 경기개발연구원 경제사회연구부 재직
- 한국여성경제인연합회 인사노무관리 강의
- 지방공기업평가원 교육연수센터 근로시간단축 강의
- 네이버 우수지식인상 수상
- 現, 리더스노무법인 공인노무사 재직 중
- 現 이패스노무사 공인노무사 경영조직론 전임강사
- 現 이패스노무사 공인노무사 인사노무관리론 전임강사

[주요저서]
- 거시조직이론 (이패스코리아)
- 인사노무관리 핵심이론 (이패스코리아)
- 경영조직론 핵심이론 (이패스코리아)
- 인사노무관리 답안작성연습 (이패스코리아)
- 경영조직론 답안작성연습 (이패스코리아)

경영조직론 답안작성연습

개정4판 1쇄 인쇄 / 2025년 03월 24일
개정4판 1쇄 발행 / 2025년 03월 31일

지 은 이 최 우 정
발 행 인 이 재 남
발 행 처 이패스코리아
　　　　　서울시 영등포구 경인로 775 에이스하이테크시티
　　　　　2동 1004호
　　　　　전　　화 1600-0522 / 팩　　스 02-6345-6701
　　　　　홈페이지 www.ekorbei.com
　　　　　이 메 일 edu@epasskorea.com
등 록 번 호 제318-2003-000119호(2003년 10월 15일)

※ 잘못된 책은 교환해드립니다.
※ 이 책은 저작권법에 의해 보호를 받는 저작물이므로 무단전재와 복제를 금합니다.
본 교재의 저작권은 이패스코리아에 있습니다.